INKLUSION
VIELFALT
GESTALTEN

INKLUSION
VIELFALT
GESTALTEN
EIN PRAXISBUCH

Herausgegeben von
Ulrike Barth und Thomas Maschke

Verlag Freies Geistesleben

1. Auflage 2014

Verlag Freies Geistesleben
Landhausstraße 82, 70190 Stuttgart
www.geistesleben.com

ISBN 978-3-7725-1415-9

© 2014 Verlag Freies Geistesleben
& Urachhaus GmbH, Stuttgart
© des Beitrags Redzic & Schmelzer, Pädagogische Herausforderungen
im interkulturellen Kontext: Springer Fachmedien Wiesbaden 2013
Umschlagfoto: Charlotte Fischer
Gestaltung & Satz: Bianca Bonfert
Druck und Bindung: GGP Media GmbH, Pößneck
Printed in Germany

INHALT

II. DIAGNOSE UND ENTWICKLUNG

III. VORSCHULISCHER BEREICH UND SCHULE

IV. GESELLSCHAFTLICH-RECHTLICHE ASPEKTE

ZUM GELEIT

Die Gesellschaft muss dafür Verantwortung übernehmen, dass Menschen mit Behinderung gleichberechtigt Zugang zu einem inklusiven, hochwertigen Unterricht haben. Das ist die deutliche Aussage des Artikels 24 der UN-Behindertenrechtskonvention. Schülerinnen und Schüler mit Behinderungen sollen selbstverständlich wohnortnah gemeinsam mit Nachbarskindern und Geschwistern die allgemeine Schule besuchen dürfen. Die positiven Effekte einer gemeinsamen Beschulung liegen auf der Hand: Alle Kinder – unabhängig vom Vorliegen einer Behinderung – profitieren von einer qualifizierten individuellen Förderung. Für die behinderten Schülerinnen und Schüler steigt die Chance, einen Schulabschluss und eine Beschäftigung auf dem allgemeinen Arbeitsmarkt zu erlangen. Gleichzeitig wird ein Leben in Vielfalt als Selbstverständlichkeit kennengelernt – eine unverzichtbare Voraussetzung auf dem Weg zu einer offenen und inklusiven Gesellschaft.

Das öffentliche Bekenntnis zur Inklusion und zur gemeinsamen Beschulung behinderter und nicht behinderter Kinder an allgemeinen Schulen hat etwas bewirkt. Es geht voran, es gibt – gerade im Grundschulbereich – immer mehr inklusive Schulen. In den Medien wird das Thema verstärkt aufgegriffen, es wird diskutiert unter Lehrpersonal, Eltern und Schülern. Gute Beispiele zeigen, wie es gelingen kann, sich selbst unter manchmal nicht idealen Rahmenbedingungen erfolgreich auf den Weg zu machen.

Auf der anderen Seite täuschen diese positiven Entwicklungen nicht darüber hinweg, dass wir noch einen langen Weg vor uns haben, bis die inklusive Schule in Deutschland Realität wird. Ängste und Vorurteile versperren den Weg zur Teilhabe. Nach wie vor entscheiden nicht die Eltern, sondern vornehmlich Verwaltungsmitarbeiter über die Schulkarriere behinderter Kinder, werden für den Besuch einer allgemeinen Schule notwendige Hilfsmittel nicht genehmigt und müssen Eltern behinderter

Kinder jedes Schuljahr wieder für einen Verbleib ihres Kindes an der Regelschule kämpfen. Und: Viele Lehrerinnen und Lehrer sind überfordert mit dieser neuen Situation. Sie fühlen sich auf die neuen Aufgaben nicht vorbereitet und vor allem nicht ausreichend begleitet, stehen im schlimmsten Fall plötzlich allein vor einer inklusiven Klasse.

Inklusive Beschulung flächendeckend und qualifiziert durchzusetzen, ist zweifellos eine Herausforderung. Aber eine Herausforderung, die es sich anzunehmen lohnt, nicht nur, weil uns die UN-Behindertenrechtskonvention dazu verpflichtet, sondern vor allem: weil eine inklusive Gesellschaft eine Gesellschaft ist, in der wir alle leben wollen! Ich wünsche Ihnen eine interessante Lektüre und freue mich auf Ihr Mitwirken an der Gestaltung einer inklusiven Gesellschaft!

Verena Bentele,
Behindertenbeauftragte der Bundesregierung

EINLEITUNG DER HERAUSGEBER

Im Anschluss an den Kongress «Vielfalt gestalten», der gemeinsam vom Bund der Freien Waldorfschulen, dem Bundesverband anthroposophisches Sozialwesen und der Vereinigung der Waldorfkindergärten im Herbst 2013 zum Thema Inklusion veranstaltet wurde, befanden wir, dass es an der Zeit ist, genau hinzuschauen, was derzeit im Waldorfbereich an inklusiven Überlegungen lebt, an tatsächlich realisierten inklusiven Settings und an inklusiver Umsetzung existiert.

Wir haben viele Menschen gefunden, die sich entweder theoretisch oder auch schon lange praktisch mit dieser Thematik beschäftigen. Auch wenn nur ein Ausschnitt der bestehenden Erfahrungen und Bestrebungen in dieses Buch Eingang finden konnte, ist es uns ein Anliegen bei unserer Arbeit als Herausgeber gewesen, im Sinne unseres Themas ein möglichst buntes Bild durch die Vielfalt der Beiträge entstehen zu lassen.

Wir haben die Beiträge in Kapitel eingeordnet, die nun eine Gesamtschau ergeben über allgemeine Grundlagen, Anthropologie, rechtliche Fragestellungen, Diagnose und Entwicklung, Frühförderung und vorschulischer Bereich, Schule, Arbeiten in Teams und Netzwerken, Lehrerbildung und Forschung, den Blick der Eltern, Mitschüler und Studenten sowie den Herausforderungen für die Zukunft.

Die Beiträge bilden die aktuellen Handlungsmöglichkeiten ab. Sie zeigen, dass wir am Anfang stehen im Übergang von Integration (des Dabeiseins) zu Inklusion (des Miteinander-Lernens), was ein völlig anderes Denken und auch Handeln voraussetzt.

Viel wird über veränderte oder zu verändernde Haltungen gesprochen und im Anschluss daran oft gleich wieder geschwiegen, denn es ist schwer vorherzusehen und sich hineinzufühlen in das, was hier notwendig wird, wenn man zu Ende denkt, was da aus der Zukunft auf uns zukommt.

Es kann aber gerade in der Welt der Waldorfschulen – und hier meinen wir explizit auch die heilpädagogischen Schulen – nicht nur um Leistungsdifferenzen und um die passenden Strukturen gehen. An vielen Stellen bemerkten wir, dass Struktur- oder auch grundsätzliche (innere) Sinnfragen derzeit noch (?) vorherrschende Themen in der Auseinandersetzung sind. Bedarf es aber nicht eines deutlicheren Schrittes: Müssen wir uns nicht eigentlich lösen, tatsächlich anfangen, von der Zukunft her zu denken, dabei mit den Füßen fest verbunden mit unseren waldorfpädagogischen Wurzeln? Das fällt uns allen noch sehr schwer. Wir können tatsächlich mehr – warum ist es uns entfallen? Warum nur?

In den letzten Monaten wird erst deutlich, wie sehr diese Thematik die Waldorfpädagogik zum Klingen bringt oder bringen kann. Seit 2010 ist im Bereich der allgemeinen und heilpädagogischen Waldorfschulen eine zunächst relativ vorsichtige, aber mittlerweile immer mehr um sich greifende Entwicklung im Gange. Manche Waldorfschulen haben sich auf den Weg gemacht, sie haben Erfahrungen und Wissen gesammelt, aber dies kann keine Anleitung für andere Schulen sein. Einrichtungen und ihre Mitarbeiter müssen selbst durch dieses Nadelöhr inklusiven Denkens und Handelns hindurch. Man möchte von «Schulen auf dem Weg» sprechen. Die Praxis in diesem Buch ist angedeutet, aber tiefer gehende Forschungen sind an verschiedensten Orten in Arbeit. Der Arbeitskreis Inklusion von Bund, Verband und Kindergärten ist hierfür Ansprechpartner. Wir sind interessiert an allem, was sich regt im Felde der Waldorfschul- und -kindergartenbewegung, und wir wünschen uns eine aktive Forschung zu diesem Thema.

Jeder muss sich auf den Weg machen, jede Schule muss ihren Standpunkt in dieser Fragestellung suchen und finden. So werden Zusammenschlüsse von heilpädagogischen und allgemeinen Waldorfschulen entstehen, es werden Schulzentren mit waldorfpädagogischer Basis entstehen, heilpädagogische Schulen werden ihre Türen für die ganze Vielfalt der Kinder öffnen. Es wird die große Fragestellung der nächsten Jahre sein, wie wir aufeinander zugehen, wie wir Wege zum Miteinander finden. Es braucht den Dialog, es braucht Flexibilität, und es braucht unser ganzes

Wollen und Handeln, wenn wir erspürt haben, dass dieser Weg für uns schon vor fast hundert Jahren angeregt wurde.

Wir laden Sie ein zu einer Reise durch die bestehende Gedanken- oder Handlungslandschaft inklusiver Pädagogik. Wir legen ein Praxisbuch in dem Sinne vor, dass neben den anschaulichen erlebnisgesättigten Beiträgen aus der Praxis auch die hierfür notwendigen Gedankenwege als Anregung für eigene Aktivität ihren Platz finden – als Vorläufer zum Handeln.

Deutlich wurde uns, während wir die letzten Kapitel zusammenstellten, wie sehr sich die Welt in den letzten Jahren verändert hat. Aber es gibt weiterhin viel zu tun. Die Schulen dürfen noch einmal, ganz im Sinne Walther Drehers, auf den Urpunkt kommen und Neues entstehen lassen; hierbei sollte strukturierte Entwicklungshilfe angeboten und organisiert werden. Die Aus- und Weiterbildung für Lehrer ist hierfür sicher in besonderer Weise gefordert.

Wir sehen dieses Buch als weiteren Schritt auf dem Weg der Schulen, sich für alle Schüler zuständig zu fühlen, sie auf ihrem Weg ins Leben zu begleiten. Hierzu haben Waldorfschulen hervorragende Möglichkeiten der Gestaltung. Sie müssen sie nur nutzen. Fangen wir an!

Wir beide haben den Entstehungs- und Geburtsprozess dieses Buches mit viel Herzblut begleitet, haben selbst Texte geschrieben und die einzelnen Beiträge zu einem Ganzen zusammengefügt. In gegenseitiger Hochachtung für diese wunderbare Teamarbeit aller Autorinnen und Autoren über die ganze Nation hinweg freuen wir uns besonders über die Fertigstellung. Da der Prozess zur Verwirklichung von Inklusion noch lange nicht zu Ende ist, bitten wir alle interessierten Leser, uns über ihre diesbezüglichen Gedanken und Aktivitäten auf dem Laufenden zu halten (die Mail-Adressen der beiden Herausgeber finden sich bei den Angaben über die Autorinnen und Autoren, S. 796 und 806).

Wir möchten uns bei allen Beitragenden für die Mitarbeit, die Freude an der Arbeit und das Verständnis für unsere Anforderungen bedanken! Ein weiterer Dank gebührt der Pädagogischen Forschungsstelle des Bundes der Freien Waldorfschulen, deren Unterstützung die Veröffentlichung überhaupt erst ermöglichte.

Anmerkungen und Literatur zu den einzelnen Beiträgen befinden sich am Ende des Buches. Um sie leichter zu finden, ist am Ende jedes Beitrags die jeweilige Seitenangabe eingefügt.

Ein letzter Hinweis: Wir benutzen im ganzen Buch durchgängig die männliche Form zur Vereinfachung, meinen damit aber grundsätzlich alle Menschen.

Berlin / Überlingen, Juni 2014   *Ulrike Barth / Thomas Maschke*

Ich widme das Buch der nachkommenden Generation meiner hochinklusiven Familie: Julian, Fee, Janina, Marius, Martin, Theresa, Jannis, Emily, Jonathan, Moritz, Felicitas, Constantin, Paul, Oskar, Lilian Kibriye, Raphael (†), Alexander, Milay Livia und Yunus Emil: Gelecek sizindir! Die Zukunft gehört euch!

Ulrike Barth

Ich widme dieses Buch allen Schülern und auch Eltern, die mir im Laufe meiner Tätigkeit als Lehrer zeigten, dass ich weiterhin viel Neues denken und ausprobieren darf und manche geliebte Gewohnheit dafür über Bord werfen muss.

Thomas Maschke

I. ANTHROPOLOGIE UND ALLGEMEINE GRUNDLAGEN

ULRIKE BARTH

EINLEITUNG

Am Anfang dieses Buches stehen allgemeine Beiträge, für die wir Autoren aus den unterschiedlichsten Bereichen gewinnen konnten; teilweise sind sie schon ihr Leben lang mit Theorie und Praxis inklusiver Bildungsforschung beschäftigt, etwa die Erziehungswissenschaftlerin Jutta Schöler. Walther Dreher nimmt sich der Theorie von Umsteuerungsprozessen anhand einer neuen Disziplin an, der Theorie U von Otto Scharmer.

Alle anderen Autoren arbeiten in verschiedenen anthroposophischen Bereichen: in Pädagogik, Medizin und Heilpädagogik. In ihren Beiträgen stellen sie ganz grundlegend, von der menschenkundlichen Seite, die Frage nach Inklusion in anthroposophischem Zusammenhang. So beleuchten sie von ihrem Arbeitsgebiet aus die Aspekte, die sich dadurch ergeben oder auch immer schon da waren. Die jahrelangen Erfahrungen, die diesen Beiträgen zugrunde liegen, sind ermutigend und anregend für weitere Diskussionen; zugleich gerät dadurch das große Arbeitsfeld in den Blick, in dem weiter geforscht werden kann und sollte.

JUTTA SCHÖLER

ALLE SIND VERSCHIEDEN

VOM INKLUSIVEN KINDERGARTEN
BIS IN EINE INKLUSIVE GESELLSCHAFT[1]

Seitdem das Gesetz zur Übernahme der UN-Behindertenrechts-konvention rechtsverbindliche Gültigkeit erhalten hat, beginnt auch in Deutschland die Schulreform in Richtung auf eine inklusive Schule ein breiter beachtetes Thema zu werden. In Italien hat diese Reform in den 70er-Jahren begonnen mit dem Anspruch «tutti uguali, tutti diversi»: Alle sind gleich, alle sind verschieden. Das Ziel: Alle Menschen in ihrer Verschiedenheit akzeptieren, inmitten dieser Gesellschaft. Und nicht: Parallelgesellschaften schaffen, in denen «fürsorglich» für jene gesorgt wird, die irgendwie anders sind als die Mehrheit.

Wie können wir den Weg gestalten, um dieses Ziel zu erreichen? Alle Kinder und Jugendlichen, alle Menschen verschiedenen Alters oder kultureller Herkunft werden in ihrer Verschiedenheit akzeptiert und professionell begleitet vom Kindergarten in eine inklusive Gesellschaft. Erzieher, Planer in Waldorfkindergärten, heilpädagogischen Einrichtungen und Schulen, Lehrer, Schulleiter, auch Mütter und Väter – in welcher Funktion auch immer – sie alle stehen im Bildungsbereich vor dieser umfassenden Neuorientierung. Das Thema Inklusion ist weiter zu fassen als nur für den Bildungsbereich. Jede Kommune, die Arbeitswelt, das Wohnen und auch Freizeitangebote müssen überprüft werden: Wie ausgrenzend oder wie annehmend wirken sich die baulichen Bedingungen, die Organisationsstrukturen und die Verhaltensweisen der Menschen aus?

Integration – Inklusion: was ist der Unterschied?

Es gibt viele Interpretationen und viele Definitionen zu Integration und Inklusion. Kurz und einfach: Integration setzt Aussonderung voraus. Wenn in einer Gesellschaft nicht ausgesondert wird, muss nicht integriert werden. Inklusion ist erreicht, wenn man nicht mehr darüber spricht; wenn es z.B. selbstverständlich ist, dass alle gemeinsam lernen können.

Solange im Bildungsbereich Ausgrenzungen akzeptiert werden – durch Schuleingangsprüfungen, Sitzenbleiben, Zuweisungen zu einem mehrgliedrigen Sekundarstufensystem –, sollte man beim gemeinsamen Unterricht von Kindern mit und ohne Behinderungen ehrlicherweise von Integration sprechen. In einem solchen Schulsystem gibt es auch noch die Diskussion um Grenzen von Integrierbarkeit. Erst dann, wenn ein Schulsystem alle Kinder so akzeptiert, wie sie sind, ist man berechtigt, von Inklusion zu sprechen. Dann geht es auch nicht mehr darum, ob gemeinsamer Unterricht ermöglicht wird, sondern *wie*.

Der Presseerklärung, welche vom Bund der Freien Waldorfschulen aus Anlass des Kongresses «Vielfalt gestalten» veröffentlicht wurde, habe ich entnommen: «Auch wenn es damals nicht so bezeichnet wurde, hat die Inklusion bereits bei der Gründung der ersten Waldorfschule 1919 in Stuttgart Pate gestanden.»[2] Waldorfpädagogen könnten sich also zurücklehnen und Erfahrungen aus hundert Jahren Praxis austauschen. Für Waldorfschulen dürfte das Thema nichts Neues sein, auch wenn das gemeinsame Lernen sehr verschiedener Kinder und Jugendlicher bisher nicht so genannt wurde.

Die Verabschiedung der UN-Konvention über die Rechte von Menschen mit Behinderungen hat auch in Deutschland eine Rechtsposition verändert.[3] Die Übernahme der UN-Konvention durch deutsches Recht bedeutet, dass die Aussagen der UN-Konvention in Deutschland Gesetz sind. Manchmal wird noch das Argument vertreten: «Was da irgendwo entfernt über unsere Köpfe hinweg von der UN verabschiedet wurde – gilt das wirklich für uns?» Es gilt! Bundesrat und Bundestag haben für die

Übernahme dieser UN-Resolution ein Gesetz verabschiedet. Dadurch gilt eine veränderte Rechtsposition zu diesem Thema seit 2009.[4]

Bereits seit Mitte der 70er-Jahre hatte eine allgemeine Schulreform in vielen Ländern der Welt zur Überwindung der Selektionsfunktion von Schule generell geführt. Der Beginn einer Hinwendung und Schwerpunktsetzung der Funktion von Schule auf Sozialisation und Qualifikation war gegeben. Die UN-Konvention für die Umsetzung der Rechte von behinderten Menschen jedoch fordert nun auch die Ausweitung dieses Gedankens auf die Gruppe der Menschen, die bislang hauptsächlich Sonderschulen zugewiesen wurden.

Vorteile der Waldorfschulen für die Entwicklung von Inklusion

Basis jeder richtig verstandenen Waldorfpädagogik ist die Sicherheit des gemeinsamen Lernens. Schüler können die Zugehörigkeit zur Gemeinschaft von der 1. bis zur 12. Klasse – weitgehend ohne Angst vor Aussonderung – erleben. Zugleich besteht die Erwartung, dass anspruchsvolle Lernangebote für alle Schüler geplant werden, unabhängig von den individuellen Lernzielen oder formalen Abschlüssen, die erreicht werden können. Diese Grundzüge sind auch formuliert in einem Papier, das den Tagungsmappen des Kongresses beilag: «Grundlegende Gesichtspunkte zur Verwirklichung von Inklusion im Bildungswesen».[5] Dieses Grundlagenpapier wurde vom Arbeitskreis Inklusion der Vereinigung der Waldorfkindergärten, des Bundes der Freien Waldorfschulen und des Verbandes der heilpädagogisch anthroposophischen Schulen formuliert.

Waldorfpädagogen arbeiten nach meiner Kenntnis in etlichen Schulen schon sehr zielgerecht an dem Thema Inklusion.[6]

Inklusion im öffentlichen Nahverkehr

Noch einmal: Inklusion – was ist das? Ich möchte es am Beispiel des öffentlichen Nahverkehrs in Berlin deutlich machen. Wenn Sie in einer Stadt – etwa in Berlin – mit Bahnen und Bussen unterwegs sind, schauen Sie genau hin. Ist Inklusion erreicht? Bleibt keiner vor unüberwindlichen Stufen stehen, bleibt keiner draußen oder ist als Bittsteller auf zufällige persönliche Hilfeleistungen angewiesen? Werden Sonderfahrdienste für besondere Ausnahmen vorgehalten? In Berlin haben alle Busse eine Zugangsmöglichkeit für Rollstuhlfahrer. Davon profitieren ebenso Menschen, die mit einem Kinderwagen unterwegs sind, und Menschen, die auf einen Rollator angewiesen sind. Die Busfahrer sind angehalten und geschult, dann beim Ein- oder Ausstieg über herausklappbare Rampen zu helfen, wenn die Personen, die darauf angewiesen sind, es nicht allein schaffen. Inzwischen kann man häufig beobachten, dass Mitfahrende von sich aus diese Hilfestellungen übernehmen. Problematisch ist in Berlin bislang noch die Transportsituation mit den Straßenbahnen.

Wie ausgrenzend der öffentliche Raum tatsächlich ist, fällt den meisten Menschen erst auf, wenn sie selbst oder nahe Freunde auf Barrierefreiheit angewiesen sind. Die Vielfalt der Bewegungsmöglichkeiten wird erst dann bewusst, wenn sie tatsächlich vorhanden sind.

Als ich 1986 in Washington/USA war, habe ich mich gewundert, wie viele Rollstuhlfahrer in der Öffentlichkeit unterwegs waren. Dies war mir im Unterschied zu Berlin aufgefallen. Kein Wunder: Damals gab es in Berlin keinen Bus, der ohne Probleme für Rollstuhlfahrer zugänglich gewesen wäre. Ein einziger U-Bahnhof war für Rollstuhlfahrer zugänglich, kein einziger S-Bahnhof. Dies war Exklusion durch den öffentlichen Nahverkehr. Wir leben derzeit in einer gesellschaftlichen Übergangsphase zwischen Integration und Inklusion – das gilt sowohl für den öffentlichen Nahverkehr wie auch für das Bildungssystem.

Fahrstühle oder Rampen befinden sich in Berlin im Jahr 2013 inzwischen schon an mehr als fünfzig Prozent der Bahnsteige von U- und S-Bahnhöfen. Dies ist nützlich für alle Fahrgäste, nicht nur für Rollstuhlfahrer. Inklusion ist im öffentlichen Nahverkehr von Berlin bereits zu einem großen Teil erreicht. Vor 1984 gab es in Berlin-West nicht einen einzigen U- oder S-Bahnhof, der für Rollstuhlfahrer erreichbar war. Wenn Rollstuhlfahrer mit der Fernbahn durch die DDR nach Westdeutschland fahren wollten – es gab ja noch die Mauer –, mussten sie am Bahnhof Zoo mit dem Lastenfahrstuhl auf den Bahnsteig fahren und die mehrstündige Fahrt im Gepäckwagen verbringen. Um den ersten für Rollstuhlfahrer erreichbaren U-Bahnhof ist Anfang der 80er-Jahre heftig gekämpft und oft dagegen argumentiert worden. Die Argumente ähnelten denen, die heute noch gegen ein inklusives Schulsystem vorgetragen werden: Das ist zu teuer, das können wir uns nicht leisten, und was nutzt es, wenn ein Bahnhof umgebaut wird, aber die übrigen Bahnhöfe nicht erreichbar sind? Heute, dreißig Jahre später, können Sie alle erfahren, wie sehr diese Umbauten vielen Menschen nutzen: Menschen mit Rollator, mit Kinderwagen oder Fahrrädern – und allen Reisenden mit ihren Rollkoffern.

Ich bin sicher, dass in weiteren dreißig Jahren ein gesellschaftlicher Zustand erreicht ist, der es als undenkbar erscheinen lässt, dass es in Deutschland Sonderschulen gab. Der Umbau des allgemeinen Schulsystems in Richtung auf Inklusion wird in dreißig Jahren für alle Kinder und Jugendlichen so selbstverständlich, hilfreich und sinnvoll sein wie der Umbau des öffentlichen Nahverkehrs, der vor dreißig Jahren noch als undenkbar und unbezahlbar galt.

Einer der Widersacher des Umbaus der Bahnhöfe in Berlin sagte damals: «Es hat keinen Sinn, einen Bahnsteig umzurüsten. Wenn aus Spandau viele Rollstuhlfahrer zur selben Zeit ins KaDeWe einkaufen gehen wollen, dann gibt es Chaos. Die müssen am Bahnhof Wittenbergplatz aussteigen, und dieser Bahnhof wird nie umgebaut, der steht unter Denkmalschutz.» Einige der Menschen, die auf den Rollstuhl angewiesen waren und sich an diesen Diskussionen beteiligten, argumentierten: «Wenn wir an einem einzigen Bahnhof einsteigen können, dann haben wir die

Möglichkeit, uns den Ausstieg selbst zu organisieren. Dies ist der erste Schritt für ein selbstbestimmteres Leben.» Wenn Sie heute nach Berlin kommen, können Sie sich anschauen, wie unter Beachtung von Denkmalschutz letztlich auch der Bahnhof Wittenbergplatz behindertengerecht umgebaut worden ist.

Wenn ich an diese dreißig Jahre zurückliegenden Auseinandersetzungen erinnere, dann möchte ich darauf aufmerksam machen: Auch im Bildungsbereich erscheint uns heute vieles als undenkbar, was jedoch auf dem Weg zu einer inklusiven Gesellschaft selbstverständlich werden wird. Und: Strukturelle Veränderungen sind notwendig, damit entmündigende fremdbestimmte Versorgung für Menschen, welche auf Hilfe angewiesen sind, ersetzt werden kann durch selbstbestimmtes Leben.

In Berlin können wir für den Bereich der Kindergärten bereits von Inklusion sprechen. Alle Kindergärten sind laut Kindergartengesetz verpflichtet, Kinder mit Behinderungen aufzunehmen. Die Rahmenbedingungen für diese integrativen Gruppen im Kindergarten sind gut. Viele Erzieher haben inzwischen eine Zusatzqualifikation zur Inklusionsfachkraft erworben. Eltern von Kindern mit Behinderung sind in Berlin sicher: Ihr Kind hat den Rechtsanspruch auf den Kindergarten am Wohnort, den auch ein nicht behindertes Geschwister- oder Nachbarkind besuchen würde.

Wenn Sie mit der U-Bahn oder S-Bahn in Berlin unterwegs sind, dann hören Sie manchmal die Durchsage: «Bitte beachten Sie beim Aussteigen die Lücke zwischen Zug und Bahnsteigkante.» Es gibt sie noch, die Lücken, die besonders beachtet werden müssen. Oft muss nachgerüstet werden. Oft ist auch durch Improvisieren vor Ort eine Hilfestellung notwendig. Aber man hat auch für die Lücken inzwischen eine bauliche Veränderung gefunden. Das ist für mich ein Symbol dafür, wie manchmal etwas nachgerüstet werden muss, vielleicht durch eine Ausführungsverordnung oder eine bauliche Veränderung, woran man vorher nicht gedacht hat. Schauen Sie genau hin, wenn Sie unterwegs sind: An den U-Bahnhöfen ist jeweils vorne, wo der Triebwagen hält, eine kleine ausklappbare Metallrampe angebracht. Die U-Bahn-Zugführer haben die Aufgabe, auszusteigen und zu helfen. Wenn ein Mensch mit dem Rollstuhl oder mit dem Rollator über diese Lücke zwischen Zug und Bahnsteigkante allein nicht hinwegkommt, wird die kleine Metallrampe angelegt, jeweils vorne bei dem ersten Wagen. Dies ist für mich ein Symbol dafür, dass mit Sicherheit auch im Schulsystem auf dem Weg zur Inklusion nachgerüstet werden muss, dass dies aber auch möglich ist.

Inklusion in der Schule

Wenn Sie an Ihre eigene Schulzeit denken oder sich ein Foto der Schulklasse vor Augen führen, die Sie gut kennen: Können Sie an eine Schulklasse mit Verschiedenheiten denken, Verschiedenheiten, die in inklusiven Schulen selbstverständlich sind? Gibt es in der Schule, in der Sie als Lehrer tätig sind oder die Ihre eigenen Kinder besuchen, ein Kind mit einer spastischen Behinderung, ein Kind mit autistischen Verhaltensweisen oder ein Kind mit Down-Syndrom? Werden die Lernbedürfnisse von langsam Lernenden und zugleich von überdurchschnittlich Befähigten berücksichtigt? Wenn es diese Kinder in Ihrer Schule nicht gibt, dann ist die Schule, die Sie genauer kennen, noch eine aussondernde Schule. Wenn wir die statistische Häufigkeit beachten, dann müssten in Deutschland in jeder Schulklasse ein bis zwei Kinder sein, die gegenwärtig noch eine Sonderschule besuchen.

In vielen Schulen, die sich inzwischen mit dem Thema des gemeinsamen Unterrichts beschäftigen, sagen die Lehrer, die Schulleiter: «Wir haben einfach angefangen.» Zumeist wurde wegen der Anfrage von Eltern für ihr Kind begonnen. Wir können davon ausgehen, dass auf den gemeinsamen Unterricht von behinderten und nicht behinderten Kindern bisher in Deutschland weder Regelpädagogen noch Sonderpädagogen vorbereitet sind. Fortbildungen sind sicherlich dringend notwendig, aber auch die Bereitschaft, Neues zu lernen, sich auf Neues einzulassen und in Kooperation mit den Kollegen, die jeweils andere Qualifikationen haben, auch wirklich etwas Neues zu wagen. Wenn Sie sich auf den Weg machen, wenn Sie anfangen mit dem gemeinsamen Unterricht, dann informieren Sie sich bei denjenigen, die bisher schon auf dem Weg sind. Eine gute Möglichkeit für Kontaktaufnahmen bietet die Internetseite zum Jakob-Muth-Schulpreis.[7]

Die Freie Waldorfschule Emmendingen wurde bereits bei ihrer Gründung 1990 als eine Schule für alle geplant. Sie ist meines Wissens im Wesentlichen die Initiative von Eltern. Für ihre Kinder mit oder ohne Behinderungen haben sie eine gemeinsame Schule gefordert und mit der Gründung einer Waldorfschule unter sehr schwierigen Rahmenbedingungen dieses Ziel erreicht. Wer vor ca. dreißig Jahren in Deutschland mit dem gemeinsamen Unterricht von behinderten und nicht behinderten Kindern begonnen hat, holte sich Anregungen und innere Sicherheit durch Hospitationen, zumeist in Italien.[8] Heute brauchen Sie nicht so weit zu fahren, es gibt bereits viele Schulen, die ein inklusives Organisationsmodell verfolgen, auch unter den Waldorfschulen finden Sie diese.

Bereits 1982 hat Jakob Muth formuliert: «Am stärksten wirken Beispiele, deshalb ist jede einzelne integrative Einrichtung, die neu entsteht, zugleich die Bedingung für die Ermöglichung weiterer.»[9]

Allen Lesern kann ich empfehlen: Hospitieren Sie in Schulen, die bereits länger auf dem Weg sind, und vernetzen Sie sich! Über die Internetseite des Bundesbehindertenbeauftragten finden Sie eine Landkarte, wo Sie einsehen können, welche Schulen bisher den Schulpreis für inklusive Schulen bekommen haben, und direkt über die Bertelsmann-Stiftung können Sie auch die Adressen von Schulen erfahren, die sich bisher beworben haben und noch keinen Preis bekommen haben.

«Waldorfschulen waren immer inklusiv. Wir haben es nur nicht so genannt», heißt es in der Pressemitteilung des Bundes der Freien Waldorfschulen.[10] Tatsächlich haben Kinder in Waldorfschulen Entwicklungschancen, die sie an den staatlichen Regelschulen zumeist nicht hätten, oft nachdem sie an Regelschulen schlechte Erfahrungen gemacht haben. Kinder erhalten in Waldorfschulen aber dann nicht die besondere Förderung, die sie benötigen, wenn hierfür keine qualifizierten Lehrkräfte zur Verfügung stehen. In einer inklusiven Schule ist es notwendig, dass im Kollegium für die besondere Förderung Lehrkräfte mit sonderpädagogischer Qualifikation kooperierend tätig sind. Der pädagogische Umgang mit Heterogenität ist in der anthroposophisch begründeten Pädagogik von Anbeginn angelegt. Das einzelne Kind in der Gemeinschaft sollte auch für die besondere Förderung nur im absoluten Ausnahmefall kurzfristig für eine besondere Förderung aus der Klassengemeinschaft herausgenommen werden.

Waldorfschulen sind sicherlich häufig der richtige Ort, an dem Kinder mit Lernschwierigkeiten mehr Zeit bekommen, vielleicht mehr Verständnis; dies auch aufgrund der Tatsache, dass es nicht den rigiden Leistungsdruck mit Ziffernzensuren gibt. Aber ich sehe darin auch die Gefahr, dass eine Waldorfschule in der Nähe einer sich selektiv verhaltenden Regelschule überfordert wird. Das kann dann wiederum dazu führen, dass auch Waldorfschulen aus dem Gefühl der Überforderung heraus durch Differenzierung Ausgrenzung schaffen, entweder durch Überweisung an eine staatliche Sonderschule oder an eine Waldorf-Sonderschule. Oder Kinder mit Lernschwierigkeiten wechseln an eine staatliche Schule, die bereits Integration oder Inklusion praktiziert und dafür auch das notwendige sonderpädagogische Personal hat. Wenn für ein Kind z.B. eindeutig Wahrnehmungsstörungen festgestellt wurden und es gibt an der entsprechenden Waldorfschule keinen Spezialisten dafür, dann ist das für das Kind ein Nachteil im Vergleich zum Besuch der Regelschule, an der Sonderpädagogen innerhalb des Kollegiums arbeiten, die dafür spezialisiert sind. Dann werden Eltern ihr Kind aus der Waldorfschule wieder herausnehmen, an der sie es eigentlich aus grundsätzlichen Überlegungen gerne gelassen hätten. Aber es hat dort nicht die besondere Förderung bekommen.

Ich komme zurück auf mein Beispiel: Sonderfahrdienste können sinnvoll sein. Aber was bedeutet es für die Menschen?

In der Regel muss man sich vierzehn Tage vorher anmelden, kann nie spontan eine Reise machen. Wenn die öffentlichen Verkehrsmittel so ausgestattet sind, dass auch jemand, der auf Hilfe und Unterstützung angewiesen ist, sich in Ruhe auf den Weg machen kann, dann brauchen wir keinen Sonderfahrdienst. Solange Sonderfahrdienste nötig sind, sollten wir von Integration sprechen. Wenn die öffentlichen Verkehrsmittel so ausgestattet sind, dass jeder sich ohne Sorgen auf den Weg machen kann, dann haben wir Inklusion erreicht.

Ähnlich in den Schulen: Wenn die Schule tatsächlich auch die besondere Förderung anbieten kann und die Lehrer so zusammenarbeiten, dass dafür nur im Ausnahmefall jemand aus der Gruppe gehen muss, dann haben wir Inklusion erreicht.

Der Pressemitteilung des Bundes der Freien Waldorfschulen vom 12. September 2013 habe ich entnommen: «Die Waldorfschulen in Deutschland sehen sich als Vorreiter bei der Umsetzung des Inklusionsgedankens wie er in der UN-Behindertenrechtskonvention formuliert ist. Der Bund der Freien Waldorfschulen bietet allen Waldorfschulen seine Unterstützung an, die sich in diese Richtung weiter entwickeln wollen.»[11] Wie kann diese Unterstützung aussehen?

Mein Vorschlag: Schulen erhalten Unterstützungen durch Fortbildung und Beratung. Das ist das Wichtigste: Fortbildung und Beratung.

Das Wichtigste, was Lehrer in inklusiven Schulen lernen müssen, ist die Kooperation. Planung, Durchführung und Auswertung von Unterricht ist nicht mehr die Leistung der einzelnen Lehrerin, des einzelnen Lehrers. Das ist die wesentliche Veränderung für die Lehrkräfte. Ich kann nicht beurteilen, wie weit in den Waldorfschulen gemeinsame Planung, gemeinsame Unterrichtsdurchführung und auch die Auswertung schon selbstverständlich sind. Vielleicht ist dies selbstverständlich unter den Lehrern, die an der Schule dieselbe Qualifikation haben. Neu ist aber: Erwachsene mit sehr unterschiedlicher Qualifikation müssen vor Ort gleichberechtigt kooperieren. Der Sonderpädagoge holt nicht das einzelne Kind mit Lernschwierigkeiten oder vielleicht eine kleine Gruppe aufgrund seiner Entscheidungen aus der Klasse. Der Klassenlehrer oder der Fachlehrer sind darüber auch froh, denn zeitweise wird damit das Unterrichten eventuell einfacher. Aber: Wie wirkt sich dieser Ausschluss Einzelner auf das Selbstwertgefühl der vorübergehend Ausgeschlossenen aus und auch auf all die anderen, die vielleicht Ängste vor dem möglichen Ausschluss entwickeln?

Integration und das Ziel der Inklusion beginnt mit der Kooperation der beteiligten Erwachsenen: Die Rollen der Erwachsenen müssen geklärt werden, die Aufgaben angemessen verteilt, die unterschiedlichen Qualifikationen für die Kinder optimal genutzt werden. Häufig wird in der Praxis diesen Kooperationsanforderungen ausgewichen, indem innerhalb der Regelschule Sonderräume und Sonderbänke geschaffen werden, in die sich einzelne Erwachsene mit den besonderen Kindern zurückziehen, häufig damit begründet, diese Kinder brauchen Schonräume. Dagegen ist nichts zu sagen, solange sichergestellt ist, dass letztlich die Kinder selbst entscheiden können, wann und wie lange und eventuell auch mit welchen Mitschülern gemeinsam sie diese Schonräume nutzen. Es sind meistens nicht die Kinder, denen es in der Klasse zu laut ist, sondern eine erwachsene Person. Sie geht mit dem Kind lieber aus der Lerngruppe, statt vielleicht gemeinsam mit dem Lehrer, der dann zurückbleibt, zu klären, wie man gemeinsam den Unterricht anders gestalten könnte. Diese kleinen Sonderräume ersetzen leider an vielen Schulen die Sonderschulen.

Therapien in inklusiven Schulen

Für viele Eltern von Kindern mit einer Behinderung war und ist es eine wichtige Frage: Kann das Kind während der Kindergarten- oder Schulzeit – bei Ganztagsbetreuung am Nachmittag – im Kindergarten / in der Schule die wichtigen Therapien erhalten oder muss die Familie dies selbst organisieren?

An den Kindergärten und Schulen, die in den vergangenen

Jahren mit dem gemeinsamen Leben und Lernen von behinderten und nicht behinderten Kindern begonnen haben, war dies eine Lücke, die durch eine Neuregelung überwunden werden musste.

Vielen Familien war es bisher nicht möglich, die notwendigen Therapien selbst zu organisieren, und sie entschieden sich deshalb, allein wegen dieser Therapien, für den Besuch eines Sonderkindergartens oder einer Sonderschule. Seit 2011 ist der § 11 der Heilmittelverordnung so verändert worden, dass als Ort der Leistungserbringung auch Regelkindergärten und Regelschulen akzeptiert werden. Therapien dürfen dort seitdem auch von frei praktizierenden Therapeuten durchgeführt werden. Es war bis 2011 in Deutschland nicht gestattet, dass Therapeuten in Regelschulen arbeiten. Bis 2011 konnten Logopädie, Krankengymnastik, Ergotherapie, welche von den Ärzten verordnet und von den Krankenkassen bezahlt werden, nur in den Sonderschulen durchgeführt werden oder nach Schulschluss in der Praxis der Therapeuten. Auf Druck des «Bundesverbandes der Körperbehinderten und Mehrfachbehinderten» und unter Verweis auf die UN-Konvention ist diese Heilmittelverordnung 2011 geändert worden. Allerdings werden die Besuche von Therapeuten in Regelkindergärten oder Regelschulen nicht als Hausbesuch finanziert. Es gibt inzwischen etliche Therapeuten, welche in dieser neuen Verordnung auch für ihre eigene Arbeit Vorteile sehen. Es wird notwendig sein, künftig die Schulen so auszustatten, dass Räume zur Verfügung stehen, soweit dies für bestimmte Therapien notwendig ist.

Wesentlicher für das Gelingen gemeinsamer und nicht aussondernder Lernsituationen ist hierbei die Kooperation zwischen den Therapeuten und den Lehrkräften, um jeweils individuell zu klären, wie diese Therapien am sinnvollsten in den Schulalltag integriert werden können. Dies kann auch in enger Kooperation mit Kunst-, Sport- oder Musiklehrern erfolgen.

Inklusion ist erreicht, wenn es in einem Kindergarten selbstverständlich ist, dass an einem bestimmten Tag für alle Kinder gemeinsames Turnen stattfindet und dieser Turnunterricht von einer Physiotherapeutin gemeinsam mit der Erzieherin geplant und durchgeführt wird. Wegen eines Kindes, das eine körperliche Beeinträchtigung hat, werden bestimmte Übungen angeboten. Diese Übungen bieten zum einen eine spezielle Therapie für ein Kind und eine tolle Bewegungsanregung für alle anderen in der Gruppe. Ähnlich kann in den Schulen der Sportunterricht mit Physiotherapeuten, der Deutsch-, Fremdsprachen- oder Musikunterricht mit Logopäden oder der Kunst- und Werkunterricht mit Ergotherapeuten gemeinsam geplant und zumindest teilweise gemeinsam durchgeführt werden. Hierin liegt ein großes neues Aufgabenfeld für die Aus- und Fortbildung beider Berufsgruppen: Lehrer und Therapeuten werden für den gemeinsamen Unterricht einer inklusiven Schule gemeinsame Erfahrungsräume für alle planen.

Medizinische Betreuung in inklusiven Schulen

Eine weitere Lücke bestand bis vor zwei Jahren für die Kinder, welche auf eine im engeren Sinne medizinische Betreuung angewiesen sind, z.B. Kinder mit Anfallsleiden, zuckerkranke Kinder oder Kinder, die beatmet oder katheterisiert werden müssen. Ich vermute, dass es in einigen der Waldorfschulen auch schon Anfragen von Eltern von Kindern mit diesen gesundheitlich bedingten Erfordernissen gab. Für diese kranken Kinder ist es wichtig, dass sie die Menschen vor Ort haben, welche über die notwendigen medizinischen Kenntnisse verfügen. Auch diese Kinder, die auf medizinische Betreuung angewiesen sind, haben ein Recht auf den inklusiven Kindergarten und die inklusive Schule. Bisher gingen sie in Sonderschulen, weil es dort ausgebildete Krankenschwestern gibt. Die Krankheit war dann die Ursache für die Aussonderung aus der Regelschule. Diese Trennung führte damit häufig zur Behinderung der Entwicklungsmöglichkeiten dieser Kinder.

In einer inklusiven Schule haben auch kranke Kinder den Anspruch auf die notwendige medizinische Betreuung. Entweder kommen ambulante Dienste in die Schule oder – weitaus besser – die Erwachsenen, die mit dem Kind täglich zu tun haben, werden medizinisch geschult. Die notwendige Schulung kann von den jeweiligen Fachärzten verordnet und muss von den Krankenkassen bezahlt werden. In der Krankenpflegeverordnung vom 15. Januar 2011 ist im § 1 formuliert: «Anspruch auf häusliche Krankenpflege besteht auch an sonstigen geeigneten Orten, an denen sich die oder der Versicherte regelmäßig wiederkehrend aufhält und an denen die verordnete Maßnahme zuverlässig durchgeführt werden kann und wenn für die Erbringung der einzelnen Maßnahmen geeignete räumliche Verhältnisse vorliegen, z.B. im Hinblick auf hygienische Voraussetzungen, Wahrung der Intimsphäre, Beleuchtung; und wenn die Leistung aus medizinisch-pflegerischen Gründen während des Aufenthaltes an diesem Ort notwendig ist. Orte in diesem Sinn können insbesondere Schulen und Kindergärten sein.»[12]

An dieser Stelle möchte ich noch einmal betonen: Für kranke Kinder und für Kinder mit Behinderungen stehen bisher an vielen Orten die notwendigen Unterstützungen nur in den Sonderschulen zur Verfügung, vergleichbar den bisherigen Sonderfahrdiensten. Es wird darauf ankommen, diese Gelder zu verlagern und die bestehenden Sonderschulen auslaufen zu lassen oder in attraktive Schulen für alle Kinder umzuwandeln. Dies wird mit Sicherheit auch eine wichtige Aufgabe für die noch bestehenden Waldorfsonderschulen sein. Wenn diese sich nicht jetzt auf den Weg der Veränderung in Richtung auf Inklusion machen, werden sie in einigen Jahren die Sonderschulen sein, in denen sich Kinder sammeln, deren Familien nicht in der Lage sind, die Lücken auszufüllen, die es immer geben wird, symbolisch die Lücken zwischen Zug und Bahnsteigkante. Diese zu überwinden wird an vielen Stellen sicherlich auch weiter Aufgabe für privates Engagement sein. Aber Sonderschulen, die sich dieser Reform verweigern, werden unter sozialen Gesichtspunkten «Restschulen».

Können wir uns das leisten? Finanzierung von Inklusion

Die Vorteile des gemeinsamen Lernens sind so deutlich, dass immer mehr Eltern nach integrativen bzw. inklusiven Klassen und Schulen fragen, und zwar sowohl die Eltern von behinderten als auch die von nicht behinderten Kindern. Einige Kommunen haben sich auf den Weg gemacht und arbeiten an Plänen für ein inklusives Gemeinwesen (so z.B. die Städte Jena und Oldenburg).

Immer wieder steht die Frage im Raum: Können wir uns das leisten? Ist Inklusion nicht viel zu teuer? Selten wird gefragt: Können wir uns das weiter leisten, ein so teures und ineffektives Sonderschulsystem zu finanzieren? Wo sollen die heute heranwachsenden Jugendlichen ohne Behinderung lernen, verantwortungsvoll mit Menschen umzugehen, die anders lernen, anders sprechen, anders denken als sie selbst? Welche Gesellschaft wünschen wir uns, insbesondere für unser eigenes Alter? Bei den aktuellen Diskussionen werden auch häufig überzogene finanzielle Forderungen formuliert und alle für das gesamte Schulsystem wünschenswerten Verbesserungen mit den Mehrkosten für Inklusion verbunden. Dies führt dazu, dass gesagt wird: Das ist zu teuer, das können wir uns nicht leisten. Natürlich wünschen wir uns geringere Klassenfrequenzen als bisher in Deutschland üblich. Wünschenswert ist die Ausstattung jeder Schule mit mindestens einem Psychologen und ausreichend Sozialpädagogen. Der Ausbau von zuverlässigen Ganztagsstrukturen mit Barrierefreiheit wird auf Dauer in allen Schulen notwendig sein.

Die Forderungen nach Finanzierung dieser Mehrkosten einer wünschenswerten Schulreform als notwendige Voraussetzung für den Beginn und die Ermöglichung von gemeinsamem Lernen zu bezeichnen, ist in Wirklichkeit die Abwehr dieser Reform. Man könnte auch unterstellen: Wenn alle wünschenswerten Reformen des deutschen Schulsystems ausreichend finanziert sind, dann werden wir mit der Inklusion von Kindern mit Behinderungen beginnen. Die UN-Konvention für die Rechte von Menschen mit Behinderungen ist seit 2009 gültiges deutsches

Recht. Die Mehrkosten von Sonderschulen wurden bisher zu selten beachtet.[13]

Für Privatschulen, also auch für die Freien Waldorfschulen, wird derzeit die Finanzierung generell von Bundesland zu Bundesland sehr unterschiedlich praktiziert. Auch die Frage, wie die speziellen Mehrkosten für Kinder mit besonderem Förderbedarf finanziert werden, wird in den kommenden Monaten ein wichtiges Thema für Verhandlungen in den Bundesländern sein. Um zu meinem Bild zurückzukommen: Es wird nicht ausreichen, dass alle Bahnhöfe für Rollstuhlfahrer zugänglich sind, dass alle Schulen barrierefrei umgebaut werden. Es wird notwendig sein, dass in der Öffentlichkeit Menschen mit Verständnis begegnet wird, die den Weg nicht mehr allein nach Hause finden. Die Aufgabe der Inklusion endet nicht mit der Schulzeit, sondern wird im Arbeitsleben, im Wohn- und Freizeitbereich weitergeführt werden müssen.

Alle sind verschieden – begleiten wir sie alle gemeinsam. Nehmen wir das als Aufgabe an, vom Kindergarten an und während der Schulzeit – als Vorbereitung für das Leben in einer inklusiven Gesellschaft.

Die Integrative Waldorfschule Emmendingen (sowie die anderen integrativ bzw. inklusiv arbeitenden Schulen) kann anderen Schulen dafür Vorbild sein, dass man bis in die 12. Klasse hinein zieldifferent unterrichtete Kinder sehr gut gemeinsam fördern kann. Einige der Lehrer, die bereits an Waldorfschulen Erfahrungen mit dem gemeinsamen Unterricht gesammelt haben, berichteten bei dem Kongress «Vielfalt gestalten» im Herbst 2013 an der Freien Waldorfschule Kreuzberg und auch in diesem Buch von ihren Erfahrungen. Ihre Berichte können vielen anderen die innere Sicherheit geben: Wir gehen in unserem Kindergarten, an unserer Schule diesen Weg weiter. Oder: Wir beginnen gegenwärtig unter den Bedingungen, die wir jetzt haben, mit der Integration von Kindern mit Behinderungen, und wir haben das Ziel der Inklusion vor uns.

Die Anmerkungen zu diesem Beitrag befinden sich auf S. 717.

WALTHER DREHER

INKLUSION UND HUMANITÄT

> «I believe that everyone is born with a
> destiny or a purpose, and the journey is
> to find it.»
>
> *Joseph Jaworski*

«Inklusion und Humanität» werden im Folgenden als ein «Projekt» betrachtet. Das mag fast überheblich klingen, denn wer kann so etwas schon «stemmen»? Wie lassen sich «Inklusion», von den Vereinten Nationen in eine Konvention[1] mit globaler Bedeutung gegossen, und «Humanität», nicht zuletzt in Anlehnung an Artikel 8 der Konvention, als etwas Gegebenes einerseits und Werdendes andererseits, in ein «Projekt» fassen? «Projekt» wird wörtlich verstanden als *«Pro-jectum»*, was meint, «Inklusion und Humanität» in ihrem gegenseitigen Bezogensein, werden als *ein* Thema gedanklich *voraus-geworfen*, verbunden mit dem Auftrag, es von der Gegenwart aus zu betrachten und in diese hereinzuholen. In diesem Sinne umspielen die folgenden Betrachtungen *«Zu-Künftiges im Gegenwärtigen»*. Sie wollen dazu verleiten, «radikal zu denken», «metamorphosierend zu wirken» und «Humanität neu zu bilden». Dabei lasse ich mich von einem Darstellungsmodus leiten, der immer wieder auf Bilder zurückgreift, um anschaulich zu machen, was gemeint ist, aber auch, um Spiel-Räume des Verstehens zu öffnen, die begrifflich nicht schon fixiert sind und daher individuell und vielfältig gefüllt werden können.

Bilder

Diogenes von Sinope, der im 4. Jahrhundert v. Chr. lebte, von dem wenige historische Daten, wohl aber zahlreiche Anekdoten über-liefert sind, soll tags mit einer Laterne über den Marktplatz von Athen gegangen sein und Menschen kopfschüttelnd ins Gesicht geleuchtet haben. Auf die Frage, was er denn tue, habe er geant-wortet: «Ich suche einen Menschen.»

In der Zen-Geschichte «Der Ochs und sein Hirte» lesen wir: «Seit jeher ist der Ochse niemals vermisst worden. Doch es ge-schah, dass der Hirte sich von sich selbst abwandte: da ward ihm sein eigener Ochse fremd und verlor sich zuletzt in staubiger Weite ...»[2]

Die Zen-Geschichte ist in zehn Bilder gefasst, die sowohl kal-ligrafisch dargestellt als auch durch erläuternde Texte beschrieben wird: «Wir sehen einen Hirten. Er sucht nach dem Ochsen (das meint jetzt, nach dem eigenen Herz und anfänglichen Wesen jedes Menschen) und kommt dabei in ein tiefes Gebirge. Als Erstes ent-deckt er die Spur des Ochsen, dann erblickt er ihn von hinten. Er fängt ihn, zähmt ihn und bringt ihn schließlich zu seinem Haus zurück. Dann vergisst der Hirte seinen Ochsen und auch sein ei-genes Selbst. Wenn alles vergessen ist, bricht er jäh in den Bereich der Selbstlosigkeit ein. Auf der letzten Stufe ‹Das Hereinkommen auf den Markt mit offenen Händen› kehrt der Hirte wieder in die Welt zurück und lebt tätig auf der Straße inmitten des Menschen-gedränges, das heißt er lässt in und vor der Welt offenen Herzens durch sein Leben die Wahrheit (des Buddha) lebendig walten.»[3]

Dem Hintergründigen, welches die Laterne eines Diogenes bei Tageslicht sichtbar zu machen versucht, wollen wir im Folgen-den nachgehen, damit es vordergründig oder transparent werden kann. Mit Johannes Crotus ausgedrückt: «‹Licht ist das Leben hinter dem Denken› ... wo wir in den Dingen und die Dinge in uns sind.»[4] Analog verstehen wir auch das Paradox des ersten Bildes der Zen-Geschichte: «‹Im Anfänglichen läuft keine Spur. Wer könnte da suchen?»[5] Gleichwohl muss der Hirte gerade in der Richtung des Ortes, an dem es nichts zu suchen gibt, weitersuchen. Beide, der «Philosoph» und der «Hirte», suchen «einen Menschen», sie suchen «nach sich selbst».

Radikal denken

> «Der Mensch ist auf dem Weg zum
> Menschen.»
>
> *Willigis Jäger*

Die Kampagne «Behindern ist heilbar», von bundespolitischer Ebene aus initiiert, zeigt auf einem Plakat drei Personen rat- und hilflos vor einem viel zu hoch hängenden Geldautomaten. Das Plakat spiegelt den Leitgedanken einer inklusiven Gesellschaft wider: Behindernde Strukturen sind gemacht, und behinderndes Verhalten ist gelernt – beides ist vermeidbar. «Heilbar» ist die externe Barriere, also der zu hoch angebrachte Automat, und «heilbar» ist auch die interne Barriere des Verhaltens, weshalb die UN-Behindertenrechtskonvention der «Bewusstseinsbildung in der Öffentlichkeit» einen eigenen Artikel widmet (Artikel 8). Weiter besagt der kulturelle und politische Leitgedanke der «Inklusion», dass es um die selbstverständliche Einbeziehung von Menschen mit Behinderungen in alle Bereiche des gesellschaftlichen Lebens als gleichberechtigte Bürger und Bürgerinnen *von Anfang an* geht, dass also Ausgrenzungen *von vornherein* zu vermeiden sind. Diese Aspekte *«von Anfang an»* und *«von vornherein»* lassen mein Nachdenken «radikal» werden. Das heißt, ich versuche an die Wurzel – *radix* – dessen zu gehen, «was das konstituiert, das wir in der Alltagssprache, aber auch in der Fachsprache, Behinderung nennen».[6] Damit wird ein «An-die-Wurzeln-Gehen» gleichbedeutend mit der Suche nach einem Ausgangspunkt, der es erlaubt, einen Menschen wahrzunehmen *vor dem Anfang jeglicher Zuschreibung von «Behinderung»*. Um im Wortspiel zu bleiben: Ist *«Behindern» durch Nicht-Zuschreibung* eines Merkmals wie «behindert» oder «Behinderung» *heilbar*? So radikal scheint die Kampagne «Behindern ist heilbar» es nicht meinen zu wollen, wird doch im begleitenden Glossar festgehalten, was mit «Behinderung» gemeint ist: «Menschen *sind behindert*, wenn ihre körperliche Funktion, geistige Fähigkeit oder seelische Gesundheit mit hoher Wahrscheinlichkeit länger als sechs Monate von dem für das Lebensalter typischen Zustand abweichen und daher ihre Teilhabe am Leben in der Gesellschaft beeinträchtigt ist.» Hier erhalten wir also keinen Impuls zu einem Fragen nach dem *«vor dem Anfang»*, denn hier *sind* Menschen *behindert*, und zwar *von vornherein*. Die Kampagne «Behindern ist heilbar» scheint nicht das Auge dafür schärfen zu wollen, dass die Fest-Stellung «vom typischen Zustand abweichen», selbst infrage gestellt wird. Gibt es hier einen «blinden Fleck», der es verhindert, das konstruierte Dilemma wahrzunehmen? Bei Maturana / Varela lesen wir: «Alles Gesagte ist von jemandem gesagt»,[7] also Aus-Druck einer «menschlichen Instanz».

Wenn die «Beteiligung» dieser Instanz am Hervorbringen der Welt nicht erkannt wird, verhindert dann der «blinde Fleck» zum Beispiel, dass *wir* «nicht wirklich» hören und *uns* nicht daran orientieren, was sogenannte *Betroffene* selbst sagen? In der UN-BRK wird in leichter Sprache festgehalten: «Menschen mit Behinderung wissen selbst am besten, was sie brauchen.»[8] – In der Sonderausgabe von «Ohrenkuss» diktiert Johanna von Schönfeld unter anderem folgenden Wunsch: «Und ich wünsche ... anderen Mitmenschen, die mich nicht so sehen, wie ich bin, würde ich empfehlen, dass sie die Welt anders schauen dürfen ...»[9] – 2007 formulieren «behinderte» Jugendliche in der Erklärung von Lissabon: «Wir müssen über unsere Behinderung hinauswachsen – dann wird die Welt uns besser akzeptieren.»[10]

Warum ist es für *Nichtbetroffene*, die sich zumeist als «Experten» ausgeben, so selbstverständlich, Menschen als «geschädigt, beeinträchtigt, behindert», im Superlativ «schwerst-mehrfachbehindert», hie und da auch noch als «defekt» zu bezeichnen? Und auch die Übersetzer der UN-BRK gehen mit der Sprache recht locker um: «Behinderte» und «Menschen mit Behinderungen» sind die gängigen Termini.

Radikal denken heißt radikal fragen: Ist ein «jenseits des

Vorhandenen» dahingehend möglich, dass wir uns des zuschrei-
benden Expertenblicks radikal enthalten können? Ist es möglich,
kritisch Distanz zu nehmen zur alles beeinflussenden Pathogenese
und uns zu öffnen hin zu einer Salutogenese, die sich in der Sicht
der Humangenetikerin Sabine Stengel-Rutkowski so darstellt:
«Die heutige Humangenetik muss sich davon distanzieren, als
Wissenschaft von den ‹Gendefekten› der Menschen ... verstanden
zu werden und sich als Wissenschaft von der ‹genetisch bedingten
Vielfalt› der Menschen definieren ...»[11] Veränderungen in der genetischen Konstitution «werden als Ursachen für unterschiedliche
Befähigungen[12] wahrgenommen, die sich durch Erziehung und Entwicklungsförderung ... im normalen sozialen Feld entfalten können.»[13] – Swantje Köbsell betont daher: Die Experten hätten sich
«mit den eigenen Mythen, Bildern, Vorstellungen und Vorurteilen
zum Thema Behinderung und Normalität auseinanderzusetzen ...
Inklusion braucht die aktive, reflektierte und permanente Auseinandersetzung der beteiligten Akteur/innen ... Nur dann ist dauerhaft eine neue Qualität im Umgang ... zu erreichen.»[14] – Georg
Feuser, der unermüdlich die defizitäre Sicht anprangert, verwendet zwar auch heute «noch» den Begriff «Behinderung», aber nur,
weil dieser in einer «Übergangszeit» den kommunikativen Austausch ermöglicht.[15] Für ihn wird der Anspruch der UN-BRK erst
dann eingelöst sein, wenn «schlussendlich eine institutionalisierte
Heil- und Sonderpädagogik» überwunden sein wird.[16] Was für eine
Provokation, was für eine *Chance*!

Resümierend stellt sich die Frage, ob die Schwierigkeiten, die
zur Distanzbildung gegenüber dem anderen führen, ihren Grund
in einem «blinden Fleck» unseres Bewusstseins haben. Brauchen
Wandlungsprozesse, wie sie die UN-BRK anstößt, Hinweise und
Hilfestellungen, um in noch unbekannte «Bewusstseinsfelder»
eintreten zu können, das heißt die Möglichkeit, sich innovativ mit
dem auseinanderzusetzen, was infrage gestellt wird? Albert Ein-
stein wird der Hinweis zugeschrieben: «Probleme können nicht
mit dem gleichen Denken gelöst werden, durch die sie entstanden sind.»[17] Bedarf es dann *weiterer radikaler Positionen*, die es
ermöglichen, dass «Individuen und Gemeinschaften beginnen, *in*

sich selbst Wurzeln zu schlagen»[18] oder wahrzunehmen, was Otto Scharmer nennt: den Sehenden in mir entdecken.[19] Was bedeutet dies für die Zuschreibungsmächtigkeit «Nichtbetroffener» und was für die Entfaltungspotenziale «Betroffener»?

Metamorphosierend wirken

> «... angetrieben von der die Geschichte
> bewegenden Urkraft – dem Weg –
> herauszufinden, worin inmitten der
> Situation der Zeit das ursprüngliche Selbst
> besteht und welcher Zugang zu einer
> schöpferischen Zukunft gefunden werden
> könne ...»
>
> *Kakichi Kadowaki*

«Metamorphosierend wirken» schließt an einen zentralen Gedanken des französischen Philosophen und Soziologen Edgar Morin an, der besagt: «Wir leben in einer Ära der ‹Metamorphose›, sowohl persönlich als auch sozial.»[20] Das Bild der «Metamorphose» – im Unterschied zu dem der «(R)Evolution» – verbindet «Wandel» mit «Bewahren» und ist Ausdruck der schöpferischen Kräfte der Natur und des Menschen. Nach Morin spiegelt sich in unserer Zeit «eine Art ‹kreatives Brodeln›» in einer Vielfalt reformerischer Wege wider, aus welcher «der ‹WEG› entstehen (kann) – hin zur noch nicht sichtbaren und nicht fassbaren Metamorphose».[21] Morin nimmt den Vorgang der «Metamorphose» als «Metapher für einen kreativen Wandel». Metamorphose als natürlicher Prozess und als Metapher veranschaulicht der Alternativnobelpreisträger Nicanor Perlas (2003 Right Livelihood Award), unter Bezugnahme auf die Biologin Norie Huddle am Beispiel der Verwandlung einer Raupe in einen Schmetterling. Was in der biologischen Metamorphose geschieht, nämlich einerseits ein Desintegrationsprozess des «Organismus Raupe» und andererseits ein «Kreationsprozess» eines «imaginativ» entstehenden «Organismus Schmetterling» – der

«eine Zukunft, die schon in der Gegenwart enthalten ist»,[22] repräsentiert –, ist für Perlas die Grundlage, darin eine Analogie
für soziale Transformationen zu erkennen. Der natürliche Prozess lässt sich mit sozialen Metamorphosen vergleichen, die das
Zusammenleben der Menschen charakterisieren. Was aber in der
Natur quasi «wie von selbst» geschieht, muss in der menschlichen
Welt durch Bewusstheit ergriffen und durch wirkliches Wollen
erst geschaffen werden.

«Reduziert mich nicht darauf, dass ich Einschränkungen
unterliege – aber ignoriert nicht, wer ich bin und wie ich von außen
behindert werde.»[23] Reduktion und Ignoranz sind Pole, welche die
individuelle Betroffenheit spürbar machen. Was kann es bedeuten, hier «metamorphosierend (zu) wirken»? «In der Frage, wie
wir mit Menschen umgehen, die anders sind als wir, die wir nicht
verstehen …, stehen wir selbst auf dem Spiel – es geht dann nicht
mehr um die Frage, wer diese Menschen sind, sondern wer *wir*
sein wollen.»[24] Hier deutet sich eine sich wandelnde Sicht Nichtbetroffener an, die in Richtung «Metamorphose» weist und die
willentlich in Wirklichkeit zu überführen ist.

An dieser Stelle nehme ich die Spur eines «metamorphosie-
renden und zukunftsweisenden» Weges auf: die «Theorie U» von
C. Otto Scharmer.[25] Das Modell, das vor dem Hintergrund der
New Economy am MIT[26] in Boston entwickelt wurde, findet in-
zwischen weltweit Anerkennung. Der schon genannte Nicanor
Perlas meint, dass dieses Modell zu einem der bestimmenden
Paradigmen des 21. Jahrhunderts werden kann.[27]

Die Theorie U ist nicht nur eine «Theorie» – im Sinne einer abstrakten Formel oder eines kopflastigen Denkgebildes –, sie ist vergleichbar einer Landkarte, mit deren Hilfe wir uns auf eine Reise
begeben können. Es ist eine Reise, welche, getrieben von der «Ur-
kraft des Weges», darauf zielt, drei «innere Wissensinstrumente»
zu beleben: die *Öffnung des Denkens*, die *Öffnung des Fühlens* und
die *Öffnung des Willens*.

Verdichtet lässt sich die «U-Bewegung» so zusammenfassen:
Sie beginnt mit einem *Sprung* heraus aus dem gewohnten
«Runterladen» (downloading) – verstanden als Zentriertsein in

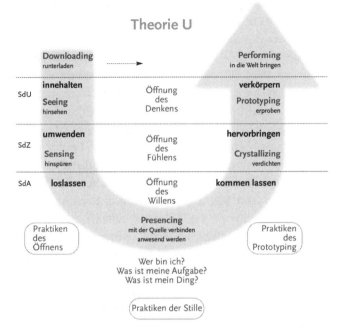

Theorie U

der eigenen Ich-Organisation – in ein «jenseits des Vorhandenen», bildhaft: mit dem «Sprung in den Brunnen» wie im Märchen von «Frau Holle». Begleitet und geleitet wird die Bewegung von «Gesten des Aufmerksamwerdens», auch von «Schwellen», die überschritten werden, von «Erkenntnisräumen», die zu betreten, und von Kompetenzen, die zu erwerben sind.[28] Auf der linken Seite des U sind dies:

Das «Innehalten» (suspending), gleichbedeutend mit dem «Beenden von Gewohnheitsmustern», und das genaue Hinsehen; sie finden sich in der Feststellung wieder: «Reduziert mich nicht darauf, dass ich Einschränkungen unterliege – aber ignoriert nicht, wer ich bin und wie ich von außen behindert werde.» Die Kernkompetenz der «Öffnung des Denkens» schärft das Bewusstsein für die *Potenziale* von Menschen mit Beeinträchtigungen. Die zweite Geste bedeutet «umwenden» (redirecting) mit dem Ziel, «die Aufmerksamkeit von einem «Äußeren» zu einem «Inneren» umzulenken, sodass «die Aufmerksamkeit hin zum Ursprungsort der inneren Prozesse geleitet wird und nicht zum Objekt hin».[29] Wer sich auf diesen Prozess einlässt, wird einen Mikrokosmos des gemeinsamen Lebens entdecken und inspiriert werden, mit den Augen des anderen zu sehen. Um die tieferen Quellen eines solchen sozialen Feldes zu erschließen, bedarf es der Kompetenz der «Öffnung des Herzens». Dieses Öffnen, von Howard Gardner auch als Akt einer emotionalen Intelligenz verstanden, «beschreibt unsere Kapazität, mit anderen mitzufühlen, sich in andere Kontexte hineinzufinden und aus der Perspektive einer anderen Person wahrzunehmen».[30] Im Hinspüren lässt sich die Situation aus dem Ganzen heraus betrachten, «die Grenze zwischen Beobachter und Beobachtetem verschwimmt, das System nimmt sich selber wahr».[31] Jetzt kann die Geste des «Loslassens» akzeptieren, was uns begegnet, was wir erfahren. Der tiefste Punkt der U-Bewegung wird mit Presencing umschrieben – eine Wortschöpfung, die zwei Begriffe verbindet: «Sensing», verstanden als Wahrnehmen, Spüren, Empfinden zukünftiger Möglichkeiten, und «Presence», als eine Befindlichkeit, im gegenwärtigen Moment, Augenblick, in der gegebenen Situation zu sein. Die Bewegung hier gleicht, bildhaft gesprochen, einem Gang durch ein Nadelöhr. Ballast wird abgelegt. Ein innerer Ort der Stille lässt ein authentisches Selbst gegenwärtig, anwesend sein. Hier werde ich mit der Frage konfrontiert: Wer bin ich? Was ist mein Be-Ruf? Wo liegt meine innerste Quelle?

«Loslassen» und die Verbindung mit einer «tieferen Quelle unseres Selbst» erfordern exzeptionellen Mut und Vertrauen. Shelley Sacks und Hildegard Kurt gehen mit einer inspirierenden Analogiebildung auf diese tiefere Quelle ein. Sie fragen: «Könnte es sein, dass in dieser Zeit des ‹Großen Wandels› eine große Entdeckung ansteht – oder schon begonnen hat? Eine epochale Öffnung, eine Entdeckung von Neuland …?»[32] Sie sprechen davon, dass vielleicht ein «neuer Kontinent» in Reichweite gerückt ist, den sie in Anlehnung an Wolfgang Zumdick «poetischen Kontinent» und unter Bezug auf David Bohm «kosmischen Kontinent» nennen. «Bezeichnet doch das griechische kósmos, ‹Ordnung›, jene ‹implizite Ordnung›, die allem Manifesten zugrunde liegt.»[33]

Und dann fahren sie fort: «Dieser primäre, Zukunft schaffende, Lebendigkeit schaffende Raum ist immer schon da, seit Anbeginn der Welt. Und es gibt ihn in jedem Augenblick. Jetzt. Hier. Der Zugang zu ihm liegt in uns, erschließt sich aber erst auf Wegen eines offenen, umfassenden Austauschs. Der kosmische Kontinent ist in uns, so wie wir in ihm sind. Um heimisch auf ihm zu werden, braucht es eigene innere Aktivität und Individualität. Doch er wird nie jemandem gehören. Er ist das vielleicht größte Commons – die Innenseite der Welt, die auch das scheinbare Außen mitträgt und enthält. Während der kosmische Kontinent seit eh und je und überall da ist, sind wir es nicht. Wir erkennen ihn nicht. Finden ihn nicht, suchen ihn vielleicht nicht einmal. Wir tragen einen immensen blinden Fleck auf unserer inneren Landkarte mit uns, oft ohne es auch nur zu bemerken.»[34]

Sacks und Kurt kommen zu dem Schluss: «Erstmals in der Geschichte der Menschheit dürfte es überlebenswichtig geworden sein, willentlich nach diesem primären Raum zu suchen, der in uns und zugleich kosmisch ist. Es scheint, als warte die Evolution unseres Bewusstseins geradezu darauf, individuell und vor allem gemeinschaftlich aktiv vorangebracht zu werden ...»[35]

Eine Lemniskate, raumhaft gestaltet, hilft, diesen primären Raum zu veranschaulichen. Sie lässt sich wie folgt konstruieren: Ein schmaler Streifen Papier in DinA4-Länge wird mit beiden Enden ringförmig so verbunden, dass ein Ende – um 180° verdreht – mit dem anderen zusammengefügt wird. An dieser Möbius-Schleife wird erlebbar, wie die dritte Kompetenz der «Öffnung des Wollens» Wandlungsenergie freisetzen kann.

Die absteigende U-Bewegung ist nicht frei von Barrieren, die sich dem Fortschreiten in den Weg stellen können. Es sind dies die «Stimme des Urteilens» (SdU), die «Stimme des Zynismus» (SdZ) und die «Stimme der Angst» (SdA), auf die hier nicht weiter Bezug genommen wird.

Dem Weg aus der U-Bewegung heraus entsprechen drei Gesten auf der rechten Seite des «U». Die erste Schwelle ist das «Entstehenlassen» – hier verdichten sich Visionen und Intentionen aus der Presencing-Phase. Die Kraft der Intention, sich der Erfahrung des «Kommenlassens» zu öffnen, rührt an etwas Geheimnisvolles: Was da kommen möchte, ist nicht (nur) abhängig von dem, was ich will, sondern von einem «großen, einem tieferen Willen», wie es Martin Buber ausdrückt.[36] Die zweite Schwelle meint das «Hervorbringen» im Sinne von Erproben konkreter Prototypen und die dritte schließlich die Schwelle des «Verkörperns» – hier findet «das Neue mittels Handlungen, Infrastrukturen und Praxis seine Form» in einem Wirklichkeit umfassenden Sinn.

Um gemeinschaftlich Wirk- und Evolutionsfelder mitzugestalten, bedarf es der *Orte*: Orte des gemeinsamen Sehens und Verstehens (co-sensing), Orte der Reflexion und Stille (co-inspiring), Orte, die es erlauben, «die Zukunft im Tun zu erforschen» (co-creating) und sich wirklich einzulassen auf ein sich öffnendes Denken, Fühlen und Wollen.

Solche Orte im Sinne von Erproben konkreter Prototypen finden sich zum Beispiel da, wo «Menschen mit so genannter geistiger Behinderung zur Bildungsarbeit (qualifiziert werden), damit sie an Fachschulen und Hochschulen ihre Expertise in eigener Sache vermitteln können»[37] oder wo diese in konkrete Forschungsarbeit mit einbezogen werden und beitragen zur «Veränderung der Wissensproduktion im Kontext von (intellektueller) Behinderung».[38] Oliver König bezieht inzwischen in eine solche Forschungsoption die Theorie U explizit ein und stellt sie auf europäischer Ebene unter dem Stichwort «personcentredplanning» als «New Paths to InclUsion Network» zur Diskussion.[39]

Sind Waldorfschulen, heilpädagogische Schulen und Kindertagesstätten auf der Grundlage anthroposophischer Menschenkunde weitere Orte, die hierzu beitragen können, wollen sie solche Orte werden? Die «integrative Praxis an Waldorfschulen», wie sie Thomas Maschke in dem Buch «... *auf dem Weg zu einer Schule für alle*» zusammengestellt hat, lässt Erfahrungen zahlreicher Orte zu Wort kommen. Schwieriger wird das Fragen nach inklusiven pädagogischen Orten bei folgender Ausgangssituation: «Stellen Sie sich eine solide anthroposophische Grundlage vor. Darauf stehen ein Lehrer oder eine Lehrerin und ein Heilpädagoge und eine Heilpädagogin. Rücken an Rücken stehen die bei den und schauen jeweils in die entgegengesetzte Richtung. Dieses Bild illustriert zwei Zitate aus dem pädagogischen Vortragswerk Rudolf Steiners. In der *Allgemeinen Menschenkunde* sagt Steiner zu den Lehrern: ‹Hier in diesem Menschenwesen hast du mit deinem Tun eine Fortsetzung zu leisten für dasjenige, was höhere Wesen vor der Geburt getan haben.›[40] Im *Heilpädagogischen Kurs* sagt er: ‹Du tust etwas, was Götter sonst tun im Leben zwischen Tod und nächster Geburt.›[41] Also einmal: Anschluss an das Vorgeburtliche und das andere Mal: Hinwendung zum Nachtodlichen.»[42]

Im Kontext der Theorie U entsteht für mich die Frage, inwieweit die Unterscheidungen «Anschluss an das Vorgeburtliche» und «Hinwendung zum Nachtodlichen», inwieweit diese Rücken-an-Rücken-Positionen durch die Zeitdimensionen «von der Zukunft her» und im «Presencing» aufgehoben, das heißt miteinander verbunden und damit in ein metamorphosierendes Licht gerückt werden wollen? Denn so, wie «kategoriale Zuschreibungen» immer schon «mögliche Barrieren» konstruieren, wo doch «festlegungsfreie Horizonte» gesucht werden, so drängen sich mir, zwar ohne «solide anthroposophische Grundlage», hier Fragen auf: Wie «ein-engend» mag es sein, einerseits «nur» etwas «fortzusetzen», «was höhere Wesen vor der Geburt getan haben», und wie «(be-)lastend» muss es sein, «vorwegzunehmen oder zu übernehmen», «was die Götter sonst tun im Leben zwischen Tod und nächster Geburt»?[43]

Bedeutet «Inklusion» hier vielleicht, in eine Situation zu treten, die analog ist zu der, in welcher die Verknüpfung des Papierstreifens zu einer lemniskatenähnlichen Form einen Raum schafft und Symbol wird für einen neuen, schöpferischen Akt? Wollen sich die divergierenden Blicke nicht durch ein Wenden um 180 Grad treffen? Wollen die Hände miteinander in Austausch treten und kreativ *handeln*? Wollen so «vorgeburtliche und nachgeburtliche Welt» eingebunden, «inkludiert» werden in ein Leben der Gegenwärtigkeit? Wollen dieses «*Auge in Auge*» und das gemeinsame «*Handeln*» den Menschen – auf der individuellen, kollektiven, institutionellen und gemeinschaftlichen Reise zum «ursprünglichen Selbst» – neuen Sinn ent-hüllen und wollen sie ihn so in das «Mit-Wirken» am Werk des Menschen neu be-rufen, jetzt? – *«Wende-Zeit in geistigen Welten und des Geistigen in der Welt»?*

Waldorfschulen, heilpädagogische Schulen und Kindergärten auf der Grundlage anthroposophischer Menschenkunde stehen sicher nicht erst heute an dieser Stelle. Aber es scheint jetzt ein Moment – vielleicht *der* Kairos – gekommen zu sein, sich erneut und erneuernd, individuell *und* kollektiv, vor allem aber «beherzt» auf diese Reise zu begeben, weil das «Werk des Menschen» noch nicht getan ist. In «säkularer» Sonderpädagogik und in allgemeiner Pädagogik finden solche transformierenden Prozesse vielerorts statt – und nicht nur mit dem Ziel eines gemeinsamen Unterrichts. Ist es nicht an der Zeit, dass die an anthroposophischer Menschenkunde orientierte pädagogische Praxis und Forschung sich solchen Impulsen öffnet und frei an entsprechenden Prozessen und Projekten teilnimmt?[44] Als Beispiel sei erwähnt, wie sich die Theorie U und der Index für Inklusion fruchtbar ergänzen können. «Die im Index für Inklusion grundgelegte Reflexion und Weiterentwicklung von Kulturen, Strukturen und Praktiken in von inklusiven Werthaltungen geprägten Handlungsorten wird durch Attribute der Theorie U wie Selbstreflexion, Bewusstmachung und Selbstverantwortung von Prozessgestaltung, empathische und schöpferisch-dialogische Beziehungen in besonderer Weise unterstützt.»[45]

Es lässt sich nicht voraussagen, was in dichten, gemeinschaftlichen Prozessen, geleitet von einer Theorie U, einem Index für Inklusion und einer Pädagogik auf der Basis anthroposophischer Menschenkunde – getragen von Impulsen aus geistiger Welt analog dem «Versuch einer Konkretion des Geistigen», wie sie Jean Gebser im zweiten Teil seines Hauptwerkes *Ursprung und Gegenwart*[46] vermittelt –, sich ereignen wird. Aber ist es nicht aufregend, sich darauf einzulassen? Liegt darin nicht eine Chance, Humanität gemeinschaftlich neu zu gestalten?

Humanität neu bilden

> «Denn es ist nicht wahr, dass das Werk des
> Menschen getan ist, dass wir nichts mehr
> zu tun hätten auf der Welt. Das Werk des
> Menschen hat gerade erst begonnen.»
>
> *Aimé Césaire*

«In was für einer Gesellschaft wollen wir leben?» Dies war die
Ausgangsfrage, mit welcher die *Aktion Mensch* 2006 für fünf
Jahre «die Gesellschafter-Initiative» ins Leben rief. Mit der neuen
Initiative «Inklusion» betont die *Aktion Mensch* explizit den Inklusionsprozess und damit den von der UN-BRK ausdrücklich geforderten Bewusstseinswandel in der Gesellschaft.

Ein Wandel unseres Bewusstseins ist eng verbunden mit
möglichen Veränderungen des Gemeinwesens. Wie radikal-
(r)evolutionär solche aussehen und wie wirklich sie werden können, skizzieren Otto Scharmer und Katrin Käufer in Fortführung
der Theorie U in ihrem neuesten Werk.[47]

Ausgehend von drei zentralen Trennungsgeschehnissen in unserer Welt, der ökologischen, sozioökonomischen und spirituell-
kulturellen Trennung, eröffnen Scharmer und Käufer eine Plattform, von der aus ein «gesellschaftlicher Quantensprung» gewagt
werden kann in eine Zukunft, die erfordert, dass wir eine «tiefere Ebene unserer Humanität» zugänglich machen. Um dahin zu
kommen, ist eine Verlagerung nötig, «von einer *ego*-systemischen
Achtsamkeit, der es nur um das eigene Wohlergehen geht, hin zu
einer öko-systemischen, der es um das Wohlergehen aller geht,
das persönliche Wohl eingeschlossen». Anknüpfend an den griechischen Begriff *oikos*, der das «ganze Haus» meint, geht es um
das «Wohlergehen des Ganzen», ohne exklusive Tendenzen. Und
das Ganze ist nicht nur lokal verortet, sondern es geht darüber
hinaus um globale Gemeinschaften und noch weiter um ein planetarisches Ökosystem.

«Finanzen. Ernährung. Treibstoffe. Wasserknappheit. Rohstoffmangel. Klimachaos. Massenarmut. Massenmigration. Fundamentalismus. Terrorismus. Finanzoligarchien. Wir haben das Zeitalter des Zusammenbruchs und der Zerrüttung erreicht. Trotzdem war die Möglichkeit für eine tiefgreifende individuelle, gesellschaftliche und globale Erneuerung nie so real. Jetzt ist unsere Zeit ... Dabei geht es nicht darum, nur eine Denkweise, die nicht mehr dienlich ist, durch eine andere zu ersetzen. Es geht um eine Zukunft, die von uns fordert, eine tiefere Ebene unserer Humanität zu betreten und zu fragen, wer wir wirklich sind und wer wir als Gesellschaft sein wollen.»[48] Das Wasserzeichen U wird erweitert durch das Bild vom *oikos*. Der vom Menschen bewohnte und gewohnte Ego-Raum soll um-gestaltet und neu bewohnbar werden, ein Raum für eine humane Kultur, der zugleich «erdverbunden» bleibt. Der «Anthropos» der dies vermag, ist neu zu entdecken, er ist das *«projectum»*, um das es heute geht. Vor einem solchen Hintergrund wird deutlich, dass es nicht nur das Ziel sein kann, dem «Anthropos mit Beeinträchtigungen» zu seinen «Rechten» zu verhelfen, wie dies in der UN-Charta gefordert wird, sondern dass jeder Mensch *von Anfang an authentisch beteiligt* wird an der Gestaltung eines *oikos*, der dem *Wohle aller dient!*

Noch aber sind wir alle Teil eines «Erosionsdramas», welches sich in ökologischen, sozialen und geistig-kulturellen Trennungsprozessen widerspiegelt und sich in der Zerstörung der «humana», verstanden als «unsere menschlichen Eigenschaften und Fähigkeiten»,[49] ausdrückt. Was können wir dem entgegensetzen? Otto Scharmers «Theorie U» kann als eine «Forschungsreise» verstanden werden, deren zugrunde liegende Frage lautet: «Wie können wir aus der im Entstehen begriffenen Zukunft heraus handeln, wie aktivieren wir die tieferen, mehr schöpferischen Schichten des sozialen Feldes?»[50] Und dann erinnert er sich an seine eigene Kindheit: «Ich bin auf einem Bauernhof in der Nähe von Hamburg aufgewachsen. Eines der ersten Dinge, die mir mein Vater, ein Pionier der biodynamischen Landwirtschaft in Europa, beibrachte, war, dass die lebendige Qualität des Bodens die wichtigste Sache in der organischen Qualität des Bodens überhaupt ist. Jedes Feld, so erklärte er mir, hat zwei Seiten: die sichtbare, also das, was wir oberhalb der Erde sehen, und die unsichtbare

oder das, was unter der Oberfläche ist. Die Qualität der Ernte –
das sichtbare Resultat – ist eine Funktion der Qualität des Acker-
bodens, also derjenigen Elemente des Feldes, die für das Auge
weitgehend verborgen bleiben ...

Jeden Sonntag nahmen meine Eltern mich, meine Brüder und
meine Schwester mit auf einen *Feldgang* über alle Äcker und Felder unseres Hofes. Hin und wieder blieb mein Vater stehen, um
aus einer Ackerfurche einen Klumpen Erde aufzuheben, sodass
wir ihn untersuchen und die unterschiedlichen Typen und Strukturen sehen lernen konnten. Die Qualität der Erde, erklärte er,
hängt von einer ganzen Masse lebender Mikroorganismen ab –
Millionen lebender Organismen, die jeden Kubikzentimeter Erde
bevölkern und beleben und deren Arbeit existenziell dafür ist,
dass die Erde atmen und sich als lebendes System entwickeln
kann.»[51] Otto Scharmers «Theorie U» lädt uns «zu einem Feldgang
durch soziale Landschaften unserer globalen zeitgenössischen
Gesellschaften»[52] ein, und sie konfrontiert uns mit der Frage, wie
sich die Struktur eines sozialen Feldes umschmelzen, umstülpen
lässt: Wo liegt der «*archimedische Punkt*»[53] zur Veränderung des
globalen sozialen Feldes? Wer mit der Erde arbeitet, weiß, was
zu tun ist: «Für meinen Vater war das sonnenklar. Wo setzt du
deinen ‹Hebel› an? An der Erde. Man konzentriert sich darauf,
kontinuierlich die Qualität der Humusschicht zu verbessern.
Jeden Tag. Der fruchtbare Humus ist eine sehr dünne Schicht
lebender Substanzen, die sich durch die ineinander verschlunge-
ne Verwebung zweier Welten entwickelt: des sichtbaren Reichs an
der Erdoberfläche und des unsichtbaren Terrains darunter. Die
Begriffe *Kultur* und *Kultivierung* haben ihren Ursprung in der
Ausübung genau dieser Tätigkeit der kontinuierlichen Verbesserung der Qualität der Humusschicht: Landwirte kultivieren den
Humus, indem sie die Verbindung zwischen den beiden Welten
vertiefen – durch Pflügen, Grubbern, Eggen und so weiter.

Wo liegt der Hebelpunkt im Fall des *sozialen Feldes*? An genau
der gleichen Stelle: an der Schnittstelle und in der Verbindung
zwischen der sichtbaren und der unsichtbaren Schicht des
sozialen Feldes. Der fruchtbare «Humus» der Organisation ent-

steht dann, wenn diese beiden Welten sich begegnen, verbinden und miteinander verflechten.

Was entspricht dann, im Falle der sozialen Felder, der sichtbaren Welt? Das ist, was wir *tun, sagen* und sehen. Das soziale Handeln, wie es von einer Kamera eingefangen und dokumentiert werden könnte. Und was ist die unsichtbare Schicht des sozialen Werdens? Es ist die *innere Verfassung*, von der aus die Teilnehmer handeln. Es ist die hervorbringende *Quelle* all dessen, was wir tun, sagen, sehen.»[54]

Das Erodieren von Kultur hängt also eng zusammen mit der Zerstörung der «Humusschicht der Erde». Indem dieser Zusammenhang bildhaft und dadurch *«Humanität bildend»* umkreist wird, kommen noch einmal Hildegard Kurt und Shelley Sacks zu Wort, die, vom etymologischen Zusammenhang der Begriffe *humus, humanus* und *humilis* ausgehend, auf einen Kulturauftrag verweisen, der «selbst»-verständlich sein müsste und doch zugleich sprichwörtlich «um-wälzend» ist.

«In der einstigen Weltsprache Latein gehören *humus* und *humanus* derselben Wortfamilie an. Wobei Letzteres ‹menschlich›, ‹menschenwürdig› und ‹menschenfreundlich› bedeutet – aber interessanterweise auch ‹fein gebildet›! Humanität wäre demnach etwas, das uns einerseits per Geburt gegeben ist, aber andererseits in einem lebenslangen Prozess der Bildung – und der Selbstbildung – herausgearbeitet werden will.»[55]

Beide Autorinnen machen auf die Parallele aufmerksam «zwischen einem allerorts drohenden Ausdünnen von Humanität und dem weltweit dramatischen Verlust von Humus».[56] Die wichtigste Methode, dieser Tendenz entgegenzuwirken, ist das «Kompostieren», die Schaffung eines «neuen Humus». Und daher fragen die Autorinnen: «Was lehrt uns dieses Schaffen von Humus für jenes ‹feine Bilden› unserer selbst? Für die Aufgabe, Humanität neu zu schaffen? Was etwa würde es bedeuten, im Bereich des Menschlichen und Sozialen mit der Methode des Kompostierens zu arbeiten?»[57] Die Antwort lautet: «Mit Verdorbenem arbeiten!» Und was ist das Verdorbene? Es ist nach Shelley Sacks das, was *wir* «versteckt, ignoriert, verdrängt»[58] haben. Kann mit dem «Verdorbenen» auch das gemeint sein, was Georg Feuser in seiner gewohnt unverblümten Sprache im Zusammenhang mit dem Diskurs Integration–Inklusion im Fach Geistigbehindertenpädagogik so ausdrückt: «Das Fach ist in dieser Frage in sich total korrupt»?[59] «Radikal denken» heißt «radikal fragen»: Gehört zum «Verdorbenen» – unbemerkt, weil gedanklich keimfrei «konserviert» – auch all jenes «Kategorisieren» und in dessen Folge das «exkludierende Institutionalisieren», vielleicht sogar der Wissenschafts-«Betrieb» in toto?

In der Phase des «sensing» lassen sich, wenn sich unser Denken zu öffnen beginnt und Herzräume zugänglich werden, solche Zusammenhänge individuell und gemeinschaftlich bis an deren Entstehungswurzeln beleuchten. Dabei stoßen wir auf Verdorbenes und können mit «humaner Kompostarbeit» beginnen. Im Fortgang der U-Bewegung durchschreiten wir, als Verwandler, ein Feld, in welchem wir dem dritten Element, *«humilis»*, in der Bedeutung von demütig und hingebungsvoll, begegnen. «‹Humilität› ist eine Sanftheit, die mit Empfänglichkeit zu tun hat, mit einer offenen Haltung sowohl einem anderen gegenüber als auch gegenüber einem Zukünftigen, das sich vielleicht völlig vom Bisherigen unterscheidet. Ja, in einer respektvollen, bescheidenen Haltung liegt die Fähigkeit, präsent zu sein und mit dem, was ist, in einen Austausch zu treten. Demut bedeutet also auch, Potenzialen Raum zu geben – anstatt allem verhärtete Begriffe, Denkgewohnheiten oder überkommene soziale Muster überzustülpen. Was für ein bemerkenswerter Dreiklang das doch ist: Humus, Humanität und Humilität.»[60]

Und dann kommen beide Autorinnen auf ein Lebewesen zu sprechen, das vielleicht zukünftig zum «Totemtier» inklusiver Praxis avancieren könnte: der Regenwurm. Von dieser Spezies schreiben sie voller Achtung: «Das sind ja denkbar bescheidene Wesen. Und sie schaffen Humus. Sie arbeiten sich unter der Erdoberfläche in das hinein, was ist. Indem sie sich im Boden bewegen, verwandeln sie ihn. Sie beatmen ihn, belüften ihn, lockern ihn, wo er verhärtet ist, sorgen für neue Durchlässigkeit, kurz, sie verlebendigen ihn. Und das auf allen Kontinenten rings um den Planeten.»[61]

Dieses Bild mag bei vielen nur ein müdes Lächeln provozieren in Zeiten, in denen mit harten Bandagen gestritten wird um jedes Spezialgebiet, um jeden «Behinderten», um jede Institution, um jeden Euro, und es nur selbstzerstörerisch sein kann, sich auf ein «Weichtier» zu stützen. Aber: «Diese Art von Sanftheit ist nicht rückgratlos. Sie bedeutet innere Regsamkeit, wofür das unermüdliche, in alle Richtungen gehende Hin und Her des Regenwurms tatsächlich ein gutes Bild abgibt. Und so wie die Würmer neuen Humus schaffen, können wir neue Formen inmitten der alten entwickeln. Das ist nicht unmöglich.»[62] Zielen darauf nicht alle Hinweise, Forderungen und Vorschläge der UN-Behindertenrechtskonvention: «... inmitten des Bekannten und Gegebenen Neues zu schaffen durch Umwandeln»? Lässt solches *Hum(an)us-Bilden* Lösungen für die anstehenden Probleme erwarten?

Das Neuschaffen «inmitten des Bekannten und Gegebenen» lässt sich mithilfe der Metapher der Metamorphose von Raupe und Schmetterling illustrieren. Vielleicht kann diese Metapher weiterführend aufklären, dualistische Positionen befrieden und zugleich zukunftsoffen verlebendigend wirken. Unter Bezug auf eine Analogiebildung von Nicanor Perlas[63] lässt sich «Inklusion» als «Akt der Kokonbildung» verstehen, der bewirkt, dass «sich neue Formen inmitten der alten entwickeln». Konkret: Indem eine Raupe sich verpuppt, entstehen in ihrem Körper «neue Zellen, die von der Wissenschaft Imago-Zellen genannt werden».[64] Der Raupenkörper wehrt sich gegen diese Zellen, die er als «Eindringlinge» interpretiert, aber nur so lange, bis die sich vermehrenden Imago-Zellen sich zu einem «langen Faden von Imago-Zellen»[65] zusammengeschlossen haben und dieser Faden «plötzlich zu begreifen (scheint), dass er etwas ist. Etwas anderes als die Raupe. Etwas Neues! Und mit der Erkenntnis einer eigenen Identität verwandelt er den alten Raupenkörper von innen. Diese Erkenntnis ist die eigentliche Geburt des Schmetterlings ...»[66] Kann sich, will sich eine wissenschaftliche Disziplin auf einen solchen Erkenntnisprozess einlassen? Kann sie loslassen und kommen lassen? Ist ein Fachgebiet «korrupt», weil es sich weiterhin «systemimmanent» verhält, obgleich der Prozess der sozi-

alen Transformation, wie zum Beispiel in der UN-Konvention gefordert, längst im Gange ist? Kann eine Disziplin in diesem Sinne
zum «Verdorbenen» gerechnet werden? Ist auf der anderen Seite
der «Faden von Imago-Zellen» noch nicht so fest geknüpft, dass
die «Imago-Zelle-Inklusion» den «Kultur-, Struktur- und Praxis-
körper Pädagogik» *von innen* zu verwandeln vermag?

Da menschliche Intelligenz den Wandel von einem Puppen-
stadium zu einem Schmetterlingsstadium der Gesellschaft «aktiv
wollen» muss, bedarf es der *Wege*, die wir aus unterschiedlichen
Perspektiven diogenes-haft beleuchtet haben.

Vielleicht könnte – in Anlehnung an Arthur Zajonc – ein «kon-
templatives» Forschen «heilsam» werden, das «von vornherein» Respekt vor dem Gegenüber zeigt; mit Bezug auf Goethes
«zarte Empirie» Sanftheit im Achtsamkeitsprozess der Bewegung U walten lässt – in Absetzung zu inquisitorischem Empi-
rismus; das Intimität mit dem «Gegenstand» eingeht durch ein
Öffnen des Herzens; das Teilhabe und Teilsein teilt durch die
Erfahrung eines «authentischen» und nicht selbstischen Selbst
im Durchgang durch das Nadelöhr am Grund der U-Bewegung;
das Verwundbarkeit als Gegenteil von «versteckter, intellektueller» Arroganz kennt – als Bereitschaft, Nichtwissen, Unsicherheit
und Widersprüche anzunehmen und auszuhalten; das den For-
scher als Verwandler akzeptiert; ein Forschen, in dem Bildung –
im Sinne von Humanität als Humus bilden – die Individualität
des Forschenden durchformt und schließlich ein Forschen, das
zur Einsicht führt, nicht durch intellektuelles Schlussfolgern,
sondern durch Gewärtigen, durch Presencing dessen, was in die
Welt kommen will: Projectum Inklusion und Humanität – Wirk-
feld eines umgreifenden Prozesses der Transformation, auch der
Wissenschaft.»[67]

Wissenschaft sieht primär ihren Auftrag im Entdecken des
Verborgenen, dessen, was griechisch mit «alethia» umschrieben
wird, verstanden als das «nicht Verborgene», das «Unverhüllte».
Wenn nun die Bodenkunde feststellt, dass «erst ca. drei Prozent
der Mikroben, die es in lebendiger Erde gibt, bekannt sind: Ist
dann vielleicht auch … in uns, diesem inneren Humus erst ein

Bruchteil dessen erschlossen, was es an ‹Wirkkraft› – ‹energia› – ... gibt? Was, wenn da Wandlungskräfte schlummerten, die jetzt geradezu darauf warten, erkannt, gewürdigt und produktiv zu werden?»[68]

Einzelne, Gruppen, Institutionen, das Gemeinwesen und die global community stehen in der Verantwortung, Gegebenes zu verwandeln. Jede und jeder ist eingeladen, sich Imperativen zu öffnen: *Suche wurzelhaft! Vertraue dich gemeinschaftlich einem U-Prozess und seiner lemniskatenhaften Bewegung an! Folge metamorphosierend einer Schmetterlingsbewegung! Baue schöpferisch mit an einem Oikos zum Wohle aller!*

Anmerkungen und Literatur finden sich auf S. 717ff.

FLORIAN OSSWALD

DER MENSCH, EIN INKLUSIVES WESEN

Hält man einen Vortrag, so klatscht das Publikum bereits, bevor man anfängt, etwas zu sagen. Das ist natürlich schön. Als Lehrer hat man diese Situation nicht allzu oft. Da geht man ins Klassenzimmer, und selten ist das Klatschen das Erste, was einem entgegenkommt. An erster Stelle steht das Wahrnehmen: Wahrnehmen, wer da überhaupt anwesend ist.

Ich möchte versuchen, meine Gedanken zur Inklusion nicht aus theoretischen Überlegungen, sondern aus der alltäglichen Erfahrung abzuleiten. Denn wenn Inklusion nicht bei uns allen veranlagt ist, wird es sie auch nicht geben. Sie können noch so viele schöne Institutionen aufbauen, mit wunderbaren Räumen, Strukturen und Regeln – es wird nie funktionieren ohne das basale Erlebnis: Ich bin in meinem Kern ein inklusives Wesen.

Verordnungen und Rezepte

An vielen Orten sind Umgestaltungsprozesse hin zu inklusiven Formen des Lernens verordnet worden. Dadurch entstehen Fragen, die sich jedoch auf das Verordnen beziehen und nicht auf die Inklusion. Wir sind aufgefordert, einen Schritt aus der Verordnung herauszuwagen. Die Regeln und Grundsätze müssen neu erarbeitet werden. Wenn sie nichts mit uns zu tun haben, sollten wir sie besser meiden oder sehr klar deklarieren, dass es Arbeitshypothesen sind, dass wir mit ihnen etwas versuchen, aber nicht, dass sie unumstößlich sind. Wir können aber auch, um die Sache zum Guten zu wenden, Verordnungen wie Kochrezepte auffassen. Denn auch ohne kochen zu können, ist es uns möglich, etwas Gutes auf den Tisch zu bringen. Ähnlich wie in der Malerei, in der wir ein großes Kunstwerk von Picasso exakt kopieren und ansprechend aussehen lassen können, hilft uns ein Rezept beim Kochen. Wichtig ist, dass wir dabei nicht stehen bleiben, sondern zum eigentlichen Kochen übergehen, das heißt, wir müssen beginnen, die Zutaten und den Kochprozess zu studieren. Die Aufmerksamkeit richtet sich auf das Kochen und nicht mehr nur auf das Rezept. Und wir wissen: Kochkünstler sind wir deshalb noch lange nicht, aber wir machen uns auf den Weg.

Erziehungskünstler werden

Die Menschen in der heutigen Welt sind jedoch kritisch, sie helfen, damit wir keine Rezepte verordnen. Sie schauen uns auf die Finger und sagen: Wir wollen von euch keine Rezepte. Wir wollen Forschungsresultate, Eigenerarbeitetes. Beweist erst einmal, was ihr da behauptet. Könnt ihr das statistisch belegen? Was habt ihr selber geleistet? Kochen zu lernen ist somit dringend notwendig.

Wir werden herausgefordert, und es wird klarer, was wir zu leisten in der Lage sind. Erziehen hat die Anlage, zu einer Kunst zu werden, der wir uns schrittweise nähern können. Und wir sind nicht allein. Viele Menschen forschen. Sie in ihren Bemühungen wahrzunehmen ist eine wichtige Aufgabe. Die Resultate von John Hatties Studie sind ein Beispiel dafür. Sie weisen in einer zeitgemäßen Art auf einen zentralen Gedanken des pädagogischen Impulses von Rudolf Steiner hin.

«Was ich nicht gesagt habe, ist, dass Lehrkräfte wichtig sind. Dazu gab es keine Hinweise (...). Was wirklich wichtig ist, ist das Bewusstsein bei den Lehrkräften, dass es ihre Rolle ist, die Wirkung ihres Tuns auf das Lernverhalten der Lernenden zu evaluieren.

Das bemerkenswerteste Ergebnis der Studie ist, dass die größte Wirkung auf das Lernen entsteht, wenn Lehrer selbst Lernende in Bezug auf ihren Unterricht werden und wenn Schüler zu ihren eigenen Lehrern werden. Wenn Lernende zu ihren eigenen Lehrpersonen werden, entwickeln sie selbstregulierende Attribute, die die wünschenswertesten für Lernende sind (z.B.

werden sie selbstwahrnehmend, selbstevaluierend, selbstbewertend, selbstunterrichtend).»[1]

Eine wunderbare Erkenntnis. Dafür hat man viele Jahre geforscht, dafür wurden Millionen von jungen Menschen befragt. Das ist doch bemerkenswert. Nehmen wir diese Aussage der Studie ernst, dann heißt das nichts anderes, als dass Lernen am besten funktioniert, wenn wir unsere eigenen Lehrer sind, aber auch, dass Erziehung am effektivsten ist, wenn sie eine Selbsterziehung ist.

So eine Erkenntnis sollte Folgen haben. Wir fragen uns deshalb: Bauen wir unsere Erziehung auf dieser Erkenntnis auf? Ruht unsere Schule auf diesem Fundament? Lebt in unserem Tun die Idee und die Lebenspraxis der Selbsterziehung?

Eigenaktivität

Die Aufgabe lässt sich noch anders formulieren: Löst unser Unterricht, lösen unsere Erziehungsmaßnahmen eine Eigenaktivität bei den Kindern und Jugendlichen aus? Das wäre eine Konsequenz: Wir regen zu Eigenaktivität an, denn es ist das Beste, wenn die Kinder und Jugendlichen das Lernen selbst tun. Nicht die Erzieher und Lehrer tun es für die Schüler, sondern diese tun es selbst. Ist das unsere Intention – tagtäglich?

Wir können uns auch fragen: Wie lebt Eigenaktivität z.B. im Mathematikunterricht?

Hier ein kleines Experiment. Es ist hierbei wichtig, dass man sich selbst beim Lösen der Aufgabe beobachtet. Lösen Sie bitte nicht nur die Aufgabe, sondern versuchen Sie, gleichzeitig zu beobachten, welche Lösungsstrategie Sie wählen.

Die Aufgabe: Wie heißen die beiden Zahlen, die, wenn man sie addiert, sechs, und wenn man sie miteinander multipliziert, acht ergeben? Wie heißen die beiden Zahlen?

Ausnahmsweise ist nicht das Ergebnis das Wichtigste: Was hat sich in Ihnen abgespielt, beim Versuch, die Aufgabe zu lösen? Ich hoffe, Sie können Ihren Ansatz nicht in den folgenden Antworten wiederfinden:

- Das kann ich nicht.
- Ich frage meinen Nachbarn: «Können Sie mir helfen?»
- Mit welcher Formel löst man das wohl? Ich habe doch so etwas einmal gelernt.
- Ich warte mal, er wird schon sagen, wie es weitergeht.
- Das ist zu schwer.

Alle diese Ansätze haben etwas gemeinsam. Es ist keine Eigenaktivität in Bezug auf die mathematische Fragestellung entstanden. Hier liegt eine «Schädigung» vor. Die Antworten zeigen, dass das Wagnis, selbst zu denken, verhindert wird. Sehen Sie, so etwas können Mathematiklehrer bewirken. In der Welt gibt es ein Heer von mathematisch verletzten Menschen. Menschen, denen das Selberdenken abgewöhnt wurde. Natürlich führen ganz viele Faktoren dazu, einen derartigen Zustand herzustellen. Vielleicht – hoffentlich! – haben Sie aber ganz anders reagiert. Vielleicht sagten Sie, ich probiere es einmal, zeichne es auf, wähle Zahlen … Sie entwickelten Eigenaktivität zur Sache.

Eigenaktivität: Sie können Ihren Unterricht analysieren und sich fragen: Wie lebt die Freude am eigenen Tun? Zerstöre ich meine Schüler, oder fördere ich sie? Unterricht ist dazu da, eine Eigenaktivität anzuregen.

Beziehung, Zeit und Selbsterziehung

Wenn ich einen Vortrag halte, sitzt das Publikum vor mir, und ich weiß nicht einmal, wer die Menschen sind. Ich weiß, sie haben diesen Abend mit mir verbringen wollen, weil sie das Thema interessierte. Ich meinerseits habe eine Anfrage bejaht, einen Vortrag zu einem gewissen Thema zu halten. Somit stehe ich vor dem Publikum und versuche, meine Gedanken in Worte zu fassen. Ich lebe in Annahmen. Vermutlich ist das Publikum eine recht heterogene Gruppe.

Der Lehrer vor der Klasse hat es in dieser Beziehung einfacher. Er weiß genau (oder sollte es wissen), wie die Schüler lernen. Täg lich erforscht er es neu. Auch hier besteht eine heterogene Gruppe, aber die Unterschiede sind dem Lehrer bekannt.

In der Inklusionsdiskussion wird von der Problematik der Heterogenität gesprochen. Es sei schwierig, alle unter ein Dach zu bringen. Die Fragestellung lautet also: Wie bringe ich alle meine Schüler unter ein Dach? Wie kann ich die heterogene Gruppe in einer Stunde sinnvoll in einen Lernprozess führen? Die eigentliche Frage allerdings ist, ob das «Alle-unter-ein-Dach-Bringen» wirklich ein sinnvolles Bild von Unterricht ist. Ist es nicht angemessener, zuerst zu fragen, welches Potenzial in den einzelnen Schülern liegt und wie ich das fördern könnte? Dieser Ausgangspunkt regt eine andere Gestaltung des Unterrichts an, als wenn ich vom Gedanken ausgehe, wie ich die Gruppe zusammenhalten kann.

Diese zweite Frage nimmt als Ausgangspunkt ein Problem. Hier stellt sich die Frage erst am Schluss. Die Erforschung des Potenzials geht von einer Verschiedenheit der Kinder aus, ja sie liebt die Verschiedenheit: Sie sind nun einmal nicht gleich im Lernen. Das fühlt sich mühsam an. Diese Herausforderung erleben wir auch an uns selbst: Die anderen sind nicht so wie ich, und ich bin so, wie ich bin. Warum können die anderen nicht auch so sein wie ich? Warum sollte ich auf den anderen zugehen? Mit dieser Frage muss ich mich auseinandersetzen, denn sie weist auf das Grundproblem von Inklusion hin. Es liegt darin, dass es mich gibt. Denn wenn es mich gibt, gibt es auch die anderen. Ich werde aufgefordert, die anderen gern zu haben. Ja, noch mehr, ohne die anderen kann ich kein Bewusstsein meiner selbst entwickeln. Ich wäre ohne die anderen gar nicht. Sie helfen mir zu mir selbst.

Zwischen den Menschen baut sich aus ihrer Verschiedenheit heraus eine Spannung auf. Es entsteht ein Potenzial, und das Potenzial ist Energie. Diese Energie können wir gestalten, wenn wir dazu in der Lage sind. Die Aufgabe lautet demnach: Wie greifen wir die Energie auf und geben ihr eine Gestalt? Gestaltungsprozesse sind bekanntlich immer Zeitprozesse, was dazu führt, dass Erzieherinnen und Lehrer Zeitkünstler werden.

Berücksichtigen wir noch die Tatsache, dass Erziehung aufgrund von Selbsterziehung zustande kommt, dann müssen wir uns fragen: Wie schaffen wir es, dem vorhandenen Potenzial die angemessene Umgebung zur Verfügung zu stellen, in der es sich betätigen und seine Gestalt finden kann? Wir wissen, dass das Potenzial und entsprechend auch die Spannung sehr groß sein können und uns durchaus auch überfordern können. Das ist unser Alltag.

Das pädagogische Gesetz als Bild der Inklusion

Inklusion beginnt im Kopf, und danach muss sie ins Herz rutschen. Vielleicht ist es die Poesie, die uns helfen kann, ein Verständnis für das aufzuzeigen, was in uns entstehen kann beim Inklusiv-Werden. Wenn Goethe schreibt «Die Sonne tönt nach alter Weise»,[2] dann passt das für einen realistisch denkenden Menschen nicht zusammen. Die Sonne leuchtet, brennt. Tönen entspricht nicht einer Wahrnehmung, die wir an der Sonne machen. Aber liegt in der Sonne denn kein Tönen? Oder wie bin ich gestimmt, wenn die Sonne tönt? Oder wenn Alexandra Dust-Weise schreibt: «Die Hand nur weint, die ins Vergessen zeigt»,[3] bleibt auch die Frage, wie eine Hand weinen kann. In der Poesie begegnet sich scheinbar Widersprüchliches und führt es in eine beide erhebende Form. Ein bewegendes Bild steht vor uns und öffnet eine neue Dimension.

Wir haben aber auch Bilder in uns, die verhindern, dass wir inklusiv werden. Es kann deshalb eine Hilfe sein, sich mit einem Bild auseinanderzusetzen, das die Möglichkeit in sich trägt, eine Tür zur Inklusion zu öffnen.

Das «Menschenbild», das Rudolf Steiner entwickelt hat, ist ein inklusives. Es beinhaltet die Inklusion. Was berechtigt zu einer solchen Aussage? Um das zu veranschaulichen, betrachten wir einen bestimmten Aspekt des Menschen. Im *Heilpädagogischen Kurs* entwickelt Rudolf Steiner das pädagogische Gesetz, das auf folgender Wandtafelzeichnung festgehalten ist:

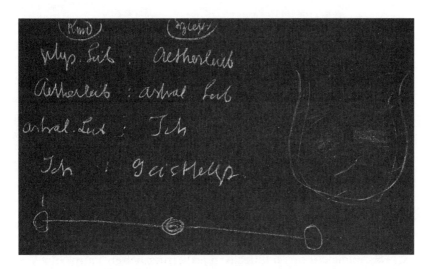

Rudolf Steiner: Tafelzeichnung zum Vortrag vom 26.6.1924.

Vier verschiedene Glieder wirken im Menschen zusammen. Sie haben eine Wirkung aufeinander und auf andere Menschen in unserer Umgebung. Zunächst hat der ganz dem Raum anhaftende physische Leib mit dem in der Zeit lebenden Lebensleib überhaupt nichts zu tun. Und die Seele, was hat sie mit Raum und Zeit zu tun? Alle Menschen vereinigen diese vier Glieder in sich. Somit sind alle Menschen Repräsentanten der Möglichkeit, die Verschiedenheit zu vereinen. In diesem Sinne ist jeder Mensch ein Bild für Inklusion. Ist das nicht tröstlich?

Die erste Ebene ist die des Zusammenwirkens der Glieder und die zweite Ebene die ihrer Wirkungen auf die anderen Menschen. Vom Zusammenwirken der Wesensglieder miteinander ist auch unsere Gesundheit abhängig. Tritt eine Disharmonie auf, werden wir krank. Ein wenig spitz formuliert, können wir sagen: Eine funktionierende Inklusion drückt sich in individueller und sozialer Gesundheit aus.

Studieren wir die Wesensglieder in ihrem Zusammenwirken, studieren wir gleichzeitig die Grundlagen von Inklusion. Wir sind dieses Wesen, dieses viergliedrige Wesen. Wie können wir nun Einfluss nehmen auf die Glieder und sie in einer gesunden Weise zusammenbringen? Hier betreten wir die dritte Ebene. Sie hat mit der Selbstschulung zu tun. Entschließe ich mich bewusst, am Zusammenwirken der Wesensglieder zu arbeiten, dann beschreite ich einen Schulungsweg.

Rudolf Steiner sagte am 26. Juni 1924 im *Heilpädagogischen Kurs* zum pädagogischen Gesetz: «Der eigene Ätherleib des Erziehers muss – und das muss durch seine Seminarvorbildung geschehen –, er muss auf den physischen Leib des Kindes wirken können. Der eigene astralische Leib muss auf den Ätherleib des Kindes wirken können. Das eigene Ich des Erziehers muss auf den Astralleib des Kindes wirken können. Und jetzt werden Sie innerlich sogar erschrecken, denn hier steht das Geistselbst des Erziehers, von dem Sie glauben werden, dass es nicht entwickelt ist. Das muss auf das Ich des Kindes wirken.»[4]

Das ist der erste Aspekt des Gesetzes: die unmittelbare Wirkung der Wesensglieder der erziehenden Person auf das Kind.

Ein weiterer Aspekt ist die Wirkung der Wesensglieder aufeinander selbst. Rudolf Steiner gab in seinen Vorträgen viele Beschreibungen, wie die Wesensglieder mit- und aufeinander wirken. Aus den Hinweisen kann eine Wesensgliederkunde erarbeitet werden. Sie ist die Grundlage für jede anthroposphisch orientierte pädagogische Arbeit.

Und drittens gibt es einen zeitlichen Aspekt. Beim kleinen Kind wirkt das Gesetz ganz anders als bei einem Schulkind oder Jugendlichen – und zwischen erwachsenen Menschen ist es noch einmal anders. Das heißt, es gibt auch eine Zeitdimension in diesem Gesetz. Es ist also nicht so, dass das pädagogische Gesetz immer gleich wirkt, sondern die Wirkung verändert sich. Sie wird immer schwächer. Sie erhebt sich im Lauf der Zeit auf «Augenhöhe», geht unmittelbar von Ich zu Ich, von Seele zu Seele. Vielleicht spielen im Erwachsenenalter die Gemütsverfassungen eine Rolle darin, wie das Gesetzt wirkt. Fühlen wir uns etwa innerlich wie ein kleines Kind, könnten vielleicht auch wieder andere Wirkungen auftreten.

Interessant ist, dass das Gesetz schon wirkt, bevor wir zu unterrichten anfangen. Wir wirken durch das, was wir sind. Das heißt, wenn man im Bereich der Wesensglieder etwas verändern will, muss man an sich selbst arbeiten. Die Arbeit beginnt schon vor der ersten Lektion. Sie sind frei, an sich zu arbeiten. Sie haben eine Chance und können sich schulen oder es auch lassen.

Wenn man mit Kindern arbeitet, hat man eine unmittelbare Wirkung auf die Kinder, ob man das will oder nicht. Es ist einfach so. Ununterbrochen gibt es Situationen, in denen man als Mensch gefordert ist. Man steht immer in einem Beziehungsgeflecht. Wenn man etwas verändern will, wenn man spürt, dass Maßnahmen verlangt werden, dass man handeln muss, dann taucht die Einsicht auf: Ich kann nicht bei jemand anderem etwas bewirken, wenn ich das nicht selbst bei mir entwickelt habe. Das ist die radikale Aussage dieser Pädagogik.

Aus Selbsterziehung und Willensschulung entsteht Forschung

Die heutige Zeit hilft uns dabei in wunderbarer Weise, mit den neuen Medien an dieser Aufgabe zu arbeiten. Worte verklingen ohne die erwartete Wirkung, wenn man Kindern das Smartphone verbietet und gleichzeitig selbst ganz undifferenziert diese Technologie benutzt. Verbietet man das Computerspiel und nutzt es selbst, dann hat das Verbot keinen Nutzen. Spürt man innerlich, dass man eigentlich gern spielen würde, aber leider nicht darf, verfehlt man die Wirkung des Verbots. Kinder spüren die Gelüste der Erziehenden. Ob ausgesprochen oder nicht, Kinder spüren Intentionen. Man kann dann reden, aber die Worte haben keine Wirkung. Versucht man jedoch, selbst eine Disziplin zu entwickeln – und um das geht es bei der Benutzung der neuen Medien –, dann erreicht man etwas.

Die Willensschulung steht an oberster Stelle. So entsteht die Möglichkeit, «nein» sagen zu können. Wenn man sich selbst in die Schule nimmt und sich sagt: «So, jetzt sage ich auch mal nein, ich gehe nur drei Stunden online pro Tag; schaue nur einen Film und nicht fünf», so ist das ein Fortschritt. Hat man bereits den «neuen Blick», den «Hab-ich-schon-eine-Nachricht-bekommen?-Blick», der ununterbrochen Aufmerksamkeit verlangt und sich mit einem zarten Vibrieren in der Tasche oder einer klar erkennbaren Melodie ankündigt, dann ist es Zeit für eine Kur. Aufmerksamkeit ist ein kostbares Gut. Die ganze Welt buhlt um sie. Die Werbung kann ihre Hände nicht davon lassen. Die Fähigkeit, Aufmerksamkeit zu lenken, wird heute arg strapaziert. Wenn man von sich sagen kann, dass man eine ungeteilte Aufmerksamkeit haben kann, dass man ganz für einen anderen da sein kann, dann kann man ungeteilte Aufmerksamkeit schenken. Hier kündigt sich jedoch ein wichtiges Übungsfeld an.

Schenke ich z.B. meine ungeteilte Aufmerksamkeit meinen Kollegen? Das oben erwähnte pädagogische Gesetz weist auf die Beziehung zwischen Erzieherin und Kind hin, ist aber, wie wir gesehen haben, dreidimensional. Seit neunzig Jahren gibt es schon die Möglichkeit, sich damit zu beschäftigen. Sicher haben sich viele Menschen damit auseinandergesetzt. Geschrieben wurde bis heute nur wenig darüber. Vor uns liegt ein reiches Forschungsfeld, das viele Bereiche unseres Alltags besser beleuchten könnte.

Ein genaues Hinschauen zeigt, dass es nicht so einfach ist, die von Rudolf Steiner gesetzten Gedankengänge nachzuvollziehen. Doch mit der eigenen Forschung zu beginnen ist ein Gebot der Zeit. Die Menschen, die in der Praxis stehen, sind wichtig. Sie sind Erfahrungsträger. Die aus der Praxis hervorgehende Forschung ist wichtig. Sie hat die Chance, bisher wenig beachtete Aspekte genauer zu beschreiben.

Genauso wie im pädagogischen Gesetz dargestellt wird, dass der Lehrer eine Wirkung auf das Kind hat, müssen wir uns auch bewusst sein, dass die Persönlichkeit des Forschers eine Wirkung auf die Forschung hat. Hinter jeder Forschung steht ein Anliegen. Warum wird dies oder jenes eigentlich erforscht? Liest man die Resultate einer Untersuchung, kann es hilfreich sein zu wissen, wer sie durchgeführt hat. Um es ganz plump zu sagen: Es entstehen Zweifel an den Resultaten, wenn die Unabhängigkeit der Untersuchung infrage gestellt wird. Eine Tabakfirma untersucht die Wirkungen des Rauchens. Aber auch die Waldorfschulen untersuchen ihre Schulen. Immer stellt sich die Frage nach dem Anliegen der Forschung. Was soll gezeigt werden? Werden die Resultate verwendet, um etwas zu beweisen? Sind die Motive «rein», oder verfälschen sie die Resultate? Regen sie Lernprozesse an, weil sie eine Klärung schaffen?

Mit diesem Bewusstsein gehen wir auf die erste Ebene, die sich mit dem Zusammenhang der Wesensglieder befasst. Wir können studieren, wie sie miteinander verbunden sind und wie sie zusammenwirken. Das ist Bestandteil einer Ausbildung für Lehrer. Greifen wir in das Zusammenwirken aktiv ein, dann ist das eine andere Sache. Dafür ist es von großem Nutzen, Kenntnisse über die Wesensglieder zu haben und ihr Verhältnis zueinander genau zu kennen. Eingreifen erfordert andere Kräfte. Hier betreten wir das Feld eines Schulungsweges. Das klingt sehr anspruchsvoll, der Anspruch liegt jedoch oft in einer anderen Richtung, als er zunächst vermutet wird.

Stellen Sie sich einen Bühnenvorhang vor. Sie stehen etwa in der dreißigsten Reihe. Der Vorhang ist geschlossen. Sie sehen nur den Vorhang und hören vielleicht, was sich dahinter abspielt. Der Vorhang bleibt geschlossen. Sie können nun das Ziel haben, den Vorhang aufzureißen oder sich zu einem kleinen Loch im Vorhang hinzuarbeiten und immer näher zu kommen. Wenn Sie genügend nahe sind, ist es Ihnen möglich, durch ein kleines Loch die ganze Bühne zu sehen. Sie müssen nicht versuchen, den Vorhang aufzureißen. Erfassen wir die Welt an einer kleinen Ecke, sehen wir die ganze Bühne. Nicht das Aufreißen, sondern Ausdauer ist gefragt.

Wichtig an der Arbeit ist die Tatsache, dass ich mir der Motive bewusst werde. Es ist meine Entscheidung. Nur weil ich es tun will, übe und forsche ich. Das ist die Intention. Gleichzeitig erfahre ich, wie die Wesensglieder miteinander und aufeinander wirken. Was der physische Leib mit dem Ätherleib, der Ätherleib mit dem Astralleib und dem Ich zu tun hat. Wie wirkt das Ich im Physischen? Wenn man anfängt zu erforschen, was das konkret heißt, hat das Folgen für den Unterricht. Man spricht nicht mehr vom Ätherleib und hat ein diffuses Etwas vor sich, sondern er wird immer konkreter. Man kann sich fragen, wie sich dies oder jenes im Menschen offenbart.

Dadurch entsteht ein vitales Interesse am Menschen und seiner Entwicklung. Der Blick ändert sich, vielleicht wie bei einem Physiker. Dieser interessiert sich besonders für die Momente, in denen Neues erscheint, wo eine Abweichung vom Gewohnten auftritt. Dort, wo die Nadel ausschlägt und sie es nicht tun sollte, werden Physiker ganz wach. Dort, wo etwas nicht in der gewohnten Art und Weise erscheint, wird es interessant. Für einen Moment entsteht eine Ungewissheit, vielleicht sogar eine Frage. «Jetzt bin ich gefragt! Jetzt könnte ich Neues schaffen oder auf das Gewohnte, Erprobte, Standardisierte zurückgreifen.» Eine Entscheidung wird fällig, Ideen sind gefragt. Von der Krippe bis in die Oberstufe leben diese Momente und die Frage: «Wie ich mich entscheide, das prägt den Unterricht.»

Schauen wir hin und machen den Unterricht zum Hauptthema in den Lehrerkonferenzen. Denn wenn die Kinder und der Unterricht im Zentrum stehen, hat das in der Regel eine belebende Wirkung auf die Schule. Wir sprechen viel vom Energiehaushalt der Erzieherinnen und Lehrer. Die organisatorischen Aufgaben haben zugenommen und beanspruchen viel Zeit. Es wäre eine Studie wert und der Sache entsprechend, wie Aufgaben gut organisiert werden, um sie möglichst effizient zu bewältigen. Es ist ein Heilmittel für die kollegiale Arbeit und für die Einzelnen, Neues zu wagen. Das setzt Energien frei.

Eine Waldorfschule in Basel beispielsweise ging auf die Bedürfnisse ihrer Schüler ein, und der ganze Schulbetrieb wurde neu gestaltet. Sechswöchige Blöcke wurden eingerichtet – sechs Wochen Schule und sechs Wochen Praktikum. Jetzt fiel den Lehrern das schöne Gebäude des Lehrplans zusammen; die Epochen konnten nicht mehr untergebracht werden und auch die Fächer nicht. Wie sollte Englisch noch sinnvoll unterrichtet werden? Das ging nicht mehr. Die Lehrer setzten sich zusammen und gestalteten neue Epochen. Plötzlich entstand Leben bei den Lehrern. Sie wussten, sie entwerfen Neues. Und es war eine Freude! Sie haben es versucht – natürlich stellten sie fest, dass einiges nicht der Situation entsprechend war, aber sie haben es gewagt, wurden ganz wach für den Unterricht und lernten am täglichen Tun.

Es ist nicht ein Energieverschleiß, sondern meistens ein Energiegewinn, wenn Neues gewagt wird. Etwas wagen erzeugt Ungewissheit. Es heißt, sich auf einen Prozess einzulassen, dessen Ausgang nicht klar fassbar ist. Es könnte schiefgehen. Demgegenüber steht das berechtigte Anliegen nach Ordnung und Kontrolle. Wir wollen den Erfolg, wo immer möglich, planen, obwohl Erfolg sich nicht planen lässt.

Und hier stellt sich die große Frage an das, was Inklusion eigentlich ist. Sieht man das große Potenzial, so wird deutlich, dass vieles neu zu gestalten ist: Man muss ein Risiko eingehen. Man muss etwas versuchen und über seinen eigenen Schatten springen, sonst geht es nicht. Weil das, was man gelernt hat, nicht mehr funktioniert. Damit beginnt das Risiko. Und wenn man etwas riskiert, wird man ein geistiger Unternehmer. Zwangsweise wird man unternehmungslustig. Man handelt, weil man das für den Moment Gültige finden möchte – und dann wird einen das Leben schon korrigieren. Es sagt vielleicht: «Halt, so geht das nicht!» Und man muss die Situation anschauen und einen neuen Anlauf nehmen. Indem man das tut, wird man immer wacher und weckt in sich Neues, nämlich ein Gefühl für das, was werden möchte.

Gemeinschaftsbildung und Zusammenarbeit

Steiner nennt das: einen pädagogischen Instinkt entwickeln.[5] Es gibt fast keine erfolgreichen unternehmerisch gesinnten Menschen auf der Welt, die ihren Erfolg geplant haben. Sie alle wagten die Zukunft, etwas, das noch nicht da war.

Und das kann man nicht allein tun. Ideen haben: das geht allein. Sie umsetzen geht nicht allein. Wir brauchen dazu andere Menschen. Schule ist immer verbunden mit Gemeinschaftsbildung. Und so öffnet sich ein weiteres, umfassendes Gebiet. Inklusion ist zutiefst mit der Frage der Gemeinschaft verbunden.

In den Steiner- und Waldorfschulen wird viel Wert auf das Gemeinschaftliche gelegt. Eine Besonderheit ist der Klassenlehrer, der acht Jahre eine Klasse begleitet. Möglichst lange, sagen wir heute, denn nicht immer ist es möglich, acht Jahre durchzuhalten. Und auch der Lehrplan greift das Verhältnis des Einzelnen zur Gemeinschaft immer wieder altersgemäß auf. Eine Gemeinschaft mit einer besonders starken Wirkung in der Schule ist das Kollegium. Was für ein Ideal der Gemeinschaft lebt in ihm? Hier war Rudolf Steiner ganz genau in seinen Ausführungen. Er gab im *Vorbereitungskurs* eine Imagination für die Gemeinschaftsbildung. In der Ansprache, am Vorabend des Kursbeginns, spricht er dieser Gemeinschaft sogar die Fähigkeit zu, falls sie im Sinne des Kurses arbeiten würde, dass sie Ersatz für die Rektoratsleitung sein kann. «Ersatz für die Rektoratsleitung wird geschaffen werden können dadurch, dass wir diesen Vorbereitungskurs einrichten und hier dasjenige arbeitend aufnehmen, was die Schule zu einer Einheit macht. Wir werden uns das Einheitliche erarbeiten durch den Kurs, wenn wir recht ernstlich arbeiten.»[6]

Wir sind nicht allein in der Schule, Zusammenarbeit ist gefragt. Gerade in anspruchsvollen Situationen zeigt sich, ob das, was sich im Kollegialen gebildet hat, tragfähig ist.

Ich habe jahrelang Kinder unterrichtet, die nicht über längere Zeit in einem Raum stillsitzen konnten. Zehn, fünfzehn Minuten hielten sie es aus, dann mussten sie ausbrechen. Ich versuchte sie nach und nach an ein Klassenzimmer zu gewöhnen, denn sie schliefen ja auch ohne Probleme mehrere Stunden in einem Zimmer. Aber Schule in einem Zimmer war fast unmöglich. Schule draußen in der Natur verlief mit diesen Schülern meist reibungslos. Sie saßen über längere Zeit auf einem Baumstamm oder am Boden. Ich hatte aber auch Kinder, die wollten nicht aus dem Haus. Jede Bewegung war ihnen schon zu viel. Die einen wollten also drinnen und die andern draußen sein. Und ich war allein und wünschte mir oft einen zweiten Lehrer zur Seite. Wie lebt so eine Situation im Kollegium?

Welches Echo findet unsere aktuelle Unterrichtssituation im Kreis der Kollegen? Welchen Handlungsspielraum geben wir uns gegenseitig? Und, um Schule real zu denken, welchen Spielraum gewähren uns die Eltern und wir ihnen?

Sind die Kinder und Jugendlichen in der gemeinsamen Konferenzarbeit anwesend, dann lebt das Ringen um die Gestaltung des Unterrichts. Können meine Mitstreiter, die Erzieherinnen, Lehrer und Eltern, wahrnehmen und mitfühlen, welche Bedürfnisse sich in der jeweiligen Klasse oder Kindergruppe gerade aussprechen? Ist das der Fall, dann ist auch die Bereitschaft zur Unterstützung situationsgerechter Maßnahmen vorhanden. Der Wind weht, wo er will, aber er hat immer eine bestimmte Richtung. Sind wir wach genug, ihn wahrzunehmen und einzuschätzen? Ist er für uns ein Vertrauenswind? Wagen wir, die Segel in ihn hinein zu setzen und mutig das Steuer in die Hand zu nehmen?

Pädagogisches Unternehmertum

Hier beginnt geistiges Unternehmertum. Um den Wind, der weht, wahrzunehmen, braucht es Freiräume, Räume, die nicht besetzt sind von festen, unumstößlichen Vorstellungen. Dazu kann eine «Philosophie des Ausmistens» gute Dienste leisten. Was ist wirklich notwendig für die Kinder und Jugendlichen? Der Blick auf die Schüler löscht die gewohnte Sichtweise aus und führt zu der Frage: Was nun? Die gewohnten Strukturwellen legen sich, und ein Chaoserlebnis kann sich einstellen. Es ist wie die flache, unbewegte Oberfläche eines Sees, die unstrukturiert alle Möglichkeiten beinhaltet. Wir können auch, um das Bild zu erweitern, sagen, die glatte Oberfläche ist die Voraussetzung, den Himmel unverzerrt zu spiegeln.

Natürlich halten das nicht alle aus. Schnelle Antworten drängen sich auf. Sie wollen uns aus der unangenehmen Lage befreien. Doch es lohnt sich, ein wenig im Chaos zu verweilen. Wie schauen wir auf die Kinder und Jugendlichen, die Klasse? Haftet mein Blick an einem bestimmten Detail? Ist der Blick offen für das Unerwartete?

Hier möchte ich noch einmal die Poesie zu Hilfe nehmen – wie wenn ich fragen würde: Finden sich Muschel, Wein und Schlaf zusammen in einem Satz? Da muss ich einen Moment innehalten, ohne Antwort mich einwohnen in die Wörter. Die Menschen in einer Klasse sind verschieden, bilden ihre Gemeinschaft aus ihren individuellen Möglichkeiten. Sehen wir das? Und nun, können wir ihnen helfen, eine Form zu finden, die stimmig ist? Wie wäre es bei Muschel, Wein und Schlaf mit: Wir schlafen wie Wein in den Muscheln.[7]

Das ist Paul Celans Variante. Ein Satz in einem Gedicht ist entstanden. Die Worte finden sich in einer bestimmten Ordnung, aber das Ganze ist immer noch größer. Vielleicht ist es nicht unser Satz, dann suchen wir weiter, bis uns das Gültige findet, bis die Gruppe gefunden hat, was dem Gegebenen entspricht. Aber es sind nicht nur die Worte. Die Worte schaffen eine Stimmung, die nicht im einzelnen Wort liegt. Unsere Aufgabe ist es, eine Lernstimmung zu erzeugen, eine Stimmung, in der sich die Kinder und Jugendlichen wohlfühlen können. Die Stimmung darf auch langsam entstehen. Sie muss nicht immer da sein. Manchmal führt der Weg zum Wohlfühlen durch Täler oder hoch auf einen Berg hinauf. Manchmal steigen wir von der herrlichen Bergsicht in das dunkle Tal hinunter und wieder hinauf auf den nächsten Berg. Das Betäubende des Weins wirkt in der Muschel anders als auf dem hohen Berg oben. Schaffen wir den Aufstieg auf den nächsten Berg aus eigener Kraft, so kann das ein unglaubliches Wohlgefühl auslösen. Es gibt die erste Begeisterung z.B. bei einem Experiment in der Physik. Dann folgt der Abstieg in die Tiefen des Verstehens, des Begriffe-Bildens, und oft darben wir für den Rest unseres Lebens dort unten im Tal. Es gibt aber auch die Auferstehung. Wir wagen den Aufstieg aus dem Tal und erklimmen mit der gemachten Erfahrung, bereichert vom Tal, einen neuen Gipfel. Die Begeisterung am Ende des Prozesses, die durchlebte Begeisterung, hat eine ganz andere Qualität.

Zwischen den Menschen liegen solche Täler. Hier findet Wandlung statt, bildet sich Neues in der Erfahrung des Weges. Nur bei mir selbst stehen bleiben, auf meinem Hügel zu verweilen und mich selbst zu genießen oder auch an mir selbst zu verzweifeln, das schafft nicht das, was in der Inklusion so dringend notwendig ist. Wir wollen die Schätze der Menschlichkeit in den Zwischen-, Spiel- oder Freiräumen bergen und heben. Steigen wir zu ihnen hinunter und heben wir sie hoch, aber ohne den Gefahren des Schatzsuchens zu verfallen, denn leicht mischt sich der Egoismus ein. Ich will alles für mich. Das Gold ist da zum Verschenken. Wir heben es, heben es nur mit den andern zusammen und machen uns dann auf den Weg des «Hans im Glück».

Leicht lassen wir uns verführen und bleiben am Gold kleben. Doch kostbarer als Gold ist das Gespräch, sagt Goethe. Das Gespräch ist ein Urbild für das lebendige Dazwischen, das sich immer neu bildet. Wir vollbringen eine Art von Sisyphusarbeit. Immer wieder beginnen wir von vorne, bilden ein erfülltes Dazwischen, das keine Bleibe hat. Wir heben den Stein hoch und entdecken in ihm den Schatz. Wir gewinnen Kraft am Hochheben. Der Stein wird so zum Schatz, denn die Aufgabe, ihn hochzuheben, beschenkt uns mit der Kraft, etwas hochheben zu können. Die Befähigung zum Hochheben ist der eigentliche Schatz. Hier sehen wir wieder die Aufgabe, die uns die Inklusion stellt. Es ist nicht einfach, den Stein als Schatz zu sehen, als Schatz sogar, der uns zum Hochheben befähigt, zum Hochheben der Menschlichkeit. Meist überwiegt die Schwere des mühsamen Steins, der hochgehoben werden muss. Wir sehen die Probleme, sehen die Heterogenität und verzweifeln, schon bevor wir angefangen haben. Wir schauen nicht auf die Schätze, die in jedem Menschen liegen, und freuen uns, sie zu heben. Inklusiv sein heißt, eine Sisyphusarbeit auf sich nehmen im beschriebenen Sinne.

Ob die Kinder blind sind, ob sie nicht gut hören, ob sie Dyspraxie haben oder ihr Verhalten uns ungewohnt erscheint, für alle versuchen wir, eine Lernlandschaft zu entwerfen und sie dann dorthinein zu begleiten. In der Begleitung zeigen sich alle Elemente des pädagogischen Gesetzes wieder. Die drei Ebenen werden uns durch das wache Wahrnehmen des Lebens vor Augen geführt.

Das pädagogische Gesetz beschreibt die unmittelbare Wirkung, die von den Wesensgliedern der Erzieher und Lehrer auf die Wesensglieder der Kinder ausgeht. Normalerweise sind wir uns dieser Wirkungen nicht bewusst. Für eine gelingende Beziehungskultur ist es entscheidend, sich ein klares Verständnis dieser Vorgänge zu erwerben. Aber auch ein Verständnis von den Veränderungen in der Entwicklung bis zur Begegnung auf Augenhöhe, bei der ein Ich einem Ich begegnet, ist wichtig. Und nicht zuletzt müssen wir uns der Herausforderung der Selbsterziehung der einzelnen Wesensglieder stellen.

Bewusstsein und Unbewusstes

Ein Thema zieht sich wie ein Klang durch alles, was ich bisher geschildert habe: die Schwelle zwischen Bewusstem und Unbewusstem. Das pädagogische Gesetz führt sie uns eindrücklich vor Augen. Wir haben nur ein schwaches Bewusstsein von den Vorgängen, die sich in einer Begegnung zwischen Menschen abspielt. Das Dazwischen ist das moderne Mysterium. Jede Erziehung, jeder Lernvorgang hat mit dieser Schwelle zu tun.

Das unbewusste Stehen an der Schwelle wahrzunehmen und das Überschreiten willentlich anzunehmen ist eine der größten Herausforderungen unserer Zeit. Denn beim Vergessen eines Inhalts überschreitet dieser unbewusst die Schwelle, schläft sozusagen ein, geht ins Gebiet des Unbewussten über. Das anwesende, wache Wissen entzieht sich dem Bewusstsein und taucht im Gedächtnis unter. Erst die Erinnerung bringt es wieder zurück in die Wachheit. Dieser Prozess ist so alltäglich und immer noch voller Rätsel. Wo war der Inhalt? Ist er der gleiche geblieben? Und wenn er wieder erscheint, können wir feststellen, ob die Art und Weise, wie er erarbeitet wurde, einen Einfluss auf die Gedächtnisbildung hat, auf das, was wir von ihm wieder erinnern können?

Eine Hilfe kann es sein, wenn wir «Nachtforscher» werden. Das vorhandene Wissen ist oft angelesen oder mitgeteilt worden. Die Eigenaktivität bestand darin, es dem Gedächtnis einzuprägen. Ganz anders sieht es mit selbst erforschtem Wissen aus. Eine Pflanze selbst beobachten über eine längere Zeit, an ihrer Erscheinung eine Frage entdecken, das ist eine wichtige Erfahrung. Und noch spannender wird es beim Erforschen des Menschen. Ich selbst bin mein Forschungsobjekt. Habe ich gelesen, dass ich ein Ich habe, oder liegt dem Wissen eine bewusste Eigenerfahrung zugrunde? Ein Blick auf die «Seele» ruft eine ganze Palette von Fragen auf, z.b. wie sie sich außerhalb und innerhalb von uns selbst erforschen lässt. Jeder Mensch kann sich durch Selbstbeobachtung ein grundständiges Wissen von dem erwerben, was Seele genannt wird.

Aber es will getan sein. Ohne Eigentätigkeit entsteht da nichts. Darum werden Sie Nachtforscher. Hier eine Übung zur Nacht von Rudolf Steiner: Wenn Sie am Morgen aufgewacht sind, dann machen Sie eine Rückschau. Das ist ungewohnt, am Morgen eine Rückschau auf die Nacht durchzuführen. Schauen Sie, kurz nachdem Sie aufgewacht sind, zurück, d.h. schauen Sie zurück auf die ersten zehn, fünfzehn Minuten ihres Wachseins. Gehen Sie zurück bis zum Moment des Aufwachens. Schauen Sie genau und gelassen hin auf diesen Moment des Übergangs vom unbewussten Schlaf in den Wachzustand. Gehen Sie dann weiter in den Schlaf hinein. Meistens ist es da dunkel, dunkel, dunkel. Vielleicht sind Sie in der Nacht aufgewacht und wieder eingeschlafen. Gehen Sie zurück bis zum Moment des Einschlafens. Wie bin ich eingeschlafen? Und Sie gehen noch zehn, fünfzehn Minuten in den Abend hinein. Wiederholen Sie die Übung, so oft sie können. Jeden Morgen.

Die Sensibilität für die Bewusstseinswechsel intensiviert sich. Das dunkle Nachtgeschehen verändert sich, hellt sich auf, schon allein deswegen, weil Sie Ihre Aufmerksamkeit darauf richten. Und vielleicht haben Sie sich noch nie gefragt, was in der Nacht passiert. Aber jetzt wird es interessant, weil Sie dieses Einschlafen und Aufwachen immer genau in sich wahrnehmen. Eine neue Gesinnung bildet sich, die den Nachtbereich einschließt. Ja, ich würde sagen, auch die geistige Welt einschließt. Die Übung könnte ein Tor werden zur geistigen Welt, zu dem Ort, wo wir ganz und gar inklusiv sind.

Die Anmerkungen finden sich auf S. 722.

FERDINAND KLEIN

PLÄDOYER FÜR DIE
HEILPÄDAGOGISCHE WALDORFSCHULE

EIN KULTURIMPULS FÜR DIE INKLUSIVER
WERDENDE SCHULE

«Bei sich selbst beginnen, aber nicht bei sich enden; von sich ausgehen, aber nicht auf sich abzielen; sich erfassen, aber nicht mit
sich befassen.» Dieser für die Selbstentwicklung des Erziehers
und für die Entwicklung der pädagogischen Institutionen bedeutsame Impuls von Martin Buber[1] leitet mein Vorhaben: Ich möchte
die Waldorfpädagogik und die anthroposophische Heilpädagogik, die im Entwicklungsort ‹heilpädagogische Waldorfschule›
konkret wird, aus historischen Zusammenhängen für das wissenschaftliche und praktische Gespräch bewusstmachen. Diese
Schule deute ich als integralen Teil der reformpädagogischen und
heilpädagogischen Bewegung. Sie versteht heute die inklusive Erziehung und Bildung als fortwährende Entwicklungsaufgabe, die
eine Kultur der Vielfalt ermöglicht.

Inklusives Denken und Handeln im Modus des Dialogs

Strukturierender Impuls

In sonderpädagogischen Arbeitsfeldern nehme ich eine wert-
neutrale Pluralisierung wahr. Das führt zur brennenden Frage:
Wie kann der indifferente Diskurs mit seiner Distanz zur Sinn-
und Wertdimension eine anthropologische Basis als strukturie-
renden Impuls erhalten? Diese Frage bewegte schon Heinrich
Hanselmann (1885–1960), der nach seiner Habilitation im Fach
Heilpädagogik von 1931 an die erste Professur für Heilpädagogik

im deutschsprachigen Raum an der Universität Zürich innehatte. Für Hanselmann war Heilpädagogik mehr als nur ein Fach. Sie steht in einem sehr engen Zusammenhang «mit den wichtigsten Fragen des individuellen und sozialen Lebens überhaupt» und ist das Maß für den «Kulturzustand eines Volkes», der «keineswegs allein durch das Maß seiner Höchstleistungen» bestimmt wird, «sondern auch durch die in ihm geduldeten Tiefstände, durch die tiefst geduldete wirtschaftliche und seelisch-sittliche Not Einzelner».[2] Dieser strukturierende Impuls verlangt eine Rückbesinnung auf das wesentliche Anliegen der Heilpädagogik.

Im Dialog erkennen

In Diskursen zur gemeinsamen Erziehung und Bildung herrscht ein babylonischer Inklusionsbegriff. Die divergente Terminologie wird ebenso beklagt wie die strukturellen und methodologischen Insuffizienzen. Dieser selbstreferenziellen Debatte im Niemandsland fehlt das anthropologische Fundament.[3] So behauptet der Determinismus, dass er alles, was er erforscht, auch erklären kann, weil es gesetzmäßige Verläufe (Kausalgesetze) gibt. Schon 1995 formulierte ich für die schulische Integrationsforschung ein pädagogisches Paradigma, das erklärende (empirisch-analytische) Methoden und verstehende (qualitativ-interpretierende) Methoden in ein übergreifendes Erkenntnisparadigma zusammenführt und dem Kriterium der Nachprüfbarkeit standhält.[4] Heute weisen Wissenschaftler wie der Rehabilitationspädagoge Markus Dederich und der Neurologe Andreas Zieger einen Weg, der mein Erkenntnisparadigma weiterführt: Für beide reicht der kausale Ansatz als universelle Kategorie nicht aus. Um Ursachen zu ergründen, braucht es das Verstehen. Wer nur den Standpunkt des neutralen Beobachters einnimmt, bleibt im Faktischen, in der distanzierten Begrifflichkeit. Hier wird der Mensch als Gegenstand der Forschung verdinglicht. Erforderlich ist eine «Ethik des Lebendigen», eine ästhetische Grundhaltung für den «einfühlsamen Dialog».[5] Als Kontrolle dieser Praxis der verstehenden Sinnsuche und des Erklärens dient das inter- und transdisziplinäre Gespräch. Durch diese «kontrollierte Subjektivität»[6] wird der Mensch als Subjekt des Forschens wieder eingeführt. Das Erklären ist also durch das dialogische Verstehen zu ergänzen, um kulturelle Phänomene bewusstzumachen.

Das Verstehen im Dialog führt zum jüdischen Philosophen und Pädagogen Martin Buber (1878 – 1965). Nach seiner Anschauung drückt sich im Grundwort «Ich-Du» das Ich durch sein ganzes Sein in der Sphäre der Begegnung aus: «Alles wirkliche Leben ist Begegnung.»[7] Wird aber mein Gegenüber nicht zum Du, sondern nur zum Gegenstand, dann besteht keine Begegnung. Erst in der Ich-Du-Begegnung entwickelt sich das Wesentliche des Lebens, nämlich eine Wandlung des Ich und des Du. Diese Wandlung ereignet sich im Zwischen, das eine Urkategorie menschlicher Wirklichkeit, Träger tatsächlichen Geschehens ist.

Im Dialog das Geistige erkennen

In der Urkategorie des Zwischen kann das Ich am Du werden: Indem das Ich wird, spreche ich Du (spreche ich «das Ich des anderen Menschen als geistig-göttliches Wesen» an[8]). Dieser Tiefendialog sieht über den Schwerbehinderten hinaus und nimmt ihn in seiner unverletzbaren Geistigkeit wahr. Entscheidend ist die «innere Art der Begegnung»,[9] die wir so schwer fassen können, weil sie eine Haltung ist, die tief im Geistigen wurzelt und in der professionellen Beziehungsgestaltung vier Aspekte beinhaltet:
– in ehrfürchtiger Haltung dem Kind in seinem ganzen Sein gegenübertreten
– es in unbefangener und offener Haltung so erfassen, wie es ist und wie es sich gibt
– ihm in gelassener Haltung ruhig und sachlich begegnen
– eine «Haltung der Verantwortung» für die Entwicklung pflegen.[10]

In diesem Begegnungs- und Beziehungsraum ist der göttliche und menschliche Geist unterwegs. Hier kann der Erzieher aus der Tiefe seines Bewusstseins heilende oder ganzmachende Kräfte entwickeln und gerade durch das Erleben der Spannung zwischen dem, was ist, und dem, was werden soll, sich selbst weiterentwickeln. In diesem Raum erlebt er die Polarität seines Daseins als

Chance der Selbstentwicklung. Und er kann seine Individualität
in intersubjektiven Lebens- und Lernzusammenhängen pflegen,
Gutes tun und sich wandeln. Die Idee des Guten verstehe ich als
Kompass für den Wandel, «der dort beginnt, wo jedes behinderte
Kind und jeder behinderte Mensch als Lehrer erfasst wird, der in
der Begegnung mit dem Nächsten Verwandlungsprozesse einlei-
ten kann».[11]

Gutes tun

Im Gegensatz zu bildungswissenschaftlich indifferenten Diskursen fragt die heilpädagogische Waldorfschule, deren Arbeitsgrundlage die Waldorfpädagogik und die anthroposophische
Heilpädagogik ist, nach den individuellen und sozialen Bindungs-
kräften. Sie hat ihre erkenntnistheoretischen Grundlagen in der
Geisteswissenschaft von Rudolf Steiner (1861 – 1925) und versteht
sich als Modell für die kulturelle und gesellschaftliche Entwicklung. Ihre Heuristik ermöglicht ein schöpferisches Erkennen der-
gestalt, dass die Wirklichkeit erst im Erkennen selbst konstruiert
wird. Hier steht der Mensch im Zentrum des Denkens. Als freies
Wesen kann er sich nur selbst aus sich heraus entwickeln. Das legt
auch Goethes organisches und intuitives Denken nahe. Versucht
man mit dieser genetischen Erkenntnismethode das analytische
und zersplitterte Schubladendenken hinter sich zu lassen und sich
für die gehaltvolle Sprache der spirituellen Ethik der Anthroposophie zu öffnen, dann erschließen sich neue Wege des Erkennens
und Handelns.

Nach Steiners *Philosophie der Freiheit*[12] fühlt sich der freie
Mensch aus seinem ursprünglichen Wesen heraus aufgerufen,
das Gute zu tun. «Woher kommt das Gute?», fragt Michaela
Glöckler: «Entspringt die Quelle des Guten aus der Bindungs-
und Beziehungsfähigkeit der Menschen untereinander, indem sie
Sorge, Mitleid und Liebe empfinden? Oder finde ich das Gute, indem ich mich entschließe, es zu tun – soweit meine Fähigkeit und
mein Bewusstseinsvermögen reichen, meine Erfahrung wächst
sowie die Bereitschaft, aus Fehlern zu lernen?»[13] Durch dieses
ethisch begründete Handeln können sich – in einem weiten Netz-

werk – entwicklungsfreundliche Gesinnungen entwickeln. Hier wird eine Erkenntnisreise möglich, sofern «ehrliches Interesse an der anderen Art des Denkens und Fühlens erwacht».[14]

Rudolf Steiners Impuls am Beispiel Karl Königs

An der Biografie des jüdischen Arztes und Heilpädagogen Karl König (1902 – 1966) kann der spirituellen Ethik der Anthroposophie nachgespürt werden. Königs humanistisch-christliches Wirken wurde zum Feind des autoritären Systems.[15] Er pflegte inmitten des Holocaust aus seinem innersten Wesen heraus inklusives Denken in inklusiven Lebensorten. König war von 1928 an Mitarbeiter im heilpädagogischen Institut Pilgramshain (nahe Breslau; heute Wrocław); nach der Machtergreifung des Nationalsozialismus ging er mit einer Gruppe ins Exil. Er gründete 1939 nahe Aberdeen im Haus Camphill-Estate die erste Gemeinschaft, der u.a. 1958 die Camphill-Schulgemeinschaft Brachenreuthe folgte.

In Karl König reifte durch leidvolle Erfahrungen die Erkenntnis: «Das aber ist die außerordentliche Aufgabe der Heilpädagogik, dass sie in jedem einzelnen Kind den Weg zum Menschsein, zum Mittlersein eröffnet. Das wird manchmal gelingen, oft wird es nicht gelingen. Versucht aber muss es immer werden. Denn wenn es jetzt nicht gelingt, der Wille allein, das Gute zu tun, gilt auch. Der wirkt dann weiter und wird ein nächstes Mal, wenn dieses Kind seinen Weg in die Erdenwelt erneut antritt, zur heilenden Arznei werden.»[16] Sein Menschenbild bewegt tief. Seine Gedanken wirken gegen Beschleunigung, Unruhe und Ungeduld. In einem Brief an die Eltern der Camphill-Schulen und -Dorfgemeinschaft am Bodensee schreibt er: «Einfach das Aug-in-Auge-Blicken zweier Persönlichkeiten schafft jene Heilpädagogik, die der Bedrohung des innersten Menschseins heilend entgegentritt.»[17]

Mit dieser dialogischen Haltung schuf König jene Bedingungen, die es ermöglichen, «dass der behinderte Mensch seine ihm eigene angemessene Arbeits- und Lebenswelt schaffen kann».[18] Sein Handlungsimpuls wird heute in den Disability Studies angedeutet, die das Phänomen Behinderung in die Umwelt verlegen und von der behindernden Gesellschaft sprechen. Doch diese eher analytische Sichtweise reicht nicht aus, denn sie stellt die Individualität des Menschen nicht in den Mittelpunkt der sich entwickelnden Lebens- und Lerngemeinschaft.

Die heilpädagogische Waldorfschule im reformpädagogischen Kontext

Die reformpädagogische Bewegung korrespondiert mit der Heilpädagogik

Die reformpädagogische Bewegung findet in der Pädagogik von Maria Montessori (1870 – 1952) einen ersten Höhepunkt. Die Bewegung weist auf ein zentrales pädagogisches Motiv hin: auf die Achtung der Individualität, der Entwicklungsbedürfnisse und Entwicklungsmöglichkeiten sowie die Unterstützung der Selbsttätigkeit des Lernenden bei der gemeinsam geteilten Erfahrung in heterogenen Gruppen oder Klassen.

Das ist ein bedeutsamer axiologischer Befund, der mit der Entwicklung der Heilpädagogik korrespondiert.[19] Wir finden ihn in keimhaften Ansätzen bei Jan Daniel Georgens und Heinrich Marianus Deinhardt. Die beiden Levana-Pädagogen «nahmen die Reformpädagogik in einigen Zügen vorweg»,[20] sie führten in ihren Veröffentlichungen 1861 den Begriff Heilpädagogik ein und legitimierten ihn aus dem Horizont der allgemeinen Pädagogik. Die Heilpädagogik hat ihre Mittel und Methoden aus dem Begriff der allgemeinen Erziehung zu gewinnen. Ihnen ging es bei der Begründung eines heilpädagogischen Gesamtsystems um ein individualisiertes, verfeinertes und gründliches methodisches Bewusstsein, um «Modificationen» des Unterrichts, um jeder Individualität in der Schule, die Andreas Möckel «heilpädagogische Schule» nennt, eine optimale Entwicklung zu ermöglichen. Ihr Impuls für den Erzieher lautete: «Jeder Pädagog soll Anthropolog sein.»[21]

Folgt man dieser humanistisch begründeten Forderung, dann sollten sich alle Lehrer diesen Horizont erarbeiten, denn wer das nicht tut, «kommt auch zu keinen heilpädagogischen Kriterien, sondern muss sich ins Schlepptau irgendeiner Nachbarwissenschaft begeben ... Wenn Heilpädagogik im Horizont der allgemeinen Pädagogik begründet wird, erhalten Lehrer die Souveränität, Erziehung und Unterricht wirklich in allen pädagogischen und heilpädagogischen Institutionen neu und mit einem für die Analyse notwendigen Abstand zu sehen.»[22]

Heil- und Sonderpädagogik verändert den gesamten Unterricht

Im zweiten reformpädagogischen Höhepunkt, der mit den integrativen Schulversuchen beginnt und bis heute sich weiterentwickelt, verändert die Heil- und Sonderpädagogik den gesamten Unterricht. Das Konzept des Lernens im gleichen Schritt auf gleichem Niveau im gleichen Raum ist der «selbstorganisierten Lerntätigkeit»[23] gewichen. Das reformpädagogische Motiv der Selbsttätigkeit und der gemeinsam geteilten Erfahrung beansprucht ungebrochene Modernität. Es gewinnt heute einen neuen Stellenwert, der den Erziehungsbedingungen junger Menschen in der sich rasch wandelnden Moderne mit ihrer Pluralisierung der Lebenswelt gerecht zu werden versucht.

Auf die gemeinsam geteilte Erfahrung hatte bereits der nordamerikanische Sozial- und Erziehungswissenschaftler John Dewey (1859 – 1952) aufmerksam gemacht. Dewey beschrieb die Demokratie als Lebensform. Er verstand Erziehung und Demokratie als Formen gemeinsamer Erfahrungen, die Lehrende und Lernende in der Schule miteinander teilen. Hier wird das Lernen in die gemeinsamen Erfahrungen von Lehrenden und Lernenden integriert. Dadurch wird Demokratie gestärkt, weil die didaktischen Intentionen und Prinzipien vom Lernenden mitgestaltet und mitverantwortet werden.

Die miteinander geteilten konkreten Erfahrungen in heterogenen Lerngruppen sehe ich als ein Modell für die Demokratie in modernen Gesellschaften. Hier wird die Schule als Ort gesellschaftlicher Reproduktion überwunden und als Ort gesellschaftlicher Wandlung erkannt. Dieses demokratische Modell der

Schule strebt die inklusive Schule an, die mit der UN-Behinderten-rechtskonvention einen wegweisenden Impuls erhalten hat.

Diese Schule darf nicht verordnet werden, sondern muss sich aus dem sozialen Bewusstsein initiativer Menschen entwickeln. Das lehren erste kritische Studien über den verordneten gemeinsamen Unterricht: Bei Lehrkräften (mit oder ohne sonderpädagogische Ausbildung), die gegen ihren Willen abgeordnet wurden, entstehen Abwehrhaltungen, berufliche und persönliche Krisen. Sie verlieren ein Stück ihrer bisher erprobten beruflichen Identität und fühlen sich nicht in der Lage, alle Schüler ihren «Bedürfnissen entsprechend optimal zu fördern».[24] Das ist in der heilpädagogischen Waldorfschule anders.

Aufgabe der heilpädagogischen Waldorfschule heute

Erziehungs- und Bildungswissenschaftler zählen Rudolf Steiner zu den Klassikern der Pädagogik, also zu den großen Erziehern wie Comenius und Pestalozzi, die mit ihren über die Zeit hinaus wirkenden Ideen zur Klärung von Gegenwartsproblemen beitragen. Gerade die kontrovers diskutierte Krise der staatlichen Erziehung, die nach den vergleichenden PISA-Studien entstanden ist, intensiviert das Interesse an der Reformpädagogik der Anthroposophie, die sich als «mitteleuropäischer Kulturimpuls»[25] versteht.

Die heilpädagogische Waldorfschule macht Ernst mit der Inklusion, die schon Johann Amos Comenius (1592–1670) in seinem Lehrbuch *Didactica Magna* («Große Didaktik») im Blick hatte. Ihm ging es um die Bildung des Menschen zur Menschlichkeit in der Gemeinschaft.[26] Sein ethischer Maßstab war die Gottesebenbildlichkeit des einzelnen Menschen – ohne Ausnahme. Eine Ausgrenzung stünde der Würde des Menschen entgegen.[27] Dieses Geschenk der christlichen und humanistischen Ethik ist dem demokratisch verfassten Gesellschaftssystem aufgegeben. Nach dem Humanisten und interkulturellen Heilpädagogen Emil E. Kobi (1935–2011) setzt allein die Anthroposophie von Rudolf Steiner und seiner Nachfolger diese Ethik in die Tat um. Für sie ist jeder Mensch a priori sinnvoller Teil des Ganzen.

Dieser ethische Impuls kann dem selbstreferenziellen Inklusionsdiskurs das konstitutionelle Fundament geben, das in
ihrer humanistisch-christlichen Ethik wahrgenommen und in
der Erziehungskunst konsequent in die Tat umgesetzt wird. Für
diese inklusive Pädagogik, die auf Steiners Philosophie der Freiheit und Goethes organisches Denken zurückgeht und deshalb
nicht als formalisierte und anwendungsorientierte Systematik,
sondern als Konstitutionssystem zu verstehen ist, ist das Leben
eines Menschen mit Behinderung «ganzheitlicher Ausdruck des
Seinsguten».[28]

Diese Pädagogik integriert das «heilpädagogische Prinzip in die
Pädagogik»[29]. Sie ist in ihrem tiefsten Anliegen Inklusionspädagogik und begründet die heilpädagogische Schule (Kindergarten,
Schule, Stätte der Berufsvorbereitung und -ausbildung, Arbeits-
und Wohnstätte) als Lebens- und Lernorte für alle Menschen. Das
hatten auch Georgens und Deinhardt, die Begründer der wissenschaftlichen Heilpädagogik, im Blick.

Die Praxis der heilpädagogischen Waldorfschule orientiert sich
am ursprünglichen pädagogischen Denken, das sich aus den Quellen des Guten speist und als Dienst für den Lernenden versteht.[30]
Ihre Praxis realisiert sich durch das situationsgerechte und selbst-
verantwortete Handeln des konstitutionellen Pädagogen.[31] Heute
stellt die UN-Behindertenrechtskonvention der heilpädagogischen
Waldorfschule die Aufgabe, den Inklusionsgedanken als «fortwährend Entwicklungsaufgabe» zu verwirklichen. Diese Schule versteht sich seit ihren Anfängen als lernende und sich entwickelnde Organisation. Sie pflegt das Spielen, Lernen und Arbeiten
in heterogenen Gruppen und Klassen für verschiedene Lebens-
und Lernwege. Ihre Erfahrungen lehren, dass Lernen nicht nur
mit Lerngegenständen stattfindet, sondern «gleichermaßen bei
der Interaktion der Schülerinnen und Schüler. Gerade hier würden grundlegende Qualitäten wie die Achtung des Anderen, Initiative und Verlässlichkeit, Teamfähigkeit und Verantwortung
veranlagt … Es gilt, die Möglichkeiten wechselseitigen Lernens in
der Gemeinschaft schon vom Kindergarten an auszuschöpfen.»[32]
Die heilpädagogische Waldorfschule realisiert von Beginn an:

– den Gedanken der Einheitsschule und die Pflege der Heterogenität in der Klasse
– das entwicklungsorientierte individualisierte Curriculum
– das handlungspraktische ganzheitliche Lernkonzept
– das individuelle und gemeinsame Gestalten rhythmischer Strukturen.

Beispiel: Hansjörg Hofrichter berichtet über den Gastbesuch eines Schulrats in der Waldorfschule in Nürnberg, der sich über Vandalismus an staatlichen Schulen beklagte. «Als wir dann in der großen Pause über den Schulhof gingen, blieb er stehen und fragte: ‹Warum ist das bei Ihnen alles so friedlich?› Ich gab ihm zur Antwort: ‹Weil wir die Eurythmie haben.› Das war sicher eine stark verkürzte Antwort, in der die Eurythmie als Symbol für das ganzheitliche Konzept der Waldorfpädagogik steht. Es ist das Ganze, das zusammenwirkt und beschrieben werden müsste. Was heute mit ‹Corporate Identity› bezeichnet wird, das hat eine funktionierende Waldorfschule zu bieten. Es wirkt insgesamt auf die Schulgemeinschaft wie auf die Besucher.»[33]

Im rhythmischen Prinzip erleben wir den geistigen Ursprung einer Sache. Kinder, die in rhythmisch-ganzheitlichen Strukturen nach der genetischen Erkenntnismethode ihre Lernerfahrungen machen, gestalten aus dem inneren Kraftzentrum heraus ihre Wirklichkeit. Sie sind Akteure der eigenen Entwicklung. Geht man davon aus, dass in den Rhythmen die Geheimnisse des Kosmos und der menschlichen Existenz enthalten sind, dann eröffnet sich der reflexiven Bildungsforschung – unter aktiver Mitarbeit der Erzieher – ein weites Feld schöpferischer Arbeit.

Diese Arbeit nimmt Erziehungshindernisse und Erziehungsprobleme als Erziehungschance für Erzieher und Kind wahr. Darauf weisen uns die Ursprünge der Heilpädagogik hin, die zu einem reichen Spektrum methodischer Kunst führten: Wo etwas fehlt, da muss das rhythmische Prinzip sorgfältig beachtet werden. Und die Intuitionsfähigkeit als didaktische Kunst im Sinne der sokratischen Erziehungsmethode (Mäeutik, Geburtshilfe) muss umso größer sein. Durch meditativ-kreative und spirituelle

Übungen kann der Erzieher lernen, «die Phänomene vorurteilsfrei wahrzunehmen, die Geistesgegenwärtigkeit im Verstehen zu
üben und die erkenntnisethische Selbstständigkeit im Handeln zu
wahren».[34]

Diese erzieherische und didaktische Kunst erfordert bei heterogenen Gruppen und Klassen «eine anspruchsvolle Professionalität»,[35] die im Wesentlichen Selbstentwicklung des Erziehers
ist. Die Arbeit an sich selbst wird heute mit Begriffen wie Selbst-
management oder Kompetenzausbildung beschrieben. Es geht
hier um die persönliche Anstrengung zur Selbstführung, die keine beliebige Beigabe ist, sondern eine notwendige Verpflichtung
moderner Professionalität. Durch regelmäßiges Prüfen der Arbeit
(Selbstbewertung, Selbstevaluation, Beurteilung durch andere
Mitarbeiter) ist die Professionalität als nie endende Aufgabe zu
pflegen. Sie kann besonders durch die Pflege der Entwicklungsdiagnostik in der Kinderkonferenz gelernt werden, bei der Erzieher drei Fähigkeiten ausbilden können:
– dem Kind mit staunendem Interesse begegnen (statt mit Antipathie und idealisierender Sympathie)
– Gefühle objektivieren und Verzicht auf Urteile
– mit «Freude am Entdecken der Wahrheit bei der Sache bleiben».

Diese drei Fähigkeiten «lassen eine Offenheit für Ein-Fälle zu, die
von der geistigen Sphäre uns zufallen».[36]

Zusammenfassende gesellschaftskritische Thesen

Inklusion kann nur durch Menschen in der Praxis erobert
werden. Diese Aktivitäten vor Ort sind notwendig, weil das Ausle-
seprinzip des Darwinismus als Strukturprinzip fortschreitet, das
die Starken stärkt und die Schwachen schwächt und wieder für
die Biologisierung des Menschen offen ist.[37] Und die deutschen
Armutsberichte lassen erkennen, dass Kinderarmut und Ausgrenzung von neoliberalen Denk- und Handlungsmustern nicht
zu trennen sind.[38]

Die Krise der staatlichen Schulen intensiviert das Interesse an
der Waldorfpädagogik und der anthroposophischen Heilpädago-

gik. Nach ihrer Erkenntnistheorie und Menschenkunde ist jeder Mensch sinnvoller Teil des Ganzen.

Die heilpädagogische Waldorfschule bindet das heilpädagogische Prinzip in die Pädagogik ein. In diesem Lebens- und Lernort repräsentieren Menschen Modelle des inklusiven Lehrens und Lernens. Durch ihr Beispiel antworten sie den politischen und ökonomischen Herrschaftsinteressen.

Herausfordernder Impuls

Die ideengeschichtliche Rezeption der von Georgens und Deinhardt vor über 150 Jahren begründeten Heilpädagogik erkennt, dass der Pädagoge auch Anthropologe sein und sich ein anthropologisches Wissen aneignen müsse, um die «Eingemeindung» der Schüler-Individualität mit ihren Entwicklungsbedürfnissen und Entwicklungsmöglichkeiten zu realisieren.[39] Ihr Anliegen wurde weiterentwickelt. Es wird heute vor allem in der basalen Pädagogik von Peter Rödler vertreten.[40] Seine anthropologisch fundierte Theorie des menschlichen Sprach- und Begegnungsraums lotet Bubers dialogisches Prinzip in seiner religiösen und humanistischen Dimension aus und macht radikal ernst mit der von Andreas Möckel vorgenommenen Umkehrung des Satzes von Paul Moor: «Heilpädagogik ist Pädagogik.»

Für Möckel gibt es nur Heilpädagogik. Sie ist eine grundlegende inklusive Pädagogik, denn sie schließt im Gegensatz zur allgemeinen Pädagogik kein Kind aus. Sie ist für jedes Kind zuständig und nimmt es ohne Vorbedingungen in die menschliche Sprach- und Kulturgemeinschaft auf. Solange aber die allgemeine Pädagogik das basale menschliche Anliegen auf das gemeinsame Sein und Zusammensein, gemeinsame Leben und Lernen nicht hinreichend beachtet, ist sie defizitär. Deshalb muss die Heilpädagogik ihr Fach selbst begründen, ihre «universelle Bedeutung dartun»[41] und ihr inklusives Bemühen kundtun.

Vor dieser Aufgabe steht die Heilpädagogik heute. Inwieweit sie ihr gelingt, ist eine offene Frage, denn es gibt konkurrierende Modelle. Nur eines ist sicher: Ein erfolgreiches Bemühen würde die Heilpädagogik aus der Subdisziplin der Erziehungswissenschaft zu ihrer Hauptdisziplin werden lassen. Für diese Aufgabe bietet sich die ethisch begründete und sozialpädagogisch orientierte heilpädagogische Waldorfschule als Modell an.

Anmerkungen und Literatur finden sich auf S. 722ff.

THOMAS MASCHKE

SCHÜLER UND LEHRER: DAS BEDÜRFNIS NACH ENTWICKLUNG – UND DAS RECHT DARAUF

EIN PÄDAGOGISCHER ESSAY

Vorbemerkungen: Das Problem

Im Folgenden wird versucht, *ein* Dilemma des Lehrerseins zu diskutieren und damit ein Spannungsfeld aufzuzeigen – ohne Lösungen präsentieren zu wollen und zu können. Das Spannungsfeld besteht zwischen dem Ideal der Ermöglichung und Unterstützung kindlicher Entwicklung als individueller, jenseits aller Norm liegender Ausdrucksweise menschlichen Seins auf der einen sowie dem Anspruch nach zu erbringender «Leistung», nach sicht- und / oder messbaren Erfolgen (schulischer) Förderung auf der anderen Seite. In vielen (= erfolgreichen) Fällen können sich diese beiden Seiten treffen:[1] sowohl im Erlebnis der Schüler als auch demjenigen der Erzieher.

Besonders aber in Momenten, die Pädagogen an ihrer Handlungsfähigkeit zweifeln lassen, kann es zu inneren Konflikten (des Lehrers) und / oder äußeren Konflikten (z.B. zwischen Lehrer und Schüler oder Lehrer und Eltern) kommen. Wenn die «Erfolge» der Schüler nicht offensichtlich werden, wenn Entwicklung als gradliniger Prozess nicht eindeutig erlebbar wird, es zu Krisen oder «Rückschritten» kommt, dann liegt dieses Spannungsfeld offen für die Beteiligten. Dann zeigt es sich, inwieweit das zuvor postulierte Ideal der Entwicklungsförderung trägt, auch wenn diese nicht unmittelbar sichtbar ist. Nun können und müssen vielleicht, ohne den professionellen Anspruch auf bestmögliche Unterstützung der je individuellen kindlichen Entwicklung aufzugeben, Haltungen aktualisiert werden, welche sich in einer fraglosen *Beziehungskonstanz*, einem vertrauenden «Mit-Sein» durch den Erwachsenen ausdrücken: denn diese ist die Basis für Entwicklung der uns anvertrauten Schüler.

Grundlagen

Als Erziehender, als Lehrer im Besonderen beobachtet man (kindliche) Entwicklung bzw. nimmt solche als und im Prozess wahr: So können sich aus diesen Beobachtungen sowie der Analyse derselben Erfahrungen und Erkenntnisse herausbilden, welche sich als «persönliche Kernsätze» (im Sinne grundlegender Evidenz) formulieren lassen. Besonders mit Blick auf Kinder und Jugendliche, deren Entwicklung nicht «gradlinig» oder gar «krisenhaft» verläuft, ist es unter Umständen immer wieder notwendig, sich das grundlegende Gesetz einer stets möglichen Entwicklung vor Augen zu führen. Als Lehrer kann man das oben skizzierte Dilemma erleben: Schauen wir nicht primär auf «Leistungen», auf äußerlich «Messbares», auf dasjenige also, was Schüler zu «erbringen» haben, gemessen an unseren Vorgaben und Vorstellungen, auch an Waldorfschulen? Was aber, wenn diese Leistungen von Kindern zeit- und teilweise oder überhaupt nicht zu erbringen sind, wenn die individuellen Bedingungen des Kindes dies nicht, dafür aber anderes zulassen? Ist das dann nicht eher oder primär ein Hinweis auf meine (noch) mangelnde «Fähigkeit» in Bezug auf die Wahrnehmung des Kindes mit seinen Möglichkeiten?

Für mich hat sich so ein *Grund*satz gebildet: Menschliche Entwicklung bedarf des Erlebnisses von Verbindung oder – besser gesagt – Verbundenheit. In mehr plakativ anmutenden Worten komme ich zu den folgenden drei Kernsätzen.

Drei Kernsätze

1. Jedes Kind hat das Bedürfnis,
in Beziehung zu sein und «etwas gut zu machen»
Dieser Satz in seiner Schlichtheit besagt nicht mehr und nicht weniger, als dass das Gefühl des Genügens, und daraus folgend der Befried[ig]ung und Freude, Ansatz und Movens für weiteres Bemühen und somit letztlich für individuelle Entwicklung ist. «Etwas gut machen» bedeutet aber keineswegs (primär oder ausschließlich) das Erbringen von Leistung, sondern vielmehr das Gefühl des Kindes, etwas zu bewirken, zu genügen, angenommen zu sein, in Beziehung zu stehen. Der Begriff der Selbstwirksamkeit[2] kann für gewisse Aspekte dieser Aussage ebenso verwendet werden. Dieses Erleben wird in der UN-Konvention zum Schutz der Menschen mit Behinderungen mit dem Begriff des «sense of belonging» als (ein) Maßstab für Teilhabe[3] charakterisiert. Dieser Kernsatz benennt ebenso die Dualität von Beziehung, deren «dialogisches Prinzip».[4]

Zwei Seiten leben in der Begegnung des Kindes zur Welt; sie sind erlebbar als «von außen» (d.h. in der Begegnung des Individuums mit anderen Wesen und Gegenständen der Umwelt) und als intrinsisch = «aus sich heraus». Sie sind Ausdruck einer *im Menschen wirkenden Kraft der eigenen Veränderung* und des «Sich-in-Beziehung-Setzens». Dies ist eine anthropologische Grundtatsache, welche, umgekehrt formuliert, besagt, dass Leben immer Entwicklung bedeutet und eine Bezugnahme auf die personale wie dingliche Umwelt einschließt. Man kann hinzufügen, dass «wirksam sein», «gut machen» in seiner Erfüllung ebenso ein Gefühl der Stimmigkeit zwischen Individuum und Umgebung hervorrufen kann oder eben als solches subjektiv erlebt wird. Dieses Gefühl kann einerseits eine relativ isolierte Verbindung oder Tätigkeit betreffen, andererseits können darüber hinaus aber auch komplexe Vorgänge gemeint sein (z.B. antizipierte und dann vom Kind erfüllte Erwartungen eines Erwachsenen). Das Ergebnis im Erleben eines Kindes ist im Grunde dasselbe: «Ich kann etwas, ich setze mich in Beziehung zur Welt und nehme somit teil an ihr! Ich bin Teil dieser Welt!» Verbundenheit, (daraus entspringende) Stärke und Können werden erlebt und stärken wiederum das Individuum bzw. dessen Entwicklungsfähigkeit.

Somit ist mit der Begrifflichkeit «in Beziehung sein = wirksam sein» ein doppelter Weltbezug gemeint. Erstens: Der Handelnde erlebt sich als tätig in der Welt, und das so entstehende Gefühl der Verbindung mit der Welt kann zweitens die Freude am Handeln steigern. Diese Freude wirkt dann im Sinne von Motivation für weiteres Bezugnehmen weiter. Im Erleben eines Kindes kann ein Lächeln des Gegenübers beide Seiten des benannten Gefühls auslösen: dasjenige der Wirksamkeit ebenso wie dasjenige der Verbundenheit. In diesen letzten Sätzen spiegelt sich das oben genannte Dilemma erneut wider: Können Begriffe in ihrer Klarheit und Eindeutigkeit so offen verstanden werden, dass nicht primär ein «Leistungsanspruch» daraus abgeleitet wird, sondern der Erlebnisaspekt des «Wirksamseins» jedes Kindes damit verbunden wird?

Es kann und soll nun der Begriff «Bedürfnis» nicht der Beurteilung und Bemessung durch andere (z.B. Erziehende) ausgesetzt werden. Die Tatsache eines Bedürfnisses nach Entwicklung würde durch die Negierung der Motivation derselben ebenfalls negiert. Sich *positiv, freudig, kraftvoll, verändernd*, also «*wirksam*» in Verbindung zu setzen, Fühlung zu nehmen, dieser Antrieb soll somit als eine Quelle menschlichen Seins gesetzt sein, welche zu individueller Entwicklung führt. Dass der Begriff «Bedürfnis» in einer Zeit primärer Konsumorientierung in Gefahr steht, korrumpiert zu werden, ist ebenso deutlich und gilt jeweils erkannt zu werden.

Hartmut von Hentig[5] formuliert in den nachfolgend zitierten Sätzen[6] eine «Spielart» obiger Gedanken, welche Anlass zur Diskussion bieten: «Stärken hat man – und sie stärken. Schwächen hat man – und sie schwächen; man darf stolz sein, wenn man sie aushält; sie in Stärken zu verwandeln ist eine große Leistung und bleibt die Ausnahme.» Das, was hier quasi wie eine charakterliche Eigenschaft dargestellt ist, beschreibt sicher eine landläufig zu erfahrende Tatsache, es beinhaltet allerdings eine Verkürzung unserer Erfahrungen. Denn sowohl die vorschnelle Benennung als auch die starre Beibehaltung von Eigenschaften, wie hier der «Stärke» sowie der «Schwäche» kann Entwicklung be- oder verhindern. Die Verwandlung von «Schwächen», sei es auch nur in der Art ihres «Gewichtes», ist unabdingbar und passiert regelmäßig. Werden Veränderungsprozesse hier (bewusst) wahrgenommen, so können sie in einem besonderen Maße das Gefühl erzeugen, dass etwas «gut» gelungen ist. Bleiben Schwächen jedoch (trotz allen Bemühens um Veränderung) bestehen, dann schwächen sie tatsächlich. Stärken verlieren aber unter Umständen ihre Kraft, wenn sie sich statisch darleben. In der Verwandlung von Eigenschaften, welche die Auseinandersetzung mit der Umgebung bestimmen, liegt Stärke. Veränderungsfähigkeit ist somit eine positive Eigenschaft. «Stärke» als per se vorhandenes (und / oder erworbenes) Merkmal von Persönlichkeit kann diese Persönlichkeit selbst durchaus schwächen, zumindest wenn die Stärke ohne Potenzial der Veränderung auftritt. Nun ist in dieser Betrachtung jedoch Vorsicht geboten, dann nämlich, wenn die je individuellen Definitionen sich wiederum an Maßgaben wie «Leistung» oder Ähnlichem orientieren. Eine Stärke im Zwischenmenschlichen (und damit im Erleben der jeweiligen Partner) kann die Begegnungsfähigkeit als solche sein, z.B. im Berührtsein des Gegenübers. Hier trifft sich Menschsein; und diese Fähigkeit besitzt auch eine als stark beeinträchtigt wahrgenommene Persönlichkeit (z.B. mit einer «schweren Mehrfachbehinderung»). Nehmen wir diese Persönlichkeit als Gegenüber nicht wahr, so ist es an uns, der Begegnungsfähigkeit nachzuspüren – und nicht, diese Fähigkeit dem anderen abzusprechen.

Mit einer solchen Betrachtungsweise werden gewohnte Begrifflichkeiten relativ – sie erhalten ihre Bedeutung immer wieder neu im Beziehungsgeschehen und sind damit relational.

Wandelt man die obigen Sätze geringfügig ab in «Stärken stärken und Schwächen schwächen», so kommt ihnen eine andere Bedeutung zu. Beide Teilsätze können wiederum als Erfahrung, als erlebte Tatsache angesehen werden. Sie erhalten aber, ausgesprochen als Imperativ, eine pädagogische Bedeutung, welche auf den letzten Teil dieses Aufsatzes verweist: *Stärken stärken! Schwächen*

schwächen! Die Aufforderung an den Pädagogen wie auch an das sich entwickelnde Kind selbst, die vorhandenen Möglichkeiten zu nutzen und weiterhin zu stärken (im Sinne einer Ressource) sowie die Schwächen des Kindes zu mildern, um sie auf den Weg zu sich gegebenenfalls entwickelnden Stärken zu bringen, kann sich aus diesem Imperativ, welchen ja das Kind selbst darstellt, ergeben. Die Formulierung von Hentigs verweist auf etwas Gewordenes, was dann als «Eigenheit» Entwicklung verhindert. Somit ist eine «Schwäche» tatsächlich dann schwächend (für die Persönlichkeit, ihre Kommunikation etc.), wenn sie als solche erlebt wird und bestehen bleibt oder gar von außen determiniert wird. Als Ausgangspunkt wahrgenommen, mit einer innewohnenden Potenzialität, sich selbst in seiner Qualität zu überwinden, kann diese «Schwäche» aber durchaus «stärkende» Kraft entwickeln.

Nimmt man den hier zuerst formulierten Grundsatz in seiner allgemeinen wie je individuellen Tragweite ernst, dann folgt quasi zwangsläufig die in einem nächsten Schritt zu formulierende Umwandlung des Ausgangssatzes in nachfolgendes Postulat:

2. Jedes Kind hat das Recht, in Beziehung zu sein und wirksam zu sein

Ist der Weg des Kindes ein solcher der Entwicklung und ist außerdem das zu erfüllende bzw. erfüllte Bedürfnis nach Beziehung und Selbstwirksamkeit zentraler Antrieb dieses «Weiterschreitens», dann kommt man nicht umhin, das «Bedürfnis» in seiner Wertigkeit zu erhöhen, es als ein «Recht» zu adeln. Mit diesem Schritt jedoch stellt sich derjenige (Erwachsene), welcher diese Erhöhung vollzieht (bzw. diese als leitende Wegmarke im Prozess der Erziehung setzt), einer Verantwortung, welche nicht hoch genug einzuschätzen ist. Das Bedürfnis des Kindes nach Entwicklung wird hiermit zu einer professionellen wie moralischen Anforderung an diejenigen, welche dieses wahrnehmen. Diese Anforderung geht über das persönliche «Berührtsein», den «Anruf» (Levinas) hinaus in eine Dimension des Rechts, gemeint in seinem juristischen wie moralischen Wert.

Wolfgang Brezinka analysiert die Tüchtigkeit als Erziehungsziel in seiner pädagogischen sowie rechtlichen Relevanz.[7] Dass diese «Eigenschaft» gesetzliche Geltung erlangt und behalten hat, soll hier als Beleg für dessen Bedeutung gewertet werden. Und wieder sei der Hinweis gestattet, dass der genannte Begriff der Tüchtigkeit, auch im Sinne von Selbstwirksamkeit, hinterfragt werden muss – so wie es oben dargestellt wurde.

Ein Erlahmen des Kindes, ein grundsätzlich auftretendes Nachlassen des Kindes in seinem Bemühen um Entwicklung ist somit eine Aufforderung an den Erzieher, Entwicklungsmotivation (im Kind) aufrechtzuerhalten und / oder erneut zu schaffen.

Für die Erziehenden, seien es Eltern oder Lehrer oder andere, stellt sich somit eine Aufgabe, der sich zu entziehen im Grunde unmöglich ist: den ihnen anvertrauten Kindern und Jugendlichen das Vertrauen und – sowohl zeitlich als auch dinglich – den Raum zu geben, welcher zur Verwirklichung ihrer individuellen Entwicklungsintentionen beiträgt.

Somit kann in der Folge der (Grund-) Sätze ein weiterer angefügt werden:

3. Hierfür Möglichkeit zu geben, ist Auftrag von Entwicklungsbegleitung

Die Schule ist ein Ort, der Entwicklung (auch wieder) ermöglichen und / oder unterstützen will und soll. Hierfür hat sie Bedingungen zu schaffen, die sich nach den Bedürfnissen aller ihr anvertrauten Schüler zu richten haben. Nach Maßgabe eines Grundsatzes aus dem Lehrbuch des großen Schweizer Heilpädagogen Paul Moor (1965), *Heilpädagogik*, welcher als ein *allgemein-pädagogischer* verstanden werden kann, gilt: «Wo immer ein Kind versagt, haben wir nicht nur zu fragen: Was tut man dagegen? – Pädagogisch wichtiger ist die Frage: Was tut man dafür? – nämlich für das, was werden sollte und werden könnte.»[8] Die Bedingung der Haltung der Erziehenden (oder besser «Begleitenden») ist deutlich: Was nehmen wir z.B. im Verhalten von Kindern oder Jugendlichen wahr? Was gibt Anlass zu Bewertungen, die in der Folge Entwicklungen nicht mehr oder nur bedingt erwarten lassen? Ist nicht jedwedes Verhalten, jedweder Ausdruck der menschlichen Seele ein folgerichtiger, letztlich «logischer»? Diese Art von Blick, welcher Entwicklung auf der Basis eines Verständnisses für das, was sich ausdrückt, anzunehmen sucht, kommt dem nahe, was Moor mit dem von ihm geprägten Begriff der «Erfassung des Kindes» meint: «Wir müssen das Kind verstehen, bevor wir es erziehen.»[9] Die Haltung des Erwachsenen kann somit zu einer Kraft werden, welche die Potenzialität des Kindes annimmt und damit auch realisiert. Diese Kraft ist eine zutiefst vertrauende und damit (heil-) pädagogische Qualität. Sie ist somit Ermöglichung: Aktiv umgesetztes Vertrauen lässt werden und unterstützt, indem es Möglichkeiten schafft.

Im Zusammenleben und -arbeiten von Schülern, Lehrern und Eltern sowie in der Kooperation mit außerschulischen Partnern wie Therapeuten, Ämtern, Sozialem Dienst und vielen anderen kann sich diese Qualität entfalten: für alle uns anvertrauten Schüler und – in Respekt und Ehrfurcht vor ihnen und den ihnen innewohnenden Möglichkeiten.

Allgemein-menschliche Zugangsweise

Zu Beginn des *Heilpädagogischen Kurses* von 1924 verweist Rudolf Steiner auf ein Allgemein-Menschliches – darauf, dass es in jedem menschlichen Seelenleben «irgendwo in einer Ecke» «Unregelmäßigkeiten» oder gar «eine sogenannte Unnormalität»[10] gibt. Dies ist nicht nur ein Hinweis auf die Relativität eines leichtfertig, alltäglich gebrauchten Begriffes von Normalität, sondern kann und muss diesen in seiner normativen Funktion zwangsläufig hinterfragen. Wenn «Unnormalität» zum «Normalen» dazugehört: was ist dann normal? Was ist besonders, wenn nicht alles? Und, unter dem Gesichtspunkt von Entwicklung als Konstitutivum des Menschseins betrachtet: wie kann sich Erziehung der vielen unterschiedlichen Kinder, ein jedes auf seinem individuellen Niveau und Entwicklungsstadium befindlich, als gemeinschaftliche Aufgabe gestalten? Steiner gibt hier einen meiner Meinung nach entscheidenden Hinweis in seinem letzten der großen pädagogischen Vortragszyklen, eben dem *Heilpädagogischen Kurs*, welcher einen interessanten pädagogischen Bezug herstellt: «Es ist ja natürlich, dass vorangehen soll bei jedem, der unvollständig entwickelte Kinder erziehen will, eine Erkenntnis, eine wirklich eindringliche Erkenntnis der Erziehungspraxis für gesunde Kinder. Das ist dasjenige, was sich jeder, der solche Kinder erziehen will, aneignen müsste. Denn man muss sich ganz klar darüber sein, dass all dasjenige, was eigentlich bei unvollständig entwickelten Kindern auftreten kann, in intimerer Art auch im sogenannten normalen Seelenleben bemerkbar ist, man muss nur entsprechend das normale Seelenleben beobachten können.»[11]

Den großen, übergreifenden Zusammenhang zwischen dem Entwicklungsgeschehen und aktuell nach außen tretender Gestaltung in Form von Symptomen des Seelenlebens benennt Steiner auch hier in der Folge: «Sehen wir jetzt ganz ab von diesem Seelenleben, das ja ohnedies erst nach und nach herauskommt, an dem manchmal recht zweifelhafte Erzieher einen Anteil haben, sehen wir ab von diesem Seelenleben, dann haben wir hinter der Körperlichkeit ein anderes Geistig-Seelisches, ein Geistig-Seelisches, das heruntersteigt zwischen Konzeption und Geburt aus den geistigen Welten.»[12] Für unsere Gedanken ist folgender Zusammenhang evident: Steiner verweist auf ein Entwicklungsgeschehen, das *im Lichte des individuellen Inkarnationsimpulses* betrachtet werden muss. Eine für uns beeinträchtigt erscheinende Existenz ist, in einem größeren Zusammenhang betrachtet, Ausdruck von Entwicklungswillen! Alle Bewertung dieses sich im aktuellen Leben ausdrückenden Menschseins ist damit obsolet! Der Hinweis auf «zweifelhafte Erzieher» weist zudem darauf hin, dass sich Gestaltungen menschlichen So-Seins auch als Ergebnis von Erziehungsprozessen zeigen können. Welche Verantwortung ist dem Erzieher damit gegeben! Steiner gibt im Weiteren aber auch Hinweise zur Selbsterziehung des Erziehers[13] und schließt den Kurs mit einem weiteren und essenziellen Hinweis für die Erziehenden, welcher als allgemeingültig, d.h. für die Erziehung aller Kinder, jenseits von Besonderheiten, anerkannt werden soll und welcher als Basis einer respektvollen und demütigen Haltung des Verstehen-Wollens des Gegenübers hier verstanden werden möchte: «Sehen Sie, beobachten Sie einmal, welcher Unterschied es ist, wenn Sie an das Kind mehr oder weniger gleichgültig herantreten, oder wenn Sie an das Kind herantreten mit wirklicher Liebe. Es ist sofort, wenn man mit wirklicher Liebe an das Kind herangetreten ist, wenn der Glaube aufhört, dass man mit technischen Kunstgriffen mehr machen könne als mit wirklicher Liebe, sofort die Wirksamkeit der Erziehung, besonders bei abnormen Kindern, da.»[14]

So kann die anfangs aufgeworfene Frage nach der grundsätzlichen Anerkennung von Entwicklungsfähigkeit und -notwendigkeit aller Kinder durch die Erzieher beantwortet werden mit einem Appell an die eigene Entwicklungsbereitschaft, immer wieder neu den Kindern zu begegnen, fragend, respektvoll, ohne zu be-werten, letztlich demütig.

Abschluss

Als abschließender und zusammenfassend-leitender Gedanke sei folgendes Gedicht hier abgedruckt, welches dem Leitmotiv des obigen Textes nahekommt:

«Hinter dem Sichtbaren das Unsichtbare erahnen lassen,
hinter dem Hörbaren das Unhörbare,
hinter dem Zufälligen das Gefügte,
hinter dem Bewussten das Unbewusste,
damit innere Tore geöffnet werden
und das Beste, was im Menschen ist,
wie eine Blüte aus der Knospe sich entfalte.»[15]

Die Anmerkungen finden sich auf S. 727f.

MICHAELA GLÖCKLER

CHANCEN UND RISIKEN DER INKLUSION FÜR DIE WALDORFPÄDAGOGIK

Die Antwort auf unsere Frage «Welches sind die Chancen und Risiken der Inklusion für die Waldorfpädagogik?»[1] ist eigentlich einfach: Die Waldorfpädagogik birgt ein großes Potenzial, Inklusion praktisch zu realisieren. Entsprechend birgt sie auch ein nicht unerhebliches Risiko für den Inklusionsprozess, wenn Waldorfpädagogik nicht wirklich realisiert wird. Mit anderen Worten: Waldorfpädagogik ist ihrem Ursprungsimpuls nach Inklusionspädagogik. Die Frage müsste daher etwas provozierend lauten: Warum hat die Waldorfpädagogik ihren Impuls, eine Inklusionspädagogik zu sein, nach dem Zweiten Weltkrieg nicht weiterverfolgt? Denn mit der Wiedereröffnung der Waldorfschulen in Deutschland 1946 nach dem Verbot durch die Nationalsozialisten und dem Ende des Zweiten Weltkriegs ging die Entwicklung eher hin zu «Waldorfgymnasium», «Waldorfrealschule», «Waldorfvolksschule», «Waldorfgesamtschule», «Waldorfförderschule» – je nachdem, was die Eltern oder Lehrer wünschten. Man passte sich weitgehend den bestehenden Schulformen an. Ich drücke das absichtlich etwas dezidiert aus, damit wir uns Klarheit darüber verschaffen, was die Identität dieser Pädagogik tatsächlich ist.

In diesen Worten schwingt jedoch auch Betroffenheit mit, da ich selbst Waldorfschülerin war und nach dem Zweiten Weltkrieg den Wiederaufbau der Stuttgarter Waldorfschule miterlebt habe. Mein Vater, Helmut von Kügelgen, gehörte zu der Generation von Kriegsheimkehrern, die bei dieser Aufbauarbeit aktiv beteiligt waren, und ich erinnere mich, dass, wenn wir Monatsfeier hatten – das Schulfest, bei dem die verschiedenen Klassen etwas aus ihrer Arbeit auf der Bühne zeigen –, in einem langen Zug die Kinder aus der sogenannten Karl-Schubert-Schule, einer Waldorf-Förderschule, zu uns herüberkamen. Sie saßen vorne an einer Seite des Saales und schauten zu, machten jedoch nie etwas vor. Das wirkte auf uns Schüler seltsam. Warum durften sie nichts aufführen? Warum kamen sie nur zu den Feiern?

So prägte sich das Bild der Trennung zwischen «behinderten» und «nicht behinderten» Kindern ein und dass man dafür getrennte Schulen braucht, allenfalls bei Schulfeiern die einen den anderen etwas vormachen dürfen. Für die innere Dramatik dieses Sachverhalts bin ich erst viel später aufgewacht, als ich die Biografie des Pädagogen Karl Schubert las.[2] Wer an der inklusiven Pädagogik Interesse hat, sollte dieses Buch lesen.

Das Konzept der ersten Waldorfschule

Was hat die «Ur-Waldorfschule» beinhaltet? Rudolf Steiner äußerte sich sehr klar darüber, was bereits erreicht werden konnte und was noch nicht: So war es aus finanziellen Gründen damals nicht möglich, den Kindergarten aufzubauen. Steiner betonte jedoch, dass es gut wäre, wenn schon die ganz kleinen Kinder waldorfpädagogisch betreut werden könnten. Der Kindergarten, ja die Kinderkrippenerziehung hätte von Beginn an dazugehört. Für Rudolf Steiner war deutlich: Erziehung beginnt von Geburt an, und die Waldorfschule will den erforderlichen Rahmen schaffen, dass Erziehung so gut wie möglich gelingen kann.[3]

Bereits erreicht worden war, dass es einen Kreis von Gründungslehrern gab, dem auch Marie Steiner angehörte, die Sprachübungen und logopädische Hinweise gab. Wir verdanken den Band *Methodik und Wesen der Sprachgestaltung*[4] dieser Arbeit mit den Lehrern – ein ganzer Kosmos von Sprach- und Sprechübungen. Die Heileurythmistin Elisabeth Baumann gehörte ebenfalls dazu sowie Eugen Kolisko, der Schularzt, und Karl Schubert, der Förderlehrer mit einer Inklusionsklasse. Schubert konnte, je nach Bedarf, Kinder aus anderen Klassen für längere oder kürzere Zeit aufnehmen und individuell unterstützen. Auf dieser Grundlage konnte er aber auch im Rahmen der Kollegiumsgespräche bei Schwierigkeiten mit einzelnen Schülern Ratschläge geben.

Diese Art von Kompetenzentwicklung lag Steiner besonders am Herzen, denn er sah in dem verantwortlichen Klassenlehrer den besten Förderer. Die Kinder sollten spüren, dass «ihr» Lehrer sich wirklich für sie und ihren Lernerfolg verantwortlich fühlt.

Aus dieser Zeit wird von einer Lehrerin berichtet, die ein sehr unruhiges Kind in der Klasse hatte, das kaum einen Moment still sitzen konnte, ständig in der Klasse unterwegs war und sie an den Rand ihrer disziplinarischen Möglichkeiten brachte. Sie entschloss sich, dieses Kind Karl Schubert in die Betreuung zu geben. Als jedoch Rudolf Steiner zu Besuch in ihre Klasse kam und fragte: «Wo ist dieses Kind?» und sie antwortete, sie habe es Karl Schubert übergeben, bemerkte er sachlich: «Dieses Kind gehört zu Ihnen.» Das hieß natürlich nicht, dass Karl Schubert das Kind nicht hätte fördern dürfen, sondern dass sich die Lehrerin bewusst machen sollte, dass dieses Kind offenbar nicht «zufällig» in ihrer Klasse ist und sie sich mit ihm intensiv zu beschäftigen hat. Ist doch der Klassenlehrer der beste «Förderlehrer», wenn er das Kind und seine Eigenheiten gut kennt. In diesem Fall holte sie es zurück und löste das Problem zunächst so, dass sie es im Unterricht an der Hand hielt, und die Klasse gewöhnte sich daran.

Wie schnell ist man geneigt, «outsourcing» zu betreiben und Kinder wegen dieser oder jener Schwierigkeit oder diagnostizierten Störung zu den betreffenden Spezialisten zu schicken. Inklusion wäre demgegenüber die Haltung: Welche Kompetenzen brauche ich als Lehrer, um selbst dieses Kind fördern zu können? Wen hole ich mir unter Umständen zeitweise in den Unterricht, damit er oder sie mir hilft, dem Kind zu geben, was es braucht? Es ist eine Haltung im Sinne der Donnerstagsübung des achtgliedrigen Buddha-Pfades,[5] wo es darum geht, nichts zu tun, was außerhalb unserer Grenzen liegt – aber: auch nichts zu unterlassen, was innerhalb derselben sich befindet. Dabei kommt dem Lehrerkollegium die Aufgabe zu, so weit wie möglich zu ergänzen und auszugleichen, was der Einzelne nicht vermag. Diese gegenseitige Hilfeleistung im Kollegium hat Steiner insbesondere vor Augen gehabt – ein Kollegium, in dem jeder aus einem solchen Bewusstsein heraus im Dienste der Schüler mit den anderen zusammenarbeitet.

Das Ideal der Waldorfpädagogik

Das Ideal der Waldorfpädagogik darzustellen ist leicht und es zu tun ist schwer. Ich wage dies so zu formulieren, da ich selbst unterrichtend tätig war und weiß, dass der Lehrerberuf de facto der anstrengendste Beruf ist. Arzt werden bedeutet auch eine Herausforderung, doch von anderer Art. So habe ich vor Prüfungen oder Examen auf dem Gebiet der Medizin keine schlaflosen Nächte verbracht, vor einer ersten Epoche in einer neuen Klasse einer Waldorfschule dagegen wohl! Ich kannte als ungeübte Lehrerin – d.h. als Schulärztin, die hin und wieder eine Epoche gibt in Menschenkunde, Biologie, Chemie oder in Erster Hilfe und Gesundheitslehre – die Klassen noch nicht, nur einzelne Schüler. Ich memorierte die Namen der Schüler, ihre Sitzordnung, die «schwierigen Schüler», auf die ich besonders achten sollte. Ich hatte Sorge, guten Kontakt zu allen zu bekommen, ihnen gerecht zu werden, mit dem Inhalt so einzusteigen, dass es die Klasse erfasst usw.

Weil mir sehr klar ist, wie schwer es ist, ein «guter Waldorflehrer» zu werden, wage ich im Folgenden, die Waldorfschule als ideale Inklusionsschule zu skizzieren und das Konzept, das Leitbild darzustellen, nach dem wir versuchen können, die pädagogisch-therapeutische Arbeit auszurichten. Zunächst ein Wort zum «Ideal»: Anhand von Wolfgang Schmidbauers Buch *Alles oder nichts*, das den sprechenden Untertitel hat *Über die Destruktivität von Idealen*,[6] kann man sich das Problem eines falschen Idealismus rasch klarmachen. Ideale werden dann zur destruktiven moralischen Forderung oder Selbstüberschätzung, wenn ich sie mir nicht selbst erarbeitet habe, wenn sie nicht meine ureigene innere Orientierung und Lebenskraft sind – oder, bescheiden ausgedrückt: Ideale sind das Konzept, nach dem ich meine Arbeit ausrichte. Rudolf Steiner sagt zur Frage des Idealismus und seiner möglichen Gefahr: «Jede Idee, die dir nicht zum Ideal wird, ertötet in deiner Seele eine Kraft; jede Idee, die aber zum Ideal wird, erschafft in dir Lebenskräfte.»[7] Und am Ende der *Philosophie der Freiheit*: «Man muss sich der Idee erlebend gegenüberstellen können, sonst gerät man unter ihre Knechtschaft.»[8] Ideale befeuern und geben Kraft, wenn ich sie erlebe, wenn ich mich selbst aktiv mit ihnen und ihrem Wert auseinandergesetzt habe, sie mir selbst gebildet habe und weiß, warum ich mich mit ihnen identifiziere. Ideale wirken sich immer dann destruktiv aus, wenn sie zu moralischen Forderungen entarten oder zur Selbstüberforderung führen. Dann sollte man ehrlicherweise sagen: *Das will ich nicht* – und gehen. Man sollte dorthin gehen, wo man die Ideen verwirklichen kann, die zu einem passen.

Der Impuls von Emil Molt

Wie kam es dazu, dass wir die Waldorfschule haben? Wir haben sie nicht, weil Pädagogen da gewesen wären, die Rudolf Steiner gefragt hätten, ihnen zu helfen, eine ideale Schule zu begründen. Rudolf Steiner hat vielmehr immer wieder über Erziehung gesprochen, hat ein Entwicklungs- und Schulungsbuch geschrieben *Wie erlangt man Erkenntnisse der höheren Welten?*[9], dessen Inhalt er zunächst in Zeitschriftenartikeln ab 1903 publiziert hat.[10] 1907 folgte der Aufsatz *Die Erziehung des Kindes vom Gesichtspunkt der Geisteswissenschaft*[11]. Wie viele Lehrer davon Kenntnis hatten und ihn gelesen haben, wissen wir nicht – nur dies, dass keiner von ihnen Steiner gefragt hat, wie eine Schule kind- und entwicklungsgerecht eingerichtet werden könnte. Es war ähnlich wie bei der Anthroposophischen Medizin, wo erst 1920 ein Chemiker, Oskar Schmiedel, Steiner die entscheidende Frage stellte, ob er denn auch bereit wäre, vor Ärzten über therapeutische Ansätze aus der Anthroposophie zu sprechen.

So war da der Fabrikbesitzer Emil Molt, der wollte, dass seine Arbeiter nicht nur Zigaretten herstellen, sondern – wie die Arbeiter am Goetheanum – Vorträge und Gespräche über Kultur und Lebensfragen bekommen. So begann der Philologe und spätere Waldorflehrer Herbert Hahn, in der Arbeitszeit Werkstunden über verschiedene Themen zu geben, und bald fragten die Arbeiter, ob solch ein Unterricht nicht auch für ihre Kinder durchgeführt werden könnte? Daraufhin Hahn zu Molt: «Die wollen mich nicht mehr hören, die wollen, dass ich ihre Kinder unterrichte.» Und Molt zu Steiner: «Ist es denkbar, dass Sie für die Kinder meiner Arbeiter eine Schule einrichten?»[12] Und von da an hatte die Pädagogik und der Unterricht, Steiners «Kind der Sorge», große Priorität in seinem Leben.

Emil Molt hatte nicht nur die Idee und den Mut zu fragen, sondern auch das Geld. Rudolf Steiner erschuf das Konzept, die Methodik und Didaktik[13] und suchte geeignete Menschen und Lehrer.[14] Sie vertrauten dem Unterrichtskonzept dieser neuen Schule, obwohl es noch nicht aufgeschrieben war. Eine Schule aus dem Geist der Anthroposophie – darum ging es, und das war das gemeinsame Band. Berufen wurden ausnahmslos Menschen, die selbstständig in der Anthroposophie standen, selber den Bezug zu ihr gefunden und aufgebaut hatten, die «Ideen zu Idealen machen» konnten.

Förderlehrer und Schularzt werden gebraucht

Karl Schubert war Förderlehrer, ein echter Inklusionslehrer. Er hatte die «Hilfsklasse» und nahm jedes Kind auf, das man ihm brachte. Zwei Jahre später, 1921, stieß zur großen Freude Rudolf Steiners der österreichische Arzt Eugen Kolisko zum Kollegium hinzu.[15] Es vergeht nun kein Vortrag von Rudolf Steiner mehr, den er in einem größeren Zusammenhang hält, wo er nicht zumindest erwähnt, oft sogar überglücklich davon spricht, dass jetzt auch ein Arzt an der Schule sei. Warum gehört der Arzt in das Schulkonzept, nicht nur die «school nurse», wie sie in vielen englischsprachigen Schulen vorhanden ist, oder der Schulpsychologe? Selbstverständlich sind beide viel besser, als niemanden dergleichen zu haben. Doch der Schularzt sollte den Gesundheitszustand eines jeden Kindes kennen, sogar die ganze Schule mit gesundheitlicher Fürsorge im Blick haben. Dazu gehört auch die Lehrergesundheit. Auf den seit 1978 jährlich am Goetheanum stattfindenden Weiterbildungen zum Kindergarten- und Schularzt, zu denen von derzeit etwa 200 Kollegen weltweit jeweils etwa 100 Kollegen kommen, tauschen wir uns immer wieder darüber aus, wie schwer es ist,

Lehrer rechtzeitig «aufzuspüren», bevor sie krank werden und sie für vier Wochen zu beurlauben, bevor sie gänzlich erschöpft sind und ernsthaft krank werden. Damit sind die Fehlzeiten kürzer, und die Zeit der Krankschreibung kann für Erholung *und* Unterrichtsvorbereitung genützt werden. Ich habe es immer sehr bedauert, wenn Lehrer einen gesundheitlichen Zusammenbruch erleiden mussten und oft auch aus Rücksicht gegenüber dem vertretenden Kollegen wieder zu früh in die volle Unterrichtsbelastung eingestiegen sind. Unnötiger Kräfteverschleiß ist die Folge. Wir sollten diesbezüglich anders denken lernen.

Vor allem sollte im normalen Zeitbudget vorgesehen sein, dass jeder Lehrer zwei Förderstunden pro Woche für die Schüler der eigenen Klasse haben darf. Warum? Weil der eigene Lehrer in der Regel auch der beste Förderlehrer ist und Förderunterricht zu geben zugleich die nachhaltigste Fortbildung und Kompetenzerweiterung für den Pädagogen ist. Er lernt seine Schüler wirklich zu verstehen und seinen Unterricht differenzierter vorzubereiten.

Denn Kurse in Inklusionspädagogik, Sonderpädagogik, Förderpädagogik, zu bestimmten Krankheitsbildern zu besuchen ist zwar interessant – man kann sich auch im Internet fachlich hervorragende Videos anschauen und sich so weiterbilden –, doch wird daraus noch keine inklusive Unterrichtspraxis. Die entsteht nur, wenn man sie tut, und zwar durch Versuch und Irrtum und vor allem durch liebevolle Hinwendung zum einzelnen Kind. Natürlich sind dabei Förderlehrer, Schularzt, Heileurythmist und Sprachgestalter immer wieder eine entscheidende Hilfe.

Dann wird Pädagogik zu etwas Heilendem, und der Lehrer erwirbt sich etwas ärztliche Intuition. Meine Erfahrung ist, dass die ärztliche und die pädagogische Intuition ganz nahe beieinander liegen; es ist derselbe Habitus, und beide Berufe können hier sehr viel voneinander lernen. Denn es geht um die Haltung: Wie kann ich dir am besten helfen? Was brauchst du von mir? Wie kann ich dich mit meinen Fähigkeiten auf deinem Weg so begleiten, dass du bestmöglich zu dir kommst, dass du der wirst, der du werden möchtest?

Wiedereröffnung der Waldorfschule
nach dem Krieg und der Verlust der Inklusivität

Die inklusive Pädagogik gehörte zum Grundkonzept der ersten Waldorfschule[16] und war Ideal bis zum Verbot der Anthroposophischen Gesellschaft 1935 durch die Nationalsozialisten, was auch die Schließung der Waldorfschulen zur Folge hatte. Nach Ende des Zweiten Weltkrieges begannen die Waldorfschulen wieder neu. Es fing pionierhaft an: Man heizte mit Öfen in den Klassenzimmern, Kinder schleppten Kohlen und brachten einfach alles mit, was in der Schule fehlte.

Selbstverständlich kam auch Karl Schubert wieder zurück und brachte «seine Schüler» mit. Karl Schuberts Förderklasse war die einzige Waldorfklasse, die von der Grundsteinlegung der Waldorfschule an durch die Zeit des Nationalsozialismus hindurch weitergearbeitet hat, die nicht geschlossen wurde. Mehrmals entgingen Karl Schubert und seine Kinder wie durch ein Wunder der Deportation. Die inklusive Waldorfpädagogik hat den Krieg in ungebrochener Kontinuität überdauert.

1946 kam Schubert also zurück an «seine Schule». Doch das Lehrerkollegium entschied sich gegen die Wiederaufnahme des Förderbereiches. Man wollte die Differenzierung in Schule für seelenbedürftige Kinder und Jugendliche und die «normale» Waldorfschule. Dass dieser Entscheid verständlich war – schon um den Ruf zu überwinden, die Waldorfschule sei eine «Dummenschule» –, liegt auf der Hand. Da ich selbst seinerzeit auf diese Schule gegangen war, kann ich mich noch gut erinnern, wie wir damals von Schülern anderer Schulen diesbezüglich gehänselt wurden. «Dummenschule» wurde uns nachgerufen. Worauf wir immer entgegneten, dass dies nicht stimme: «Wir sind ganz normal.» Und wir erzählten stolz, schon Englisch- und Französischunterricht zu haben, und betonten, dass es keine «schwierigen» oder «dummen» Kinder in unserer Klasse gebe.

Karl Schubert war nur noch als Religionslehrer willkommen und studierte die Oberuferer Weihnachtsspiele ein, für die er die Regieanweisungen von Rudolf Steiner erhalten hatte – seine Förderklasse wurde jedoch zum Grundstock der späteren Karl-Schubert-Schule. Was ihm jedoch das Wichtigste war – auszustrahlen, dass jedes Kind in der Schule willkommen ist, dass es hier Erwachsene gibt, die um jedes Kind kämpfen –, das war vorbei.

Ein Millenium der Humanität?

Im Jahr 2006 wurde die UN-Charta über die Rechte von Menschen mit Behinderungen verabschiedet, und es war die große Hoffnung damit verknüpft, dass diese Charta ein Milleniumereignis werden würde: das 21. Jahrhundert als Millenium der Humanität. Nach dem totalen Untergang der Humanität im 20. Jahrhundert wird jetzt das 21. Jahrhundert zum Jahrhundert der Humanisierung proklamiert, und der beste Satz aus dieser Charta ist: «In Anerkennung des wertvollen Beitrags, den Menschen mit Behinderungen zum allgemeinen Wohl und zur Vielfalt ihrer Gemeinschaften leisten und leisten können, und in der Erkenntnis, dass die Förderung des vollen Genusses der Menschenrechte und Grundfreiheiten durch Menschen mit Behinderungen sowie ihrer uneingeschränkten Teilhabe ihr Zugehörigkeitsgefühl verstärken und zu erheblichen Fortschritten in der menschlichen, sozialen und wirtschaftlichen Entwicklung der Gesellschaft und bei der Beseitigung der Armut führen wird. Die sogenannten Menschen mit Förderbedarf oder Behinderten leisten einen bedeutenden Beitrag zur Humanisierung der Menschheit.»[17]

In einem Artikel, der kürzlich in der *Basler Zeitung*[18] erschienen ist, berichtet ein Deutscher, wie er sich zum Terroristen in Pakistan und Afghanistan hat ausbilden lassen und nach fünf Jahren permanentem Beteiligtsein an Tod und Terror ausgestiegen ist und jetzt, hoch sicherheitsbewacht, sich in einem Schutzprogramm befindet. Seine Gründe für den Einstieg in die Szene beschreibt er so: Der Zustand der Jugendjahre war geprägt von Öde, Langeweile, Desinteresse, Überdruss und «ich war innerlich leer». Als Vierzehnjähriger sieht er im Fernsehen, wie am 11. September 2001 die Türme des World Trade Center fallen, und hat das Gefühl: «Endlich ist mal etwas los. Das ist ja klasse, wie die das hingekriegt haben, Super-Typen, was die für Mut haben!» Da bekommt er sozusagen zum ersten Mal ein bisschen Energie in seine öde Seele und entschließt sich, sobald er von zu Hause weg kann, sich dort anzuschließen – und das tut er wenige Jahre später auch. Der Grund, warum er nach fünf Jahren wieder aussteigt, ist der, dass er «die Bestie entdeckt» hat, die aus dem Menschen herausbricht, und dass der Mensch zu einem hemmungslosen Tier («Hunde des Krieges, sich wahllos auswütend, verrohend») entarten kann.

Warum berichte ich das? Die Menschenrechtskonvention gibt uns eine Art Spiegel, jeden Menschen ernst zu nehmen. Ich kenne keinen Menschen, egal wie intelligent, wie nichtintelligent, wie gesund, wie krank, wie behindert, wie nichtbehindert, keinen Menschen, der von Öde, von Langeweile, von Desinteresse, von innerer Leerheit und Tod spricht, wenn sich wenigstens ein anderer Mensch wirklich für ihn oder sie interessiert. Das gibt es nicht.

Das heißt, der Grad von Menschlichkeit oder Unmenschlichkeit, der in einer Gesellschaft anwesend ist, der ist direkt proportional zur real aufgewendeten Liebe. Und Liebe ist nach Rudolf Steiner in geistiger Art das Interesse füreinander, das ist auch sein Moralbegriff. Das heißt, Moral ist real aufgewendetes Interesse für den anderen. Und wenn das nicht da ist, kann der andere sich nicht so zeigen, wie er ist, kann der andere sich nicht selbst erleben. Denn wann wird man innerlich erfüllt, belebt, beeindruckt, interessiert, engagiert? Doch nur, wenn einen eine Botschaft erreicht, so wie den Vierzehnjährigen die Botschaft von den einstürzenden Twin-Towers, die er als Fernsehbilder sieht. Unsere Seele ist ein Resonanzboden, und so wie man diesen Resonanzboden in Schwingung bringt, entsteht Selbsterlebnis, Selbsterfahrung, Selbsterkenntnis, Einsicht, was man möchte.

Jede Erziehung ist Selbsterziehung

Steiner formuliert in seinem Basler Lehrerkurs, dass jede Erziehung im Grunde genommen Selbsterziehung ist.[19] Der Lehrer müsste nur die möglichst günstige Umgebung schaffen, in der sich das Kind so erziehen kann, wie es sich nach seinem innersten Wesen erziehen *muss*. An dem «muss» stieß ich mich zunächst. Das «muss» ist jedoch die karmische Prädisposition. Ich habe nur das in meinem Resonanzboden, was ich mir im Laufe meiner Erdenleben errungen habe. So ist das «muss» ein «Ich-will» aus früherer Zeit. Wenn jemand große Altlasten in einem Karma trägt wie dieser Jugendliche, der zum Dschihadisten wurde, dann resoniert zunächst einmal etwas anderes. Dennoch gibt es in jeder Seele auch diesen Goldgrund der Resonanz, der aus Urzeiten stammt, und an diesen Goldgrund will die Waldorfpädagogik anschließen, daran, dass in jedem Kind eine feine, rein menschliche Ur-Resonanz ist, auch bei größten karmischen Schwierigkeiten, Schicksalsbelastungen oder konstitutionellen Sachverhalten. Und wir gehen davon aus, dass im Untergrund jeder Seele diese Voraussetzung da ist, eine Art Gottesgrund in jedem von uns, der in jedem Fall durch die Waldorfpädagogik in Schwingung gerät und zur Kraftquelle werden kann, sodass die Biografie menschenwürdig gelingen kann.

Diesen Gottesgrund in Schwingung zu bringen ist der zentrale Nerv der Waldorfpädagogik. Daher sollte auch am Anfang der Lehrerausbildung die Anforderung stehen, sich mit dem Buch *Wie erlangt man Erkenntnisse der höheren Welten?*[20] zu beschäftigen, gerade weil es mit dem Satz beginnt: «Es schlummern in *jedem* Menschen Fähigkeiten, durch die er sich Erkenntnisse über höhere Welten erwerben kann.» Dass das wirklich so ist, davon konnte ich mich als Kinderärztin immer wieder überzeugen, denn ich hatte vor allem Babys und Kleinkinder in den ersten drei Lebensjahren zu untersuchen; und das ist das Lebensalter, wo Erziehung von außen nicht greift, sondern die Kinder sich aus ihrem Gottesgrund heraus zu aufrechten, sprechenden und denkenden Wesen selbst erziehen. Und das ist das Umfassendste, was zu erlernen ist, woran wir in der weiteren Entwicklung mit allem anderen anschließen.

Wie Waldorfschulen zu Modellschulen für Inklusion werden können

Ich möchte im Folgenden die wesentlichen Voraussetzungen dafür schildern, wie Waldorfschulen zum Prototyp einer Inklusionspädagogik werden können, auch zur großen Chance für die große Not, die jetzt in jenen Ländern herrscht, die mit Inklusion erst beginnen oder konfrontiert sind. Hier kann man sich nur wünschen, dass unsere Waldorfbewegung als ein ganz brüderlicher Hilfeleistender erlebt werden wird, vor allem auch als Anbieter von Weiterbildungen für Inklusionspädagogik in jedem Dorf, in jeder Stadt, vielleicht sogar in Kooperation mit der Kommune oder mit dem örtlichen Inklusionsbeauftragten bis hin zum Aufbau eines Netzwerkes von Lehrern, die sich schon als Inklusionspädagogen bezeichnen, mit Hospitationsmöglichkeiten.

Waldorfpädagogik als Chance für die Inklusionspädagogik verstehe ich als Rückbesinnung auf unsere Wurzeln. Wir waren Inklusionspädagogik von Anfang an. Wir sind in der Regelpädagogik und ihren üblichen Anforderungen angekommen und leisten hier Hervorragendes. Die Waldorfbewegung hat sich weiterentwickelt und leidet – wie jede andere Gemeinschaft – immer da, wo man sich verbessern kann, jedoch die Einsicht und / oder die Kraft dazu noch nicht hat. Andererseits: Was wären wir ohne Probleme? Wir wären Menschen ohne Entwicklung. Damit will ich sagen, dass es mit der Waldorfpädagogik als Regelpädagogik nicht reicht. Nicht zuletzt die UNO erinnert uns «von außen» daran, dass Inklusionspädagogik die Pädagogik des 21. Jahrhunderts ist. Dies gibt uns neu die Chance, an das von Steiner entwickelte Schulkonzept, «das nicht auf den Egoismus baut», anzuknüpfen. Das hat vor allem Konsequenzen für Forschung und Ausbildung.

Ich darf das mit uns Ärzten vergleichen, die wir in jedem Fall möglichst gute Schulmediziner werden müssen – als Grundlage für die Anthroposophische Medizin. Diese lehrt uns dann, das Gelernte im rechten Lichte zu sehen. So sollten auch die Waldorflehrer gut Bescheid wissen über die aktuellen Entwicklungen in der Regel- und Sonderschulpädagogik. Dann erwacht eine ganz andere Form von Begeisterung für das Bildungsideal der Waldorfpädagogik – eine Begeisterung, die tief in der Menschenliebe wurzelt und ganz authentisch ist.

Dann wird das Studium der Anthroposophie und das absolute Ernstnehmen der eigenen inneren Entwicklung tiefe Lebenseinsicht und Notwendigkeit, weil man nur so auch die Entwicklung eines Schülers oder eines Kollegen ernst nehmen kann. Wer sich selbst nicht entwickelt, kann den Entwicklungsbedarf eines anderen nicht wahrnehmen, der kann nur seinen eigenen Bildungsgrad, seinen eigenen Entwicklungsstand projizieren und mit dem umgehen, was ihm ähnlich ist, mehr oder weniger bewusst. In dem Moment, wo man sich aber bewusst entwickelt – zum Beispiel *Wie erlangt man Erkenntnisse der höheren Welten?* für drei Jahre in die Kollegiumsarbeit einer Lehrerkonferenz mit aufnimmt und gemeinsam durcharbeitet –, wird man merken, dass – auch wenn das gar nicht alles gleich geübt werden kann, was man da liest – allein schon durch das Denken dieser Entwicklungsmöglichkeiten, durch das Empfinden, dass das alles möglich wäre, wenn man nur echt wollte, man bereits wie hellsichtig wird für den Entwicklungsbedarf der Schüler und der Menschen des Umkreises. Man unterrichtet respektvoller, demütiger, bewusster, sensibler – und mit intimerem Verständnis für die Situation und die Verhaltensweisen der Schüler.

Entwicklung und Pflege der fünf menschenkundlichen Prinzipien

Wir haben es menschenkundlich in der Waldorfpädagogik mit fünf Prinzipien zu tun:
– physisches Prinzip
– ätherisches Prinzip
– astralisches Prinzip
– Ich-Organisations-Prinzip
– «Quinta essentia»-Prinzip

Nach Paracelsus ist die «quinta essentia» die Lebensform, in der die rein spirituelle, «leibfreie» (Steiner) Wesensglieder-Tätigkeit des Denkens (leibfreier Ätherleib), des Fühlens (leibfreier Astralleib) und Wollens (leibfreie Ich-Organisation) tätig ist.

Zuerst wird der physische Leib durch das Zusammenwirken der höheren Wesensglieder gebildet. Dabei ist es der Ätherleib, durch den Wachstum und bildendes Leben möglich werden. Dem Astralleib verdankt der werdende physische Leib die Differenzierungsprozesse von der notwendigen Zelldifferenzierung bis zur Differenzierung der Geschlechter. Der Ich-Organisation hingegen verdankt der physische Leib die einheitliche Gesamtgestalt – die Abstimmung all seiner Funktionen untereinander. Im Zuge der körperlichen Reifung werden jedoch die bildenden Kräfte frei von dieser Tätigkeit und können sich in leibfreie, rein seelisch-geistige Bildekräfte metamorphosieren. Sukzessive verlassen diese Kräfte so den im Wandel begriffenen Körper und werden zu unserer seelisch-geistigen Aura und zu unserem leibfreien Denken, Fühlen und Wollen. Steiner spricht in dem Zusammenhang von der Metamorphose der Wachstumskräfte in Denk-, Gefühls- und Willenskräfte:

– Wir verdanken unser Denken dem Ätherleib, den formgebenden Wachstumskräften, die im Laufe des Lebens und Alterns immer weniger im Körper gebraucht werden und so zunehmend als leibfreie Denktätigkeit zur Verfügung stehen.

– Wir verdanken unser Fühlen dem Astralleib, weil auch die differenzierenden und polarisierenden Kräfte den Körper sukzessive verlassen, um frei zu werden für das «Mit»- und «Selbst»-Gefühl.

– Wir verdanken unser (leib-)freies Wollen den integrierenden Kräften der Ich-Organisation, die sich auch sukzessive aus dem Körper herauslösen, wenn ihre Arbeit dort getan ist. Wir kennen dank Steiners Ausführungen über *die Ätherisation des Blutes*[21] auch den Ort, an dem diese Wesensgliederkräfte den Leib verlassen: das Herz. Dort steht das Blut am Ende jeder Diastole für Sekundenbruchteile still, bevor das einströmende Blut sich wieder anschickt, den Rückweg aus dem Herzen in den Lungen- und Körperkreislauf anzutreten. Bevor das geschieht, sind Muskulatur und Herzklappen um den für Bruchteile von Sekun-

den stillstehenden Blutinhalt des Herzens geschlossen und angespannt. Man nennt diesen Moment in der Physiologie «Diastase»,
vorübergehenden Stillstand. Dieser Moment des Stillstandes in
der Zirkulation macht es möglich, dass das Ätherische sich aus
dem Blut lösen kann. Die Kräfte von Astralleib und Ich verlassen
das Herz ebenfalls auf diesem Weg, «auf den Bahnen des Ätherischen», wie Steiner bemerkt – durch dieselbe Pforte des Herzens.

Herzgesundheit – Tragekraft der Mitte

Lesen Sie einmal Rudolf Steiners Meditationen vom Herzen, über
Herzgesundheit und Herzstärkung.[22] Eine davon möchte ich hier
als Besinnung auf den Ort der Metamorphose der Wachstumskräfte in Gedanken-, Gefühls- und Willenskräfte anführen:

> «Ich denke an mein Herz
> Es belebet mich
> Es erwärmet mich
> Ich vertraue fest
> Auf das ewige Selbst,
> Das in mir wirket
> Das mich trägt.»[23]

Diese seelisch-geistige Tragekraft der Mitte, die Tatsache, dass
wir geistig und seelisch aus der Mitte geboren und getragen sind,
kann man sich anhand folgender Überlegungen bewusst machen:
Wir inkarnieren uns mithilfe dieser Kräfte, wir *sind* die Inkar-
nation dieser Geisteskräfte. Sie bilden den Leib und tragen uns
durch die Pforte des Herzens in die Welt unseres eigenen Denkens, Fühlens und Wollens. Im Tode wird quasi der ganze Leib
zum Herzen, alle Kräfte verlassen ihn, und der Leib zerfällt. Diese
seelisch-geistigen Kräfte machen im nachtodlichen Leben dann
die weiteren Metamorphosen durch zur Vorbereitung der Leibbil-
dung für das nächste Erdenleben. Die Herzenstragekraft aus der
Kraft des ewigen Selbst ist dabei führend. Sie ist das Fundament
von Pädagogik und Medizin.

Entwicklung durch Erziehung

1. Auf der physischen Ebene
vorwiegend durch Einflussnahme über die Sinne

Im Physischen haben wir es mit der Vererbung zu tun. Die Gene werden heute dank der Epigenetik als offenes System verstanden – eine Tatsache, von der Rudolf Steiner immer gesprochen hat.

– Er erläuterte den Ärzten gegenüber, wie sie durch Fieber und gute Behandlung zur Veränderung des Erbguts beitragen können.
– Zu den Pädagogen sagte er, dass Impfung kein Problem darstellt, wenn man eine spirituelle Erziehung bekommt, denn das Erbgut kann sich auch durch Erziehung wandeln.

Der Hauptansatzpunkt für die Verwandlung des physischen Leibes sind die Sinne. Denn der physische Leib ist sinnesoffen, das heißt, mithilfe der Sinne und der Spiegelneuronen, die wir heute kennen, ahmen Kinder nach. Wir sind über die Sinne offene Resonanzböden: Alles, womit wir über Sinneseindrücke in Resonanz gehen, ist gleichzeitig Bildepotenzial für den physischen Leib.

Wenn jedes einzelne Kind individuell gefördert wird, werden wir auf noch ganz andere Dinge aufmerksam. Wir werden uns fragen: Welche Eindrücke brauchst du, dass sich dein Leib mithilfe deiner Geisteskräfte, die ich liebe und die ich in ihrer Tätigkeit unterstützen will, so formen kann, wie es für die Erfüllung deines Schicksals optimal ist?

In diesen Bereich gehört auch der Schulbau, die Farbgebung, die Einrichtung, die Gartengestaltung, die Bekleidung, die Ernährung – aber alles mit Blick auf jedes einzelne Kind. Um das alles zum individuellen Wohle jedes Kindes einsetzen zu können, brauchen wir den Schularzt, den erfahrenen Förderpädagogen, den Sprachtherapeuten, den Spezialisten für Bewegung und Körperarbeit und den Ernährungsexperten. Das lässt sich nur realisieren, wenn man sich auf das Urkonzept der Waldorfschule besinnt und es ergänzt durch die Möglichkeiten, die wir heute haben.[24]

2. Auf der ätherischen Ebene vorwiegend durch zeitlich-rhythmisch bestimmte Einflussnahme

Hier kommt der altersentsprechende Lehrplan zum Tragen. Jeder Unterrichtsprozess verläuft in der Zeit, braucht Rhythmus und Wiederholung und das Rücksicht-Nehmen auf die Prozesse, die durch den Wechsel von Tag und Nacht sowie im Jahreslauf wirksam sind.

Pflege der Rhythmen:
Der 24-Stunden-Rhythmus ist der Rhythmus der Ich-Organisation. Wenn wir ihn bewusst pflegen, stärken wir diese Organisation und damit den Willen des Kindes
– über ein Tagesritual mit jedem Kind in Form individueller Begrüßung und An-Erkennung seines So-Seins
– über den Morgenspruch
– durch individuelle Ermutigung und gegebenenfalls auch Aufgabenstellung, was für hochbegabte ebenso wichtig ist wie für minderbegabte Schüler. (Die «Nullachtfünfzehn-Hausaufgaben» sind unter diesem Aspekt ein konventionelles Gräuel.)
– durch die Art der Verabschiedung
– durch die Blickkultur.

Wir können uns überlegen, was wir zur Befestigung der Ich-Organisation und des Willens täglich im 24-Stunden-Rhythmus tun können. Und bedenken Sie: Echter Blickkontakt bedeutet Ich-Erkraftung für das Kind – gesehen, angenommen, erkannt werden.

Sieben-Tage-Rhythmus:
Im Hinblick auf den Sieben-Tage-Rhythmus der Woche denke ich, dass wir einen Ausweg aus der Pathologie der Fünf-Tage-Woche finden müssen. Ich verweise auf die Ergebnisse der Rhythmusforschung,[25] die gerade den Sieben-Tage-Rhythmus als *den* reaktiv heilenden klassifiziert. Unter rhythmologischen Gesichtspunkten ist es eine schädliche «Un-Rhythmik», in der Woche jeweils zwei Rhythmen zu pflegen: eins-zwei-drei-vier-fünf (Montag bis Freitag) und eins-zwei (Samstag und Sonntag). Nur das in aller Kürze: Mit der Fünf, der Zahl der Krise, bricht die Schulwoche

ab. Der Prozess der Sieben-Tage-Rhythmik stagniert im Verlauf der von Steiner beschriebenen sieben Lebensprozesse im Prozess der Erhaltung. Zum Schritt von Wachstum und Reproduktion im Zeitverlauf kommt es nicht mehr. Stattdessen beginnt ein neuer Rhythmus am Wochenende, der anders ist und mit eins-zwei endet – der entscheidende dritte Schritt fehlt.

Ich spreche daher bei allen passenden Gelegenheiten die Empfehlung aus, wenn es irgend geht, den Samstag wieder in das Schulleben mit einzubeziehen, z.B. in Form von klassenweise gut organisierter Zeit für Hausaufgaben in bestimmten Elternhäusern, möglichst zur selben Zeit, wie der Schulvormittag sonst auch ist. Es wäre heilsam und stärkend, wenn die Schüler z.B. am Samstag solch einen gut begleiteten Vormittag erleben und in kleinen Gruppen ihr Hausaufgabenpaket der Woche abarbeiten könnten. Die Schüler wären dann an den Tagen eins bis fünf, soweit es geht, von Hausaufgaben entlastet und frei für mehr Bewegung, Hobbys, Kunst u.Ä.

Monatsrhythmus:

Der Vier-Wochen-Rhythmus ist der wichtigste regenerative Heilrhythmus. Er dient der Stabilisierung und Befestigung des Ätherleibes. Eine Epoche ist kein Fach. Das kann man anhand der Lehrplanvorträge Steiners[26] studieren – am Beispiel der Gesundheitslehre: Gesundheitslehre wird in Verbindung mit Wirtschafts- und Verkehrsverhältnissen behandelt. Wirtschaft, Verkehr und Gesundheit werden zusammen behandelt – auch wenn es äußerlich betrachtet um unterschiedliche Fächer geht. Ihnen liegt aber dieselbe Idee zugrunde – die Idee, einen gesunden Ausgleich herzustellen: wo Mangel herrscht, auszugleichen, wo Fülle herrscht, abzutransportieren, also einen gesunden Waren-, Geld-, Verkehrs- und Blutkreislauf herzustellen.

Daran sollten wir vor allem arbeiten: Epochen zu Ideen zu machen, die in Ruhe von verschiedenen Fächern her beleuchtet werden, in Vier-Wochen-Blocks und nicht in drei oder zwei Wochen, wie es momentan oft der Fall ist. Das ist für den Ätherleib nur eine Notlösung, aber keine Stärkung. Wenn eine Idee dagegen, z.B. die Idee der Gesundheit, von verschiedenen Fächern aus beleuchtet wird, entsteht ein reiches, interessantes Leben, zu dem auch die Schüler viel beisteuern können.

Jahresrhythmus:
Der Jahresrhythmus wird über die christlichen Jahresfeste, den Seelenkalender und über Gedenktage gepflegt als Impuls, der zur Stabilisierung des physischen Leibes beiträgt. Bis ins späteste Alter sind die Feste etwas Wunderbares für die Sinne. Also Ätherkultur durch Lehrplan- und Rhythmuspflege.

3. Auf der astralen Ebene durch Verstehen, Handhaben, Sinn-Erleben

Astrale Kultur ist Beziehungskultur, das ist uns eher geläufig. Aaron Antonowski hat mit seinem Kohärenz- und Salutogenesekonzept[27] gelehrt, was Rudolf Steiner bereits deutlich betonte und in der Kinder-Sonntagshandlung wunderbar formuliert: «Wir lernen, um die Welt zu verstehen. Wir lernen, um in der Welt zu arbeiten. Die Liebe der Menschen zueinander belebt alle Menschenarbeit. Ohne die Liebe ist das Menschensein öde und leer. Christus ist der Lehrer der Menschenliebe.»[28]

Antonowskis Forschungen haben ergeben, dass es gesundend ist, etwas zu verstehen, zu schätzen und zu handhaben. Er nennt diese Dreiheit den «sense of coherence» mit den drei Prinzipien der Verstehbarkeit (understandability) der Sinnhaftigkeit (meaningfullness) und Handhabbarkeit (manageability).

Steiner sagt: «Wir lernen, um die Welt zu verstehen.» Wenn man etwas lernt, es jedoch nicht versteht, ist das «kränkend»; und wenn man etwas versteht, was man nicht schätzen kann, was keinen Sinn macht, was einen kalt lässt, so ist das Ballast, d.h. es belastet. Wir lernen auch, um in der Welt zu arbeiten und den Anforderungen zu begegnen. Antonowski nennt das Handhabbarkeit, manageability. «Yes, we can», war Obamas Slogan. Man ist gesund, wenn man den Eindruck hat: Das kann ich. Das dritte Element für ein gesundes Kohärenzgefühl ist wohl das schwierigste: die Liebe der Menschen zueinander, die alle Menschenarbeit belebt und Sinn schenkt. Ohne die Liebe wird das Menschensein öde und leer. So wie es der junge Mann, der sich zum Terroristen hat ausbilden lassen, beschrieben hat: Öde, Leere, Langeweile, so hat er seine lieblose Welt erlebt. Und alle diese Empfindungen sind in der Sonntags-Kinderhandlung wie ein salutogenetisches Manifest formuliert und integriert. Damit wird auch deutlich, warum eine ethisch-religiöse Lebenshaltung für den Lehrer unabdingbar ist. Werte wie Wahrhaftigkeit, Verstehbarkeit, Liebe, Interesse, Handhabbarkeit und Sinnhaftigkeit, Respekt vor der Autonomie des anderen, den anderen sehen, annehmen, aufrufen, kommen lassen, motivieren, Raum geben sind Grundlage pädagogischer Kultur- und Entwicklungsarbeit.

4. Auf der Ich-Ebene Entwicklung von Menschlichkeit
Zur Stärkung von Ich-Organisation und Identitätsbildung sind vor allem die folgenden Übungen zu nennen:
– die sechs Nebenübungen
– die Rückschau
– die Übung der inneren Ruhe
– für die Kollegiumsarbeit insbesondere das Kapitel über die sieben Bedingungen für den inneren Weg. Es ist ein wunderbares Kapitel über die sieben Bedingungen, durch die eine Entwicklung zur Freiheit in größtmöglichem Umfang denk- und realisierbar ist. Das sind die Lernbedingungen für einen Erwachsenen, der sich selbst und sein Umfeld menschlicher gestalten möchte.[29]

5. Auf der Ebene der «quinta essentia»
Wie geht der Lehrer mit seinem Denken, Fühlen und Wollen um? Inwiefern kann er ein Vorbild sein? Für was? Zuallererst brauchen und erwarten die Schüler, dass der Lehrer das kann oder zumindest daran arbeitet, was sie selber lernen wollen: ein authentischer, selbstständiger, lebensfroher Mensch zu werden. Ein Mensch, der weiß, warum das Leben auf der Erde Sinn macht und dass Probleme dazu da sind, dass man daran lernt und sie löst. In der positiven Psychotherapie un-

terscheidet man problemorientierte von ich-orientierten Menschen. Der ich-orientierte Mensch hat stets sich und sein Wohl und Fortkommen im Auge und sieht leicht bei anderen oder in den Verhältnissen des Lebens die Schuld für seine Sorgen und Probleme. Er ist noch auf dem Weg der Selbstfindung und braucht deshalb andere Formen der Unterstützung als der problemorientierte. Der problemorientierte Mensch sucht Partner, die ihm bei der Problemlösung helfen. Sein Selbstbewusstsein ist gesund und stabil – er arbeitet an Formen der Team- und Gemeinschaftsbildung, sodass mehr für die Lösung der kleinen und großen Probleme von Mensch und Welt getan werden kann.

Nicht die eigene Weltanschauung und Lebenstechnik den Schülern beizubringen kann der Sinn des fünften Prinzips sein. Wohl aber, den Schülern vorzuleben, wie gut es ist, eine Weltanschauung zu leben, die man sich selbst erarbeitet hat.

Eine Alltagsanekdote aus der Hospitationserfahrung möge verdeutlichen, worum es geht: Ein frustrierter Schüler fragt seinen Klassenlehrer, warum man denn Eurythmie machen muss. Der Lehrer antwortet: Weil es im Lehrplan steht ... Eine solche Antwort ist für den Schüler enttäuschend. Sagt der fachfremde Lehrer hingegen, wie entscheidend im späteren Leben eine gute Körperhaltung, freies Bewegungsspiel und ausdrucksstarke, überzeugende Kommunikationsweise sind o.Ä. und wie man das einmalig gut in der Eurythmie lernen kann, wofür man im späteren Leben viel Geld für Coaching ausgeben muss, so ist das eine Antwort, die der Schüler annehmen kann, auch wenn er damit noch nicht sogleich die Eurythmie gern hat. Der Schüler sucht die Begegnung von Ich zu Ich, zum echten Du, an dem er erwachen und sich entwickeln kann.

Die Waldorfschule ist keine Weltanschauungsschule, sondern eine Schule, in der möglichst jeder Schüler lernen kann, seine eigene Weltanschauung zu formen.

Waldorfpädagogik neu entdecken

Damit schließt sich der Kreis, und wir sind wieder beim Ausgangspunkt meines Versuchs angekommen, Chance und Risiko der Waldorfpädagogik im Zusammenhang mit Inklusion zu beschreiben: Die Chance besteht darin, dass wir einen bedeutenden Beitrag zur Inklusion zu leisten imstande sein werden, wenn wir Waldorfpädagogik aus ihren Grundlagen heraus neu entdecken. Waldorfpädagogik, die das nicht tut, stellt ein Risiko für Inklusion dar. Denn dann werden Hoffnungen geweckt, die nicht eingelöst werden – zu beiderseitigem Schaden. Dann wäre es besser zu sagen: Wir sind gegen die Inklusion. Der Mensch wird sich selbst zum Risiko, wenn er nicht wirklich eins mit sich ist, wenn er nicht seiner eigenen Spur folgt.

Rudolf Steiner initiierte die Waldorfpädagogik mit einer Anrufung der dritten Hierarchie. Wir bauen auf einer Kultur des gegenseitigen Vertrauens, dass jeder Kollege mit seinem Engel im Gespräch ist, dass er sich innerlich auf den Weg gemacht hat und mit den anderen zusammenarbeiten will. Wir praktizieren so gesehen eine Gesinnungspädagogik. Wir spüren: Wir brauchen einander. Wir wollen in unserer Zeit Schule als eine gute, mutige Dienstleistung anbieten. Das ist das eine, worauf wir gründen. Das andere ist eine Kultur der Selbstlosigkeit. Rudolf Steiner nennt Christus nicht nur den Lehrer der Menschenliebe, sondern er nannte ihn auch vor hundert Jahren, im Juni 1914 in einem Vortrag,[30] den Begründer der großen Schule der Selbstlosigkeit. Am Beginn der *Allgemeinen Menschenkunde*[31] heißt es: «Wir beginnen eine Pädagogik, die nicht auf den Egoismus baut.»

Altruismus als Fundament

Das Fundament der Waldorfpädagogik ist Altruismus. Zum Altruismus ist nur befähigt, wer zu sich selbst hingefunden hat. Rudolf Steiner sagt, der auf sich selbst gestellte Mensch erst könne dienstleistend zur Verfügung stehen. Das kennen wir alle aus eigener

Erfahrung. Ein Mensch, der wirklich selbstständig ist, hat Lust, sich um andere zu kümmern. Denn er ist mit sich selbst im Reinen und fände das Leben langweilig, wenn er nichts mehr hätte, um das er sich kümmern kann. Wenn wir bei uns angekommen sind, ist die Reise keineswegs zu Ende – dann geht es erst richtig los! Denn jetzt können wir uns um den Rest der Welt kümmern und denen helfen, die noch nicht am Ziel angekommen sind. Deswegen heißt es im Evangelium so schön: «Die Ersten werden die Letzten sein.»[32] Wer bei sich selbst angekommen ist, kann so lange weiter helfen, bis auch der letzte Mensch bei sich angekommen ist. Dann erst ist die «Erdenmission» der Menschwerdung am Ziel.

Bis dahin ist es noch weit. Michael Bauer, Dorfschullehrer und esoterischer Schüler Rudolf Steiners, sagte: «Der Wiederverkörperungsgedanke ist ein Postulat der Liebe. Wer wirklich helfen will, wird nicht schon in einem Erdenleben müde.»

Waldorfpädagogik ist ein Postulat der Liebe. Sie will dazu beitragen, Schicksale zu heilen und auszugleichen; sie will ein Fundament legen für eine erfüllte, innerlich lebendige und äußerlich sinnvolle Biografie, will Lebenskraft erzeugen. Sie will eine Kultur der Mitmenschlichkeit und Geselligkeit stiften, der Geistes- und Seelenfreundschaft, des Sich-aneinander-Freuens und Sich-füreinander-Interessierens und des Aneinander-Leidens und -Erwachens. Waldorfpädagogik will zur Selbstfindung beitragen, sodass man entdeckt: Ich bin getragen vom ewigen Selbst, das in mir wirkt, das mich prägt – ich bin selbst die Tür zur geistigen Welt. Der Christus in mir ist die Tür und der Weg und alles, was ich brauche.

Dann können wir mit unserem Denken, Fühlen und Wollen den geforderten Dienst am Zeitgeist vollziehen, was heute bedeutet: Die Waldorfschule darf sich wieder dazu bekennen, dass sie jedes Kind nimmt. Sie muss sich dessen nicht mehr schämen. Die Zeit des Schämens ist vorbei – die Zeit der Freude im Lichte großer globaler Herausforderungen ist angebrochen.

Anmerkungen und Literatur finden sich auf S. 728ff.

HARTMUT SAUTTER

ÜBER DIE (UN-)MÖGLICHKEIT, EINANDER ZU VERSTEHEN

EINFÜHRENDE REFLEXIONEN ZUM VERHÄLTNIS VON INNENSICHT UND AUSSENSICHT

In den 80er-Jahren des letzten Jahrhunderts haben Groeben[1] sowie Scheele und Groeben[2] mit Nachdruck darauf hingewiesen, dass die Innensicht, das Verstehen eigenen Handelns – also Wünsche, Motive, Absichten des Subjekts – zu unterscheiden ist von der Außensicht, also von der nachträglichen Interpretation dessen Handelns durch einen Außenstehenden. Wir verstehen also unter Innensicht die Tatsache der die Handlung begleitenden Handlungsanalyse des Subjekts, also der eigenen Erkenntnis, der Selbsterkenntnis, die den Gegenstand eben nicht «von außen» erkennt, sondern in der Analyse der Situation aus der Perspektive des Handelnden «von innen» erschließt.[3]

Die Außensicht besteht im subjektiven Verständnis einer Handlung oder einer Aussage, die letztlich auf dem Vorwissen, dem Vorverständnis[4], den Erfahrungen und Erkenntnissen des Außenstehenden beruht und deshalb diskrepant zu den Intentionen des handelnden Subjekts sein kann und dies eben oft auch ist. Einer der zentralen Unterschiede zwischen der Beschreibung des Handelnden selbst und der eines Außenstehenden besteht darin, dass «der Beobachter ... seine Interpretation immer erst *nach* Vollzug der Handlung vornehmen (kann) ...; der Handelnde dagegen kann ... seine Wünsche, Motive, Absichten etc. bereits *vor* dem (eigenen) Handeln angeben».[5]

Schulz von Thun hat diese Tatsache für den kommunikativen Akt verdeutlicht. Er zeigt auf, dass jede Nachricht vier Botschaften enthält: einen Sach-, einen Beziehungs-, einen Selbstoffenbarungs- und einen Appellaspekt.[6] Der Akteur *weiß* in der Regel, welche Botschaft für ihn im Vordergrund steht, der Gesprächspartner muss interpretieren und tut dies aufgrund seiner Erfahrungen insbesondere mit dem Akteur und seiner entsprechenden Erwartungen, jedoch auch aufgrund seiner in vielen anderen Situationen erworbenen Erfahrungen und Erwartungen, seiner gegenwärtigen Stimmungslage, seines Selbstkonzepts usw. Innen- und Außensicht können sich deutlich und möglicherweise tiefgreifend unterscheiden: «Die ankommende Nachricht: Ein ‹Machwerk› des Empfängers.»[7]

Sieht der Empfänger eine andere Botschaft im Vordergrund als die vom Akteur gemeinte, entstehen mehr oder weniger gravierende Missverständnisse. «‹Wollen wir heute ins Kino gehen?›, fragt der Mann, in der Meinung, er müsse seiner Frau ‹mal wieder etwas bieten›. Sie bejaht, um ihm einen Gefallen zu tun.»[8]

Die potenzielle und wohl häufig reale Verschiedenheit von Innen- und Außensicht (und sei es nur in Nuancen) begleitet also jede Interaktion und dürfte immer wieder deren Anfälligkeit für Störungen begünstigen. Wir mögen dies als beklagenswert beurteilen, andererseits ist unbestreitbar, dass jeder Mensch in seiner durch seine individuellen Erfahrungen geprägten eigenen Welt lebt und dass jeder auf diesem Hintergrund über individuelle Fähigkeiten verfügt. Die humanistische Psychologie mit Tausch, Rogers, Perls und vielen anderen hat verdeutlicht, dass der Mensch ein reflexives Wesen ist, das sich mithilfe seiner Rationalität, seiner Emotionalität, seiner Reflexions- und Erkenntnisfähigkeit, seiner Fähigkeit zur Sinnorientierung, seiner Kommunikations- und Handlungsfähigkeit und weiteren Kompetenzen sein je eigenes Weltbild, seine eigene Innensicht bzw. seine Außensicht anderer Menschen schafft: «Das Denken eines jeden Menschen ist bestimmt durch die Welt, in der er lebt.»[9]

O'Neill, eine Frau mit Autismus-Spektrum-Störung, formuliert: «Niemand hat das Recht, die Welt eines anderen als minderwertig abzutun, schließlich hat er noch nicht in dieser Welt gelebt. Jeder Mensch verfügt über seinen ganz persönlichen Erfahrungsschatz.» Und sie macht am Beispiel von Kindern mit Autismus-

Spektrum-Störung deutlich, dass wir uns bemühen müssen, Innensichten anderer Menschen zu erkennen und zu verstehen, um in unterstützender und förderlicher Weise für sie da sein zu können: «Was ist an Kindern, die in ihrer eigenen Welt leben, eigentlich so abstoßend? Natürlich hat der Autismus einige Züge, die auf Außenstehende abschreckend wirken. Dahinter stehen jedoch immer ganz bestimmte Gründe und Motive. Ehe Sie eine Verhaltensweise verdammen, sollten Sie versuchen, ihre Hintergründe zu erforschen. Versuchen Sie, sich in die offene Tür zur autistischen Welt zu stellen und über die Schwelle zu schauen.»[10]

Auch O'Neill weist also nachdrücklich darauf hin, wie notwendig es ist, sich der Innensicht anzunähern, um das Erleben und Verhalten des anderen, über das wir ja zunächst nur aus der Außensicht Kenntnis haben, zu verstehen. Bollnow formuliert noch eindringlicher: «Seine wirklich letzte Möglichkeit wird das Verstehen nur dann freigeben, wo sich der Verstehende aus innerster Verbundenheit zum Verstandenen bekennt.»[11] Und Danner gibt zu bedenken: «Die Individualität einer Person entzieht sich wohl immer einem letzten Verstehen; der andere bleibt ein anderer.»[12]

Das gilt natürlich für jede Interaktion zwischen Menschen, ob nun eine körperliche oder seelische Einschränkung ihre Teilhabe am gesellschaftlichen Leben erschwert oder nicht. Aber gerade in der Begegnung mit Menschen mit Behinderung erleben wir in besonderem Maße, dass im Verharren des Interaktionspartners in der Außensicht, also in einer reinen Beurteilung des äußeren Verhaltens, deren Teilhabe erheblich erschwert wird, während die verstehende Annäherung an die Beweggründe, Vorstellungen und Zielsetzungen des anderen, also das Bemühen des Interaktionspartners, sich der Innensicht anzunähern, deren Teilhabe oft uneingeschränkt ermöglichen kann, zumindest sie potenziell erleichtert.

Unterstrichen wird dies auch u.a. von Theunissen, der die rein formale Betrachtung (Außensicht) von Störungen als einseitig und vor allem auch wegen der inadäquaten Interventionen als falsch und für den betroffenen Menschen als (mit großer Wahrscheinlichkeit) schädigend und ausgrenzend charakterisiert. Er vertritt eine «sozialökologische Betrachtungsweise von Verhaltensauffälligkeiten und psychischen Störungen»,[13] die eine kontinuierliche Annäherung an die Innensicht postuliert: Die Störungen «sollten als *Störungen des Verhältnisses zwischen Individuum und Umwelt* (Mitmenschen, Dinge, Begebenheiten) verstanden werden; und diese ‹Beziehungsstörung› versucht ein betroffener Mensch durch spezifische problemlösende Verhaltensweisen zu bewältigen, die von anderen oder auch von ihm selbst als normabweichend wahrgenommen werden. Nicht die auffällige Person, sondern ihre Wechselbeziehung mit der Umwelt erscheint somit als ‹gestört›».[14]

Damit ist ein Hauptziel von Inklusion angesprochen, nämlich die uneingeschränkte Teilhabe aller Kinder, Jugendlichen und Erwachsenen am gesellschaftlichen Leben in dem Sinne, dass es nicht mehr um die Einbeziehung von Menschen mit Behinderung geht, sondern es geht um alle Menschen jeden Alters, denn «jedes Kind ist verschieden, ist ein besonderes Kind, jedes Kind hat eigene Bedürfnisse und verdient individuelle Beachtung».[15] Individuelle Beachtung meint ein adäquates Eingehen auf jeden Menschen unter Berücksichtigung seiner Stärken und Schwächen. Dies ist umso besser zu realisieren, je mehr wir sein Handeln, sein Erleben und Verhalten, die ja Ausdruck seiner Stärken und Schwächen sind, verstehen. Verstehen setzt in jeder aktuellen Situation ein intensives Bemühen voraus, die reine Außensicht zu überwinden und sich durch kontinuierliche Hypothesenbildung den Motiven, Zielen, Denk- und Verstehensweisen des anderen anzunähern. Hier erkennen wir die Denkfigur des hermeneutisch forschenden Vorgehens wieder: »Am hermeneutischen Zirkel wird die hermeneutische Differenz sichtbar, die zwischen Verstehendem und dem zu Verstehenden besteht; diese gilt es annäherungsweise zu überwinden.»[16] Dies sollte immer mit Achtung, Anerkennung, Wertschätzung geschehen, also mit positiver Hinwendung zum anderen. Dass dies schon im Blick auf die Außensicht bedeutsam ist, darauf macht Goll[17] aufmerksam, indem er in Anlehnung an Schöler[18] zwei unterschiedliche Beschreibungen einer achtzehnjährigen Frau mit schwerer Behinderung vorlegt.

Kurzcharakterisierung 1:
- «frühkindliche spastische Schädigung, schwerst mehrfach und zugleich geistig behindert,
- kann sich *nicht* alleine fortbewegen, auch *nicht* (alle Hervorh. i. O.) kriechend oder krabbelnd, kann ihre Hände *nicht* gezielt einsetzen,
- verfügt über *keinerlei* Sprache,
- kann auf Kontaktangebote *nicht* eindeutig reagieren, zeigt *keine* klare Ja/Nein-Reaktion,
- muss in allen alltäglichen Verrichtungen versorgt werden (An- und Ausziehen, Windeln, Füttern).»[19]

Welche Schlussfolgerungen lässt eine solche Charakterisierung, eine solche Außensicht im Blick auf die Innensicht zu? Und wie anders fällt die Hypothesenbildung über die Innensicht nach folgender Charakterisierung des äußeren Verhaltens, der Außensicht aus!

Kurzcharakterisierung 2:
- «*kann* gut hören, hört aufmerksam zu, sowohl bei direkter Ansprache als auch in diffusen akustischen Situationen,
- *kann* gut sehen, beobachtet aufmerksam,
- *kann* durch Kopfbewegungen und Mimik eindeutige Signale für Ja/Nein-Antworten geben,
- hat ein *gutes* Gedächtnis, auch länger zurückliegende Informationen, Begegnungen mit Personen und komplexe Zusammenhänge erinnert sie richtig,
- hat eine *schnelle* Auffassungsgabe für Zusammenhänge, die ihr wichtig sind.»[20]

Solch eine Außensicht ermöglicht eine Innensicht, die den Wert und die Würde des anderen Menschen nicht unterminiert, sondern betont und ins Zentrum des Verstehens rückt. Die Vermutungen über das Empfinden und Erleben, über das Denken und Wollen des anderen werden dem Empfinden und Erleben, dem Denken und Wollen des anderen eher entsprechen als nach der ersten Beschreibung, der ersten Außensicht. Es ergibt sich die Schlussfolgerung: Je achtungsloser und negativer die Außensicht, umso unzutreffender die Innensicht, umso beschränkter und unzutreffender das Verstehen des anderen – mit allen negativen Konsequenzen für die weitere Interaktion.

Konsequenzen für das diagnostische Handeln

Aus anderer Perspektive hat Feuser in seinem vielbeachteten Beitrag *Geistigbehinderte gibt es nicht*[21] darauf hingewiesen, welche Bedeutung das Bemühen um die Innensicht hat. «Es gibt Menschen, die wir aufgrund unserer Wahrnehmung ihrer menschlichen Tätigkeit (Außensicht, d. Verf.) ... als ‹geistigbehindert› bezeichnen ... Die Aussage ‹geistige Behinderung› ... bezeichnet ... nicht die Individualität des Menschen»[22] (Innensicht). Erschwerte Erkenntnisse der Innensicht können zu Fehlurteilen und falschen pädagogischen oder therapeutischen Konsequenzen führen. Feuser formuliert radikaler: «Meine Verstehensgrenze wird per Projektion auf den anderen zu dessen Begrenztheit. Meine Annahmen über diese Begrenztheit des anderen, die im Grunde aber meine Grenzen charakterisieren, ihn wahrzunehmen, lassen mich ... den anderen»[23] in nicht zutreffende und förderliche Unterrichts- oder Therapiesysteme verbringen.

Zu Recht weist Feuser darauf hin, dass eine feststellende, personzentrierte und statusorientierte Testdiagnostik nur die Außensicht im Blick hat und aufgrund dieser Momentaufnahme des Äußeren keinerlei prognostischen Anspruch erheben kann. In den vergangenen zwanzig bis fünfundzwanzig Jahren bemüht sich zumindest die sonderpädagogische Diagnostik um ein Verstehen, nicht mehr um ein Feststellen. Ähnlich argumentiert im Blick auf einen als schizophren diagnostizierten Menschen auch Brokinkel, wenn sie diesen zitiert: «‹Ihr müsst mich erst kennen, dann wird alles wieder gut.›»[24]

Wir vertreten also eine verstehende Diagnostik, bei der der Diagnostiker aufgrund des äußeren Handelns des Kindes dessen

Denken, Fühlen und Wollen in dessen Lebenswelt zu erfassen versucht; und indem er sich in das Denken, Fühlen und Wollen des Kindes hineindenkt, handelt er folglich in der Förderung *mit* dem Kind (Bemühung um die Innensicht), nicht *für* das Kind (aus der Außensicht). Er wird kontinuierlich seinen Fokus darauf legen, was das Kind in seinem Inneren bewegt (und hier ist «das Kind» sowohl im Nominativ wie im Akkusativ zu verstehen). Er wird versuchen, Lebensumstände zu ermöglichen bzw. zu schaffen, die zur Innensicht des Kindes passen und ihm helfen, sich auf seinem Entwicklungsweg weiter zu bewegen (nicht weiterbewegt zu werden). Ein solches förderdiagnostisches Handeln setzt zwingend voraus, dass der Diagnostiker das äußere Handeln wertschätzend wahrnimmt und versucht, sich vor diesem Hintergrund dem inneren Handeln anzunähern. Dabei muss Klarheit darüber herrschen, dass es sich in der Regel um ein mehr oder weniger gelingendes Annähern handelt: Akteur seines inneren Handelns, seiner Gedanken, Gefühle, Erwartungen und Intentionen, ist das Kind. Es gewährt uns über sein äußeres Handeln Einblicke in seine innere Welt.

Exemplarische Beschreibungen
zur Verdeutlichung der Problematik

Allerdings ist die Tür (s. oben: O'Neill) oft nur einen kleinen Spalt geöffnet, und wir können mithilfe unserer angeeigneten Denk- und Interpretationsmuster, über unsere im Laufe des Lebens angeeigneten Konzepte die Innensicht nicht oder nur sehr ungenügend erkennen. Dies gilt umso mehr, wenn wir davon ausgehen, dass «nicht selten bei Menschen mit Behinderungen psychische Prozesse wie Wahrnehmen, Speichern, Verarbeiten, wie Denken, Fühlen und Wollen andere Wege gehen als die uns gewohnten».[25] Teilweise können uns dann gute Kenntnisse über Wahrnehmungs-, Erlebens- und Verhaltensbesonderheiten bei Menschen mit spezifischen Syndromen vage Blicke hinter das äußere Verhalten, also

auf die Innensicht, ermöglichen. Teilweise erlauben genaue Beobachtungen über ausreichend investierte Zeit hinweg, ein Begleiten,
ein Sicheinlassen auf den anderen, das innere Verhalten oder wenigstens einzelne Aspekte des inneren Verhaltens zu entdecken.
Teilweise müssen wir aber auch ein wirkliches Verstehen zurück-
stellen und mit Offenheit und zugeneigter Neugierde ungewohnte
Lebensäußerungen begleiten – in der sicheren Überzeugung, dass
sie für den Handelnden subjektiv sinnvoll sind, und in der Erwartung, dass wir Außenstehenden – intensiv darum bemüht – Au-
genblicke erkennen, in denen sich uns dieser Sinn – zumindest
in einzelnen Aspekten – erschließen kann. So appelliert Susanne
Schäfer, eine Frau mit Autismus-Spektrum-Störung (die diese Diagnose aber erst in ihrem fünfundzwanzigsten Lebensjahr erhielt)
an Eltern und Lehrer von Kindern mit Autismus: «Wenn das Kind
schreit, nicht hört oder ‹trotzig wirkt› – es ist nicht immer so, wie
es den Anschein hat. Versuchen Sie herauszufinden, was die wirkliche Ursache für dieses Verhalten ist, und stellen Sie die Ursache
ab. Bedenken Sie dabei auch, dass Menschen mit Autismus oft dort
Angst haben, sich nicht sicher fühlen oder das Chaos wahrnehmen,
wo ‹Normale› dies gar nicht nachvollziehen können. Fragen Sie
sich: Was könnte dem Kind Angst machen? Welches Ritual wurde
vielleicht gestört? Wo könnte ein Missverständnis entstanden sein,
weil das Kind Mimik und Körpersprache nicht versteht und Worte
nur wortwörtlich nimmt.»[26]

Susanne Schäfer hat vielfach erlebt, dass ihr soziales Umfeld ihr (äußeres) Verhalten missverstanden, also die Innensicht
falsch gedeutet hat; so berichtet ihre Mutter: «Wenn sie ihre
Schreianfälle im Kleinkindalter bekam (wenn wir z.B. einen
anderen Weg als sonst gingen), bewunderten und beneideten
mich meine Freundinnen mit gleichaltrigen Kindern um mein
so ‹willensstarkes› Kind, (dass dies auf Angst und Verzweiflung
basierte, weiß ich erst heute).»[27]

Steindal konstatiert: «Susannes Mutter hat verstanden, wie
wichtig dies [die Tagesplanung, d. Verf.] ist. In einem Brief erzählt sie mir: ‹Jeder einzelne Tag, jede einzelne Woche, ja, am
liebsten das ganze Jahr sollte voraussehbar sein. Leider ist dies

nicht immer möglich. Man muss versuchen zu planen, wo es möglich ist. Wenn Susanne hier bei uns zu Besuch ist, planen wir abends, was wir uns den nächsten Tag vornehmen (z.B. 11 Uhr Schwimmen, danach Mittagspause, 16 Uhr Spazieren, danach Sprechen und Musik ...) Ich darf nie vergessen, abends zu besprechen, was am nächsten Tag geschehen soll. Vergesse ich das, wird sie unruhig. Sie schläft sicher besser, wenn sie weiß, was der nächste Tag bringen wird. Es müssen schon zwingende Gründe sein, wenn wir von diesem Plan abweichen.›»[28]

Nach vielen Un- und Missverständnissen («es gab ständig Krach um nichts, jedenfalls konnte ich nie ergründen, warum es wieder ‹gekracht› hatte. Viele Probleme z.B. gab es immer rund um die Mahlzeiten, bis wir schließlich erlaubten, dass sie allein aß»[29]) kann Schäfers Mutter aufgrund der Diagnose und vor allem der nachfolgenden Befassung mit dem Themenbereich Autismus viele Situationen leichter verstehen: «Heute sehe ich alles in einem anderen Licht.»[30]

Katja Rohde wurde schon mit etwa zweieinhalb Jahren als autistisch diagnostiziert; allerdings wurde diese Diagnose verworfen und durch die Diagnose «schwere geistige Behinderung» ersetzt, als sie fünf Jahre alt war. Erst im Alter von vierundzwanzig Jahren wurde die Autismusdiagnose bestätigt. Zuvor hatte sich eine eklatante Diskrepanz zwischen Außen- und Innensicht manifestiert: «Ihr Verhalten, oft ihr Gesichtsausdruck, die Art, wie sie sich beschäftigte bzw. für uns wahrnehmbar überhaupt nicht beschäftigte, ihre feinmotorische Hilflosigkeit usw. ließen sie geistig behindert wirken.»[31]

Dagegen die Innensicht: «Furchtbar war die Realität. Hilflosigkeit traf giftiges, autistisches Kätzchen zerstörerisch, ich wurde als geistig behindert diagnostiziert ... Jedes nutzbringende Arbeiten war schwer durch die falsche Einschätzung meiner geistigen Möglichkeiten. Gar keine gute sinnvolle Hilfe wurde mir zuteil, ich wurde in meiner Art nicht erkannt»[32]

Katja Rohde berichtet über ihre Schulzeit an einer Schule für Geistigbehinderte: «Ich lernte rein gar nichts ... Sie (die Mutter) erfuhr nicht oder fast nicht, dass es mir sehr dreckig ging. Sie ahnte es, vermochte aber nicht, mir zu helfen. Manchmal versuchte ich, es ihr zu zeigen, indem ich die Hose vollmachte. Das trieb sie zur Weißglut, und die Lehrerinnen dachten nur, ich hätte eine Reizblase.»[33]

Die Mutter konnte erst, nachdem ihr ein Blick auf die Hintergründe (Innensicht) möglich war, erkennen: «Zum Beispiel war ‹Pinkeln› für Katja eine Art Protest gegen ihre Situation.»[34] Erst die Diagnose Autismus, eine Reihe von Beobachtungen und Hinweise auf spezifische Situationen hatten ihr den Blick auf die Innensicht ermöglicht.

Vielfach aber bleiben Gelegenheiten des Einblicks in die Innensicht unerkannt, unsere Denkgewohnheiten, das Gewicht und die Unmittelbarkeit der Außensicht verdecken sie. Wir nehmen spezifisches äußeres Handeln wahr, aber übersehen die darin gegebenen Hinweise auf die Innensicht. So berichtet Katja Rohdes Mutter: «Und trotzdem hatte es Signale dafür gegeben, dass ein Irrtum unser Leben gestaltete, dass da etwas anderes in Katja existierte, was heraus wollte.»[35]

Nach einer schwierigen Situation bezeichnet die Mutter Katja als «Riesenbaby». «Katja sagte deutlich: ‹Bin kein Baby!› Was muss sie empfunden haben, als, nachdem sie ihre ganze Energie konzentriert hatte, um solch einen Satz herauszubringen, keine Änderung in unserem Verhalten, in unserem Bild von ihr eintrat: Wir hatten es gehört, redeten noch ab und zu darüber, dann ging es aber irgendwann im für uns ohnehin nicht leichten Alltag unter.»[36]

Die den bisherigen Hypothesen über die Innensicht widersprechenden Aspekte der Außensicht werden ausgefiltert, vergessen, verdrängt.

Eine weitere Form, Botschaften über die Innensicht aus der Außensicht nicht zu erkennen, ist das Umdeuten von Elementen der Außensicht: Als das Mädchen im Restaurant auf die Frage der Kellner in «Vous voulez fromage» mit «Nein, will ich nicht, Käse!» reagiert, erklären sich die Eltern damit, dass Katja mittlerweile die typische Menüabfolge in Frankreich kennt.[37]

Auch Verleugnen zählt zu den entsprechenden Techniken,

wenn die Außensicht oder Teile der Außensicht nicht mit unseren Erwartungen konform gehen und Rückschlüsse auf die Innensicht ermöglichen würden, die allerdings wieder eben nicht in unser Bild vom anderen passen. Als das Mädchen auf einer Hinweistafel ein Wort liest, das nicht zu den bislang geübten Ganzwörtern gehört, «glaubte mir [der Mutter, Anm. d. Verf.] das niemand».[38]

Die ausgewählten Beispiele aus der Lebenswelt zweier Frauen mit Autismus-Spektrum-Störung mögen aufzeigen, wie bedeutsam der durch die Außensicht sich ermöglichende Blick auf die Innensicht ist, aber auch, wie schon durch eine unvollständige oder oberflächliche Außensicht die Innensicht für den Außenstehenden verschlossen bleibt und das Verstehen des anderen Menschen behindert oder gar unmöglich macht. Die Folgen solch mangelnder Aufmerksamkeit können, wie die obigen Beispiele zeigen, lebensbestimmend sein. Susanne Schäfer zeigt auf, wie häufig sie missverstanden wurde, wie viele Lebenserschwernisse dies zur Folge hatte. Katja Rohde war über ihre gesamte Schulzeit zum Besuch der Schule für Geistigbehinderte verurteilt, was ihren Fähigkeiten gänzlich widersprach. «Ich diagnostizierter Idiot ging zur Sonderschule, und kein Lehrer bemerkte …, dass ich gutes, artgerechtes Arbeiten gebraucht hätte … Meinen Wissensdrang zur Durstesstillung in eine Sonderschule zu geben, tat giftig weh.»[39]

Anmerkungen und Literatur finden sich auf S. 731ff.

MATTHIAS BRASELMANN

INKLUSION MEINT ALLE

GRUNDLEGENDE GEDANKEN
ZU EINEM GROSSEN THEMA

Warum ist es eigentlich so schwer, über Inklusion zu sprechen und nicht gleich ‹Integration von Menschen mit Behinderung› zu denken? Wo doch der Gedanke der Inklusion so viel größer ist – geradezu großartig, wenn man bedenkt, was ihm zugrunde liegt: dass es um uneingeschränkte Teilhabe *aller* an allem gesellschaftlichen Leben geht, ohne jedwede Ausgrenzung. In einer großen Zahl von Kommentaren und Stellungnahmen zum Thema Inklusion – sei es aus den Verbänden pädagogischer oder sozialpädagogischer Prägung, aus den Bildungs- und Schulministerien der Länder, aus den für Bildung und Erziehung zuständigen Institutionen selbst – findet man allzu häufig einen einseitigen, vorschnellen Blick auf einen vergleichsweise kleinen Teil der Gesellschaft, nämlich den Blick auf die Menschen mit Behinderung. Dabei begibt man sich in die Gefahr, das Bewusstsein auf die großartige Perspektive, die mit Inklusion verbunden ist, zu verlieren bzw. nicht genug wertzuschätzen.

Nicht selten impliziert die Geste der Zuwendung zu Menschen mit Behinderung eine Mitleidsgebärde, welche in der Gefahr steht, die Würde eines jeden einzelnen Menschen und das darauf basierende Selbstwertgefühl infrage zu stellen. Man nennt diese Geste der Zuwendung aus Verlegenheit oder freundlicherweise dann auch «Assistenz» oder «Unterstützung»; sie geht aber immer einher mit dem Blick auf das Andere, das nicht ganz in Ordnung ist – oder das Fremde, das ungewohnt erscheint und durch die Inklusion wieder in Ordnung gebracht werden soll. Darum wird auch das Verb «inkludieren» benutzt bzw. von «Inklusionskindern» gesprochen.

Jedes Kind ist ein besonderes Kind

Ich möchte nun hier die These formulieren, dass man gar nicht «inkludieren» kann und es ein falscher Gedanke ist, von «Inklusionskindern» zu sprechen, und dass es daher um der Sache willen dringend erforderlich ist, sich von diesem Bild sowie dem dahinterstehenden Gedanken zu verabschieden. Jedes Kind ist ein Inklusionskind, und von Inklusion kann erst dann die Rede sein, wenn man jedes einzelne Kind mit seiner Besonderheit, seiner individuellen Unverwechselbarkeit anschaut und ernst nimmt.

Nicht erst nach der Verabschiedung der UN-Konvention zum Schutz der Rechte von Menschen mit Behinderung, aber erst recht, nachdem die Konvention auch durch die Bundesregierung unterzeichnet wurde, bedarf es der Einsicht, dass es um einen epochalen Paradigmenwechsel geht: Wir sind aufgefordert, vom mitleidsvollen Helfer zum anerkennenden Mit-Menschen zu werden, der jegliches Anderssein achtet und lieb gewinnt und die Stärken jedes Einzelnen für so besonders und bereichernd erachtet, dass er nicht darauf verzichten kann. Inklusion meint *jeden*; Inklusion meint *alle*.

Wenn man auf eine Kindergruppe schaut, dann ist der «inklusive Blick» ein Blick auf die Gemeinschaft der Kinder, die zu der Gruppe gehören. Dieser Blick macht zunächst keine Unterschiede. Es ist der erste, der unmittelbare Blick. Erst der zweite Blick wendet sich der Unterschiedlichkeit zu. Jedes dieser Kinder ist ein besonderes Kind, mit besonderen Begabungen, besonderen Fähigkeiten, einer besonderen Gemütslage, mit einem besonderen Temperament ...

Basis sind die Blicke dessen, der sich für diese Kindergruppe *interessiert*. Und aus diesem sich interessierenden Blick, dieser sich liebevoll der Unterschiedlichkeit, der Heterogenität zuwendenden Geste kann der Wunsch entstehen, diese Kindergruppe zu begleiten. Dann sind *alle* «Inklusionskinder» oder: *keines* ist ein «Inklusionskind».

Schule muss sich ändern

In der Folge kommt allerdings auf die Institution Schule eine wirklich neue Aufgabe zu: nämlich sich selbst infrage zu stellen und sich neu aufzustellen als eine Institution, welche die Aufgabe der Inklusion zu ihrer eigenen macht. Und hier – das ist eine weitere These – geht es gar nicht anders, als dass Schule sich ändert. Sie muss Abschied nehmen von alten Gewohnheiten, Traditionen, von Vorstellungen darüber, wie Lernen funktioniert, welchen Blick sie auf die Gemeinschaft und auf den Einzelnen in der Gemeinschaft entwickelt. Es kann ein Schlüsselerlebnis für den Einzelnen sein zu entdecken, dass es Unterschiede gibt. Dadurch, dass ein anderer da ist und sich auf seine besondere Art und Weise in die Gemeinschaft einbringt, wird er zu einem wichtigen und besonderen Mitglied der Gemeinschaft. Dann hat Schule – alle darin Arbeitenden – die einmalige Gelegenheit, Abschied zu nehmen von einem überkommenen Bild des Lehrers als allein verantwortliche Persönlichkeit, denn Inklusion kann nur im Team gelingen.

Schule muss sich ändern, und zwar im Blick auf die äußere Gestalt (Raumgestalt, Zeitgestalt und Lebensfelder um die Schule herum) und im Blick auf die innere Gestalt (Schärfung der pädagogischen «Stimmung», menschenkundliche Vertiefung ...).

Die Raumgestalt

Unterrichtsräume brauchen größtmögliche Flexibilität im Hinblick auf das, was in den jeweiligen Phasen stattfinden soll. Das heißt, es sollte möglichst viel Fläche für Bewegungsspiele vorhanden sein (und möglichst wenig bzw. «stapelbares» Mobiliar). Sinnvoll sind Bänke oder Stühle, welche die Möglichkeit bieten, im Kreis zu sitzen – für Gespräche, Darstellungen oder Gruppenarbeit –, und die man in unterschiedlicher Weise ordnen kann: im Kreis, in Reihen oder in Gruppen. In den Unterrichtsräumen braucht man Orte, an denen jeder Einzelne die Möglichkeit hat, persönliche Dinge aufzubewahren. Man muss sich sicher sein, dass man seine Dinge auch wiederfindet. Die Unterrichtsräume sollten nicht überladen sein mit Gegenständen, die ablenken.

Die Zeitgestalt

Kinder kennen keine Pause; sie sind immer «drin» – das heißt identifiziert mit dem, was gerade «dran» ist. Wenn sie Entspannung nötig haben, entspannen sie – egal, um was es gerade geht. Wenn Konzentration und Aufmerksamkeit gebraucht werden, ist immer das leitend, was interessant und fesselnd ist, was Aufmerksamkeit «aus der Sache heraus» fordert. Darum brauchen Kinder ein Leben in Zeitbögen, die sich aus der Sache heraus ergeben und nicht nach einem 45- oder 60-Minuten-Takt, der zwar für die Erwachsenen zu einer besseren Organisierbarkeit führt, dem Zeitgefühl der Kinder aber wenig entgegenkommt. Hier gilt für die kleinen Kinder ein anderer Zeitrhythmus als für die großen! Es ist gut, wenn solche Zeitbögen den ganzen Schultag umspannen und durch Wiederholung Wiedererkennbarkeit und damit Sicherheit signalisieren.

Die Lebensfelder um die Schule herum

Schule hat sich aus einer Zeit entwickelt, in der die Lebenswirklichkeit der Kinder und Jugendlichen von Vielfalt an Vitalität geprägt war: Der Schulweg bot einen Reichtum an Wahrnehmungen und Erlebnissen – gleich ob er zu Fuß oder mit dem Fahrrad bewältigt wurde oder werden musste. Die Wetterverhältnisse wurden «hautnah» erlebt; heute dagegen transportieren Schulbusse oder Papa oder Mama die Schulkinder möglichst bis zur Eingangstür. Im Anschluss an die Schulstunden war es nicht selten, dass Aufgaben im Haushalt, auf dem Bauernhof, in der Werkstatt, in Jugendgruppen oder Spiele mit den Geschwistern und Freunden im Hinterhof, auf der Straße oder im Park bis weit in den Abend den Tag ausfüllten. Heute sind es Computerspiele, virtuelle Kommunikations- und Erlebnisangebote, die an diese Stelle getreten sind.

Wir müssen diesen Tendenzen (welche primär das Leben außerhalb der Schule betreffen) etwas Lebensvolles entgegensetzen, indem wir das Erleben unserer Umwelt – Landschaft, Pflanzen, Tiere – mit ihren Qualitäten in das Schulleben integrieren, d.h. lebendige Kontakte zu Bauernhöfen, zum Forst in der Umgebung, zu Einrichtungen pflegen, die sich um die Erde, Pflanzen, Tiere, (alte)

Menschen kümmern, und Projekte in das Schulleben integrieren. Die heute fast überall anzutreffende Erweiterung der Schule zu einer Ganztagsschule eröffnet gerade hier eine Vielfalt an Möglichkeiten – nicht zuletzt auch eine große Zahl an Kooperationen mit Institutionen (Sportvereinen, Greenpeace-Jugend, Pfadfindern ...). Für das Schulleben der jugendlichen Schüler ist es wichtig, früh genug den Kontakt zu Dienstleistungsbetrieben und zu Werkstätten vor Ort zu knüpfen und Möglichkeiten zu schaffen, die Werk- und Arbeitswelt in näherer und später auch in fernerer Umgebung kennenzulernen und dabei etwas über sich selbst zu entdecken! Ein früh eingeübter Austausch untereinander und die Dokumentation über das, was man «in der Welt» und «in sich selbst» erfahren und gelernt hat, kann hilfreich sein für Reflexion und Bewertung in späteren Schuljahren.

Die pädagogische Haltung

Im Inneren der Schule bedarf es der Schärfung der pädagogischen Stimmung. Hierbei geht es insbesondere um die Haltung: um die Wertschätzung jedes Einzelnen. Das gilt für die Beziehung der Erwachsenen zu den Kindern. Genauso gilt es für das Miteinander in den jeweiligen Kinder- und Jugendlichengruppen und im Kollegium. Ein hohes Ideal liegt darin, dies auch für die Beziehung des Kollegiums zur Elternschaft einer Schule zu wünschen.

Jeder wird gebraucht, eines jeden Würde wird geachtet, jeder lebt in dem Gefühl, dazuzugehören – ein Teil des Ganzen zu sein. Das hört sich ganz selbstverständlich an. Die Erfahrung in der Praxis des Schullebens ist aber leider immer wieder so, dass in Lehrerkonferenzen und in Gesprächen mit den Eltern darum gerungen wird, sich des Schülers – und damit des Problems – zu entledigen und es anderen zuzuschieben. Es stellt sich das dumpfe Gefühl ein: «Eigentlich könnte alles leichter sein ohne das Problem ...» Das mag in einzelnen Fällen sogar richtig sein. Es darf aber nur in wirklichen Ausnahmefällen in diese Richtung gehen.

Ein weiterer wichtiger Gesichtspunkt ist die Frage nach dem Ziel. Dabei sollten sich alle einig sein: Es kann nicht darum gehen, dass Kinder «zielgleich» oder «zieldifferent» unterrichtet werden.

Ziel der Schule sollte es sein, jedes Kind zu seinen individuellen Möglichkeiten zu bringen. Ideal wäre es, wenn es für jedes Kind – auch äußerlich – einen eigenen Schulabschluss gäbe, nämlich den eigenen.

Damit eine gute Grundlage für eine gedeihliche Entwicklung möglich ist, bedarf es der Entwicklung einer Menschenkunde der Inklusion. Hilfreich hierfür sind die *Allgemeine Menschenkunde* nach Rudolf Steiner und der *Heilpädagogische Kurs* – beides Vortragsnachschriften von Kursen, die Steiner für die erste Lehrergeneration gehalten hat und auf denen die Pädagogik der Waldorf- und Rudolf Steiner Schulen und der heilpädagogischen Schulen und Einrichtungen gründen. In vieler Hinsicht bilden sie gemeinsam die Grundlage für eine «inklusive Waldorfpädagogik».

Erste Schritte dazu sind gemacht worden.[1] Eine gründliche Auswertung der Versuche, die in einer wachsenden Zahl von Waldorfschulen, welche sich «auf dem Weg zur Inklusion» befinden, gerade im Hinblick auf die Menschenkunde gemacht werden, ist erforderlich. Diese Auswertungen werden anfänglich in den jährlich stattfindenden Tagungen der integrativen und inklusiven Waldorfschulen vorgenommen. In der nun fast hundertjährigen Geschichte gelebter Waldorfpädagogik gab es Zeiten der Entwicklung – mal langsam, mal schnell – und auch Zeiten des Innehaltens. Viele richtungsweisende Momente der Entwicklung sind dem Engagement einzelner Persönlichkeiten zu verdanken. Immer hat die Waldorfpädagogik sich aber auch daran orientiert, was der Not der jeweiligen Zeit geschuldet war (dies war eine der Forderungen, die Rudolf Steiner schon an das Kollegium der ersten Waldorfschule gerichtet hat).[2]

Unsere Zeit verlangt die Hinwendung zur Inklusion im Sinne einer gesellschaftlichen Umorientierung, wie Johannes Denger sie auf dem Kongress zur Inklusion im September 2013, «Vielfalt gestalten», fordert, indem er seinen Beitrag nannte: «Ändert euren Sinn! Die Spannung zwischen Ideal und Wirklichkeit – die Voraussetzung dafür, dass der Paradigmenwechsel gelingt.»[3]

Die Anmerkungen finden sich auf S. 733.

JOHANNES DENGER

ÄNDERT EUREN SINN!

DIE SPANNUNG ZWISCHEN
IDEAL UND WIRKLICHKEIT

Im ersten Teil dieses Beitrages[1] wird – u.a. vor dem Hintergrund
der anthroposophisch orientierten (Heil-)Pädagogik – nach dem
Geist gefragt, der in der UN-Konvention über die Rechte von
Menschen mit Behinderungen lebt, deren Rechte stärkt und eine
Änderung des Verständnisses, das wir von Behinderung haben,
und auch unserer Haltung fordert. Der zweite Teil rückt einen
zentralen Gedanken der Heilpädagogik auf anthroposophischer
Grundlage in den Mittelpunkt: Behinderung als Bedingung der
Wesensoffenbarung des Menschen schlechthin. Wir sollten uns
dadurch ermutigt fühlen, einerseits eine Haltungsänderung
durch die menschenrechtliche Dimension von Selbstbestimmung und Teilhabe vollgültig anzustreben, andererseits vor der
Offenbarung des individuellen Menschen mit und ohne ausgesprochene Behinderung nicht die Augen zu verschließen. «Ändert euren Sinn!» ist ein in die Zukunft weisendes Wort Johannes
des Täufers. Es meint jene Wendepunkte des Geisteslebens, in
denen sich große Veränderungen zutragen. Es fordert nicht nur
eine Bewusstseinswandlung, es ist selbst aus einer Bewusstseinswandlung hervorgegangen.

Teil 1

Vor vierzig Jahren begann ich, achtzehnjährig, eine Ausbildung
zum Psychiatriepfleger in der Psychiatrischen Universitätsklinik
Basel. Nach kurzer Zeit wurde ich von «Männer B», einer Alter-
sabteilung, nach «Männer F» strafversetzt, weil ich in einer Haus-

zeitschrift, die wir gegründet hatten, über die Zustände innerhalb dieser Klinik geschrieben hatte – das schätzten die Verantwortlichen nicht sehr. «Männer F», eine sogenannte Oligophrenen-Station, wurde auch «das Sibirien der Klinik» genannt: ein Schlafsaal mit etwa fünfundzwanzig Patienten, Bett, Topfstuhl, auf 1,80 m hochgefliest, damit man im Notfall mit dem Schlauch saubermachen konnte. (Ich spreche hier von der Schweiz 1973, nicht z.b. von Rumänien.) Zwei dieser Patienten habe ich noch besonders in Erinnerung: Der eine war groß und dünn, mit einem turmartigen Schädel, der andere eher klein und rundlich. Sie erinnerten ein wenig an Don Quichotte und Sancho Pansa. Die beiden verbrachten im Wesentlichen die Zeit im Bett, festgebunden durch Fixationsbänder an den Beinen und an den Händen. Sie sprachen nicht, sie kamen oft in Erregungszustände und machten dann auch Dinge kaputt oder schmierten mit ihrem Kot. Nach ein paar Tagen passierte etwas ganz Erstaunliches. Zwei junge Heilpädagoginnen kamen auf die Station, nahmen die beiden aus den Betten auf, erfrischten sie ein wenig, kleideten sie an, und plötzlich standen diese zwei Patienten als senkrecht stehende, angekleidete Menschen vor mir. Sie hängten sich mit ihren Armen von sich aus links und rechts bei den Damen ein und verschwanden in Richtung Ergotherapie.

Ich hatte damals exemplarisch etwas erlebt, was an den Buchstaben e) in der Präambel der UN-Konvention über die Rechte von Menschen mit Behinderungen erinnert. Da heißt es nämlich: «... in der Erkenntnis, dass das Verständnis von Behinderung sich ständig weiterentwickelt und dass Behinderung aus der Wechselwirkung zwischen Menschen mit Beeinträchtigungen und einstellungs- und umweltbedingten Barrieren entsteht, die sie an der vollen wirksamen und gleichberechtigten Teilhabe an der Gesellschaft hindern».[2]

Nehmen wir nun dieses Beispiel: Da sind zwei schwer geistig behinderte Menschen – das ist ihre Beeinträchtigung –, aber die eigentliche Behinderung, die sie in dieser menschenunwürdigen Situation beinahe unmenschlich erscheinen ließ, das waren die umwelt- und einstellungsbedingten Faktoren.

Der Blick auf den Menschen mit Behinderung

Die Art, wie wir auf einen Menschen mit Behinderung blicken, schafft also einen wesentlichen Teil seiner Daseinsrealität. Aber auch die Art und Weise, wie gesellschaftlich auf Behinderung geblickt wird, ist für das Leben von Menschen mit Behinderungen von entscheidender Bedeutung. Stand früher oft eine Betrachtung im Vordergrund, die Behinderung als «Defekt» ansah, der, wenn möglich, durch «Reparatur» oder Therapie zu beseitigen war, so hat sich der Blick in den vergangenen zehn bis fünfzehn Jahren radikal verändert. Behinderung wird nun zunehmend als Soseins-Form, als individuelle Variation des Menschseins gesehen. Folgerichtig wird danach gefragt, welchen Beitrag Menschen mit Behinderungen durch ihre je individuellen Lebenserfahrungen und ihr Welterleben zur Vielfalt der Gesellschaft leisten können. Dieser Beitrag wird zunehmend geschätzt. Die Menschheit wäre ärmer ohne ihn!

Herrschte in Deutschland nach dem Zweiten Weltkrieg bis etwa in die 1960er-Jahre das medizinisch-kurative Menschenbild vor, das Behinderung generell als eine Art von Krankheit ansah, der man mit den Mitteln der Medizin und der Psychiatrie begegnete, wurde dieses dann bis in die 1990er-Jahre vom pädagogisch-optimistischen Menschenbild abgelöst, das auf Veränderung durch pädagogisch-therapeutische Maßnahmen hoffte. Seit den 1990er-Jahren setzt sich zunehmend das integrativ-inklusive Menschenbild durch, das Menschen mit Behinderungen schlicht in ihrer je eigenen Seinsform anerkennt und als dazugehörig versteht.

Eine besondere Verstärkung erfährt dieser Veränderungsprozess durch die Ratifizierung der *UN-Konvention über die Rechte von Menschen mit Behinderungen* durch die Bundesregierung am 26. März 2009. Der Paradigmenwechsel hat nun eine verbindliche rechtliche Grundlage.[3]

Welcher Geist lebt in der UN-Konvention
über die Rechte von Menschen mit Behinderungen?
Wenn man sich mit der UN-Konvention beschäftigt, so fällt ein
allgemeinmenschlicher, fortschrittlicher, idealistischer Duktus
dieses Völkerrechtsvertrages auf, der den wachen Zeitgenos-
sen unmittelbar ansprechen und begeistern kann. Das kommt
nicht von ungefähr. Die Konvention ist keine Spezialkonvention,
sondern konkretisiert und präzisiert lediglich den allgemeinen
Menschenrechtsschutz für die auch heute oft noch unsichtbare
Minderheit der Menschen mit Behinderungen.

Die Grundlage aller UN-Konventionen, *Freiheit, Gleichheit,
Brüderlichkeit*, findet sich wieder im Dreiklang der Konvention
(assistierte) Autonomie, Barrierefreiheit und Inklusion.[4] Autonom
bin ich dann, wenn ich in der Lage bin, mir selbst zu folgen.
Voraussetzung dafür ist nun einerseits die mir dazu gewährte ge-
sellschaftliche Freiheit, andererseits meine Fähigkeit, aus einer
Überschau über die Verhältnisse die Freiheit auch zu nutzen.
Barrieren sorgen für Ungleichheit; da, wo sie abgebaut werden,
wird Gleichheit möglich. Durch Inklusion schließlich wird
Brüderlichkeit verwirklicht.

700 Millionen Menschen, ca. zehn Prozent der Weltbevöl-
kerung, sind behindert. Die Menschenrechte, die die drei großen Ideale der Französischen Revolution beinhalten, gelten per
Definition für *alle* Menschen. Dass sie in der Realität längst nicht
immer verwirklicht werden, ist klar; das Streben aber muss in
diese Richtung gehen. In der Konvention wird nun danach gefragt, welche Bedingungen erfüllt sein müssen und welche Änderungen der Praxis notwendig sind, um die Menschenrechte für
die «größte Minderheit» der Menschheit zu realisieren.

Barrierefreiheit bedeutet zunächst das Abbauen von Hindernissen wie etwa Stufen, die den Rollstuhlfahrer behindern, ihm
den Zugang zu einem Ort verbauen und dadurch Ungleichheit
herstellen. Darüber hinaus meint Barrierefreiheit aber noch etwas wesentlich Weitergehendes, was auch an der Definition des
Behinderungsbegriffes in der Präambel der Konvention deutlich
wird. Dort heißt es – wie bereits erwähnt – unter Buchstabe *e*) «in

der Erkenntnis, dass das Verständnis von Behinderung sich ständig weiterentwickelt und *dass Behinderung aus der Wechselwirkung zwischen Menschen mit Beeinträchtigungen und einstellungs- und umweltbedingten Barrieren entsteht,* die sie an der vollen, wirksamen und gleichberechtigten Teilhabe an der Gesellschaft hindern».[5]

Die Bedeutung dieses Teilsatzes kann gar nicht hoch genug eingeschätzt werden! Behinderung wird nicht mehr als eine dem Menschen anhaftende Eigenschaft gesehen, sondern als Beziehungsphänomen. Durch die Interaktion können also Menschen, besonders auch mit sogenannter geistiger Behinderung, überhaupt erst behindert *werden* – und daher eben auch in der Begegnung, durch die Begegnung ent-hindert werden.

Ob Menschenrechte im Alltag wirksam werden, entscheidet sich in der Begegnung von Mensch zu Mensch. Die entscheidenden Barrieren, die eine Beeinträchtigung überhaupt erst zur eigentlichen Behinderung werden lassen, liegen zum großen Teil im Bewusstsein der Mitmenschen. Gleichheit vor dem Recht bedeutet, dass die Rechte (und Pflichten) uneingeschränkt für alle Menschen gelten. Damit diese Gleichheit aber verwirklicht wird, bedarf es der Schaffung des Rechtsortes für den anderen Menschen in der Begegnung. Die Menschen sind nicht gleich. Die Gleichheit kann nur in der Anerkennung der individuellen Verschiedenheit bestehen. Wenn ich den anderen als Individuum gewahre, nehme ich ihn als den unverwechselbaren einen wahr, der sich von allen anderen unterscheidet, also gerade *nicht* gleich ist. Im *Akt* der Anerkennung des anderen *als* Individuum aber liegt die Gleichheit, indem ich prinzipiell *alle* Menschen als Individuen anerkenne.

Recht auf Bildung ohne Diskriminierung
In Artikel 24, Abs. 1 heißt es unter anderem: «Die Vertragsstaaten anerkennen das Recht von Menschen mit Behinderungen auf Bildung. Um dieses Recht ohne Diskriminierung und auf der Grundlage der Chancengleichheit zu verwirklichen, gewährleisten die Vertragsstaaten ein integratives Bildungssystem auf allen Ebenen und lebenslanges Lernen (...).»[6]

Eine grundlegende Bedeutung für die möglichst weitgehende Verwirklichung der Ideale der Brüderlichkeit, Gleichheit und Freiheit kommt der Schule zu. Basis der schulischen Heilpädagogik auf anthroposophischer Grundlage ist die Waldorfpädagogik. Sie wiederum ist als Teil einer sozialen und politischen Bewegung[7] entstanden, die zu Beginn des 20. Jahrhunderts die drei Ideale der Französischen Revolution in die Lebensrealität zu tragen versuchte. Wie können die heutigen Schulformen so weiterentwickelt werden, dass das einzelne Kind darin unterstützt wird, die geeigneten Mittel und Wege zu finden, um in seiner Lebenswirklichkeit sich künftig selbstbestimmt und gleichberechtigt zu entfalten und seinen Beitrag zum Ganzen leisten zu können?

Da wäre zuvorderst die Entwicklungsorientierung. Eine inklusive Unterrichtung von Kindern mit verschiedensten Voraussetzungen ist nur möglich, wenn man sich von einer maßgeblich am Lernziel (z.B. Abitur) orientierten Bildung verabschiedet und eine radikale Umkehr zur Orientierung an der (möglichen) Entwicklung des einzelnen Kindes vornimmt. Lehrer an heilpädagogischen Schulen sind darin ausgesprochen geübt, weil sie häufig Kinder mit extrem unterschiedlichen Voraussetzungen – etwa was die körperliche Leistungsfähigkeit oder das Vorstellungs- und Sprachvermögen angeht – in einer Klasse führen.

Die Freie Waldorfschule, eine der ersten Gesamtschulen überhaupt, hat sich als fruchtbarer Versuch seit jener Zeit des Aufbruchs bis heute vielfältig entwickelt. Gerade in der ersten Zeit verstand sie sich als Schule für alle.[8] Vereinzelt besuchen Kinder und Jugendliche mit Behinderungen auch heute als integrierte Schüler Regel-Waldorfklassen. An vielen Waldorfschulen wurden Förderangebote und Kleinklassen eingerichtet, um den speziellen Anforderungen von Kindern außerhalb der im Regelschulbereich vorhandenen Rahmenbedingungen angemessen gerecht werden zu können. Aber auch im Sonderschulbereich, der sich durch die Segregation in den 1970er-Jahren in unzählige Spezialformen aufgeteilt hatte, fand an heilpädagogischen Schulen Integration durch Zusammenführung von Kindern und Jugendlichen mit unterschiedlichem Förderbedarf statt, eine Form, um die damals rechtlich hart gekämpft werden musste. Seit einigen Jahren entstehen integrative Waldorfschulen mit entsprechend kleineren Klassen und einem Team aus Lehrern und Heilpädagogen. Auch die Schüler in den Regelklassen brauchen zunehmend heilpädagogisches Verständnis und verstärkte Hinwendung zum Einzelnen. Integration eines Kindes mit Hilfebedarf in eine Waldorf-Regelklasse war immer in starkem Maße vom Interesse, Engagement und der Vorbildung des Klassenlehrers und der Bereitschaft des ganzen Kollegiums und der Eltern der anderen Kinder abhängig. Wenn Integration oder künftig gar Inklusion gelingt, ist sie für alle Kinder der Klasse von unschätzbarem Wert, etwa in Bezug auf das Entwickeln von Sozialkompetenz.

Es wird in den kommenden Jahren darum gehen, Erfahrungen zu sammeln, ob und wie durch die gemeinsame Beschulung von behinderten und nicht behinderten Kindern das einzelne Kind die ihm gerecht werdende Bildung erhält. Dabei muss sichergestellt werden, dass behinderte Kinder und Jugendliche unabhängig von der Schulform die personelle und sächliche Ausstattung vorfinden, die sie für gleichberechtigtes Lernen in der Schule benötigen. Inklusive Bildung wird nur gelingen, wenn die hochentwickelte Fachlichkeit sonderpädagogischer Förderung systematisch in die heutige Regelschule transferiert wird. Die heutigen bewährten Förderkonzepte müssen im Interesse der behinderten Schüler zeitgemäß und bedarfsgerecht in die zu entwickelnden inklusiven Konzepte einfließen. Ein vielfältiges und durchlässiges Angebot an Schul- und Unterrichtsformen ist unverzichtbar für die unterschiedlichen und individuellen Wege von Kindern und Jugendlichen mit Behinderungen, die Menschenrechte zu leben.

An solchen Fragen arbeitet auch der Arbeitskreis Inklusion,[9] der sich aus Vertretern des Bundes der Waldorfschulen, der Kindergartenvereinigung und des Bundesverbandes anthroposophisches Sozialwesen, Anthropoi, zusammensetzt.

Ideale der UN-Konvention und
anthroposophisches Sozialwesen

Muss man für den Rechtsanspruch auf den ideellen Dreiklang –
Freiheit, Gleichheit, Brüderlichkeit – behindert sein? Nein! Das
wäre positive Diskriminierung. Eine Entwicklung, die ihn für den
Menschen mit Assistenzbedarf fordern würde und gleichzeitig
den assistierenden Mitarbeiter zum lohnabhängigen Befehls-
empfänger degradierte, wäre ein Widerspruch in sich. Anderen
zur – graduellen – Freiheit verhelfen kann nur, wer sich selbst
auf diesen Weg begibt. Wenn es uns wirklich ernst ist mit der
Durchsetzung der drei Ideale für Menschen mit Behinderungen, dann muss es uns selbstverständlich auch ernst sein damit
für Menschen ohne ausgesprochene Behinderung. Das Prinzip
der kollegialen Selbstverwaltung einer Einrichtung wäre dann
beispielsweise aktueller denn je!

Seit jeher waren die Ideale, die die UN-Konvention proklamiert,
leitend für die anthroposophische Heilpädagogik, Sozialtherapie
und soziale Arbeit. Was waren die ersten Dorfgemeinschaften, in
denen Menschen mit und ohne Behinderungen auf Augenhöhe
zusammengelebt haben, anderes als ein damals revolutionärer
Versuch, Teilhabe und Inklusion, wie sie in Artikel 19 gefordert
sind – wenn auch zunächst im Kleinen – zu verwirklichen? Was
ist die seit vielen Jahrzehnten in heilpädagogischen Heimen und
heilpädagogischen Schulen praktizierte, an der allgemeinen
Waldorfpädagogik orientierte Erziehung und Bildung anderes als
eine Verwirklichung des Rechtes auf Bildung, das in Artikel 24 –
hier nun allerdings als inklusive Bildung – gefordert wird?

Und wie früh schon wurde die Bedeutung der Arbeit, das
Recht auf Arbeit für den Menschen – Artikel 27 – erkannt und
mit großem Ideenreichtum Arbeitsplätze auch für Menschen mit
schweren Behinderungen geschaffen. (Alle diese Beispiele gelten
natürlich längst weit über den anthroposophisch orientierten
Rahmen hinaus!)

Neue gesellschaftliche Öffnung und Teilhabe

Hier liegt die eigentliche Herausforderung. Auf diesem Felde sind gerade in den letzten Jahren viele Übergangsformen geschaffen worden wie Stadtgemeinschaften, Trainings- und Paarwohnen, ambulant betreutes Wohnen und Leben etc. Die UN-Konvention über die Rechte von Menschen mit Behinderungen bietet die einmalige Chance, aus schematischen Polarisierungen wie «ambulant oder stationär» hinauszukommen. Die Frage wäre dann ganz einfach zu stellen: Welche Wohnform, welche Bildungsform, welcher Arbeitszusammenhang ermöglicht dir, dem je einzelnen Menschen mit Behinderung, deine auf den Menschenrechten gründenden Teilhaberechte möglichst weitgehend zu realisieren? Wahlfreiheit setzt Vielfalt und flexiblen Umgang mit den Möglichkeiten voraus und das Schaffen neuer, noch nicht da gewesener Formen. Wenn jeder Mitarbeiter – sei es am Wohnort oder am Arbeitsplatz –, jeder Lehrer in der Schule sich fragt, wie er seine Arbeit mit dem Kind, mit dem Erwachsenen so gestalten kann, dass die drei Ideale ein Stück mehr, ein wenig besser verwirklicht werden, kann neue Motivation für die Arbeit entstehen. Welch starkes, motivierendes Ideal: Menschen mit Behinderungen, Angehörige und Mitarbeiter werden durch die graduelle Verwirklichung von Freiheit, Gleichheit und Brüderlichkeit zu Kämpfern für die Menschenrechte und können so zu einer Humanisierung der gesamten Gesellschaft beitragen!

Ist also alles in Ordnung und nur Jubelstimmung angesagt? Sicher nicht. Die anthroposophische Heilpädagogik, Sozialtherapie und soziale Arbeit steht in großen, umwälzenden Herausforderungen. Aber sie nimmt sie an, indem sie immer neu das Gleichgewicht zwischen guten gewachsenen Traditionen und neuen Entwicklungen sucht.

Teil 2

Behinderung als Bedingung der Wesensoffenbarung[10]

Der Blick auf den anderen Menschen hat den Charakter einer sich selbst erfüllenden Prophezeiung. Wir wissen aus der neueren Physik, dass das Beobachten das Beobachtete verändert. Ganz ähnlich ist es beim Blick auf den Mitmenschen. Ein sprechendes Beispiel ist der sich wandelnde Blick auf Menschen mit Behinderungen. Die neue Definition von Behinderung der WHO, die in der UN-Konvention über die Rechte von Menschen mit Behinderungen übernommen wurde, macht das deutlich. Behinderung wird – wie weiter oben ausgeführt – verstanden als Resultat der Interaktion zwischen einer Beeinträchtigung und umwelt- sowie einstellungsbedingten Barrieren und nicht als dem Einzelnen anhaftende Eigenschaft. Es ist der vorläufige Höhepunkt einer paradigmatischen Entwicklung, die Diskriminierung und Stigmatisierung einer Gruppe von Menschen zu vermeiden sucht, und als solcher natürlich von großer Bedeutung.

Gleichzeitig ist es aber auch fragwürdig, wenn diese Bemühung – was man teilweise beobachten kann – dahin geht, Behinderung gewissermaßen auszublenden, zu übersehen, nach dem Motto: Wenn ich nicht genau hinschaue, sehe ich gar nicht, dass du eine Behinderung hast, und kann dich daher voll akzeptieren … Interessant ist in diesem Zusammenhang, dass bekannte Persönlichkeiten mit Behinderungen sich gegen diese Tendenz wehren. Der Kulturwissenschaftler und Schauspieler Peter Radtke etwa, der eine Glasknochenkrankheit und damit einen ganz zarten, zerbrechlichen kleinen Körper hat, schilderte auf einer Tagung, die wir zusammen in Hamburg bestritten, dass die Leute zu ihm öfter sagen, er sei ein kluger Kopf und seinen behinderten Körper bräuchte er eigentlich gar nicht. Dem widerspricht er heftig und macht deutlich, dass er auch deshalb als Schauspieler auf die Bühne geht, um als ganzer Mensch wahrgenommen zu werden. Der schwer körperbehinderte Autor Fredi Saal, dem öfter unterstellt wurde, doch sicher lieber keine Behinderung haben zu wollen, fragt in seinem Buchtitel lapidar:

Warum sollte ich jemand anderer sein wollen?[11] Und Christian Judith von *selbstbestimmt leben e.v.* verwahrte sich anlässlich eines Ethikforums dagegen, dass er bei entsprechenden Möglichkeiten doch sicher gerne pränatal therapiert worden wäre, wenn er dadurch ohne Behinderung auf die Welt hätte kommen können. Er sei der, der er sei, weil er so sei, wie er sei. Seine Behinderung sei Teil seines Soseins, und ohne die Behinderung wäre er nicht er. Diese Menschen erleben offensichtlich ihre Konstitution als Ausdruck ihrer selbst und fordern ihre Mitmenschen auf, ihnen nicht trotz, sondern mit ihrer Behinderung vorurteilsfrei zu begegnen und sie als die, die sie sind, wahrzunehmen und anzuerkennen.

Neben dieser individuellen Erkenntnis in der Begegnung mit Menschen mit Behinderungen gibt es aber auch eine allgemein-menschliche Erkenntnis zu gewinnen.

Metamorphose

Im zwölften Vortrag des *Heilpädagogischen Kursus* von Rudolf Steiner[12] wird auf eine im Zusammenhang mit dieser Frage außerordentlich interessante Tatsache aus Goethes naturwissenschaftlichen Forschungen aufmerksam gemacht. Goethe steht als Beobachter der Pflanzenwelt gegenüber und sucht nach einem Grundprinzip, wonach diese aufgebaut und also in ihrer verwirrenden Vielfalt der Erscheinungen zu verstehen wäre. Er sucht lange vergebens nach einem Ur-Prinzip, das bei aller Vielfalt der Pflanzenwelt die Ähnlichkeit der Gestalten verstehbar machen könnte. Dann – auf seiner berühmten Italienreise – stößt er auf eine sogenannte «Missbildung», die durchwachsene Rose. Hier zeigt eine Rose eine Blüte, aus deren Mitte wiederum ein Stängel wächst (daher «durchwachsen») und gleichsam auf der zweiten Etage wieder Blätter und – wenn auch unvollkommen – Knospen bildet. Durch dieses Organwachstum am falschen Ort schaut Goethe gewissermaßen das allen Pflanzen zugrunde liegende Prinzip, die Ur-Pflanze! Durch das Auftreten eines Formprinzips an ganz ungewohnter Stelle wird Goethe auf das Prinzip an sich aufmerksam, nämlich den Gestaltwandel (Metamorphose) in Ausbreitung und Zusammenziehung. Und so schreibt er unter dem 17.5.1808 in sein Tagebuch «Über Metamorphose», sie sei «Systole und Diastole des Weltgeistes, aus jener geht die Specifikation hervor, aus dieser das Fortgehn ins Unendliche».[13]

Rudolf Steiner formuliert in diesem Zusammenhang im *Heilpädagogischen Kursus*: «Goethe sah mit einer besonderen Freude hin auf dasjenige, was bei Pflanzen an Missbildungen entsteht. (...) wo irgendein Organ an der Pflanze, das man gewohnt ist, sonst in einer bestimmten, sogenannten normalen Form zu finden, entweder mit der Größe über die Norm hinauswächst, oder wie es sich abnorm gliedert, wie es zuweilen sogar Organe heraustreibt, die normalerweise an einer anderen Stelle stehen und so weiter. Gerade darin, dass sich die Pflanze in solchen Missbildungen äußern kann, sieht Goethe die besten Anhaltspunkte, um auf die eigentliche Idee der Urpflanze zu kommen. Denn er weiß, dass sich dasjenige, was hinter der Pflanze als Idee steckt, gerade in solchen Missbildungen besonders zeigt; sodass, wenn wir in einer Reihe von Beobachtungen an Pflanzen sehen würden, wie die Wurzel in Missbildungen verfallen kann, wie das Blatt, der Stängel, die Blüte, wie auch die Früchte missgebildet sein können – natürlich muss man das an einer Reihe von Pflanzen sehen – so würden wir aus dem Zusammenschauen der Missbildungen die Urpflanze geradezu herausschauen können.»[14]

Steiner führt es zwar nicht explizit aus, bietet aber an, hier nun die Entsprechung zum Menschen zu suchen, indem er fortfährt: «Und so ist es im Grunde genommen bei allem Lebenden, auch bei dem im Geiste Lebenden. Wir kommen immer mehr darauf, dass dasjenige, was hinter dem Menschengeschlecht lebt und sich in Abnormitäten äußert, dass das die eigentliche Geistigkeit im Menschengeschlecht nach außen offenbart.»[15]

Eine Lebenserfahrung

Dieser Anregung folgend komme ich nun zur eigentlichen Hypothese meiner Ausführung, die ich im Weiteren zu stützen versuchen werde. Könnte es sein, dass uns der Blick auf die verschiedenen Erscheinungen von Behinderungen beim Menschen bei entsprechender Betrachtung zur Idee des Ur-Menschen führt?! Worin bestünde dieses Ur-Prinzip, was wäre vergleichbar mit der Ur-Pflanze und inwiefern würde es sich von dieser unterscheiden? Man kann vielleicht ahnen, welche Dimension ein solcher Blick auf Behinderung haben könnte. Bevor ich dieser Frage vertiefend nachgehe, möchte ich eine Lebenserfahrung einfügen: Die Vermutung, dass in der Begegnung mit Menschen mit Behinderungen, besonders bei jenen Menschen, die man heute noch immer «geistig behindert» nennt und die Rudolf Steiner «seelenpflege-bedürftig» nannte, Ur-Menschliches erlebbar wird, entspricht in einem hohen Maße meinem persönlichen Erleben.

Begegnungen mit Menschen mit Behinderungen berühren mich fast immer existenziell. Das, worum ich mich nicht behinderten Menschen gegenüber oft bemühen muss, ist für mich in der Begegnung mit ihnen unmittelbar gegeben: In mir wird eine Instanz aufgerufen, die mich aufmerksam macht, die mein Interesse weckt, die mich innerlich aufrichtet und eine Art seelisches Gleichgewichtsorgan in mir aktiviert. Nie sind diese Begegnungen langweilig, immer originell und einmalig. Andere Menschen, denen ich begegnet bin – ich muss es gestehen –, verwechsle ich öfter miteinander, oder ich vergesse sie wieder; nicht so die Menschen mit Behinderungen. Bei ihnen fällt es mir nicht schwer, sie als einmalig zu gewahren, im Gegenteil! Noch nach vielen Jahren erkenne ich sie in der Regel wieder. Das hängt vermutlich damit zusammen, dass jene oben genannte, in mir aufgerufene Instanz mir auch eine seelische Grundgeste ermöglicht, die mir nicht behinderten Menschen gegenüber oft schwerer fällt: dem anderen Menschen in mir Raum zu geben, sodass er sich im Dialog, in der Begegnung mitteilen kann. Es ist wie ein Üben in der Begegnung mit Menschen mit Behinderungen möglich, das dann auch die Begegnung mit nicht behinderten Menschen vertiefen kann: das Gewahrwerden des anderen in seinem Sosein, das Gewahrwerden des Wesens in seinen leiblich-seelischen Hüllen, das Gewahrwerden der Idee in der Wirklichkeit![16]

Schon am Ende des vierten Vortrags im *Heilpädagogischen Kurs* macht Rudolf Steiner auf diesen Zusammenhang aufmerksam: «Wenn ein abnormes Symptom auftritt, so ist etwas da, das, geistig angesehen, näher dem Geistigen steht als dasjenige, was der Mensch in seinem gesunden Organismus tut.»[17] In diesem Zusammenhang nennt er Menschen mit Behinderungen auch «die eigentlich göttlichen Menschen». Das ist nun in keiner Weise als sentimentale Überhöhung zu verstehen, sondern eben in dem Sinne, dass die Wirkungsprinzipien der Schöpfung, der Menschwerdung selbst hier anschaubar werden. Es ist das Prinzip von Polarität und Steigerung. Die Polarität Systole – Diastole (Zusammenziehung und Ausbreitung), in der sich die Metamorphose der Pflanze räumlich-zeitlich darlebt, finden wir am Organismus des Menschen leiblich anschaubar wieder, seelisch-geistig etwa bei der Schilderung des zentralen und des peripheren Ich zu Beginn des fünften Vortrags.

Der Mensch ist der Unvollkommene

Wir sind ausgegangen von der Frage nach der Erkenntnis, die sich im Blick auf Behinderungen offenbaren kann, und haben gesehen, dass am Extrem das Prinzip verstehbar wird. Die daraus zu gewinnende Einsicht lautet: Der Mensch ist der Imperfekte![18] Wäre er perfekt, wäre seine Entwicklung abgeschlossen und Menschwerdung nicht weiter möglich. Das Werde-Offensein im rhythmischen Schwingen zwischen Polaritäten ist die Grundbedingung der Steigerung, individuell wie menschheitlich gesehen.

Es ist die Aufgabe des Menschen, zwischen den einseitigen Polen die Mitte, *seine* individuelle Mitte als ein labiles Gleichgewicht zu finden. Gelingt ihm das (noch) nicht, tendiert er zu einem der Pole, so wird die einseitige Wirkensweise dieses für die notwendige Entwicklungsspannung zuständigen Poles leiblich und/oder seelisch an ihm manifest und er bringt dieses Wirken in die Sichtbarkeit.

Damit wird ein Wirkensprinzip anschaulich, das sonst durch die graduell erzeugte Harmonie der Mitte verborgen bliebe. Die

Ur-Polarität etwa von Verdichtung und Auflösung, in die alle Menschen hineingestellt sind, wird so an der Konstitution, an Formen u.a. von Behinderungen unmittelbar anschaulich.

Wesen und Erscheinung

Abschließend möchte ich versuchen, die Polarität Wesen und Erscheinung durch eine innere Gedankenbewegung zur Steigerung zu führen. Ich ziehe dazu einen meditativ verdichteten Text Carl Friedrich von Weizsäckers heran (kursiv gedruckt), den dieser in Verarbeitung von Gedanken Goethes geschrieben hat:[19]

Unvergänglich ist das Wesen.
Das Wesen ist gegenwärtig in jeder seiner Erscheinungen.
Will die Erscheinung aber im Sein beharren, so hört sie auf, Erscheinung des Wesens zu sein; gerade dann zerfällt sie ins Nichts.
Das Vergängliche ist nur ein Gleichnis, denn das Wesen, das in ihm gegenwärtig ist, ist unvergänglich.
Aber nur in der Unzulänglichkeit des Vergänglichen ist uns das Wesen gegenwärtig; die Erfüllung unseres Seins ist, dass dieses Unzulängliche Ereignis wird.

Unvergänglich ist das Wesen. Das Wesen ist reine Qualität. Es ist eine bestimmte Qualität, die an sich unabhängig ist von ihrer aktuellen Erscheinungsform, aber uns nur durch diese zur Erscheinung kommen kann. Die Erscheinungs*formen* können je unterschiedlich sein. Aber: *Das Wesen ist gegenwärtig in jeder seiner Erscheinungen.* Ich nehme einen Menschen wahr. Durch seine Erscheinung offenbart sich mir sein Wesen. Abends stelle ich mir diesen Menschen so vor, wie ich ihn heute wahrgenommen habe. Dann lasse ich in meiner Vorstellung seine äußere Erscheinung weg. Ich stelle mir vor, wie er sich mir durch sein Fühlen, etwa seinen Umgang mit Sympathie und Antipathie, offenbart. Ich lasse sein Fühlen weg. Ich stelle mir vor, wie er sich mir durch die Art seines Denkens offenbart. Ich lasse sein Denken weg. Was bleibt, ist eine reine, unverwechselbare Qualität, die sich mir wohl durch seine leibliche, seine seelische und seine geistige Konstitution mitgeteilt hat, aber nicht an diese gebunden ist. In ähnlicher Weise, wenn auch selbstverständlich modifiziert, kann ich zur Wesensoffenbarung eines Tieres, einer Pflanze, eines Steines, ja jeglicher Erscheinungsform in der Welt kommen.

«Wesen» geht auf das althochdeutsche Wort *wesan* zurück, was u.a. bedeutet *Sein, Aufenthalt,* als Verb *sein, sich aufhalten, dauern, geschehen.* Es gehört zur indogermanischen Wurzel **ues-, verweilen, wohnen, übernachten.*[20] Das Wesen ist also dasjenige, was der Erscheinung innewohnt, was in ihr «übernachtet»! («Schläft ein Lied in allen Dingen ...») So betrachtet sind wir alle Wohnorte, Aufenthaltsorte des Wesens. Die Erscheinung aber ist vergänglich wie der Schlaf einer Nacht. *Will die Erscheinung aber im Sein beharren, so hört sie auf, Erscheinung des Wesens zu sein; gerade dann zerfällt sie ins Nichts.* Unser Beharren ist auf diesem Felde eine Quelle unermesslichen Leides! Ich beharre auf mir, so wie ich gestern war. Ich beharre auf dir, so wie du gestern warst, ich beharre auf deiner Behinderung. Die Wohnstatt des Wesens wird zum Gefängnis, zur Ruine und zerfällt. Es ist eine tragische Verwechslung, denn: *Das Vergängliche ist nur ein Gleichnis, denn das Wesen, das in ihm gegenwärtig ist, ist unvergänglich.* Das Wesen will wieder im Geiste erwachen, um in neue Erscheinung hineinzusinken. Immer wieder flüchtig, aber rhythmisch immer wiederkehrend ist es an-wesend.

Als Menschen auf Erden sind wir auf die Erscheinung als Dolmetsch des Wesens angewiesen. Wir sollen sie nicht gering achten, offenbart sich doch durch sie das Wesen! *Aber nur in der Unzulänglichkeit des Vergänglichen ist uns das Wesen gegenwärtig; die Erfüllung unseres Seins ist, dass dieses Unzulängliche Ereignis wird.* Offenbare dich! Werde Ereignis! Erkenne den anderen in seiner Offenbarung an. Und: wirf ihm die Unzulänglichkeit, die Behinderung nicht vor. Sie ist Bedingung seiner Wesensoffenbarung.

Unvergänglich ist das Wesen.
Das Wesen ist gegenwärtig in jeder seiner Erscheinungen.
Will die Erscheinung aber im Sein beharren, so hört sie auf, Erscheinung des Wesens zu sein; gerade dann zerfällt sie ins Nichts.

Das Vergängliche ist nur ein Gleichnis, denn das Wesen, das in ihm gegenwärtig ist, ist unvergänglich.

Aber nur in der Unzulänglichkeit des Vergänglichen ist uns das Wesen gegenwärtig; die Erfüllung unseres Seins ist, dass dieses Unzulängliche Ereignis wird.

Neben Menschen, Steinen, Pflanzen und Tieren zeigen sich noch ganz andere Erscheinungen wesenhaft: z.b. Institute, Arbeitszusammenhänge, Einrichtungen, Verbände, Familien, Partnerschaften. Man mache die Probe aufs Exempel und vollziehe den obigen Gedankengang so oder so ähnlich am eigenen Beispiel, auf dass das Unzulängliche Ereignis werde und sich das Wesen dadurch offenbaren kann.

Ich bin ausgegangen von der Fragestellung, ob aus der Wahrnehmung der Behinderung, der Unzulänglichkeit, ein vertieftes Verständnis für den Menschen an sich zu gewinnen wäre. Auch wenn dieser Versuch in seiner Kürze und Beschränktheit der Fragestellung selbstverständlich nur im Ansatz gerecht werden kann und unzulänglich (sic!) bleiben muss, meine ich, diese Frage bejahen zu können. Durch die Erkenntnis des Unzulänglichen als Bedingung der Erscheinung auf Erden schlechthin wird deutlich, dass der Unterschied zwischen Menschen mit und ohne ausgesprochene Behinderung kein grundsätzlicher, sondern allenfalls ein gradueller ist. Am Extrem wird lediglich das Prinzip deutlich. Ein wahrhaft inklusiver Gedanke!

Anmerkungen und Literatur finden sich auf S. 735.

GÖTZ KASCHUBOWSKI

DER RHYTHMISCHE MENSCH
IST ES, DER URTEILT

EIN BEITRAG ZUR DIDAKTIK
GEMEINSAMEN UNTERRICHTS

Einleitende Bemerkungen

Eine Aussage darüber zu machen, was Waldorfpädagogik denn genau ist, ist außerordentlich schwer, obwohl doch jedermann zu wissen scheint, was sie auszeichnet. Oft finden sich Beschreibungen wie die nachfolgenden: «Noten und Sitzenbleiben gibt es nicht. Im Epochenunterricht vertiefen die Schüler ein Thema über mehrere Wochen, sie lernen viel voneinander und erleben Klassenzusammenhalt über viele Jahre ebenso wie eine enge Beziehung zum Lehrer, der mehrere Fächer unterrichtet. Handwerk, Gartenbau, Kunst, Musik und lebensnahes Lernen sind Schwerpunkte. Untersuchungen haben bestätigt, dass Waldorfschüler gewöhnlich ebenso viel lernen wie Schüler in Regelschulen, jedoch oftmals mit mehr Begeisterung.»[1] Selbst in dieser sehr kurzen Beschreibung mischen sich konzeptionelle, unterrichtsmethodische und inhaltliche Aspekte.

Als «große Synthese reformpädagogischer Motive» bezeichnet der Tübinger Reformpädagoge und Erziehungswissenschaftler Andreas Flitner die Waldorfpädagogik.[2] Johannes Kiersch hinterfragt diese Position: «Auf den ersten Blick wahrgenommen, scheint die Pädagogik Rudolf Steiners nicht viel mehr zu sein als eine marginale Variante der allgemein bekannten Reformpädagogik, wie sie sich aus vielerlei Impulsen einer umfassenden Lebensreformbewegung zu Beginn des vorigen Jahrhunderts besonders in Deutschland entwickelt hat. Mag Steiner auch unter die Pioniere der Koedukation, des Einheitsschul-Gedankens, des exemplarischen Lernens nach dem Prinzip des Epochenunterrichts zu rechnen sein, mag er das Lernen mit allen Sinnen, das Lernen durch Kunst und durch praktische Arbeit als einer der Ersten gegen den Widerstand der Tradition vertreten haben, das alles findet sich ähnlich auch bei seinen pädagogischen Nachbarn bei Hermann Lietz, Maria Montessori, Celestin Freinet, in der deutschen Kunst- und Arbeitsschulbewegung, in den sozialistischen Hamburger Lebensgemeinschaftsschulen der Weimarer Republik.»[3] Rudolf Steiner habe jedoch «seine Reformschule als den Versuch einer Antwort auf Lebensfragen gedacht».[4] Steiners Aufforderung, in dieser Schule sollte Wissenschaft, Kunst und Religion verlebendigt werden, versteht Kiersch so, dass Steiner damit jedes dauerhafte Programm abgelehnt habe. Vielmehr sollte Waldorfschule sein: eine Vielzahl «offener, freier Initiativprozesse, die sich aus dem gemeinsamen Suchen der beteiligten Kinder, Eltern und Lehrer fortwährend neu ergeben».[5]

Hier ist jedoch anzumerken, dass pädagogische Prozesse, zu denen der Schulunterricht zweifellos gehört, sich in asymmetrischen Verhältnissen der Beteiligten ausdrücken. Den Lehrerpersönlichkeiten kommt eine besondere Rolle in der oben genannten Suchbewegung zu.

Der Bielefelder Erziehungswissenschaftler Harm Paschen, den man als exzellenten Kenner der Waldorfpädagogik bezeichnen darf, geht dieser Frage nach. Eine «erziehungswissenschaftliche Beschreibung der Waldorfpädagogik» könne nicht wie ein «Beipackzettel geschrieben werden», stellt er fest.[6] Sie sei «eindeutig der Gruppe von Entwicklungsorientierten Pädagogiken zuzuordnen. Ihr Fokus ist also *Entwicklung* und damit auch *Bildung von Organen aller Arten*, … als Differenzen zu Unterrichtung und Erziehung. Nicht eine Wissensvermittlung oder ein Habitus und seine Kompetenzen sollen die Zukunft von Gesellschaft und Schülerschaft sichern, denn was in Zukunft zu tun ist, werden die dann erwachsen gewordenen Schüler bestimmen. Dafür ist aber eine Bildung aller individuellen Anlagen zu ermöglichen, und

zwar nach entwicklungsgemäßer Reihenfolge.»[7] Dazu müssten
die Lehrer ein Wissen über die Wesensglieder, die Temperamente, die zwölf Sinne u.a. haben, dabei dienten «diese Wissensbestände weniger einer unmittelbaren pädagogischen Umsetzung
als vielmehr der Schulung der Lehrkräfte zu einer kategorialen
Wahrnehmungsfähigkeit der kindlichen Individualitäten und
entsprechender Ermöglichung einer ganzheitlichen *Organent-
wicklung* in physischen, psychischen und mentalen Bereichen».[8]
Daraus ergebe sich für die Lehrerschaft «eine grundlegende Freiheit der curricularen und methodischen Unterrichtsgestaltung»,[9]
die aber begrenzt sei durch die pädagogische Grundorientierung
des Kollegiums.

Hier ist kritisch nachzufragen, was zum einen unter der Wahrnehmungsfähigkeit kindlicher Individualitäten zu verstehen ist
und was andererseits pädagogisch «passiert», wenn die Wahrnehmung und die sich anschließenden Gedanken unterschiedliche Konzepte generieren. Spätestens seit Kühlewind eine neue
Generation von Kindern zu erkennen glaubte, diskutiert man in
waldorfpädagogischen Kreisen die Frage, ob die Kinder heute
«anders» seien.[10] Ist das so? Oder ist die Fragehaltung entstanden, weil der Diskurs bei Waldorflehrern zu einem veränderten
Blick geführt hat? Diese Fragen sollen hier nicht weiter bearbeitet
werden.

Interessanterweise lässt sich auch bei dem Begründer der
Waldorfpädagogik kein Nachweis im Sinne einer Definition finden. Im Gegenteil lassen sich im pädagogischen Vortragswerk
Steiners völlig unterschiedliche Blickwinkel auf seine Pädagogik
finden, je nach Publikum, Ort und Zeit sowie zugedachter Fragestellung. Offensichtlich darf Waldorf(schul)pädagogik nicht als
starres Konzept, das sich auf einen wie auch immer zustande
gekommenen Lehrplan beruft, verstanden werden. Waldorfpädagogik befindet sich in einem permanenten status nascendi. Sie
muss andauernd neu ge- und erfunden werden.

Das, das wir heute als Waldorfschule kennen, hat sich in einem
neunzigjährigen Prozess so entwickelt. Manche strukturellen wie
inhaltlichen Bausteine gehen auf Anregungen Rudolf Steiners

zurück und sind leider in großem Umfang nicht weiter entwickelt worden. Deshalb ist vieles, was heute als waldorfpädagogische Substanz erscheint, schlicht als Tradition zu bezeichnen. Wenn diese Behauptungen zutreffen, eröffnen sich für die Fragestellung des gemeinsamen Unterrichts für alle Kinder interessante Perspektiven.

Waldorfschulpädagogik –
eine Annäherung mit Rudolf Steiner

«Sie werden ja die Unterrichtsgegenstände nicht so zu verwenden haben, wie sie bisher verwendet worden sind. Sie werden sie gewissermaßen als Mittel zu verwenden haben, um die Seelen- und Körperkräfte des Menschen in der rechten Weise zur Entwicklung zu bringen. Daher wird es sich für Sie nicht handeln um die Überlieferung eines Wissensstoffes als solchen, sondern um die Handhabung dieses Wissensstoffes zur Entwicklung der menschlichen Fähigkeiten. Da werden Sie vor allen Dingen unterscheiden müssen zwischen jenem Wissensstoff, der eigentlich auf Konvention beruht, auf menschlicher Übereinkunft ... und demjenigen Wissensstoff, der auf der Erkenntnis der allgemeinen Menschennatur beruht.»[11] Vielleicht ist es erlaubt, diesen Satz, den Steiner in seinem zweiten Vortrag vor dem Gründungskollegium im Rahmen ihrer Vorbereitung auf die Gründung der Waldorfschule hielt, als eine Art Programmatik zu bezeichnen. Steiner behauptet nichts weniger, als dass der Unterrichtstoff – richtig bearbeitet – die Entwicklung der Schüler physisch, seelisch und geistig befördert. Man könnte modern auch von entwicklungsförderndem Lernen sprechen. Steiner setzt jedoch voraus, dass dies nur gelingen könne, wenn der Methodik eine Erkenntnis der Menschennatur vorausgeht. So verwundert es nicht, dass Steiner in seinen pädagogischen Vorträgen keine waldorfpädagogische Programmatik entwickelt, sondern eben immer wieder die Erkenntnis der Menschenwesenheit in den Fokus seiner Betrachtungen stellt.

Bereits im August 1919, also noch vor Eröffnung der Stuttgarter Schule, hielt Rudolf Steiner eine Vortragsreihe, in der sich folgende Hinweise finden: «Aus den letzten Betrachtungen, die wir hier angestellt haben, werden Sie ersehen haben, dass innerhalb der vielen Fragen, die die Gegenwart beschäftigen, die Erziehungsfrage die allerwichtigste ist. Wir haben ja betonen müssen, dass die ganze soziale Fragestellung in sich schließt als hauptsächlichstes Moment gerade die Erziehungsfrage. Und nachdem ich einiges vor acht Tagen angedeutet habe über die Umgestaltung, die Umwandlung des Erziehungswesens, werden Sie es begreiflich finden, dass wiederum innerhalb der Erziehungsfrage die bedeutsamste Unterfrage die nach der Bildung der Lehrer selbst ist.»[12] Es folgt eine Darstellung, dass sich durch die Erfolge der Naturwissenschaften der Blick des Menschen ganz dem Materiellen zugewendet habe. Dies habe schließlich dazu geführt, dass bis in die Unterrichtsmethodik eine mechanistische Auffassung vom Lernen die Oberhand gewonnen habe.

Und damit ist Steiners philosophisches Lebensmotiv getroffen. Unterrichtliche Betrachtungen, die den Schülern immer wieder fertige Ergebnisse von Welterscheinungen präsentieren, «dörren sie seelisch völlig aus ... dann ersterben nach und nach die inneren Triebkräfte der Seele ... und dasjenige, was aus dem Innern der Seele erschließen sollte, das wird allmählich in der Seele ertötet».[13] Eine ertötete Seele ist nicht freiheitsfähig, weil ihr der autonom erkennende Blick auf die Welt nicht möglich ist.

Wie muss also der Lehrer gebildet sein, damit er seinen Schülern den Blick auf die Welt öffnen kann und nicht von vornherein verschließt? Vor dem Hintergrund seiner Forschungen kann Steiner nur eine Antwort geben: Lehrerbildung muss sich schwerpunktmäßig mit philosophisch anthropologischen Fragen beschäftigen. Es sei wesentlich, die Fragen nach dem Sinn des Seins und dem Woher des Menschen zu stellen. «Als Frage der übersinnlichen Welt an die sinnliche, so sollte eigentlich vor dem Gemüte des Lehrenden oder Erziehenden jedes Kind stehen.»[14] Dagegen könnten die Inhalte, die die Lehrer zu vermitteln haben, in kürzester Zeit in einem Sachbuch erarbeitet werden. Zusammenfassend darf behauptet werden, dass nur der um Erkenntnis der menschlichen Natur ringende Lehrer Unterricht so gestalten kann, dass er wiederum die Schüler befähigt, einen freien Blick auf die Welt zu entwickeln.

Welche unterrichtsmethodischen Folgen dies hat, bearbeitete Steiner im Jahr 1921 mit dem Kollegium der Stuttgarter Schule. Nachdem die Schule zwei Jahre betrieben wurde, schien es Steiner an der Zeit, noch einige grundlegende pädagogische Fragen zu bearbeiten. Gleich zu Beginn wird der Anspruch an diese Arbeit formuliert. Es geht Steiner nicht um rasch vorzeigbare Ergebnisse dieser neuen Pädagogik. Auch wenn die Ausgangsfrage lautet: «Aber eines werden wir vielleicht doch schmerzlich vermissen, und das ist: es ist uns vielleicht leichter, den Unterrichtsstoff an die Kinder heranzubringen, die Kinder im Augenblick an ein gewisses Verständnis desjenigen, was wir ihnen vorbringen wollen, heranzubändigen, allein es ist nicht alles erreicht, was zu einem bleibenden Besitz desjenigen führt, was wir dem Kinde beigebracht haben ...»[15]

Unter bleibendem Besitz wird jedoch kein abrufbares (Prüfungs-) Wissen verstanden. Im Gegenteil fordert Steiner einen qualitativ völlig anderen «Besitz». «Wenn wir dem Kinde etwas beibringen, so müssen wir dafür Sorge tragen, dass das Beigebrachte nicht so bleibt, wie es ist, sondern dass es selber mit dem Kinde heranwächst, dass es etwas anderes wird im Laufe der Entwickelung und der Mensch gewissermaßen dasjenige, was er mit 8 Jahren lernt, mit 30, mit 40 Jahren noch hat; dass es mit ihm so herangewachsen ist, wie seine komplizierten Glieder mit ihm heranwachsen, beziehungsweise in der richtigen Zeit mit ihrem Wachstum abnehmen und so weiter. Wir müssen also Lebensfähiges, man könnte auch sagen Absterbensfähiges, in das Kind hineinbringen.»[16]

Auch diese Aussage hat Grundsatzcharakter. Keine andere Schulpädagogik[17] lebt mit diesen Gedanken. Steiner fordert ja nichts weniger, als dass alle Inhalte, die in der Schule erlebt und erfahren werden, so lebendig vermittelt werden, dass sie nach Jahren und Jahrzehnten für den einzelnen Menschen noch Bedeutung haben, weil sie dann anders verstanden werden können, ohne sich aber in ihrem Gehalt zu verfälschen.

Die Umsetzung dieser Forderung kann nicht allein mit einer äußerlich veränderten Unterrichtsmethodik gewährleistet werden. «Wie bringen wir es besser zustande, dass wir es zu seinem bleibenden Besitz umgestalten? Und die Antwort auf diese Frage ergibt sich eigentlich aus ganz anderen Voraussetzungen, als man gewöhnlich denkt. (…) was wir besonders brauchen, das ist, dass wir uns immer und immer mehr bemühen, wirklich in die menschliche Natur, also als Lehrer in die kindliche Natur, in das ganze Wesen dem Geistigem, Seelischen und Leiblichen nach einzudringen, dass wir uns immer mehr Bewusstsein davon verschaffen, was eigentlich im Menschen vorliegt.»[18]

Eine wesentliche Frage der kindlichen Natur, über die Steiner dann spricht, ist die Erkenntnis, dass jedes Kind in seiner eigenen Weise sich mit einem Unterrichtsgegenstand auseinandersetzt, da es sich gefühlsmäßig mit diesem verbindet. Der Waldorflehrer nutzt die Erkenntnis, dass das Seelische dreigegliedert ist, und appelliert sozusagen an das rhythmische System, in dem der Schüler fühlend beteiligt ist, um ihm seinen eigenen Zugang zum Unterrichtsgegenstand zu ermöglichen. In der heutigen Pädagogik wird niemand mehr diese bedeutsame Tatsache abstreiten. Spätestens die Neurowissenschaften ebneten der Bedeutung der Emotionalität den Weg: «Wer beim Lernen aufmerksam, motiviert und emotional dabei ist, der wird mehr behalten.»[19] Didaktisch drückt sich dies in folgender Feststellung aus: «Für die Vorgänge des Lernens ist die Einheit von kognitiven und emotionalen Vorgängen essenziell.»[20]

Überlegungen zur Unterrichtsmethodik

Die zweite Fragestellung, die sich durch die weitere Arbeit Steiners mit dem Kollegium zieht, ist die des Schlafes. Nachdem der Schlaf und seine Funktion aus menschenkundlicher Sicht erörtert wurde, arbeitet Steiner am dritten Tag das methodische Herzstück der Waldorfpädagogik heraus, den (später) sogenannten *methodischen Dreischritt*, der das Lernen der Schüler deshalb befördert, weil er die Wirksamkeit nächtlicher Leibesprozesse berücksichtigt.[21]

Er sei hier kurz beschrieben: Den Schülern wird ein Unterrichtsgegenstand präsentiert. Er wird dargestellt, charakterisiert, Details werden besonders hervorgehoben usw. Anschließend wird das Experiment zugedeckt, die Tafel zugeklappt, die Landkarte eingerollt, oder, oder. Ohne das betrachtende Moment wiederholen Lehrer und Schüler gemeinsam das Erlebte. Das heißt, die Beteiligung der Schüler rückt aus dem rein Betrachtenden, Zuhörenden, Zuschauenden ins eigene Tun. Sie verbinden sich gefühlsmäßig mit dem Unterrichtsgegenstand und vertiefen in einem ersten Schritt das Erfahrene. An dieser Stelle wird jedoch noch nicht begrifflich festlegend, Urteile bildend gearbeitet. Das Staunen soll überwiegen. Damit werden die Schüler entlassen. Sie nehmen die Eindrücke mit in den Schlaf. Am nächsten Schulmorgen werden die Inhalte des Vortages gemeinsam wiederholt. Die Schüler erkennen das Regelhafte, das Gesetzmäßige, das Grundsätzliche in dem Stoff, weil es auch als solches benannt wird. Gesetze und Regeln haben die Qualität, dass sie unabhängig vom subjektiven Bezug der Schüler gültig sind.

Das qualitativ Neue, was durch diese Methode in der Waldorfschule entstand, ist, dass den Schülern kein fertiges und damit totes Wissen präsentiert wird, sondern sie sich zunächst einmal subjektiv und damit mit ihrem ganzen Menschen mit einem Unterrichtsgegenstand verbinden. Dieser kann so Korrekturen oder Erweiterungen erfahren. Statt: *so ist es,* lernen die Schüler: *unter diesem Gesichtspunkt ist es, bzw. scheint es so zu sein.* Jede Änderung des Blickes verändert eben das Ergebnis der Auseinandersetzung. Das entscheidende Moment bei diesem Vorgehen erlebt man im zweiten Schritt. Was erinnert jeder einzelne Schüler? Wenn der Unterrichtsgegenstand facettenreich und altersentsprechend präsentiert wurde, entsteht am nächsten Tag ein ganzes Tableau von Erzählungen. Dabei gibt es interessanterweise auch Schüler, die Einzelheiten erinnern, auf die man als Lehrer gar keinen Wert gelegt hatte. Es gibt Schüler, die erinnern sich an Sachverhalte aus dem Klassengeschehen, die überhaupt nicht zum Thema gehören. Andere wiederum können einen großen Bogen zu ganz anderen Erlebnissen herstellen.

Unter inhaltlichen wie auch unter sozialen Gesichtspunkten darf behauptet werden, dass in solchen lebendigen Lernprozessen jeder Beitrag gleich wichtig ist. Erst durch differenzierteste Beiträge kommt das Ganze eines Gegenstandes zur Darstellung. Die Schüler können erleben – im Grunde tagtäglich –, wie wichtig ihr eigenes Tun für ihr Lernen und ihr Erkennen von Welt ist. Fremdbestimmtes Erleben von Wissen wird durch Selbsterlebtes ersetzt. So können Waldorfschüler im jungen Erwachsenenalter «in Freiheit entlassen werden».[22]

Heterogene Lerngruppen sind geradezu eine Voraussetzung für vielfältige Wahrnehmungen von Welt. Für die Fragestellung einer inklusiven Waldorfschule stellt sich die Unterrichtsfrage gerade unter dem skizzierten Lernmodell essenzieller. Da gibt es zum einen die Gruppe der Schüler, die in ihrem Empfinden angesprochen werden können, die einen seelisch differenzierten Zugang zur Welt haben, weil ihre Leibesentwicklung keine Beeinträchtigung erfuhr. Der Lehrer kann sozusagen an ihr Rhythmisches appellieren. Schüler, die in ihrem Welterleben Einschränkungen zu überwinden haben, weil sie in ihrem Nerven-Sinnes-System oder in ihrem Stoffwechsel-Gliedmaßen-System zu sehr verhaftet sind oder ihre Sinneskanäle keinen freien Zugang zur Welt ermöglichen, bedürfen zunächst der Freisetzung des Rhythmischen. Es muss erst zur Entfaltung gebracht werden. Dieser grundlegende Unterschied zwischen gruppenbezogenem Unterricht an der Waldorfschule und dem einzelorientierten an der heilpädagogischen Schule trifft nun im integrativen bzw. inklusiven Schulangebot aufeinander.

Was kann getan werden, wenn Schüler zur dreischrittorientierten Form des Unterrichts nichts beitragen können, weil sie sich an den Vortag nicht erinnern oder sie sich dem Stoff nicht zuwenden konnten, ihn nicht erleben konnten oder sie gar versuchen, den Unterricht unmöglich zu machen?

Möglicherweise liegt eine erste Antwort für waldorfpädagogisches Unterrichten im Grundsätzlichen. Wenn Steiner von den

Lehrern immer wieder fordert, dass sie die Natur des Menschen studieren sollen, um daraus unterrichtliches Vorgehen abzuleiten, kann der oben skizzierte Dreischritt von ihm nicht als dogmatische Festlegung allen Unterrichts für alle Zeiten gemeint sein. Vielmehr ist zu fragen, wie unter Berücksichtigung geisteswissenschaftlicher Erkenntnisse Lehrer sich anderen Weltzugängen ihrer Schüler nähern können, um diesen die Teilnahme am gemeinsamen Unterricht auf ihre Weise zu ermöglichen. Die Verantwortung liegt bei der Lehrerschaft, nicht bei den wie auch immer *behinderten* Schülern. Die Schule hat sozusagen eine Gewährleistungspflicht für die Teilhabe aller.

Heilpädagogik

«Nun hat es sich ja gehandelt in diesen Besprechungen um die Vertiefung unserer Waldorfschul-Pädagogik bis zu denjenigen Erziehungsmethoden, welche an das sogenannte abnorme Kind heranführen.»[23] Von diesem Satz Steiners, mit dem er den letzten Vortrag einleitet, wird man überrascht, wenn man den *Heilpädagogischen Kurs* studiert. Denn der Vortragszyklus ist historisch in keinem Zusammenhang mit der Stuttgarter Waldorfschule zu sehen.[24] Aufbau und Inhalt des *Heilpädagogischen Kurses* sollen hier nicht erörtert werden.[25] Der gesamte Kurs liest sich wie eine heilpädagogische Menschenkunde, die sich von dem Einführungskurs für die Lehrer der Stuttgarter Waldorfschule (*Allgemeine Menschenkunde*) jedoch grundlegend unterscheidet. Während Steiner den Waldorflehrern die Dreigliederung als Erkenntnismatrix anbietet, rät er den Heilpädagogen zu Betrachtungen, die das Prinzip der Polarität zur Grundlage haben.

Es interessiert also die «Methode»,[26] die Steiner anwendet, um ein Verständnis für das Sosein von Kindern und Jugendlichen zu beschreiben, die wir als behindert wahrnehmen.

Verstehen, durch und durch verstehen, ist die Aufgabe der Diagnostik, die jeder vernünftigen pädagogischen Planung zugrunde liegt. Nur hilft es nicht, der «Fülle der verschiedenen

Erscheinungsformen der menschlichen Gestalt»[27] starren Begrifflichkeiten zuzuordnen. Vielmehr müssen «die tiefer liegenden organischen Bildungsprozesse als *Möglichkeiten* gesehen werden, durch welche sich das seelisch-geistige Ich-Wesen des Menschen irdisch *zu offenbaren vermag*».[28]

Mit anderen Worten: Behinderung kann verstanden werden als «Variation menschlichen Daseins auf der individuellen Ebene».[29] Der vierzehnjährige Christian, der als «Autist» bezeichnet wird, ist erstens zunächst Christian und unterscheidet sich zweitens in seinem Verhältnis zur Welt völlig von Knut, der ebenfalls als «Autist» diagnostiziert und vierzehn Jahre alt ist.

In der heilpädagogischen Betrachtung interessieren somit zwei Fragen: Auf welche Weise leistet die Leiblichkeit dem Geistig-Seelischen Widerstand, sodass dieses sich nur in ein besonderes (behindertes) Verhältnis zur Welt bringen kann? Wie gelingt es dem pädagogisch Verantwortlichen, dieses Verhältnis zu verstehen?

Karl König versucht hier Antworten zu geben. Ausgehend von der Grundhaltung «Wir wissen, nichts zu wissen»[30] wird ein von Phänomenen geleitetes Erkennen entwickelt. Phänomenologisches Vorgehen verlässt die scheinobjektiven Forschungswege und gesteht dem Erkennenden Qualitäten des Subjektiven zu, denn der erkennende Blick ist niemals absolut frei. Er wird von Grundannahmen des Forschers, seiner Fragestellung, seinem Vorwissen und etlichen anderen Momenten gelenkt.

Für die Heilpädagogen stellt König fest, dass «wir in diesem Nichtwissen das Hypomochlion unserer Existenz finden, nämlich das Maß aller Dinge zu sein, weil es ja gar nicht anders geht ... Denn dann wissen wir: Hinter jedem Kind, hinter jedem Erwachsenen, den wir heilpädagogisch diagnostizieren wollen, steht genauso wie hinter uns selbst die gewaltige, allumfassende Anthropologie des Menschseins. In dem Augenblick, wo ich mich selbst als Individuum erkenne, an dem sich alles andere abbildet, wird zum Beispiel das Kind in meiner Nähe, das Kind, dem ich entgegentrete und das mir gegenübertritt, sich an mir abzuspiegeln beginnen. Das darf ich nun nicht beurteilen ...»[31]

«Diese Kinder sind nicht etwas, über das ich sprechen kann, sondern etwas, das zu mir gehört, dass ich die Hydrocephalie, die Mikrocephalie und die Spaltbildungen voll und ganz in mir trage, dass ich alles, was abwegig ist, auch in mir habe. Nur dort ist es beim Patienten ansichtiger, ist es offenbarer geworden, als es gewöhnlich in mir zu sein scheint. Denn zu wissen, dass jeder von uns ein Epileptiker ist, dass auch jeder von uns im Verborgenen ein Psychopath ist, den Autismus genauso in sich trägt wie die Schizophrenie, nur dass sich dies nicht offenbart, sondern noch ein verborgenes Geheimnis geblieben ist, das heißt, die ersten Kenntnisse einer allumfassenden Anthropologie des kindlichen Werdens in sich so zu erwecken, dass im Anschauen eines zurückgebliebenen Menschen, eines Seelenpflege-bedürftigen Kindes, ich mich selbst zu erkennen habe.»[32] Mit anderen Worten ruft König dazu auf, die Phänomene, die wir als Beeinträchtigung oder Behinderung bei einem Kind erleben, in unserem eigenen Dasein aufzusuchen.

Leibliches Sein beginnt mit der Konzeption und erfährt in den nächsten Monaten bis zur Geburt geradezu dramatische Entwicklungen. Betritt der Mensch die Welt, ergreift er zunehmend seinen Leib. Mit jeder Erfahrung, die er macht, kann seine nächste Weltbegegnung differenzierter ausfallen. Er kann Dinge, Wesen und Situationen immer besser verstehen und sich dadurch leiblich anders in der Welt verhalten. Diese Wechselwirkung von Leibergreifen und Welterfahrung kennzeichnet jedes menschliche Leben. Wenn diese Wechselwirkung sich nicht – oder nicht mehr – frei vollziehen kann, lebt der Mensch ein Leben mit Beeinträchtigungen.

König fordert die Heilpädagogen nun auf, dieses Moment, in dem die Weiterentwicklung des Kindes gestört wird, in der eigenen Entwicklung aufzusuchen um das Kind zu verstehen.[33] Damit verbindet sich die Hoffnung, dass die Ganzheit des Seins eines beeinträchtigten Kindes nachvollzogen werden kann und nicht die Störung einer Leibesfunktion als Ursache der Beeinträchtigung isoliert betrachtet wird.

Für den Unterricht ist dieses Verständnis von herausragen-

der Bedeutung. Wenn nicht gefragt wird ‹Was kann der Schüler nicht?›, sondern: ‹Wie ist sein Verhältnis zur Welt,
– wenn er die Sprache des Lehrers nicht versteht
– wenn er seine Gedanken nicht loslassen kann, sich also kein Raum für Neues öffnet
– wenn er Stimmungen nicht aushält und stören muss
– wenn er den hinteren Raum nicht wahrnehmen kann
– wenn er rechts und links nicht differenzieren kann
– wenn er die Welt nicht hört oder sieht
– wenn ihn jede räumliche Veränderung in Panik versetzt oder, oder ...›,

dann wird man Möglichkeiten finden, auch für diese Schüler passende Weltzugänge zu schaffen.

Dreischritt und Heilpädagogik

Wenn das Verhältnis zur Welt von Schülern mit sonderpädagogischem Bildungsanspruch ein einseitig ausgebildetes ist, darf man sicher davon ausgehen, dass sie mit Ergebnissen aus dem Schlaf in den nächsten Tag gehen, die sich in vielfältiger Weise von denen ihrer Klassenkameraden unterscheiden werden. Vielleicht gibt es keine Erinnerung an den Vortag; vielleicht wird ein Aspekt des Themas andauernd wiederholt; vielleicht wagt ein Kind nichts beizutragen, weil es Angst hat; vielleicht bezieht sich die Erinnerung auf die Stimmung in der Klasse, die Farbe der Hose, die die Lehrerin trug, das Wetter, die benutzten Farben, das Quietschen der Kreide beim Tafelanschrieb oder Ähnliches. Offensichtlich gibt es Bedeutungsvolleres für manche Kinder zu erinnern als den Unterrichtsstoff. Subjektiv ist dies sicher von Bedeutung, sonst würde es nicht bemerkt. Dennoch hat Schule einen Bildungsauftrag, und mittlerweile ist der Bildungsanspruch für alle Schüler in den Bildungsplänen der Länder festgeschrieben.

Aus methodischer Sicht ist die Frage zu stellen, ob die Intentionen, die Rudolf Steiner mit dem methodischen Dreischritt grundsätzlich verbindet, für manche Schüler aufgegeben werden müssen, weil ihr Geist-Seele-Leib-Verhältnis ein besonderes ist. Diese Frage kann nicht apodiktisch mit *Ja* oder *Nein* entschieden werden. Ein *Ja* hieße, manchem Schüler die Freiheitsfähigkeit abzusprechen; ein *Nein* könnte andererseits als sozialromantische Träumerei verstanden werden, da es Schüler gibt, die ihr ganzes Leben auf Unterstützung in ihren Erkenntnis- und Entscheidungsprozessen angewiesen sind.

Im waldorfpädagogischen Sinn ist zu fordern, dass jeder Unterricht so eingerichtet wird, dass alle Schüler Inhaltliches durch die Nacht tragen können. Dem Klassenteam («eine Hauptvoraussetzung für Inklusion»[34]) wird dabei die Aufgabe zukommen, den Stoff methodisch so aufzuarbeiten, dass die Beteiligung aller gewährleistet ist. Für jeden Schüler ist das Moment zu finden, in dem er sich angesprochen fühlt. In der didaktischen Literatur spricht man von Passung. Die Lernausgangslage jedes Schülers leitet das Klassenteam in der Vorbereitung des Unterrichts und im methodischen Handeln.

Möglicherweise braucht ein Schüler während der Präsentation gebärdengestützte Hilfe, der nächste versteht nach dem Einsatz von Bildkarten die Aufgabenstellung besser, ein Dritter benötigt eine komplette Wiederholung in einem Nebenraum usw.

Auch im Wiederholungsteil ist ein differenziertes Vorgehen möglich: In der Wiederholung kann für einzelne Schüler ein Stück der Präsentation ein weiteres oder gar ein drittes Mal stattfinden. Andere Schüler dürfen mit oder ohne Hilfe bereits einen wichtigen Begriff aufschreiben, ein Bild dazu malen oder auf den Talker sprechen.

Selbstverständlich gilt solches Tun auch für den letzten Schritt: Der langsame Schüler erhält etwa eine fotografische Kopie des Tafeltextes, um sie in sein Heft zu kleben. Ein anderer Schüler, der sehr schnell arbeitet, bietet Klassenkameraden seine Hilfe an. Schüler, die vom Ganzen des Stoffes überfordert sind, dürfen sich – unter Umständen mit Lehrerhilfe – den Teil heraussuchen, der für sie von Bedeutung ist, und dazu einen Satz oder auch nur einen Begriff aufschreiben. Der Schüler, der z.B. motorisch zum Schreiben nicht in der Lage oder im Sehen behindert ist, diktiert den Text.

Bereits vor über dreißig Jahren hat der anthroposophische Heilpädagoge Kurt Vierl[35] deutlich gemacht, dass seelenpflege-bedürf-
tige Kinder einen vollumfänglichen Zugang zur Waldorfschulpädagogik haben sollten (auch wenn dies damals noch in besonderen
Schulen stattfand). Egli erneuerte später diesen Anspruch auch
für sogenannte schwerstbehinderte Schüler. «Folgt der Heilpädagoge ausschließlich dem Reduktionsprinzip, so bleiben für den
schwerbehinderten Menschen von den ursprünglichen Inhalten
noch jene zurück, die sich direkt auf das Lebensnotwendige und
Nützlich-Brauchbare beziehen, mit dem impliziten Verzicht auf
alles Kulturschaffende und Allgemeinbildende, das unsere Gesellschaft reich und lebenswert macht.»[36] Umfassende schulische
Bildung und gesellschaftliche Teilhabe bilden also nach Egli eine
untrennbare Einheit.

Heute geht es darum, den in der Behindertenrechtskonvention
formulierten neuen Anspruch auf Gemeinsamkeit auch in der
Schule so umzusetzen, dass die «Menschen mit Behinderungen,
ihre Begabungen und Kreativität sowie ihre geistigen und körperlichen Fähigkeiten»[37] als Bereicherung für alle Mitglieder einer
Lerngruppe erlebt werden.

Gemeinsamer Unterricht – ein Ausblick

Dass guter Unterricht stets phasenhaft oder in Schritten erfolgt,
hat Thomas Maschke[38] dargelegt. Das Besondere am waldorfpädagogischen Ansatz ist jedoch nicht nur das Bemühen um ein
erfolgreiches Lernen, sondern die Erkenntnis, dass für den Lernerfolg die Wechselwirkung von Leibesprozessen und Seelisch-
Geistigem zu beachten ist. Man kann ihn somit als anthropologisch begründete Lerntheorie bezeichnen. Als solche ist sie nicht
willkürlich ersetzbar, ohne dass die Substanz des Waldorfpädagogischen berührt würde. Will Waldorfpädagogik auch zukünftig
den freiheitsfähigen Schüler in seiner Entwicklung unterstützen,
darf die Unterrichtsmethode nicht aufgegeben werden. Sie braucht
begleitende Maßnahmen, wie oben sehr kurz angerissen.

Auf welche Weise heterogene Lerngruppen beschult werden, ist noch immer eine offene Frage. Bisher gibt es kein Konzept, das den Namen «Inklusive Didaktik» verdient. Ulrike Barth, die die Entwicklung der Freien Waldorfschule Berlin Kreuzberg wissenschaftlich untersucht, kommt zu dem Ergebnis, dass eine Schule, in der gemeinsamer Unterricht stattfindet, sich in einem Prozess der permanenten Entwicklung befindet. «Lehrer in integrativen Klassen müssen sich ein eigenes didaktisches Konzept erarbeiten und in den Unterricht übertragen.»[39] Offene Unterrichtskonzepte unterstützen die gemeinsamen, aber auch die individuellen Lernprozesse. Auch hier gelte: «Es gibt kein Rezept für offenen Unterricht, jeder Lehrer muss ihn selbst entwickeln.»[40]

Barth verweist ausdrücklich darauf, dass gemeinsamer Unterricht und Differenzierung sich nicht ausschließen. «Eine spezielle integrative Didaktik von Individualisierung und Differenzierung führt zu positiven Ergebnissen auf verschiedenen Kompetenzebenen der Schüler. Ein wichtiges Kriterium dieser Richtung besteht darin, äußere Differenzierung nicht grundsätzlich abzulehnen. Entscheidend ist das Entstehen einer Gemeinschaft, die auch mit Phasen äußerer Differenzierung umzugehen weiß. Gerade schneller lernende Schüler können sich an den Fortschritten der langsam Lernenden freuen.»[41]

Anmerkungen und Literatur finden sich auf S. 735ff.

BÄRBEL BLAESER

DIE MENSCHENKUNDE ALS QUELLE EINER INKLUSIVEN PÄDAGOGIK[1]

Im Vorfeld: Ein exemplarischer Vorgang

Die Windrather Talschule in Velbert Langenberg wurde 1995 gegründet, um den pädagogischen Impuls der Inklusion in der Waldorfpädagogik umzusetzen. Träger dieser Gründung waren damals zwei Initiativen: eine Elterninitiative, die in Langenberg aus einem Waldorfkindergarten hervorgegangen war, und eine Lehrerinitiative, die in der Rudolf Steiner Schule in Bochum ihren Ursprung hatte.

Dort hatte sich drei Jahre zuvor ein für die Schulbewegung exemplarischer Vorgang abgespielt: Erzieherinnen und Erzieher des benachbarten integrativen Waldorfkindergartens waren in der pädagogischen Konferenz zu Gast und berichteten von ihren sehr positiven Erfahrungen im Zusammenleben von Kindern mit und ohne Behinderung. Sie stellten aber auch dar, wie schmerzlich es für sie Jahr für Jahr war zu erleben, dass mit Schuleintritt ihre Kinder wie von Zauberhand verteilt wurden auf die Groß- und Kleinklassen der Rudolf Steiner Schule sowie die Sonder- (heute: Förder-) Schulen. Dieser Aufteilung lag jedes Mal eine sauber geführte Argumentation zugrunde – trotzdem blieb ein intensives Gefühl der Unstimmigkeit bei denen, die mit diesen Kindern herangewachsen waren.

Als wir damals diese Ausführungen hörten, entstand unter vielen Kollegen der Rudolf Steiner Schule eine Art gehobener Empfindung, eine Ahnung, ein Duft ... Da wehte etwas in unsere Runde hinein, das war schwer zu fassen, und doch war es die Ahnung von etwas sehr Bedeutendem, Zukünftigem. Das war eine wirklich neue Frage. Eine kleine Gruppe von Kollegen begann dann mit einer regelmäßigen Arbeit, die schließlich in einen konzeptionellen Entwurf mündete und in die Frage: Kann die Rudolf Steiner Schule selbst einen (damals nannte man das noch) integrativen Schulzweig aufbauen?

Mit dieser Frage gingen wir in unser Kollegium zurück und – erhielten eine Absage.[2]

Breiter Konsens: Inklusion ist gut – aber die Umsetzung ...

Warum ist dieser Vorgang exemplarisch für unsere Schulbewegung? Wir erleben einen breiten Konsens darüber, dass Inklusion als Menschenrecht eine berechtigte, eine zukünftige und menschenverbindende Bewegung ist. Wir empfinden in ihr eine Quelle der Versöhnung zwischen Menschen unterschiedlicher Herkunft, Veranlagung, Neigung und Begabung. Eine Welt, in der aktiv der Inklusion der Weg bereitet wird, ist friedlicher als unsere heutige. Wenn wir uns in die Ausführungen der UN-Konvention für die Rechte von Menschen mit Behinderung vertiefen oder ihre Vertreter darüber sprechen hören, wie sie entstanden ist, dann empfinden wir tiefe Zuneigung für diesen Impuls.

Wenn wir dann aber versuchen, ihn bis in die Bedingungen unserer eigenen Schule umzusetzen, dann erstarrt diese sich zuneigende Bewegung, und wir erleben: Ein solches Schulkonzept – das sind nicht wir! Unsere Oberstufe kann unmöglich inklusiv arbeiten, unsere Kolleginnen und Kollegen sind dafür nicht ausgebildet, unsere Eltern machen das nicht mit, und die Vorstellung, dass die lang gediente Kollegin Frau X auf einmal ein schwerbehindertes Kind in ihrer Klasse hat, womöglich die Klassenführung mit einem zweiten Kollegen teilen soll, die erscheint absurd. Und dann die Räume, die Deputate, die Zeitpläne und der Aufzug ... Und damit steckt das Kollegium einer Waldorfschule fest in einer Sackgasse.

Gesellschaftliche Erwartungen an Schulen

Diese Ausgangssituation, nämlich dass wir der Inklusion positiv gestimmt entgegentreten, dass aber ihre Umsetzung, der Blick auf die Bedingungen, die wir zu erfüllen haben, wenn wir sie realisieren wollen, uns im Voranschreiten hemmt, ist typisch für die Lage in den Waldorfschulen. Es charakterisiert aber auch die Situation im staatlichen Schulsystem. Dort allerdings finden wir ein noch viel tiefer reichendes Problem: Die gesellschaftliche Erwartung, die dem staatlichen Schulsystem entgegengebracht wird, steht der Inklusion im innersten Kern entgegen. Sie ruht auf einem nicht hinterfragten Grundkonsens in unserem gesellschaftlichen Denken, einem Denken, auf das Versicherungsagenturen bauen können, wenn sie auf ihren Werbeplakaten verkünden: «Seien wir ehrlich: Was am Ende zählt, ist doch nur Leistung!» Dabei scheint es einen klaren gesellschaftlichen Konsens darüber zu geben, was Leistung eigentlich ist.

Meine Beobachtung ist: Das staatliche Schulsystem stützt sich auf zwei Leistungspyramiden. Sie sind so angeordnet, dass wir an den Spitzen jeweils die Leistungsträger unter unseren Schülern finden: Wir nennen sie auch die «guten» Schüler. Zur Basis hin tummeln sich dann die immer «schlechteren» Schüler.

Die eine Pyramide wird von den Mädchen dominiert. In ihr versammeln wir die sprachlich-literarischen Begabungen unserer Schülerinnen und Schüler. Als Leistungsträger gilt hier, wer extrovertiert, ja charismatisch sprechen kann. Ein solcher Schüler artikuliert deutlich, sein Sprechfluss ist zügig, die Argumente werden von den Formulierungen vielfältig und variantenreich abgebildet. Auch einem kontroversen Gespräch hält dieser Redner stand. In die gleiche Pyramide ordnen sich auch diejenigen ein, die gut schreiben können. Für sie ist das geschriebene Wort bereitwillig Träger ihrer Gedanken, sie gliedern ihre Texte sinnvoll und beherrschen die Schriftsprache als Instrument, sich durchzusetzen.

Die zweite Pyramide (eher eine Jungendomäne), hierarchisiert die mathematisch-naturwissenschaftlichen Begabungen. Die

Spitze wird hier gebildet durch jene Schülerinnen und Schüler, die im freien Gedanken Probleme lösen können, indem sie Strukturen erkennen und Muster durchschauen. Hier ist das Tempo hoch, alles drängt auf Klärung und Beherrschung der Logik.

Beide Leistungspyramiden dominieren unser Schulsystem, weil die in ihnen entwickelten Kompetenzen auch über die engen Fächergrenzen hinweg breit genutzt werden können. Es ist klar, dass die Eliten unter unseren Schülern sowohl einen Fuß in der einen wie in der anderen Pyramide haben müssen, um damit im vollen Umfange in unserem modernen Wissenschafts- und Wirtschaftsleben bestehen zu können.

Wenn man diese Bilder auf sich wirken lässt, wird klar, dass in einer solchen Systematik die meisten Kinder und Jugendlichen mit Behinderung immer nur an der Basis der beiden Pyramiden zu finden sein werden. Für sie bedeutet individuelle Förderung immer ein Anrennen gegen Defizite: ein von vornherein aussichtsloser Kampf. Wie kann man unter einer solchen Voraussetzung von Chancengleichheit reden?

Gibt es die inklusive Waldorfschule?

Auch wenn der Blick in Waldorfschulen uns eigentlich eines Besseren belehren könnte, so gilt doch: Die Voraussetzungen sind in der Waldorfpädagogik grundlegend anders. Ich würde sogar noch weiter gehen und sagen: Die Waldorfschule ist eigentlich ihrem innersten Wesenskern nach eine inklusive Schule, und ihre Gründung 1919 galt der Vorbereitung dazu, dass der Impuls der Inklusion im 21. Jahrhundert überhaupt eine Chance hat. Und umgekehrt bereitet die Inklusion der Waldorfpädagogik, so sie denn ernsthaft ergriffen wird, endlich den Weg zu dem, was sie eigentlich hätte werden sollen: eine kulturtragende Kraft.

Nun muss man nach einer solchen Aussage natürlich fragen: Wo ist sie denn, diese inklusive Waldorfschule, von der die Rede ist? Die Antwort lautet: Es gibt sie nicht! Denn gäbe es sie, so hätte man ja ein Modell, das man vielfach kopieren und übertragen könnte. Waldorfpädagogik kann aber niemals ein Modell sein – oder sie verliert sich selbst.

Und doch gibt es sie, diese inklusive Waldorfschule. Allerdings nicht in der äußeren Erscheinung, sondern als Imagination oder – wenn man es mit Goethe ausdrückt – als Grundform. Was damit gemeint ist, beschreibt Rudolf Steiner in seinen *Einleitungen zu Goethes Naturwissenschaftlichen Schriften,* die er 1883 in Weimar herausgegeben hat. Dort verdeutlicht Steiner das Verhältnis der sinnlichen Erscheinungen zu ihrem Urbild, ihrer Imagination, am Beispiel der Pflanze: Während dieser Studien wurde Goethe immer klarer, «dass es doch nur eine Grundform sei, welche in der unendlichen Menge einzelner Pflanzenindividuen erscheint, es wurde ihm auch diese Grundform selbst immer anschaulicher, er erkannte ferner, dass in dieser Grundform die Fähigkeit unendlicher Abänderung liege, wodurch die Mannigfaltigkeit aus der Einheit erzeugt wird».[3] Am 9. Juli schreibt er an Frau von Stein: «Es ist ein Gewahrwerden der Form, mit der die Natur gleichsam nur immer spielt und spielend das mannigfaltige Leben hervorbringt.»[4]

Jede einzelne Waldorfschule ist also gleichsam eine höchst individuelle Ausprägung dieser Grundform – ebenso wie eine Enzianpflanze, eine Alge oder eine Esche unter den Bedingungen ihres Lebensraumes eine jeweils individuelle Ausprägungen der Imagination einer Urpflanze ist. Doch erst der Blick auf die Grundform selbst erlaubt ein Urteil über das eigentliche inklusive Potenzial der Waldorfpädagogik.

Die Grundform einer inklusiven Waldorfschule

Wie sieht diese Imagination einer inklusiven Waldorfpädagogik aus? In welcher Richtung müssen wir nach ihr suchen? Eine inklusive Waldorfschule muss in ihrem Wesenskern aussehen wie der Mensch. Sie ist *vom* Menschen gemacht, *für* den Menschen gemacht, damit er sich in ihr *zu* seinem Menschsein entwickeln möge. Die Imagination des Menschen hat Rudolf Steiner in seinem Werk viele Male gezeichnet, und wir können sie auf unseren Zusammenhang anwenden.

Steiner hat den Menschen als viergliedriges Wesen dargestellt: physischer Leib, Ätherleib, Astralleib und Ich. Jedem dieser Wesensglieder liegen ureigene Gesetzmäßigkeiten zugrunde, durch die der Mensch jeweils mit den Weltverhältnissen verwoben ist.

Ich: Punkt und Umkreis. Das Ich steht in einem Austausch zur Umwelt und hat daher den ständig wechselnden Bezug zur Umwelt.

Astralleib: Der Astralleib wiederum hat seinen engen Bezug zu den zwölf Tierkreiszeichen.

Ätherleib: Im und durch den Ätherleib sind die sieben Lebensprozesse angesprochen.

Physischer Leib: Der physische Leib ist von den vier Elementen (Erde, Wasser, Luft und Wärme) getragen.

Aus dem Zusammenwirken dieser vier Kraftfelder erschafft sich in immer neuen Bildern die Imagination des Menschen, makrokosmisch ausgebreitet in der Fülle der Welterscheinungen und mikrokosmisch in jeder einzelnen Menschenindividualität.

Für unsere Fragestellung nach Wesen und Gestalt einer inklusiven Waldorfschule sei es erlaubt, aus diesem gewaltigen Gesamtbild zwei Wesensglieder herauszugreifen und sie etwas genauer zu betrachten. Denn mit Eintritt in das Schulalter gewinnt im Lebenslauf der Kinder insbesondere der pädagogische Umgang mit den ätherischen und den astralischen Kräften an Bedeutung. Rudolf Steiner spricht von regelrechten «Geburten» des Ätherleibs mit dem Zahnwechsel, also der Schulreife, indem jene Kräfte, die bis dahin in der Ausgestaltung des kindlichen Leibes gebunden waren, nun mehr und mehr dem Lernen zur Verfügung stehen, also «frei» werden: Lernkräfte sind damit sublimierte Lebenskräfte. Ebenso entfaltet und differenziert sich mit der Pubertät der Astralleib, bis er schließlich zum ausgestalteten Kleid – zum Habitus – für das in seinen Schicksalswillen eintauchende Ich des jungen Menschen wird. Diese beiden Wesensglieder bestimmen also mit ihren Gesetzmäßigkeiten die Lebensphase der Schulzeit und damit unser Aufgabenfeld.

Die Lebensprozesse als sublimierte Lernprozesse

Beginnen wir mit der Betrachtung des Ätherleibes: Auf dieser Stufe haben wir es mit sieben elementaren Lebensprozessen im Menschen zu tun, ohne die sich Leben nicht entfalten kann: Atmung, Wärmung, Ernährung, Sonderung, Erhaltung, Wachstum und Reproduktion.

Bei der *Atmung* treten wir in den allgemeinsten Austausch mit der uns umgebenden Welt ein. Unermüdlich öffnen wir uns der uns umgebenden Luft, nehmen sie in uns auf, begegnen ihr in der Tiefe unseres Wesens für einen winzigen Moment und entlassen sie wieder – ohne Unterlass, vom ersten Atemzug nach der Geburt bis zum letzten Moment des Ausatmens mit unserem Tod. Auf der zweiten Stufe des Lebendigen werfen wir uns diesem «fremden» Luftzug, der da von außen in uns einströmt, entgegen, und zwar ohne jeglichen Rückhalt.

Der erste Moment, wo das Fremde uns angeglichen wird, geschieht in dieser Phase der *Wärmung*. Dabei neigt sich das menschliche Innere für einen Moment der zum Beispiel frostigen Temperatur der Außenwelt entgegen, kühlt also selbst für einen Augenblick ab, um den von außen einströmenden Luftzug alsbald auf die eigene, innere Temperatur anzuheben. Reicht diese «Hebekraft» des Menschen nicht aus, so unterkühlt er und verlässt allmählich das Lebendige. Die nächsten Stufen der Lebensprozesse werden nun anschaulicher, wenn wir den Weg der Atemluft verlassen (obwohl für sie die gleichen Gesetze gelten) und zur Ernährung übergehen.

Auf der dritten Stufe der Lebensprozesse setzen wir uns in der energischsten Weise mit den Stoffen der Welt auseinander. Wir zerstören ihre Gestalt, ihre Form, ihre Besonderheiten an Duft, Geschmack und Farbe, wir lösen sie im höchsten Maße auf, bis sie am Ende jegliche Eigenheit aufgegeben haben: Ein unkenntlicher Brei erfüllt Magen- und Darmtrakt: *Ernährung.*

In der nächsten Phase nimmt nun der Organismus eine Trennung vor. Alle Anteile der Speise, die mein Leib nicht als sein Eigenwesen anerkennen kann – und das sind nahezu alle physischen Stoffe –, scheidet er aus. Was bleibt, ist eine Imagination der nährenden Stoffe, an denen mein Organismus sich nun aus eigenen Kräften und Stoffen heraus selbst neu erbildet: *Sonderung*.

Nach dieser eigentlichen Nahrungsaufnahme verwendet der Organismus die neu gewonnenen Kräfte und Stoffe, um zunächst Verluste und Verletzungen auszugleichen. Seinem inneren Urbild gemäß ist der Organismus immer bestrebt, sich heil und gesund zu erhalten: *Erhaltung*.

Erst anschließend dienen die überschüssigen Kräfte dazu, den Organismus, wiederum seinen inneren Gesetzen entsprechend, wachsen zu lassen: *Wachstum*.

Am Ende des siebengliedrigen Gesamtprozesses stellt der Organismus dann in der *Reproduktion* Kräfte und Stoffe dem anderen Wesen zur Verfügung. Was bis dahin Inneres war, wird jetzt Welt.

Alle sieben Stufen des Lebendigen finden sich nun in sublimierter Form auch im Seelischen des Menschen und damit im Lernen. Diese Schrittfolge soll im Folgenden am Beispiel des Russischunterrichts in einer zweiten oder dritten Klasse dargestellt werden.

Die sieben Stufen des Lernprozesses am Beispiel des Russischunterrichts

Stellen wir uns vor, die Russischlehrerin betritt den Klassenraum, vielleicht nach einer längeren Pause oder nach den Ferien. Was ihr zunächst entgegenkommt, ist eine diffuse, offene Stimmung. Sie wird begrüßt, aber noch nicht «erkannt». Sie beginnt in der fremden Sprache zu sprechen, vielleicht singt sie ein Lied oder rezitiert ein Gedicht, die Kinder scheinen noch wie abwesend, aber nicht abweisend. Diese Phase kann für die Lehrerin unangenehm, weil unbestimmt sein – für die Kinder ist sie aber sehr wichtig, weil sie wie atmend, ganz peripher, diesem neuen Eindruck begegnen können. Sie erfassen die russische Sprache als umfassende Einheit, ungetrennt von der Stimme, der Bewegung, den Eigenarten der Lehrerin. Was im Lebensprozess als *Atmung* bezeichnet werden musste, wird hier zur *Wahrnehmung*. Ähnliches wiederholt sich am nächsten und am übernächsten Tag.

Aber plötzlich verändert sich die Substanz der gemeinsamen Atemluft. Die Kinder, vielleicht nur einzelne, vielleicht auch mehrere gleichzeitig, haben etwas entdeckt. Sie erfassen eine Lautverbindung, die sich wiederholt, oder einen Rhythmus; vielleicht erinnern sie auch einen Vers, den sie schon einmal gekonnt haben, und alsbald strömt diesem «Erkannten» ihre ganze Sympathie entgegen. Jetzt hört man ihre Stimmen aufleuchten. Freude liegt in der Luft: *Wärmung* wird *Bejahung*!

Erst dann, nach einer frohen, unbefangenen Zeit des Mitsprechens, Mitströmens, beginnt für die Kinder im engeren Sinne die «Arbeit». Damit dieser goldene Eindruck sich im Kind einwurzeln kann, muss es die «erkannten» Sprechfiguren energisch durchkauen, es muss sie zerbeißen, in ihre Einzelteile zerlegen, bearbeiten und durchschmecken. Dieser Vorgang geschieht bei jedem Kind vollständig unter den Bedingungen seiner gegenwärtigen Lebenssituation – Alter, Begabung, Behinderung, Konzentrationsfähigkeit, Tempo, Arbeitsenergie und Enthusiasmus. Hier wird die Phase der *Ernährung* zum individuellen analytischen Prozess: *Analyse*.

Auf der nächsten Stufe des Lernens entscheidet nun das Kind, was es von dem Erarbeiteten tatsächlich neu in sein Eigenwesen aufnehmen will und was als «Fremdes» ausgeschieden, nicht beachtet wird. Eine Betrachtung des entsprechenden Lebensprozesses der *Sonderung* lehrt uns, dass dabei kein eigentlicher Stoffübertritt stattfindet. Alles, was der Lehrer dem Kind angeboten hat, wird von diesem wieder ausgeschieden. Allein die Imagination der russischen Sprache wird vom Kind in einem Zustand der Überbewusstheit wahrgenommen, *Erfassen der Imagination*.

Daran bildet dann das Kind aus seinen eigenen vorgeburtlichen Veranlagungen sein eigenes Bild heraus, in das es in der folgenden Phase des Lernens «Stoff» einlagert, also Fähigkeiten und Vorstellungen ausbildet. Diese Phase, die in den Lebensprozessen als *Erhaltung* zu bezeichnen ist, wird im Lernen durch *Üben* realisiert. Üben können wir nur etwas, was wir in seiner umfassenden Richtigkeit schon erkannt haben, sonst könnten wir uns im Übvorgang nicht beständig selbst korrigieren. Wir müssen «wissen», wann eine Sprachwendung richtig klingt, um sie uns übend einverleiben zu können.

Auf der nächsten Stufe erreichen wir dann das eigentliche Ziel eines Lernvorgangs. Im Verlauf des fortwährenden Erarbeitens und Erübens neuer Vorstellungen und Fähigkeiten kristallisieren sich wie beiläufig jene Begriffe heraus, die unserem gesamten Leben Erfüllung, Ordnung und Richtung geben. Sie bilden unsere weltanschauliche Haltung und unsere religiöse Gewissheit. Auf sie stützt sich unser Selbstbewusstsein, an ihrer Klarheit und Prägnanz werden wir als Individuen für unsere Mitmenschen erkennbar sein. Gelingt es uns, durch eine lebendige, künstlerische Ausgestaltung der vorangehenden Lernschritte bis zu dieser Stufe die Intensität des Qualitativen durchzutragen, dann können wir erleben, dass die Kinder und Jugendlichen wie beiläufig in sich selbst Begriffe ausbilden, die zugleich entwicklungsoffen, aber auch kraftvoll leuchtend sind. Was in den Lebensprozessen als *Wachstum* bezeichnet wurde, wird nun im Seelischen zur *Begriffsbildung*. Für unser Beispiel des Russischunterrichts bedeutet das, dass wir am Sprechfluss einer Kindergruppe auf einmal wahrnehmen: Diese Kinder sprechen Russisch! Jetzt hat die Sprache selbst von ihnen Besitz genommen und fließt durch sie hindurch.

Auf der letzten Stufe des Lernens verdämmert die Erinnerung an den Lernprozess vollständig. Was bleibt, sind die verfügbaren Fähigkeiten, Gewohnheiten und Begriffe und eine Art Kraftpotenzial, das dem Kind Lebensfülle gibt, um sich wiederum neuen Wahrnehmungen aufschließen zu können. Gleichzeitig erfüllt sich hier, dass jedes unserer lernenden, sich charakteristisch entwickelnden Kinder gleichzeitig auch Wahrnehmungselement für alle anderen Kinder ist. «Ich nehme deine Lernentwicklung in mich auf, um daran selbst zu lernen» – *Fortpflanzung* wird zur *Hingabe an das Miterleben eines anderen.*

In der Übersicht:
- Atmung wird zur Wahrnehmung.
- Wärmung wird zur Bejahung.
- Ernährung wird zur individuellen Analyse.
- Sonderung wird zur Imagination.
- Erhaltung wird zur Übung.
- Wachstum wird zur Begriffsbildung.
- Fortpflanzung wird zur Hingabe an das Miterleben anderer.

Wenn es gelingt, diese sieben Phasen des Lernens so zu gestalten, dass jede von ihnen in vollem Umfang – leuchtend – zur Erscheinung kommt, dann stellt sich wie von selbst ein Bedürfnis, ja eine Sehnsucht danach ein, Vielfalt und Verschiedenheit in der Gemeinschaft zu versammeln. Dann ist die Eigenartigkeit, ja das Unangepasste des einzelnen Kindes nicht mehr eine Quelle der Störungen des «Eigentlichen», sondern Gestaltungsanregung.

Diese Stufenfolge charakterisiert das Lernen des einzelnen Kindes. Für unseren Zusammenhang noch wichtiger ist, dass diese Stufenfolge auch die Entwicklung eines lernenden Organismus beschreibt. Denn für die inklusive Pädagogik gilt: Ist der Lebensorganismus einer Kindergemeinschaft gesund und kraftvoll ausgebildet und in voller Funktion, so lernt auch das einzelne Kind gut. Die Ausbildung des «Klassenorganismus» und die Lernentwicklung des einzelnen Kindes bedingen einander.

Durch das Nadelöhr der Pubertät

Stellen wir uns nun vor, die Entwicklung dieser Gemeinschaft habe durch die Unterstufenjahre vielfältig und kraftvoll stattgefunden. Nun müssen die Schüler in der Pubertät seelisch durch ein Nadelöhr schlüpfen. Lebten sie vorher geborgen, aber träumend in der Hülle ihrer Gemeinschaft, so müssen sie sich nun einzeln herausschälen. Durch ein Nadelöhr kommt man nicht gemeinsam, da muss jeder allein durch. Auf der anderen Seite leuchten diese einzelnen Persönlichkeiten uns Lehrern nun mit einer mächtigen Frage entgegen: Wer bin ich? Auf diese Frage erwarten sie eine Antwort.

Um diese Antwort nicht schuldig zu bleiben, bieten sich dem Lehrer zwei Möglichkeiten an. Zum einen steht ihm die ganze Fülle inhaltlicher Motive seiner Epochen zur Verfügung. Diese zentralen Bilder sind so angelegt, dass sie mit den Entwicklungsschritten resonieren, die die Schüler von Jahrgang zu Jahrgang ihrer Schulentwicklung durchleben. Wenn es den Lehrern der Oberstufe gelingt, diese Motive anschaulich, empfindsam zum Klingen zu bringen, so geben sie den Jugendlichen die Möglichkeit, sie fragend, lauschend mitzusummen und dabei vielleicht, in glücklichen Momenten, ihren eigenen Ton, vielleicht sogar Elemente ihrer Schicksalsmelodie herauszuhören. Doch es gibt noch eine zweite Möglichkeit, Antworten auf die Lebensfragen der Schüler zu bieten. Die Frage «Wer bin ich?» beinhaltet auch die Frage «*Wie* bin ich?» und zielt damit auf das Willensprofil, auf das spezifische Verhältnis des individuellen Menschen zu den Aufgaben der Welt.

Verschiedenheit erkennen – die zwölf Willensprofile als Ausdruck der Tierkreisstimmungen

Im Januar 1914 hat Rudolf Steiner eine Reihe von Vorträgen[5] gehalten, in denen er entwickelte, dass den grundlegenden Lebenshaltungen des Menschen, wie sie in immer neuen, individuellen Ausprägungen vorkommen, zwölf kosmische Quellen zugrunde liegen, die er als Stimmungen der Tierkreisbilder beschreibt. Ein Studium dieser Tierkreisqualitäten ermöglicht, nicht die unteilbare Individualität, wohl aber ihr geistig-seelisches Kleid, ihren «Habitus» kennenzulernen. Der Eintritt in die Pubertät bedeutet für den Jugendlichen nämlich zunächst, eben (noch) nicht zur eigentlichen Individualität durchzustoßen, sondern wie probeweise verschiedene «Masken» aufzusetzen und diese im Leben auszuprobieren. Jeder Eintritt in ein solches Willenskostüm beinhaltet ein Herausfallen aus dem Allgemein-Menschlichen, aus dem Verbindenden. Es bedeutet, Unterschiede deutlich zu machen, anders zu sein als die anderen, sich abzusetzen, verschieden zu sein. Für viele Schüler birgt es auch Erfahrungen der Einsamkeit. Jugendliche ringen mit ihrem eigenen «Anderssein» nicht selten auch, indem sie Menschen ausgrenzen, an denen sie dieses Anderssein stark erfahren, und es bedarf intensiver pädagogischer Anstrengungen, um zu einer friedlichen, interessierten Haltung sich selbst und anderen gegenüber zu gelangen. «Wer bin ich?» erfahre ich immer auch im «Wer bist du?».

Ein Zugang zu dieser Totalität der Verschiedenheit eröffnet sich unserem Blick, wenn wir in die Tierwelt hinausblicken. Dort nämlich liegt der kosmische Tierkreis ausgebreitet in den Gattungen der verschiedenen Tierarten, und wir können an ihren Eigenarten uns selbst kennenlernen. Am deutlichsten wird das in der Betrachtung der polaren Tierkreisbilder und ihrer Vertreter. Beobachten wir z.B. den Steinbock, so sehen wir ihn typischerweise hoch oben in unwegsamem Gelände, ausgesetzt dem strahlenden Licht, hingegeben an die weite Übersicht. Ohne Rückhalt, voll im Risiko eines Absturzes jagt er die steilen Hänge entlang. Der Steinbock erlebt sich in der Überwindung der Erde. Damit verlässt er das schützende Element und stellt sich allein auf sich, ausgesetzt den Elementen. Der Krebs, der das gegenüberliegende Tierkreisbild vertritt, zeigt eine entgegengesetzte Natur: Sein weicher, empfindsamer Leib ist von einem festen Panzer geschützt. Er flieht das offene Gebiet, verbirgt sich, rückwärts kriechend, im Sand und zwischen Gestein und wehrt sich mit gewaltigen Zangenwerkzeugen gegen jeglichen Angriff.

Ziehen wir fühlend den jeweiligen Habitus der beiden Tiergruppen heraus, so erstehen vor uns zwei völlig verschiedene Willenstypen. Der erste, ein Solist, eine unangepasste, immer im Risiko sich bewegende Persönlichkeit, dem Licht näher als den irdischen Verhältnissen – reich begabt, aber auch umleuchtet von geistiger Überheblichkeit, nur schwerlich zu erwärmen für die Niederungen des täglichen Lebens. Eine solche Persönlichkeit fordert offene Aufgabenstellungen, an denen sie ihren wachen Geist frei entfalten und messen kann. Kleinschrittiges, wiederholendes Üben ist ihr ein Graus. Ganz anders der Willenstyp, der dem Krebsbild ähnelt. Hier müssen wir uns einstimmen auf eine Persönlichkeit, die ein hohes Schutzbedürfnis hat und fortwährend gegen die eigenen Ängste kämpft. Sie wird sich verschließen, rückwärts zurückweichen, wenn die Aufgaben, die wir anbieten, zu offen sind. Vielleicht wird sie sogar in immer gleichen Mustern «ihre Waffen zücken». Ein Gefühl des Geborgenseins entsteht an festen, ritualisierten Abläufen des Schullebens. Eine solch geborgene Grundstimmung und überschaubare Aufgaben entlocken dieser Persönlichkeit die Neigung, sich mit den Stoffen der Welt auseinanderzusetzen.

Jede Achse des Tierkreises kennzeichnet eine solche Polarität im Verhältnis des Menschen zur Welt. Jeder Mensch ist für die Dauer seines Daseins, manchmal aber auch nur für kurze Momente Träger eines solchen «Kleides». Rudolf Steiner entwickelt in seinen Vorträgen «Der menschliche und der kosmische Gedanke»[6] am Beispiel herausragender philosophischer Persönlichkeiten, wie die Weltanschauung eines Menschen Ausdruck «seiner» Tierkreisstimmung wird. Ebenso aber kann ein Mensch im Verlaufe eines Gespräches sich ganz unvermittelt in die Gebärde eines ihm ansonsten fremden Typus hineinbegeben, um sie nach Abschluss seines Beitrages gleich wieder zu verlassen. Immer aber «erscheinen» wir mit unserem Wesen durch den ergriffenen Typus. Diese Erfahrung kann Fantasiekräfte im Lehrer entzünden, aus denen heraus er zu sehr verschiedenen methodischen Zugängen zu ein und demselben Thema finden kann. Vielleicht wird es dadurch in Zukunft zur Selbstverständlichkeit werden, dass Schüler ein gemeinsames Motiv methodisch in höchst unterschiedlicher Weise bearbeiten.

Inklusion – eine Aufgabe für alle Menschen

Am Studium der Tierkreisstimmungen wird erlebbar, dass Inklusion nicht eine Aufgabe ist, die an der Grenze zwischen Behindert- und Nicht-Behindertsein entsteht, sondern eine Aufgabe für alle Menschen. Wir alle fallen mit der Pubertät aus dem frohen, runden, goldenen Glanz des Allgemein-Menschlichen heraus und stürzen in die Einseitigkeit.

Schule, und insbesondere Waldorfschule, kann ein Ort sein, wo durch die gegenseitige Wahrnehmung des Andersartigen, durch die Möglichkeit, hineinzuschlüpfen in das Gewand eines Typus, und durch die Suche nach der eigenen Willensgestalt eine tiefe Lebenserfahrung entsteht: Ich brauche den anderen, meinen Mitmenschen, um zu einem tiefen Verständnis des Allgemein-Menschlichen zu kommen und damit zu einem Gefühl für meinen eigenen Zukunftsmenschen. Auch aus diesem Bemühen würde sich mit Gewissheit nach und nach das Bedürfnis herausbilden, Teil einer möglichst heterogenen Gemeinschaft zu sein. Kinder und Jugendliche mit Behinderung wären hoch willkommene Schüler in unseren Klassen, weil sie unser Erfahrungsspektrum in diesem Sinne erweitern würden, weil sie Prägnanz und eine besonders deutliche Sprache ihres «Gewandes» einbringen könnten.

Wird Differenzierung aus der Waldorfpädagogik heraus entwickelt, so ordnet sie sich nicht ein in Kategorien von «guten» und «schlechten» Schülern. Sie wird die sprachlich-literarischen ebenso wie die mathematischen Begabungen hoch achten, sie wird sie aber in einen Gesamtreigen stellen, in dem auch andere Haltungen der Welt gegenüber ihren Platz und ihre Wertschätzung finden werden. Heute gewinnen die Schnellen. Langsames, inniges Betrachten ist aber eine ebenso hochwertige Tätigkeit, die wir pflegen und der wir Raum geben müssen, um nicht wesentliche Aspekte unseres Menschseins zu verlieren.

Wie gelangt man nun aus diesen Überlegungen heraus zur Gestaltung tatsächlichen inklusiven Schullebens? Nun, eben wie Goethe das formuliert: «Es ist ein Gewahrwerden der Form, mit der die Natur gleichsam nur immer spielt und spielend das mannigfaltige Leben hervorbringt.»[7]

Die Ausgestaltung inklusiver Waldorfschulen kann keinem einheitlichen Modell folgen. Sie muss das oben Beschriebene, das spannungsvolle Verhältnis zwischen der lebensvoll sich entwickelnden Gemeinschaft und den individuellen Weltzugängen des Einzelnen jeweils an ihrem eigenen Vegetationsstandort, unter ihren eigenen klimatischen und landschaftlichen Bedingungen ausleben. Und wenn es gelingen würde, diesem Prozess mit Recht einen spielerischen Charakter zuzuschreiben, der ohne dogmatischen Vorwurf, ohne Selbstüberhebung die Eigenarten des anderen wertschätzt, dann wäre der Entwicklung der Waldorfpädagogik zu einer kulturtragenden Kraft ein guter Dienst geleistet.

Die Anmerkungen finden sich auf S. 738.

THOMAS MARTI

GESUNDHEIT UND INKLUSION

Einleitung

Gesundheit ist ein kostbares Gut und wird von den meisten Menschen als körperliches, seelisches und soziales Wohlbefinden und als wichtige Voraussetzung für eine beschwerdefreie, autonome Lebensführung empfunden. Im Gegensatz dazu gelten Krankheiten als behindernd oder einschränkend und möchten soweit möglich vermindert oder ganz vermieden werden. Herkömmlich ist dafür vor allem die Medizin zuständig, die namentlich seit dem 19. Jahrhundert und nach naturwissenschaftlich-technischem Vorbild ein breites Wissen und Können entwickelt hat, um Krankheiten und ihre Ursachen aufzuspüren, zu diagnostizieren und in ihren Auswirkungen zu bekämpfen oder gar auszurotten.

Seit etwa der Mitte der 1980er-Jahre ist zu beobachten, dass Gesundheit zunehmend in den Fokus des öffentlichen Interesses gelangte. Dies hat seine Gründe nicht nur in medizinisch-biotechnologischen Innovationen oder demografischen Veränderungen, sondern ebenso in einem deutlich gesteigerten Gesundheitsbewusstsein der Bürgerinnen und Bürger. Davon profitierte vor allem der Gesundheitsmarkt, der heute das kräftigste wirtschaftliche Segment mit einem ungebrochen stabilen Wachstum darstellt. Gemäß einer Studie der Deutschen Bank ist der Umsatz der Gesundheitswirtschaft in Deutschland zwischen 1992 und 2010 um über 80 Prozent auf jährlich knapp 300 Milliarden Euro angewachsen.[1] In der gleichen Zeit haben sich die Gesundheitsausgaben der privaten Haushalte mehr als verdoppelt und sind auf 13,4 Prozent gestiegen.[2] 2009 arbeiteten in Deutschland 5,7 Millionen Menschen in der Gesundheitsbranche, was mehr als 14 Prozent der Erwerbstätigen ausmacht.[3] In dieser Entwicklung zeichnet sich der von Leo A. Nefiodow prognostizierte so-

genannte sechste Kondratieffzyklus ab, in dem der Gesundheits-
sektor aufgrund wachsender ökologischer, gesundheitlicher und
psychosozialer Phänomene eine Schlüsselrolle bekommt und
die Gesundheitsindustrie zum kräftigen Motor eines neuen Kon-
junkturaufschwungs und zum «Megatrend» werden lässt.[4] Im
Zusammenhang mit diesem Bewusstseinswandel können auch
die ethisch begründeten Bestrebungen gesehen werden, allen
Menschen ohne Ausnahme eine menschenwürdige Teilhabe am
gesellschaftlichen Leben zu ermöglichen.

Gesundheit und das Konzept der Salutogenese

In den 1980er-Jahren erfuhr das Verständnis von Gesundheit
auch wissenschaftlich eine grundlegende Neuorientierung. Maßgeblich dafür war die Veröffentlichung des Medizinsoziologen
Aaron Antonovsky zur Salutogenese.[5] Anders als der Aufschwung
im öffentlichen Gesundheitsbewusstsein hatte es dieses Konzept
jedoch nicht leicht, Eingang auch in das bisherige Paradigma der
schulmedizinischen Wissenschaften zu finden, und ist bis heute
mehr oder weniger auf Teilbereiche in der Gesundheitsförderung
und Prävention, Psychosomatik und Psychotherapie beschränkt.[6]
Der Grund hierfür dürfte darin liegen, dass Antonovskys Konzept
der Salutogenese hauptsächlich gesundheitsphilosophisch ausgerichtet ist, mehrheitlich die psychosoziale Gesundheit in den Blick
nimmt und besonders für die biologisch-naturwissenschaftlich
ausgerichtete Medizin wenig bis gar keine konkreten Anknüp-
fungspunkte für einen Paradigmenwechsel bietet.

Im Unterschied zur «Schulmedizin», die auf Ursachen und
Mechanismen des Krankwerdens ausgerichtet ist (Pathogenese), entsprechende Therapiemethoden zur Krankheitsbekämp-
fung sucht und Gesundheit somit antithetisch als «Abwesenheit
von Krankheit» begreift, richtet die Salutogenese die Aufmerksamkeit auf die Entstehung von Gesundheit und sieht diese in
einem dynamischen Wechselverhältnis zu krankmachenden Umständen. Gesundheit und Krankheit stehen salutogenetisch be-

trachtet also nicht in einem Entweder-oder-Verhältnis, sondern stellen ein polares Spannungsfeld dar, in dem sich jeder Mensch individuell bewegt und versucht, mit den ihm zur Verfügung stehenden Kräften zu gesunden. Die Kraftquelle, die ein Gesunden ermöglicht, nennt Antonovsky etwas abstrakt «generalisierte Widerstandsressource» (generalized resistance resource), womit alle Faktoren gemeint sind, die einem Menschen individuell und durch Unterstützung seines sozialen und kulturellen Umfeldes ermöglichen, zu gesunden und heil zu werden. Aus dem Begriffskontext ergibt sich also, dass Gesundheit ein individueller Aspekt ist, wohingegen Krankheiten einen Menschen zum «Fall» machen und ihn als Leidträger (= «Patienten») in seinen individuellen Möglichkeiten einschränken.[7] Konkret heißt dies, dass der Prozess des Gesundens einer Individualisierung gleichkommt und umgekehrt eine Individualisierung in einem gewissen Sinn auch eine Gesundung bedeutet – möglicherweise trotz vorhandener Leiden und Beschwerden. Der Maler Paul Klee, um hier zur Illustration ein prominentes Beispiel anzuführen, war in seinen letzten Schaffensjahren trotz seiner schweren Erkrankung künstlerisch so schöpferisch und produktiv wie nie zuvor. Obwohl – oder vielleicht gerade weil – Klee an der äußerst einschränkenden und letztlich tödlich verlaufenden Krankheit der Sklerodermie litt,[8] war er in einem gewissen Sinn auch kerngesund. Solche und ähnliche biografische Umstände sind vielfältig dokumentiert und verdeutlichen den salutogenetischen Blick auf das Verhältnis Gesundheit – Krankheit.[9]

Antonovsky beschreibt Gesundheit als ein dreifaches Kohärenzgefühl («Sense of Coherence», abgekürzt SOC), wobei der üblich gewordene deutsche Terminus «Gefühl» missverständlich ist und nicht dem entspricht, was der Begriff eigentlich beinhaltet. Wesentlich für den SOC sind nach Antonovsky drei Dimensionen oder Komponenten, nämlich der

– Sense of Comprehensibility oder das Grundvertrauen, dass die Welt und das Leben grundsätzlich verstehbar sind und es prinzipiell möglich ist zu begreifen, was in der Welt und mit mir selbst geschieht

– Sense of Meaningfullness oder das Grundvertrauen, dass alles,
was geschieht, in einem größeren oder übergreifenden Zusammenhang steht und es deshalb einen Sinn hat, sich der Welt und
dem Leben grundsätzlich positiv zuzuwenden
– Sense of Manageability oder das Grundvertrauen, dass das Leben handhabbar und bewältigbar ist, dass eventuelle Schwierigkeiten überwindbar und Probleme lösbar sind und ich darauf vertrauen darf, dass es immer von irgendwoher Hilfe gibt.

Im Anschluss an die anthroposophische Anthropologie lassen
sich diese drei Dimensionen des salutogenetischen Gesundheits-
konzeptes in Beziehung setzen zum Denken, Fühlen und Wollen
als die drei Grundprozesse des menschlichen Seelenlebens.[10] Die
gesundheitlichen Aspekte des SOC können wir etwa an einer Erkrankung mit depressiver Symptomatik verdeutlichen, die mit
einem Verlust einer offenen Wahrnehmung und Urteilsbildung
einhergeht (das Denken dreht sich mechanisch und fruchtlos
im Kreis; «ich durchschaue überhaupt nichts mehr»), in der die
lebendigen Gefühle abstumpfen («es macht doch alles keinen
Sinn») und die Handlungsimpulse gelähmt werden («man kann
sowieso nichts machen»).

Obwohl die Salutogenese als Konzept vor allem in den psycho-
sozial orientierten Gesundheitswissenschaften eine große Akzeptanz und darüber hinaus als Terminus eine starke Verbreitung
und Popularisierung erfahren hat, ist ihre Wirkung in Forschung
und Praxis doch eher bescheiden geblieben. Wesentlich ertragrei-
cher waren bisher die Gesichtspunkte, die aus der Resilienzforschung stammen und in der Fragestellung nach dem Wesen von
Gesundheit mit Antonovskys Konzept eine starke Verwandtschaft
aufweisen. Der Grund für die größere Wirksamkeit der Resilienzforschung dürfte darin liegen, dass dieses Konzept die krän-
kenden Faktoren (Risikofaktoren) stärker in den Blick nimmt
als die Salutogenese und gleichzeitig auch nach Möglichkeiten
der Stärkung von salutogenen Widerstands- und Schutzfaktoren
fragt.

Risikofaktorenmodell und Resilienzforschung

Das Resilienzkonzept geht von empirischen Befunden aus investigativen Längsschnittstudien aus. Die bekannteste und bisher umfangreichste Studie ist die Kauai-Studie von Emmy Werner, der zahlreiche weitere Untersuchungen anderer Autoren folgten.[11] Werner begann ihre Studie auf der Hawaiianischen Insel Kauai mit einer systematischen Erhebung aller für eine gesunde Entwicklung relevant erscheinenden Faktoren und untersuchte die Entwicklung der im Jahr 1955 zur Welt gekommenen 698 Menschen im Alter von 1, 2, 10, 18, 32 und 40 Jahren. Von hauptsächlichem Interesse waren der Einfluss einer Vielzahl biologisch-medizinischer und psychosozialer Risikofaktoren, kritischer Lebensereignisse und Schutzfaktoren auf die Entwicklung der Kinder. Als besondere Risikofaktoren wurden chronische Armut, Komplikationen während der Schwangerschaft und bei der Geburt, psychische Erkrankungen der Eltern oder schwierige Familienverhältnisse vermutet. Ungefähr 30 Prozent, d.h. 201 Kinder, dieses Jahrganges waren Hochrisikokinder, die mit gleichzeitig vier oder mehr Risikofaktoren belastet waren. Im Ergebnis der Studie zeigten aber mehr als siebzig dieser Kinder trotz der Widrigkeiten einen positiven Entwicklungsverlauf, was eine weitere Verdeutlichung der wirksamen Schutzfaktoren ermöglichte und Forschungsfragen für Folgestudien eröffnete.

Obwohl die verschiedenen Studien zur Resilienz methodisch selten konsistent sind, lassen sich doch eine Reihe von bedeutsamen Ergebnissen zusammenfassen. Die für eine gesunde Entwicklung von Kindern und Jugendlichen protektiven Faktoren lassen sich folgenden drei Ebenen zuordnen:[12] 1. familiäre und anderweitige zwischenmenschliche Beziehungsebene, 2. personale Ebene, 3. soziale und institutionelle Ebene.

Von zentraler Bedeutung hat sich für Kinder und Jugendliche eine positiv und verbindlich erlebbare Beziehungs-, Bindungs- und Erziehungsqualität erwiesen. Entscheidend für eine resiliente Schutzwirkung ist, dass Kinder und Jugendliche dauerhaft mindestens einen menschlich kompetenten Erwachsenen erleben, an dem sie sich verbindlich orientieren können, der ihnen Vertrauen entgegenbringt, sie bestärkt und ihnen in jeder Lebenslage eine zuverlässige Unterstützung zukommen lässt. Eine weitere Schutzfunktion hat eine familiäre Stabilität mit geordneten bzw. durchschaubaren Verhältnissen, sicheren Bindungen und verlässlich wiederkehrenden Abläufen und Ritualen. Ein niedriger sozioökonomischer Status ist zwar ein Risikofaktor, umgekehrt aber haben materiell günstige Verhältnisse nicht per se eine Schutzwirkung. Das Gleiche gilt auch für die psychische Gesundheit und das Bildungsniveau der Eltern: Sie stellen namentlich dann ein Risiko dar, wenn das positive Familienklima beeinträchtigt wird und der Erziehungsstil durch eine gleichgültige, abwertende oder gar feindselige Haltung geprägt ist.

Die Schutzfaktoren auf der personalen Ebene spielen zweifellos eine ebenso zentrale Rolle, lassen sich aber oft nur schwer von den übrigen Schutzfaktoren abgrenzen, mit denen sie in vielfältiger Wechselwirkung stehen. In Betracht kommt hier beispielsweise eine positive Lebenseinstellung, mit der Kinder und Jugendliche sich selbst und ihre Lebensumstände wahrnehmen und sich aufgrund eines positiven Selbstbildes und einer realistischen Selbsteinschätzung etwas zutrauen. Auch das Geschlecht, das Temperament oder die Kreativität werden in ihrer schützenden Bedeutung diskutiert, die Befundlage ist aber uneinheitlich. Kognitive Fähigkeiten oder andere besondere Begabungen scheinen keine primäre Schutzfunktion zu besitzen, können aber gegenüber Gefährdungen besonders im Jugendalter eine kompensatorische oder regulierende Funktion bekommen. Für kleinere Kinder spielen kognitive Fähigkeiten kaum eine Rolle, da sie zur Hauptsache in einem emotionalen Bezug zur sozialen Umwelt stehen.

Naturgemäß ist die soziale und institutionelle Ebene sehr komplex und nur schwer auf einen gemeinsamen Nenner zu bringen. Grundsätzlich lässt sich aber festhalten, dass die Schutzfaktoren ähnlicher Natur sind wie die unter 1. beschriebenen und diese gegebenenfalls unterstützen oder kompensieren können. Insbesondere für Bildungs- und Erziehungseinrichtungen gilt, dass diese die Resilienz von Kindern und Jugendlichen dann stärken, wenn in ihnen ein Klima des Vertrauens, der Ermutigung, der Kooperation und gegenseitigen Hilfestellung gepflegt und eine sichere und verlässliche Beziehung zu den verantwortlichen Erwachsenen ermöglicht wird. Religiöse oder weltanschauliche Grundüberzeugungen scheinen dann eine positive Wirksamkeit zu haben, wenn sie von Kindern und Jugendlichen auch positiv und förderlich erfahren werden, nicht jedoch, wenn sie ein Klima der Tabuisierung oder gar der Verachtung Andersgläubiger schaffen. Weiter scheinen sich gute schulische Leistungen dann stärkend auf Kinder und Jugendliche auszuwirken, wenn sie einer realistischen Herausforderung entspringen, nicht jedoch, wenn sie mühelos und ohne Anstrengung gelingen. Eine positive Rolle scheinen außerdem Gleichaltrige zu spielen, jedoch nur unter der Bedingung, dass zu ihnen sowohl freundschaftliche wie prosoziale Beziehungen möglich sind. Feindseliges, aggressives oder delinquentes, antisoziales Verhalten in der Gleichaltrigengruppe dagegen ist vor allem für Jugendliche und ihre Entwicklung ein erheblicher Risikofaktor.

Gesundheit inklusiv?

Die referierten Gesundheitsmodelle und die auf sie bezogenen empirischen Forschungen, wie sie hier notgedrungen nur sehr komprimiert zusammengefasst werden können, machen deutlich, dass Inklusion als Ermöglichung einer umfassenden Teilhabe am gesellschaftlichen Leben nicht nur unter ethischen Gesichtspunkten angezeigt ist, sondern auch unter gesundheitlichen Aspekten eine eminente Bedeutung hat. Insbesondere die Resilienzforschung lässt erkennen, dass ein Ausschluss vom gemeinschaftlichen Leben aufgrund von Beeinträchtigungen nicht nur eine Entwürdigung, sondern ebenso eine Kränkung des betroffenen Menschen darstellen kann. Dabei bleibt noch offen, unter welchen personalen und sozialen Voraussetzungen sich eine solche Kränkung durch Entwürdigung auch somatisch äußern und zu einer organischen Erkrankung führen kann.

Es ist unbestritten, dass es vielfältige psychosomatische Zusammenhänge gibt. So weisen zahlreiche Studien darauf hin, dass das psychische Befinden mit der Funktionsfähigkeit des Immunsystems korreliert und z.b. anhaltende psychosoziale Belastungen eine immunsupressive Wirkung zur Folge haben können.[13] Dabei geht man davon aus, dass neuroimmune Interaktionen zwischen dem Nerven- und dem Immunsystem eine Rolle spielen und für den Zusammenhang von psychischen und körperlichen Prozessen verantwortlich sind.[14] So lassen sich immunologische Negativwirkungen von Angstzuständen oder Niedergeschlagenheit nachweisen. Umgekehrt zeigen zahlreiche Studien, dass positive Emotionen, eine optimistische Grundstimmung oder erlebte soziale Unterstützung zu einer Stimulierung des Immunsystems führen.[15]

Sowohl die Salutogenese wie das Risikofaktorenmodell schließen die körperliche Gesundheit ganz ausdrücklich in ihr Gesundheitsverständnis ein.[16] Faktisch jedoch kommen beide Modelle nicht über psychosoziale Gesichtspunkte hinaus und nehmen nur an, dass die psychische Gesundheit bzw. Krankheit ebenfalls Auswirkungen auf Körpervorgänge hat, wozu sie sich hauptsächlich auf die Ergebnisse der Stressforschung oder der Psychoneuroimmunologie stützen.

Letztere wiederum verstehen den Zusammenhang von psychischen und körperlichen Vorgängen ausschließlich korrelativ, worin sich letztlich der cartesianische Leib-Seele-Dualismus äußert: Leibliche und seelische Vorgänge werden als Parallelerscheinungen aufgefasst, ohne erklären zu können, wie die Psyche als etwas Unstoffliches (und in der Ersten-Person-Perspektive Erlebbares) in stoffliche Prozesse (Dritte-Person-Perspektive) hineinwirkt und hier ganz offensichtlich organspezifische Veränderungen verursachen kann.

Hygiogenese

Ein Ansatz zur Überwindung des cartesianischen Leib-Seele-Dualismus liegt in der Hygiogenese vor, wie sie besonders von Gunther Hildebrandt im Anschluss an Rudolf Steiners Geisteswissenschaft entwickelt, im akademischen Raum empirisch-forschend ausgebaut und bis hin zu diagnostischen und therapeutischen Konzepten geführt wurde. In der Zwischenzeit gibt es zur Hygiogenese ein reichhaltiges empirisches Forschungsgut.[17] Hildebrandt rekurriert u.a. auf die hierarchische Organisation des Menschen, wie sie von Steiner in zahlreichen Schriften und Vorträgen als «Wesensgliederkunde» vielfach und wiederholt dargestellt wurde. Kurz zusammengefasst geht es dabei um folgende Gliederung des Menschen:

Physischer Leib:[18] Auf der quasi untersten Organisationsebene ist der Mensch all das, was sich physikalisch beschreiben lässt. Dazu gehören z.B. die undurchdringliche Körperlichkeit mit Masse und Gewicht, die Kräfteverhältnisse und die Gelenkmechanik des Skeletts, die Zugkraft von Muskeln, die elektrischen Vorgänge in den Nervenzellen, die Optik des Auges oder die Schallübertragung im Mittelohr, die Druckverhältnisse im Blutstrom, Diffusion und Osmose in den Geweben, die Wärmeisolation durch das Fettgewebe. Das sind alles Aspekte, die den physischen Apparatecharakter des Menschen ausmachen und im Detail mit Begriffen aus der Physik erfassbar sind.

Lebensleib: Die beispielhaft genannten physischen Einrichtungen haben im lebendigen Menschen eine Funktion, das heißt, sie sind in ein übergeordnetes Funktionsgefüge integriert und bekommen aus diesem ihren biologischen «Sinn». So setzen z.B. am gelenkigen Skelett Muskeln an, diese sind ihrerseits durchblutet und innerviert und stehen dadurch in einem übergeordneten Funktionszusammenhang mit dem Nerven- und Sinnessystem, der Atmung, dem Kreislauf und Stoffwechselsystem. Diese systemische Ebene ist das, was man etwa einen lebendigen Organismus nennt und auch pflanzliche und tierische Organismen auszeichnet. Am Lebensleib prägen sich sowohl Umwelteinflüsse ein als auch ge-

netische Anlagen aus. Aufgrund des systemischen Charakters reagiert der Lebensleib auf alle Einflüsse immer ganzheitlich.

Empfindungsleib: Das umschriebene vitale Funktionsgefüge ist
beim Menschen wiederum in einen übergreifenden Funktionszusammenhang eingegliedert, der sich z.b. aus dem Zusammenhang
mit der Umwelt ergibt. Aus der Dritte-Person-Perspektive sind dies
die Zusammenhänge, die das Verhalten eines Menschen (oder Tieres) in seiner Gesamtheit ausmachen. In der Erste-Person-Perspek-
tive sind es die erlebbaren Empfindungen, die mit einer bestimmten Tätigkeit einhergehen. Der Gang in die Küche z.b. motiviert
sich subjektiv vielleicht aus der Empfindung des Hungers, hat seine
Voraussetzungen aber in dem, was physischer Leib und Lebensleib
objektiv ermöglichen (aber nicht per se erzwingen).

Ich-Organisation: Jeder Mensch kann seinem Verhalten ein individuelles, nur ihm eigenes Gepräge verleihen. Das ist z.b. dann
der Fall, wenn etwas entgegen von bestimmten Empfindungen aus
ethischen Motiven oder aus klarer Einsicht heraus getan oder unterlassen wird und ganz im Menschen als moralische Ich-Instanz
begründet ist. Die Ich-Organisation ist im Funktionsgefüge des
Menschen die «oberste» Instanz und steht mit den «unteren» in
einem konditionalen, nicht aber determinierten Verhältnis. Aus
der Ich-Organisation ergibt sich die Persönlichkeitsstruktur, wie
sie sich z.b. im Sense of Coherence nach Antonovsky ausprägt
und auch den Empfindungsleib zu individualisieren vermag.

In der Psychosomatik wird das, was Steiner physischer Leib
und Lebensleib nennt, als Soma bezeichnet, und die Psyche steht
für das, was bei Steiner in Empfindungsleib und Ich-Organisation differenziert wird.[19]

Die Hygiogenese lenkt nun ihr Augenmerk u.a. auf den wechselseitigen Zusammenhang von Lebensleib und Empfindungsleib und zeigt auf, dass es die Dimension der Zeit ist, die hier für einen funktionalen Zusammenhang verantwortlich ist. Alle Lebensprozesse, die am Lebensleib beschreibbar sind, sind also nicht nur stoffliche Vorgänge und damit physiologisch als chemische Aufbau- und Abbauprozesse zu fassen, sie sind zugleich und immer auch zeitlich geprägte Vorgänge. Solche zeitlich geprägten Vorgänge sind etwa die Beschleunigung oder Verlangsamung (z.B. durch biochemische Stoffe wie Neurotransmitter, Enzyme oder Hormone), die Wiederholung, die kontinuierliche oder pulsierende Veränderung, der (mechanische) Takt oder der (lebendige) Rhythmus. Die meisten Organprozesse verlaufen rhythmisch. Viele dieser organismischen Rhythmen sind reaktiv und in ihrer Phasenlage durch Umwelteinflüsse beeinflussbar.

Die zeitliche Ordnung von Lebensvorgängen ist Gegenstand der Chronobiologie oder, wenn es um Erkrankungs- oder Heilungsverläufe geht, der Chronomedizin. Hildebrandt und viele andere Autoren konnten nun aufzeigen, dass der menschliche Organismus als Funktionsgefüge insgesamt eine vielfältige Zeitorganisation mit einem sehr breiten Frequenzspektrum darstellt. So gibt es Rhythmen im Millisekunden-, Sekunden-, Minuten-, Stunden-, Tages- Monats- oder Jahresbereich. Jeder Organbereich hat seine ihm eigenen und spezifischen Funktionsrhythmen, die ihrerseits harmonikal in übergeordneten Rhythmen eingegliedert sind, mit anderen symphonisch schwingen und in ihrer Gesamtheit das ausmachen, was man einen «Zeitorganismus» nennen kann. Die Abbildung rechts zeigt eine Auswahl von Organfunktionen und den zeitlichen Größenbereich ihrer Funktionsrhythmen.[20] Zur beispielhaften Illustration sei mit der Grafik auf Seite 200 gezeigt, dass viele Reaktionsverläufe ihre Zeit haben und meist einen charakteristischen Rhythmus aufweisen (hier vier Beispiele mit einem ungefähren 7-Tage-Rhythmus und einer Normalisierungszeit von rund einem Monat[21]).

Alle diese dem Lebensleib immanenten Funktionsrhythmen stehen nun auch in einem temporalen Wechselverhältnis zur

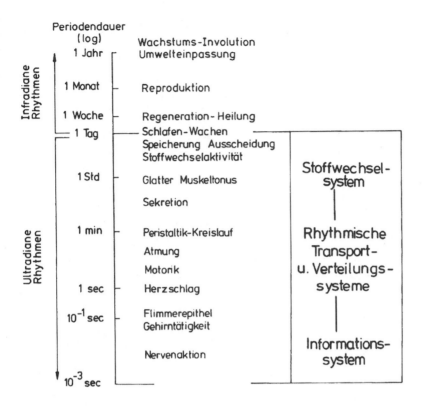

Innere Rhythmen des Menschen mit ihren jeweiligen Frequenzspektren

Funktionsordnung des Empfindungsleibes. Hier sind es z.B. die zeitlich geprägten Merkmale von Schlafneigung und Wachheit, die Druckschmerz- und Kaltreizempfindlichkeit, das akustische und optische Reaktionsvermögen, die Vigilanz und Merkfähigkeit, die Rechengeschwindigkeit oder die Stimmungslagen und Handlungsantriebe, welche bestimmten rhythmischen Veränderungen unterworfen sind. Dass diese nicht nur die kausalen Wirkungen von physiologischen Vorgängen sind, sondern ihrerseits auch Auswirkungen auf die Zeitordnung organischer Abläufe haben, zeigt z.B. die cardiorespiratorische Funktionsordnung, die durch chronische Hektik, Dauerstress, Angstzustände oder depressive Störungen nachhaltig beeinträchtigt werden kann oder

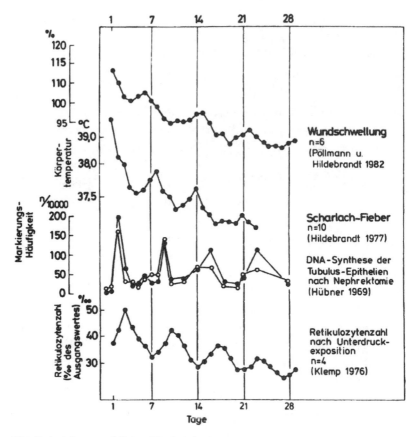

Vier Beispiele menschlicher Wochenrhythmen und einer Normalisierungszeit von ca. einem Monat.

umgekehrt durch künstlerische Aktivitäten und therapeutische Interventionen wie Singen, Sprachgestaltung oder Eurythmie eine nachweisbare hygiogenetische Begünstigung erfahren.[22] An den kunsttherapeutischen Interventionen zeigt sich darüber hinaus, dass auch das Ich eines Menschen und seine Ich-Organisation via Empfindungsleib regulierend und damit hygiogenetisch in die organischen Vorgänge des Lebensleibes einzugreifen vermag. Dies ist letztlich die Grundlage, auf der sich das Verhältnis des Arztes bzw. Therapeuten zum Heilungswillen eines erkrankten Menschen gestaltet.[23]

Chronopädagogik und Inklusion

Aus der Chronomedizin und der ihr zugrunde liegenden anthroposophischen Anthropologie ergibt sich ein über die Salutogenese und Psychosomatik hinausgehender und zugleich diffenzierterer Gesundheitsbegriff. Wesentlich ist dabei, dass die menschliche Organisation über räumliche und stoffliche Aspekte hinaus auch unter temporalen, d.h. rhythmologisch-harmonikalen oder «musikalischen» Gesichtspunkten[24] aufgefasst wird. Dies erlaubt, die gesunde bzw. kranke Funktionsordnung auch in ihrer Zeitabhängigkeit diagnostisch zu erkennen und gegebenenfalls therapeutisch zu behandeln. In der Pädagogik der Waldorfschulen und der heilpädagogischen Schulen sind deshalb die rhythmische Unterrichtsgestaltung, der drei- bis vierwöchige Epochenunterricht, die Stundenplan- und Wochengestaltung, die Bedeutung künstlerischer Aktivitäten und viele weitere methodisch-didaktische Elemente nicht reformpädagogische Relikte, sondern chronopädagogisch begründet und intendieren sowohl eine gesunde leibliche als auch eine gesunde seelische und soziale Entwicklung der Kinder und Jugendlichen. Im Zentrum stehen dabei immer die unverletzbare geistige Individualität jedes Einzelmenschen und das pädagogische respektive heilpädagogische Bemühen, dieser Individualität die Lebensbedingungen zu schaffen, unter denen sie sich artikulieren und realisieren kann. Zu diesen Lebensbedingungen gehören notwendig auch die temporalen Umstände, die je nachdem unterstützend oder behindernd, gesundend oder kränkend sein können. Wenn deshalb die Bemühungen um Inklusion gelingen sollen, dann genügen ethische Grundsätze und strukturelle Veränderungen der Institutionen wohl kaum; sie müssten auf der Erkenntnisgrundlage der Chronomedizin durch methodisch-didaktische Elemente aus der hygiogenetischen Chronopädagogik ergänzt werden.

Anmerkungen und Literatur finden sich auf S. 739ff.

HANNES HARMS

DISZIPLIN? HALTUNG!

ZU DEN VORAUSSETZUNGEN GELINGENDER SOZIALPROZESSE

Sprechen wir heute über Gestaltung der Vielfalt, dann haben wir zunächst die betroffenen Kinder und Jugendlichen sowie die Rahmenbedingungen und Qualifikationen der handelnden Fachpersonen im Fokus. Die Fragen nach den erforderlichen Strukturen und Ressourcen werden intensiv diskutiert und bearbeitet, oft verbunden mit dem Ruf nach grundlegender Qualifikation und zusätzlichem Personal. «Wenn ich all jene, die nun ein Recht auf Inklusion in unsere Schulen und Einrichtungen haben, tatsächlich in meine Klasse oder Gruppe aufnehmen muss, dann kann ich das unmöglich allein schaffen!», mag so manchem Lehrer oder Betreuer durch den Kopf schießen. Zu Recht sollte sich deshalb auch die Waldorfschule im Rahmen der Veränderungen, die der Anspruch auf Umsetzung eines inklusiven Bildungswesens mit sich bringt, der Frage nach veränderten Methoden, wie Team- und Gruppenarbeit im Unterricht, stellen. Auch Fragen an den tradierten Lehrplan der Waldorfschule müssen gestellt werden.

Bei all diesen offenen Fragen und anstehenden Veränderungen verdienen in der Diskussion um die Gestaltung von Inklusion aber zwei Elemente besonderes Augenmerk, die in allen Beziehungen eines Menschen zu anderen und zu seiner Umwelt wirksam und die für die Gestaltung von Vielfalt im Unterricht zentral sind: Dies sind zum einen die Haltung des Lehrers, Gruppenleiters oder Betreuers gegenüber der Sozialstruktur und dem dynamischen Geschehen innerhalb einer Klassen- oder Gruppengemeinschaft und zum anderen die bewusste Arbeit mit den Wirkbeziehungen der eigenen Persönlichkeit auf die Dynamiken in einer Klasse oder Gruppe.

Die eigene Persönlichkeit als professionelles Werkzeug

Diese beiden Elemente haben außerordentlich großen Einfluss auf das Gelingen sozialer Prozesse, gerade auch im Hinblick auf die Gestaltung von Vielfalt. Die eigene Persönlichkeit und die von ihr erworbenen Haltungen gegenüber sozialen Prozessen sind das grundlegende Werkzeug, das wir auch in einem professionellen Kontext haben. Es ist vorhanden und wirksam, ob wir nun bewusst damit umgehen oder nicht. Wir können uns weiterbilden und qualifizieren, können sinnvollerweise unsere Fähigkeiten und Kompetenzen fachlich ausbauen und verfeinern. All diese Qualifikationen werden wir aber immer höchst individuell und von unserer Persönlichkeit und unseren Erfahrungen gefärbt einsetzen (können). Unsere Persönlichkeit spielt immer mit, wenn wir mit der Welt in Kontakt treten.

Das kann nun dazu führen, auch die Wirkungen unserer Haltungen und die Dynamiken, die von unserer Persönlichkeit in einem professionellen Kontext ausgehen, bewusst und professionell zu gestalten – eben so, wie wir auch Methodik und Didaktik, Techniken und Handhabungen uns bewusst aneignen und anwenden. In diesem Sinne sind die eigene Persönlichkeit und ihre Wirkungen nach außen Werkzeuge, die es professionell zu gestalten, einzusetzen und zu nutzen gilt.

Dieses Feld der Wirkungen der eigenen Persönlichkeit und Haltungen auf das Geschehen um uns, zum Beispiel auf die disziplinarische Situation einer Klasse, ist naheliegenderweise höchst individuell. Dementsprechend schwierig ist es, allgemeingültige, grundlegend empirische Aussagen dazu zu treffen. Die neuere Forschung aber kann uns in Verbindung mit den Arbeiten Rudolf Steiners helfen, hier erste Schritte zu machen. Der Weg, der zu einem bewussten Arbeiten mit den Wirkbeziehungen der eigenen Persönlichkeit auf die Welt führt, kann aber immer nur ein individueller bleiben.

Lernerfolg als Gradmesser

Ein naheliegender Ansatzpunkt, um das Gelingen der Gestaltung von Vielfalt in der Schule zu prüfen, ist es, nach dem Lernerfolg der Schüler zu fragen. Dazu wird seit einiger Zeit eine Arbeit diskutiert, die in ihrer Kernaussage Sprengkraft besitzt und in ihrer Folge auch für die Haltung des Lehrers gegenüber der Wirkung der eigenen Persönlichkeit im Unterricht erhellend sein kann: Dies ist die im Jahr 2009 veröffentlichte Metastudie des neuseeländischen Erziehungswissenschaftlers John Hattie.[1] Für sie hatte er rund 800 andere Metastudien ausgewertet, in denen wiederum etwa 50.000 Einzelstudien mit etwa 250 Millionen beteiligten Schülern analysiert worden waren. Zentrales Ergebnis der Hattie-Studie ist, dass der Lernerfolg Einzelner nicht wesentlich von Strukturen, etwa der Klassengröße, oder von Unterrichtsmodellen, sondern in überwältigend hohem Maße von der Beziehung zwischen Schüler und Lehrer und der Leidenschaft des Lehrers für das Unterrichten an sich abhängig ist. Methoden, äußere Bedingungen, Arbeitsmittel usw. haben demnach, wenn überhaupt, nur einen deutlich untergeordneten Einfluss auf den Lernerfolg eines Schülers.

Die Sprengkraft dieser empirischen Ergebnisse liegt darin, dass wir, wenn wir nach Voraussetzungen für gelingenden Unterricht – ob nun inklusiv oder althergebracht – fragen, weniger auf Methoden und Rahmenbedingungen zu schauen brauchen. Vielmehr müssen wir nach den Bedingungen suchen, die nötig sind, um Lehrer für das Unterrichten zu begeistern und sie zu befähigen, in einer professionellen Art beziehungsfähig zu werden oder zu sein!

Leidenschaft – eine zutiefst persönliche Angelegenheit

Diese Bedingungen für gelingenden Unterricht im Sinne eines Lernerfolges lassen sich von außen nicht erzwingen. Am wenigsten aufdrängen ließe sich dabei wohl die Leidenschaft für das Unterrichten an sich. Sicher haben die Rahmenbedingungen, denen ein Lehrer mit seinen Schülern ausgesetzt ist, Einfluss auf die Begeisterung, mit der er unterrichtet. Ebenso, wie die persönliche Verfassung, der Lebensabschnitt und die jeweiligen persönlichen Bedingungen, in denen sich der Lehrer befindet, ihre Auswirkungen auf die Leidenschaft für das Unterrichten haben. Ohne aber eine grundlegende, zutiefst der eigenen Persönlichkeit entspringende Motivation für das Unterrichten, eine Leidenschaft für diese Aufgabe, eine wahre Berufung für das Lehrer-Sein an sich wird diese wesentliche Bedingung für gelingenden Unterricht im Sinne der Hattie-Studie nicht gegeben sein. Dies zu prüfen kann nur Aufgabe für jeden einzelnen Lehrer sein; eine so grundsätzliche Leidenschaft kann nicht von außen zu- oder abgesprochen werden!

Beziehung wirkt in jedem Fall!

Die Beziehungsfähigkeit dagegen, als zweite wesentliche Voraussetzung für gelingenden Unterricht, lässt sich eher gestalten und erwerben. Dabei ist es von grundlegender Bedeutung, nicht oberflächliche Techniken als wesentliche Fähigkeiten anzunehmen, sondern tatsächlich die Haltungen, die der eigenen Persönlichkeit entspringen, als in Beziehungen wirksam anzuerkennen und zu lernen, sie als Werkzeuge in Beziehungen authentisch zu nutzen. Dass allein die eigene Persönlichkeit mit all ihren Teilen – auch ohne jegliche sichtbare Äußerung, allein durch sich selbst – in Beziehungsdynamiken wirksam ist, ist inzwischen evident.

Rudolf Steiner hat dies unter anderem in seinem *pädagogischen Gesetz*[2] klar formuliert: «Wir können geradezu sagen, mit Bezug auf das Erziehungsschema kann hier geschrieben werden:

Kind:	physischer Leib	*Erzieher:*	Ätherleib
	Ätherleib		astralischer Leib
	astralischer Leib		Ich
	Ich		Geistselbst

Der eigene Ätherleib des Erziehers muss (...) auf den physischen Leib des Kindes wirken können. Der eigene astralische Leib muss auf den Ätherleib des Kindes wirken können. Das eigene Ich des Erziehers muss auf den Astralleib des Kindes wirken können. (...) das Geistselbst des Erziehers (...) muss auf das Ich des Kindes wirken.»[3]

Diese Wirkungen finden statt, ob wir sie nun bewusst gestalten oder im Unbewussten lassen. Neben diesen, im *pädagogischen Gesetz* formulierten Tatsachen, stellt Steiner auch in dem 1923 gehaltenen Vortrag «Der unsichtbare Mensch in uns. Das der Therapie zugrunde liegende Pathologische», dem sogenannten «Kästchenvortrag»,[4] dar, welche weiteren Wirkungen aus den Wesensgliedern des Menschen auf die Umwelt existieren – bis hin zu vorgeburtlichen Impulsen. Ihren wesentlichen Ausdruck finden diese Wirkungen durch die Haltungen, welche die Lehrer der Umwelt, also auch den sozialen Prozessen und den Beziehungsdynamiken gegenüber, einnehmen.[5]

Durch grundlegende pädagogische Forschung hin zu Rudolf Steiner

Auch andere Autoren, wie beispielsweise Martin Buber und Paul Moor,[6] haben in ihren grundlegenden Werken die Bedeutung der Haltung des Pädagogen für gelingenden Unterricht und angemessene pädagogische Beziehungen betont. Nachdem die Diskussionen der vergangenen Jahre in unterschiedlichste Richtungen geführt haben – etwa die Abhängigkeit des Lernerfolgs von Klassengröße und Methodik usw. –, führen uns die deutlichen Ergebnisse der Hattie-Studie, die aufgrund der Vielzahl der analysierten Einzelstudien in ihrer Bedeutung als außerordentlich hoch eingestuft werden muss, zurück zu den wesentlichen pädagogischen Aussagen Steiners!

Lernen – mit und an sich selbst

Bevor ich hier diese Wirkungen näher ausführe und meine eigenen Erfahrungen damit schildere, möchte ich noch weitere Aspekte zum Umgang mit einer solchen Perspektive auf die eigene Wirksamkeit vorausschicken. Wie oben kurz beschrieben, können wir aus der anthroposophischen Menschenkunde entnehmen, wie das Wesen unserer Individualität aus verschiedenen Teilen, aus unterschiedlichen Gliedern, aufgebaut ist, die zueinander und zu ihren eigenen Urgründen in unterschiedlichen Beziehungen stehen. Die Leistung, diese Wesensglieder und ihre Beziehungen darzustellen, versetzt uns auch in die Lage, differenzierter auf die Wirkungen der dynamischen Strömungen aus den Wesensgliedern zu schauen – oder zumindest, dies zu versuchen. Dadurch können wir auf diese einzelnen Teile und auf die ihnen entspringenden Haltungen gegenüber der uns umgebenden Welt so blicken, dass wir sie als Werkzeuge verstehen, die ihre Wirkung haben, ob wir es wollen und wahrnehmen oder eben auch nicht. Eine Faszination diesen Werkzeugen und ihren Wirkungen gegenüber zu empfinden war und ist ein hilfreiches Mittel, um mit ihren Folgen und entstehenden Dynamiken umgehen zu können. Ein bisschen mag dies sein wie ein Kind, das lernt: Wenn ich Laute äußere, reagieren die Menschen in meinem Umfeld. Ich lerne: Wenn ich in den Teilen meines Wesens eine bestimmte Haltung oder Empfindung habe oder einnehme, reagieren die Menschen in meinem Umfeld ebenfalls, und die sozialen Dynamiken und Prozesse erfahren womöglich eine andere Richtung, Akzeleration oder sie werden verlangsamt. Auf dieser Grundlage kann ich solche Wirkungen als Werkzeuge begreifen; als Hilfsmittel, die naturgegeben wirken, die mir und meiner Umgebung aber auch helfen können, soziale Prozesse zu gestalten und zu steuern. Möglicherweise mag man diese Werkzeuge, diese Wirkungen aus den Gliedern der eigenen Persönlichkeit, des eigenen Wesens, auch nutzen können, um in einem unguten, selbstbezogenen oder zerstörerischen Sinn wirksam zu sein. Dies gilt aber ebenso für die Wirksamkeit der Laute, die sich im Kind langsam zur Sprache formen und mit der wir so unendlich gewaltsam und manipulativ sein können. Entscheidend ist, sich der Wirkung bewusst zu werden und diese vor sich selbst und in Verbindung mit einem zutiefst wertschätzenden und im besten Sinne liebevollen Handlungsimpuls vertreten zu können. Es lässt sich also zusammenfassend sagen:

Die Haltungen, Empfindungen und Motive, die in der Gesamtheit der Glieder des eigenen Wesens vorhanden sind, wirken unterhalb einer offensichtlichen Ebene (und dennoch beobachtbar) auf andere Menschen und unsere Umwelt. In diesem Sinne lassen sich diese Glieder des eigenen Wesens auch als Werkzeuge begreifen, mit denen sich die Wirkungen der eigenen Haltungen in der Umwelt beeinflussen lassen.

Wirklichkeitserschaffung durch
Beziehungen in anderen Wissenschaftsgebieten
Nebenbei sei hier auf die Parallele dieser Tatsachen zum systemischen Konstruktivismus und zur Quantenphysik hingewiesen: Der Konstruktivismus als philosophische Erkenntnistheorie lehrt, dass die Menschen sich ihre Welt durch ihr Wesen, ihre Erfahrungen und Empfindungen selbst erschaffen.[7] Die Quantenphysik daneben hat naturwissenschaftlich-empirisch nachgewiesen, dass selbst die Welt der Materie niemals als ein statisches Sosein erscheint, sondern dass selbst die Erscheinungen der dinglichen Welt, also der physikalischen Materie, immer das Ergebnis eines dynamischen Beziehungsprozesses sind![8]

Lehrer beeinflussen durch ihre bloßen Haltungen die Klasse
Wenn Lehrer der Vielfalt in ihren Klassen gerecht werden wollen, werden sie anerkennen müssen, welch hohen Grad an (unterschwelligem) Einfluss ihre Haltungen auf das Geschehen in der Klasse haben. Lehrer als Führungspersonen im Unterricht müssen sich ihrer Wirkungen und ihrer Rolle bewusst sein und diese gestalten!

Ein möglicher Weg, diese Erkenntnisse praktisch anzuwenden, mag sein, das Geschehen in einer Klasse dahingehend zu beobachten, wie es sich durch den Versuch, die eigene Haltung bewusst zu ändern, gestalten lässt. Da die Haltungen, die, wie oben dargestellt, das Geschehen um uns herum beeinflussen, in hohem Maße individuell sind, werden auch die Ergebnisse und die entstehenden Prozesse und Veränderungen ausgesprochen unterschiedlich sein. Um konkret darstellen zu können, wie solch eine Arbeit aussehen, wie sich die Veränderung von Haltung auf das Geschehen in einer Klasse auswirken kann, möchte ich einen eigenen, individuellen Prozess schildern.

Haltungs-Wirkungs-Erfahrungen
Als Klassenlehrer an einer Schule für Erziehungshilfe bin ich permanent mit Vielfalt und ihren Herausforderungen konfrontiert. Die Kinder in meiner Klasse haben bereits in vielfältigster Art und Weise die Erfahrung gemacht, dass ihr Verhalten stört und sie durch Drohungen, Machtdemonstrationen und disziplinarische Maßnahmen in ihrem störenden Verhalten eingeschränkt werden sollen. Dabei bringen viele dieser Kinder die besondere Fähigkeit mit, Autoritätspersonen durch gezielte, oft subtile (oder auch einfach überbordende) Interventionen sicher über die Grenzen des ihnen Erträglichen zu bringen! Bei aller Professionalität, welche die Erwachsenen in ihrer Umgebung mit sich bringen, schaffen es diese Kinder immer wieder, über die Grenzen der anderen, auch der Erwachsenen, zu gehen und so eine Reaktion zu erfahren, die in erster Linie direktiv, emotional und einschränkend ist und die deutlich disziplinierend wirken soll. Mein Erlebnis war, dass trotz aller Professionalität, die unbestreitbar vorhanden war, von allen Beteiligten die Situation immer wieder an einen Punkt der Eskalation gebracht wurde. Daraus resultierte die Frage, ob es nicht angesichts der Erkenntnisse, die ich auch aus den Arbeiten Steiners gewonnen hatte und die ich oben dargestellt habe, möglich wäre, durch eine aktive Haltungsänderung meinerseits auch eine Veränderung der disziplinarischen Situation herbeizuführen.

Das Ich als mächtiges Werkzeug

Im Sinne des *pädagogischen Gesetzes* Rudolf Steiners wäre es dabei also unumgänglich, mit meinem Ich zu arbeiten. Die eigenen, meinem Ich entspringenden Haltungen gegenüber dem Geschehen in der Klasse hätten demzufolge wesentlichen Einfluss auf das emotionale Geschehen in der Klasse, das ein Ausdruck des Seelenlebens, der Astralleiber der Kinder, ist. Wie Rudolf Steiner in der *Allgemeinen Menschenkunde als Grundlage der Pädagogik*[9] im achten Vortrag darstellt, ist die Wahrnehmung des eigenen Ich ein Willensvorgang. Dies leuchtete mir auch unmittelbar ein, da ich mein Ich im Sinne eines Bewusstmachens meiner Aufmerksamkeit und Wahrnehmungen willentlich ergreifen muss. Steiner legt ferner dar, dass das Ich in den Sinnen, in den Wahrnehmungen der nervlich-sinnlichen Anteile des Menschen lebt und dort im Austausch mit der Welt steht. Dort also, in den Sinnen, sollte auch die Möglichkeit bestehen, mit dem Ich auf den Astralleib der Kinder einzuwirken.

Diese beiden Tatsachen führten mich zu dem Ansatzpunkt der Arbeit mit meinem Ich. Ich wollte mich also willentlich bemühen, die Situationen des Unterrichtes, die bisher weniger gut verliefen, mit meinen Sinnen und möglichst wahrhaftig wahrzunehmen. Die möglichst wahrhaftige Wahrnehmung machte es aber unumgänglich, die wahrgenommenen Situationen nicht unmittelbar zu bewerten oder auf sie affektiv zu reagieren. Es mag zunächst, zumal für einen Pädagogen, eine Selbstverständlichkeit sein, natürlich souverän, in einem gewissen Sinne abgeklärt und aus einer professionellen Haltung heraus angemessen mit Beobachtungen umzugehen. Jedoch hatte das Bewusstmachen dieser Notwendigkeit für mich eine neue, intensivere Qualität, die es erforderlich machte, meine Haltung gegenüber meinen Wahrnehmungen und den konkreten Situationen zu verändern. Natürlich wusste ich, wie einem Waldorflehrer phänomenologische Herangehensweisen an den Unterricht und die Wahrnehmung der Kinder zu eigen sein sollten. Und doch war es bisher oft so gewesen, dass die allerersten, nur zart spürbaren Impulse, die als Antwort auf die Wahrnehmung einer Situation in mir aufstiegen, nicht phänomenologisch, sondern reaktiv waren! Um eine phänomenologisch-betrachtende Haltung gegenüber meinen Wahrnehmungen einzunehmen, musste ich bisher erst im unmittelbaren Moment nach einer Reaktion wie von dieser willentlich zurücktreten, um eine phänomenologisch-betrachtende Anschauung erreichen zu können. Hier musste ich mich der besonderen Herausforderung stellen, diese allerersten, oft sehr schwachen Impulse wahrzunehmen und sie dahingehend zu verändern, dass sie abgeschwächt und zugunsten eines möglichst objektiven, eben phänomen-orientierten Erlebens verändert wurden.

Die Haltung verändern!

So nahm ich nach und nach dem Unterricht und der Arbeit mit meiner Klasse gegenüber eine Haltung ein, aus der ich aufmerksam und interessiert den Phänomenen des Geschehens gegenübertreten und die verbalen, physischen und seelischen Äußerungen der Kinder wertschätzend und auch als Folge des sozialen Miteinanders betrachten konnte. In diesem Sinne wollte ich quasi meinem Ich die Möglichkeit geben, sich mit meinen Sinneswahrnehmungen in die Unterrichtssituationen möglichst frei oder ungefiltert hineinzubegeben und – hoffentlich – dort zu wirken. Aus dieser positiven Distanz dem Geschehen, z.B. noch so schwachen Gefühlsimpulsen, gegenüber, würde, so hoffte ich, letztlich nicht nur mein Ich wirken können, sondern ein Raum entstehen. Ein Raum, in dem die Kinder dann – hoffentlich! – auch beginnen würden, sich neue Inhalte anzueignen, sprich: zu lernen.

Die Wirkungen dieser Haltungsänderung, die mich in meinen wesentlichen professionellen Überzeugungen betraf, waren erstaunlich. Schon nach wenigen Tagen bemerkte ich, dass sich die Situation in der Klasse deutlich beruhigte. In Momenten, in denen ein Konflikt zu eskalieren drohte, erkannte ich, dass nicht nur die oberflächlich den Konflikt austragenden Kinder an einem Ausufern desselben bis in verbale Übergriffe beteiligt waren, sondern dass offensichtlich alle im Raum anwesenden «Iche» mit ihren unmittelbaren und unbewussten Reaktionen zu einem nicht unwesentlichen Teil dazu beigetragen hatten, dass sich eine Eskalation entwickelte. Die im Bereich von Sekundenbruchteilen liegenden ersten Impulse, die womöglich von starken Emotionen wie Unsicherheit, Ärger, Angst oder auch Freude, Lust und Wohlempfinden ausgelöst wurden, hatten deutlichen Einfluss auf den weiteren Verlauf der Situationsdynamik – selbst wenn ich versuchte, mich nicht von ihnen leiten zu lassen. Es ist mir als Frage offen geblieben, was genau die Kinder von diesen ersten spontanen Reaktionen als Wirkungen der Haltungen der anderen wahrnehmen konnten. Sicher bin ich mir aber, dass von dem Moment an, in dem ich versuchte, meine Haltung zu ändern und mir ein Bewusstsein über meine impliziten Reaktionen zu schaffen, die Kinder unbewusst ein Gespür davon hatten.

Beobachtungen, Eingrenzungen, Einsichten
Zudem gibt es offenkundig einen sehr genau eingrenzbaren Punkt, an dem sich in einer Dynamik entscheidet, in welche Richtung sich diese weiter bewegt. In diesem Moment der Akzeleration entscheidet sich, ob die bisherige Dynamik entweder durch das Einwirken unterschwellig oder implizit anwesender Wirkungen im Raum verstärkt oder ob sie durch Verstörung oder z.B. durch eine paradoxe Intervention gebrochen, in ihrem Verlauf geändert oder gar durch eine veränderte Haltung und damit dem Nichtvorhandensein reaktiver Emotionsregungen wesentlich abgeschwächt wird.

Das Bewusstsein von diesem Moment bewirkt naheliegenderweise eine Haltungsänderung gegenüber der vorherrschenden Dynamik. Diese Haltung ist eine viel mehr beobachtende, wertschätzend verstärkende. Ihre Wirkung war bald erlebbar, indem sich die bisherige Konfliktdynamik der Klasse – und damit sukzessive auch die disziplinarische Situation – veränderte. Deutlich eingrenzbar war zu beobachten, dass die Kinder in dem Moment der Akzeleration ihre Aufmerksamkeit für einen kurzen Augenblick auf mich und meine Reaktion richteten. Oft war diese gerichtete Aufmerksamkeit von äußerst kurzer Dauer und offensichtlich nicht bewusst. Offenbar aber lasen die Kinder wesentlich auch an der von mir ausgehenden Haltung ab, wie es nun weitergehen sollte. So veränderte sich über einen Zeitraum von einigen Wochen die Konfliktdynamik so nachhaltig, dass es nicht mehr zu Eskalationen kam.

Wirkungen
Das hatte natürlich auch Folgen auf die disziplinarische Situation der Klasse. Die Kinder beruhigten sich nicht nur in den Extremen, sondern begannen spürbar, sich an mich anzuschließen, mich als Autorität anzunehmen und sich von mir mehr führen zu lassen. Es kam seltener zu Konflikten und handfesten Auseinandersetzungen, und die Grenzen des akzeptierten Verhaltens wurden deutlich besser beachtet.

So hatte also in weiterer Konsequenz meine veränderte Haltung der Disziplin gegenüber mittelbar eine starke Wirkung auf die Unterrichtsgestaltung, auf das, was ich konkret im Unterricht mit den Kindern tun wollte. Durch das kontemplative, aber vor allem auch unmittelbar erspürende Wahrnehmen dessen, was von den Kindern in den gemeinsamen Unterrichtsraum gegeben wird und was sie oft genug von außerhalb mitbringen und was seinen Ursprung häufig gar nicht im Unterrichts- oder Schulgeschehen hat, musste ich meinen Unterricht, dem angemessen, umgestalten. Das hieß konkret, in der Vorbereitung mir vor Augen zu führen, was ich wahrgenommen hatte und ich im Anschluss für sinnvoll hielt, aber vor allem auch, die Bereitschaft zu haben, mich auf eine überraschende Situation einzulassen und in der Lage zu sein, gegebenenfalls meinen Unterricht aus einer Situation heraus komplett anders als geplant zu gestalten. Wohlgemerkt hieß das nicht, den Unterricht nicht mehr zu führen oder gar wichtige Unterrichtsinhalte auszulassen oder als unwesentlich zu betrachten. Vielmehr bedurfte es einer größeren Bereitschaft, mit kreativen und intuitiven Mitteln Unterricht so zu gestalten, dass er lebendig war und möglichst alle Kinder in ihrer unmittelbaren Verfassung mitnahm.

Fazit

Mit der Veränderung meiner Haltung dem Geschehen im Klassenzimmer gegenüber habe ich folgende Erfahrungen gemacht: Es ist mit den Gesetzmäßigkeiten, die Steiner dargelegt hat, das eingetreten, was Hattie als Voraussetzungen für Lernerfolg definiert, nämlich Leidenschaft für das Unterrichten an sich und eine positive, in meinen Worten starke und angstfreie Lehrer-Schüler-Beziehung. Die Lehrer an den Waldorfschulen (und natürlich genauso Lehrer an öffentlichen Schulen) brauchen daher sicher Unterstützung in Form von Methodik und äußeren Ressourcen; gleichzeitig aber, und noch grundlegender, benötigen sie eine professionelle Haltung als Waldorflehrer. Professionalität im Umgang mit der Gestaltung von Vielfalt in der Schule bedeutet für Waldorflehrer aber gerade auch, die ureigenen Werkzeuge, die Teile unserer Persönlichkeiten und ihre Wirkungen auf das Geschehen im Klassenzimmer, genau zu kennen und beobachten zu lernen und diese gegebenenfalls zu ändern!

Hier setzt sich die Forschung fort ...

Die Anmerkungen finden sich auf S. 742.

II. DIAGNOSE
UND ENTWICKLUNG

ULRIKE BARTH

EINLEITUNG

Die Frage der Diagnostik ist neben der Umsetzung von Inklusion wahrscheinlich die tiefgreifendste. Mit wem haben wir es zu tun? Was braucht der Betreffende? Werden wir ihm gerecht? Sind wir als Einrichtung fähig, diesem Kind ausreichend von allem zu geben, was es braucht, und ihm genügend Möglichkeiten zu bieten? Kommen Schüler zu kurz?

Durch die Autoren gelingt ein guter Einblick in die Notwendigkeiten allgemeiner Schulen. Grundlegend und richtungsweisend ist hier der Beitrag von Jan Göschel zur Kinderkonferenz. Diese gilt als Basis des inklusiven Schulgedankens. Der medizinisch-heilpädagogische Blick, dem sich Angelika Gäch widmet, ist ein bedeutender Aspekt des gemeinsamen Miteinanders. Schließlich zeigt uns der Beitrag von Michael Knoch, wie in der Praxis inklusives Schulwesen funktionieren kann – mit Diagnostik und Therapie an einer ganz «normalen» Waldorfschule. Somit versammeln sich hier unterschiedliche Facetten und Zugangsweisen des inklusiven Handelns in der Schule. Wahrscheinlich ist an dieser Stelle auch der tiefste Einschnitt zwischen allgemeiner und heilpädagogischer Waldorfpädagogik zu finden. In den heilpädagogischen Waldorfschulen kann man gute Diagnostik lernen. In den allgemeinen Waldorfschulen kommt dieser wichtige und tragende Aspekt einer inklusiven Schulgestalt oft noch zu kurz.

Nach der Diagnose erfolgt die individuelle Förder- und Entwicklungsplanung. Angelika Heimann beschreibt ausführlich den ernsthaften Umgang damit. Schließlich finden wir bei Dietlind Gloystein eine neue Sicht auf sonderpädagogische Begutachtung und grundlegende Forschung.

JAN CHRISTOPHER GÖSCHEL

DIE KINDERKONFERENZ

EIN KOLLEGIALER WEG ZUR GESTALTUNG VON BILD(E)-KRAFTFELDERN FÜR PÄDAGOGISCH-THERAPEUTISCHES HANDELN

Der anthropologische Grundgedanke der inklusiven Pädagogik besteht in der Anerkennung der Tatsache, dass es keine kategorische Unterscheidung von «behindert» und «nicht behindert» gibt, sondern dass alle Kinder und Jugendlichen einer pädagogischen Förderung bedürfen, die ihren jeweils individuellen Bedürfnissen gerecht wird. Behindert-Sein ist, wie Johannes Denger feststellt, ein konstituierendes Wesensmerkmal des Menschseins.[1] Eine inklusive Pädagogik entsteht also dadurch, dass das heil- und sonderpädagogische Prinzip der individualisierten Entwicklungsförderung zum Grundprinzip aller Pädagogik wird. Inklusive Pädagogik kann daher nur funktionieren, wenn sie sich als Heil- und Sonderpädagogik für alle versteht.

In der Waldorfpädagogik ist dieses Selbstverständnis schon von vornherein angelegt, sodass Steiner in seinem *Heilpädagogischen Kurs* ganz unumwunden von einer «Vertiefung» der Waldorfpädagogik sprechen kann, auch wenn die Inhalte des Kurses augenscheinlich zunächst wenig mit den äußeren Formen einer allgemeinen (Waldorf-)Schulpädagogik zu tun haben.[2] Entscheidend ist aber die Quelle, aus der sich pädagogische Handlungsimpulse erschließen und pädagogisch-therapeutisches Handeln gestaltet. Diese Quelle ist in der Waldorfschulpädagogik und in der Heilpädagogik prinzipiell dieselbe: die schöpferische Erkenntnisfähigkeit des Pädagogen und des pädagogisch-therapeutischen Kollegiums für die besonderen Entwicklungsbedingungen und Bedürfnisse jedes einzelnen Kindes in ihrer Verantwortung. Diese Erkenntnisfähigkeit und die in ihr begründete gestalterische Handlungsfähigkeit sind es, auf die sich die Aufforderung zur «Vertiefung» im Wesentlichen bezieht.

Als Forum für die kollegiale Erkenntnissuche und somit gleichsam als Herzstück einer an Wesen und geistig-biografischer Intention des einzelnen Kindes orientierten Pädagogik haben sich sowohl in der Praxis der Waldorfpädagogik als auch in der anthroposophischen Heil- und Sonderpädagogik verschiedene Formen der Kinderkonferenz und Kinderbesprechung etabliert. In einer inklusiven Pädagogik geht es darum, auch hier einen inklusiven Ansatz zu finden, d.h. eine kollegiale Arbeitsweise mit dem Prozess der Kinderbesprechung, die vom Allgemeinmenschlichen ausgeht, aber gleichzeitig einen handlungsleitenden Erkenntniszugang zu individuellen Entwicklungs- und Schicksalssituationen schafft, der prinzipiell das gesamte komplexe Spektrum menschlicher Inkarnationsmöglichkeiten umfasst.

Die Gestaltung und Durchführung von Konferenzprozessen in Schulen und Einrichtungen beruht oft auf langjährigen Erfahrungen, aus denen sich verschiedene Praxistraditionen gebildet haben. Hier einen Gesamtüberblick zu schaffen ist nicht das Anliegen dieses Beitrages.[3] Auch geht es nicht darum, die bestehenden Praktiken durch ein rezepthaftes Standardkonzept zu ersetzen. Kinderbesprechung ist immer eine sozialkünstlerische Gestaltungsleistung des verantwortlichen Kollegiums und kann nur gelingen, wenn sie als solche aufgefasst und angegangen wird. Aber es kann eine Hilfestellung für diese gestalterische Arbeit sein, wenn die Grundprinzipien und «Lebensbedingungen» des Prozesses, den es zu verwirklichen gilt, klar vor Augen stehen. In diesem Sinne soll hier – anknüpfend an das Modell der *Transdisziplinären Förderplanung*[4] – eine kurze Darstellung der inneren Wesensstruktur des Konferenzprozesses versucht werden, die für die Weiterentwicklung konkreter Arbeitsweisen unter den Anforderungen und Bedingungen inklusiver Schulmodelle hilfreich sein kann.

Das «pädagogische Gesetz» als grundlegendes Wirkungsprinzip der pädagogischen Beziehung

Eine inklusive pädagogische Praxis erfordert, dass auch komplexe Entwicklungssituationen mit Klarheit erfasst werden, ohne dass dabei aber jene klinisch-pathologisierende Haltung entsteht, die mit dem inklusiven Menschenbild überwunden werden soll; also auch ohne dass eine kategoriale Zuordnung des Einzelnen als «behindert» oder «nicht behindert» stattfindet. Ziel des Prozesses ist es vielmehr, aus dem vertieften Einblick in die jeweilige konkrete Lebens- und Entwicklungssituation eines Kindes oder Jugendlichen integrative Handlungsleitbilder für das soziale, pädagogische und therapeutische Handeln des verantwortlichen Kollegiums zu schöpfen. Nur wenn diese Leitbilder mit ihren formgebenden Kräften in einer authentischen Wesensbegegnung mit dem Kind und seiner biografischen Intention wurzeln und nicht in externen Normen und Zielvorgaben, können sie als «moralische Imaginationen»[5] Quellen für eine heilende Pädagogik sein, die im Dienst der einzigartigen geistigen Individualität des anderen und ihrer Entfaltung durch ihre besonderen Schicksalsumstände steht.

Das «pädagogische Gesetz», das Steiner im 2. Vortrag des *Heilpädagogischen Kurses* als eigentliches Grundprinzip aller pädagogischen Wirksamkeit formuliert,[6] ist ein Gesetz der «Abwärtskausalität».[7] «Abwärtskausalität» liegt dort vor, wo ein System aus Komponenten besteht, deren Verhältnis zueinander sich nicht vollständig aus den Gesetzmäßigkeiten erklären lässt, die in den Komponenten selbst angelegt sind, sondern deren Verhalten durch Ordnungsprinzipien (mit-)bestimmt wird, welche erst in der übergeordneten ontologischen Ebene des Systemganzen begründet sind. Steiners Formulierung setzt voraus, dass Lebensprozesse ihre eigenen Gesetzmäßigkeiten haben, die sich nicht auf das Zusammenwirken physikalischer Gesetze reduzieren lassen. Wo unter rein physischen Bedingungen Indeterminiertheit und eine Tendenz zur Formauflösung (Entropie) zu erwarten wären, grei-

fen sie als Bildekräfteorganismen strukturierend in physikalische Wirkungszusammenhänge ein, sodass die formschaffende Dynamik des Lebendigen in physisch-organischer Gestalt erscheint.[8]
    In ähnlicher Weise liegt der Erscheinung bewusster Lebewesen mit Sinnes- und Bewegungsorganen eine Umgestaltung der ätherischen Bildekräfte durch die übergeordneten Gesetzmäßigkeiten und Ordnungsprinzipien des «reizresponsiven» Bewusstseins zugrunde, die sich dann wieder in die physische Organformung hinein fortsetzt. Wird dem reizsensiblen und bewegungsauslösenden astralischen Wirkungszusammenhang schließlich noch ein individualisierendes geistig-moralisches Prinzip eingegliedert, so ergibt sich eine weitere Umgestaltung des Gesamtorganismus, welche die Reizresponsivität diesem höheren Integrationsprinzip unterordnet und sich in alle darunterliegenden Ebenen des Systems fortsetzt. Ein solcher Gesamtorganismus ist der menschliche Leib als Träger einer individuellen Biografie. Aus dem Zusammenspiel von geistig-moralischer Schicksalsintention und irdisch-leiblichen Entwicklungsbedingungen tritt jenes Seelenleben in Erscheinung, mit dem der Pädagoge in der Alltagsbegegnung mit dem Kind unmittelbar konfrontiert wird – ebenso wie natürlich auch jenes Seelenleben, mit dem sich das Kind in der Alltagsbegegnung mit dem Pädagogen auseinanderzusetzen hat.[9] Damit sind zunächst die Grundelemente der pädagogischen Beziehungssituation umschrieben.
    In Form des «pädagogischen Gesetzes» beschreibt Steiner,[10] wie das Universalprinzip der Abwärtskausalität im Systemzusammenhang dieser pädagogischen Beziehung wirksam wird. Dabei hebt er die Asymmetrie der Wechselwirkung hervor, die sich aus den unterschiedlichen Entwicklungsstadien von Kind und Erwachsenem ergibt.[11] Diese Reifediskrepanz hat zur Folge, dass beim Kind noch in höherem Maße die zentrifugale, nach dem Umfeld geöffnete Organisation der Wesensglieder, die für das Stoffwechsel-Gliedmaßen-System charakteristisch ist, vorliegt, während mit zunehmendem Alter immer mehr die zentripetale, stärker in sich abgeschlossene Organisation des Nerven-Sinnes-Systems zur Verfügung steht. Das bedeutet, dass beim Kind eine höhere Emp-

fänglichkeit für Wirkungsimpulse aus dem Umfeld vorliegt, die über die Wesensglieder des zentrifugalen Stoffwechselsystems aufgenommen werden und deren Auswirkungen sich bis in das noch sich entwickelnde Nerven-Sinnes-System fortsetzen. Beim Erwachsenen tritt hingegen verstärkt der Gegenstrom auf, durch den im abgeschlossenen Innenraum des Nerven-Sinnes-Systems aus dem zentralen Ichbewusstsein geformte Willensimpulse ihre Wirkung über das Stoffwechsel-Gliedmaßen-System nach außen entfalten. Durch diese Strömungsasymmetrie, gepaart mit der beschriebenen Abwärtswirksamkeit der Leiblichkeitsebenen, hat der Bildekräfteorganismus des Pädagogen eine unmittelbare Wirkung auf den physischen Leib des Kindes; dadurch beeinflusst der Astral- oder Seelenleib des Pädagogen direkt die Lebensprozesse des Kindes, und dadurch greift das Ich des Pädagogen unvermittelt in die Bewusstseinsvorgänge des Kindes ein.

Diese Wirksamkeiten sind nach Steiner[12] zunächst einfach da – ob gewollt oder nicht, ob hilfreich oder schädlich. Sie intentional zu ergreifen und zu handhaben ist Kunst und Handwerk des Pädagogen. In einer heilenden Pädagogik geht es also darum, Wege zu finden, diese Wirkungsprozesse aus einer heilenden moralischen Intention heraus im Dienste der sich entwickelnden Individualität so zu gestalten, dass nicht ein (gewollter oder ungewollter) manipulativer Übergriff erfolgt, sondern die vom Pädagogen ausgehende Wirkung ihre selbstlose Ausrichtung aus der Wesensbegegnung mit dem Kind und der Wahrnehmung seiner Daseins- und Entwicklungsintention erhält. Um das Ich des Kindes selbst zu unterstützen, bedarf es schließlich auf Seiten des Pädagogen der Entwicklung des «Geistselbstes» als einer geistig-moralisch durchdrungenen Umwandlung des Astralleibes. Erst von der transpersonalen Ebene des Geistselbstes aus lässt sich auch im Sinne der «Abwärtskausalität» des pädagogischen Gesetzes die Entwicklung der Ich-Organisation des Kindes aktiv fördern.

So umfasst in diesem Bild die wirksame viergliedrige Wesenheit des Pädagogen *als* Pädagogen das Geistselbst, das Ich, den Astralleib und den Ätherleib. Gegenüber der Wesensgliederstruktur, die für das gewöhnliche Alltagsbewusstsein infrage kommt,

ist sie um eine Stufe nach oben verschoben, sodass der Ausgangspunkt für Handlungsimpulse auf der ersten transpersonalen
Bewusstseinsebene angesiedelt ist und ihre eigentliche Umsetzung als Handlung auf der Ebene der Bildekräfte stattfindet.
Dieses Bild macht die Überforderung, mit der die (heil-)pädagogi-
sche Aufgabe den einzelnen Pädagogen/Therapeuten konfrontiert,
deutlich.[13] Ein pädagogisch-therapeutisches Handeln, das auf der
Ebene des Geistselbstes seinen Ursprung hat und in eine bewusst
gestaltende Tätigkeit auf der Ebene des Ätherischen mündet, ist
unter heutigen Umständen für «Einzelkämpfer» kaum erreichbar.
Kollegiale Gemeinschaften aber, die sich in einer gemeinsamen
geistigen Intention vereint finden, können eventuell diesen transpersonalen und transdisziplinären Handlungstypus wenigstens
ansatzweise verwirklichen. Die eigentliche Aufgabe aller Formen
der Kinderkonferenz und kollegialen Kinderbesprechung in der
anthroposophischen (Heil-)Pädagogik besteht darin, die Möglichkeit eines solchen gemeinsamen pädagogisch-therapeutischen
Handelns im sozial-künstlerischen Prozess zu erschließen.

Der Caduceusprozess als
inneres Strukturprinzip der Kinderbesprechung

Die Alltagsbegegnung zwischen Kind und Pädagogen findet auf
der Ebene des gewöhnlichen Tagesbewusstseins, der Sinneswahrnehmung und des separaten physisch-leiblichen Daseins in Raum
und Zeit statt. Die Begegnungserlebnisse und Wahrnehmungen aus
dem pädagogischen Alltag bilden das Ausgangsmaterial für die Suche nach einer verstehenden Auffassung der Schicksalsintention
des Kindes und der pädagogisch-therapeutischen Handlungsgeste, die jener fördernd zur Seite gestellt werden kann. Der Weg von
diesem Ausgangspunkt zum pädagogischen Leitbild führt in der
Kinderkonferenz über einen dialogisch-kontemplativen Prozess,
in dem in einem dynamischen Wechselspiel zwischen fokussierter
Aufmerksamkeit und rezeptiver Bewusstseinshaltung

- die wahrnehmbare Erscheinung in ihrer Gestalthaftigkeit erschlossen wird
- eine imaginativ-bildhafte Anschauung des Kräftefeldes geschaffen wird, aus dem sich die Gestaltstruktur bildet
- die zeitliche Wirkungsdynamik, in der dieses Kräftefeld steht, in ihrer Entwicklungsbewegung erfasst wird
- und schließlich die Intention des Wesens intuitiv präsent wird, dessen geistige Signatur als inneres Kompositionsprinzip jener Entwicklungsdynamik auftritt und dem leiblich-biografischen «Gesamtkunstwerk» seinen Sinn gibt.

Der Caduceus als Bild für den transdisziplinären Prozess[14]

Der vierte Schritt nimmt die Form eines geistigen Begegnungserlebnisses an, in dem das Ich des Pädagogen dem Ich des Kindes auf einer transpersonalen Ebene gewahrwerdend gegenübersteht. Der Pädagoge nimmt intuitiv-erkennend die individuelle biografische Intention des Kindes wahr. Als Antwort entsteht eine moralische Intuition (im Sinne von Steiners *Philosophie der Freiheit*[15]): die Intuition einer pädagogisch-therapeutischen Handlungsgeste, die der biografischen Intention des Kindes komplementär ist, jene ergänzt und somit ein verbindendes Drittes zwischen der Biografie des Kindes und der biografischen Intention des Pädagogen bildet. Diese pädagogische Intuition ist der Ausgangspunkt zurück durch die Ebenen bis zum konkreten pädagogischen und therapeutischen Handeln in der Welt der Alltagsbegegnung. Auf diesem Weg entfaltet sie sich zunächst in der «moralischen Fantasie» als eine Art innerer Bewegungsgeste, aus der sich dann ein imaginatives Leitbild entwickelt, welches das Kräftefeld eines entstehenden pädagogisch-therapeutischen Handlungsorganismus bildet – sozusagen den Bildekräfteleib (oder das «formgebende Feld») der als Gesamtorganismus wirksamen pädagogischen und therapeutischen Bemühungen des ver-

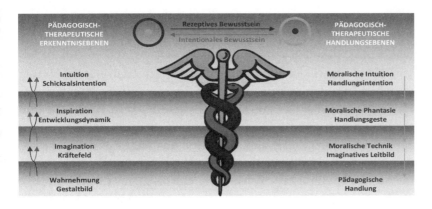

Der Konferenzprozess im Bild des Merkurstabs.

antwortlichen Kollegiums. Aus dieser verbindenden Imagination heraus ergeben sich in den jeweiligen Alltagssituationen mittels der zur Verfügung stehenden Kompetenzen und Ressourcen die entsprechenden konkreten pädagogisch-therapeutischen Handlungen. Sie sind nicht mechanisch vorgegeben, sondern fließen aus der Anschauung einer mehrdimensionalen, lebendigen und dynamischen Einheit, die als inneres, gemeinsam geschaffenes Bild aus der Konferenz in den pädagogischen Alltag hineingetragen wird und sich dort im kontemplativen Bewusstsein des Kollegiums nach seinen inhärenten Metamorphosegesetzen auch lebendig weiterentwickelt. Gelingt es, einen solchen imaginativen «Ätherorganismus» zu schaffen und am Leben zu erhalten, so wird dieser für das Kollegium zur Quelle schöpferischen Handelns im Alltag, im Einklang mit der in der transpersonalen Wesensbegegnung gefassten pädagogisch-therapeutischen Intention.

Im Bild des Caduceus, des Hermes- oder Merkurstabes, lässt sich die ganze Bewegung des Konferenzprozesses – von der Alltagsbegegnung erkennend bis zur geistigen Wesensbegegnung und von der moralischen Intuition als geistiger Antwort auf die biografische Intention des Kindes zurück in den pädagogisch-therapeutischen Handlungszusammenhang – in ihrer Wesensstruktur imaginativ erfassen.[16] Ihr zentrales Motiv ist die «kognitive Atmungsbewegung», die Zajonc[17] als Grundprinzip des kontemplativen Erkenntnisprozesses darstellt. Die helle, männliche Schlange steht für die intentionale Haltung des Tagesbewusstseins, das sich seinem Inhalt als Gegenstand der fokussierten Aufmerksamkeit gegenüberstellt. Die intensive Betrachtung und Auseinandersetzung mit dem Gegenstand in intentionaler Haltung ermöglicht es, die äußere Erscheinung in Form, Gestalt, Qualität und Dynamik abzutasten und zu erfassen. Ist dieser Prozess so weit fortgeschritten, dass sich das äußere Erscheinungsbild innerlich akkurat nachschaffen lässt, so ist der Zeitpunkt für die Wende in die rezeptive Haltung der offenen Aufmerksamkeit eingetreten, die Haltung der dunklen, weiblichen Schlange, des Nachtbewusstseins.

Um diesen Übergang zu schaffen, muss das innere Bild des Gegenstandes aus der intensiven Beschäftigung heraus völlig losgelassen werden. Das Bewusstsein geht über in eine periphere Haltung, die einen leeren Innenraum entstehen lässt. Dieser wird freigehalten, sodass sich in ihm ein «Nachbild» der Aktivität präsentieren kann, die im Erfassen und Nachschaffen des äußeren Erscheinungsbildes besteht. In diesem Nachbild tritt imaginativ das ätherische Kräftefeld ins Bewusstsein, aus dem das äußere Erscheinungsbild seine Gestalt erhält. Sanft gilt es nun, die Elemente und Dimensionen dieses Kräftefeldes zu erspüren, bis das Bild stabil genug ist, um selbst wieder ins Zentrum des intentionalen Bewusstseins gerückt zu werden. Der nächste «Atemzug» führt vom imaginativen Bild des Kräftezusammenhangs zu einem inneren Erlebnis der Wirkungsdynamik, aus der sich jenes Kraftfeld bildet. Die sich bildenden und lösenden Spannungen, die den Entwicklungsprozess antreiben, können als musikalische Bewegungen gleichsam hörend im Innenraum des «sanften Blickes» wahrgenommen werden. Werden diese wiederum intentional gesetzt, ergibt sich in der dritten Wendung zur rezeptiven Einstellung im Innenraum des kontemplativen Bewusstseins die Wesensbegegnung mit jener geistigen Individualität und ihrer Daseinsintention, die sich nach außen in Wirkungsdynamik, Kraftfeldgestaltung und schließlich in der wahrnehmbaren äußeren Erscheinung als geistige Signatur verwirklicht.

Das Gewahrwerden der biografischen Intention des Kindes ist nicht mehr ein distanzierter Erkenntnisakt, wie er für das rationale Gegenstandsbewusstsein charakteristisch ist. Die Wesensbegegnung hat ethisch-moralischen Aufforderungscharakter. Als Erlebnis auf der Stufe der Intuition fallen in ihr Erkennen und Wollen zusammen. Voraussetzung dafür ist eine Haltung der Selbstlosigkeit und Liebe, die sich ganz auf die unreduzierbare geistige Individualität des anderen einlässt. Als Antwort auf diese Begegnung entsteht die moralische Intuition, die es als Ausgangspunkt und integratives Leitprinzip für die Entwicklung einer pädagogisch-therapeutischen Handlungsgeste, eines imaginativen Leitbildes und dessen konkreter Umsetzung im Raum der Alltagsbegegnung intentional zu fassen gilt.

Während der «Aufstieg» (oder, um es im Bild von Scharmers *U-Theorie*[18] auszudrücken, das «Eintauchen») von der Alltagswahrnehmung zur Wesensbegegnung und zum Erlebnis der biografischen Intention als Erkenntnisbewegung im rhythmischen Wechsel zwischen intentionaler und rezeptiver Aufmerksamkeitshaltung geschieht, handelt es sich beim «Abstieg» (oder «Auftauchen») aus der Wesensbegegnung ins äußere Handlungsfeld um den Willensweg, mit dem sich Steiner in der zweiten Hälfte seiner *Philosophie der Freiheit* beschäftigt.[19] Er kann im Bild des Caduceus als Abwärtsbewegung entlang des Stabes vorgestellt werden, dessen Bewegungen die Absichten des geflügelten Wesens in irdische Zusammenhänge einschreiben. Es gilt, die *moralische Intuition*, die der Begegnung mit diesem Wesen entspringt, in die *moralische Fantasie* und die *moralische Technik* überzuführen und schließlich in konkretes Handeln umzusetzen. Die Herausforderung ist hierbei, beim Abstieg dicht am goldenen Stab zu bleiben und sich mit ihm harmonisch zu bewegen, statt sich von ihm abzulösen und in ein instrumentalistisches Handlungsmuster zu verfallen, welches versucht, die Bewegungen des Stabes aus wesensfremden Impulsen, Motiven und Zielsetzungen heraus «von außen» zu kontrollieren. Es gilt, eine «tänzerische» innere Haltung einzunehmen, in der die Bewegungsintentionen des anderen sensibel wahrgenommen werden und die eigenen Bewegungsimpulse diesen schöpferisch-bereichernd und gestaltend hinzugestellt werden, sodass das pädagogische und therapeutische Handeln auch selbst immer ein sozial-künstlerischer, dialogischer Prozess bleibt. Zu dieser «tänzerischen Haltung» ermutigte schon Steiner die Teilnehmer seines *Heilpädagogischen Kurses* mit Nachdruck.[20]

Imaginative Leitbilder als Kraftfelder für pädagogisch-therapeutisches Handeln

Pädagogen und Therapeuten, die im Einklang mit den Wesens- und Entwicklungsimpulsen der kindlichen Individualität arbeiten, sind aufgerufen, *Mitgestalter* des Entwicklungsgeschehens zu werden. Dazu benötigen sie ein handlungsleitendes Erkenntnis- und Kommunikationsmittel – ein «Leitbild», das die moralische Intuition fasst, die sich als Antwort auf die Wesensbegegnung mit dem Kind ergibt, und das aus ihr die Feldstruktur bildet, in der sich die pädagogischen und therapeutischen Bemühungen des Kollegiums bewegen. Kraftfelder, die gestaltbildend in die Indeterminiertheit physischer Zusammenhänge hineinwirken und diese so nach ihren übergeordneten Prinzipien umformen, sind ätherische Gebilde – «morphische Felder» («Morphic Fields»), wie sie Sheldrake nennt.[21] Es geht also in der Kinderkonferenz darum, den gestaltgebenden Bildekräfteorganismus – das «formgebende Feld» für das pädagogisch-therapeutische Handeln des Kollegiums im Alltagszusammenhang – aus der intuitiven Wesensbegegnung mit dem Kind heraus zu schaffen. Im Bewusstsein treten solche ätherischen Kräftefelder als Imaginationen auf. Die tätige Gestaltung von handlungsleitenden Imaginationen ist also zugleich schöpferisch wirksames Handeln auf der Ebene des Ätherischen.

Die schöpferisch-gestaltende Leistung der Kinderkonferenz besteht darin, dass ein imaginatives Bild zur Entstehung gebracht wird, das die Schicksalsintention des Kindes als «biografischen Mythos»,[22] als Kernmotiv einer sich entfaltenden Lebensgeschichte fasst und aus dessen Entfaltungsmöglichkeiten heraus das pädagogisch-therapeutische Handlungsfeld in seiner Dynamik so gestaltet, dass sich die Handlungen der verantwortlichen Pädagogen und Therapeuten wesensgemäß in den leiblich-biografischen Kräftezusammenhang integrieren können. Die Gestaltung des pädagogischen Leitbildes kann die Form eines «Motivbildes» annehmen, das auf Erzählmotive und imaginatives Material aus Märchen, Sagen und Legenden zurückgreift. Ein solches narratives Motivbild stellt Charaktere, Raum und Spannungsbögen einer Geschichte auf, ohne dass diese notwendigerweise erzählerisch vollständig entfaltet werden muss. Vielmehr geht es darum, den «fruchtbaren Moment» der Geschichte bildhaft-narrativ so zu erfassen, dass die narrative Grundbewegung und ihre verschiedenen Ausführungsmöglichkeiten anschaulich werden. Durch die Verknüpfung von bildhaften Elementen mit dem Spannungsbogen einer zeitlich-narrativen Dynamik und einer zentralen Intention, die dem Gesamtorganismus von Bild und Geschichte sein integrales Stil- und Gestaltungsprinzip gibt, beinhaltet das Motivbild als primär imaginatives Gefüge auch die inspirative und die intuitive Ebene.[23]

Die Fähigkeit eines Kollegiums, aus dem beschriebenen kontemplativen Prozess die Schicksalsintention des Kindes als «biografischen Mythos» imaginativ zu fassen und mittels der «exakten Fantasie» ein Motivbild als pädagogisches Leitbild zu schaffen, bedarf künstlerischer Sensibilität und einer ernsthaft-spielerischen Arbeitsweise. Der Raum hierfür lässt sich nur schaffen, wenn die äußeren und inneren Bedingungen für eine Zusammenarbeit bestehen, die auf gegenseitigem Vertrauen, Respekt, Verbindlichkeit gegenüber der gemeinsamen Aufgabe und einem gemeinsamen Lernen-Wollen beruht. Als primärer Schulungsweg für die Konferenzarbeit kann die reflektierende Beschäftigung mit künstlerischen Prozessen betrachtet werden.[24] Durch sie werden die Wahrnehmungs- und Handlungsfähigkeiten entwickelt, die zum Umgang mit dem Konferenzprozess (als Beispiel des «gestalterischen Handlungstypus»[25]) unabdinglich sind. Sind diese Fähigkeiten vorhanden, so lassen sich Fragen der konkreten Prozessgestaltung (einschließlich Vorbereitung, räumlicher und zeitlicher

Gestaltung, Moderation, angemessener Einbindung der Eltern, Nachfolgearbeit, Verbindlichkeit usw.) situativ und kontextbezogen lösen. Das ist zwar eine anspruchsvolle Aufgabe, doch lässt sich nur durch einen solchen schöpferischen, sozialkünstlerischen Ansatz der innere Kern des Konferenzprozesses verwirklichen.

Sieht sich das Kollegium einer inklusiv arbeitenden Schule als lernende Gemeinschaft und gelingt es, eine lebendige Konferenzarbeit im angedeuteten Sinne in Gang zu bringen (oder eine solche bestehende lebendig sich weiterentwickeln zu lassen), ist schon die Grundlage für ein inklusives heilpädagogisches Handeln gegeben. Denn das Wichtige ist das intensive Bemühen um die Gestaltung eines imaginativen Bildes aus der erlebten Wesensbegegnung. Da es sich dabei um die Schöpfung eines ätherischen, also lebendigen Organismus handelt, ist die Frage des «perfekten Endresultates» zunächst viel weniger relevant als diejenige der ethisch-moralischen Integrität. Ein Stadium des «perfekten Endresultates» gibt es nur für die Gegenstände des instrumentellen Handelns auf der physischen Ebene. Alles Lebendige ist nur lebendig, solange es im Entwicklungsprozess steht. In diesem Sinne wies auch Steiner schon auf die selbstkorrigierende Entwicklungsfähigkeit der «fantasieartige[n] Imagination»[26] hin: «Das ist es ja überhaupt, was wir erreichen müssen: umzuwandeln die Vorstellungen, die wir bekommen, in Imaginationen, in Bilder. Wenn die Bilder auch von uns ungeschickt gemacht sind, wenn sie auch anthropomorphistisch sind ..., darauf kommt es nicht an. Das andere wird uns zuletzt schon gegeben, und was sie nicht haben sollen, fällt schon ab.»[27]

Wird dies bewusst und verantwortlich gehandhabt, so darf es als Aufforderung gelten, sich bei aller möglichen Fehlerhaftigkeit auf das kontemplative, imaginative und künstlerisch-gestaltende Wesen der Konferenzarbeit einzulassen, ohne sich in schematisierende Ansätze zu flüchten, die zwar einfacher zu handhaben sind, aber den Zugang zum ätherisch-gestalterischen Handeln aus dem Moment der transpersonalen Wesensbegegnung (im Sinne des «pädagogischen Gesetzes») nicht eröffnen können.

Anmerkungen und Literatur finden sich auf S. 742ff.

ANGELIKA GÄCH

WELCHE QUALITÄT KANN EINE HEILPÄDAGOGISCHE DIAGNOSTIK FÜR DIE INKLUSIVE SCHULE HABEN?

Einleitung: Diagnostische Kompetenz als Basis einer gelingenden Inklusion

Das Thema «heilpädagogische Diagnostik» hat sich aufgrund des Inklusions-Paradigmas grundlegend verändert. Früher wurde diagnostiziert, um ein Kind einer bestimmten Schulform zuzuordnen. Gleichzeitig wurden damit die Weichen für eine entsprechende Bildungsbiografie gestellt. Inklusion will jedoch nicht in besondere Strukturen aussondern; sie will und muss dennoch die individuellen Ressourcen für alle Kinder erkennen und den Förderbedarf umreißen und ihre Ansätze auf dieser Basis weiterentwickeln. Die Waldorfpädagogik hatte von jeher das Ziel, Kinder unterschiedlicher Begabung in einem inklusiven Lernmilieu zu fördern und sie anzuleiten, voneinander zu lernen und einander zu unterstützen. Es gilt also, Inklusion nicht als politischen Begriff, sondern als pädagogische Handlungspraxis zu verstehen.[1]

Die Impulsierung von Entwicklung durch ein gesundes Milieu baut auf Empathie, Solidarität und Dialog im pädagogischen Bereich, aber im weiteren Sinne auch im sozialen und gesellschaftlichen Umfeld. Wie die Praxis zeigt, ist die Vision der inklusiven Gesellschaft jedoch noch mit einem intensiven und langen Lernweg verbunden. Im inklusiven Lernmilieu muss dieses adäquate Umfeld aber von den Pädagogen veranlagt und täglich aktiv gepflegt werden. Dies erfordert einen Prozess des Verstehens, der unter anderem auf diagnostischer Kenntnis und der daraus abgeleiteten Didaktik beruht.

Der Förderansatz im Sinne der alten Paradigmen zielte auf den Punkt einer Störung und erweiterte hier Kompetenzen. Zwischenzeitlich hat die heil- und sonderpädagogische Didaktik von hier aus jedoch viele Brücken gebaut. Es besteht heute fachlicher Konsens darin, dass Hilfen sowohl vom Umkreis, dem Milieu oder Setting her ansetzen als auch an den Notwendigkeiten der individuellen Person sich orientieren müssen. Die anthroposophische Heilpädagogik hat diese beiden pädagogisch-therapeutischen Zugänge in vielen ihrer Herangehensweisen methodisch weiterentwickelt.[2] Vom Lehrer erfordert das die Präsenz, das allgemeine Unterrichtsgeschehen kontinuierlich ebenso im Blick zu haben wie die Situation des einzelnen Kindes mit der sozialen Sensibilität seiner individuellen Entwicklung und beides zu einem gelingenden Lernprozess zusammenzuführen. Eine gute diagnostische Basis dient also nicht nur dem Blick auf das einzelne Kind, sondern auch der Fähigkeit, den Sozialzusammenhang in Balance zu halten.

Im Folgenden soll daher ein Plädoyer für eine fachlich solide diagnostische Bildung als Grundlage von gelingender Inklusion gehalten werden. Die Professionalisierung der Lehrer, Integrationsbegleiter, Teilhabe-Manager und anderer Berufe in der inklusiven Schule impliziert einen kontinuierlichen Lern- und Übungsprozess in diagnostisch-dialogischer Kompetenz, das heißt in der Fähigkeit, sein pädagogisches Handwerkszeug vom Kopf in die Fingerspitzen zu überführen und den Königsweg der Situationspräsenz zu suchen und zu pflegen. Nur auf dieser Grundlage können sich die Sensibilität und die Wertschätzung gegenüber dem Schicksal des Kindes mit einem Leben mit Behinderung stabil aufbauen.

Zur Ausbildungsmethodik

Die Kinderkonferenz als dialogischen Arbeitsprozess eines Kollegiums hat Jan Göschel in diesem Buch beschrieben (siehe S. 218ff.). Der einzelne Kollege kann sich hier in dem Umfang einbringen, wie er seine Fachkenntnisse mit empathischen Zugängen des Verstehens durchdringen und zu einer diagnostischen Kompetenz weiterentwickeln kann. Die Entwicklung und Durchdringung fachlicher mit personalen Kompetenzen in der Ausbildung von Lehrern hatte und hat in der Waldorfpädagogik mit ihrem vom Ursprung her inklusiven Ansatz schon immer einen hohen Stellenwert. Die Lehrerbildung beruht hier auf der trialen Methodik der Fähigkeitsschulung in Form von
– durch Selbstlernen gestützter Theorie
– vom Mentor begleiteter Fachpraxis
– angeleiteter Erfahrungs- und Selbsterfahrungsprozesse im künstlerischen Üben.

Die fachlich-theoretische Basis der Waldorfpädagogik fußt darauf, das didaktische Handeln auf eine Erkenntnis des kindlichen Seelenlebens und die Gesetzmäßigkeiten der Entwicklungspsychologie zu stützen. Dabei besteht das Grundprinzip der pädagogischen Prozesse in der Vermittlung zwischen der Vergangenheit als dem gestalteten Teil des Lebens in Form von erworbenem Wissen und erübten Fähigkeiten und der Zukunftsfähigkeit des Kindes in Gestalt seiner Kreativität und individuellen Impulse.

Entsprechend ist die auf der Basis eines menschenkundlichen Verständnisses fußende Aufgabe für den Lehrer, den Grundgegensatz zwischen bereits strukturiertem Vorstellungsleben und noch keimhaftem Willensleben dynamisch zu erfassen[3] und beide Elemente in seine Unterrichtsgestaltung lebendig einzubeziehen. Dieses Umgehen mit dynamischen Polaritäten sowohl im individuellen Lernprozess der Kinder wie in der Gesamtplanung des Unterrichts und das Hinzielen auf eine gesunde, rhythmisch um die Mitte schwingende Zeitgestaltung kann als didaktisches Ziel beschrieben werden und ist Gegenstand der mentorenbegleiteten Fachpraxis.

In Bezug auf den künstlerischen Aspekt in der Lehrerbildung hat Rudolf Steiner im Zusammenhang mit der Begründung der Waldorfpädagogik darauf hingewiesen, dass die Erkenntnis menschenkundlicher Zusammenhänge durch künstlerische Erfahrungen wesentlich gefördert, ja dass durch Einbeziehung der Kunst sogar eine neue Rationalität in den pädagogischen, medizinischen und therapeutischen Ausbildungen entwickelt werden könne.[4] Dabei unterscheidet er vier qualitative Stufen des Lernens, die sich auf die Erkenntnis von vier Qualitätsebenen der menschlichen Organisation beziehen:

– inhaltliches, abstrakt-logisches Kennenlernen der physischen Gegebenheiten[5]
– Sich-in-Beziehung-Setzen zu Bildevorgängen im Bereich des Lebendigen durch Plastizieren
– Erleben von inneren Entwicklungsvorgängen und seelischen Prozessen in der Zeit durch musikalisches Üben
– Eintauchen in den Bereich der Identitätsfindung durch die Beschäftigung mit der Sprache.[6]

Für die Heilpädagogik wurde das Konzept der Befruchtung von Ausbildung durch künstlerische Erfahrung im Rahmen des Leonardo-Programms der Europäischen Union weiter verfolgt und nicht nur eine inhaltliche Bereicherung, sondern vor allem auch eine weitreichende Förderung der personalen Kompetenzen festgestellt.[7] Diese Methodik kann hier nicht detailliert beschrieben werden. Es soll dagegen versucht werden, das Prinzip der oben erwähnten dynamischen Polaritäten am Beispiel des Verstehens der kindlichen Konstitution zu verfolgen.

Welche Qualität kann eine heilpädagogische Diagnostik haben? I A. Gäch

235

Diagnostik der kindlichen Konstitution
aufgrund von dynamischen Polaritäten

Für das Gelingen der Inklusionspädagogik ist es essenziell, das einzelne Kind in seiner leiblich-seelisch-geistigen Gesamtkonstitution möglichst zutreffend zu verstehen und dadurch einschätzen zu können, wie sein Selbsterleben aufgrund seines Körpergefühls sich entwickelt und wie auf dieser Basis das Welterleben, Verstehen und die Erfahrungs- und Lernfähigkeit einzuschätzen sind und wie demzufolge Ressourcen mobilisiert und Schwächen überwunden werden können. Der Weg zu diesem Ergebnis geht nach Steiner über die Stufe der genauen Symptomerfassung und das Abwägen der Prioritäten der Gesamtsymptomatik zum fachlichen Urteil mit einer Idee zur pädagogischen Intervention.[8] In seinem *Heilpädagogischen Kurs* weist Steiner darauf hin, dass die strukturaufbauenden Kräfte in der kindlichen Entwicklung prä- und postnatal vom Nerven-Sinnes-System mit seinem Zentrum im Kopf ausgehen, während die belebenden Stoffwechselkräfte sich in den Tätigkeiten der einzelnen Organe des Brust- und Bauchraumes verankern und die Seelentätigkeiten des sich entwickelnden Kindes sich auf dieser leiblichen Grundlage entfalten.[9] Im Laufe der kindlichen Entwicklung wird diese leibliche Grundlage zunehmend individuell umgestaltet. In diesem Zusammenhang spricht Steiner von der «wunderbaren Entfaltung der Individualkräfte»[10] und führt damit ein Motiv ein, das heute in der Neuropädiatrie unter dem Gesichtspunkt «Das Kind als Akteur seiner Entwicklung» ganz aktuell ist.[11] Diese Individualisierung ist leiblich durch die verschiedenen Gestaltwandel, seelisch durch die kognitiven und emotionalen Entwicklungsschritte und geistig in den kreativen Intentionen zu verfolgen. Das Gleichgewicht der dynamischen Polaritäten ergibt dabei eine Art Bezugsrahmen.

Bei Auffälligkeiten in Entwicklung und Verhalten des Kindes – so Steiner – möge immer auf Dysbalancen in der kindlichen Konstitution geachtet werden.[12] Er will damit nicht ein weiteres

Klassifikationssystem begründen. Seine Intention richtet sich vielmehr schwerpunktmäßig darauf, dem engagierten Berufspraktiker den Zugang zu fachlich begründeten therapeutischen Ideen zu erleichtern. Die systematische Klassifikation wird damit um eine qualitativ-dynamische Begrifflichkeit ergänzt. Eine holländische Arbeitsgruppe hat für diesen Ansatz den Terminus einer *bildgestaltenden Diagnostik* gewählt[13] und unterscheidet nach dem *Heilpädagogischen Kurs* drei Paare von dynamischen Polaritäten:
– Zusammenfassen (Zentrieren) und Auflösen (peripheres Ausrichten)
– polare Tendenzen im Vorstellungsleben
– polare Reaktionen im Bewegungsverhalten und Handeln.

Erste dynamische Polarität: Zusammenfassen (Zentrieren) und Auflösen (peripheres Ausrichten)

Im Alltag erleben wir Sicherheit in unserem Vorstellungsleben als Qualität des Zentrierens, wenn wir alle Details des jeweiligen Zusammenhangs reflektiv auf den Punkt bringen können, und im Gegensatz dazu Sicherheit im Handlungsbewusstsein, wenn wir uns mit unserer Aufmerksamkeit möglichst präzise vor Ort, d.h. an unsere Peripherie hin, begeben. Jede Alltagshandlung erfordert das flüssige Hin- und Herpendeln zwischen diesen beiden Polen, dem peripheren Ort am Werkstück und der reflektierenden Erfahrung im Punkt unserer Konzentration. Diese beiden Pole – die Zentrierung im Vorstellungsleben und damit auch in der Orientierungssicherheit und die Aufmerksamkeit im Tätigsein in Form eines sinnerfüllten Tuns – in eine verlässliche Beziehung zu bringen ist ein allgemeines Ziel pädagogischen Übens. An der menschlichen Gestalt zeigt sich diese Polarität einerseits als das im Kopf zentrierte und durch den Schädel nach außen geschützte Nerven-Sinnes-System und andererseits als das funktionell nach außen offene Stoffwechsel-Gliedmaßen-System. In der aus der Sinnespsychologie bekannten Fähigkeit des Zusammenfassens verschiedener Sinnesmodalitäten zu einem Gesamteindruck zeigt sich der Prozess des Zentrierens besonders deutlich. Und umgekehrt verstehen wir den Prozess der peripheren Zielrichtung, wenn wir uns die hochgradige Auflösung aller Nahrungssubstanzen im Darm deutlich machen. Im heilpädagogischen Kontext erscheinen diese gestaltlich wie funktionell physiologischen Polaritäten in extremer Form als Dysbalance, wie Steiner in seinem *Heilpädagogischen Kurs* entwickelt.[14] Ergreift der Kopfpol mit seiner Tendenz zum Zentrieren und Abdichten nach außen die gesamte Leiblichkeit, so entsteht eine Konstitution, die zu stark abgeschlossen und gestaut ist und von der Individualität nur schwer ergriffen und durchdrungen werden kann. Die Verbindung zur Welt sowohl im Wahrnehmen wie im Tun ist damit erschwert, einhergehend mit einer herabgesetzten Sensibilität, einer mehr auf sich gerichteten Aufmerksamkeit, mit der Erschwernis, in Gang zu kommen und auch wieder aufzuhören. Besonders deutlich treten Schwierigkeiten im Übergang vom Schlafen zum Wachen auf und umgekehrt, im täglichen Prozess, morgens den Leib zu ergreifen und zu durchdringen und abends sich wieder zu lösen. Diese Konstitution neigt daher zur Verkrampfung an Übergängen. Aufgrund der individuellen Symptomatik rät Steiner zu einer heilpädagogischen Übungsbehandlung mit dem Ziel, die Beziehung zur Umwelt für das Erleben und das Tun zu intensivieren. Eine gegenteilige Symptomatik mit einer allgemeinen Dünnhäutigkeit, Neigung zu abnormen Absonderungen sowie Reizoffenheit und Überempfindlichkeit ergibt sich, wenn die Tendenz des Peripher-Werdens die gesamte Konstitution ergreift. Dies kann mit Schwellen- und Versagensangst einhergehen und einem entsprechend überschäumenden emotionalen Erleben. Der heilpädagogische Ansatz liegt hier primär darin, Schutz zu geben, sekundär in didaktisch bewusst geführten, sich steigernden Forderungsschritten. Einer klaren pädagogischen Haltung in der gesamten Umgebung ist hier wegen der peripheren Orientierung große Aufmerksamkeit zuzuwenden. Beide Gegensätze dieser dynamischen Polarität mit ihren Therapieaspekten haben sich als Bausteine einer mehrdimensionalen heilpädagogischen Diagnostik bewährt.

Zweite dynamische Polarität:
polare Tendenzen im Vorstellungsleben

Die zweite Polarität entwickelt Steiner im Vortrag vom 20. Juni 1924.[15] Hier sind Gegensätze im Verarbeiten von Sinneseindrücken und in der Vorstellungs- und Erinnerungsbildung angesprochen. Steiner betont, dass mit Sinneseindrücken und ihrer Verarbeitung zu Vorstellungen, dem Vergessen und Wiedererinnern, immer auch biochemische Prozesse verbunden sind, dass also in der Sinnespsychologie der leiblich-physiologische Aspekt jeweils mit einzubeziehen ist. Folgerichtig geht er dieser Linie in ihrer Relevanz für die heilpädagogische Diagnostik und Therapie nach. Psychologisch tritt im Umgang mit Sinneseindrücken eine Polarität auf zwischen dem zwanghaften Haften an Eindrücken, dem Nicht-Vergessenkönnen einerseits und der Vergesslichkeit, dem Nicht-Erinnernkönnen andererseits. Über die vordergründige Symptomatik hinaus haben diese Extreme für den Menschen eine existenzielle Dimension, denn die Erinnerung gibt der Persönlichkeit Sicherheit in Bezug auf ihre Vergangenheit. Ohne sie wird das Bewusstsein für die eigene Biografie und ihre Zusammenhänge fragmentiert oder geht verloren. Am anderen Pol macht die Fähigkeit, vergessen zu können, den Einzelnen frei für seine Zukunft. Ohne Vergessen ist er ein Gefangener seiner eigenen Vorstellungen. Die Fähigkeit, sich zwischen der eigenen Vergangenheit und der Zukunft im Vorstellen und Handeln als selbstbestimmte Persönlichkeit erleben zu können, ist die Grundlage des menschlichen Freiheitserlebens und damit einer echten Teilhabe und Inklusion. – Steiner macht den Pädagogen eindringlich darauf aufmerksam, er möge der physiologisch-biochemischen Ebene fragend nachgehen, und gibt dazu Fährtensymptome anhand äußerer Merkmale. Diese physiologisch-konstitutionellen Beobachtungen sollen sowohl die heilpädagogische Diagnostik wie die Interventionen stützen und ergänzen.

Dritte dynamische Polarität:
polare Reaktionen im Bewegungsverhalten und Handeln

Die sinnhafte Verknüpfung von Wahrnehmen, Vorstellen und Handeln bildet die Basis der gesunden kindlichen Entwicklung, von Piaget als sensomotorische Lernphase beschrieben. Als Ergebnis erwirbt das Kind die Erfahrung der Objektpermanenz als Grundlage eines selbstständigen Sinnbezuges. Der sinnhafte Übergang vom Verstehen zum Tun kann auf polare Weise gestört sein, entweder als Willenshemmung oder als Entkoppelung des Handelns vom Bewusstsein. Äußerlich kann eine Willenshemmung den Eindruck erwecken, als habe der Betreffende die Aufgabe nicht verstanden, weil er keinerlei Tätigkeitsansatz zeigt. Innerlich hat er jedoch das Handlungskonzept durchaus präsent, kann es aber nicht in äußere Aktivitäten umsetzen. Verbaler Nachdruck von außen verstärkt dann eher die Spannung, als dass er einen Erfolg zeigt. Der Blick auf den Zusammenhang des seelischen Verhaltens mit der in diesem Fall zu schweren und festen Konstitution mit niedrigem Muskeltonus führt dann sinngemäß zunächst zur Intervention durch körperbezogene Erfahrungen und Übungen und schafft so eher die Grundlage für ein beweglicheres Handeln als die nur verbale Interaktion. Die polare Symptomatik – Entkoppelung des Handelns vom Bewusstsein – zeigt eine übergroße Beweglichkeit aufgrund einer zu leichten Konstitution mit hohem Muskeltonus. Bei diesem als ADHS bekannten Syndrom mit all seinen Varianten ist heute allgemeiner Konsens, dass sowohl Symptomatik wie Therapie auf leiblich-konstitutioneller wie pädagogisch-übender und seelisch-begleitender Ebene anzusetzen sind.

Wie bereits erwähnt, hat sich die Einbeziehung dieser drei für die Symptomatologie in der Heilpädagogik relevanten dynamischen Polaritäten in den Diagnoseprozess inzwischen bewährt, setzt allerdings wie alle Arbeitsinstrumente Sorgfalt und Übung voraus. Unter anderem bestätigt sie die von Steiner intendierte Anregung von pädagogisch-didaktischen Ideen. Niemeijer und

Baars haben auf der Basis der drei dynamischen Polaritäten ein Messinstrument der bildgestaltenden Diagnostik entwickelt. Geertje Post-Uiterweer[16] hat die sechs Syndrome gemäß der drei dynamischen Polaritäten sehr lebensnah und anwendungsorientiert beschrieben. Ist die Arbeit mit den dynamischen Polaritäten von Steiner ursprünglich auch für die heilpädagogische Diagnostik und Intervention angegeben und in diesen Arbeitszusammenhängen weiterentwickelt worden, so erweist sie ihre Fruchtbarkeit nach den Berufserfahrungen der Autorin doch auch in der sogenannten Regel-Waldorfpädagogik sowohl im familiären wie im schulischen oder institutionellen Zusammenhang. Darüber hinaus kann das Prinzip zum Verständnis anderer Gebiete der kindlichen Entwicklung und pädagogischen Begleitung angewandt werden, wie noch kurz angedeutet werden soll.

Dynamische Polaritäten mit Blick auf die allgemeine kindliche Entwicklung

Bewegung

In der gesunden Bewegungsentwicklung spielt die Polarität von Zentrum und Umkreis ebenfalls eine wesentliche Rolle. Eine Vielzahl unterschiedlich komplexer Reflexreaktionen bestimmt die Motorik des Neugeborenen. Ein ausgeglichener Muskeltonus von mittlerer Stärke ist dabei das Merkmal der gesunden neurologischen Funktion. In dieser freien Variabilität der Bewegungsabläufe etabliert sich im Laufe des zweiten Lebensmonats die sogenannte Kopfkontrolle, d.h. die Fähigkeit, den Kopf entgegen der Schwerkraft aufzurichten und als Zentrum aller künftigen Bewegungsabläufe ruhig zu halten. Dieses Zentrieren ist die Basis für die dann folgenden Lernschritte in der Körperhaltung, Aufrichtung und Fortbewegung, die individuell stark variieren können. Hier zeigt sich also deutlich die dynamische Polarität zwischen dem Ruhezentrum Kopf und der Vielfalt der sonstigen Bewegungsformen als Beziehungsmuster einer neurologisch

geordneten motorischen Entwicklung.[17] Generell macht die Tatsache, dass alle Bewegungen unseres Körpers im Logistikzent-
rum Gehirn wahrgenommen, abgestimmt, verarbeitet und ko-
ordiniert werden, den dynamischen Funktionszusammenhang
zwischen einem Zentrum und der Peripherie deutlich. Umgekehrt
wirkt alles Üben in der (peripheren) Motorik, vor allem wenn es
wiederholt und kontinuierlich geschieht, auf die Entwicklung der
Neuronen und die Aktivierung der Synapsen – ein Funktionszusammenhang auf Gegenseitigkeit. Auch die aktuelle Forschung
über die Spiegelneurone bestätigt die Tatsache des Zentrierens
in den neurologischen Funktionen. Der sinnesphysiologisch periphere Vorgang der Wahrnehmung von Bewegungsabläufen anderer Lebewesen aktiviert im menschlichen Gehirn, dem Zentrum
der neurologischen Koordination, die gleichen Areale, die die entsprechende Funktion aktiv repräsentieren, d.h. wiederum in die
Peripherie führen.[18]

Die daraus resultierende Konsequenz ist bereits im Abschnitt
über die dynamische Polarität im Bewegungsverhalten erwähnt:
Im Fall einer gehemmten Aktivität / Willenshemmung liegt der Ansatz bei der physiotherapeutischen Stimulierung des Muskeltonus
und der diätetisch-medizinischen Anregung des Stoffwechsels als
Basis für eine Bewegungsaktivierung. Gelingt diese Impulsierung
der peripheren Motorik, steigern sich in der Regel auch Aufmerksamkeit und Interesse. Die Gliedmaßen wecken quasi den Kopf.
Im umgekehrten Fall einer enthemmten Impulsivmotorik gilt es,
das «Kopfprinzip» zu stärken in Form eines strukturierten Alltags, sinnvoller intentionaler Bewegungsangebote, Verbesserung
der körperlichen Eigenwahrnehmung, Gestaltung von aktiven
Ruhepunkten und dem Erüben von Übergängen. Vorausschauen-
des Vorbesinnen unterstützt besser als nachträgliches Schimpfen.
Diese gegensätzlichen didaktischen Richtungen beruhen auf der
Bemühung um Gleichgewichtsfindung bei einer Dysbalance der
dynamischen Polaritäten, in der Heilpädagogik entwickelt, aber
ebenso basisbildend für die Arbeit in der inklusiven Schule.

Das Spiel als Spiegel der kognitiven Entwicklung

Das Spiel des Kindes dient mit Einsetzen der Greiffunktion im achten Lebensmonat der Welterkundung.[19] Für diese tätige Erfahrung stehen Auge, Mund und Hand zur Verfügung. Der Ursache-Wirkung-Zusammenhang z.B. von Lichtschalter und Wasserhahn wird spielerisch erprobt. Zugleich prüft das Kind die neu erworbene Objektpermanenz, d.h. die Fähigkeit, von einem Ding, das aus dem Blickfeld verschwunden ist, dennoch zu wissen, dass es vorhanden ist. Das Spiel wird also ab jetzt von den inneren Bildern eines erkannten Zusammenhanges geleitet und dieser systematisch erkundet. Eine neue Stufe ergibt sich mit Ende des zweiten Lebensjahres, wenn das Spiel Symbolcharakter gewinnt.

Zwar hat Melzoff[20] schon früh belegt, dass Neugeborene bereits einfache Mimik nachahmen können, die initiative Fähigkeit zum nachahmenden Spiel, das einfache Handlungsabläufe verknüpft und Gegenständen wechselnde Bedeutung verleiht, entwickelt sich jedoch erst mit dem dritten Lebensjahr und gewinnt in der Folge komplexere Abläufe. Es zeigt sich also bei der Entwicklung des Spielverhaltens eine polare psychische Dynamik zwischen dem frühen, durch Wahrnehmungen von außen angestoßenen hantierenden Spiel und dem durch eigene Vorstellungen geprägten, von innen angeregten Symbolspiel.

Aus der Synthese dieser beiden Ansätze resultiert die Fähigkeit, im Spiel ab dem fünften Lebensjahr äußere Gegebenheiten und eigene Ansätze variationsreich und kreativ miteinander zu verbinden, und damit die Grundlage zum eigeninitiativen Lernen nicht nur in einem inklusiven Milieu.

Lernstrategien

Die Priorisierung des Lernens in eigener Regie, eines Lernweges also, der vom Tun aus eigener Initiative über das Bewerten des Ergebnisses zu einer allgemeinen Einsicht führt, stellt die Basis der Waldorfpädagogik dar. Populär wurde sie auf dem Gebiet der Erwachsenenbildung.[21] Andererseits gibt es Lernprozesse im technischen Bereich, z.B. beim ersten Gebrauch eines neuen Gerätes, bei denen es ratsam ist, jeden Schritt zunächst sorgfältig zu durchdenken, abzuwägen und danach erst durchzuführen. Im Sinne der hier dargestellten dynamischen Polaritäten führt der erste Weg von den Gliedmaßen zum Kopf und der zweite umgekehrt vom Kopf zu den Gliedmaßen. Aufgrund seiner individuellen Veranlagung zeigt der Einzelne mehr Neigung zu dem einen oder anderen Weg. Eine einseitige Tendenz kann sich bereits in früher Kindheit zeigen, etwa wenn das eine Kind vorwiegend über Ausprobieren zu neuen Erfahrungen kommt und das andere Kind erst durch längeres Beobachten und Nachdenken. In der Schule können sich diese Einseitigkeiten auch als Lernhindernisse zeigen, entweder an der Beschäftigung mit den Details hängenzubleiben und schwer zum Verstehen des Ganzen zu kommen oder sich mit dem Überblick zu begnügen und die Details gar nicht zu erfassen. Michaela Glöckler beschreibt pädagogische und medizinische Handhabungen, die auf den dynamischen Polaritäten beruhen und das Prinzip verfolgen, das Kind dort abzuholen, wo es steht, und über die Mitte zum anderen Pol zu führen.[22]

Zusammenfassung

Mit diesem Beitrag sollte dargelegt werden, dass die Inklusionspädagogik mit ihrem gesellschaftlichen Anspruch, vom gesunden Gemeinschaftsmilieu aus jedes einzelne Kind zu erreichen, kompetenter Fachleute bedarf, die neben der Regie des gemeinschaftlichen Unterrichtsgeschehens einen geschulten Blick für die individuelle Situation jedes Kindes entwickeln können – eine Kompetenz, die dann grundsätzlich allen Kindern zugute kommt. Die rechtliche Gleichheit, die die inklusive Schule erreichen will, ist gebunden an die Fähigkeit, den Blick für das Individuum zu schärfen.

Anmerkungen und Literatur finden sich auf S. 745ff.

DIETLIND GLOYSTEIN

DER ZUSAMMENHANG VON HÖR- UND SPRACHVERARBEITUNG, KOMMUNIKATION, LERNEN UND VERHALTEN

In diesem Beitrag wird es nicht darum gehen, ob ein Kind hören kann, sondern vielmehr darum, was es tatsächlich hört, wodurch möglicherweise seine auditive Wahrnehmung beeinträchtigt ist, wie es mit seiner Umwelt kommuniziert und weshalb es unter Umständen in seiner Schule als verhaltensauffällig gilt. «Verstehst du mich nicht? Hörst du mir überhaupt richtig zu?» Dieser Verdacht wird in Schulen oder Familien oft ausgesprochen. Häufig klingt ein dezenter Vorwurf mit, als ob das angesprochene Kind absichtlich nicht richtig zuhöre. Aber es schwingt auch die Überlegung mit, dass das Kind aufgrund irgendeiner Störung die an es gerichtete Aufforderung tatsächlich nicht gehört hat. Manchmal werden Verständnisprobleme von den Betroffenen[1] selbst und von der Umwelt auch gar nicht bemerkt, weil die Begleitsymptome in Form von Sprachentwicklungsverzögerungen, Rechtschreibstörungen, Verhaltensauffälligkeiten oder psychische Erkrankungen als ursächliches Problem gedeutet werden.

Kinder und Jugendliche fallen in Bildungseinrichtungen zunehmend als auditiv unaufmerksam, unkonzentriert und geräuschempfindlich auf. Sie gelten als schlecht in Beziehungsgeflechte ihrer jeweiligen Kohorte integriert. In Gruppensituationen werden unzureichende Filterfähigkeiten, Sprachverständnis-, Kommunikations- und Rechtschreibprobleme angemahnt. Aber auch Erzieher und Lehrer selbst klagen im Gespräch über Störungen der eigenen Hörfunktionen wie Ohrgeräusche (Tinnitus) sowie Interaktionsprobleme und Erschöpfungszustände.

Diese Problematik wirft folgenden Fragenkomplex auf: Inwieweit handelt es sich hier um ein neues oder möglicherweise ein zu wenig beachtetes Phänomen? Welche Rolle spielen dabei Umwelt- und Gesundheitsfaktoren, z.b. Lärmbelästigung? Gibt es im Kontext allgemeiner schulischer Gesundheitsförderung und Prävention wirksame Maßnahmen?

Während üblicherweise – auch in Förderprogrammen – davon ausgegangen wird, dass eine verzögerte oder gestörte Sprachentwicklung und / oder ein bestehender Migrationshintergrund ursächlich für Schwierigkeiten im Sprachverstehen, einer eingeschränkten Kommunikations- und Dialogfähigkeit und / oder für LRS-Probleme zu sehen sind, wird in diesem Beitrag der Fokus auf die Erfassung, Weiterleitung und Verarbeitung auditiver Informationen gelegt. Im Rahmen sonderpädagogischer Diagnostik konnten verschiedene Erscheinungsformen von Hör-, Sprach- und Kommunikationsbeeinträchtigungen identifiziert werden. Die hier zugrunde liegenden Falldaten stammen aus Überprüfungen im Rahmen von sonderpädagogischen Feststellungsverfahren an Berliner Schulen aus den Jahren 2012 und 2013. In diesem Zeitraum wurden 83 Grundschulkinder im Bezirk Pankow bezüglich eines Anspruchs auf ein sonderpädagogisches Bildungsangebot im Bereich emotional-soziale Entwicklung hin überprüft. Dabei gilt es laut *Leitfaden zur Feststellung des sonderpädagogischen Förderbedarfs an Berliner Schulen*[2] zu klären, inwieweit ein sonderpädagogischer Förderbedarf vorliegt und, falls ja, ob es aufgrund individueller Lernvoraussetzungen besonderer Stütz- und Fördermaßnahmen bedarf. Von einem sonderpädagogischen Förderbedarf im Schwerpunkt «emotionale und soziale Entwicklung» ist gemäß der bestehenden «Sonderpädagogikverordnung von Berlin»[3] und in Anlehnung an den Ausführungen der Kultusministerkonferenz «auszugehen ... bei Kindern und Jugendlichen mit Beeinträchtigungen der emotionalen und sozialen Entwicklung, des Erlebens und der Selbststeuerung ..., wenn sie in ihren Bildungs-, Lern- und Entwicklungsmöglichkeiten so eingeschränkt sind, dass sie im Unterricht der allgemeinen Schule auch mithilfe anderer Dienste nicht ausreichend gefördert werden können».[4] Beeinträchtigungen im Erleben und sozialen Handeln werden dabei nicht als unveränderliche Eigenschaft der Persön-

lichkeit betrachtet, sondern sind «als Folge einer inneren Erlebens-
und Erfahrungswelt anzusehen, die sich in Interaktionsprozessen
im persönlichen, familiären, schulischen und gesellschaftlichen
Umfeld herausbildet».[5] Sie unterliegen «Entwicklungsprozessen,
die durch veränderbare, außerindividuelle Gegebenheiten beeinflusst werden können».[6] In der Konsequenz bedarf eine Erhebung
der pädagogischen Ausgangslage von Kindern und Jugendlichen
mit Förderbedarf im Bereich der emotionalen und sozialen Entwicklung der Darstellung von komplexen Wechselwirkungen
zwischen individueller Persönlichkeitsentwicklung und sozialer
Umwelt. Eine aussagekräftige Diagnose erfordert demzufolge
eine umfassende und hypothesengeleitete Kind-Umfeld-Analy-
se unter Anwendung vielfältiger diagnostischer Mittel wie Gespräche mit allen involvierten Personen (Erziehungsberechtigte, Kind / Jugendlicher, Lehrkräfte, Erzieher, Therapeuten etc.),
unterschiedlicher Formen der Beobachtung (im Rahmen von
Unterrichtshospitationen, in Einzelsituationen, im freien Spiel,
im Umgang mit Gleichaltrigen und Erwachsenen etc.), Überprüfungen verschiedener Entwicklungs- und Leistungsstände (z.B.
Screenings zur Überprüfung von Wahrnehmung und Motorik,
Sprach-, Schreib- und Leseentwicklung etc.) sowie einem Akten-
studium.

Nach Bedarf müssen weitere diagnostische Verfahren eingesetzt werden. So wurden im Rahmen der hier vorzustellenden
Überprüfungsergebnisse bei 21 Kindern auch Reinaudiogramme
und bei 50 Kindern ein dichotischer Sprachtest durchgeführt. Die
Hör- und Sprachüberprüfungen zeigten sich als notwendig bei
Kindern, bei denen als Vorinformation Hinweise auf Auffälligkeiten in den Bereichen Aufmerksamkeitsspanne, Geräuschloka-
lisation, Regulationsschwierigkeiten bei Störschall, Verdacht auf
Vorliegen von hypersensitivem Hören, Sprach- und Aufgabenver-
ständnis, Kommunikationsschwierigkeiten, Rechtschreibprobleme sowie gesundheitliche Beschwerden vorlagen.

Anhand der durchgeführten sonderpädagogischen Überprüfungen in Form von Beobachtungen, Gesprächen, individuellen
Überprüfungen und Aktenlagen konnten folgende Entwicklungs-

stände und Erscheinungsbilder in den Bereichen Hör-, Sprach- und Kommunikationsfähigkeiten herausgearbeitet werden. Sie werden an dieser Stelle mithilfe kurzer Fallbeispiele und Erläuterungen eingeführt und können sowohl dem Bereich des Hörens, Teilbereichen auditiver Wahrnehmungsverarbeitung als auch dem Aspekt belastender Umweltfaktoren zugeordnet werden. Beginnen wir im Bereich der auditiven Wahrnehmung mit einigen grundlegenden Hinweisen über die Aufgabe des auditiven Systems und zu ausgewählten und für diesen Beitrag relevanten Funktionsbereichen der auditiven Wahrnehmung und ihrer Verarbeitung. Zu den umfassenden Leistungen des auditiven Systems gehören nach Lauer[7] die Verarbeitung von Lautstärke, Tonhöhe und zeitlicher Verhältnisse, die Lokalisation von Schallquellen sowie die Verarbeitung von Musik und Sprache.

Auditive Aufnahme / Aufmerksamkeit

Im Folgenden wird aus Platzgründen auf eine differenzierte Darstellung verschiedener Teilfunktionen der auditiven Wahrnehmung verzichtet und auf die umfangreichen Ausführungen von Norina Lauer[8] verwiesen. Der Fokus wird an dieser Stelle auf die Basis aller auditiven Teilfunktionen gelegt, nämlich die Aufmerksamkeit. Der Bereich der Aufnahmefähigkeit umfasst die Leistung des Hörsystems, sich auditiven Reizen zuzuwenden und diese bewusst wahrzunehmen. Er bildet die Basis für die weiteren auditiven Teilfunktionen wie Speicherung, Selektion, Differenzierung usw. Ohne diese Aufnahmeleistung ist keine komplexe Hörverarbeitung möglich. Dies zeigt sich neben der Hörverarbeitung auch in den sprachlichen Fähigkeiten des Kindes. Es wird unterschieden zwischen ungerichteter und selektiver Aufmerksamkeit, die im engen Zusammenhang zur Konzentration steht. Eine gerichtete Aufmerksamkeit bedeutet, sich gezielt der Lehrerstimme zuzuwenden und Störschall, z.B. in Form von Klassengeräuschen, auszublenden. Dies wird umso schwieriger, je mehr Nebengeräusche vorhanden und je komplexer diese sind.[9] Bei einer noch nicht abgeschlossenen kindlichen Entwicklung oder einer auditiven Aufmerksamkeitsstörung ist es nicht möglich, die Aufmerksamkeit kurz- oder langfristig in Bezug auf auditive Reize zu erhalten.[10] Betroffene Kinder können sich oft nicht lange genug auf auditive Reize konzentrieren, um diese aufzunehmen und zu verarbeiten. Kinder, die die Aufmerksamkeitsspanne nicht lange halten können, sind leicht ablenkbar.

Erste Auswertungen der sonderpädagogischen Berichte in den Jahren 2012 und 2013 im Bezirk Pankow ergaben, dass von 83 Kindern 35 Kinder unter allgemeinen Aufmerksamkeitsproblemen und mindestens 15 weitere Kinder unter auditiven Schwierigkeiten im genannten Funktionsbereich leiden (lt. Aussagen der Lehrer und Eltern). Bei 61 Kindern wurden in der Antragstellung Probleme in der Konzentration genannt. 39 Kinder zeigten bei der Sprachüberprüfung Auffälligkeiten in der Fähigkeit der Selektion bzw. Figur-Grund-Wahrnehmung. Den Protokollbögen ist zu entnehmen, wie schwer es den Kindern zum Teil fiel, die auftretenden Störgeräusche auszublenden. Einige Kinder schienen die Hintergrundgeräusche vordergründig zu hören.

Lautheitsempfinden

Auch die Lautstärkeempfindung ist eine Funktion der auditiven Wahrnehmung und Verarbeitung. Im Rahmen der sonderpädagogischen Diagnostik im oben genannten Überprüfungszeitraum lernte ich 12 Kinder kennen, die unter einer Geräuschüberempfindlichkeit leiden. Die sogenannte Hyperakusis kommt bei Schulkindern im Kindesalter nach Rosenkötter[11] in 5 – 9 Prozent der Fälle vor. Dabei empfinden die Kinder den Schulalltag oft als zu laut. In besonderen Lärmsituationen halten sie sich schützend die Ohren zu. Bedingt durch den Aufmerksamkeitsverlust «schalten sie schnell ab» und ziehen sich aus dem Unterrichtsgeschehen und dem Sozialkontakt zurück. Häufig reagieren sie jedoch auf eine Geräuschüberlastung mit Bewegungsunruhe oder Übertönen der Störgeräusche. Neben Überempfindlichkeiten gegenüber Geräuschen beschreiben Kinder auch ein Missempfinden bei Tönen, Klängen, Stimmen und Hintergrundgeräuschen. Als Ursache einer Hyperakusis wird in der Literatur die «(familiäre) Veranlagung» bezüglich einer Hörempfindlichkeit genannt.[12] Auch eine nicht ausreichende Filterfähigkeit kann der Grund für eine auftretende Reizüberflutung sein. Gesundheitliche Belastungsfaktoren spielen ebenfalls eine Rolle. So erscheinen Kinder, deren Mittelohrerkrankungen mit Paukenröhrchen behandelt wurden, als sehr geräuschempfindlich.[13] Im Rahmen der 83 durchgeführten Feststellungsverfahren gaben 29 Erziehungsberechtige an, dass ihr Kind in der frühen Kindheit unter häufigen HNO-Infekten und Mittelohrentzündungen gelitten habe. 14 betroffene Kinder wurden bis zu dreimal operativ mit Paukenröhrchen behandelt.

Hören – Hörminderung – Tinnitus

In den gut dokumentierten Überprüfungen konnten Auffälligkeiten im Bereich Hören festgestellt werden, sei es in Form von Hörminderung, u.a. aufgrund von Schallleitungsstörungen oder auch durch bestehende Ohrgeräusche (Tinnitus) in Form von permanent oder temporär auftretendem Rauschen oder in Form von Pieptönen.

Fallbeispiel: In der Vorbereitung zur Hörüberprüfung bei einem zehnjährigen Jungen der 4. Klasse fiel auf, dass er die laut tickende Uhr im Überprüfungsraum nicht hörte. Sie hing direkt über seinem Kopf. Sein Kommentar: «Die Uhr musst du nicht wegnehmen. Die ist kaputt. Sie tickt ja nicht.»

Seit der 1. Klasse fiel der Junge im Unterricht durch eine geringe Aufmerksamkeitsspanne und Konzentrationsfähigkeit auf. Er schien schnell frustriert und wurde mit zum Teil extrem impulsiv-aggressiven Verhaltensweisen und Probleme im Lernen beschrieben. Deutlich wurden eine laute Aussprache und wenig Gefühl für sprachliche Feinheiten. Immer wieder versuchte er sich am Unterrichtsgespräch zu beteiligen, beschränkte sich dabei aber vorwiegend auf das Nachsprechen von einzelnen Wörtern (Echolalie). Während der Pausen suchte er den Kontakt zu seinen Mitschülern, die ihn jedoch ignorierten. Auch ein Schulwechsel brachte keine Veränderung. Der Junge gilt auch in der «neuen» Grundschule als sehr verhaltensauffällig. Er selbst fühlt sich allein gelassen und unverstanden. Durch die Überprüfung konnte herausgearbeitet werden, dass er seit der frühen Kindheit unter häufigen Infekten im HNO-Bereich und mittlerweile chronischen Entzündungen des Mittelohrs sowie einer Schwerhörigkeit leidet. Dass bei einem operativen Eingriff der Gehörgang des linken Ohres durch eine Prothese ersetzt wurde, war der Schule bis dahin nicht bekannt.

Ein wesentlicher Faktor für den Schulerfolg ist ein ausreichendes Hörvermögen. Schon ein geringer Grad der Hörminderung (26 bis 40 dB) kann zum schlechten Verstehen von leiser oder entfernter Sprache führen. Bei einem mäßigen Hörverlust (41 bis 55 dB) kann Flüstersprache nicht gehört werden. Es treten Probleme beim Verstehen von normaler Sprache auf. Besonders unter Störgeräuschen fällt es dann schwer, Sprache zu verstehen.

Die Auswertung der sonderpädagogischen Überprüfungsberichte ergab bei 19 Kindern Hinweise auf eine leichte bis mäßige Hörminderung. Zahlreiche Kinder klagten bei der Überprüfung über Anzeichen eines akuten bis länger andauernden Tinnitus. Auch jüngere Kinder konnten in der Befragung ihr Ohrgeräusch (Rauschen, Piepen, hoher Ton) sehr differenziert beschreiben und Angaben über das Auftreten (dauernd oder bei Anstrengung, in Ruhezeiten, im Liegen) machen.

Bei der schulärztlichen Einschulungsüberprüfung des Schuljahres 2011/12 im Bezirk Pankow war der Hörtest bei 207 von 3230 Kindern auffällig. Das entspricht 6,4 % aller Einschulungskinder. 2,8 % der betroffenen Kinder befanden sich in ärztlicher Behandlung. Für zwei Kinder wurde eine sonderpädagogische Förderung im Bereich Hören beantragt. Bei sechzig weiteren Kindern konnten mangelnde Mitwirkung bei der Untersuchung oder bei Hörgeräteträgern keine Überprüfungen vorgenommen werden.[14] Im Schuljahr 2012/13 betrug der Anteil der Kinder mit auffälligem Befund innerhalb der Hörüberprüfung schon 7 %.[15]

Lärm in Schulen

Auch Umweltfaktoren wie Schullärm können die oben beschriebenen Entwicklungsbesonderheiten im Bereich der Hör-, Sprach- und Kommunikationsfähigkeiten sowie im Bereich Verhalten verstärken. Unter dem Stichwort «Lärm als Belastungsfaktor für Lehrer und Lernen»[16] findet zunehmend ein Umweltaspekt Beachtung. Unter Lärm verstehen wir Geräusche, Töne oder Stimmen, die als unangenehm oder störend empfunden werden oder gesundheitsschädigend wirken. Ob wir Geräusche als Lärm wahrnehmen, hängt sowohl von unserem eigenen Hörempfinden als auch von der Intensität und Einwirkzeit des Störgeräusches ab. Eine schlechte Raumakustik, wie wir sie häufig in halligen Klassenräumen und Schulmensen vorfinden, erzeugt einen zusätzlichen Geräuschpegel. Die wichtigste Messgröße in der Raumakustik ist die Nachhallzeit, die angibt, wie lange der Schall «nachklingt». Bei einer zu langen Nachhallzeit werden Sprachsilben durch andauerndes Abklingen der vorherigen Silben maskiert, und die Sprache verliert an Klarheit.[17] Unter den weitreichenden Folgen für die stattfindenden Kommunikationsprozesse leiden sowohl die Kinder als auch die Pädagogen. Besonders betroffen sind geräuschempfindliche Kinder, Kinder mit Lautunterscheidungsschwierigkeiten und Kinder mit schlechter Filterqualität.[18] Aber auch Kindern mit einem Migrationshintergrund kann das Zuhören in Räumen mit Nachhall und Störgeräuschen extrem schwerfallen. «Das Zuhören unter derartigen Bedingungen erfordert, dass Hintergrundgeräusche ausgeblendet und unvollständige Informationen kontinuierlich ergänzt werden.»[19] Aufmerksamkeit, Hör- und Sprachfertigkeiten werden hierbei stark beansprucht – gerade Fähigkeiten, die bei Kindern noch nicht ausreichend entwickelt sind. Alternative Lernformen heben den Lärmpegel noch an, da die Raumakustik in den meisten Schulen noch aus dem «Einer-redet-der-Rest-hört-zu-Zeitalter» stammen. Zu den weiteren typischen «Lärmbereichen» in Schulen zählen Flure, Pausenhallen, Turnhallen, Werkräume und – im Zuge der Einführung neuer Ganztagsschulen – zunehmend auch die Mensen und Cafeterien.

Umweltlärm

Kinder, die wie in Pankow in Einflugschneisen zu Flughäfen leben, haben besonders unter Fluglärm zu leiden. Deutlich erhöhte Flugbewegungen am Morgen und Nachmittag beinträchtigen die schulische Leistungsfähigkeit von Kindern. Lärmforscher halten es für besonders problematisch, dass jedes einzelne Flugzeug ein Schallereignis darstellt, welches den kindlichen Tageslauf jedes Mal unterbricht. Wenn Kinder sich beim Lernen konzentrieren wollen, müssen sie den Flugzeuglärm ausblenden. Dies gelingt dem kindlichen Gehirn aber noch nicht so gut. Deshalb muss das Kind immer wieder entscheiden: ‹Konzentriere ich mich auf das Flugzeug oder den Lerninhalt?› In einer internationalen Großstudie sind die negativen Folgen von Flugzeuglärm für Schulkinder nachgewiesen worden. Besonders die Lese- und die Gedächtnisleistung scheinen beeinträchtigt, wenn die Schulen in einem fluglärmbelasteten Gebiet liegen. Aber auch Konzentrationsvermögen und Motivation bleiben auf der Strecke.[20]

Auch Verkehrslärm beeinträchtigt das Lernen von Kindern. Straßenverkehrslärm gilt mittlerweile als häufigste Quelle für Lärmbelästigungen. Bedingt durch den morgendlichen Berufsverkehr verursachen Verkehrsgeräusche besonders in den ersten Unterrichtsstunden eine erhöhte Lärmbelästigung. Zum Schutz vor schädlichen Umwelteinwirkungen dürfen durch die Verkehrslärmschutzverordnung[21] festgelegten Grenzwerte nicht überschritten werden. Um Schulen an verkehrsreichen Straßen vor Lärmbeeinträchtigungen zu schützen, werden zunehmend Schallschutzfenster eingebaut oder zumindest Geschwindigkeitsbegrenzungen verordnet. Gerade im Sommer nützen diese Vorkehrungen jedoch wenig, wenn Kinder bei geöffneten Fenstern dem lehrerzentrierten Unterricht der Hauptfächer folgen. Besonders Unterrichtskommunikation und Konzentration scheinen durch die beeinträchtigende Wirkung von Straßenverkehrslärm störanfällig zu sein. In Laborexperimenten[22] wurde der Einfluss von Verkehrsgeräuschen auf die Sprachverständlichkeit untersucht. Dabei orientierte man sich insbesondere an den Einflussgrößen Befindlichkeit, Belastung und Beanspruchung der Hörer während des Verstehensprozesses. Im Ergebnis konnte der störende Einfluss von Verkehrsgeräuschen auf das Sprachverständnis und die Bewertungsparameter Bewältigung und Konzentration und damit auf den Prozess des Verstehens nachgewiesen werden.

Schlussfolgernd wird die Qualität der Kommunikation im Unterricht durch Faktoren wie Lautstärke des Sprechers, Entfernung des Hörers, Nachhall und Störgeräusche wie Straßenverkehrslärm beeinflusst. Kommen dann noch Baulärmgeräusche hinzu, verursacht durch zum Teil mehrere Jahre dauernde Grundsanierungen der Schulgebäude, die mittlerweile während des laufenden Schulbetriebes durchgeführt werden, kommt man zu dem Schluss, dass die gesamte Schulgemeinde zunehmend unter lärmbedingten Problemen im Informationsaustausch zu leiden hat. Aber gerade Kinder mit Hör-, Aufmerksamkeits-, Konzentrations- und Kommunikationsproblemen sind besonders davon betroffen. Häufig sitzen sie, um die Konzentration besser halten zu können, in der «Fensterreihe» an der «frischen Luft», können aber bei geöffnetem Fenster und hohem Verkehrslärm das Augenmerk auf das Unterrichtsgespräch nicht lange richten. Da ist es gut nachvollziehbar, dass sie zu träumen anfangen oder sich anderen Dingen zuwenden. Nur leider erkennt kaum ein Lehrer den Zusammenhang und sieht die Unaufmerksamkeit des Schülers eher in seinen mangelnden Fähigkeiten als in den störenden Umweltbedingungen begründet. Wohnt das Kind dann auch noch an einer stark befahrenen Haupt- oder Durchgangsstraße (wovon mehr Kinder aus Familien mit niedrigem Sozialstatus betroffen sind) und ist sein Zimmer womöglich zur Straße ausgerichtet, verstärken sich die Konzentrations- und Verständnisprobleme, da die betroffenen Kinder häufig unter Schlafstörungen und gesundheitlichen Folgen zu leiden haben.

ADHS – ADS – HKS

Entwicklungsstörungen und physische Erkrankungen, aber auch belastende Faktoren aus dem sozialen Umfeld können die beschriebenen Entwicklungsbesonderheiten verstärken. Zu den häufigsten aus kinder- und jugendpsychiatrischer Sicht definierten «Erkrankungen»[23] zählt die Aufmerksamkeitsstörung mit und ohne Hyperaktivität. So lag auch bei der Auswertung der sonderpädagogischen Gutachten in 45 der 83 Fälle ein jugendpsychiatrischer Bericht mit der Diagnose «Aufmerksamkeitsstörung» vor. 32mal wurden als Begleiterkrankungen Lese-Rechtschreib-Störungen sowie 25mal Einschränkungen in der Hör-, Sprach- und Wahrnehmungsverarbeitung genannt. In den Berichten fanden sich zahlreiche Hinweise bezüglich auditiver Modalitäten wieder, z.B. Hörminderungen aufgrund einer Schallleitungsschwerhörigkeit, Verdacht auf Hörminderung, Probleme in der auditiven Wahrnehmung, Störungen der auditiven Aufmerksamkeit und Merkfähigkeit, auditive Verarbeitungs- und Wahrnehmungsstörungen (AVWS), Auffälligkeiten in der auditiven Aufmerksamkeit, Aufmerksamkeitskontrolle und Daueraufmerksamkeit etc. Eine therapeutische oder pädagogische Entsprechung fanden all die Diagnosen im Bereich Hören und auditiver Wahrnehmungsverarbeitung jedoch nicht. Aufgrund der jährlich ansteigenden Krankheitshäufigkeit und der damit einhergehenden Verbreitung der Medikamentengabe soll an dieser Stelle ein kritischer Blick auf die Sinnhaftigkeit der Diagnosevergabe gerichtet werden.

Bei 3 – 5 Prozent aller Kinder in Deutschland geht man nach Lempp[24] vom Vorliegen einer Aufmerksamkeitsstörung aus. ADHS zählt damit zu den häufigsten Erkrankungen dieser Altersgruppe. Jungen sind viermal häufiger betroffen als Mädchen. Aktuelle Zahlen besagen, dass in Deutschland ein Fünftel aller im Jahr 2000 geborenen Jungen schon die Diagnose ADHS gestellt bekam.[25] Die Erkrankung gilt als nicht heilbar, aber behandelbar. Die Diagnose einer Aufmerksamkeitsstörung ist laut ICD 10, dem weltweit verwendeten Diagnoseklassifikationssystem für psychische Störungen, definiert durch eine geringe Fähigkeit der selektiven Aufmerksamkeit, durch eine erhöhte Ablenkbarkeit und durch Impulsivität. Die genannten Symptome sollten länger als sechs Monate andauern und schon vor dem sechsten Lebensjahr bestehen. Folgende Abkürzungen sind in Gebrauch: ADS (Aufmerksamkeitsdefizitsyndrom), ADHS (Aufmerksamkeitsdefizit-Hyperaktivitätsstörung), HKS (hyperkinetische Störung, entspricht ADHS in der ICD 10 Klassifikation). Die häufigsten Begleiterscheinungen umfassen laut Lempp[26] Störungen des Sozialverhaltens und umschriebene Entwicklungsstörungen, wie LRS, Rechenschwäche, motorische Entwicklungsstörung, Sprachstörung. Begleitende Wahrnehmungsstörungen oder Anzeichen einer Hör- oder Sehstörung werden am häufigsten übersehen. Eine multimodale Therapie wird empfohlen. Sie umfasst Aufklärung und Beratung, Verhaltenstherapie, Elterntraining und gegebenenfalls eine medikamentöse Therapie. In der Praxis erfolgt die Behandlung häufig in Form einer Pharmakotherapie (Methylphenidat) und wird ergänzt durch eine Ergotherapie und / oder integrative Lerntherapie.

Kritisch wird in der Fachwelt angemerkt, dass aufgrund einer großzügigen Diagnostizierung die Diagnosevergabe bei sogenannten «psychischen Erkrankungen» wie ADHS als unscharf gilt. Oftmals wird das «Störungsbild» auf Grundlage einer Abfrage von Verhaltenskategorien durch Eltern und Lehrern erstellt.[27] Das Abarbeiten standardisierter Checklisten verstellt den ganzheitlichen Blick auf das Kind und seine Lebensumstände. Die schnelle Diagnostik in Verbindung mit einer Medikamentenvergabe steht dabei im Vordergrund. Offen wird mittlerweile davon gesprochen, dass Ärzte ihre jungen Patienten «aufdiagnostizieren»,[28] um dem Druck von außen nachzugeben. Zahlreiche Eltern beharren auf der Vergabe der Diagnose «nicht heilbare Krankheit», weil eine Erziehung und Förderung, die sich auf die Verteilung von Medikamenten beschränkt, einfacher und weniger mühsam ist. Die Schule drängt auf das Etikett, um zusätzliche Ressourcen für die Förderung aufzutreiben. So werden die dringenden Bedürfnisse der Kinder nach Entwicklungsbegleitung und Förderung oft nicht erkannt. Die Medikamenteneinnahme verstärkt zum Teil bestehende Entwicklungsbesonderheiten. Die Folge sind zunehmende Leistungseinbrüche, sich entwickelnde Verweigerungshaltungen und Verhaltensauffälligkeiten. Vor diesem Hintergrund sind Gegenstimmen zu verstehen, die im Aufmerksamkeitsdefizitsyndrom nicht eine Krankheit, sondern vielmehr die soziale Konstruktion von Verhaltensstörungen sehen.[29]

Schluss

Die Grundfrage in der Diagnostik lautet: Wird sie dem Kind helfen oder möglicherweise schaden?[30] Und wenn sie dem Kind schadet, wem nützt sie dann? Dieser Beitrag soll darauf aufmerksam machen, dass viele kategorisierende Diagnosen zu grob erscheinen, reduziert auf einzelne Problembereiche ausgerichtet sind und in der Problemfokussierung verharren. In der Auswertung sonderpädagogischer Feststellungsverfahren im Bereich der emotional-sozialen Entwicklung und Erleben fiel auf:

Zahlreiche Kinder weisen zum Teil massive Auffälligkeiten im Hören, in der auditiven Wahrnehmungsverarbeitung, in Kommunikation und im Verständnis auf, die jedoch an keiner Stelle ausreichend thematisiert wurden. Schwierigkeiten in der sprachlichen und emotional-sozialen Entwicklung sowie beim Erlernen der Kulturtechniken können Folgen dieser nicht erkannten Entwicklungsgrundproblematik sein.

Eine Orientierung auf Krankheit und spezifischen Förderbedarf verhindert den ganzheitlichen Blick auf das Kind und die umgebungsbedingten Faktoren, welche die Symptome ebenfalls beeinflussen können. Schnell gestellte Pauschaldiagnosen im Rahmen sonderpädagogischer Feststellungsverfahren und kinder- und jugendpsychiatrischer Überprüfungen erzählen uns nicht die ganze Geschichte einer einzigartigen, individuellen Entwicklung. Wichtige Informationen, die für eine passgenaue und nachhaltige Entwicklungs- und Lernförderung notwendig sind, gehen durch diese Form der Diagnostik verloren oder werden gar nicht erst erhoben. Eine Diagnose sollte im Sinne einer prozess-

und entwicklungsorientierten Diagnostik nur einen Teil einer umfassenden Entwicklungs- und Lernbegleitung ausmachen, ist in der Praxis an Schulen aber weiterhin der beherrschende Teil des Verfahrens.

Auf Grundlage der zahlreich und oftmals voreilig gestellten stigmatisierenden Diagnose ADHS wird häufig ein pädagogischer Förderplan erstellt, der wenig an den Entwicklungs- und Lernbedürfnissen des Kindes orientiert ist. Früh zu diagnostizieren und mit Medikationstherapie zu beginnen, empfiehlt sich nicht. Anzeichen einer sogenannten ADHS-Symptomatik sind auch gegeben, wenn von Stressreaktionen auf Umstände in der Familie, unter Gleichaltrigen und in der Schule auszugehen ist. Dazu zählen auch die beschriebenen Entwicklungsbesonderheiten in der Hör- und Wahrnehmungsverarbeitung, die eine Verständigung und Kommunikation mit Familienangehörigen und Gleichaltrigen erheblich stören können, was durch massive Lärmeinwirkungen in Form von Nachschall, Bau-, Straßen- und Flugzeuglärm noch einen verstärkenden Effekt erfährt. Häufig klingt zumindest ein Teil der Symptome wieder ab, wenn die stressenden Faktoren reduziert werden können.

In Zeiten inklusiver Schulentwicklung findet immer noch eine «Verbesonderung» einzelner Kinder statt. Das Entstehen von Verhaltens- und Lernproblemen wird fast ausschließlich den mangelnden Leistungsvoraussetzungen des jeweiligen Kindes zugeschrieben. Kaum Beachtung findet weiterhin ein wenig förderliches Umfeld, sei es die zögerliche politische Umsetzung des Inklusionsgedankens, der bauliche Zustand der Schule, das wenig inklusionsbereite Kollegium, das zerstrittene Elternpaar oder der jahrelange Baulärm bei der Schulsanierung (natürlich im laufenden Betrieb nebst Flug- und Straßenlärm). Im Rahmen von Gesundheitsförderung und lebenslangem Lernen bedarf es der Entwicklung und verbindlichen Bereitstellung von Präventivprogrammen für Lerngruppen in den Bereichen der Bewegungs-, Wahrnehmungs-, Sprach- und Sozialkompetenz sowie professionell ausgebildeter Lehrkräfte, welche die Passung zwischen den unterrichtlichen Lernangeboten und den verschiedenen individuellen Entwicklungs- und Lernausgangslagen in Einklang bringen.

Schulisches Lernen beruht in hohem Maße auf mündlicher Kommunikation. Komplexe sprachliche Mitteilungen müssen aufgenommen, gedanklich verarbeitet und im Gedächtnis gespeichert werden. Diese Prozesse werden durch auftretende Störgeräusche und Lärm in vielfältiger Weise beeinträchtigt. Kinder sind von diesen Störungen besonders betroffen. Schulgemeinschaften sind daher aufgerufen, anhand einer detaillierten Analyse der «Hörumwelt Schule» Lernbarrieren gemeinsam aufzuspüren und abzubauen.

Lärmbelastungen sind ein zunehmendes Problem in der heutigen Gesellschaft und damit auch in den Schulen. Von zentraler Bedeutung ist es daher, schon frühzeitig in Bildungseinrichtungen für das Thema zu sensibilisieren. Dazu gehört, dass neben den Schülern, den Lehrern und den weiteren pädagogischen Fachkräften auch die Erziehungsberechtigten und die Kooperationspartner in das Schulleben und die schulische Arbeit einbezogen werden und alle gemeinsam am Aufbau einer kinder- und lernfreundlichen «Hörumwelt Schule»[31] mitwirken. Dies kann in Form von Aktionen, z.B. «Tag gegen Lärm», Durchführung von Unterrichtseinheiten «Tatort Ohr», «Zuhören lernen» oder Projekten wie z.B. «die lcisc Schule» geschehen.

Die gesetzliche Regelung zum Recht auf Inklusion als Bildungsauftrag ist ein großer Schritt in die Zukunft. In der Praxis gilt es, die Rahmenbedingungen bereitzustellen bzw. zu schaffen, die den daraus erfolgenden Ansprüchen hinsichtlich einer «Schule für alle» gerecht werden können. Und obwohl die Schule als Ort des Lernens bzw. die Lehrerschaft hinsichtlich reformpädagogischer Veränderungen gefordert sind, kann es nicht den Unterrichtenden allein aufgebürdet werden, sozusagen auf freiwilliger Basis, die Schule so zu verändern, dass das Recht auf inklusive Erziehung und Bildung für alle Schüler Realität werden kann. Das Erziehungs- und Bildungsziel der Inklusion macht neben einem veränderten reformpädagogischen Verständnis – im Sinne einer kind- und entwicklungsspezifischen Pädagogik und Didaktik, die auf der Grundlage menschlicher Entwicklung / Lernen / Behinderung basiert – die Zusammenarbeit und den Kompetenztransfer aller Spezialisten nötig, die im Verlauf der Bildungs- und Schulgeschichte in Fach- und Teilgebiete zerfallen sind.

Fazit: «Die Zukunft eines humanen und demokratischen EBU (Erziehungs-, Unterrichts- und Bildungssystems) liegt nicht in der Pluralität selektierender und segregierender Erziehungs- und Unterrichtssysteme, sondern in der Einheit eines die nahezu unendliche Vielfalt menschlicher Entwicklungs- und Seinsmöglichkeiten fördernden Erziehungs- und Schulsystems!»[32]

Anmerkungen und Literatur finden sich auf S. 747ff.

MICHAEL KNOCH

SCHULISCHE DIAGNOSTIK IM RAHMEN INKLUSIVER SCHULPROZESSE

Seit dem Schuljahr 2003/2004 ist die Freie Waldorfschule Kreuzberg (FWSK) eine Schule mit Integration / Kooperation und heute auf dem Weg zur Inklusion. Das heißt, die erste Klasse, in die Kinder mit sonderpädagogischem Gutachten aufgenommen wurden, ist jetzt in der 11. Klasse.

Was ist für eine Schule ist aus diagnostischer Sicht notwendig, was haben wir an der FWSK im Laufe der Jahre geschaffen, wie hat es sich entwickelt? Präziser: Welche «diagnostischen Stationen» haben wir etabliert?

– Einschulungsuntersuchung (differenziert, je nach Alter einzeln oder in kleinen «Spielgruppen» à sechs Kinder oder mittels Hospitation und Erzieherinnen-Gespräch im Kindergarten)
– «Extrastunde» (Zweitklass-Untersuchung)
– Viertklass-Untersuchung
– ansonsten Einzelanfragen, meistens von Klassenlehrern, aber auch von Eltern, Fachlehrern: Hospitation, Elterngespräch, Untersuchung ...
– Kinderkonferenzen und Beratungen in Eingangsstufenkonferenz, Kooperationskonferenz (= KoKon), Therapeutenkonferenz, Klassenkonferenz, Helferkonferenz.

Wegen der in Berlin gesetzlich vorgeschriebenen Einschulung schon im Alter von möglicherweise nur fünfeinhalb Jahren haben wir an der FWSK seit 2005/2006 als «Eingangsstufe» die sogenannte Kleine Schule eingerichtet, in der die jüngsten – noch gar nicht schulreifen – Schüler in ihren Kindergartengruppen verbleiben können und dort altersgerecht «beschult» werden.[1]

Seit Etablierung dieser Eingangsstufe ist es zu einer intensiven Zusammenarbeit zwischen den mit der Schule als Schulaußenstellen verbundenen Waldorfkindergärten und der Schule gekommen. Die beiden Lehrerinnen, die diese Kindergärten regelmäßig besuchen, können die Kinder über die Zeit sehr genau beobachten. Sie sind im ständigen Austausch mit den Kindergärtnerinnen und lernen die (zukünftigen) Schulkinder sehr gut kennen – eigentlich weit besser, als es uns beim Momentaufnahme-Kennenlernen während einer halbstündigen Einschulungsuntersuchung möglich ist. Bei Bedarf («Problemen», Fragen) werden Eltern und Kindergärtnerinnen zu einer Kinderkonferenz in die Eingangsstufenkonferenz eingeladen.

Die Einschulungsuntersuchung

Für diese erste, auch diagnostische Wahrnehmung der Schulanfänger gehen wir bei unseren Einschulungsuntersuchungen – gleich im Anschluss an die Weihnachtsferien – deshalb viergleisig vor:
1. Kinder, die im Laufe der ersten Jahreshälfte geboren wurden («Frühjahrskinder») und deshalb zur Einschulung voraussichtlich schulreif sein werden, laden wir zur Einschulungsuntersuchung einzeln ein. Parallel zu dieser knapp halbstündigen, von Sonderpädagogin / Förderlehrerin und Schularzt durchgeführten «Untersuchung» findet in einem anderen Raum das Elterngespräch zwischen den Erziehungsberechtigten und einer Klassenlehrerin statt. Wir geben den Eltern erste Eindrücke und Einschätzungen, bei Bedarf auch Therapie- bzw. Förderempfehlungen nach Möglichkeit sofort mit auf den Weg, manchmal auch erst anschließend telefonisch. Wichtig ist die Klärung der Frage, ob wir das Kind für voraussichtlich schulreif erachten, sodass es im Sommer direkt in die 1. Klasse eingeschult werden kann, oder ob doch zunächst ein Jahr in der Eingangsstufe angebracht erscheint (mit anschließender Übernahme in die dann nächste 1. Klasse).
2. Kindern, die im Laufe der zweiten Jahreshälfte geboren wurden («Herbstkinder») und deshalb zur Einschulung voraussichtlich noch nicht schulreif sein werden, muten wir diese Einzelsitua-

tionen nicht zu, zumal wir die Erfahrung gemacht haben, dass die Loslösung von den Eltern (ein Kriterium für «Schulreife») oft noch nicht gelingt. Sind diese Kinder in den mit der FWSK als Schulaußenstellen verbundenen Kindergärten, nehmen wir sie per Hospitation in ihrer Kindergartengruppe wahr. Unsere Hospitationseindrücke ergänzen die Erzieherinnen im anschließenden Gespräch über alle «Vorschulkinder», und am Folgetag führen wir das Gespräch mit den Eltern, die wir dazu in die Schule einladen. 3. Jene «Herbstkinder», die nicht aus unseren Schulaußenstellen kommen, laden wir zu kleinen Spielgruppen (à sechs Kinder) in die Schule ein, um sie wahrnehmen und kennenlernen zu können. Parallel zu dieser Spielgruppenzeit werden die Elterngespräche geführt.

4. Alle Kinder mit sonderpädagogischem Förderbedarf und ihre Eltern lernen wir bereits vor den Weihnachtsferien kennen, und zwar in Einzelsituationen mit etwas mehr Zeit, etwa 45 Minuten.

Eindrücke und Einschätzungen aus diesen Einschulungssituationen werden dokumentiert. Eltern bekommen gegebenenfalls erste Hinweise oder Empfehlungen, insbesondere, wenn es darum geht, die Zeit bis zum Beginn der Schule noch zu nutzen, etwa für entwicklungsfördernde Therapien wie Heileurythmie, Ergotherapie oder Logopädie. Vor den Sommerferien, wenn feststeht, welche Lehrer in den kommenden 1. Klassen unterrichten werden, stellt das Einschulungsgremium anhand der Aufzeichnungen dem zukünftigen Erstklass-Kollegium alle Schüler vor und gibt bereits Hinweise z.B. zur (vermuteten) Linkshändigkeit, möglichen Handikaps oder zu anderen Besonderheiten.

Im Laufe des ersten Schuljahres (1. Klasse) tauchen zu einigen Schülern Fragen auf, die, je nach persönlicher Einschätzung des (Klassen-)Lehrers, an den Heileurythmisten, die Förderlehrerin oder den Schularzt herangetragen werden. Dann erfolgen Hospitationen, evtl. Untersuchungen und Elterngespräche oder auch eine Kinderkonferenz (= Kinderbesprechung).

Fragen aus der «Kleinen Schule» tragen die beiden Wanderlehrerinnen in die Eingangsstufenkonferenz.

«Erste Extrastunde» (Zweitklassuntersuchung)

Die nächste Reihenuntersuchung, bei der alle Schüler einzeln wahrgenommen werden, findet in der 2. Klasse statt. Die Förderlehrerin führt die an Audrey McAllen angelehnte sogenannte «Erste Extrastunde» durch, zu der jeder Schüler einzeln zu ihr kommt.

Hierbei handelt es sich um ein breit angelegtes, an der kindlichen Entwicklung orientiertes Untersuchungsmanual: Der Stand der motorischen Entwicklung (einschließlich die Frage nach persistierenden Reflexen), der Entwicklung der Sinne, des Erfassens der verschiedenen Rechenoperationen und der Buchstaben sind Gegenstand dieser Zweitklassuntersuchung. Anschließend werden die Eltern, der Klassenlehrer und auch die Hortner zum Elterngespräch eingeladen. Gegebenenfalls werden in diesem Elterngespräch Empfehlungen für eventuell weitere eingehende außerschulische Untersuchungen oder Heileurythmie, Förderunterricht u.a. ausgesprochen und bestimmte Maßnahmen oftmals auch gleich vereinbart.

Viertklassuntersuchung

In der 4. Klasse führe ich dann die Viertklassuntersuchung durch. Das Vorgehen orientiert sich an der Viertklassuntersuchung, wie ich sie vor Jahren von der Tübinger Schulärztin Holle Nast kennengelernt habe:

Anfangs stelle ich, um ins Gespräch zu kommen, Fragen zur familiären Situation (Geschwister, bei getrennten Eltern: wo, wie wohnst du?), zur Schule (Lieblingsfach, wie lange dauern Hausaufgaben?), zur Nachmittagssituation (Hortbesuch, Musikinstrument, Termin im Laufe der Woche?), zum Schlaf (Zubettgeh- und Aufstehzeit etc.), zu Medien, zum Essverhalten, und ich frage auch nach Ängsten.

Anschließend spreche ich eine Gedichtstrophe Zeile für Zeile vor und bitte den Schüler, sie nachzusprechen. Es folgt eine kurze

Leseprobe, ich lasse einen Satz aufschreiben, den wir dann gemeinsam auf Fehler durchsehen (Welche Wörter werden groß geschrieben? Woran erkennst du Hauptwörter? etc.), danach stelle ich kleine Kopfrechenaufgaben, bei denen ich mir anschließend erklären lasse, wie der Schüler sie gelöst hat. Die Frage nach Taschengeld und Geburtsdatum schließt diesen ersten Teil ab.

Die körperliche Untersuchung beginnt mit dem Messen von Körpergröße und Körpergewicht und geht dann von Kopf bis Fuß: Mundhöhle und Zähne werden inspiziert, nach Lymphknoten an Kopf und Hals getastet, Wirbelsäule (Krümmung?, Beweglichkeit?), Arme, Beine, Hände und Füße angeschaut, Herz und Lunge abgehört.

Es folgen einfache motorische Übungen wie Einbeinstand und -hüpfen sowie Seilspringen. Das Ertasten verschiedener in einem Sack befindlicher Holzfiguren und ein Puzzle-Holzkreuz, das auseinanderzunehmen und wieder zusammenzusetzen ist, schließen die Untersuchung ab, die insgesamt etwa 45 Minuten (eine Schulstunde) dauert. Die Reihenfolge, in der die Schüler drankommen (in etwa nach dem Alter), lege ich in Absprache mit dem Klassenlehrer fest.

Auch die Viertklassuntersuchung wird in einem Elterngespräch zusammen mit dem Klassenlehrer (und den Horterziehern) «ausgewertet» – dabei handelt es sich um das Zusammentragen meiner Wahrnehmungen mit den Beobachtungen und Einschätzungen aus dem Unterricht, von zu Hause und aus dem Hort, sodass insgesamt ein möglichst rundes Bild des gegenwärtigen Entwicklungsstandes entsteht, aus dem sich gegebenenfalls wieder Empfehlungen ergeben, sei es für die Unterrichts- oder Hortsituation, für die Nachmittags- oder Abendgestaltung oder auch weitergehende therapeutische oder fördernde Maßnahmen wie beispielsweise – in Absprache mit der Förderlehrerin – die Beantragung einer externen Lerntherapie.

Beide Reihenuntersuchungen (Zweit- und Viertklassuntersuchung) werden am Ende der 1. bzw. 3. Klasse den Eltern ausführlich auf einem Elternabend vorgestellt. Für die Viertklassuntersuchung – mit ihrer körperlichen Untersuchung – erbitte ich die schriftliche Einwilligung der Erziehungsberechtigten. Und ich frage dabei auch ab, ob ich die Untersuchung allein mit dem Viertklässler durchführen darf oder ob die Eltern wünschen, dass eine dritte Person (sie selbst, eine Person ihres Vertrauens?) dabei ist.

In folgenden *Konferenzen* an der FWSK geht es (auch und gerade) um diagnostische Fragen:

Eingangsstufenkonferenz
Teilnehmer: Beide Wanderlehrerinnen, Förderlehrerin, Schularzt, und auf Einladung Kindergärtnerinnen, Eltern, Therapeuten ...
Frequenz: jede Woche, 45 bis 60 Minuten.
Themen: Austausch von Beobachtungen aus der «Kleinen Schule» und aus den Kindergartengruppen. Bei Bedarf Einladung zu einer gemeinsamen Kinderkonferenz (mit Eltern und Kindergärtnerin).

Kooperationskonferenz, genannt «KoKon»
Teilnehmer: Klassenlehrer der Integrationsklassen, Förderlehrerin, Heileurythmist, Hengstenberg-Lehrerin, Schularzt, interessierte weitere Lehrer.
Frequenz: jede Woche, 60 bis 75 Minuten.
Themen: Austausch über Fragen der Integration / Inklusion, regelmäßig Kinderkonferenzen (mit Fachlehrern und im Allgemeinen zusammen mit den Eltern), gemeinsame Weiterbildung durch Textarbeit, zurzeit erneut die Lektüre des *Heilpädagogischen Kurses* von Rudolf Steiner.

Therapeutenkonferenz
Teilnehmer: Förderlehrerinnen, Heileurythmist, Hengstenberg-Lehrerin, Schularzt, interessierte weitere Lehrer.
Frequenz: jede Woche (alle zwei Wochen), 60 Minuten.
Themen: Wahrnehmung und Abstimmung, welche Therapie- oder / und (?) Fördermaßnahmen mit wem wann stattfinden / vorgesehen sind oder notwendig erscheinen. Gemeinsame / gegenseitige Fortbildung.

Klassenkonferenzen
Teilnehmer: Klassenkollegium, auf Einladung Förder- und Therapiekollegen.
Frequenz: Auf Einladung, meistens des Klassenlehrers, im Allgemeinen zwei- bis dreimal pro Jahr.
Themen: Klassenrelevante Fragen, Betrachtung / Beratung von Problemen, gelegentlich Kinderkonferenzen.

Hilfekonferenz
Teilnehmer: alle Personen (bis hin zu externen Therapeuten und gegebenenfalls involvierten Jugendamtsmitarbeitern), die gerade mit einem Schüler befasst sind.
Frequenz: Auf Einladung, meistens aus dem Therapie- und Förderbereich.
Angestrebt wird ein gemeinsamer Blick auf den Schüler und vor allem die Abstimmung erforderlicher oder bereits stattfindender Maßnahmen.

Zum Schluss

Die erwähnten Reihenuntersuchungen in der 2. und in der 4. Klasse erfassen alle Schüler gleichermaßen. Das heißt, dass hier für Kinder mit Fördergutachten («Integrationskinder») keine Sonderuntersuchungen vorgesehen sind, sondern dass im Grunde dasselbe Untersuchungsinstrumentarium angewandt wird wie bei allen anderen Schülern auch. Natürlich sind möglicherweise Anpassungen (Vereinfachungen, mehr Zeit lassen) und Abwandlungen (z.B. Klatschübung anstelle von Seilspringen) erforderlich, aber das geschieht individuell, aus der jeweiligen Situation heraus. Zumal es uns bei diesen Untersuchungen ja nicht um eine standardisierte, an alle gleich anzulegende Messlatte geht, sondern um das Erfassen jedes einzelnen Kindes mit seinen Besonderheiten und in seinem derzeitigen Entwicklungsstand.

Die Vielzahl von Konferenzen, die wir an der FWSK im Laufe der Jahre im Zusammenhang mit den Fragen der Integration /

Inklusion etabliert haben, zeigt, worauf es ganz wesentlich ankommt: auf Kooperation oder, neudeutsch, «networking».[2] Hierzu noch einige Gedanken zu Aufgaben, die vielleicht gerade die Mitarbeiter des sogenannten Therapie- und Förderbereichs gut übernehmen können: Damit bei dieser Vielzahl von Konferenzen die Ergebnisse des Gedankenaustauschs und der Ideenfindungen nicht verloren gehen, ist eine gute Protokollierung wichtig, die dann freilich auch einer sorgfältigen und klugen Dokumentation zugeführt werden muss. Dafür sind die Schülerakten im Schulsekretariat – wegen der zu beachtenden Vertraulichkeit mancher Informationen – nicht unbedingt der geeignete Ort. Deshalb werden an der FWSK Aufzeichnungen dezentral aufbewahrt.

Neben der Dokumentierung ist wiederum an die Weitergabe von Informationen, Ideen und Beschlüssen (besonders an die nicht bei der jeweiligen Konferenz anwesenden Fachlehrer) zu denken – sei es mündlich, per E-Mail oder, altbewährt, per Zettel ins Fach.

Im Sinne der Qualitätsentwicklung sowohl für die Entwicklungsbegleitung der Schüler wie auch für unsere eigene diagnostische Schulung ist es wichtig, eine Kultur des gemeinsamen kritisch-fragenden Rückschauens zu etablieren: Was ist aus diesem oder jenem Vorschlag geworden, was konnte wie verwirklicht werden, was nicht? Und: Was hat geholfen, wo steht der Schüler heute?

Die Anmerkungen finden sich auf S. 751.

ANGELIKA HEIMANN

VOM SINN DER FÖRDER-
UND ENTWICKLUNGSPLÄNE

Die Begriffe «Förderplan» oder «Entwicklungsplan» beinhalten als Wortteil jeweils die Silbe «Plan». Es wäre natürlich verführerisch, davon auszugehen, dass mit einem Plan die Förderung eines Kindes erreicht werden kann. Aber sowenig wie Kopierblätter mit kognitiven Arbeitsanweisungen eine Verbesserung des Lernverhaltens hervorrufen, so wenig verbessert ein Plan die Entwicklung oder die Fähigkeiten des Schülers als solche, wie Cordula Artelt aufzeigt.[1] Und so, wie Inklusion als Theorie leicht zu verstehen und programmatisch gut aufzuarbeiten ist, verhält es sich ähnlich auch mit Förder- und Entwicklungsplänen.

Berufliche Erfahrungen

Erkläre ich z.b. Fachschülern aus pädagogischen Berufen das Thema Inklusion, so ist das aus meiner Erfahrung völlig unproblematisch. Selbst die Erklärung, dass beispielsweise Kinder mit Down-Syndrom, Autismus und Schüler mit ADHS in einer Klasse mit allen anderen zusammen unterrichtet werden, erzeugt kaum Fragen. Die Definition von Inklusion wird, meistens nach einem Kurzabriss über die Entwicklung der Behindertenpädagogik aus der Historizität, ohne große Diskussion aufgeschrieben. Bei der Betonung, dass natürlich auch die zukünftigen Abiturienten in der gleichen Klasse mit den Autisten, den Schülern mit Down-Syndrom oder Centralparese bis zur 12. Klasse zusammen unterrichtet werden, kommen schon eher Zweifel auf. «Wie soll denn das gehen?» ist meist die erste Frage. Als Antwort nenne ich diese oder jene Schule, bei der man versucht, das umzusetzen. Dies führt in der Regel zur Zufriedenheit der Fachschüler. Erst, wenn ich dann provozierend davon spreche, dass auch Schüler mit schizophrenen Störungen dabei sind, werden die Fragen und Zweifel intensiver. «Der nimmt doch dann Tabletten», höre ich ab und zu als Argument. Das wird nur notiert, und schon haben wir die «perfekte Inklusion» – ohne Zweifel und Widerspruch.

So sind Praktikanten oder Berufsanfänger in der Regel von der Inklusion sowie von Förder- und Entwicklungsplänen regelrecht begeistert. Einige stehen am ersten Tag mit ein paar Büchern zum Thema «Inklusion und schwierige Kinder» unter dem Arm im Lehrerzimmer. Es folgt die vorwurfsvolle Feststellung: «Alle müssten doch inklusiv arbeiten – wieso tun sie das denn nicht?» – «Im Studium gab es noch die Einteilung der Schüler in Behinderungsarten, also nach G, L oder E; das brauchen wir dann endlich nicht mehr» ist die nächste Feststellung. Alternativ folgt der Satz: «Waldorfpädagogik ist doch die Pädagogik für alle, wieso gibt es da noch anthroposophisch-heilpädagogische Schulen?»

In den ersten Wochen in einer inklusiven Klasse ist die Aufgabe der Praktikanten und Berufsanfänger meistens, die Schüler mit besonderem Förderbedarf wahrzunehmen, eine erste Beziehung zu den Schülern aufzubauen und einfach die Klassensituation als solche kennenzulernen. Nach der ersten Woche im Unterricht kommt fast regelmäßig die Feststellung: «Der Lehrer erreicht nicht alle Schüler, er muss ganz anders unterrichten.» Oder: «Der Sonderpädagoge (oder Heilpädagoge) nimmt die meisten ‹sonderpädagogischen Kinder› im Unterricht aus der Klasse heraus und geht mit ihnen in einen extra Raum, das ist doch keine Inklusion!» Oder: «Gibt es denn keine Förder- und Entwicklungspläne?» Schließlich: «Man müsste doch an der Schule mal ein Konzept für die Inklusion aufstellen.» Daran würden sie, die Berufsanfänger, Referenten oder Praktikanten, so gerne mitarbeiten: «Inklusion ist die Zukunft.» In der zweiten Woche sieht der Referent oder Berufsanfänger in der Nachbesprechung schon recht müde aus, und es poltert nur so aus ihm heraus: «Anton (ADHS) hört nicht auf mich.» – «Die Annabell (Down-Syndrom) liest nichts von allein, was soll ich da machen?» – «Max (Lernverzögerung) hat kein Referat ausgearbeitet, obwohl ich ihm doch einen ganzen

Satz Kopien mit Anleitungen gegeben habe.» – «In Friedemanns Förderplan steht, er soll nach einem für ihn aufgestellten Wochenplan arbeiten. Den hat er von mir erhalten, aber am Ende der Woche war nichts fertig.» Die mitgebrachten Bücher des Referenten mit den Titeln ... *auf dem Weg zu einer Schule für alle* von Thomas Maschke[2] oder *Schwierige Kinder gibt es nicht* von Hennig Köhler[3] liegen zugeklappt auf dem Arbeitsplatz, die Realität ist da.

Eine Episode aus dem Alltag

Es ist fünf nach acht, der Unterricht hat gerade begonnen. Die Schüler sprechen den Morgenspruch. Die Tür wird aufgerissen, Jakob stürmt ins Klassenzimmer und fällt auf den leeren Stuhl in der Mittelreihe. Er sitzt allein. Den Ranzen wirft er ans Tischbein. Dabei kippt der Ranzen um und liegt in der Reihe zwischen den Tischen, eigentlich mitten im Klassenzimmer. Jakob sitzt, vom Tisch abgewandt, die Beine schräg ausgestreckt. Der Klassenlehrer der 6. Klasse sagt nichts. Was immer er in solchen Situationen auch bis jetzt sagte, es führte zum gleichen oder zu einem noch verschärfteren Ablauf. Die Schüler und der Lehrer halten kurz inne, dann geht der Morgenspruch weiter. Jakob bleibt sitzen, scheinbar unberührt stiert er in die Luft. Nach dem Wochenspruch sind die Zeugnissprüche an der Reihe. Als der erste Schüler zu sprechen beginnt, steht Jakob geräuschvoll auf, wirft seine Jacke mit sichtbarem Schwung nach hinten, kommentiert mit einem «bäh, bäh, bäh ...». Der Klassenlehrer greift ein: «So geht es nicht. Die Zeugnissprüche verlangen Respekt und Ruhe! Setz dich ruhig und ordentlich auf deinen Platz!» Eigentlich will der Lehrer noch mehr sagen, aber er verkneift sich alles Weitere. Jakob gibt weiter über seine Lippen laute Töne von sich, begleitet von einem stetig anwachsenden rhythmischen Klopfen auf die Schulbank, seine Augen sehen oder stieren in die Ferne am Lehrer vorbei. Der Klassenlehrer sagt in lautem, scharfem Ton: «Nimm deine Schulsachen und geh zu Frau M.» Frau M. ist die Förderlehrerin der Schule. Jakob steht auf und geht in Richtung

Tür. Kurz davor dreht er sich noch einmal zur Klasse, streckt die Zunge raus, reißt die Tür auf und knallt sie mit voller Wucht von außen zu. Der Klassenlehrer lässt die Epochenhefte auspacken. Vorher spricht er zu Emilia vorn in der ersten Reihe: «Kannst du bitte mal nachsehen, ob Jakob bei Frau M. angekommen ist?» Emilia steht freudig auf und sagt: «Ja, ich sehe nach.» Dabei dreht sie sich kurz zu ihrer Banknachbarin um, zieht die Augenbrauen leicht nach oben und lächelt dabei vielsagend. Der Lehrer setzt sich auf seinen Stuhl und sieht vor sich hin, dann reagiert er noch einmal: «Ruhe beim Schreiben.»

Danach denkt er nur noch: *Wie lange soll das noch gehen? Angeblich ist der Junge hochbegabt. Dass ich nicht lache! Inklusion! Sollen die, die sich so was ausdenken, mal hier unterrichten. Der gehört irgendwo anders hin, aber hierher nicht! Jeden Morgen das Gleiche, und was habe ich nicht schon alles versucht! Frau M. sagt: «Bei mir ist er ganz brav, ich kann mich mit ihm wunderbar unterhalten; er ist schon so reif.» Bei ihr kann er ja auch machen, was er will: Spiele spielen oder etwas essen. Aber hier mit allen zusammen, da sieht das ganz anders aus, aber das will ja keiner hören! Sch... Inklusion!*

Wir sind es nicht gewohnt, stark heterogene Gruppen zu unterrichten. Jahrtausende lebten und arbeiteten wir in homogenen Gruppen: vor Tausenden von Jahren in einer Stammesgemeinschaft; der andere Stamm war fremd. Später, in einer klaren, eindeutigen, hierarchisch aufgebauten Grundordnung, in der z.B. der Pharao, die Priester oder die höheren Beamten für sich lebten, war Wissen, wie wir es heute verstehen, nur für Einzelne von Bedeutung und zugänglich. Noch vor nicht allzu langer Zeit lebten wir in Gruppen nach Religionen getrennt, oder es gab Schulen für den Adel, das Bürgertum und das gemeine Volk, getrennt nach Frauen und Männern. Heute leben wir in und mit Bildungseinrichtungen getrennt nach Leistungserfolgsausrichtung. Diese Trennung, neben der soziokulturellen Trennung, welche versteckter verläuft, ist das, was wir als Pädagogen gewohnt sind. Wer hatte schon einen Mitschüler mit Down-Syndrom oder Cerebralparese neben sich auf der Schulbank sitzen?

Aus meiner Kindheit habe ich keinen Fall in Erinnerung, und auch keiner meiner Berufskollegen kann davon berichten – und Gewohnheiten prägen!

Die zweite Episode

Marlene geht mit ihrer Mutter zur Schule. Der Vater bleibt zu Hause. «Die nehmen Marlene sowieso nicht», ist der letzte Satz, den er zu seiner Frau sagt. Marlene geht in die 7. Klasse einer heilpädagogischen Schule, ein Kind mit Trisomie 21 oder einfach Down-Syndrom. Marlene sieht flott aus. Sie trägt eine pinkfarbene Jacke, einen engen, schwarzen, kurzen Jeansrock und schwarze Leggings mit pinkfarbenem Muster durchzogen. In der Schule angekommen, sitzen Mutter und Marlene den zwei Lehrerinnen einer «normalen Waldorfschule», der Klassenlehrerin der 7. Klasse und der Förderlehrerin, gegenüber. Die Förderlehrerin will sich mit Marlene unterhalten. Marlene sagt zu allem «Ja, ja, ja» und nickt dabei. Die Klassenlehrerin hört der Mutter zu.

Die Mutter redet und redet und redet. Die Klassenlehrerin denkt dabei: *Eigentlich weiß ich nicht, was «die» hier wollen. Man kann ja vieles machen, aber das Kind in meine Klasse, das gehört da nicht hin.* Es geht ihr noch manch anderes durch den Kopf, dann rafft sie sich aber noch auf und fragt die Mutter: «Wir bekommen doch, wenn wir Marlene nehmen, eine Fachkraft dazu, habe ich das richtig verstanden?» Die Mutter schluckt, einen Schulhelfer kann die Schule für vier bis sechs Stunden in der Woche beantragen, aber Marlene ist selbstständig, sie braucht keinen extra Helfer mehr, höchstens am Anfang zur Umstellung auf den Schulwechsel. Die Klassenlehrerin reißt die Augen auf. In ihr rumort es, sie denkt: *Wir sind doch keine heilpädagogische Schule; was glaubt die Frau eigentlich, wer meldet sich denn hier noch alles an!* Die Mutter redet wieder, an der Lehrerin rauscht es vorbei. «Inklusion ... alle gemeinsam ... . Marlene kann schreiben und die Zahlen bis zwanzig» sind einzelne Schlagwörter, die die Lehrerin hört. Dann geht alles ganz schnell. «Wir melden uns dann, wenn die Klassenkonferenz entschieden hat.»

Die Tür ist zu, die Mutter ist mit Marlene auf der Straße, da platzt es aus der Klassenlehrerin heraus: «Ohne Fachkraft geht das gar nicht. Das ist unmöglich, die ist ja völlig stumpfsinnig, die gehört nicht hierher.» Auf der Straße fragt die Mutter Marlene: «Und, haben dir die neue Schule und die Lehrerinnen gefallen?» Marlene bleibt stehen, dreht sich zu ihr um, sieht sie an, holt tief Luft, dann ruft sie nur: «Doofe Schule, doofe Lehrer, da geh ich nicht hin!» Sie dreht sich blitzschnell um und rennt allein voraus, dabei tippt sie in ihr Handy, das sie aus ihrer pinkfarbenen Jackentasche zieht, eine SMS an ihren Vater: «In 15 min da, Pizza in den Ofen, Hunger.»

Wir entscheiden uns heute bewusst, eben nicht Heil- oder Sonderpädagoge zu werden, sondern z.B. Oberstufenlehrer im naturwissenschaftlichen Bereich für eine annähernd leistungshomogene Klasse. Die nicht vorhandene Erfahrung in stark leistungsheterogenen Klassen bewirkt bei den meisten «normalen» Lehrern beim Betreten einer inklusiven Klasse, dass sie ihre Lern- oder Leistungserwartungen an die Schüler absenken. Ihnen fehlen die eigenen Erfahrungen, dass Schüler mit den verschiedensten Behinderungen mit dem Unterrichtsstoff etwas anfangen können. Sie sehen fast immer zuerst das, was Schüler daran hindern könnte, den Unterrichtsstoff aufzunehmen. Ein heilpädagogischer Lehrer oder Sonderpädagoge sieht wiederum zuerst das, vor dem er seine Schüler beschützen und behüten muss. Unsere Förder- oder Entwicklungspläne und Unterrichtsabläufe sind heute entweder von Lehrplanzielen oder Leistungsgedanken, bei einer heil- bzw. sonderpädagogischen Sicht jedoch vom Behüten-Wollen, vom Schaffen einer heilenden, unterstützenden, heilwirkenden Umgebung geprägt. Welchen Sinn aber haben dann die Förder- und Entwicklungspläne? Ihr Wert liegt darin, dass die Pädagogen, die sie aufstellen, sich mit dem Schüler intensiv beschäftigen müssen, aber auch darin, dass die Pädagogen anhand des Förder- oder Entwicklungsplanes sich mit den Kollegen, den Eltern oder Institutionen konkret und fundiert austauschen können. Dem Schüler selbst nützt nur ein «offener Förderplan», ein Plan, der nicht zuerst das festhält, was der Schüler nicht kann, sondern zuerst das erkennt, worin die Fähigkeiten des Schülers (heute häufig als Ressourcen bezeichnet) liegen.

Beispiel: Förderplan 1 (siehe Förderpläne nach Preuß-Lausitz[4]) Im Förderplan von Anton (ADHS) steht bei «Arbeitsverhalten» in der Spalte «Ist-Stand»: «Anton ist nicht in der Lage, am normalen Unterrichtsverlauf teilzunehmen.» In der Spalte «Förderziele»: «Anton muss nach einem fest vorgegebenen Stundenablauf arbeiten.»

Unterrichtsalltag: Im Unterricht der 9. Klasse schreibt Anton schon seit Tagen nicht in sein Epochenheft. Er sitzt gelangweilt da und stiert vor sich hin oder geht in der Klasse spazieren. Auch auf die wiederholte Ansprache des Sonderpädagogen und des Klassenlehrers hin beginnt er nicht zu schreiben. Am Ende der Woche ist das Heft noch ganz leer. Am letzten Tag der Woche fragt der Lehrer: «Wer kann von euch die Plattentektonik an der Tafel noch einmal erklären?» Die Schüler murren: «Nicht die Plattentektonik!» Die hätten sie ja selbst nicht richtig verstanden, erklären könnten sie sie erst recht nicht. Anton meldet sich und sagt laut: «Das kann ich.» Der Lehrer ist überrascht, aber lässt ihn nach vorn kommen. Anton erklärt die Verschiebung mit einem farbigen Tafelbild, sodass es auch der Letzte versteht.

In einem offenen Förderplan könnte in der dritten Zeile bei «Arbeitsverhalten», in der Spalte «Ist-Stand» stehen: «Anton arbeitet mit starker Intensität, wenn er intrinsisch motiviert ist.» Und in der Spalte «Förderziel»: «Anton soll lernen, auch Aufgabenstellungen, die er nicht selbst gewählt hat, bearbeiten zu können.»

Oder es wird ein Förderplan erstellt, der Entwicklungsmöglichkeiten für den Schüler enthält:

Beispiel: Förderplan 2

Im Förderplan von Josefine (5. Klasse) steht bei «Konzentration» in der Spalte «Ist-Stand»: «Josefine kann sich im Unterricht über den ganzen Vormittag hin sehr gut konzentrieren.» Die zweite Spalte «Förderziele» bleibt leer.

Unterrichtsalltag: Im Unterricht sitzt neben Josefine (Down-Syndrom) in der 5. Klasse ein Sonderpädagoge, der zu ihr sagt: «Schreib die Zahlen, die in der Reihe fehlen, in das Kästchen.» Josefine fängt an zu schreiben. Mittendrin blickt sie träumend nach vorn. Der Sonderpädagoge spricht sie nach einer Weile wieder an und zeigt mit dem Finger auf die Reihe. Josefine arbeitet weiter. Nach etwa acht Minuten ist sie fertig. Ihr Blick wird wieder verträumt, und sie schreibt mit ihren Stiften am Blattrand eine willkürliche Zahlenreihe von oben nach unten. Der Sonderpädagoge, der zwischenzeitlich bei einem anderen Schüler war, kommt wieder zu Josefine und sagt ihr: «Jetzt schreibst du die Zahlen, die in dieser Reihe fehlen, in diese leeren Kästchen.» Josefine beginnt die Kästchen auszufüllen.

In einem offenen Förderplan könnte bei «Konzentration» in der Spalte «Ist-Stand» stehen: «Josefine kann sich im Unterricht über den ganzen Vormittag hin dann konzentrieren, *wenn eine Lehrperson sie stetig auf ihre Aufgaben hinweist.*» Und in der Spalte «Förderziel»: «Konzentration auf Aufgaben nach einmaligem Erklären *ohne stetige Begleitung* durch eine Lehrperson aufbauen.»

In seinem Grundlagenwerk zur anthroposophischen Pädagogik, der *Allgemeinen Menschenkunde,* führt Rudolf Steiner aus: «Der Mensch hat anfangs nicht die ganze Wirklichkeit. Er entwickelt sich erst weiter, und im Weiterentwickeln wird ihm das, was vorher noch nicht Wirklichkeit ist, durch das Ineinandergehen von Denken und Anschauung erst zur wahren Wirklichkeit. Der Mensch erobert sich erst die Wirklichkeit.»[5]

Dies geht aber nur durch das Staunen über den Schüler selbst, über sein Wesen, wie er ist.[6] Ein Therapeut würde die Ausgangsposition auch mit dem Finden der «Null-Punkt-Grenze» bezeichnen: das, was ein Kind sicher kann.

Aufstellen eines Förder- oder Entwicklungsplans in einzelnen Schritten

Der erste Schritt ist die Anschauung, die Beobachtung, die vor dem Denken (über das Kind) stehen sollte. Dafür benötigt man Zeit, bei einem neuen Schüler in einer Klasse oder einem neuen Kind in einer Kindertageseinrichtung nach meiner Erfahrung ca. ein halbes Jahr. Das Kind braucht die Möglichkeit, so sein zu können, wie es vom Wesen her ist. Dies ist nur möglich, wenn der Schüler sich nicht sofort in einen routine- und gewohnheitsmäßig feststehenden Unterrichtsverlauf integrieren muss und der Pädagoge sich auf das Staunen über das Phänomen «Kind» eine längere Zeit einlassen kann. Da kann z.B. die phänomenologische Sicht auf den Menschen im Sinne von Rudolf Steiners *Heilpädagogischem Kurs*[7] oder die Betrachtung des Entwicklungsverlaufes des Menschen anhand der *Allgemeinen Menschenkunde*[8] ausgesprochen hilfreich sein. Bücher von Rudolf Steiner sind in dem Zusammenhang «Lehrbücher» für eine erweiterte pädagogische und zum Teil medizinische Sicht auf die menschliche Entwicklung, sie sind aber nicht dazu da, einen Förderplan mit deren Inhalt zu füllen. Sie helfen, ein Kind so wahrzunehmen, dass seine Besonderheiten überhaupt erst gesehen und idealerweise bewundert werden können.

Unser Wunsch, als guter Pädagoge wahrgenommen zu werden, steht dem häufig im Weg. Für einen Lehrer in einer staatlichen Schule ist beispielsweise neben dem guten Notendurchschnitt ein hoher Anteil von Schülern, die am Ende der 4. Klasse ein Gymnasium besuchen, ein Maßstab zur Beurteilung der Lehrqualität. Schwache oder weniger regelkonforme Schüler werden so schnell zu Förderschülern in einer in Deutschland noch immer ausgeprägten Förderschullandschaft. In einer Waldorfschule behindern dagegen sonderpädagogische Schüler oder Schüler mit großen individuellen Besonderheiten häufiger so sehr den gewohnten Ablauf – den Morgenspruch, den rhythmischen Teil, den geordneten Aufbau des Lernteiles, die Gestaltung der Epochenhefte oder Portfolios –, dass es für einen Lehrer oft unerträglich erscheint, dies zuzulassen. Aber ohne ein vollständiges Bejahen des Schülers, welches das Staunen über das Kind und das Bewundern von dessen Besonderheiten vorausetzt und damit auch Unvollkommenheit sichtbar werden lässt, kann der Lehrer keinen Weg finden, das zu erkennen, was ein Kind in der Zukunft entwickeln möchte; das ist aber eine Voraussetzung, um einen Schüler sozial in einer Klasse angemessen unterrichten oder fördern zu können.

Der zweite Schritt, das Finden des Förderziels, kann mit unserem heutigen Denken und Wissen erarbeitet werden, setzt aber an diesem Punkt einen Verzicht auf das Staunen und Bewundern oder das Fokussieren auf das Behütenwollen des Kindes vor zu großer Belastung voraus. Es beinhaltet das Finden der Entwicklungsschritte oder Fähigkeiten, die ein Schüler dazu erwerben müsste, um in der heutigen Zivilisation schlechthin als Individuum bestehen zu können. Diese Fähigkeiten stehen dabei immer in Abhängigkeit vom Alter des Kindes und im allgemeinen sozialen Kontext der heutigen Zeit. Kenntnisse über die verschiedenen Entwicklungstheorien und deren Verzahnung mit dem Lernprozess sind hierfür eine notwendige Bedingung. Die menschliche Entwicklung verläuft nicht kontinuierlich, sondern diskontinuierlich mit transitorischen Regressionen und Akzelerationen. Die individuelle Entwicklungsvarianz von Menschen ist sehr hoch, wie in dem Beitrag von Remo Largo «Jedes Kind ist als soziales und lernendes Wesen einmalig»[9] zu lesen ist. So gibt es Kinder, bei denen ein ruhig gelassenes Abwarten bezüglich der eigenen Entwicklungsfähigkeiten von Vorteil ist. Für andere Schüler ist ein Förder- und Entwicklungsplan als zusätzliche Intention für pädagogisches Handeln zwingend notwendig. Er dient neben der dringenden Entwicklungsanregung für das Kind gleichzeitig auch als Voraussetzung für eine notwendige finanzielle Unterstützung.

Exkurs: Entwicklungstheorien
Die Erkenntnisse Steiners über die besondere Offenheit für Lernprozesse in Beziehung zum Lebensalter des Kindes finden ihre Anwendung seit knapp 100 Jahren in den Institutionen der Waldorfpädagogik. So wird neben dem Lehrplaninhalt, der als solches schon entwicklungsförderlich ist, den Schülern viel Zeit gegeben, nach ihrer eigenen individuellen Bezugsnorm zu lernen und sich zu entwickeln. Aber auch die Entwicklungstheorie von Erikson (1902–1994), welche die Abhängigkeit der Lernmöglichkeiten des Kindes vom erfolgreichen Erlangen einzelner Entwicklungsstufen aufzeigt, und Piagets (1896–1980) Stufen der kognitiven Entwicklung von Kindern in Abhängigkeit vom Alter haben im Großen und Ganzen noch immer ihre Gültigkeit.

Der dritte Schritt ist das Finden einer konkreten Frage zu dem, was dem Schüler hilft, z.B.: «Was hilft Anton, damit er an nicht selbst gewählten Aufgaben mitarbeitet?» Als Antwort wäre hier als Zwischenschritt das Aufstellen einer Arbeitshypothese, die aus mehreren Möglichkeiten eine Antwort auswählt, sinnvoll.

Beispiele: Arbeitshypothesen
Anton hilft es,
– die vorhandene Legasthenie zu bearbeiten
– seinen geringen Selbstwert zu erhöhen, damit er Fehler besser ertragen kann
– ihn vom Umfeld abzuschirmen, damit er sich auf seine Aufgaben konzentrieren kann
– auf der Grundlage von einseitiger Hochbegabung Unterrichtsaufgaben anders zu gestalten
– wenn man das klare Festlegen von Grenzen mit einer hohen intrinsischen Aufgabenstellung verbindet.

Der vierte Schritt ist das Sammeln und Auswerten aller Informationen, die die Arbeitshypothese bestätigen können. Diese Informationen sind:
– Informationen über das Lernverhalten bei anderen Kollegen, Gespräche mit den Eltern, eventuell Horterziehern, Therapeuten
– vorhandene Gutachten und Tests, z.b. auch die Untertests vom Hamburg-Wechsler-Intelligenztest für Kinder IV (HAWIK) oder des Grundintelligenztests CFT-20 R[10]
– Unterlagen über die stattgefundenen Therapien oder Förderungen
– Auswertungen der «Extrastunden»
– Kenntnisse über den Stand der Kulturtechniken z.b. durch die Hamburger-Schreib-Probe (HSP),[11] oder die Förderdiagnose aus dem Lese-Rechtschreib-Förderprogramm von Reuter-Liehr (2001, 2006)[12]
– Evaluation von vorhandenen Lernblockaden, z.b. in Mathematik, die sich durch die Erfahrung des Nicht-Könnens in den ersten Schuljahren entwickelt haben
– Lernstandsanalysen im Klassenverband oder therapeutische Beobachtungen
– Seh- und Hörtests sowie erweiterte Wahrnehmungstests
– Kinderbesprechung anregen oder auswerten
– zusätzliche Tests intern oder extern.

Falls sich die Arbeitshypothese nicht bestätigt, wird eine neue Arbeitshypothese gewählt und der Schritt vier wiederholt.

Der fünfte Schritt, das Finden einer Maßnahme, setzt voraus, dass zwischen einer Entwicklungs- und einer Fähigkeitsförderung unterschieden werden kann. So sind einzelne Schüler durch intensive (globale) Entwicklungsförderung in den ersten Schuljahren den Unterrichtsanforderungen z.b. nach dem dritten, fünften oder achten Schuljahr gewachsen. Diese Entwicklungsförderung ermöglicht es dann, dass Schüler die Fähigkeiten, die sie vor einer Entwicklungsförderung nicht ausbilden konnten, nun entwickeln können. Fähigkeitsbildung muss aber dann bewusst nachgeholt werden und benötigt zur freien Nutzung mindestens ein Jahr.

Beispiel: Entwicklungsförderung und Fähigkeitsförderung
Einem Schüler mit umschriebenen Lernschwierigkeiten fällt es schwer, den Anforderungen des Unterrichtsalltags gerecht zu werden. Er ermüdet schnell, kann die Aufmerksamkeit nur kurze Zeit halten. Durch den kindgerechten Unterricht in einer Waldorfschule und durch zusätzliche Therapien gelingt es dem Schüler im fünften oder sechsten Schuljahr, dem Unterricht geregelt zu folgen. Was er nicht ausbilden konnte, ist die Fähigkeit, z.b. im Hunderterraum zu rechnen, Bruchrechnung usw. Als der Unterrichtsstoff in den ersten fünf Schuljahren vermittelt wurde, war es ihm noch nicht möglich, dem gesamten Unterricht aufmerksam zu folgen. Ein in den Schulalltag eingebundener integrativer Lerntherapeut oder ein gut ausgebildeter Förderlehrer kann zum richtigen Zeitpunkt mit dem Schüler diese Fähigkeiten innerhalb von zwei bis drei Jahren kompensieren. Dazu gehört das Wissen, den aktuellen Fähigkeitsstand zu erfassen und dann weiterzuentwickeln, u.a. das Finden der Grenzen der Leistungsfähigkeit («Null-Punkt-Grenze») des Schülers, um von da aus die fehlenden Fähigkeiten mit Blick auf die sozialen oder altersbezogenen Möglichkeiten zu fördern.
Ohne diese Förderung würde der Schüler im obigen Fall im Fach Mathematik kein Selbstwertgefühl entwickeln und so u.U. bis zur 11. Klasse demotiviert im Unterricht sitzen, somit auch wenig neue mathematische Fähigkeiten dazu erwerben und dann mit hoher Wahrscheinlichkeit keinen Schulabschluss erreichen.

Extrastunde, Reflexabbau, Rhythmische Massagen, Heileurythmie, Maltherapie, Hengstenberg-Gymnastik, Affolter-Therapie, Bobath-Therapie, Sprachgestaltung oder eine gute Ergotherapie sind Mittel zur Entwicklungsförderung; sie stehen im Schüleralter von sechs bis dreizehn Jahren im Vordergrund. In diesem Alter geht ein Kind in der Regel ohne Widerstreben zu einer therapeutischen Stunde, die ein Lehrer oder die Eltern für notwendig empfinden. Aber auch in den Unterstufen sollte sehr gut darauf geachtet werden, dass Schüler nach einem Entwicklungssprung dann auch die möglicherweise nicht ausgebildeten Fähigkeiten kompensieren können.

Von der Pubertät an ist der Wille des Schülers zur Therapie notwendig, sonst läuft sie ins Leere. Entwicklungsförderung im Jugendalter ist stark davon geprägt, dass der Schüler einen eigenen Entschluss für eine Therapie oder Fördermaßnahme fasst. Das Empfinden einer freien Wahl, die immer auch ein Ablehnen einer Maßnahme enthalten kann, lässt sich durch das Vorschlagen mehrerer Möglichkeiten für den Schüler fördern (nachzulesen u.a. bei Deci / Ryan[13]). Häufig stehen in diesem Alter die Fähigkeitsförderungen, um eine bestimmte Alters- oder Sozialnorm zu erreichen, neben sinnfindenden therapeutischen Maßnahmen wie Betriebspraktika, Auslandsaufenthalten, künstlerischen Langzeitprojekten oder motivierenden Gesprächen im Vordergrund.

Erst wenn alle Informationen ausgewertet sind, die Arbeitshypothese bestätigt wurde oder im Falle des Verwerfens der Informationsauswertungsprozess erneut durchlaufen wurde, wird die konkrete Maßnahme formuliert. Auch da ist eine offene Zielvorgabe entscheidend, um die Lehrkräfte, die diese umsetzen sollen, in ihrer methodischen Wahl nicht einzuschränken.

Beispiel zu Förderplan 2
Maßnahme: Anton benötigt einen Wochen- und Tagesplan mit fester Stundenstruktur.

Besser: Anton benötigt eine feste Grenze, deren Einhaltung die Lehrkraft immer kontrollieren kann.

Der sechste Schritt beinhaltet das Ausfüllen des Entwicklungs- oder Förderplans. In Bezug auf Konzentration, Wahrnehmung, Arbeitsverhalten, emotionale und lebenspraktische Bereiche obliegt es in der Regel dem Förderlehrer, Sonderpädagogen / Therapeuten oder Heilpädagogen an der Schule, diese auszufüllen. Einzelne Lernfelder oder Fachgebiete füllen hingegen die Klassen- und Fachlehrer aus, die Einschätzungen von sozialem Verhalten müssen alle beteiligten Lehrer bearbeiten. Dabei sollte nie der erste Schritt vergessen werden: das Staunen über das Phänomen Kind.

Aus der Erfahrung kann ich sagen, dass eine wesentlich höhere Qualität eines Förder- oder Entwicklungsplans in einer gemeinsamen Arbeit von Klassenlehrer, Fachlehrern und Sonder- bzw. Förderpädagogen erreicht werden kann (siehe dazu auch Förderplanung im Team[14]).

Der siebte Schritt, die Umsetzung des Förder- oder Entwicklungsplans, kann nach einfachen Regeln ablaufen:

– Einen Förder- oder Entwicklungsplan stellt man in der Regel mindestens für ein halbes Jahr und längstens für ein ganzes Jahr auf. Dies schließt kurzfristig angelegte Interventionsplanungen nicht aus.

– Die Aktualisierung nach einem halben oder ganzen Jahr sollte gleichzeitig als Evaluierung der vergangenen Maßnahmen genutzt werden.

– Das Vorstellen des Förder- oder Entwicklungsplans geschieht in der Regel in der Klassenkonferenz des Schülers, bei Zeitproblemen per E-Mail, für alle Kollegen, die mit dem Schüler arbeiten.

– Den Eltern muss der Inhalt des Förder- und Entwicklungsplans in einem Gespräch ausführlich vermittelt werden.

– Unabhängig vom Grad der Behinderung sollte spätestens ab der 9. Klasse immer auch der Schüler selbst in das gemeinsame Entwicklungsgespräch mit den Eltern einbezogen werden.

– Alle verbindlichen Vereinbarungen, die aus diesem Gespräch erfolgen, werden schriftlich in einem Gesprächsprotokoll notiert.

– Der Förder- und Entwicklungsplan wird den Eltern ausgehändigt.

Ausklang

Das Wissen, wie man offene, prozesshaft formulierte Förder- oder Entwicklungspläne schreibt, die Fähigkeit, Entwicklungs- und Fähigkeitsförderung zu unterscheiden, die Kenntnisse über Vorfertigkeiten und den Aufbau und Erwerb der Kulturtechniken (Lesen, Schreiben und Rechnen), das Unterscheiden von Entwicklungsvarianz und Entwicklungshemmnissen, das Verständnis von diagnostischen Tests oder Intelligenztests, die Wirkungen von unterschiedlichen Therapieformen und einfache medizinische Kenntnisse der grundsätzlichen Entwicklungsbehinderungen lassen sich durch Interesse erlernen. Ohne die Anschauung, das Staunen und Bewundern des ganzen Kindes aber bleiben wir immer hinter der möglichen Wirklichkeit zurück. Rudolf Steiner drückte dies am Ende der Ansprache zu den Einführungsvorträgen für die ersten Waldorflehrer in der *Allgemeinen Menschenkunde* so aus: «Wir werden nur dann gute Lehrer sein, wenn wir lebendiges Interesse haben für alles, was in der Welt vorgeht. Durch das Interesse für die Welt müssen wir erst den Enthusiasmus gewinnen, den wir gebrauchen für die Schule und für unsere Arbeitsaufgaben. Dazu sind nötig Elastizität des Geistigen und Hingabe an unsere Aufgaben.»[15]

Alle Schüler zusammen in einer Klasse zu unterrichten ist für uns heute ungewohnt und fremd; und es ist schwer. Gelingt es uns, diese Aufgabe mit unserer eigenen Unvollkommenheit anzugehen und die individuellen Unterschiede zwischen den Kindern sowie ihre große Variabilität in ihren zeitlichen Entwicklungsverläufen ausreichend zu akzeptieren, dann steht dem Unterrichten aller Schüler in einer Klasse wenig im Weg. Gute Förder- und Entwicklungspläne können das unterstützen, schlechte nützen niemandem.

Anmerkungen und Literatur finden sich auf S. 751f.

III. VORSCHULISCHER BEREICH UND SCHULE

ULRIKE BARTH & THOMAS MASCHKE

EINLEITUNG

Im folgenden Kapitel werden zunächst die Bereiche Vorschule und Übergänge in die Schule bearbeitet. Dabei zeigt sich deutlich, dass hier Bewegungen stattfinden: Grundsätzliche Fragen stellen sich an die bewährte Praxis, Konzepte, die sich durch die Anforderungen verändern, werden entwickelt, besonders im Bereich des Übergangs von der Vorschule zur Schule.

Die Kindergärten behandeln schon deutlich länger als die Schulen Fragestellungen von Integration und Inklusion. Wenig ist bisher dazu geforscht und geschrieben.

Nimmt man den Inklusionsgedanken in seiner Radikalität ernst, dann müssten Fragen nach Schulreife oder schulinternen Aufnahmekriterien der jeweiligen Schule neu gestellt werden. Oder anders: Es stellt sich zunächst nicht mehr die Frage, welches Kind die Waldorfschule aufnimmt, sondern wie die Bedingungen dafür geschaffen werden, dass die Kinder an die Schule kommen und gemäß ihrer jeweiligen Bedürfnisse angemessen unterstützt werden können.

Die dargestellte Praxis der Integrativen Waldorfschule Emmendingen im Bereich der Kinderaufnahmen steht für eine integrative Schule. Hier zeigt sich, dass die Notwendigkeiten und Strukturen der Schule zurückwirken in den Bereich der Aufnahmen von neuen Schülern. Der gründliche, geschulte und reflektierte Blick auf jedes Kind wird dadurch nicht weniger gewürdigt. Auch die Kreuzberger Waldorfschule hat ein ganz eigenes Konzept des Übergangs entwickelt, der dem Inklusionsgedanken dieser Schule erheblich entgegenkommt.

Es gibt einige Waldorfschulen, die seit vielen Jahren inklusive Unterrichtsformen entwickeln. Viele der damit befassten Kollegen entdecken auf diesem alltäglichen Weg Perlen und kleine Wunder. Andere Schulen machen sich langsam auf den Weg der

Veränderung. Die folgenden Beispiele beziehen sich daher sowohl auf inklusive als auch auf heilpädagogische Schulen. Es kann für den Prozess der Entwicklung von neuen Unterrichtsformen und Inhalten hilfreich sein, all die unterschiedlichen Erfahrungen zur Kenntnis zu nehmen und darauf aufbauend Eigenes zu entwickeln.

Die phänomenologisch ausgerichtete Annäherung an Unterrichtsinhalte erleichtert inklusive Zugänge. Für Waldorfschulen kann hier vor allem die Kunst eine herausragende Rolle spielen.

Mit den im Folgenden veröffentlichten Beispielen konnten erste Bezüge gefunden werden, welche in den Chancen und Freiheiten der Waldorfpädagogik liegen, um tatsächlich alle Kinder auf ihren Entwicklungswegen zu begleiten.

BIRGIT NEEF

IST INKLUSION
IM KINDERGARTEN MACHBAR?

Während meiner Zeit als Musiktherapeutin im integrativen Waldorfkindergarten holte ich die «Integrationskinder» ein- bis zweimal pro Woche aus der Freispielzeit zu mir in den Musiktherapieraum. Ich betrat immer sehr leise den Gruppenraum, da ich nie wusste, welche Spielsituation ich vorfinden würde. Oft standen die jeweiligen Integrationskinder am Rand des Spielgeschehens, und sie nahmen nur beobachtend teil. Sie waren «nicht wirklich» ins Spiel integriert, sondern nur als Zuschauer, und daher freuten sie sich, wenn ich sie zur Musik abholte. Das war für die meisten eine erfreuliche Abwechslung – eine kurze Zeit, in der sie Mittelpunkt waren.

Eines Vormittags betrat ich vorsichtig den Gruppenraum und fühlte sofort etwas Besonderes. Alle Kinder – einschließlich der drei Integrationskinder, eines davon im Rollstuhl – spielten gemeinsam. Zuerst wurde ich gar nicht bemerkt. Wir Erwachsenen, auch die Erzieherinnen, waren für die Kinder nicht da. Sie spielten wie unter einer Zauberglocke Zirkus. Jedes Kind war gleichermaßen wichtig, und keines hätte fehlen dürfen. Jedes hatte seine Rolle in diesem Spiel. Alle Spielhandlungen flossen ineinander und durcheinander, ohne Kanten. Alles verwob sich miteinander. Im Raum war eine Stille entstanden, die über dem Spielgeschehen lag.

Ich setzte mich leise hin und traute mich kaum zu atmen. Den beiden Erzieherinnen ging es wie mir, keiner von uns sagte über längere Zeit ein Wort.

Die kleine R., ein Mädchen mit Down-Syndrom, sehr wach und beweglich, bemerkte mich zuerst. Sie legte ihren Zeigefinger auf den Mund und bedeutete mir: «Stör uns bloß nicht.» Dann spielte sie weiter mit den anderen. Irgendwann begann sich alles wieder aufzulösen und zu individualisieren. Dieses kaum zu beschreibende Gefühl der Inklusion ist mir bis heute geblieben. Eine Sternstunde!

In Berlin haben Kinder mit Behinderungen einen gesetzlichen Anspruch auf einen Platz in der Kindertagesstätte (Kita). Das war nicht immer so, und es war ein langer Weg bis dorthin. Die Kinder haben heute einen gesetzlichen Anspruch auf individuelle Förderung im Kindergarten. Wie ist das im normalen Kindergartenalltag umzusetzen? Was bedeutet es für die Erzieherinnen? Diese Entwicklung der integrativen[1] Arbeit in Berliner Kindertagesstätten möchte ich kurz skizzieren.

1972[2] wurde, aufgrund von Elterninitiativen, das Kinderhaus Friedenau im gleichnamigen Berliner Stadtteil gegründet. Zum ersten Mal wurden behinderte Kinder in die Kindergartengruppen aufgenommen. Ab 1978 wurden Modellversuche zur Integration von Kindern mit Behinderungen gestartet. Im Dezember 1986 beschloss der Berliner Senat das Programm zum Ausbau der Integrationsgruppen in Kindertagesstätten. Hier wurde die personelle und finanzielle Absicherung der sich bildenden Integrationsgruppen beschlossen. Ab 1989 begann die Integration auch in Ostberliner Kindertagesstätten. Im Dezember 1990 wurde mit der 2. Stufe des Integrationsprogramms in Kitas geregelt:
– Integration von Kindern (Typ A und Typ B)[3]
– therapeutische Versorgung.

2005 wurde vom Berliner Senat das Kindertagesförderungsgesetz, KitaFöG, verabschiedet.

1972, mit Beginn der integrativen Arbeit in den Kitas, war der Idealismus der Erzieherinnen für die Arbeit mit behinderten Kindern in den Kindertagesstätten sehr hoch. Die Erzieherinnen legten das Hauptaugenmerk auf die Beziehung zwischen behindertem Kind, Erzieher und Eltern. Es war ihnen eine Herzensangelegenheit und ein innerer Anspruch, *alle* Kinder zu betreuen.

In der Kita Adalbertstraße in Berlin-Kreuzberg startete 1980 ein zweijähriger Modellversuch mit wissenschaftlicher Begleitung.

Es wurden in dem Modellversuch zehn sogenannte «Regelkinder» und fünf «Integrationskinder» mit A-Status pro Gruppe betreut. Eine andere Gruppe hatte neun sogenannte «Regelkinder» und drei «Integrationskinder» mit B-Status. Es gab 2,5 Erzieherstellen pro Gruppe. Zwei Ergotherapeuten, ein Logopäde, zwei Physiotherapeuten waren mit jeweils zwanzig Stunden für fünf Kindergartengruppen angestellt. Das war nach Aussage eines Erziehers, der damals dort arbeitete, «ein sehr guter Betreuungsschlüssel. Man hatte Zeit, die Kinder gut zu begleiten.»

Es gab in jeder Woche eine gemeinsame pädagogisch-therapeutische Konferenz, in der die Entwicklung der «Integrationskinder» besprochen wurde. Der Fokus zur Integration lag auf der Eingliederung der Kinder in die Kindergartengruppe und in den normalen Kindergartenalltag. Die Therapien wurden im Haus durchgeführt, und die Erzieherinnen und Therapeutinnen achteten darauf, das Maß an Therapien zu beschränken, die Kinder also nicht «überzutherapieren». Es wurde ihnen eine langsame Eingewöhnung in den Kindergarten ermöglicht.

Man muss bedenken, dass 1978 der Gedanke der Integration relativ neu war und man nach der 68er-Bewegung die Forderung nach Artikel 3 des Grundgesetzes, «Alle Menschen sind vor dem Gesetz gleich», mit aller Kraft umsetzen wollte. Wo konnte dies leichter begonnen werden als im Kindergarten, im Elementarbereich? Zum einen war und ist die Kindergartenzeit der Beginn der Fremdbetreuung, und zum anderen werden (heute muss man sagen: wurden) noch keine Erwartungen bezüglich intellektueller Leistung an die Kinder gestellt wie dann später in der Schule. Da es 1978 für ein behindertes Kind noch keinen Rechtsanspruch auf einen Kindergartenplatz gab, konnte jeder Kindergarten frei entscheiden und sich fragen: Sind wir den Anforderungen gewachsen, die durch die Betreuung eines behinderten Kindes an uns gestellt sind?

Heute hat sich die Situation stark verändert. Die Eltern haben einen Rechtsanspruch auf einen Kindergartenplatz, aber häufig gibt es kein ausreichend ausgebildetes Personal. Allerdings ist es heute Voraussetzung für die Aufnahme eines behinderten Kindes in die Kindergartengruppe, dass es eine Facherzieherin für Integration in der Gruppe gibt. Auch wenn die Erzieherin die Weiterbildung zur Facherzieherin gerade erst begonnen hat, darf das behinderte Kind in der Kindergartengruppe aufgenommen werden. Der rechtliche Anspruch der Eltern bedeutet für die Kindergärten die Pflicht, ausreichend ausgebildetes Personal bereitzustellen. Das fördert natürlich die Erwartungshaltung der Eltern dem Kindergarten und den Erzieherinnen gegenüber. Diese Diskrepanz ergibt sich heute. Um es anders zu sagen: Der pure Enthusiasmus, mit dem die Integrationsbewegung in Berlin begann, und die Offenheit den behinderten Kindern gegenüber ist heute einer starken gesetzlichen Reglementierung gewichen.

Der Rechtsanspruch von Eltern behinderter Kinder auf einen Kindergartenplatz muss also personell gedeckt und das Personal entsprechend gut ausgebildet sein. Um die Qualität in den Kindergärten, besonders zur Betreuung von Kindern mit Behinderungen, zu verbessern, wurde daher vom Berliner Senat die Weiterbildung zum Facherzieher für Integration eingerichtet. Diese Zusatzqualifikation umfasst heute 184 Unterrichtsstunden an einer vom Senat Berlin anerkannten Weiterbildungseinrichtung.

Giselher Wulff, der damalige Leiter des Waldorfkindergartenseminars in Berlin, reichte 2005 beim Senat, Abteilung Bildung, Jugend und Sport ein Curriculum auf waldorfpädagogischer Grundlage für die Zusatzqualifikation zum Facherzieher für Integration ein. Dieses Curriculum wurde durch das zuständige Fachreferat anerkannt, sodass die staatliche Anerkennung der Facherzieherin für Integration am Waldorfkindergartenseminar zusammen mit dem Thomas Haus Berlin unter Leitung von Dr. Michael Steinke möglich wurde. Zugangsvoraussetzung war und ist u.a. die staatliche Anerkennung als Erzieher. «Nach §§ 12 Abs. 1 und 16 Abs. 4 Nr. 1 – 3 der Kindertagesförderungsverordnung (VOKitaFöG) vom 4. November 2005 (zuletzt geändert durch Artikel VI des Gesetzes zur Einführung der beitragsfreien Förderung im Kindergarten und zur Änderung weiterer Vorschriften vom 17.12.2009 (GVBl. S. 848) sollen die zusätzlichen Fachkräfte in einer Integrationsgruppe, in der behinderte und

nichtbehinderte Kinder gemeinsam betreut werden, über eine der folgenden Zusatzqualifikationen verfügen oder sich in Weiterbildung zum Erwerb einer solchen befinden:
– staatlich anerkannte/r Heilpädagoge/-pädagogin,
– andere gleichwertige Ausbildungen oder
– eine sonstige von der für Jugend zuständigen Senatsverwaltung anerkannte Zusatzqualifikation für die integrative Arbeit in Kindertageseinrichtungen.»[4]

Für alle Weiterbildungen zum Integrationsfacherzieher gelten folgende inhaltlich festgelegte Themenbereiche:
– gesetzliche Grundlagen der Integration
– Grundlagen der menschlichen Entwicklung
– Störungen der kindlichen Entwicklung, Diagnostik und Therapie
– sozialpädagogische Methoden für die differenzierte Gruppenarbeit im Rahmen von Altersmischung und offener Arbeit
– Beobachtung und Beobachtungsverfahren
– Prozessanalyse zur Kommunikation, Kooperation und Konfliktklärung
– Zusammenarbeit mit Eltern
– Kooperation der Fachkräfte (Pädagogen, Therapeuten, Mediziner) untereinander und mit den verschiedenen Fachdiensten, Zusammenarbeit mit anderen Institutionen.

Die Zusatzqualifikation mit einer mindestens 80-prozentigen Teilnahme schließt mit einem Kolloquium ab, in welchem jeder Teilnehmer eine zehnseitige Abschlussarbeit vorstellt. Das integrative Thema kann frei gewählt werden. Gruppenarbeiten sind erwünscht. Seit Beginn der Weiterbildung am Waldorfkindergartenseminar Berlin im Jahr 2005 absolvierten 65 Teilnehmer die Zusatzqualifikation zum Facherzieher für Integration.

In der Weiterbildung begegnen sich die drei Bereiche: Pädagogik, Medizin und Heilpädagogik. Die anthroposophische Menschenkunde ist die Grundlage, auf der die Weiterbildung aufbaut. Neben der Bearbeitung von rechtlichen Fragen werden Kommunikationstechniken erübt und Rollenspiele gemacht. Die Stellung der Facherzieherin innerhalb des Kollegiums, die Elternarbeit, die Wahrnehmung und Selbstwahrnehmung, die Gesprächsführung mit sozialen Trägern, dies alles sind Themen, die bearbeitet werden. Krankheitsbilder, wie sie im *Heilpädagogischen Kurs* Rudolf Steiners beschrieben wurden, werden bearbeitet, heilpädagogisches Denken und Handeln angesprochen.

Die Weiterbildung wird dadurch spannend, dass pädagogische Kenntnisse durch den medizinischen Blick erweitert werden. Das analytische Denken im Medizinischen ist häufig eine Hürde für die Erzieherinnen, da sie eigentlich immer zum liebevollen ganzheitlichen Wahrnehmen des Kindes geschult wurden und nicht auf das «Zergliedern» und Analysieren des kindlichen Wesens ausgebildet wurden. Analyse jedoch ist notwendig, um z.B. ein Krankheitsbild – im anthroposophischen Sinne – eines behinderten Kindes verstehen zu können und das Kind individuell und in der Gruppe fördern zu lernen. Die Erzieherinnen sind in der Begegnung mit Eltern, Förderstellen und Therapeuten gefragt, das Wesen des Kindes beschreiben zu können und auch die Behinderung darzustellen. Sie müssen selbst eine Vorstellung davon entwickeln, welche Therapie dem Kind förderlich ist und wie es in der Gruppe und in einzelnen Situationen betreut werden kann. Die genaue Beobachtung und Wahrnehmung des Kindes, das der Erzieherin im alltäglichen Umgang anvertraut ist, soll in der Weiterbildung geübt werden. Der Kurs «Facherzieher Integration» will hierzu eine Hilfe sein. Betont werden muss jedoch: Diese Weiterbildung ist keine heilpädagogische Ausbildung! Die einzelnen Themen können immer nur angerissen werden. Die Erzieherin muss sich die vertiefenden Kenntnisse selbst erarbeiten.

Die Senatsverwaltung für Bildung, Jugend und Wissenschaft hat auf der Webseite «Familie in Berlin» den Berliner Förderplan für Kinder mit erhöhtem und wesentlich erhöhtem Förderbedarf in Kindertageseinrichtungen herausgegeben. Der Förderplan ist im Internet auf der Homepage der Senatsverwaltung[5] einsehbar:

«Der Berliner Förderplan setzt sich aus drei Bestandteilen zusammen:

– dem *Deckblatt* mit den Personendaten des Kindes, den speziellen Bedürfnissen des Kindes (z.b. Medikation, Hilfsmittel etc.), der Nennung der zuständigen Facherzieherin und eventuell der Therapeutin. Es muss *regelmäßig aktualisiert* werden.

– Der *Erhebungsbogen wird einmalig* entweder bei Aufnahme des Kindes nach einer zweimonatigen Beobachtungsphase oder bei bereits betreuten Kindern zum Zeitpunkt der Zuordnung erstellt. Er dient als Grundlage für den später auszufüllenden Entwicklungsbogen.

– Der *Entwicklungsbogen* einschließlich Entwicklungsbögen wird im Betreuungsverlauf *in regelmäßigen Abständen,* mindestens alle sechs Monate, bearbeitet.

Der Berliner Förderplan wird von der Facherzieherin für Integration erstellt. Sie soll dabei möglichst mit Fachkräften anderer Disziplinen (z.b. Therapeutin) zusammenwirken.»[6]

In der anthroposophischen Pädagogik gibt es die «Kinderkonferenz».[7] Die Betrachtung des einzelnen Kindes und seines Entwicklungsstandes mit möglichen Schwierigkeiten, die auftreten, können in einer Kinderkonferenz bedacht, erfühlt und bearbeitet werden. So lernt die Erzieherin in der Weiterbildung zur «Facherzieherin Integration» auf waldorfpädagogischer Grundlage durch und mit einer Kinderkonferenz, zu Erkenntnissen zum Wohl des Kindes zu kommen und mit diesem Wissen den Förderplan zu bearbeiten. Zu bedenken ist jedoch, dass im Alltag die Erzieherinnen, trotz ihrer Integrationsweiterbildung, häufig den an sie gestellten Erwartungen nicht genügen können. Oft ist die Gruppengröße zu hoch, und die langen Öffnungszeiten der Einrichtungen (teils von morgens um 7.00 Uhr bis nachmittags um 17.30 Uhr und länger) bei personell nicht ausreichender Besetzung tragen zu erhöhten Krankheitsausfällen bei.

Wie erwähnt, können die Themen einer integrativen Fachausbildung nur angerissen werden, und in der Kürze der Ausbildungszeit bleiben viele Fragen offen. Das Kind mit seiner Behinderung, vielleicht auch mit seiner Isolation, seiner Wahrnehmungsstörung, gehört immer in den Fokus der Aufmerksamkeit und der liebevollen Zuwendung, doch darüber hinaus gibt es noch viele andere Kinder in der Gruppe, die die Fürsorge der Erzieherin brauchen. Wie schön ist es da, wenn die Erzieherinnen genügend Zeit für die Kinder und Freude und Spaß an ihrer Arbeit mit den Kindern haben können!

Die Entwicklung in 42 Jahren Integration in Berlin hat gezeigt, dass aus der «Herzensangelegenheit», dem Anspruch und der Forderung der Erzieherinnen, «Wir wollen *alle* Kinder in unseren Gruppen betreuen», eine Pflicht geworden ist.[8] «Voraussetzung für gute Arbeit ist, dass man die Kinder gern hat und sich mit ihnen beschäftigen will – sie unterstützen will in ihrem Weiterkommen.»[9] Für das Weiterkommen des Kindes braucht der Erzieher Zeit, Ruhe und Geduld. Alle Erzieherinnen, mit denen ich spreche und gesprochen habe, befürworten und begrüßen den Gedanken der Integration bzw. Inklusion. Er ist ein hohes menschliches Ideal, das wir in uns tragen und üben wollen. Er sollte die Möglichkeit bekommen, sich in der Kindergartenwirklichkeit durchzusetzen, auch wenn es von den Erzieherinnen eine Mehrarbeit und hohe Lernbereitschaft erfordert. Das aber, was man für die Mehrarbeit geschenkt bekommt, ist von hohem Wert.

Die behinderten Kinder bringen eine Qualität in die Kindergärten mit, die ein neues Bewusstsein erfordert. Bei aller Liebe und Verständnis, die für die Kinder und vor allem die behinderten Kinder empfunden wird, bedeutet dies eine tägliche Anforderung für die Erzieherinnen. Wir wissen, dass politische Forderungen personell gedeckt sein sollten. Das sollte allen Verantwortlichen klar sein. Es darf nicht darum gehen, die Heilpädagogik «abzuschaffen», um finanzielle Mittel einzusparen.

Zwar befürworten alle Erzieherinnen, mit denen ich spreche, den Gedanken der Inklusion, sie geben aber zu bedenken, dass für die zusätzliche Arbeitsbelastung – z.B. Sprachlerntagebuch (in Berlin und Brandenburg), Dokumentationen, Entwicklungsberichte, Gespräche mit Erziehungsberechtigten, mit Kollegen, mit Therapeuten, mit Förderstellen, usw. – zu wenig Zeit da ist und dem Integrationskind fehlt. Ein Beispiel: Hat eine Kindergartengruppe zwanzig Kinder und ein Kind mit B-Status, das eine Eins-zu-eins-Betreuung braucht, und gibt es nur zweieinhalb Er-

Ist Inklusion im Kindergarten machbar? I B. Neef

297

zieherstellen, davon eine Facherzieherin, dann ist das zu wenig Personal. Da kann man auch dem betreffenden Kind – je nach Schwere der Behinderung – nicht gerecht werden.

Eine Erzieherin aus einer Kindergartengruppe mit zwanzig Kindern und einem Integrationskind mit B-Status schilderte mir das Scheitern einer Integration. Sie sagte: «Man muss als Integrationsfacherzieherin ein heilpädagogisches Feingefühl entwickeln, man muss sich trauen, auch wenn es gegen die gesellschaftlichen Forderungen geht, wie Kindeswohlgefährdung. Um die anderen Kinder nicht zu gefährden, musste ich das Integrationskind immer an der Hand halten, aber dadurch untergrub ich seine Selbstständigkeit. Ich konnte mich nicht mehr um die täglichen Aufgaben in der Kita kümmern, das verärgerte meine Kolleginnen. Es kam zu Spannungen. Ich stand allen gegenüber in ständigem Stress.» Wo ist die Grenze des Machbaren?

Wir brauchen jedoch auch den offenen Blick der Politik! Schnelle Lösungen sind nicht gefragt. Die Arbeit der Erzieherin darf nicht von politischen Forderungen geprägt sein, sondern sollte getragen sein von der Freude und der Begeisterung, dass es möglich geworden ist, durch die behinderten Kinder, die zu uns kommen, eine neue Offenheit in Denken, Fühlen und Wollen zu entwickeln. Inklusion ist eine Frage der inneren Haltung. Üben wir nicht gerade noch an der Integration im Kindergarten?

Wie weit jedoch wird die Erzieherin auch zur Therapeutin? Es gibt verschiedene Hilfen für die Erzieherinnen. In Zusammenarbeit mit den Eltern und den eigenen Kolleginnen ist die «Kinderkonferenz» immer eine erste Möglichkeit, das Kind und sein Verhalten, seine Handlungen verstehen zu lernen. «Es geht um eine Erkenntnisgemeinschaft, die sich verstehend und handelnd, schützend und herausfordernd, heilend und erziehend um ein Kind und seine Lebenssituation bildet.»[10] Nicht nur dem Kind, sondern auch den Eltern und den Erzieherinnen können viele helfende Kräfte durch eine Kinderkonferenz zufließen.

Wichtig für die Erzieherinnen ist es, keine Angst vor Unfähigkeit und eventuellem Scheitern zu haben. Um besser verstehen zu können, brauchen wir die Erweiterung unserer Horizonte. Das

gelingt uns u.a. durch das empathische Hineinfühlen und Mitfühlen mit dem Kind. Nicht Antipathie und Sympathie tragen
zum Verstehen des Kindes bei, sondern Mitgefühl.

Es ist immer hilfreich, Netzwerke zu bilden oder bereits zu haben, wo man sich beraten lassen, Hilfe holen, sich austauschen,
sich auch einmal «ausweinen» kann. Auch Weiterbildungen zu
bestimmten Themen, z.B. Autismus, Erkennen von Autismus[11]
(dies ist im Kindergarten eine sehr häufige Frage), sind äußerst
hilfreich für die tägliche Arbeit. «Rudolf Steiner sagt im zweiten
Vortrag des Heilpädagogischen Kurses, wir sollen Mut haben einzugreifen, aber mit Verantwortungsgefühl.»[12] Tun wir es!

«Das Gras wächst nicht schneller, wenn man daran zieht», lautet ein afrikanisches Sprichwort. Ich wünsche uns allen, dass der
Inklusionsgedanke sich in unseren Herzen einnistet. Zurzeit arbeiten wir im Kindergartenbereich noch an der Integration, doch
wir hoffen, den Willen und die Herzen mehr und mehr für die
Inklusion öffnen zu können.

Die Anmerkungen finden sich auf S. 752f.

MARITA ERNST-BONNESOEUR

EINGANGSSTUFE INKLUSIV

Entstehung der Eingangsstufen an den Berliner Waldorfschulen

Im Schuljahr 2005/2006 trat in Berlin eine Neufassung des Schulgesetzes in Kraft, welches besagt, dass alle Kinder der Schulpflicht unterliegen, die im Laufe des Kalenderjahres sechs Jahre alt werden. Damit wurde das Einschulungsalter um sechs Monate vorgezogen, sodass bereits fünfjährige Kinder eingeschult werden müssen. Gleichzeitig wird dabei auf die Feststellung der Schulfähigkeit, sprich Schulreife, verzichtet. Auch Rückstellungen waren lange Jahre nicht mehr möglich. Der Gedanke hinter dieser Novelle war, allen Kindern ohne Ausschluss oder Rückstellung den Zugang zur Schulbildung zu ermöglichen. Die flexible Schulanfangsphase sollte den Kindern der Berliner Grundschulen die erforderlichen Voraussetzungen für ein Lernen in eigenem Tempo bieten. Für die Umsetzung dieser Ziele sollten Erzieherinnen die Grundschulpädagogen in ihrer Arbeit unterstützen und dadurch eine stärkere Verbindung zwischen der Pädagogik von Kindergarten und Schule herstellen.[1]

Die Waldorfschulen und -kindergärten der Region waren nicht willens, den Aspekt der Schulreife diesem Gesetz zu opfern und dadurch nachteilig in die Entwicklung der Kinder einzugreifen. Gemeinsam entwickelten sie nach zweijähriger Arbeit die Idee der Schuleingangsstufe – in Unterscheidung zur Schulanfangsphase der Berliner Grundschulen – für die nicht schulreifen, jedoch schulpflichtigen Kinder. Zwei Modelle entstanden: dasjenige der altershomogenen Eingangsstufenklasse – auch Brücken- oder Zwergenklasse genannt – und das Schulaußenstellenmodell mit den «Wanderlehrern».

Das Kreuzberger Schulaußenstellenmodell, die «Kleine Schule»

Den Waldorfkindergärtnerinnen im Einzugsbereich der Kreuzberger Waldorfschule war es ein starkes Anliegen, die fünf- und sechsjährigen Kinder, die sogenannten «Königskinder», in ihren Kindergartengruppen zu behalten, sind sie doch Vorbild für die jüngeren Kinder. Zudem sind sie erst in diesem Alter in der Lage, den Überblick über das Kindergartenjahr mit seinen wiederkehrenden jahreszeitlichen Aktivitäten zu bekommen und somit das zuvor durch Tätigkeit und Empfindung Gegangene bewusst wahrzunehmen. Auch sollte den Kindern, die in der Regel schon sehr früh fremdbetreut sind, ein weiterer Betreuungswechsel erspart bleiben.

So entwickelten die Kreuzberger Waldorfkindergärtnerinnen zusammen mit der Schule ein Konzept, das den Entwicklungsstand der Kinder mit den gesetzlichen Bestimmungen in größtmöglichen Einklang bringt. Die Verhandlungen wurden damals eng vom landespolitischen Sprecher der Waldorfschulen Berlin und Brandenburg begleitet. Es entstanden drei Schulaußenstellen mit insgesamt zehn Kindergartengruppen.

Die schulpflichtigen, jedoch noch nicht schulreifen Kinder werden in die Eingangsstufenklasse, die jüngste Klasse unserer Schule, aufgenommen. Über die Aufnahme entscheidet das zuständige Aufnahmegremium der Schule im Verlauf der Einschulungsuntersuchungen im Januar eines jeden Jahres. Die Kinder sind also dem Status nach Schulkinder, verbleiben jedoch de facto als «Königskinder» in den Kindergartengruppen, unseren Schulaußenstellen. Der von der Schule zu leistende Unterricht erfolgt in einem vierstündigen Block durch die Klassenlehrerin an einem Tag der Woche, hinzu kommt die wöchentliche Eurythmiestunde im Kindergarten. Daneben gibt es noch den Unterricht durch die Werkwanderlehrerin, die in die einzelnen Kindergartengruppen geht und dort für die Dauer von je drei Wochen ein Handwerk ausübt.[2]

Aus dem anfänglich täglichen Wandern der Klassenlehrerin in die einzelnen Außenstellen hat sich im Laufe der nunmehr neunjährigen Arbeit in der Eingangsstufe eine Form entwickelt, die Beständigkeit (auch für die Klassenlehrerin) mit notwendiger Flexibilität vereint. Der Unterricht findet an zwei Orten statt: in dem eigenen Klassenraum in unmittelbarer Nähe zur Schule und in einem Raum einer etwas weiter von der Schule entfernten Schulaußenstelle. Die Gruppen bestehen je nach jährlichen Gegebenheiten aus fünf bis zwölf Kindern. Der Unterricht findet an vier Tagen in der Woche statt.

Immer wieder tauchten im ersten Jahr Fragen von Eltern, Kindern und Pädagogen auf, wie denn diese neue Schulklasse genannt werden solle. Begriffe wie Vorschule, Eingangsstufe, Verbindungsklasse waren nicht zutreffend oder zu abstrakt. Eines Tages sagte ein Kind: «Im nächsten Jahr komme ich in die große Schule.» Und so war er geboren, der Name für unseren Weg, die Kinder im Übergang zur Schule zu begleiten, und er hat sich inzwischen fest eingebürgert: die «Kleine Schule».

Das Selbstverständnis der Eingangsstufe

Als ich vor inzwischen neun Jahren als ehemalige Klassen- und Französischlehrerin die erste Eingangsstufenklasse übernahm, war mir nicht bewusst, welche Pionierarbeit mir bevorstand – galt es doch, Brücke zu sein zwischen zwei bisher unverbundenen Bereichen: dem vorschulischen und dem schulischen Lernen. Sollte ich den Kindern mit der Haltung der Erzieherin begegnen, was ihrem Entwicklungsalter angemessen wäre, was ich jedoch qua Ausbildung gar nicht war, oder als Lehrerin, als die ich mich fühlte, jedoch – im streng schulischen Sinne und entsprechend dem Entwicklungsalter der Kinder – gar nicht sein durfte? Also galt es erst einmal, ein Selbstverständnis für mich in dieser neuen Rolle und für die Arbeit zu finden. Hierbei war es hilfreich, sich auf die menschenkundlichen Grundlagen zu besinnen.

Die Kinder, die die Eingangsstufe besuchen, befinden sich

auch entwicklungsmäßig im Übergang vom ersten zum zweiten Lebensjahrsiebt. Das heißt, dass in dieser Zeit ein Teil der Kräfte, die bisher zum Aufbau und zur Ausgestaltung der Organe benötigt wurden, mehr und mehr frei wird und den Kindern zunehmend für die Gedächtnisbildung und das Lernen zur Verfügung steht. Dieser Kräfteüberschuss verändert sich im Laufe des Eingangsstufenjahres noch einmal deutlich. Ich beobachte seit Jahren einen regelrechten Entwicklungssprung nach den Weihnachtsferien.

Ausgestattet mit einer Liebe zu den jüngeren Kindern und viel Erfahrung in den unteren Klassen traute ich mir diese neue Aufgabe durchaus zu und fühlte mich auch inhaltlich und methodisch ausreichend gerüstet. Erste Verunsicherungen entstanden durch Bemerkungen von Erzieherinnen, die immer wieder auf den Unterschied zwischen Kindergartenpädagogik und Schulpädagogik aufmerksam machten. Sie wünschten sich für ihre «Großen» motorische, sprachliche und soziale Angebote, die sie im Kindergartenalltag der altersgemischten Gruppe nicht leisten können, u.a. auch Regelspiele. Dazu ein Beispiel: Ich überlegte mir, was ich als Kind früher gespielt habe, und kam auf das Murmelspiel. Dabei gilt es bestimmte Regeln zu beachten. Diese versuchte ich nun den Kindern verbal und anschaulich zu vermitteln. Die aber schauten mich nur mit großen Augen verständnislos an und rührten keinen Finger, um die Murmeln nach vorgegebener Regel in einer Kuhle zu versenken. Als ich dann ziemlich ratlos meinen Versuch aufgab, ergriffen die Kinder die Murmeln und bauten sich mit viel Fantasie und sichtbarem Vergnügen im Sand die herrlichste Murmelbahn.

Erfahrungen ähnlicher Art gab es viele. Ich lernte mit zunehmendem Gefühl für diese Altersstufe, die Bedürfnisse der Kinder nach freiem und eigenbestimmtem Tun und den Wunsch nach größeren Herausforderungen an einem Schulvormittag zu vereinen.

In stetem Austausch vor allem mit den Erzieherinnen aus den Kindergärten entwickelte sich eine Unterrichtsstruktur, die schulische Anforderungen mit Aufgaben der vorschulischen Erziehung verbindet. Die Inhalte des Schulvormittags sind nicht kognitiver Art, sondern greifen Elemente der Kindergartenpädagogik auf wie Reigen, Lieder und Spiele, Malen und Gestalten. Der Unterschied zum Kindergartenalltag liegt vor allem darin, dass wir alles gemeinsam tun. Die Tätigkeiten sind vorgegeben und geführt – im Gegensatz zum Kindergarten, wo das Freispiel im Mittelpunkt steht. Das letzte Kindergartenjahr steht unter dem Motto «Vom Wollen zum Sollen», wobei das «Sollen» vor allem am Schultag im Vordergrund steht, jedoch nicht als Zwang zu begreifen ist, sondern als geführte Aktivität, die durch das gemeinsame Tun Bereicherung und Freude erfährt.

Unterrichtsinhalte

Die Unterrichtsinhalte in der Eingangsstufe liegen (noch) nicht in der Vermittlung der Kulturtechniken wie Formenzeichnen, Rechnen, Schreiben und Lesen, sondern in der Stärkung der körperlich-motorischen Grundlagen, die heute als Voraussetzung für das schulische Lernen angesehen werden. Rhythmisch-Musikalisches findet seinen Ausdruck in kleinen Sprüchen, Liedern, Klatsch- und Handgestenspielen und Tänzen, wobei immer wieder das Kreuzen der Hände, Arme und Beine ein wesentliches Element ist. Daneben sind grobmotorische Übungen wie Balancieren, Seilspringen, Hüpfen und Klettern durchgängige Unterrichtsanteile. Das zielgerichtete Werfen und Fangen wird mit unterschiedlich großen und schweren Bällen geübt. Die Kinder bilden ihre feinmotorischen Fähigkeiten in Fingerspielen und handwerklichen Tätigkeiten wie Kneten mit Wachs, Arbeiten mit Ton, Holz, Wolle und Stoff und im Umgang mit Stift und Schere weiter aus. Diesen Aktivitäten, die sich im Laufe des Schuljahres thematisch und vom Anspruch an die motorischen Fähigkeiten verändern, folgt das gemeinsame Frühstück. Auch das Frühstücksbrot unterscheidet den Schultag von den anderen Tagen der Woche, denn die Kinder bringen sich ihr Frühstücksbrot für diesen Tag selbst mit. So wird im Bewusstsein des Besonderen dieses mit Genuss und

Freude verzehrt, und nebenbei auch das Teilen mit anderen geübt: Unser «Schiffchen», eine kleine Glasschale, das seine Runde von Kind zu Kind fährt, wird von manchem Kind mit Apfelschnitzen oder Mandarinenspalten beladen und darf dann mit seiner Fracht alle Kinder erfreuen.

Märchen und Rätsel bilden neben dem Gespräch über bestimmte Themen und der Alltagskommunikation das Sprachgefühl der Kinder. Auch hier verändern sich Umfang und Komplexität des Erzählten im Laufe des Schuljahres. Sind es zu Beginn noch kürzere Geschichten, die sogenannten Ammenmärchen, so folgen nach der Weihnachtszeit die Märchen: zuerst die einfacheren und bekannteren Kindermärchen, später dann auch mal ein etwas längeres, was eine größere Konzentrationsspanne voraussetzt. Bei den Rätseln zeigt sich sehr deutlich, wie weit die Ätherkräfte schon frei sind für das Denken. Beispielsweise bei dem Rätsel «Es ist aus Glas und reitet auf der Nas» gibt es die Antwort «Brille», aber auch «Pferd».

Ein neu hinzugekommenes Element unseres Schulvormittags ist die Stille. Bei den handwerklichen Tätigkeiten stehen die Münder oft nicht still. Nun versuchen wir bewusst, eine Zeit der Stille einzulegen, was den Kindern unerwartet große Freude bereitet. Mit Eifer und Ehrgeiz sind sie darauf bedacht, diese Schweigezeiten immer weiter auszudehnen. Sind nur noch Schmirgelpapier oder Feile zu hören, kommt eine wohltuende Ruhe ins Klassenzimmer, und an plötzlichen Bemerkungen der Kinder ist abzulesen, wie tief sie dann in sich versinken können.

Es bleibt noch Zeit für das freie Spiel – vor allem draußen –, das die Kinder unbedingt für sich beanspruchen. Das freie Spiel ist die beste Vorbereitung für die Schule und das Leben schlechthin, wie es auch inzwischen in Kreisen fern der Waldorfpädagogik eingesehen wird: «Jedem Kind ist die Neugier und Lust zum Spiel angeboren. Sie wird entwicklungspsychologisch als die Haupttriebkraft der frühkindlichen Selbstfindung und späteren Sozialisation des Menschen angesehen. Danach reflektiert, erforscht und erkennt der Mensch die Welt zuerst im Kinderspiel. Den Wert des Spiels erkannten schon die Gesetzgeber und Philosophen des

Altertums. Das Spielverhalten von Kindern, das Kinderspiel überhaupt, darf in keinem Fall als wertlose Tändelei oder lediglicher
Zeitvertreib aus Langeweile aufgefasst werden. Es nimmt bei der
seelischen Entwicklung eine sehr wichtige Funktion ein.»[3]

Was ist inklusiv an unserer Eingangsstufe?

Nach einem Elternabend für die neuen Eingangsstufeneltern kam
eine Mutter auf mich zu und sagte: «Sie haben ja gar nichts zu
den Integrationskindern gesagt.» Ich hielt inne, überlegte einen
Moment und antwortete: «Sie gehören für mich so selbstverständlich dazu, dass ich sie gar nicht als ‹besonders› im Bewusstsein
habe.»

In unserer Eingangsstufe waren von Beginn an Kinder mit
erhöhtem Förderbedarf, nur erhielten sie damals noch kein Gutachten. Das wurde ihnen erst später in der ersten Klasse zuer-
kannt. Mit zunehmendem Ausbau des Integrationszuges an unserer Schule, dem wachsenden Bewusstsein für diese Kinder in
den Schulaußenstellen und mit verstärkten Anmeldungen von
Kindern mit gravierenderen körperlichen Beeinträchtigungen
für unsere Eingangsstufe änderte sich das. Viele Erzieherinnen
und auch ich absolvierten eine Zusatzausbildung für Integration.
Bisher hatte ich die Gruppen zwischen sechs und zwölf Kindern
allein geführt. Als aber ein Kind mit einer Cerebralparese in die
Eingangsstufe kam, das im fein- wie auch im grobmotorischen
Bereich besondere Hilfe benötigte, kam als Unterstützung ein
FSJler[4] dazu. Es folgte ein Kind, das im Rollstuhl saß und gewindelt werden musste. Dieses Kind hatte für die Kindergartengruppe und für den Schultag einen Schulhelfer. In der Regel steht
mir entweder ein FSJler oder eine Praktikantin zur Seite, wobei
einer von uns dann je nach Situation und Bedarf Hilfestellung
leistet.

Werden bestimmte Behinderungen im Unterricht sichtbar, z.B.
die spastische Hand bei einem Kind mit Halbseitenlähmung, und
gibt es dazu Fragen oder Bemerkungen von Seiten der Klassen-

kameraden, so gehe ich darauf ein und stelle es als etwas dar, was eine Tatsache ist und dass es dem Kind dadurch auch z.b. schwerer fällt, das Knetwachs zu bearbeiten. Sind die Behinderungen deutlich sichtbar, z.b. bei einem Kind mit Down-Syndrom, kommt es vor, dass Kinder erst einmal Abstand halten. Ich erinnere mich deutlich an einen Jungen, der sich am Anfang des Schuljahres immer einen Platz im Kreis oder in der Kette suchte, an dem er seine Klassenkameradin mit Down-Syndrom nicht anfassen musste. Dieses Mädchen hatte die Tendenz wegzulaufen bzw. sich zu verstecken, sodass wir sie gut im Blick behalten mussten. Zum Ende des Schuljahres war dem Jungen dieses Mädchen so selbstverständlich und vertraut geworden, dass er immer wieder nach ihr Ausschau hielt und uns daran erinnerte, sie ja nicht zu vergessen. Das Anfassen war längst kein Thema mehr.

Wir machen Jahr für Jahr die Erfahrung, dass gerade Kinder mit Behinderungen eine Leichtigkeit und Unbeschwertheit in den Schulvormittag bringen können, die uns immer wieder zum Lachen und zum Staunen bringen. Malt ein Kind mit Down-Syndrom hingebungsvoll seine Familie und begleitet das Malen mit temperamentvollen Äußerungen, so halten die anderen Kinder inne und schauen staunend und lächelnd zu. Gerade diesen Kindern sitzt oft der Schalk im Nacken, und kleine Späßchen von ihnen lösen eine Heiterkeit aus, die sich als entspannte und fröhliche Stimmung im Raum ausbreitet.

Für Kinder mit einem sonderpädagogischen Gutachten schreiben wir Entwicklungspläne, die sich an den Inhalten und Tätigkeiten orientieren, die sich im Kindergarten und in der «kleinen» Schule wiederfinden, jedoch angepasst an die Bedürfnisse des Kindes sind. Dazu gehören neben der Förderung der motorischen Entwicklung auch die soziale Integration und oft ganz viel Ermutigung. Diese erfolgt überwiegend über die Anerkennung der Stärken, des Geleisteten trotz äußerer Widerstände und nicht in der Arbeit an den Defiziten. Natürlich erhält auch hier das Kind die notwendige Unterstützung zur Weiterentwicklung, es wird jedoch erst einmal gesehen in seinen Stärken und Fähigkeiten – und die besitzt jeder Mensch.

Verbindung Kindergarten – Schule

Den Begriff der Schulreife und die damit verbundene Schulreife-untersuchung wollten wir aus (waldorf-)pädagogischen Grün-den, die den körperlichen und seelischen Entwicklungsstand des Kindes zugrunde legen, nicht aufgeben, die stärkere Verbindung zwischen Kindergarten und Schule jedoch, ein anderer wichtiger Aspekt des Berliner Bildungsprogramms, ist den beteiligten Päda-gogen ein Anliegen und findet im Kreuzberger Eingangsstufen-modell die geeigneten äußeren Bedingungen. Sie ermöglicht eine kontinuierliche Entwicklungsbegleitung des Kindes vom dritten Lebensjahr bis in die 1. Klasse hinein.

Neben dem Austausch, der sich bei der Übergabe der Kinder natürlicherweise ergibt, sind feste Zeiten für die Zusammen-arbeit eingerichtet. Das sind zum einen regelmäßig stattfindende Außenstellenkonferenzen zwischen den Erzieherinnen und der Klassenlehrerin. Hier wird jedes Kind einzeln angeschaut, aus den unterschiedlichen Blickrichtungen: einmal aus der Sicht des Kindergartens und zum anderen aus der Sicht der Schule. Hier-bei wird immer wieder deutlich, wie unterschiedlich und sich gegenseitig ergänzend diese beiden Sichtweisen sind. Ergeben sich weitergehende Fragen bezüglich der Kinder, finden Elternge-spräche mit Erzieherinnen und Lehrerinnen statt. Gibt es dabei noch Fragen, die sich in dieser kleineren Runde nicht beantwor-ten lassen, berufen wir eine Kinderkonferenz ein, an der neben den Eltern – den kompetentesten Erziehungspartnern des Kin-des, deren Mitarbeit zum Wohle des Kindes unabdingbar ist –, den Erzieherinnen, von Seiten der Schule die Lehrerinnen der Schuleingangsstufe, die Förderlehrerin und der Schularzt teil-nehmen, in manchen Fällen auch die Therapeuten des Kindes, sofern es bereits in Therapie ist. In diesen Kinderkonferenzen – einem weiteren und sehr wirksamen Instrument in der Entwick-lungsbegleitung – beschreiben wir das Kind, so wie es sich in den unterschiedlichen Umgebungen zeigt, urteilsfrei und nicht mit defizitärem Blick, seine Stärken wahrnehmend, aber auch die Fragen aussprechend, die es uns stellt. Hierbei sind uns die Erzieherinnen hilfreiche und wichtige Partner, kennen sie die Kinder doch schon oft über Jahre. Zusammen mit den Eltern unterhalten wir uns hier auch über Entwicklungspläne.

Eine weitere Verbindung zwischen Schule und Kindergärten bildet unsere Gesamt-Außenstellenkonferenz, die ein- bis zweimal im Jahr stattfindet. Hier treffen sich alle Erzieherinnen der Außenstellenkindergärten mit den beiden Eingangsstufenlehrerinnen und dem Schularzt. In dieser Konferenz werden Fragen bewegt, die alle betreffen. Sie können pädagogischer und struktureller Art sein. Hier werden auch die geeigneten Plätze gesucht für unsere «Quereinsteiger». Das sind Kinder, die für die Dauer des Eingangsstufenjahres noch einmal den Kindergarten wechseln müssen, da sie bis dahin einen Kindergarten besuchten, der nicht zu unseren Schulaußenstellen gehört. Diese Kinder haben leider nicht die Möglichkeit, in ihrer vertrauten Kindergartenumgebung zu bleiben. Sie nehmen den Wechsel sehr unterschiedlich auf: Für viele Kinder (und deren Eltern) ist es ein Einstieg in die Waldorfpädagogik und stellt durch die anderen Inhalte und den besonderen Rhythmus eine Bereicherung und Ergänzung der vorschulischen Erziehung dar. Einigen Kindern (und deren Eltern) gelingt es jedoch nicht, sich in diesem einen Jahr mit den neuen Kindern, Erzieherinnen und Inhalten so zu verbinden, dass es als ein Zugewinn erlebt wird.

Das Kernstück der Verbindung zwischen Kindergarten und Schule bildet unsere wöchentliche Eingangsstufenkonferenz, an der die Förderlehrerin unserer Schule und der Schularzt neben den beiden Eingangsstufenlehrerinnen teilnehmen. Hier werden alle Fragen bewegt, die die Kinder der Eingangsstufe betreffen, die vielleicht auch von den Erzieherinnen über die Lehrerinnen hereingetragen werden. Im Laufe des Schuljahres haben wir jedes Kind der «Kleinen Schule» vor Augen gehabt, und bevor noch die Kinder den Schritt in die «große» Schule tun, sind sie schon im Bewusstsein hier angekommen.

Elternarbeit

Neben dem einführenden Elternabend zu Beginn des Eingangsstufenjahres haben wir im letzten Jahr zum Schulhalbjahr einen
zweiten Elternabend angeboten, in dem wir gemeinsam die Entwicklung der Kinder angeschaut und uns die Frage gestellt haben:
«Was brauchen die Kinder noch, um den Anforderungen der ersten Klasse gewachsen zu sein?» Dazu kommen noch die Elternabende in den Kindergartengruppen, die von den Erzieherinnen
gestaltet werden und in denen die Eingangsstufenlehrerinnen
auch ihre Arbeit vorstellen.

Im Januar finden auch Elterngespräche statt. Die Eingangsstufenlehrerinnen sind darauf bedacht, mit allen Eltern mindestens
ein Gespräch zu führen. Manchmal ist es auch sinnvoll, die Erzieherin dazuzubitten.

Zudem arbeiten die Eingangsstufeneltern in den Gremien der
Schule mit und nehmen auch an allen Veranstaltungen im Schulleben wie Monatsfeiern, Sommerfest, Basar etc. teil.

Fazit

Die Eingangsstufe hat sich bei uns in Kreuzberg im Bewusstsein
und im Alltag fest als Brücke zwischen Schule und Kindergarten verankert. Sie ist als ein verlässliches Band zwischen den
beiden «Bildungsbereichen» entstanden und wird von allen Beteiligten als großer Zugewinn erlebt. Nimmt man das Bild der
Brücke, so ist der Übergang von einem Ufer zum anderen für die
Kinder gestaltet. Die Eingangsstufenlehrerin holt das Kind vom
Kindergartenufer ab und führt es behutsam in Richtung auf das
Schulufer, indem sie es bereits bekannt macht mit der Welt, die es
dort erwartet.

Die Kinder lieben den Tag in der «Kleinen Schule». Für sie ist
es der besondere Tag in der Woche, der sie als «Große» aus dem
Kindergartenalltag heraushebt. Manche zuvor kritische Eltern,
die auch belastet sind mit einem Schulgeldbeitrag, den sie nicht

bezahlen müssten, wenn ihr Kind nur im Kindergarten verbliebe (das letzte Kindergartenjahr in Berlin ist kostenfrei), erleben die Qualität des begleiteten Übergangs als etwas sehr Kostbares. So wurde mehrfach der Wunsch geäußert, dass sich doch für alle Kinder der Übergang auf diese Weise gestalten möge.

Die Anmerkungen finden sich auf S. 754.

ANTJE SCHMIDT

HANDWERKEPOCHEN IN DER SCHULEINGANGSSTUFE

Neben dem wöchentlichen Schultag für die Kinder der Schuleingangsstufe und der Vorschularbeit, die die Erzieherinnen in den Kindergärten leisten, erleben die Kinder eine dreiwöchige Handwerkepoche.* Sie können auf diese Weise in die jeweilige Tätigkeit eintauchen, sie nachahmen und Anregungen mit in ihr Freispiel nehmen. Das Konzept entwickelten die Kindergärtnerinnen, gemäß dem Leitsatz «Es braucht ein ganzes Dorf, um ein Kind zu erziehen ...» Das Kreuzberger Modell der Schuleingangsstufe bietet uns die Möglichkeit, die Kinder sehr eng in ihrer Entwicklung zu begleiten. Die Möglichkeit des Austausches mit den Erzieherinnen ist während der Handwerkepochen besonders intensiv gegeben.

«Lernen durch Nachahmung» ist die große Überschrift für das Lernen im ersten Lebensjahrsiebt. Dem versuchen wir, durch handwerkliche Arbeit in traditioneller Weise, mit möglichst einfachen Mitteln, in für die Kinder nachvollziehbaren Schritten, gerecht zu werden. Die Epocheninhalte werden vorher mit den Erzieherinnen der Kindergartengruppen abgestimmt. Es entstehen Gegenstände, die im Kindergartenalltag gebraucht und benutzt werden, und kleine Dinge, die die Kinder mit nach Hause nehmen. Manch Siebtklässler hat noch seine Filzmurmel aus dem Eingangsstufenjahr im Regal.

Tischlerepoche

Eine Werkbank steht in der Ecke des Gruppenraumes bereit. Einige Kinder haben sie schon als Aussichtsplattform in ihr Spiel einbezogen, räumen sie aber bereitwillig und helfen, das Werkzeug in die Schubladen einzuordnen. Dabei fällt die Kiste mit

---

* Die Fotos zu diesem Beitrag finden sich im farbigen Bildteil, nach S. 417.

Schrauben und Nägeln zu Boden. Der Tag beginnt so mit einer feinmotorischen Übung, alles wird neu sortiert, geordnet und gezählt. Wovon ist am meisten da? Von den kleinen Schrauben oder den langen Nägeln? Wir bauen eine Bank mit zwei rollenden Schubfächern darunter. Vier Kinder sitzen auf dem Boden, ein langes Brett auf den Knien, und schleifen in die Richtung, in die der Baum gewachsen ist. «Ist es schon glatt genug?», ertönt die Frage nach zwei Minuten. Hier sind Geduld und Ausdauer gefragt. Immer wieder wird gefühlt – wer will sich schon beim Spielen einen Splitter einreißen? Der Mund hat Pause, damit die Hände genug Kraft haben. Manchmal ist die Werkstattecke durch einen Spielständer für kurze Zeit geschlossen. Die Kinder beobachten durchs «Fenster», wie ich messe und zeichne. «Sei mal still», sagt ein Kind zum andern, «Antje muss nachdenken, sonst wird alles krumm und schief». Im Puppenhaus reibt ein Vierjähriger mit heruntergezogenem Pulloverärmel über das Holz eines Spielständers. «Was spielst du da, kann ich mitspielen?» – «Ja, wie das Holz gewachsen ist ...»

In einer anderen Epoche bauen wir ein Vogelhaus, welches jetzt im Garten steht. Die Kinder können im Winter vom Frühstückstisch aus beobachten, wie die Vögel ihre täglichen Mahlzeiten verzehren. Beim Bau des Hauses wird gesägt, gehobelt, geraspelt, geschliffen, gebohrt, und die Dachschindeln werden vom Holzblock geschlagen. In Zehnerhäufchen werden sie gestapelt. Wie viel benötigen wir davon, wenn am Ende einhundertdreißig Schindeln genagelt werden? Das Vogelhaus wird fein geschliffen, «damit die Vögel sich nicht wehtun», wie ein Kind sagt.

Die Kinder und ich benutzen altes Werkzeug, was nicht selten zu der Bemerkung führt: «Mein Vater hat dafür aber eine Bohrmaschine.»

Töpferepoche

Das Töpferhandwerk übt immer wieder Anziehungskraft aus. Die plastische und bildsame Masse Ton gibt folgsam dem Willen der Hände nach, reagiert auf kräftiges Schlagen und Kneten sowie auf zarten Druck und leichtes Verstreichen. Alle Kinder dürfen sich ausprobieren. Sämtliche Gebilde, die in den kleinen Händen entstehen, setzen wir zu einem großen Topf zusammen, den wir nur innen verstreichen, sodass sich jedes Kind in der Gefäßwand wiederfindet. Der Topf schmückt den Jahreszeitentisch mit Blumen. Auch Schüsseln für das Frühstück entstehen und begleiten die Kinder in ihrem Kindergartenalltag. Von den Kindern geformte kleine Perlen brennen wir an einem Vormittag im offenen Holzfeuer im Sandkasten. Wie Schatzsucher kommen wir uns vor, wenn wir die Kostbarkeiten aus der Asche holen. Geschmückt durch ein Lederband mit Tonperle nehmen die Kinder eine Erinnerung an die Werkepoche mit nach Hause.

Filzepoche

In der Filzepoche erleben die Kinder, wie aus weichen, luftigen Wollflocken, Wasser und Seife durch Reiben, Walken, Schlagen und Kneten fester, stabiler Filz entsteht. Das Begießen der Wolle mit warmem Wasser und das Reiben mit Seifenschaum sind Prozesse, die in vielfacher Weise die Sinne ansprechen. Während beim Reiben Feingefühl gefragt ist, brauchen die Kinder Kraft und Ausdauer zum Walken und Schlagen und Kneten.

Die Schuleingangsstufenkinder filzen sich eine Stiftetasche für die kommende Schulzeit. Mit selbst gewählten Farben begleitet sie durch die ersten Schuljahre ein unverwechselbares Stück. Den Verschluss bildet ein selbst geschliffener und gebohrter Kokosnussknopf, die Fächer für die Stifte näht die Lehrerin ein.

In einer anderen Epoche filzen sich die Kinder eine «Zaubermurmel», die jeden Tag ein neues «Kleid» bekommt und dadurch immer größer wird. Durch das Aufschneiden am letzten Tag werden nicht nur alle Farbschichten, sondern auch eine eingefilzte Glasmurmel sichtbar.

Webepoche

In der Webepoche entsteht ein großer Teppich für die Puppenhausecke im neuen Gruppenraum. Beim Pflanzenfärben des Webmaterials erfüllen verschiedene Gerüche den Raum, und die leuchtenden Farben sind für alle nach jedem Färbevorgang eine

Überraschung. Manche Familien haben dafür das ganze Jahr über Zwiebelschalen gesammelt. Vom Aufbäumen der Kette bis zum fertigen Webstück können die Kinder die Arbeitstätigkeit eines Webers erleben. Die Kleinen sitzen gerne unter dem Webrahmen und bauen sich eine Höhle. In zwei Jahren sind sie Schulkinder und werden sich sicher an manchen Arbeitsschritt beim Weben erinnern. Im Garten wird gerade die Weide beschnitten. Die Schuleingangsstufenkinder bauen sich daraus kleine Webrahmen. Durch die Kettfäden fädeln sie zwischen den Händen oder auf den Knien gedrehte Fäden aus gezupfter Rohwolle.

Spinn- und Pflanzenfärbeepoche

Die Kinder erleben hier den Weg von der frisch geschorenen Schafwolle (manchmal dürfen sie selbst mit kleinen Scheren auf dem Kinderbauernhof die Schafe von ihrer Wolle befreien) zum versponnenen und verzwirnten Faden. Wir waschen und kämmen die Wolle gemeinsam. Auf dem Spinnrad wird die Wolle zum Faden versponnen und verzwirnt. Das Spinnrad ist mit zwei Tritten ausgerüstet, und ein Kinderfuß kann stets «mitlaufen». Die anschließend pflanzengefärbte Wolle verweben die Kinder im Rahmen ihrer Kindergartenvorschularbeit zu kleinen Teppichen für ihr Puppenhaus.

Schneiderepoche

Die alte Tretnähmaschine holen wir meistens erst einmal aus der Kammer. Sie muss gereinigt und geölt werden, bevor sie gut läuft. Passt der Schlüssel ins Loch? Wie herum muss ich ihn drehen? Der Deckel klemmt? Warum näht die Maschine nicht? Ah … der Riemen ist abgerutscht! Hier können die Kinder viel entdecken und ausprobieren.

Kinder verschiedener Größe legen sich auf einen Bogen Packpapier. Der Schnitt für die neuen Kittel zum Aquarellmalen entsteht so direkt am Kind. Aus den herabfallenden Stoffresten gestalten die Kinder nach ihren Vorstellungen und Möglichkeiten kleine Dinge und beziehen sie ins Spiel ein.

Korbflechtepoche

Warum kullern nach dem Aufräumen eigentlich immer noch so viele Kastanien durch den Raum? Wir entdecken ein großes Loch im Kastanienkorb. Manchmal lässt er sich reparieren – wenn nicht, ist als Handwerkstätigkeit für die Epoche das Korbflechten willkommen. In einer großen Wanne werden die Weidenruten schon eine Woche vorher eingeweicht. Die Kinder erleben, wie aus einer «großen Sonne» (der Boden) langsam ein Korb wächst, in dem bald die Kastanien ihren Platz finden werden.

Die Reste verarbeiten sie zu eigenen kleinen Gebilden. Das Einweichwasser ist im Sandkasten sehr beliebt, abgeschnittene Enden lassen sich zu Zäunen aufstellen. Manchmal kann ich erst weiterarbeiten, wenn der Kran es geschafft hat, die nächste Weidenrute aus dem Wasser zu fischen.

Auf unserer Waldwanderung flechten wir aus allem, was sich biegen lässt, Kränze.

Entwicklung

«Ist das echt?», fragen die Kinder häufig. Die Frage zeigt mir das Bedürfnis der Kinder, elementare Zusammenhänge zu erleben, zu erfassen und zu begreifen. Die Kinder können in der Handwerkepoche an einem langen Arbeitsprozess teilhaben und sind anschließend von schönen Dingen umgeben, an deren Entstehung sie Anteil hatten, die sie begleiten und die ihnen im Spiel sicher Freude bereiten. An unserer Schule in Kreuzberg schlagen wir somit einen großen Bogen von der Schuleingangsstufe über den Handarbeits- und Werkunterricht in der Unter- und Mittelstufe bis zur Arbeit in den berufsorientierenden Werkstätten (Schneiderei, Siebdruckerei, Fahrradwerkstatt und Schulküche) in der Oberstufe.

Was ist in dieser Arbeit «inklusiv»?

Sämtliche Handwerkstechniken bieten die Möglichkeit zur Mitarbeit für jeden. Alle arbeiten gemeinsam an einem «echten» Werkstück, zusätzlich entstehen noch eigene kleine Werke.

Ein Kind mit Down-Syndrom sitzt inmitten der Kinder mit einem langen Brett auf den Knien einen unerwartet längeren Zeitraum still und schleift konzentriert, denn «es will sich ja beim Spielen keinen Splitter einreißen». Ein anderes Kind kann, aus dem Rollstuhl herausgenommen, auf dem Schoß der Spinnerin sitzend mit dafür sorgen, dass der Faden beim Verzwirnen schön gleichmäßig durch die Hände läuft.

Die Holzschindeln für das Dach reichen nicht? Wer hat sich da verzählt, verrechnet? Hier ist ein reiches Betätigungsfeld für Kinder, die sich schon mit Leichtigkeit im Hunderterraum bewegen. Verfügt aber dieses Kind auch schon über die Geschicklichkeit, mit Daumen und Zeigefinger die kurzen Nägel so zu halten, dass der Hammer garantiert den Nagel trifft? Und wie lange reicht die Ausdauer? Will das Kind nach drei Schindeln schon zu einer anderen Tätigkeit übergehen?

Für das Brennen der Tonperlen im freien Feuer benötigen wir viel Holz. Da hilft uns ein Fünftklässler, der mit der Axt umgehen kann und Berge von Holz spaltet. Die Kleinen sind beeindruckt. Sie wissen nicht, dass er wöchentlich in die «Extrastunde» geht und ihm das Lesen und Schreiben sehr schwerfällt. Auch vor Feuer hat er Respekt, streicht aber vor den erwartungsvollen Augen der Kindergartenkinder das Streichholz an und erzählt mir hinterher erleichtert und froh, er habe sich noch nie getraut, ein Feuer anzuzünden. Am nächsten Tag fragen die Kinder: «Kommt der Mann wieder und hilft uns?»

Letztlich lebt also auch hier die Brücke hinüber in die «große Schule», die die Kinder bereits erahnen dürfen.

SILKE ENGESSER

DIE INKLUSIVE SCHÜLERAUFNAHME

DER ÜBERGANG VOM KINDERGARTEN
IN DIE SCHULE

Eine Klasse in großer Vielfalt: Wie gestaltet sich der Raum im Übergang vom Kindergarten zur Einschulung bzw. die Schulzeit im inklusionspädagogischen Zusammenhang? Welche Aspekte und Überlegungen benötigt eine inklusive Schulreifeuntersuchung? In diesem Kapitel sollen sowohl Gestaltungsfragen als auch inhaltliche Anliegen bewegt werden.

In Auseinandersetzung mit dem Thema Schüleraufnahme wird deutlich, dass der Begriff Inklusion nur bedingt explizit angesprochen werden muss. Treffen doch die meisten der Fragen und Themen auf alle Kinder gleichermaßen zu. Dazu kommt, dass es bekanntermaßen sehr individuelle Aufnahmesituationen, Begebenheiten und Herangehensweisen an den verschiedenen Waldorfschulen gibt. Diese sind natürlich unmittelbar abhängig von der jeweiligen Situation vor Ort, als da wären z.B. die Anmeldezahlen, die Klassengröße, das Konzept der Schule.

Ist ein «Aufnahmeverfahren» beim Thema bzw. mit dem Anspruch von Inklusion überhaupt noch angebracht? Dies ist eine Frage, der sich Waldorfschulen unbedingt stellen sollten! Waldorfschulen sind Schulen mit einem besonderen Bildungsangebot und einer spezifischen Pädagogik, die in aller Regel gezielt von Eltern für ihr Kind bzw. ihre Kinder ausgewählt wird. Das Einzugsgebiet ist größer als das einer Regelschule.

Eine der grundsätzlichen Ideen in der Inklusionsdebatte ist, dass jedes Kind in seine benachbarte Schule gehen können soll (die sogenannte wohnortnahe Beschulung), unabhängig von seinen besonderen Bedürfnissen – und dort entsprechend gefördert wird. Das zum Beispiel trifft auf Waldorfschulen vermutlich nur in Ausnahmefällen zu. Allerdings bieten zurzeit auch die Regelschulen (in staatlicher Trägerschaft) diese Möglichkeiten kaum an. Oft werden sogenannte «Schwerpunktschulen»[1] aufgebaut und entsprechend ausgestattet.

Noch unabhängig von den Erfordernissen rund um die «inklusive Aufnahmesituation» knüpfen hier aber die ersten Überlegungen an. Ein «Aufnahmeverfahren» impliziert eine Art von Auswahlverfahren. Da es in aller Regel einen Überhang an Anmeldungen zu den möglichen Schulplätzen an der jeweiligen Waldorfschule gibt, entspricht dies einer gängigen Praxis.

Wesentlich hierbei sind die Überlegungen, die solch einer «Auswahl» zugrunde liegen. Berührt diese Thematik doch einen grundsätzlichen – immer wieder auch kritisch betrachteten, durchaus aber üblichen – Gesichtspunkt an Waldorfschulen. Warum wird das eine Kind aufgenommen, das andere nicht (unbenommen der in der Regel obligatorischen Zusagen für Geschwisterkinder)? Hier wäre eine übergeordnete Diskussion notwendig, die – initiiert durch die Debatte um Inklusion – angestoßen werden muss.

Voraussetzungen: Das Konzept

Für eine (Waldorf-)Schule oder eine Schulgemeinschaft, die Schüler mit unterschiedlichsten Begabungen aufnehmen möchte, sind – neben der inneren Bereitschaft hierzu – einige Voraussetzungen erforderlich, die das Gelingen des gemeinsamen Unterrichts ermöglichen. Zum einen sei hier auf die zusätzlich benötigte (heilpädagogische bzw. sonderpädagogische) Kompetenz im Kollegium hingewiesen (Teamarbeit), zum anderen auf die Klassengröße und -gestalt. Auch die Rahmenbedingungen sind zu klären: Stundentafeln, Fächerkanon, Zeitstrukturen, Teamstrukturen usw. Auf diese Punkte wird hier nur ganz am Rande eingegangen, da sie an anderer Stelle dieses Buches kompetent und ausführlich behandelt werden. Allerdings betreffen alle genannten Punkte im Besonderen die Schüleraufnahmen – und damit eben die Möglichkeiten, innerhalb derer sich das Aufnahmegremium der Schule bewegt.

Allgemein förderliche Gesichtspunkte für die Entwicklung hin zu einer inklusiven Waldorfschule und weitere Voraussetzungen für die Aufnahme von Schülern mit unterschiedlichen Beeinträchtigungen sind:

- Offenheit und Interesse des Kollegiums, der Elternschaft – der ganzen Schulgemeinschaft – für und an Inklusion
- Auseinandersetzung (der Schulgemeinschaft) mit der Inklusionsdebatte / positive Einstellung zu den Grundgedanken der Inklusion
- Bereitschaft für flexible Möglichkeiten im Schulalltag (Räume, Stundenpläne, Menschen ...)
- Teamarbeit: in Klassenführung, Unterrichtsvor- und -nachbereitung, Unterrichtssituationen, Elternarbeit etc.
- Unterrichte und Epochen im Hinblick auf Differenzierung
- Bereitschaft, diese neu zu ergreifen, sich mit der tieferen Bedeutung (oder der Essenz) des anstehenden Themas zu beschäftigen
- Experimentierfreude an neuen Unterrichtsmethoden
- kleinere Klassen (= weniger Schüler)
- Sinn für Entwicklungsprozesse, Anerkennen und Würdigen der Andersartigkeit, Ablegen eines defizitären Blickes ...
- Leistungsansprüche überdenken, gegebenenfalls Ziele neu definieren («Waldorfgymnasium» «Dummenschule»).

Klassengestalt

Die Gestalt einer Klasse ist ein wesentlicher Faktor für gelingende Inklusion. Wichtige Komponenten hierbei sind die Größe, die Ausgewogenheit von Jungen und Mädchen, die Heterogenität, die Anzahl und die Bedürfnisse der Kinder.

Hinzu kommen die Möglichkeiten der individuellen Förderung, der Schüler-Lehrer-Schlüssel und – nicht zuletzt – die räumlichen Möglichkeiten der Differenzierung. Gerade das Thema Inklusion geht einher mit dem Anspruch und dem Bedürfnis, jedes Kind in

seiner individuellen Entwicklung fördern zu können. Der Strom
der Klasse als leistungsstarke, richtungsgebende Instanz ist neben den Individualisierungsmöglichkeiten ein wesentlicher Faktor. Spiegelt sich doch hier ein weiterer Indikator: Jeder lernt von
jedem! Der Bereich «Leistung» darf natürlich dabei nicht fehlen.

Übergänge:
Vom letzten Kindergartenjahr zur Einschulung

In vielen Kindergärten gibt es eine relativ große Offenheit für
die Aufnahme von Kindern mit spezifischen Bedürfnissen bzw.
Behinderungen. Auch wenn diese Offenheit zum Teil nicht «alle»
Kinder umschließt, ziehen die Kindergärten ihre Kreise doch wesentlich weiter als später die Schule. Die Selektion war im Kindergartenbereich bis vor einigen Jahren meist noch kein allzu
großes Thema. Dies ändert sich mit den steigenden Ansprüchen
und Erwartungen an die Kindergärten und dem zunehmenden
Leistungsdenken unserer Gesellschaft. So nahmen manche Kindergärten schon immer selbstverständlich auch Kinder mit einer
Behinderung auf, in anderen war dies nicht möglich. Schon lange
gibt es auch die «besonderen» Kindergärten für Kinder mit sonderpädagogischem oder sonstigem Förderbedarf.

Zumeist kommen Kinder mit einer Behinderung mit einer spezifisch bewilligten Stundenanzahl für eine fachgerechte Einzelförderung (o.Ä.) in den Kindergarten. Diese fachgerechte Förderung wird durch heilpädagogisch ausgebildetes Personal innerhalb
oder außerhalb des Kollegiums geleistet. Ein Kind, das mit seinen
Spielkameraden von der Kindergartenzeit bis hinein in die Schulzeit zusammenbleiben kann, hat selbstredend bessere soziale
Integrationsbedingungen als ein Kind, das neu hinzukommt. Eine
gewisse Vertrautheit, auch in Bezug auf die eigenen Fähigkeiten,
kann hier aber von großem Vorteil sein. Die Selbstverständlichkeit, Teil einer Gruppe zu sein und nicht überwiegend «Sonderbe-
handlungen» zu erfahren, kann durchaus hilfreich sein.

Je nach Konzeption der Waldorfschule, des Kindergartens, aber auch des Bundeslandes gibt es unterschiedliche Vorgehensweisen und Erfahrungen, wie Übergänge gestaltet werden können.

Die Bandbreite reicht vom Einsatz von Kooperationslehrern, Wanderlehrern (jeweils mit unterschiedlichen Definitionen) bis hin zur Vorschulklasse, Schuleingangsklasse oder Brückenklasse. Im Wesentlichen muss hier wohl jede Schule und jeder Kindergarten die jeweils geeignete Lösung finden, ganz unabhängig zunächst vom Thema Inklusion oder Integration.

Am Übergang vom Kindergarten zur Schule stehen für alle Beteiligten zentrale Fragen, etwa:

– Wie können wir unseren Blick für die Übergangssituation schärfen?
– Wo ist der richtige Platz für dieses Kind?
– Wie findet ein Austausch statt zwischen den Erzieherinnen, dem Kooperationslehrer und dem Aufnahmekreis?

Oft werden Kinder, auch Kinder mit einer Beeinträchtigung, zur Aufnahme angemeldet, die der Kooperationslehrer noch nicht in ihrem Kindergarten wahrnehmen konnte. Immer wieder gibt es auch direkt während der Aufnahmen noch Kinder, bei denen sich ein erhöhter Förderbedarf herausstellt. Aus den Erfahrungen zeigt sich, dass es sinnvoll und für alle Beteiligten gut ist, wenn der Kontakt zwischen Schule und Elternhaus früh entsteht.

Elternarbeit rund um die Schüleraufnahmen.
Die Schüleraufnahmen aus Elternsicht –
Bedürfnisse, Sorgen, Ängste

Im Zusammenhang mit der Elternarbeit erscheint es außerordentlich wichtig, die Situation, in der sich einige Eltern mit einem Kind mit einer Behinderung (respektive besonderen Bedürfnissen) befinden, in den Blick und somit ins Bewusstsein (der aufnehmenden Lehrer, aber auch des Kollegiums) zu nehmen. Nicht selten haben diese Eltern bereits einen steinigen Weg hinter sich. Zunächst sind sie mit der Diagnose oder dem Verdacht auf eine Behinderung konfrontiert – oft schon vor oder nach der Geburt des Kindes, manchmal aber auch erst kurz vor der Schulaufnahme. So wird z.b. manche Art von Entwicklungsverzögerung erst im späten Kindergartenalter entdeckt oder manifestiert sich erst dort. Auch andere Arten von zumeist unspezifischen Behinderungen können erst im Laufe der Entwicklung erkannt werden. Dagegen «wächst» sich auch das eine oder andere Defizit aus und hinterlässt keine oder kaum benennbare Spuren. «Was wird mein Kind lernen können? Was wird es aufholen können? Wie selbstständig wird es später leben können?» Große Unsicherheit und Besorgnis spiegeln sich in den Fragen vieler Eltern.

Am Übergang vom Kindergarten zur Schule wird nun ein besonders helles Licht auf die individuelle kindliche Entwicklung geworfen. Wie ein Nadelöhr können die (ESU- oder anderen) Tests im vorletzten Kindergartenjahr oder die Einschulungsuntersuchung (im eigentlichen Sinne ja für die Schulreife) erscheinen. Von Eltern wird immer wieder beschrieben, dass sie diese «Untersuchungen» als Prüfung ansehen. Das wiederum erhöht natürlich den Stressfaktor (für Kinder und Eltern) und ist im Grunde kontraproduktiv. Möglicherweise haben diese Eltern auch um die Aufnahme ihres Kindes in den Kindergarten oder in die Schule kämpfen oder bitten müssen. Vielleicht haben sie Unverständnis oder Zurückweisung bei ihrem Anliegen erfahren, vielleicht fühlen sie sich benachteiligt oder gar schuldig. Möglicherweise konnte innerhalb der Familie noch keine tiefere Auseinandersetzung mit der Tatsache Platz finden, ein Kind mit einer Behinderung zu haben, das dem allgegenwärtigen Leistungsgedanken nicht entspricht und nicht entsprechen wird. Mit großer Sicherheit aber haben sie ein «ganzes Bündel» bei sich, eventuell sogar konkrete Forderungen an die Schule ihrer Wünsche. Oft sind die Eltern von Kindern mit einer Behinderung zu Spezialisten für ihr Kind und dessen Behinderung geworden. Dies sollte unbedingt anerkannt, gewürdigt und mit einbezogen werden, wo immer möglich.

Gerade das Thema Inklusion bietet eine große Fläche für die eigenen Interpretationen, Hoffnungen und leider auch Projektionen (im übertragenen Sinne gilt das natürlich für alle Eltern). An dieser Stelle ist wichtig, dass die Eltern eine Idee davon bekommen, wie die Haltung oder die Herangehensweise der Schule in Bezug auf Integration bzw. Inklusion ist. Zudem gilt es, Informationen über das Konzept der Schule, dessen Möglichkeiten und auch Grenzen bereitzustellen. Je klarer und kompetenter hier beraten wird, desto eher können die Eltern entscheiden, ob sie dieses Angebot für ihr Kind wünschen.

Zusätzlich zur allgemeinen Information muss es für diese Eltern die Möglichkeit der individuellen Beratung geben. Neben dem Aufnahmeteam sollte hierfür ein weiterer Kollege (oder ein Sonderpädagoge oder heilpädagogischer Lehrer) zur Verfügung stehen, der Auskunft über Wege, Möglichkeiten und Notwendigkeiten geben kann.

Die Schüleraufnahme:
Das Setting bzw. «der konkrete Blick»

Das Zusammenspiel und die Interaktion sind wichtige Faktoren bei der inklusiven Schüleraufnahme. Hier hat es sich bewährt, die Aufnahmeuntersuchung in einer gemischten Gruppe von fünf bis sechs Kindern durchzuführen. Während die Kinder in einem vorbereiteten Klassenraum begrüßt werden, können sich die Eltern miteinander und mit «erfahrenen» Schulkind-Eltern unterhalten. Eine einführende Geschichte bietet für die Kinder von nun an den Rahmen für kleine Spiele und Übungen, die sie jetzt sowohl in der Gruppe als auch im Einzelnen erleben werden. Die Einbettung in einen Gesamtzusammenhang und in etwas Spielerisches erleichtert den Einstieg und erlaubt ihnen recht schnell, «sich zu zeigen». In diesem Rahmen können von den anwesenden Aufnahmemitgliedern Beobachtungen gemacht werden, die in ein Gesamtbild einfließen. Auch hier ist der wohlwollende, prozesshafte Blick wichtig, nicht das defizitäre Wahrnehmen oder Urteilen. Eine der Grundlagen auf die sich die einzelnen Segmente beziehen, bilden die Übungen der *Extrastunde* von Audrey McAllen.[3]

Bestandteile sind das Nacherzählen, das klassische «Haus-Baum-Mensch-Bild», Mengen- und Formenerfassen, grob- und feinmotorische und rhythmische Übungen, Sozialverhalten in der Gruppe etc. Hierbei bewähren sich die flexiblen Möglichkeiten des Mobiliars des «bewegten Klassenzimmers» und der Hengstenberg-Geräte.

Den Abschluss bildet ein gemeinsames kleines Vesper in gemütlicher, nun schon vertrauterer Runde, in der jetzt das eine oder andere zur Sprache kommt («Wir haben zu Hause fleißig geübt», «Mein Bruder hat mir alles gezeigt, was ich können muss», «Ich will doch noch gar nicht in die Schule» etc.). Wichtig ist eine vertrauensvolle Atmosphäre, in der sich das einzelne Kind wohlfühlen kann. So ist entsprechend jede der Gruppen in ihrer Dynamik unterschiedlich, und Faktoren wie Sozialverhalten und Rücksichtnahme zeigen sich hierbei recht gut. Die Gruppenaufnahme ermöglicht hinsichtlich der Kinder mit Behinderung auch eine in etwa reale Situation im Zusammensein mit Gleichaltrigen, wenngleich noch keine tragenden Beziehungen entstanden sein können.

Ein persönliches Elterngespräch findet parallel zur Aufnahmeuntersuchung statt. Hierbei sollte neben den Fragen zur Entwicklung des Kindes aus Elternsicht auch Raum für individuelle Fragen sein. Diese Informationen ergänzen das Bild, das nebenan in der Gruppenaufnahme von diesem Kind entstanden ist.

Wie setzt sich das Aufnahmeteam zusammen?

Zwei Teams mit jeweils zwei Kollegen für die Gruppen- und Einzelsituation (jeweils ein «aktiver» Kollege, der durch die Geschichte führt, und ein «passiver», der beobachtet) und zusätzlich die Schulärztin bilden die Aufnahmegruppe. Zwei weitere Kollegen, darunter möglichst ein Heil- oder Sonderpädagoge, führen parallel die Elterngespräche.

In einer zeitnahen Nachbesprechung werden die Eindrücke zusammengetragen und schriftlich festgehalten. Die Fragestellungen lauten diesmal: Ist das Kind schulreif? Was bringt dieses Kind für die Klassengemeinschaft mit, wie bereichert es sie? Können wir das Kind in unserer Struktur (Klassengröße etc.) adäquat fördern, braucht es noch weitere Empfehlungen (z.B. der Schulärztin)? Bei den Kindern mit einer Behinderung wird statt auf Schulreifekriterien, die im kognitiven oder motorischen Bereich oft nicht vergleichbar sind, viel mehr auf Interaktionen mit den anderen Kindern und auf eine Ansprechbarkeit geschaut. Kinder, die sich z.b. nicht verbal äußern können, drücken ihre Befindlichkeit dennoch oft sehr eindrücklich und verständlich aus.

Barrieren innen und außen: Gibt es Ausschlusskriterien?

Die Rahmenbedingungen, die eine Schule vorgibt, definieren auch immer mögliche Ausschlusskriterien. So ist, wie unschwer zu erkennen ist, die Größe der Klasse ein ganz essenzielles Kriterium, wie individuell auf den einzelnen Schüler eingegangen werden kann. In eine große Klasse[4] zusätzlich Schüler aufzunehmen, die einen «besonderen» Förderbedarf aufgrund einer Behinderung haben, wird schwieriger sein als in eine kleine Klasse. Unterricht, der schwerpunktmäßig auf eine Frontalsituation ausgerichtet ist, wird für diese (und viele weitere) Schüler auf Dauer unbefriedigend sein. Um den Schülern gerecht werden zu können, sind heil- und / oder sonderpädagogische Kompetenz im Kollegium erforderlich, am besten unmittelbar in der Klasse usw. Mögliche Ausschlusskriterien hängen also auch immer stark von der jeweiligen Situation ab. Ein Ausschlusskriterium kann allerdings Gewaltbereitschaft sein, die ein Kind bekanntermaßen mitbringt.

Es gibt auch immer wieder Kinder, die ein kleineres Setting benötigen, um sich entwickeln zu können – also eine Kleinklasse. Kinder, die ununterbrochen tönen oder sonstige laute Geräusche von sich geben, können mitunter für eine Klasse zu einer Belastung werden, die auf Dauer nicht tragbar erscheint; hier ist ein individuelles Abschätzen oder ein Ausprobieren nötig.

Zudem gibt es Barrieren – nicht nur die in den Köpfen, sondern ganz konkrete.

Beispiele:
– kein Aufzug oder sonstige Vorrichtung für Rollstuhlfahrer
– keine Behindertentoilette / adäquat ausgestattete Bäder
– keine spezifische Kompetenz im Kollegium: z.b. bei Sehbehinderung oder Gehörlosigkeit.

Welche Blickrichtung ist nötig? Eine Voraussetzung ist die gute und wohlwollende Prüfung der Möglichkeiten, die die Schule und das Kollegium bieten können. Im Weiteren dann die Einbeziehung des gesamten Kollegiums in Entscheidungen, die mit Fragen verbunden sind, die über kurz oder lang die ganze Schulgemeinschaft betreffen (werden). Konkret bedeutet dies eine Vorstellung der Situation bzw. des Kindes in der Gesamtkonferenz mit anschließender Beratung.

Weiteres Aufnahmeverfahren – Abschluss

Eine neue Klasse ist entstanden. Das neue Klassenteam «findet sich ein». Es besteht weiterhin mehr oder weniger (enger) Kontakt zu den Eltern, die ein Diagnoseverfahren bzw. einen Feststellungsbescheid für ihr Kind erwirken. Oft benötigen diese Eltern kompetente Unterstützung oder Begleitung dabei – auch von Seiten der Schule.

Ein Schnuppertag im Schulalltag der unteren Klassen findet erfahrungsgemäß großen Anklang bei den Schulanfängern. Im Anschluss dann steht der erste Elternabend an.

Hier lernen sich die Eltern der Schulanfänger kennen und bilden sinnbildlich die äußere Schale um die entstehende Klassengemeinschaft. Sicher wird das Thema «Inklusion» (Welche besonderen Bedürfnisse bringt mein Kind mit?) an einem der nächsten Elternabende schon berührt werden. Es zeigt sich immer wieder, dass vor allem in den ersten Schuljahren tiefe Verbindungen – durch gegenseitige Besuche bereichert – angelegt werden, sowohl bei den Kindern als auch bei den Eltern. Diese können in späteren Zeiten, z.B. während der Pubertät, die Selbstverständlichkeit des Gemeinsamen unterstützen. Denn eines ist gewiss: Je jünger die Kinder sind, die sich in ihrer Unterschiedlichkeit erleben können, desto einfacher ist das unvoreingenommene und selbstverständliche Miteinander.

Die Anmerkungen finden sich auf S. 754.

SABINE BULK

VIELFALT IM UNTERRICHT

Ein Grundmotiv, das der Bemühung um Inklusion und letztlich dem menschlichen Zusammenleben überhaupt zugrunde liegt, kann als die Polarität von sozialen und antisozialen Tendenzen verstanden werden. Vor nahezu hundert Jahren formulierte Rudolf Steiner diese Erkenntnis und führte die Berechtigung beider Tendenzen aus: «Innen [im einzelnen Selbst, S.B.] müssen die antisozialen Triebe wirken, damit der Mensch die Höhe seiner Entwicklung erreicht; außen im gesellschaftlichen Leben muss, damit der Mensch nicht den Menschen verliert im Zusammenhange des Lebens, die soziale Struktur wirken.»[1]

Der «antisoziale Trieb», mit dem eine zunehmende und berechtigte Individualisierung angedeutet ist, sollte balanciert sein durch gesellschaftliche Einrichtungen, die Gemeinschaft erfordern und ermöglichen. Die Menschenrechte bilden die Grundlage für die Inklusion jeglicher Menschengruppen, die ausgegrenzt waren, sie sind damit die Grundlage für ausgleichende soziale Strukturen.

Das Inklusionsgebot der UN-Konvention über die Rechte von Menschen mit Behinderungen hat für dieses Lebensfeld die ethisch-rechtlichen Grundlagen gelegt. Inklusive Einrichtungen werden in Zukunft immer nötiger werden, integriert werden muss im Grunde jeder Mensch – zu verschieden sind wir in Hinsicht auf Herkunft, Sozialisation und Fähigkeiten (um nur einiges zu nennen). Von der Ebene des Rechts[2] muss sich die Idee der Inklusion auf die Ebene des kulturellen Handelns ausweiten. In der Debatte über die schulische Inklusion und ihre Umsetzung besteht Konsens darüber, dass Inklusion niemals eine «Addition» von Menschen mit und ohne Behinderung sein kann. Ebenso wenig ist Inklusion durch rein strukturelle oder durch rein ethische Anstrengungen zu erreichen. Sie ist in erster Linie eine Forderung an das Denken: Gewohnte Denkformen über «Behinderung» und

«Normalität» müssen – manchmal ganz radikal – verlassen werden, um neue Sichtweisen und Ideenbildungen zu ermöglichen.

Im Zuge eines Paradigmenwechsels wird «Behinderung» zunehmend als gesellschaftliches Konstrukt verstanden; sie wird als ein Personenmerkmal abgelöst und in der Gesellschaft verortet. Im Ansatz des Disability Mainstreaming, der die Gleichstellung Behinderter analog zum Gender Mainstreaming fordert, erscheint als eine Antwort darauf eine ausdrückliche Bejahung von Behinderung als Teil der menschlichen Gesellschaft und als «Quelle kultureller Bereicherung» und nimmt ihr damit die negative Zuschreibung. Gleichzeitig wird «Behinderung» als zu bearbeitendes Thema «von der Peripherie ins Zentrum der Gesellschaft gerückt und in der Gesellschaft wiederum verankert».[3]

Zugespitzt bedeutet diese neue Sicht: «Behinderung» wird nicht mehr als etwas Absolutes, womöglich Defizitäres betrachtet, sondern es tritt «Behinderung» dann auf, wenn das soziale Feld, die Interaktion und Kommunikation dadurch erschwert oder nur ungewohnt ist, dass jemand besondere Probleme und Fähigkeiten hat. «Behinderung» ist nicht mehr der Zustand eines einzelnen Menschen, sondern ein Prozess, der alle Beteiligten einbezieht – die Behinderung liegt im «Dazwischen». Dieser relationale Begriff rückt das Phänomen «Behinderung» weg von dem Fokus auf einen Menschen, der Probleme hat oder Probleme macht, und öffnet die Sicht auf das Umfeld, das für die nicht gelingende Interaktion bzw. Kommunikation mitverantwortlich ist.

Damit verändert sich ein kausal orientierter Blick, der nach Gründen für die Behinderung eines Menschen und ihrer Vermeidung sucht, zugunsten einer Ressourcen-Orientierung: Was brauchst du in deinem Sosein, damit unser Miteinander gelingt? Vergangenheitsorientierung verwandelt sich in eine Zukunftsoffenheit, eine antisoziale Sichtweise («deine Behinderung ist Problem deiner Selbstentwicklung») wird ergänzt und ausbalanciert durch einen sozialen Impuls («Behinderung findet zwischen uns statt»). Inklusion wird so in ihrer Zielperspektive als ein prozessuales Geschehen, als ein soziales und kommunikatives Kunstwerk verstehbar, in dem ethische Impulse auf die interaktive Erscheinungsebene kommen. Und während man begrifflich *Inklusion* noch vergleichsweise leicht und im eigenen Denken (solistisch, antisozial) vollziehen kann, ist der Einzelne auf der Handlungsebene darauf angewiesen, von allen Menschen impulsiert zu werden, die Erfahrungen für ein Gelingen von inklusiven Prozessen beitragen können und ein Feld des Fragens und Austauschens offen halten (gemeinschaftlich, sozial). Die Suche nach gelingender Inklusion erfordert selbst einen inklusiv wirkenden Kommunikationsprozess.

Im schulischen Kontext ist jede Lerngruppe, jede Jahrgangsklasse von Verschiedenheit geprägt, unabhängig von der Schulform. Die Heterogenität der Schülerschaft macht es notwendig, den Unterricht in der Gesamtgruppe durch differenzierte und individualisierte Lernwege zu ergänzen, offene Unterrichtsformen und Möglichkeiten des selbstorganisierten Lernens sind dazu geeignet. Und dennoch sind in einer Regelschule grundlegende Interaktions- und Kommunikationsweisen für alle gleich bzw. ähnlich: Es wird überwiegend sprachlich-begrifflich kommuniziert, es werden Regeln verstanden, das Unterrichts-Setting an sich wird erkannt, akzeptiert oder aktiv verändert – alle Beteiligten agieren in einem Rahmen, der durch Übereinkunft gesetzt ist.

Dies ist in Förderschulen manchmal anders. Hier gibt es Schüler, die sich den gewohnten Vorstellungen von Leistung, Erziehbarkeit und Entwicklungsdynamik entziehen; es gibt Verweigerungen, Lernproblematiken, Traumatisierungen, Körper- und Sinnesbeeinträchtigungen; gewohnte Ebenen der Kommunikation werden schwierig. Schüler mit schweren Mehrfachbehinderungen entziehen sich zunächst der Betrachtung anhand gelernter Entwicklungskriterien und lassen den pädagogischen Bildungsimpuls durch ihr Sosein womöglich «ins Stocken» geraten.

Das Feld der Heterogenität an Förderschulen ist sehr weit, und es erwachsen aus diesen Gegebenheiten vielfältige Fragen nach individuellen Erziehungsansätzen, nach Sinn und Wegen von Bildung – und nach dem Maßstab. Woran wäre ein «Schulerfolg», ein gelungener Bildungsauftrag zu messen, wenn weder Schulabschlüsse noch Leistung im herkömmlichen Sinn erreicht werden?

Für einen taubblinden Menschen mit Bewegungseinschränkungen ist es eine immense Leistung, wenn Interesse an einem Lernangebot erwacht, für Schüler mit Schwierigkeiten im sozial-emotionalen Bereich ist es eine Leistung, wenn sie aus eigenem Willen bereit sind, eine Regel einzuhalten. An Förderschulen sind beide Schüler unter Umständen in einer Klasse. In einem Feld großer Heterogenität beantwortet sich die Frage nach dem Maßstab für gelingende Erziehungs- und Bildungsprozesse individuell: Jeder ist sein eigener Maßstab. Jeder ist eigen, einzigartig, unvergleichlich – das repräsentiert stark den antisozialen Pol.

Dazu stellt sich unmittelbar die Frage nach der Basis für den sozialen Pol: nach dem, was allen Menschen gemeinsam ist. Der Ansatz des «Capability Approach» – von der Ethikerin Martha Nussbaum, Universität Chicago und von dem Ökonomen und Philosophen Amartya Sen 1999 formuliert – versucht, dieser Frage Rechnung zu tragen, indem ein «Fähigkeitenkonzept» aufgestellt wird, das den Menschen «als Lebewesen mit Befähigungen und Grenzen» bestimmt und daraus Rechte in politischer, sozialer und wirtschaftlicher Hinsicht ableitet. Dieses Konzept hat wesentlich dazu beigetragen, die rechtliche und ethische Ebene in der Inklusionsdiskussion zu konkretisieren und zu bereichern.[4]

In der anthroposophischen Heilpädagogik und der ihr zugrunde liegenden Menschenerkenntnis werden beide Pole, der soziale und der antisoziale, sehr deutlich:

– Grundlegende gemeinsame Kennzeichen des Menschseins – z.B.: Ein Mensch mit Beeinträchtigungen ist in seinem Wesen genauso wenig «behindert» wie ein Mensch ohne Beeinträchtigungen. Jeder Mensch ist in Entwicklung. Jeder Mensch ist begegnungsfähig. Jeder inkarnierte Mensch agiert in einem Körper.

– Aber auch die Einzigartigkeit eines jeden Menschen: Jedes Kind ist ein Rätsel.[5]

Wenn also jeder Mensch als eine einzigartige Individualität mit einzigartiger Äußerung ihrer selbst erkannt wird, zeigt sich durch diese Blickrichtung der antisoziale, der trennende Aspekt. Wenn

der Blick auf die gemeinsamen Grundlagen des Menschseins gerichtet wird und diese Grundlagen als im einzelnen Menschen
realisiert erkannt werden, ist der soziale, verbindende Aspekt
betont. Anhand dieser Polarität lassen sich Vereinseitigungen
erkennen und vermeiden (extreme Individualisierung mündet in
Beziehungslosigkeit, extreme äußere Gleichheit mündet in Uniformität). In einem guten Zusammenspiel von antisozialen und
sozialen Tendenzen kann man jedoch fruchtbare Impulse für das
schulische Lebensfeld finden. Für den Umgang mit sehr verschiedenen Schülern in inklusiver Perspektive bedeutet das: *Individualisieren in Gemeinschaft.*

Aus der Erfahrung mit Unterricht an einer Waldorf-Förderschule für geistige Entwicklung lassen sich wichtige Aussagen für
das Spannungsfeld «Individualisieren in Gemeinschaft» formulieren, ist doch dort die Ausgangslage einerseits frei im Hinblick
auf die konkrete Lehrplangestaltung und andererseits geprägt
von extremer Verschiedenheit der Schüler.

Als wichtige Parameter stellen sich vier Ebenen für das schuli-
sche Leben und Arbeiten im heterogenen Umfeld heraus:
– Flexibilisierung
– Individualisierung der Lernwege
– Mehrdimensionalität des Unterrichtens
– Vielfalt der Kommunikationsebenen.

Flexibilisierung betrifft primär alles, was in den gewohnten Abläufen und Strukturen eines Schultages veränderbar ist, ohne
dass der gemeinsame Rahmen verlassen wird. Folgende Beispiele
mögen das zeigen:

Ein Hauptunterricht kann unterschiedlich beginnen – es kann
für Schüler, die viel Tätigkeits- und Bewegungsbedarf haben, eine
Arbeitsphase draußen angeboten werden; er kann mit einer informellen Spielphase anfangen, in der kleine freie Spielgemein-
schaften möglich sind, in der es aber auch individuelle Rückzugsmöglichkeiten gibt; es kann eine gemeinsame künstlerische Phase
impulsiert werden, in der bewegend und hörend nach und nach
etwas Gemeinsames improvisiert oder auch geübt wird.

Ein Schultag kann – vor allem, wenn es ein Ganztag ist – flexibel gestaltet werden, wenn es zeitgleiche, parallele Angebote gibt, aus denen die Schüler wählen können. Unterrichte können rhythmisiert werden, indem Phasen mit vielen Schülern sich abwechseln mit Phasen, in denen weniger Schüler beteiligt sind. Auf diese Weise lassen sich zu bestimmten Lernfeldern auch eher homogene Gruppen bilden, wenn Planung oder auch die freie Neigung der Schüler dies erfordern. Die Stundenplanstruktur kann flexible Angebote machen, in denen sich Gruppen klassenübergreifend nach thematischer Neigung, nach bestimmten Fähigkeiten und Vorlieben bilden.

Flexibilisierung ist möglich, wenn gute Grundstrukturen vorhanden sind, sie ermöglichen veränderte Zeitgestalten, strukturelle Durchlässigkeiten und damit auch individuelle Tages- und Schulverläufe für die Schüler. Es wird eine Art «Flüssigkeit» im Schulleben erreicht.

Individualisierung kann als eine verstärkte Form der *Differenzierung* verstanden werden, wenn sie sich auf Lernwege und deren Organisation bezieht. Differenzierung ist auf jeder Aktionsebene im Unterricht möglich, z.B. in der Kommunikation, in der didaktischen Auswahl und ihrer methodischen Umsetzung und in Formen zunehmend selbstorganisierten Lernens. Offene Unterrichtsformen gehören ebenso dazu wie Angebote, die den Schülern eine eigenständige Lernorganisation ermöglichen (z.B. Arbeiten in Gruppen, als Tandems, an Lernstationen, nach Tages- oder Wochenplänen, Erarbeiten von Projekten).

Differenzieren lässt sich ein Themenfeld / Unterricht im engeren Sinne beispielsweise

– anhand verschiedener Zielebenen: ist z.B. ein sozialer Lernaspekt angestrebt, arbeiten u.U. Konfliktpartner zusammen, oder es arbeiten «Tandems» zusammen (jeweils selbstständige mit weniger selbstständigen Schülern)

– nach Art und Umfang konkreter Themen- und Aufgabenstellungen: z.B. verfolgen einige Schüler vorgegebene Aufgaben, andere finden und bearbeiten neue Aufgaben und Aspekte

– nach fachdidaktischen Schritten: z.B. benutzen einige Schüler

beim Rechnen konkrete Materialien und arbeiten mit groß-
räumigen Bewegungen, einige bearbeiten bekannte Aufgabenstellungen, andere finden eigene Lösungswege und neue mathematische Fragestellungen
– nach (heil)pädagogischen Kriterien: z.B. nach Konzentrationsfähigkeit und -art, nach Abstraktionsebenen, nach Arbeitstem-
po, nach sozial-emotionalen Voraussetzungen, nach aktuellen
Bedürfnissen.

Es lassen sich vielfältige Kriterien zur Differenzierung finden,
auch sie können flexibel gehandhabt werden. Je mehr Erfahrungen mit differenzierten Angeboten die Schüler machen, desto
mehr können sie selbst zum Individualisieren ihres eigenen Lernweges beitragen.

Die *Mehrdimensionalität des Unterrichts* ist eine Art Schlüssel
zu einem inklusiven Unterricht, für den in letzter Konsequenz das
«Lernen an einem gemeinsamen Gegenstand» gefordert wird.[6]
Wenn Schüler mit den vielfältigsten Voraussetzungen, zu denen
auch Probleme mit Motorik, Sinneswahrnehmung und Kognition
gehören können, an «einem Gegenstand» (s.o.) lernen sollen, bedeutet das, dass ihnen vielfältige Niveaustufen und auch vielfältige Zugangsweisen ermöglicht werden müssen. Das Thema sollte
so vorbereitet – oder besser: zubereitet – werden, dass es verschiedene Komplexitäts- und Deutungsstufen bietet. In der methodischen Umsetzung sollte es verschiedene Zugangsweisen bieten.

Die Postulierung verschiedener *Zugangsweisen* zu einem Thema ist für die Waldorfpädagogik kennzeichnend, in der Heilpädagogik hat man gute und vielfältige Erfahrungen damit. Sie lassen
sich, leicht vereinfacht, in vier Stufen gliedern, die man, bildlich
gefasst, als eine «Treppe der Vertiefung» bezeichnen kann.

Als Beispiel diene hier die Einführung des Konsonanten «R»:[7]
– *leiblich-sinnenhaft:* Im auditiv-taktilen Bereich wird das gut
artikulierte R gehört, die Vibration an Kehlkopf oder Lippen
ertastet und der entstehende Luftstrom in seiner Charakteristik gespürt. Parallel dazu kann der entsprechende Strich aus
der Chirophonetik angeboten werden, der diese Art Lautwahr-

nehmung intensiviert.[8] Das Intermittierende der R-Artikulation wird durch ähnlich klingende Geräusche weiterhin erfahren und visualisiert (einen Reißverschluss auf- und zuziehen, mit dem Fingernagel über Wellpappe streifen, eine Glasmurmel langsam durch ein Drainage-Rohr rollen lassen etc.).

– *bewegend-handelnd:* Mit allen möglichen Variationen des Bewegens und Bewegtwerdens, dem Charakteristikum des R-Lautes, werden Bälle, Röhren, Tonnen, Kugeln, Roller, Dreiräder, Fahrräder, Sitzkreisel und Karusselle als Elemente für das Spielen und Experimentieren angeboten.[9]

– *seelisch-gemüthaft-bildhaft:* Aus den leiblichen Erfahrungen und aus den Bewegungserfahrungen wird eine Personifizierung geschaffen, die die erlebten Elemente beinhaltet und das Bild zum Abstrahieren der Buchstabengestalt vorbereitet. Das könnte z.b. ein «Riese» sein, der einen «Rumpelrock» trägt (ein Hemd mit eingenähten Kollersteinen im Saum). Dieses Bild wird in der erzählenden Schilderung, in der gemalten Abbildung und in der szenisch-gespielten Handlung seelisch-gemüthaft erlebt.

– *begrifflich-kognitiv:* Aus der mitvollzogenen Bildhaftigkeit werden das Abstrakt-Auditive des «R» einerseits und das Abstrakt-Grafische der Buchstabenform andererseits herausgearbeitet und im Bezug zueinander gefestigt.

Als Komplexitätsstufen bzw. *Deutungs- und Bearbeitungsniveaus* sind auf jeder Art der Zugangsweise immer Erweiterungen und Variationen zur individuellen Differenzierung möglich:

– *leiblich-sinnenhaft:* Schüler finden weitere «R-Situationen», sie finden neue Assoziationen im Sinnesbereich («Wie riecht ein R?»), sie suchen in der Natur Phänomene, die ein «R» implizieren (z.B. Katzenschnurren, Magenknurren, Regentropfen an einer Wäscheleine etc.).

– *bewegend-handelnd:* Auch hier sind die Schüler in ihrer Entdeckerfreude herausgefordert, indem sie weitere Möglichkeiten, mit und an Dingen «R»-Bewegung zu erleben und zu erzeugen, finden und ausprobieren.

- *seelisch-gemüthaft-bildhaft*: Die Schüler können Erweiterungen
  und Variationen der Grundgeschichte erfinden, andere «R»-Per-
  sonifizierungen suchen oder Lieder und Verse zur erzählten
  Geschichte machen.
- *begrifflich-kognitiv*: Die Schüler können erweiternd anderes
  Textmaterial zum auditiven und visuellen Erkennen des «R»
  finden («R-Buchstabenfinder»), sie können eigenes Übmaterial
  entwerfen oder auch schon neue Laute bzw. Buchstaben auf
  ähnliche Weise mehrdimensional entwickeln und den anderen
  Schülern präsentieren.

Diese «Treppe der Vertiefung» ist in beiden Richtungen begehbar;
die verschiedenen Zugangsweisen können in anderer Reihenfolge, gleichzeitig und wiederholt angeboten werden. Zudem ist es
durch eine solche Zubereitung des Lerngegenstandes «R» nahe-
liegend, das vielfältige Material nicht nur als ein zeitlich-lineares
Angebot zu betrachten, sondern es nach seiner Erarbeitung als
eine Art «Lerninsel» im Klassenraum zu lassen, damit sie in offenen Unterrichtsphasen für alle Schüler zugänglich sind (räum-
lich-gleichzeitig). Innerhalb solcher Arrangements entstehen Begegnungen und Kommunikation als Urelemente von Inklusion
anhand eines Themas.

Die Zugangsweise des Leiblichen-Sinnenhaften als eine primäre lässt sich entwicklungspsychologisch und aus der anthroposophischen Menschenerkenntnis heraus schlüssig begründen;
es ist jedoch wichtig, diese Ebene nicht als «basal» im Sinne
von «untergeordnet», «vorgeordnet» oder «zusätzlich-auch-mit-
den-Sinnen-etwas-machen» zu verstehen. Die Ebene des Leiblichen-Sinnenhaften stellt sich als eine Urform lernenden Zugangs
dar, auf die alle Schüler und selbst Erwachsene gern und wiederholt zugreifen, wenn die Gelegenheit dazu besteht.

Christian Rittelmeyer hat die Sinneserfahrung in ihrer Reso-
nanzwirkung auf den Leib erforscht und damit den menschlichen
Leib «auch als ein geistig-seelisches, immer sinngebendes Organ»
erneut verstehbar gemacht,[10] und Martin Basfeld setzt leibliche
Erfahrungen in direkte Beziehung zur sozialen Wahrnehmungs-

fähigkeit.[11] Leibliche und sinnenhafte Erfahrungen sind grundlegende und wesenhafte Zugangsweisen, die Weltwirklichkeit und Sozialwirklichkeit integrieren und einer gemüthaften und kognitiven Deutung zugänglich machen. Damit repräsentiert die Ebene des Leiblichen-Sinnenhaften-Tätigen eine wichtige Ebene, auf der inklusive Prozesse stattfinden können.

Parallelen zu dieser Auffassung zeigen sich innerhalb der pädagogischen Diskussion. Im Konzept des *Embodiment* werden – vielfach auf der Grundlage der Leibphänomenologie – die Wechselwirkungen zwischen Körper und Psyche im handelnden Wesen deutlich thematisiert; daraus lassen sich für die pädagogische Psychologie wichtige Perspektiven ableiten.

Innerhalb der Behindertenpädagogik hat Simone Seitz in ihrem Projekt mit einer Grundschulklasse, in die Schüler mit einer Schwermehrfachbehinderung integriert waren, in wichtigen Basiselementen für den inklusiven Unterricht ihre Erfahrungen in ähnlicher Weise formuliert, wie sie hier herausgearbeitet wurden. Auch sie misst den «ästhetischen, d.h. leibhaft-körperlichen Zugangsweisen über Wahrnehmung (= aisthesis) und Bewegung» eine große Bedeutung bei, ohne diese Ebene in eine Hierarchie zu stellen.[12]

Aus einem mehrdimensionalen Vorgehen im Unterricht ergeben sich vielfältige Flexibilisierungen und Individualisierungen, es lässt sich als eine Basis inklusiven Unterrichtens verstehen. Ein (Epochen-)Thema, ein Lerngegenstand, fächert sich durch eine mehrdimensionale Aufbereitung auf. Ausgangspunkt dafür wird die vertiefte, meditierende Annäherung des Lehrenden an das Thema. Auf diese Weise wird die Essenz dessen erlebbar, was man an die Schüler heranbringen möchte; wie aus einem Quellpunkt werden Bezüge und Zusammenhänge deutlich, die aufgrund der fundierten Vorbereitung im aktuellen Unterrichtsgeschehen spontan und quasi improvisiert wieder in Erscheinung treten können.

Die Notwendigkeit einer *Vielfalt der Kommunikationsebenen* als ein vierter Parameter für eine heterogene Schülergruppe scheint ebenso einfach zu begründen zu sein, wie es schwierig ist, diese

Vielfalt umzusetzen. Schon allein auf der technischen Ebene sind Versäumnisse nicht selten: Schüler mit Hörproblemen brauchen eventuell besondere Plätze im Raum und dauernden Sichtkontakt; Schüler mit Sehbeeinträchtigungen sind auf gutes direktes Licht, unter Umständen auf gewisse Schriftgrößen und visuelle Kontrastbildungen angewiesen. Gebärdensprache einerseits und Braille-Schrift andererseits werden als Kommunikationsebenen notwendig, wenn Schüler mit Gehörlosigkeit oder Blindheit in der Gruppe sind. Während dies jedoch noch gut einsehbare und im Prinzip umsetzbare Anforderungen an Kommunikation sind, können die verschiedenen Voraussetzungen mancher Schüler noch andere Arten und Ebenen von Kommunikation erforderlich machen, die nicht immer bewusst sind.

Unsere heute gängige Kommunikationsform ist von sprachlich-begrifflicher Abstraktion und von Schriftsprache gekennzeichnet. Dies sind Bereiche, die nicht allen Schülern zugänglich sind oder zugänglich werden. Die Erfahrungen in den Förderschulen haben eine Kultur des kommunikativen Umgangs hervorgebracht, die – mehrdimensional – auf verschiedene Schüler und ihre Voraussetzungen individuell eingehen kann. Basis aller Kommunikation ist ein bewusster Bezug, der zwischen den Beteiligten aufgenommen wird; die pädagogische Beziehung zu den einzelnen Schülern ist der entscheidende Ausgangspunkt, sie muss authentisch und ethisch fundiert vorhanden sein.

So ist schon allein das innere Sich-Hinwenden zu einem Kind ein «Ansprechen», auf das beispielsweise Schüler mit Autismusspektrums-Störungen sehr sensibel reagieren können. Ebenso sind der präsente Blick und auch eine leichte kurze Berührung oft kommunikative Handlungen, die in sozial-emotional verunsichernden Situationen ausgleichend wirken; unausgesprochene Mitteilungen wie z.B. «Ich bemerke dich. Ich weiß, dass du es jetzt nicht leicht hast» können vermittelt werden, ohne dass ein eventuell kontraproduktives sprachlich-begriffliches Thematisieren geschieht. Diese Kommunikationsebene kann auch als eine Art von Intervention im Vorgriff gemeint sein, ehe noch aktuelle Befindlichkeiten die Aufmerksamkeit der Schüler auf das Unterrichtsgeschehen überlagern. Natürlich wirken diese kommunikativen Ebenen sehr persönlich und sollten behutsam geschehen, Grundlage für sie ist immer der durch Vertrauen getragene pädagogische Bezug.

Eine nächste Ebene der Kommunikation stellt das gebärdenunterstützte Sprechen dar, das mit einfachen, möglichst systematisierten Gebärden eine zusätzliche Sinnes- und Deutungsebene anbietet und das begriffliche Verstehen bei Schülern mit kognitiven Beeinträchtigungen positiv entwickeln helfen kann. Es gibt verschiedene Ansätze und Systeme, die eine gewisse Allgemeingültigkeit implizieren; aber es sollte zusätzlich auch eine persönliche, authentische Art und ein eigenes Maß gefunden werden, damit kein «Dolmetschen» entsteht. Auf diese Kommunikationsebene gehört auch das Benutzen von Bildern, Abbildungen oder von Fotos. Viele Sachverhalte werden einigen Schülern verständlicher und zugänglicher, wenn sie neben dem Sprachlichen auch im Bildlichen angeboten werden.

Die verbale Sprache ist die uns vertrauteste Kommunikationsebene, viele Schüler erreichen sie. Dennoch sind auch hier Individualisierungen durch Sprechtempo, Sprachmelodie, Prägnanz und Wiederholungen möglich, die für einzelne Schüler wichtig sein können. Es sei auch darauf hingewiesen, dass das Konzept der «Leichten Sprache» existiert, das für Barrierefreiheit der Kommunikation sorgen soll.[13]

Auf diese Weise fächert sich auch auf dem Gebiet der Kommunikation das Feld auf; die Bandbreite der Möglichkeiten wird in dem Maße sichtbar, in dem die Problematiken einzelner Schüler gegeben und wahrgenommen sind.

Mit den angeführten Parametern *Flexibilität, Individualisierung, Mehrdimensionalität* und *Kommunikationsebenen* sind natürlich nicht abschließend alle Aspekte für «Vielfalt im Unterricht» auf der Handlungsebene berücksichtigt. Institutionelle, räumliche und vor allem auch personelle Rahmenbedingungen müssten ebenfalls in ihren Einzelheiten thematisiert werden – ist doch eine Vielfalt im Unterricht kaum allein, sondern eigentlich nur in einem Team zu gestalten. Auch die Frage nach den originär gemeinschaftsbildenden Elementen und Fähigkeiten in einem inklusiven Zusammenhang stellt sich dringend.

In Bezug auf die Unterrichtstätigkeit im engeren Sinne ist es jedoch primär und grundlegend die Einfallsfähigkeit des Pädagogen, die eine Vielfalt an unterrichtlichen Handlungsmöglichkeiten hervorbringen kann. Diese Einfalls- oder Intuitionsfähigkeit entzündet sich an der Unterschiedlichkeit der hinderlichen oder förderlichen Phänomene, die die Schüler zeigen und die wahr- und ernst zu nehmen der Anfang ist. Wer sich in die Vielfalt menschlicher Erscheinungsweisen vertieft, kann zu Ideenbildungen und Intuitionen kommen, die diese Vielfalt beantworten. Und so lässt sich abschließend sagen: Vielfalt bringt Vielfalt hervor.

Anmerkungen und Literatur finden sich auf S. 755f.

GISELA MEIER-WACKER

BEWEGTES LERNEN IN DER UNTERSTUFE

SIE WOLLTEN DEN KOPF, ABER ES KAM DAS GANZE KIND IN DIE SCHULE

Im Folgenden werde ich einen Einblick in die Arbeit unserer Schule, der Integrativen Waldorfschule Emmendingen, geben, ihre Veränderung die Klassen 1–4 betreffend.* Das «Emmendinger Modell» ist bereits oft besprochen und veröffentlicht worden.[1]

In Emmendingen hatte ich seit Beginn meiner Tätigkeit als Klassenlehrerin vielfältige Gestaltungsmöglichkeiten, obwohl mein Wunsch nach Bänken und Kissen nicht erfüllt wurde. Wir bekamen neue Stühle, und die Eltern nähten für ihre Kinder zum Schulbeginn Kissen, die nach deren Wünschen dünner oder dicker mit Schafwolle gestopft wurden; auch die Farbe konnten sie sich aussuchen. So war immer ein kleines Stück «Heimat» da, selbst wenn der Sitzplatz verändert wurde. Kleine Holzkisten – in der Farbe des Kissens – ergänzten den persönlichen Bereich. Der Unterricht begann in allen Klassen um 8.30 Uhr immer im Stuhlkreis: wahrnehmen, erzählen, begegnen – dann der «rhythmische Teil». In dieser Phase war es auch möglich, dass sich einzelne Kinder in den Nebenraum zurückziehen, aber bei angelehnter Tür dem Geschehen folgen konnten. Außerdem gab es im Raum eine kleine Höhle (aus einem großen Wäschekorb und Tüchern), die besonders von einem Jungen mit Down-Syndrom genutzt wurde. Ein weiterer Wunsch von mir – ein wöchentlicher Wandertag – konnte umgesetzt werden. Meine Teamkollegin stand diesem Vorhaben aufgeschlossen gegenüber. Bei jedem Wetter ging die Klasse mittwochs auf Wanderschaft, mit Bollerwagen für das Gepäck oder fußmüde Schüler auf dem Rückweg. Im zweiten Halbjahr nah-

---

* Die Fotos zu diesem Beitrag finden sich im farbigen Bildteil, nach S. 417.

men wir ein Mädchen mit körperlicher Behinderung auf und in der 2. Klasse ein Mädchen, das durch eine Operation längere Zeit an den Rollstuhl gebunden war. Inzwischen war die Klasse auf 29 Schüler – jungsdominant – angewachsen. Gemeinsames Frühstück, Tee kochen und Schulung der Basissinne, Anlegen eines Kräutergartens auf dem Pausenhof und jährliche Klassenspiele unterstützten den Prozess der Gemeinschaftsbildung. Auch eine Werkbank hatte den Weg in die Klasse gefunden. Die Unterrichtszeit bis 12.00 Uhr lag in den Händen des Klassenteams, da alle Fachunterrichte, außer Musik und Eurythmie, von uns bestritten wurden. Ab der 3. Klasse wurden dann Musik, Sport und Handarbeit von Fachlehrern erteilt, wobei einer vom Klassenteam der Teampartner des Fachlehrers wurde. In den Fächern Handarbeit und Eurythmie wurde die Klasse geteilt.

Dies ist mit kleinen Abwandlungen bis heute so geblieben. Der Weg zu verändertem Unterricht lag und liegt in den Händen des jeweiligen Teams, wurde aber in den Konferenzen immer besprochen. Die Aufteilung der Aufgaben während der einzelnen Epochen liegt ebenfalls in den Händen des Teams, muss aber in der «Teamvereinbarung» (auch den Fachunterricht betreffend) jährlich schriftlich fixiert und beim Personalkreis hinterlegt werden. Auch die wöchentlich stattfindende Team-Besprechungszeit von mindestens zwei Zeitstunden ist festzulegen. Die Teambesprechungen in den Fachunterrichten fanden epochal statt.

«Pilotprojekt Unterstufe»

Im Laufe der letzten Jahre haben wir in unregelmäßigen Abständen in der Pädagogischen Konferenz das Konzept des «beweglichen Klassenzimmers» betrachtet und überlegt, welche Veränderungen für unsere Schüler wichtig sind. Aber vor allem stellten wir uns die Frage: Wie müssen sich Unterricht und Lehrer verändern? Im Schuljahr 2003/04 haben wir Bänke, Kissen und Teppich für die neue 1. Klasse angeschafft, dann weiter aufgebaut bis Klasse 3. Es war jedem Klassenteam freigestellt, ob es das neue Modell aufgreifen oder herkömmlich arbeiten wollte. Erfahrungen wurden gesammelt, Fortbildungen besucht – einschließlich Hospitationen. Die Überzeugung wuchs, dass diese Art zu unterrichten für unsere Unterstufe die entsprechende war. 2009/10 hatten wir uns vorgenommen, das «Bochumer Modell», angepasst für die Emmendinger Schule, in den Klassen 1 und 2 umzusetzen.

Es beinhaltet fünf Kernbereiche:

– Förderung der unteren Sinne (Tast-, Vital-, Bewegungs- und Gleichgewichtssinn)
– Bewegung durchzieht den gesamten Unterricht
– eine starke Bezugsperson, damit die Kinder Bindungserfahrungen machen können (der Klassenlehrer begleitet die Kinder durch den Schultag und gestaltet den Tagesabschluss)
– Rhythmus durchzieht die gesamte Woche (Lebenskräfte wandeln sich in Lernkräfte)
– zwei Sprachen in Epochen ab Klasse 1, Zeitstreifen für Fachunterricht
– Lebenspflege: gemeinsames Frühstück mit Ritualen, kleine Dienste.

Im *Probedurchlauf*, basierend auf unseren Erfahrungen, konnte zunächst Folgendes in den Klassen 1 und 2 umgesetzt werden:

Klasse 1:
– Englisch in Epochen in der Hauptunterrichtszeit
– Eurythmie zu Beginn des Hauptunterrichts am Mittwoch
– ein wöchentlicher Wandertag
– Projektunterricht über zehn Tage mit Unterstützung aus der Handarbeit (Anfertigen eines großen Filzteppichs)
– Tagesabschluss und Geschichte
– begleitend vier Klassenkonferenzen zum Austausch des Klassenkollegiums.

Klasse 2:
– Französischepoche vierzehntägig mit Begleitung des Klassenlehrers (die Schüler mit Behinderung hatten während dieser Zeit Förderunterricht, der genutzt wurde, um täglich auf der

Kinderharfe zu spielen); Zusammenführen der Schüler gegen Ende der Epoche und gemeinsamer Auftritt auf der zweiten Schulfeier
– Erzählteil (Geschichte) am Ende des Tages
– vierzehntägige Wander-Epoche.

Die Arbeit mit den Hengstenberg-Geräten gehörte in diesen beiden Klassen dazu, denn sie ist hervorragend geeignet, um die visuelle, auditive, taktile, vestibuläre und kinästhetische Wahrnehmung zu schulen. Der Nebenraum für die Klassen 1 und 2 wurde in einen Bewegungsraum umfunktioniert, die Hengstenberg-Geräte sind in einem eigens dafür gebauten Schrank schnell im Foyer erreichbar, das als zusätzlicher Bewegungsraum genutzt wurde.

In sechs Konferenzen haben wir dann am «Pilotprojekt Unterstufe» gearbeitet und den Beschluss gefasst, dieses in den Schuljahren 2011/12 und 2012/13 in den Klassen 1 und 2 durchzuführen. Regelmäßiger Austausch, Zusammenarbeit und Evaluation gehören dazu, bevor es ins Konzept aufgenommen werden kann. Ein Zwischenbericht fand 2012/13 in der Pädagogischen Konferenz statt, nachdem sich die Teams der 2. und 3. Klasse in Intervisionstreffen ausgetauscht und gemeinsam auf die Abläufe geschaut hatten. Ab dem Schuljahr 2013/14 findet die Betrachtung der Sprachen erneut Aufmerksamkeit, denn zwei weitere Teams erleben die Sprachen Englisch und Französisch in Epochen ab der 1. Klasse für alle Kinder. Die Verantwortung für das Unterstufenkonzept liegt in den Händen der Kollegen der Klassen 1–4.

Hier ein möglicher Stundenplan: Die Woche beginnt mit dem Morgenkreis der Klassen 1–4 im Klassenraum der 2. Klasse.

Montag	Dienstag	Mittwoch	Donnerstag	Freitag
HU	HU	Wandern	HU	HU
HU	HU	Wandern	HU	HU
Sprache	Sprache	Wandern	Sprache	Sprache
Handarbeit	Eurythmie	Wandern	FU	FU
Handarbeit	Abschluss	Wandern	Abschluss	Abschluss

FU (Fachunterricht): Hier kann Spielturnen, Malen, Musik eingesetzt werden – die Entscheidung liegt beim Klassenteam. Zfu (Zeit für uns) ist in den Abschluss integriert. Religion (durchzieht den gesamten Unterricht), Englisch und Französisch für alle ab der 1. Klasse.

Vorteile:
– mehr Luft im Tageslauf
– viel Integration / gemeinsamer Unterricht
– rhythmisierter Tages- und Wochenlauf
– keine drei Fachstunden an einem Tag
– verschobene große Pause und Freispielzeit.

Wie immer musste dies flexibel gehandhabt werden, denn unterschiedliche Deputatshöhen, Einsatz als Fachlehrer in anderen Klassen und Unterrichtsausfälle waren einzubeziehen. Durch die verlängerte Unterrichtszeit bezogen wir die Hortnerinnen mit ein. Beide kamen in den Abschlussstunden dazu (jeweils an eine Klasse gebunden), bildeten mit dem jeweiligen Kollegen ein Team und gewährleisteten den Übergang in den Hort.

Beispiele aus dem Unterricht

Klasse 1
Fühl-ABC:
Parallel zu unserer Buchstabengeschichte erstellte sich jeder Schüler ein ABC-Buch. Das Besondere daran waren die Bestandteile. Im Vorfeld hatten wir Buchstaben auf Sandpapierkärtchen erfühlt, aus Bienenwachs geknetet und aus Kuchenteig gebacken. Alle Schüler hatten mit ihrer Schnur, mit Seilen, Tauen oder den Kissen große Buchstaben zum Nachlaufen gelegt. Dann begann das gemeinsame Überlegen – wie immer lag unsere runde Tischdecke in der Mitte des Bankkreises (Vorstufe zur Mind-Map): Wie viele Buchstaben hat das Alphabet? Jeder macht einen, und dann haben wir ein Buch. Die Schüler entwickelten viele Ideen, verwarfen sie wieder, begannen Material und Gegenstände auf

die Decke zu legen, einige holten Papier und Stifte hervor. Wir Lehrer waren im Hintergrund, bis die Frage auftauchte: «Dürfen wir das selbst entscheiden?» Als dies bejaht wurde, entstand große Begeisterung, die wir in Bahnen lenken mussten. Nun kamen täglich Tüten mit Material in die Klasse, jeder durfte sich bedienen, musste aber selbst etwas mitgebracht haben – eine gute Möglichkeit zur feinmotorischen Schulung, zum Fühlen und Riechen und um miteinander in Kontakt zu kommen. Gegenseitige Hilfe ergab sich aus der Arbeit genau wie deren Wertschätzung. Am Schuljahresende hatte jeder sein Buch fertig und präsentierte es den Eltern im jährlichen Abschluss – ein Teil der Schatzkiste! Die Schüler haben in dieser Epoche gemeinschaftlich gearbeitet, individuell gestaltet, Unterstützung gegeben und / oder Unterstützung bekommen und zum Schluss jedes Buch betrachtet, wertgeschätzt und präsentiert. Die Lehrer waren Begleiter, Unterstützer und erlebten eine «schaffige» Atmosphäre.

Murmeln aus Ton:
Im Rechnen hatten wir viel Material, das auf vier bis sechs Blocktischen (drei Bänke wurden zusammengestellt) zur Verfügung stand. An jedem Tisch gab es verschiedene Aufgaben, und die Schüler wählten, in welcher Reihenfolge sie an die Arbeit gingen. Vom Wandertag hatten wir Lehm mitgebracht und begonnen, vor dem Unterricht daraus Murmeln herzustellen, während andere das Seilspringen übten oder zählten, bauten oder in der Bücherecke saßen. Dann kamen die Eierkartons zum Einsatz – spielerisch als Ziel für die Murmeln, als Sortierkiste oder zur Aufbewahrung. «Jeder soll gleich viele Murmeln haben!» Auf die Frage nach der Menge erschallte die Zahl 100! Daraufhin entstand Bewegung im ganzen Klassenraum, denn jetzt sollte produziert werden. Irgendwann waren ca. 3000 Murmeln fertig (teilweise in Hausarbeit durch die Klassenlehrerin erstellt), wurden im Lehmbackofen auf dem Schulhof gebrannt und sollten nun verteilt werden. Jeder bekam einen Zehner-Karton, die große Kiste stand in der Mitte der Decke, und die zwei besten Rechner übernahmen die Verteilung.

Jeder Schüler hatte ein Säckchen zur Aufbewahrung bekommen. Während die zwei Schüler verteilten, wurde an den einzelnen Plätzen nachgezählt oder Murmeln verglichen, einige wogen sie sogar in ihren Händen zum Vergleich ab. Kleine Diskussionen entstanden über die richtige Verteilung innerhalb der Schachtel und wann ins Säckchen umgefüllt wurde. Als jeder 100 Murmeln hatte, begann die Kontrolle. Hier wurden Unterschiede bei den Kindern sichtbar: Einige zogen sich in eine Ecke zurück, den Rücken zur Klasse gedreht, andere arbeiteten mit Partnern zusammen, und wieder andere bildeten kleine Gruppen.

Klasse 2
Projekttheater:
In der 2. Klasse werden viele Legenden und Fabeln erzählt, und als Lehrer macht man sich schon früh Gedanken, welche dieser Geschichten im Spiel vertieft werden soll. Im letzten Durchgang fiel die Wahl auf die Legende der «Heiligen Odilie», die gegen Ende des 7. Jahrhunderts in den Vogesen ein Kloster gründete. Erzählt wurde die Geschichte nach dem Buch von Jakob Streit,[2] und wir machten viele Übungen, bei denen es auf das Tasten, Lauschen und Vertrauen ankam:
– Wie orientieren wir uns im Klassenraum, wenn es dunkel ist?
– Wie fühlen wir uns, wenn unsere Augen verbunden sind und es im Raum ganz leise ist?
– Wie laut kann dann der Klang einer Glocke sein?

Es ist ganz leise – wir haben die Augen fest zu – wir öffnen sie vorsichtig – und plötzlich wird das Licht eingeschaltet: Es ist grell! Es schmerzt! – So also war es für Odilie! – Wir schauen aus den Fenstern in den Schulhof; unser Blick hat sich verändert, und wir hören anders.

Die Aufteilung in Gruppen entstand bei der gemeinsamen Planung und war an den Bedürfnissen der Kinder orientiert. Einige Schüler mit Behinderung (drei mit Down-Syndrom, einer mit Retardierung) bereiteten spielerisch die Legende nach: Bauen einer Burg aus Ton, Formen der Spielfiguren aus Bienenwachs,

Schreiben des Textes von der Tafel ins Heft. In dieser Zeit sprachen wir im Klassenraum fleißig den Text chorisch und in Gruppen. Dann verteilten wir die Rollen für das Spiel und probten im Klassenraum – Bild für Bild und Tag für Tag. Gemeinsam sangen wir unsere Lieder und spielten auf Kantelen, die von den Eltern unter Anleitung eines Harfenbauers hergestellt wurden. Später kamen für einige Kinder die Flöten hinzu, dann Geigen und Cello. Nun führten wir die Schüler im Eurythmiesaal zusammen, nachdem wir Kulissen als Hülle und täglichen Probenraum für die Kinder an Wochenenden aufgebaut und ständig erweitert hatten.

Inzwischen gab es verschiedene Bereiche, aus denen heraus die Kinder sicher spielen konnten. Himmel – Kloster – Schloss – Burghof – Waldhaus. Im Waldhaus wurde täglich Gemüse geschnitten, Tee gezupft oder Ringelblumensalbe hergestellt. In der großen Pause hatten wir dann Rohkost, Tee für den nächsten Tag und Salbe für die Kranken im Kloster «Sainte Odile». Diese Epoche, kombiniert mit Schreiben, Lesen und Malen, veranschlagten wir mit fünf bis sechs Wochen, damit die Kinder intensiv eintauchen konnten. Als Abschluss fand die Aufführung des Spiels vor Schülern und Eltern statt. Im darauffolgenden Schuljahr führte uns ein Ausflug im Französischunterricht zum Odilienberg. Die Kinder spielten von sich aus kleine Szenen nach, erkundeten die Umgebung und erzählten ihrer Französisch- und Eurythmielehrerin die Legende.

Bau eines Klettergerüstes mit der Werkstufe:
Aus einem kollegialen Gespräch über die Gestaltung des Schulhofs – bedürfnisorientiert – entstanden mehrere gemeinsame Unternehmungen der 2. Klasse mit der Werkstufe. Eine davon war der Bau eines Klettergerüstes, eine kleine Boulderwand, mit mehreren Stämmen zum Balancieren auf der Rückseite. Der fließende Stundenplan ermöglichte es den Schülern, beim Ausschachten und Auffüllen der Löcher mitzuwirken, zu schrauben und die Hackschnitzel zu verteilen. Diese Momente, in denen klassenübergreifend gearbeitet wird, nach dem Motto «Initia-

tive hat Vorrang», sind für alle etwas Besonderes. Die Schüler begegnen sich mit offeneren Augen, nehmen anders wahr und sind wieder ein Stück gewachsen. Bouldern[3] war nun die neue Herausforderung für viele Schüler, auch wenn die Wand nur klein war. Trainiert werden Gleichgewichts- und Bewegungsgefühl, die Körpermuskulatur wird gestärkt, durch ständige Wiederholung prägen sich die Bewegungsabläufe ein. Die Erfolgserlebnisse stärken die Kinder. Ein neues Projekt wanderte auf unseren Wunsch- und Arbeitszettel: eine Kletterwand oder ein Kletterturm, denn die Hauswand ist tabu, und die Bäume sind teilweise ungeeignet.

Aus dieser Zusammenarbeit entstand dann der Wunsch in der 2. Klasse, noch mehrere Projekte mit der Werkstufe zu machen. Dies wurde erst in Klasse 3 möglich: Pflügen und Eggen in der Landbau-Epoche und das Projekt «Ein Baum für jedes Kind» gemeinsam mit dem Förster (Werkstufe Klassen 11 und 13, FSJ,[4] Fachlehrer und Vater/ELK).

Klasse 3 (2004/05)

Hausbau-Epoche:

Die 3. Klasse ging mit folgender Aufgabe in die Pfingstferien: «Sammelt für unsere Hausbauepoche so viel Material, wie ihr könnt. Auf dem Blatt sind die Materialien aufgezeichnet und aufgeschrieben. Das gesammelte Material steht der ganzen Klasse zur Verfügung.» Auch ich als Klassenlehrerin wandte mich dieser Aufgabe zu und sammelte. Ein kleines Tonhaus kam auf den Jahreszeitentisch, und zu Hause fertigte ich eine geflochtene Hütte aus Bambus, Bast und Maisstroh an. Ich war gespannt, was die Kinder mitbringen und welche Häuser sie bauen würden. Sie konnten allein, zu zweit oder dritt eine Behausung errichten. Den Maßstab gab ich ihnen vor, damit alles in der Größe zueinander passte. Wir wollten alles in der Schule im Hauptunterricht bauen.

Die Eltern von Fabian («verzögerte Entwicklung») und Jenny («Down-Syndrom») bauen seit einiger Zeit ihr eigenes Haus, und wir wollen sehen, welche Erfahrungen der Kinder wir einbeziehen können. Der Vater von Simon («Down-Syndrom») hilft beim Bau eines Holzhauses, und Simon ist oft dabei. Auch hier müssen wir sehen, welche Möglichkeiten sich auftun. Für Joschka («Down-Syndrom») haben wir den Bau eines Lehmbrote-Hauses nach Pastor Bodelschwingh vorgesehen, da er gerne und gut mit Ton umgeht und gut sägt. Seine Mutter stellt viele Keramikarbeiten her, und sein Vater baut in den eigenen vier Wänden.

Baubeginn auf dem Speicher:
In unserem alten Schulhaus gab es einen geräumigen, hellen Speicher, der alle Voraussetzungen erfüllte. In den Ferien räumten wir ihn auf, brachten Werkbänke und Werkzeuge hinauf, füllten die Regale mit Material und vielen leeren Behältern. Nun konnten die Kinder kommen! Nach dem Beginn im Klassenraum wurde der Speicherraum besichtigt und von den Kindern sofort ergriffen. Es erfolgte eine Aufteilung in verschiedene Arbeitsbereiche für Ton, Holz, Leder usw. Danach bildeten sich Paare oder Gruppen, denn es ging vor allem um Gemeinschaftsarbeiten. Für die nächsten fünf Wochen benötigten wir nicht nur den Hauptunterricht, sondern auch einige Fachstunden. Die Fachlehrer für Handarbeit, Englisch, Eurythmie kamen nicht nur zu Besuch, sondern unterstützten die Schüler bei ihren Aufgaben. Dieses fächerübergreifende Projekt war für alle eine Bereicherung, es hatte einen großen Schwerpunkt: «gemeinsam lernen und arbeiten». Schüler und Lehrer, Lehrer und Lehrer begegneten sich neu, rangen gemeinsam um Lösungen und freuten sich über die Erfolge. Förderung der Grob- und Feinmotorik, Schulung der Handlungsplanung und -steuerung sowie Aufmerksamkeit und Konzentration waren gesetzte Ziele.

Der Speicher wurde unser zweiter Klassenraum – ein Wohlfühlraum! Im Anschluss studierten wir unser Klassenspiel «Streit der Handwerker» von Martin Tittmann[5] dort ein. Aus dem Vorwort: «Die neun- bis zehnjährigen Kinder sind durch den Unterricht der beiden vorangehenden Jahre so weit für das empfindende Verständnis ihrer Umgebung aufgeweckt worden, dass sie nun einer einfachen Darstellung der wichtigsten Berufe bedürfen. Man bringt ihnen jetzt die Arbeit der Handwerker nahe in ihrer wesenhaften Eigenart und in ihrem helfenden Ineinandergreifen, sodass sie empfinden, wie einer auf den anderen angewiesen ist und wir alle ihnen Dank schulden: Was jeder von ihnen nach seiner besten Weise tut, hilft uns täglich und stündlich, unser Leben zu erhalten und zu führen.»[6] Beim Einstudieren und Üben der Rollentexte boten sich viele Übungen zur motorischen Entwicklungsförderung für *alle Kinder* an: räumliche, dynamische und zeitliche Bewegungskontrolle, Gleichgewichtskontrolle, kombinationsmotorische Fähigkeiten, konstruktive Aufgabenlösungen und Raum für sozialintegrative Übungen. Der bereits ergriffene Raum (Speicher) wurde einzelnen Berufen zugeordnet und in der Dekoration (= Bühnenbild) ausgebaut (Schneider, Schmiede, Jäger, Hirten, Bauern, Maurer, Zimmermänner, Müller). Besonders für die Kinder mit Behinderung bot dieser Raum Sicherheit, was sich auch im Spiel zeigte. Auch hier kam für die Kostüme Unterstützung aus den Fächern Handarbeit und Eurythmie.

Dieses Spiel griff ich mit meiner neuen Klasse 2012/13 wieder auf – es verband beide Klassen in schöner Weise und wurde im Werkstattzelt vor Schülern und Eltern aufgeführt. Wieder eine angemessene Umgebung, die aber auch die Zuschauer in Bewegung brachte, da sie ihren Platz wechseln mussten, um mit den Handwerkern auf die Walz zu gehen. Die «Patenklasse», inzwischen 11. Klasse, erinnerte sich gern an «ihr Spiel» und tauschte sich beim abschließenden Frühstück mit ihren «Patenkindern» aus.

Aber wir wollten noch einen *«großen Bau»* errichten. Auf dem Gelände des Landhauses hatten wir eine Stelle zugewiesen bekommen, wo unser Weidenhaus entstehen sollte. Dies würde längere Zeit brauchen. Der Bau war in zwei Abschnitte eingeteilt: 1. Bau einer Sitzmulde und 2. Bohren der Pflanzlöcher und Stecken der Stecklinge, die wir erst im Herbst bekommen konnten. Dann würden wir die Ruten diagonal miteinander verflechten. Wenn die Weiden gut anwüchsen und von allen mit Sorgfalt behandelt würden, hätten wir in zwei Jahren eine schöne, grüne Laube, die von der ganzen Schulgemeinschaft vielfältig genutzt werden könnte. Gemeinsam mit den Eltern begannen wir unser

Vorhaben an einem Projektsamstag: Rasenplatten ausstechen, einen kleinen Graben ausbaggern, Weidenruten stecken und Erde anhäufeln. Ein schönes gemeinsames Projekt, das bis zur 7. Klasse begleitet wurde. Danach wurde es in die Verantwortung von Gartenbauunterricht und Hort übergeben.

Bei unseren Überlegungen im Schuljahr 2012/13 zum Bau eines Hauses blickten wir auf die Arbeit der Patenklasse vor Ort und entschieden gemeinsam, diese Hütte zu restaurieren. Wir sprachen mit den Kollegen aus Gartenbau und Hort und begannen mit der Arbeit. Weiden wurden zurückgeschnitten, die Halbkugel geschlossen und mit einem Feuerabzug versehen. Die Feuerstelle gepflastert, ein Feuerkorb geschmiedet und alles mit Hackschnitzeln ausgestreut. Bei dieser Arbeit waren alle Eltern dabei, sodass außer der Arbeit durch das gesellige Beisammensein die Klassengemeinschaft gestärkt wurde. Die Erneuerung der Bänke wurde in die 4. Klasse verschoben. Das Weidenhaus wird gern von den anderen Klassen und vom Hort genutzt.

Bei diesen beiden Unternehmungen, die zwei Klassen miteinander verband, entstand ein Zugewinn auf beiden Seiten. Ein Keim wurde gelegt, der sich in der Zukunft entfalten kann.

Klasse 4
Mit «Jaköble» auf Spurensuche:
Wo beginnt die Heimatkunde-Epoche? Natürlich dort, wo ich daheim bin! Zuerst die eigene Familie, die Wohnung bzw. das Haus, die Straße, der Wohnort. Das sind in unserer Klasse viele Ausblicke in verschiedene Himmelsrichtungen. Fünf Tage in der Woche (und manchmal auch am Samstag) treffen wir uns in unserem Klassenraum und lernen uns und die Welt besser kennen. Und auch von unserem Klassenraum geht es, nachdem wir die Himmelsrichtungen herausgefunden, die Himmelsrose gezeichnet und unter die Decke gehängt haben, nach draußen. Zuerst wird das Gebäude erkundet, dann die Anordnung des Geländes, und dabei setzt die Erinnerung an viele Spaziergänge im näheren Umfeld ein. Wir beginnen damit, Karten zu zeichnen, uns zu orientieren und in der Klasse über Ähnlichkeiten der einzelnen Orte zu sprechen.

Kann man vom Namen des Ortes ableiten, wo er liegt oder wer ihn gegründet hat? Es gelingt uns immer besser, und wir erfahren viele geschichtliche Begebenheiten. Begleitend lesen wir im «Jaköble», das 1990 in Zusammenarbeit mit dem Regionalen Landeskunde-Zentrum Freiburg zum Stadtjubiläum «400 Jahre Emmendingen» herausgegeben wurde.[7] Diese Geschichte wurde von einer Grundschullehrerin für ihre 3. und 4. Klasse geschrieben, um zu erzählen, wie es im Jahre 1590 war, als das Dorf Emmendingen die Stadtrechte bekam. Und dann kommt sie eines Tages zu uns, erzählt, wie es zu dieser Geschichte kam, liest uns aus dem «Jaköble» vor, und der Abschluss ist eine «Autogrammstunde». Zwei Tage später gehen wir mit ihr zusammen nach Windenreute, um im Museum «Heimatstube» eine Nachbildung des keltischen Kessels zu sehen, der beim Bau der «Heil- und Pflegeanstalt Emmendingen» bei der Einmündung des Wannenbächleins in den Brettenbach gefunden wurde. Allein erkunden wir das Weiherschloss, und dann geht es endlich zu einer Rallye nach «Alt-Emmendingen». Der Emmendinger Gemarkungsplan des Jahres 1770 ist unsere Grundlage. Fünf Gruppen werden gebildet, die sich mit einem Laufplan und vielen Fragen auf den Weg machen. Gruppe 1 mit dem Klassenhelfer (FSJ), Gruppe 2 mit Fachlehrerin Eurythmie, die Gruppen 3 und 4 mit mir und Gruppe 5 mit Fachlehrerin Handarbeit und Hortnerin / Heilpädagogin. Start und Ziel ist der Klassenraum, Treffpunkt zwischendurch der Schlossplatz in Emmendingen mit Vesper und Spielzeit. Alles verläuft wie geplant, bis auf eine Kleinigkeit: Gruppe 5 kommt nicht zum Schlossplatz. Sie fahren mit dem Bus zum Bahnhof, holen sich Informationen im i-Punkt und legen dann einen kleinen Zwischenstopp im Hause der Handarbeitslehrerin ein. Pünktlich zum Schulschluss kommen aber auch sie nach einem erlebnisreichen Tag wieder in der Schule an.

In dieser Epoche wurde sowohl gemeinsam als auch in verschiedenen Gruppen gearbeitet. Material wurde von uns in Form von Fotos und Texten für die Rallye hergestellt. Jede Gruppe bekam das gleiche Material und war auf sich gestellt. Die Erwachsenen begleiteten und waren für die Sicherheit zuständig. Bei der Gruppe der Kinder mit Behinderung war die Fahrt mit dem Bus auch ein Teil des Mobilitätstrainings. Da alle vier Kinder nicht aus Emmendingen waren, gab es kleine Aufgaben für ihren Wohnort, die sie mit Eltern und Geschwistern lösen sollten. Der Rücklauf in die Klasse bestand aus kleinen mündlichen Berichten, unterstützt von Fotos und Prospekten oder kurzen Berichten der Eltern, die von uns dann in der Klasse verlesen wurden. Alle anderen Schüler, die nicht aus Emmendingen kamen, hatten dieselben Aufgaben, die Emmendinger suchten sich in ihren Stadtteilen selbstständig Punkte, Denkmäler oder Häuser heraus. Auch diese Epoche wurde von uns als längeres Projekt gestaltet, das auch das Rechnen mit Körpermaßen einbezog.

Im aktuellen *Modellversuch 3./4. Klasse* sind wir bemüht, das Klassenzimmer um andere Lernorte zu erweitern und auch immer wieder in klassenübergreifenden Projekten zu arbeiten. Auch die Fachunterrichte an den Beginn des Tages zu setzen wird erprobt. Der Montag beginnt in der 3. Klasse nach dem Morgenkreis mit Sport und hat dann den verschobenen Hauptunterricht. Dies wird von den Teams der Klassen 3 und 4 unterschiedlich gesehen. Was für die 4. Klasse eine sehr gute Lösung war, kommt bei der 3. Klasse nicht gut an. Hier steht die gemeinsame Auswertung mit dem Sportlehrer noch an.

Im letzten Jahr wollten wir einen Hoftag haben, der dann als Angebot über den Schulschluss hinausgehen sollte, der sich jedoch nicht realisieren ließ. Statt eines Hoftages machten wir dann einen Handwerkertag (an diesem Tag lag auch Handarbeit, also war die Klasse halbiert) und luden Handwerker und Eltern, die uns ihr Handwerk nahebrachten, für einen oder zwei Tage ein. So lernten wir von einem Töpfer und Künstler eine neue Brenntechnik kennen, webten mit dem Kamm, bekamen Anregungen von einer Malerin oder schmiedeten einen Feuerkorb. Auch der Besuch von Werkstätten im Bruckwald (Sozialtherapeutische Lebens- und Arbeitsgemeinschaft = Arbeitsplatz einiger Väter) fand an diesem Tag oder am Wochenende statt. Die Lehrer für Handarbeit, Werken und Gartenbau arbeiteten mit uns zusammen (s.u.: Projekte mit der Werkstufe).

Schule am anderen Ort: der Schulbauernhof in Pfitzingen

«Sage es mir und ich werde es vergessen;
Zeige es mir und ich werde mich erinnern;
Lass es mich tun und ich werde es
verstehen.»

Konfuzius[8]

Nach dem Kontakt zur Leiterin des Schulbauernhofes des Landes Baden-Württemberg erfolgte eine Einladung an mich. Begeistert kam ich zurück! Es folgten Bericht und Gespräche auf dem Elternabend, und viele konnten sich nicht vorstellen, dass ihre Kinder zwölf Tage in der 4. Klasse auf Reisen gehen sollten. Übernachtungsbesuche bei Freunden wurden geplant und durchgeführt; Ferienwochen bei EOS[9] in Angriff genommen, und wir gestalteten unseren «Hof- und Handwerkertag» vor Ort. Die Landbau-Epoche nahm viel Raum auch außerhalb dieses Tages ein, und die Schüler lernten pflügen, eggen, säen, hacken, krauten. Um auf den Schulbauernhof fahren zu können, bedurfte es einer Bewerbung, die von jedem Schüler geschrieben werden und bis zum 31.12.2012 dort eingehen musste. Gemeinsam wurde sie verfasst und einzeln geschrieben – jeder gab sein Bestes. Dann begann das Warten auf die Nachricht! Werden wir ausgewählt? Können wir auch zu unserem Wunschtermin vor den Weihnachtsferien fahren, um die Winterarbeit auf einem Bauernhof kennenzulernen?

Bei der Zusage war die Freude groß, und der zweite Baustein wurde in Angriff genommen. Zu diesem Projekt gehört eine Vorbereitungsfahrt, an der die begleitenden Lehrer und zwei Schüler teilnehmen. Vor Ort ist man dann Gast bei der dortigen Klasse und lernt Hof und Abläufe kennen. Uns war wichtig, dass vier Schüler mitfuhren – zwei Mädchen und zwei Jungen – und wir wegen der Entfernung zwei Nächte dort verbringen konnten. Vom 9. bis 11.7.2013 fand dann die Vorbereitungsfahrt, in Begleitung eines Vaters und Landwirts, statt. Mit dem Schulbus traten wir die Fahrt an und wurden dort freudig begrüßt. Eine 6. Klasse war vor Ort und jeder Schlafplatz belegt. So konnte die Vierergruppe ihr Lager im Wolle-Raum aufschlagen und von dort aus Haus und Hof erkunden. Von Beginn an wurden wir zu Mitarbeitern und auf die einzelnen Gruppen verteilt. Am zweiten Tag fand eine Besprechung mit der Leiterin des Schulbauernhofes zur Vorbereitung des Aufenthaltes statt. Wintertermin – zehn Tage statt zwölf – und der Auftrag an uns, Klasse und Eltern vorzubereiten.

Wir gingen in die Sommerferien – wieder eine Zeit, um auswärtige Übernachtungen zu üben –, und dann rückte nach den letzten Arbeiten auf unserem Feld (Kartoffeln ernten und dreschen, Apfelernte, Apfelringe dörren) der Termin der Fahrt immer näher: 9.-18.12.2013. Arbeitskleidung, Gummistiefel, feste Schuhe, Hausschuhe, Jacken, Pullover und jede Menge Briefmarken mussten eingepackt werden! Denn ... telefonieren war nicht möglich und auch nicht erwünscht! Wir hatten im Bus viel Platz für unser reiches Gepäck – außer der Kleidung mussten auch Fahrtenbücher, Epochenhefte, Flöten, Liedermappen, Instrumente, Handarbeitskiste, Bälle, Diabolos und Bücher mit. Die Eltern verabschiedeten uns, und wir wussten, wie schwer das einigen fiel! Unsere Crew bestand aus dem Klassenteam, einer FSJlerin und einem Schüler der 11. Klasse, der erste Erfahrungen mit Schülern für seine Abschlussarbeit über Erlebnispädagogik sammelte.

Wir wurden auf dem Hof schon sehnlich erwartet: Mittagessen, Zimmer belegen, Betten beziehen und dann zum Rundgang auf unserer neuen Wirkensstätte ... Kuchenpause und die Arbeit begann. Aufgeteilt wurden die Schüler und Begleiter in verschiedene Gruppen: Hausgruppe, Hofgruppe, Feldgruppe, Stallgruppe, und als es dunkel wurde, kamen Innenarbeiten dazu. Es gab drei Arbeitszeiten, wobei die Haus- und Stallgruppe den ganzen Tag an ihrem Einsatzort blieb; die anderen hatten die ersten beiden Arbeitsblöcke draußen auf dem Hof oder dem Feld, und dann kamen Arbeiten in der Scheune, im Mehl- und Backraum, in der Käserei, im Wolleraum und der Korbbinderei dazu. Nach dem Abendessen trafen wir uns im Klassenraum, um die Fahrtenbücher zu führen, Briefe zu schreiben und an Wahlaufgaben zu arbeiten.

Gegen 20.30 Uhr war dann Bettzeit, denn die ersten Schüler (Stall) mussten bereits um 6.00 Uhr aufstehen. Um 7.30 Uhr begannen dann die Küchengruppe und die «Feuermeister» ihre Arbeit, damit um 8.00 Uhr gefrühstückt werden konnte. Tägliche Arbeitsbesprechung der Mitarbeiter, anschließende Besprechung mit uns, und dann fanden sich alle auf dem Hof in einem großen Kreis zur Aufteilung in die einzelnen Arbeitsgruppen zusammen. Am Samstag hatten wir einen Vortrag beim Imker und konnten verschiedene Honigsorten kosten und eine Bienenwachskerze herstellen. Ein großes «Aha» gab es immer in der Kuchenpause, denn die Post kam immer gegen 15.00 Uhr. Fotos, Bilder, Postkarten, kleine Geschenke und viel Selbstgeschriebenes fand den Weg auf den Schulbauernhof. Unser letzter Abend war eine kleine Adventsfeier mit den Mitarbeitern. Akkordeon, Geige, Gitarre und Flöten brachten die Schüler zum Klingen, und ein Mitarbeiter begleitete unseren Gesang auf dem Klavier. Eine Geschichte rundete den Abend bei Kerzenschein und selbst hergestellten Keksen ab. Noch eine Nacht – dann der Abschied und die Abfahrt. Die Koffer mussten ohne fremde Hilfe gepackt werden, die Betten abgezogen, die Zimmer gefegt und alles auf dem Hof mit System aufgestellt werden. Dann kam unser Bus, und ab ging es nach Hause.

Wozu diente diese Unternehmung? Uns war wichtig, den Schülern die Möglichkeit zu bieten, einen Bauernhof mit den dort stattfindenden Tätigkeiten zu erleben. Wichtig war für uns außerdem, dass Zeit und Raum zur Verfügung gestellt wurden, damit sich soziales Miteinander entwickeln kann, die Schüler sich anders und immer wieder neu erleben können. Rhythmus im Tageslauf gibt Sicherheit, gemeinsame Mahlzeiten mit festen Abläufen bieten Schülern, die dies zu Hause nicht mehr erleben, neue Erfahrungen, und auch das Leben ohne ständige Medienberieselung eröffnet neue Möglichkeiten. Langeweile erfahren zu dürfen und die Müdigkeit des Körpers nach einem langen Arbeitstag zu spüren hat allen gut getan. Durch die große Anzahl an Mitarbeitern kamen sie auch in Kontakt mit unterschiedlichen Menschen und mussten lernen, damit umzugehen.

Ganz besonders war auch die Altersstaffelung der Mitarbeiter. Durch die beiden jungen Leute, deren Aufgabe die Mitarbeit als Helfer in den jeweiligen Gruppen war, waren für die Schüler der 4. Klasse junge Erwachsene vor Ort, die wie große Geschwister angesehen wurden, die dann mit anderen Anforderungen und Anfragen bedacht wurden als wir Lehrer. Nach den Weihnachtsferien kam dann der Rückblick, die Arbeit an Referaten im zweiten Teil der Tierkunde-Epoche und die Vorbereitung für die Präsentation vor Schülern und Eltern an den Info-Tagen. Der Aufenthalt auf dem Schulbauernhof in Pfitzingen war ein voller Erfolg, der auch bei Schülern, Eltern und Kollegen anderer Klassen den Wunsch nach einem Aufenthalt weckte.

Im Januar öffneten wir wieder unseren Marktstand, an dem wir zweimal in der Woche nach Schulschluss Eier und selbst gedörrte Apfelchips verkaufen. Mit Beteiligung einer Mutter wird auch ein kleines Heft geführt und gerechnet. Diese Aufgabe ist freiwillig und noch ausbaufähig im Hinblick auf selbst hergestellte Marmeladen, Säfte und Kekse. Vieles in diesem Umfang konnte entstehen, als durch längere Krankheit einer Kollegin die entsprechenden Stunden vom Klassenteam übernommen wurden.

Seit Beginn der 4. Klasse unterstützen uns jeden Mittwoch zwei Schülerinnen aus der Patenklasse im Fachunterricht. Im Vorfeld besprechen wir mit ihnen die jeweiligen Aufgaben. Alle profitieren davon, weil individueller auf die Schüler eingegangen werden kann; da die Zwölftklässler mich gut kennen, ist eine gute Zusammenarbeit gewährleistet. Beide bekommen am Ende des Schuljahres diese Tätigkeit für ihre Portfolio-Mappe bescheinigt.

Dieser Einblick in die Arbeit gibt nur einen kleinen Teil wieder und bezieht sich auf die zwölf Jahre, in denen ich an der IWS-Emmendingen gemeinsam mit Schülern, Kollegen und Eltern arbeite und lerne. In den Sachkunde-Epochen ist der gemeinsame Unterricht bis in die 8. Klasse sehr gut möglich, wenn man die Schüler einbezieht und selbstverantwortliches Lernen anlegt.

Das zieldifferente Arbeiten in einer inklusiven Klasse setzt voraus, dass der Unterricht gemeinsam vorbereitet wird und nicht nur

Zuständigkeiten verteilt werden. In Mathematik und in Deutsch ist schon in der Unterstufe die Spanne so groß, dass gut überlegt werden muss, welche Teile des Unterrichts gemeinsam stattfinden können, damit weder Unter- noch Überforderung die Folge sind. Die Schüler mit Behinderung haben parallel zum Französischunterricht (an dem sie nicht teilnehmen) ihre Förderstunden im Nebenraum, in denen sie in ihrem Tempo und im kleinen Rahmen leichter in Austausch kommen. Aber auch hier ist bei unseren fünf Schülern eine große Spanne und auch der Übergang von den Förderschülern zur kleinen Gruppe fließend.

Ich habe in unserer Klasse bereits ab Klasse 1 ein Ordnersystem angelegt, in dem die Schüler ihre Arbeitsblätter (Lerntheke) abheften und so leistungsdifferent und selbstständig arbeiten können. Es steht ihnen ein Schülerbüro innerhalb der Klasse zur Verfügung, für das sie selbst die Verantwortung tragen; Arbeitsmaterialien für die Fächer Mathematik und Deutsch, eine Bücherkiste und Übungshefte, je nach Leistungsstand, werden immer bereit gestellt. In diesen Heften wird nach Wochenplan gearbeitet. Die Schüler kennen verschiedene Arbeits- und Sozialformen, haben für einen bestimmten Zeitraum feste Lernpartner.

Deutlich wurde uns, dass wir Raum und Zeit zur Verfügung stellen müssen, damit gemeinsames Lernen den entsprechenden Boden finden kann. Zudem ist die Teamzusammenstellung wichtig, damit kontinuierlich gearbeitet werden kann. Jeder Wechsel innerhalb des Klassenteams muss vom Kollegen, von Schülern und Eltern bearbeitet werden, vor allem wenn der Wunsch nach acht Jahren Klassenführung besteht. Eine gute Zusammenarbeit mit den Fachlehrern, die über den normalen Unterricht hinausgeht, ist förderlich. Das Bedürfnis, anders mit den Schülern zu arbeiten, führt zu einer offenen Ganztagsschule. Dahin wollen wir uns auf den Weg machen!

Auf Saskias Sweatshirt ist zu lesen: «*Everything is possible with a bit of fantasy*».

Die Anmerkungen finden sich auf S. 756.

ERHARD BECK

ERFAHRUNGSBERICHTE UND ANREGUNGEN AUS DEM INKLUSIVEN MITTELSTUFENUNTERRICHT

Mit den folgenden Seiten sollen Kollegen ermutigt werden, die Herausforderungen eines inklusiven Unterrichts nicht zu scheuen. Auch ich arbeite noch an den Fragen der Grenzen des inklusiven Unterrichts, speziell in der Mittelstufe. Es hat sich mir aber im Laufe der Jahre gezeigt, dass mit jeder weiteren Erfahrung auch die Grenzen weiter und die Möglichkeiten größer werden. Dabei ist und bleibt der Waldorflehrplan eine große Hilfe, selbst wenn der inklusive Unterricht ein gelegentliches Abweichen erfordert, beispielsweise der Frontalunterricht nicht mehr so stark im Vordergrund steht. Um allen Kindern einer inklusiven Klasse gerecht zu werden, benötigt es neben der Bereitschaft der Lehrer für diese neue Herausforderung auch einiges an äußeren Voraussetzungen, die an anderer Stelle erwähnt werden sollen.

In vielen Gesprächen mit Kollegen wurde geäußert, dass es durchaus denkbar wäre, Kinder von Klasse 1 bis 4 (Unterstufen-/ Grundschulbereich) inklusiv zu unterrichten. Mit dem Übergang in die Mittelstufe und den zunehmenden Anforderungen an die Schüler sei dies aber nur sehr schwer vorstellbar. Hatten wir aber in den Waldorfschulen nicht immer schon Schüler, für die es in der Mittelstufe schwieriger wurde und die für uns Lehrer eine besondere Herausforderung an die Vorbereitung eines allen Schülern gerecht werdenden (binnendifferenzierten) Epochen- oder Fachunterrichts darstellten?

Die Aufnahme von Kindern mit einer Behinderung erweitert lediglich die Spannbreite der unterschiedlichen Begabungen. Ein großer Vorteil besteht hier jedoch darin, dass ein zweiter Pädagoge mit dem Schwerpunkt der Verantwortlichkeit für die Schüler mit Behinderung hinzukommt, aber den Klassenlehrer bei allen

Schülern unterstützt, wie dieser natürlich auch die Kinder mit erhöhtem Förderbedarf in seinem Bewusstsein hat. Der Unterricht wird jetzt von Klassenlehrer und Heilpädagogen gemeinsam vorbereitet, kann dadurch ideenreicher gestaltet und effektiver durchgeführt werden. Es hat sich in der Vergangenheit als großer Vorteil erwiesen, wenn auch der Heilpädagoge bzw. Sonderschullehrer mit dem Waldorflehrplan bestens vertraut ist. Es erleichtert auf jeden Fall die gemeinsame Vorbereitung und Durchführung des Unterrichts und kommt letzten Endes allen Schülern zugute.

Beim Thema Inklusion sind die wesentlichen Fragen von Kollegen oder betroffenen Eltern:
– Wie können «geistig behinderte» Kinder im Unterricht in den höheren Klassen bei «anspruchsvollen» Themen inkludiert werden (z.B. in Mathematik)?
– Werden die «nicht behinderten» Schüler gebremst? Werden die Schüler mit einer Behinderung genügend gefördert? Oder gilt: «Teilhabe» statt «Förderung»?

Die in der Folge geschilderten Auszüge aus Epochen, die ich an der Integrativen Waldorfschule Emmendingen gegeben habe, erheben keinen Anspruch auf einen idealen inklusiven Unterricht. Es sind jedoch Unterrichte, bei denen nach Rücksprache mit allen Schülern Lernerfolge und ein hohes Maß an Zufriedenheit festzustellen war. Es gibt keine endgültigen Rezepte für einen guten inklusiven Unterricht, aber einige Erfahrungen, wie inklusiver Unterricht die «nicht behinderten» Schüler nicht bremst und ihren Klassenkameraden mit Behinderung sowohl Teilhabe als auch individuelle Förderung zukommen lässt.

Beginnen möchte ich mit den Geografieepochen, in denen im Laufe der Mittelstufe zunächst Europa und anschließend die Welt außerhalb Europas behandelt wird. Die Einführung dieser Unterrichte fand zunächst im darbietenden Stil (Frontalunterricht) statt. Dieser erstreckte sich über zwei bis drei Tage. Mit gutem Beispiel vorangehend, erarbeiteten sich die Teamlehrer ein Land, das sie gemeinsam der Klasse vortrugen, um dieser ganz praktisch eine Idee über die gemeinsame Erarbeitung eines Themas bzw. Landes an die Hand zu geben. Anschließend bildeten die Schüler, unterstützt durch ihre Lehrer, einzelne Gruppen, die den Auftrag erhielten, ein von ihnen gemeinsam ausgesuchtes Land zu bearbeiten. Mit Gruppenarbeiten, bei denen die Kinder mit Behinderung immer einbezogen waren, war die Klasse zu diesem Zeitpunkt schon vertraut. Ohne diese Grundvoraussetzung hätte diese Epoche noch nicht so geplant werden können. In aller Regel befand sich in fast jeder Gruppe auch ein Kind mit einer Behinderung oder besonderem Förderbedarf. Bei der Aufgabenverteilung wurden natürlich die unterschiedlichen Fähigkeiten und Möglichkeiten der Schüler der Gruppe berücksichtigt. Die Gruppen wurden hier mit den Lehrern gemeinsam beraten und zusammengesetzt. Bei späteren Gruppenarbeiten zeigte es sich, dass auch die Schüler imstande waren, ausgewogene Gruppen in eigener Regie zusammenzustellen.

Kommen wir zurück zur Geografieepoche und wählen das Land Norwegen. Hier gab es folgende Themenverteilung für jede Gruppe: a) Lage, Natur und Klima, b) Bodenschätze und Wirtschaft, c) Gesellschaft und Kultur, d) Tourismus. Mit Unterstützung des Heilpädagogen arbeitete ein Kind mit Behinderung am Thema Tourismus und erwarb in Reisebüros Unterlagen für eine Norwegenreise. Bilder wurden ausgeschnitten und als Poster zusammengestellt. Da dieser Schüler noch nicht lesen konnte, erklärte ihm sein Nachbar die Texte zu den Bildern. So eignete sich der Nichtleser über die Bilder Kenntnisse von diesem Land an.

Jeder Schüler fertigte, seinen Möglichkeiten entsprechend, für sein Thema eine Mappe an und erhielt von seinen Mitschülern Kopien von deren Ausarbeitungen, die er in seine Mappe einfügte. Am Ende der Epoche trug jede Gruppe ihr Land in einem gemeinsamen Referat der Klasse vor. Hier hatte jeder Schüler die Möglichkeit, im Rahmen seiner Fähigkeiten sein Thema vorzutragen. Im genannten Fall benötigte das Kind mit Behinderung nicht die Hilfe eines Lehrers. Die Gruppe war auch in dessen Thema eingearbeitet und gab beim Vortrag entsprechende Hilfestellung.

Ähnlich gegliedert war der Geografieunterricht über Afrika. Hier hatte die Klasse das besondere Glück, einen Menschen kennenzulernen, der nicht nur Afrika gut kannte, sondern auch Albert Schweitzer in seinen letzten sieben Wirkungsjahren begleitete. In vielen Unterrichtsmomenten konnte auf die Erzählungen dieses Besuchers zurückgegriffen werden. Unter dem besonderen Eindruck dieses Menschen und seiner bildhaften Erzählungen blieb allen Schülern diese Epoche in besonderer Erinnerung. Interesse und Motivation, noch mehr über Afrika zu erfahren, waren durchgehend festzustellen. In einer anderen Klasse tauschten der Siebtklasslehrer und der Viertklasslehrer Klasse und Epoche. Letzterer war über zwei Jahre als Entwicklungshelfer in Afrika gewesen. Er übernahm die vierwöchige Afrikaepoche der 7. Klasse und konnte mit seinen Eindrücken, Erlebnissen und seinem Wissen die Schüler zur regen Mitarbeit begeistern. Der Heilpädagoge dieser Klasse war sein Teampartner, und die Epoche endete mit einer Ausstellung des Erarbeiteten für die Klasseneltern.

Anhand dieses Beispiels zeigt es sich, wie wichtig es ist, über das bildhafte Vortragen der Unterrichtsinhalte dem Schüler die Möglichkeit zu geben, sich mit dem Thema innerlich (seelisch) zu verbinden. Dies ist eine wichtige Methode und ist für uns Waldorflehrer eigentlich selbstverständlich. Kinder mit Behinderung können so erfolgreich im Unterricht eingebunden werden.

Die Geschichtsepochen der Mittelstufe bieten vielfältige Möglichkeiten eines Unterrichts, der alle Schüler «mitnimmt». Im achten Schuljahr wurde mit der Klasse u.a. das Thema «Die dunkle Zeit des Dritten Reiches» behandelt. Auch hier stellte sich die Frage, wie man allen Schülern gerecht werden könne. In einer früheren Klasse hatten wir die Gelegenheit, einen Zeitzeugen einzuladen, dessen besondere Verdienste die Rettung russischer Kriegsgefangener und jüdischer Mitbürger war. Heinz Drossel, ehemals Offizier in Hitlers Armee, bot an, für eine Stunde der Klasse aus seinem Leben zu berichten. Es wurden dann über vier Stunden, was u.a. daran lag, dass ein Junge mit Down-Syndrom von den Schilderungen außerordentlich beeindruckt war und immer wieder Fragen stellte und so maßgeblich dazu beitrug, dass unser Gast den gesamten Schulvormittag mit der Klasse verbrachte. Als Lehrer hatten wir entsprechende Fragen eingestreut, auf den wir den nachfolgenden Geschichtsunterricht aufbauen konnten. Anhand der Erzählungen von Herrn Drossel, beginnend von seinen Erlebnissen als Kind und Jugendlicher bis hin zu seiner Gefangennahme durch die russische Armee, war die gesamte Klasse hoch motiviert zu erfahren, was ihren Vorfahren damals widerfuhr.

In einer späteren Klasse – Herr Drossel war inzwischen verstorben – hatten wir leider nicht mehr die Möglichkeit, auf diesen «Zeitzeugen» zurückzugreifen. Hier übernahm das Team die Aufgabe, in den ersten Epochentagen den Schülern in Erzählungen die beklemmende Zeit der Hitlerdiktatur fühlen zu lassen. Schwerpunkt war dabei, die Schüler nachempfinden zu lassen, wie leicht es dem damaligen Regime war, Jugendliche in ihrem Alter zu verführen. Ergänzend wiesen wir die Schüler an, sich Jugendbücher über das Dritte Reich zu besorgen. Die begrenzte Auswahl in Schul- und Stadtbibliothek ergänzten wir durch den Ankauf von gebrauchter Literatur aus dem Internet. Schüler, die noch kein Buch besaßen, wählten sich nach einer kurzen inhaltlichen Vorstellung ihr Buch aus. Bei den Kindern mit einer Behinderung – ein Kind konnte nicht lesen – stand der Heilpädagoge mit Rat und Tat zur Seite. Die Schüler durften ihre Bücher entweder zu Hause oder in einer im Hauptunterricht zur Verfügung gestellten Zeit lesen. Bei den Kindern mit besonderem Förderbedarf waren die wöchentlichen Förderstunden Gelegenheit, den Inhalt dieser Bücher zu lesen oder vorgelesen zu bekommen. Eine Unterstützung von häuslicher Seite war hier ebenfalls erwünscht. Aufgabe der Klasse war, in einer Buchbeschreibung den Inhalt schriftlich zusammenzufassen und den Mitschülern im Laufe der Epoche mündlich vorzutragen. Bei Kindern mit Schwierigkeiten im schriftlichen Ausdruck halfen Lehrer oder Klassenkameraden bei der Ausarbeitung. Die Schüler konnten über ihre Verbindung mit den «Zeitzeugen» aus ihren Büchern einen tiefen Eindruck gewinnen, was es für ihre Großmütter und Großväter bedeutete, in dieser Zeit gelebt zu haben. Den Schülern war es freigestellt, sich neben dem angebotenen Unterrichtsstoff Themen aus dem

Dritten Reich zu wählen, die sie interessierten. So beschäftigte sich ein Junge beispielsweise mit den Geschehnissen der Schlacht um Stalingrad. Am Ende der Epoche entschied sich die Klasse für den Film «Hitlerjunge Salomon», über den wir im Anschluss unter Beteiligung aller Schüler ein Gespräch führten. Der viel gepriesene Film «Die Brücke» schien uns zu dramatisch, um ihn dieser Altersgruppe als abschreckenden Antikriegsfilm vorzustellen. Das Euthanasieprogramm der Nazis erwähnten wir nur kurz in einer Stunde, in der unsere Schüler mit Behinderung nicht am Unterricht teilnahmen.

Auch bei den Erzählungen über das geteilte Deutschland konnten wir einen Zeitzeugen gewinnen, der seine Erlebnisse bis hin zu seiner Flucht aus der ehemaligen DDR allen Schülern eindrucksvoll darstellte.

Im Mathematikunterricht der Mittelstufe ist es für uns Pädagogen eine besondere Herausforderung, den Unterricht so zu gestalten, dass den Kindern mit einer Behinderung neben der Teilhabe auch eine für sie notwendige Förderung zukommt. In der Praxis kam es deshalb häufig vor, dass hier getrennte Unterrichtsthemen behandelt wurden. Während die Regelschüler sich mit der Algebra beschäftigten, wurden mit ihren Klassenkameraden in einem Nebenraum weiter an den Grundrechenarten geübt. Dennoch kann an zwei Beiträgen gezeigt werden, dass für alle Schüler – auch für diejenigen mit einer Behinderung – eine sinnvolle Teilhabe am gemeinsamen Mathematikunterricht möglich sein kann.

Nehmen wir ein Beispiel aus dem täglichen Kopfrechnen einer 7. Klasse: «Ich denke mir eine Zahl, ermittle das Quadrat dieser Zahl, nehme das Ergebnis mal vier, subtrahiere 19 von dieser Zahl, ziehe die Wurzel aus diesem Ergebnis und erhalte die Zahl 9.» Frage an die Schüler: «Welche Zahl stand zu Beginn dieses Rechenvorgangs?»

Der Leser wird mit uns übereinstimmen, dass es einem Kind mit Behinderung in der Regel kaum möglich sein wird, dieser Rechenoperation zu folgen. Es sitzt also seine Zeit hier nur ab, ohne ein Erfolgserlebnis und ohne spezielle Förderung. In der hier besprochenen Klasse war ein Kind, das sich in der 7. Klasse im Zahlenraum bis 100 unsicher bewegte. Ziel für diesen Schüler war es z.b., eine Zahl über oder unter 20 sicher benennen zu können. Seine Teilnahme an der genannten Kopfrechenaufgabe sah wie folgt aus: Sein Lehrer gab ihm den Auftrag, eine Zahl unter 20 zu benennen und diese während des gesamten Rechenvorgangs zu behalten. Er nannte leise, seine Mitschüler durften es nicht hören, die Zahl 5, mit der der Lehrer dann die Kopfrechenaufgabe begann. Schüler, die die Lösung gefunden hatten, liefen zu ihm und flüsterten ihm diese leise ins Ohr. Ihr Mitschüler bejahte bei richtiger oder verneinte bei falscher Lösung. Gelegentlich vergaß dieser Schüler die Zahl, die er sich merken sollte. Durch das tägliche Wiederholen ähnlicher Kopfrechenaufgaben gelang es ihm, sich nicht nur seine Zahl zu merken, er erweiterte auch seine Möglichkeiten innerhalb des Zahlenraums bis 100 und machte hier individuell große Fortschritte. Auf jeden Fall fühlte er sich als vollwertiger Teilnehmer des Kopfrechnens und hatte riesige Freude, wenn all seine Mitschüler zu ihm kamen und er die Richtigkeit ihrer Lösung bestätigen konnte. Als nicht unerheblichen Nebeneffekt nahmen wir außerdem wahr, dass sich hier viel mehr Regelschüler am Kopfrechnen aktiv und freudig beteiligten.

Der Einführung von Textaufgaben ging voraus, dass der Heilpädagoge mit den Kindern mit Behinderung in den ihm zur Verfügung stehenden Förderstunden Textaufgaben nach den Möglichkeiten dieser Kinder übte. So konnte eine Aufgabe sein: «Hier steht eine Kiste, gefüllt mit 12 Flaschen. Du stellst die Flaschen auf den Tisch, kannst aber nur jeweils zwei tragen. Wie oft musst du zum Tisch laufen, bis alle Flaschen der Kiste entnommen sind?» Je nach Möglichkeit konnte der Schüler dann die Anzahl seiner Gänge am Ende benennen oder mit einem Strich an der Tafel jeden Gang festhalten, um am Ende die Striche zusammenzuzählen. Nachfolgend lauteten dann die Aufgaben: «Wie oft müsst ihr laufen, wenn ihr zu zweit / dritt / viert seid?»

Im Epochenunterricht in der Gesamtklasse knüpften wir zunächst an diese an die Tafel geschriebene Aufgabe an und ließen auch einzelne der Regelschüler diese Aufgabe im praktischen Tun ausführen. Als weitere Einführung zu Textaufgaben beauf-

367

tragten wir die Kinder, die vorgegebene Textaufgabe zunächst zu zeichnen, um festzustellen, ob der Text bzw. die Aufgabenstellung überhaupt verstanden wurde.

Beispiel: «Auf einer Baustelle werden 12 Zementsäcke angeliefert und abgeladen. Ein Arbeiter befördert diese mit einer Schubkarre auf das Grundstück eines Neubaus. Er kann dabei jedes Mal drei Säcke aufladen. Wie viele Transporte mit dem Schubkarren benötigt er, bis er alle Säcke auf das Grundstück gebracht hat?»

Durch das eigenständig gezeichnete Bild, eventuell unter Mithilfe eines Mitschülers oder Lehrers, kann der Schüler mit einer Behinderung einer solchen Aufgabe näherkommen, sie unter Umständen auch mit Materialien nachstellen. Es ist die Aufgabe der Lehrer, möglichst viele Textaufgaben zu erfinden, um allen Schülern der Klasse Teilhabe und Förderung zukommen zu lassen. Wir erlebten hier, dass auch ein Teil der Regelkinder erst über diese Methode einen guten Zugang zu Textaufgaben finden konnte. Selbstverständlich arbeiten nach der Einführung die Schüler an Textaufgaben mit unterschiedlichen Schwierigkeitsgraden.

Bei der Einführung des Prozentrechnens wird es für manchen Schüler schwer sein, den Begriff Prozent und den Umgang damit zu verstehen. Hier bauten wir im Klassenzimmer ein kleines «Bankinstitut» auf. Zu Unterrichtsbeginn ließen sich die nicht behinderten Schüler von ihren Klassenkameraden mit einer Behinderung eine bestimmte Summe (Kredit) auszahlen und rechneten dann selbstständig weiter.

Beispiel: Der Schüler erhielt von seiner Bank € 500 (je nach Möglichkeiten des «Bankangestellten» konnte dieser Betrag in großen Scheinen oder auch gemischt ausgezahlt werden). Die Auszahlung wurde auf einer Kontokarte schriftlich festgehalten und im Bankinstitut abgelegt. Die Aufgabe des «Bankkunden» war dann, in seinem Heft schriftlich zu ermitteln, wie viel er nach einem Jahr zurückzahlen muss, wenn er 7,5 % Zins pro Jahr zahlt. Die Schwierigkeiten der einzelnen Aufgaben wurden hier natürlich im Laufe der Epoche gesteigert, Zinssatz, Laufzeit und Betrag wurden variabel verändert. Hier entstand ein reger Bankverkehr, an dem sich alle Schüler so gerne beteiligen wie früher am Spiel mit ihrem Kaufladen. Es wird hier mit den unterschiedlichsten Möglichkeiten, die die Schüler mitbringen oder in ihrer bisherigen Schulzeit erworben haben, an einem Unterrichtsinhalt gearbeitet. Den Schülern mit Behinderung war möglicherweise das Ausmaß der Prozentrechnung im eigentlichen Sinne nicht klar. Sie erfuhren aber, dass man für das Leihen von Geld eine Gebühr zahlen muss, also mehr zurückzuzahlen hat, als man sich auslieh. Im Rückblick stellten wir fest, dass wir das «Bankinstitut» schon in einer früheren Klassenstufe hätten aufbauen und benutzen können.

Die Vorbereitung solcher Stunden verlangt einen höheren Aufwand, ist aber allemal lohnenswert. Idealerweise arbeiten die Klassen gemeinsam an einem Materialfundus, was die Vorbereitung zur Teilhabe und Förderung von Schülern mit einer Behinderung erheblich erleichtert und auch im genannten Beispiel den rechenschwächeren Schülern eine große Stütze ist. Es hat sich in der Praxis gezeigt, dass Eltern mit Begeisterung helfen, eine Bank samt Spielgeld und Kontokarten herzustellen, wenn sie in das Geschehen rechtzeitig eingebunden werden und ihre Mithilfe erwünscht ist.

In den Deutschepochen der oberen Mittelstufe bezogen wir den Deutschlehrer der Oberstufe in unsere Epochenplanungen und Ausführungen mit ein. In der 7. Klasse schlossen wir uns einem Projekt der *Badischen Zeitung* an, welches sich «Zeitung in der Schule» (Zischup-Projekt) nannte. Bevor das Projekt starten konnte, besuchte uns eine junge Journalistin vom Verlag, die Lehrer und Schüler in das Projekt einwies und gute Tipps für die Vorgehensweise gab. Für sieben Wochen erhielten wir täglich, rechtzeitig vor Unterrichtsbeginn, die aktuelle Ausgabe der Zeitung. Die Wochenendausgaben lieferte der Verlag an die Wohnadressen der Schüler. Die Schüler blätterten zu Beginn des Hauptunterrichts die Zeitung durch und blieben, je nach Interessenlage, hier oder da an einem Artikel hängen. Nach ein paar Tagen des Kennenlernens konnten die meisten feststellen, dass die Zeitung einen bestimmten Aufbau (Politik, Kultur, Sport, Wirtschaft, Regionales, Anzeigen usw.) hat. Innerhalb der einzelnen Sparten lernten alle Schüler die Unterschiede von Kommentaren, Berichten, Reportagen und Interviews kennen. Eine der ersten Aufgaben war es, Texte zusammenzufassen. Den Schülern mit einer Behinderung, die noch Schwierigkeiten beim Lesen hatten, wurden von ihren Klassenkameraden oder Lehrern Artikel vorgelesen, die sie mündlich kurz zusammenfassen durften. In fast jeder Ausgabe fand sich ein Beitrag, an dem diese Schüler Interesse entwickeln konnten. Das Ziel der vierwöchigen Epoche war das Erstellen von Berichten für eine Sonderausgabe der lokalen Zeitung. Schüler, die nicht selbstständig schreiben konnten, führten mit ihnen bekannten Erwachsenen Interviews durch. Dabei wurden die Fragen gemeinsam mit den Schülern erarbeitet. So entstand beispielsweise ein Interview zweier Schüler mit einer Fachkollegin, die über ihre Eindrücke von einer Afrikareise erzählte. An dieser Aktion beteiligten sich die Schüler mit Freude und großem Engagement. Alle Beiträge (versehen mit Fotos und Zeichnungen) der Schüler wurden als Sonderausgabe dem aktuellen Schulmagazin beigefügt. Eine ganze Reihe der bei der Zeitung eingereichten Artikel wurde in einer Extra-Ausgabe veröffentlicht.

Epochenbegleitend erteilten wir den Schülern Aufträge zum kreativen Schreiben. Die Ergebnisse waren so unterschiedlich wie die Schüler. In Ferienberichten, Fantasie- und Abenteuergeschichten bis hin zu den Anfängen eines Buches kamen die vielfältigen Begabungen und Möglichkeiten der Einzelnen zum Ausdruck. Auf freiwilliger Basis durften sie ihre kreativen Arbeiten mündlich der Klasse vorstellen oder auch im Klassenzimmer auslegen. Höhepunkt dieser Epoche war die Einladung des Verlags zu einem Besuch, bei dem den Schülern die Herstellung einer Zeitung vom einzelnen Bericht über den Druck bis zur Auslieferung gezeigt wurde. Im weiteren Verlauf des Schuljahres lernten die Kinder auch überregionale Zeitungen wie die *TAZ*, die *Süddeutsche Zeitung*, die *Frankfurter Allgemeine*, *Bild* etc. kennen.

In der 8. Klasse standen wir vor der Überlegung, mit welchem literarischen Lesestoff wir der Klasse gerecht werden könnten. Dabei kam uns die Idee, mit den Schülern künstlerisch an Balladen zu arbeiten. Wir hatten von der 1. Klasse an mit regelmäßigen Sprachübungen sehr viel Wert auf eine Ausbildung der Sprache und einer guten Artikulation gelegt. Die Klasse rezitierte immer schon gerne Gedichte, einzeln oder im Chor. Den Schülern unterbreiteten wir unseren Vorschlag und besprachen nach deren Zustimmung, wie wir gemeinsam dieses Projekt durchführen könnten.

Zunächst begannen wir mit der Suche nach geeigneten Balladen, die für alle Schüler dieser Altersgruppe geeignet waren. Den 27 Schülern der Klasse legten wir eine Vielzahl von Balladen vor, aus denen sie eine für sich auswählen konnten. Balladen wie «Die Bürgschaft» oder «Der Taucher» von Schiller teilten sich aufgrund der Länge jeweils zwei Schüler. Aufgabe während der Epoche war das Auswendiglernen der Ballade – gutes Rezitieren wurde ausschnittsweise im Hauptunterricht geübt – und das Erstellen einer Biografie über den jeweiligen Verfasser. Beim Auswendiglernen waren die Schüler gerne bereit, sich gegenseitig zu helfen. Im Laufe der Epoche kam dann noch die Idee auf, die Balladen zu «vertonen», in dem Falle mit Musik zu begleiten. In Zusammenarbeit mit dem Musiklehrer wurden im Musikunterricht unterschiedliche Instrumente und Klänge ausgesucht, mit denen die Balladen untermalt wurden. Jeder Schüler entschied sich selbstständig für die seiner Meinung nach passende Musik für seine Ballade. Gegen Ende der Epoche wurden Ausschnitte aus diesem Projekt von Schülern in einer Schulfeier vorgestellt und anschließend auf Tonträger festgehalten. Bei den Vorträgen über die Biografien arbeiteten Schüler ohne Behinderung mit ihren Mitschülern mit einer Behinderung zusammen, wenn ihre Balladen vom gleichen Dichter verfasst waren.

In der 7. Klasse stehen Grundlagen menschlicher Ernährungs- und Gesundheitsverhältnisse an. Diese Epochen sollten auf keinen Fall zu Lasten anderer Epochen geopfert werden. Hier bietet sich in vielfältiger Weise die Möglichkeit – auch im theoretischen Teil des Unterrichts –, alle Schüler in die Thematik einzubeziehen. Im Lehrplan für Waldorfschulen ist eine Erweiterung als Hauswirtschaftsunterricht nicht vorgesehen. Oftmals wird diesem Thema weniger Gewicht verliehen als anderen Epochen. Die Erfahrung an der Integrativen Waldorfschule Emmendingen zeigte aber, wie wichtig dieser Bereich für alle Schüler ist. In Anbetracht des integrativen / inklusiven Konzepts beschloss das Kollegium, eine Schulküche einzurichten und den Stundenplan mit dem Kochunterricht in den Klassen 7 und 8 zu ergänzen bzw. zu bereichern. Für diesen Unterricht wurde die Klasse gedrittelt, parallel standen Werken und Schneidern zur Verfügung. Die Drittelung umfasste jeweils sieben Kinder ohne und ein bis zwei Kinder mit einer Behinderung. Der Fachkollegin für das Kochen stand, je nach Bedarf, noch ein FSJler im Unterricht bei. In allen Bereichen vom Lebensmitteleinkauf bis hin zum Servieren des Mittagessens konnten alle Schüler Beiträge im Bereich ihrer Möglichkeiten leisten. Für Kinder mit Behinderung festigten sich wiederholende Tätigkeiten, Neues wurde hinzugelernt. Das gemeinsame Mittagessen bildete dann den Höhepunkt des «Kochtages» und stärkte das soziale Miteinander der Klassengemeinschaft. Ein Zuarbeiten des Gartenbaukollegen ist hier von großem Vorteil. Er kann im Gartenbauunterricht auf die Verwendung der einzelnen Salate und Gemüsesorten hinweisen, zu welcher Saison sie geerntet und beim Kochen verwendet werden. Hier ernteten die Schüler mit Behinderung entweder mithilfe des Gartenbaulehrers, eines Mitschülers oder auch selbstständig die Früchte für den Kochdienst.

Inklusion bedeutet keine Einschränkung der pädagogischen und sozialen Möglichkeiten, sondern deren genaues Gegenteil. Für viele Lehrer, die den Mut und die Bereitschaft aufbrachten, den neuen Weg zu beschreiten, ist dies eine erfreuliche Erfahrung. Die Waldorfpädagogik besitzt mit ihrem auf die Entwicklung des Kindes abgestimmten Unterricht ohnehin beste Voraussetzungen für die Einbeziehung aller Schüler mit oder ohne Behinderung.

Im Lichte der vorangegangenen Ausführungen, in denen Beispiele aus der Praxis geschildert wurden, erhält auch Steiners Hinweis eine aktuelle Dimension: Der Lehrer sei ein Mensch der Initiative im großen und kleinen Ganzen, ein Mensch, der Interesse hat für alles weltliche und menschliche Sein. Er sei ein Mensch, der nie einen Kompromiss mit dem Unwahren schließt.[1]

Die Anmerkungen finden sich auf S. 757.

MAUD BECKERS

DIE KUNST IST DAS ZENTRUM DER INKLUSION

INKLUSIVE OBERSTUFE – VIEL MEHR ALS LEISTUNGSDIFFERENZIERUNG

Beispiele aus dem pädagogischen Alltag

Klasse 11: Deutschepoche zum Thema «Parzival»

Vorspiel:

An diesem Tag lautet die Aufgabe, eine Szene vorzuspielen, in der zwei Menschen im höheren Alter das gemeinsam gelebte Leben erzählen. Dazu haben sich die Schüler aus einer Collage von Frauen- und Männerfiguren je eine Figur ausgesucht. Sie sollen nun, angeregt von den Fotos, die jeweils einen Menschen in seinem Umfeld zeigen, in Partnerarbeit eine Szene vorbereiten. Die Szenen werden nacheinander auf einem kleinen Sofa der Klasse vorgespielt. Zwei Pädagogen, die im Team arbeiten, begleiten die Schüler. Einer ist Fachlehrer für Deutsch und Geschichte, die andere ist Fachlehrerin für Handarbeit und Kunst und tätig als Sonderpädagogin in der Oberstufe.

Anne[1] arbeitet zusammen mit Paul, der mit dem Down-Syndrom lebt. Die Lehrerin gibt Anne zum Einstieg den Hinweis: «Führe Paul ohne Foto in eure Geschichte hinein, nimm stattdessen den direkten Bezug auf Pauls eigenes Leben.» Anne versteht sofort, was gemeint ist. Es fällt ihr nicht schwer, diese Anregung aufzugreifen, denn sie geht seit über zehn Jahren zusammen mit Paul in die Klasse. Die beiden bearbeiten die Aufgabe von nun an selbstständig.

Die Szene:
Auf dem Sofa: Anne erzählt mit ruhiger Stimme. Paul sitzt neben ihr in einer für ihn sehr ungewohnten Körperhaltung: mit
ausgestreckten Beinen, der rechte Arm um die Schulter von
Anne gelegt, der linke Arm stützt seinen Kopf. Er schaut ernst
und nachdenklich ins Publikum. Anne erzählt von ihrer schreck-
lichen Jugend. Wie sie mit siebzehn Jahren dem Elternhaus ent-
floh und auf einem Bahnhof Paul begegnete. Der war damals
Lokführer.

Während Anne erzählt, schaut Paul ernsthaft ins Publikum und
sagt hin und wieder: «Ja, ja.» Anne berichtet, wie sie sich in Paul
verliebte, wohl wissend, dass er mit dem Down-Syndrom lebe.
Wie sie schließlich heirateten. Bei diesen Worten nimmt Paul sie
fest in den Arm und küsst sie. Anne fährt fort, von den Höhen
und Tiefen des gemeinsamen Lebens zu erzählen. Es war nicht
immer leicht, sie hatten als Paar auch schwierige Phasen. Sie geht
auf die guten Fähigkeiten ihres Mannes ein, erwähnt aber auch
seine Schwächen. Es war nicht immer einfach. Mehrmals nickt
Paul zustimmend und bestätigt ihre Worte mit einem «Ja, ja.»
Dabei sitzt er immer noch in seiner ernsten Haltung da. Sie haben jedoch die Krisen überwunden, erzählt Anne weiter. Jetzt, auf
dem Sofa im Altersheim – und dabei schaut sie liebevoll auf ihren
Mann –, blicken sie zurück auf ein gutes Leben. Sie schließt die
Szene mit den Worten: «Nun herrscht Frieden.» Paul stimmt mit
ernstem Blick zu: «Ja.»
Die Klasse hat der Szene konzentriert zugeschaut.

Die Charakteristik:
An diesem Morgen ist die Vaterfigur das Thema. Die Schüler
bearbeiten allein oder zu zweit anhand von Texten das Thema.
Aufgabe ist es, eine Charakterisierung zu schreiben. Zufällig arbeitet Anne wieder mit Paul zusammen. Paul bekommt keinen
Text. Er soll sich mit Pinsel und Farbe auf einer großen Fläche
mit dem Thema auseinandersetzen. Die Lehrerin gibt Anne den
Hinweis, Paul so zu begleiten, indem sie ihn «heranführt»: Sie soll
ihn durch innerliches Dabeisein in die Stimmung versetzen, die

Vaterfigur malen zu können. Dieser Hinweis genügt, Anne und Paul fangen an.

Der Lehrerin kommt kurz der Gedanke, dass Anne «nur» die «helfende Hand» ist und selbst nicht zur Bearbeitung der Aufgabe kommt. Im Laufe der Zeit jedoch verschwindet dieser Gedanke, denn aus der Beobachtung heraus gewinnt sie den starken Eindruck, dass Anne sich mindestens so intensiv mit der eigenen Vaterfigur auseinandersetzt wie Paul.

Die Vaterfigur ist gemalt. Paul hat dazu Begriffe geschrieben und aufgeklebt. Die Lehrerin kommt dazu, sie betrachten zu dritt das Ergebnis. Spontan beauftragt die Lehrerin Anne: «Setz dich in Ruhe vor das Bild und schreib eine Charakterisierung.» Anne fängt ohne weitere Nachfrage sofort damit an.

Nachspiel:

Es sind zwei Wochen vergangen seit der Parzivalepoche. Inzwischen wird ein neues Fachgebiet bearbeitet. Am Freitagnachmittag kommt Anne auf die Lehrerin zu und bittet um ein Gespräch, das sofort stattfindet.

Anne bricht nach fünf Minuten ein 13-jähriges Schweigen. Ein Schweigen, das zu einer Wand wurde, die immer und überall im Leben des Mädchens und der jungen Frau auftauchte. Die Lehrerin hört zu, ist verwundert und erleichtert zugleich. Verwundert darüber, wie diese junge Frau zu diesem großen biografischen Schritt gelangen konnte, und erleichtert, weil sie als Pädagogin nun eine Antwort auf die schon lange unterschwellig bestehende Frage bekommt. Anne kann sich auf den Weg der Ich-Findung begeben!

Klasse 10: Mathematikunterricht

Vorspiel:

Zwei Kollegen treffen sich zur Vorbereitung einer Unterrichtsperiode in der Mathematik. Er ist Mathematiklehrer, sie als Sonderpädagogin tätig. Sie arbeiten als Team in unterschiedlichen Schülergruppen, so auch in diesem Unterricht in der 10. Klasse. Die Zeit ist sehr knapp, in vier Tagen fängt der Unterricht an. Thema werden die quadratischen Gleichungen sein. Der Lehrer ist sich im Klaren darüber, dass der Stoff, so wie er ihn unterrichten wird, an vier Schülern der Klasse «vorbeirauschen» wird. Was ist zu tun? «Man könnte den vier Schülern eine Formel geben, mit der sie üben und lernen, Aufgaben zu lösen», sagt er ohne Begeisterung. Die Kollegin fragt ihn, warum gerade jetzt in dieser Klasse die quadratischen Gleichungen das Thema sein werden. Welchen Sinn hat die Auseinandersetzung mit dem Thema für die Entwicklung der Schüler und was ist das Ziel? Er fängt an, laut zu denken: «Die Fallgesetze haben einen direkten Bezug zur Physik, sie weisen eine gleiche Wirkung auf. Ist das Thema ‹Ursache und Wirkung›? Oder geht es darum, ins Gleichgewicht zu kommen? Oft sind im algebraischen Umgang mit dem Thema zwei Lösungen möglich. Ist es das Ziel, mehr Sicherheit zu bekommen?»

Beide Pädagogen spüren nun im Dialog, dass der Sinn für die vier Schüler nicht sein kann, stumm zu üben. Sie fragen sich, ob es nicht eine völlig andere Methode gäbe, dieses Phänomen zu erleben und gegebenenfalls zu eigenen Erkenntnissen zu gelangen. Der Mathematiklehrer hat sofort eine Idee: «Ja doch! Die Schüler könnten die Parabel nach den physikalischen Gesetzen entstehen lassen. Sie könnten einen Versuch aufbauen, ihn auswerten und auf diesem Wege zum Verständnis für die Sache und zu eigenen Erkenntnissen gelangen. Sie würden im Praktischen eine Gesetzmäßigkeit erarbeiten, die die anderen Schüler der Klasse auf theoretischem Wege festgestellt haben. Die Ergebnisse könnten der Klasse vorgeführt werden. Dabei wäre es neu und interessant zu beobachten, inwiefern die Mitschüler in der Lage sind, die Verbindung zwischen Theorie und Praxis zu erkennen. Auf diese Weise wäre die Teilhabe aller Schüler in ihrer Vielfalt am Thema und das Mit- und Voneinander-Lernen in der abschließenden Unterrichtsstunde möglich.» Die Pädagogen erhoffen sich zudem, die gegenseitige Wertschätzung unter den Schülern zu fördern.

Beide Pädagogen zweifeln. Die Idee ist gut, doch die Zeit drängt. Wie kann die Idee so schnell umgesetzt werden? Die Sonderpädagogin ist nicht vom Fach. Auch wenn der Mathematiker erklärt, wie die technischen Schritte durchzuführen sind, bleibt es für sie eine herausfordernde und auch anstrengende Angelegenheit. Die Mathematikstunden sind ja nicht die einzige Tätigkeit der beiden. Es gibt noch andere Epochen und Unterrichte. Beim abendlichen Telefonat sind die beiden sich jedoch einig: «Wir probieren es aus. Alles andere ist Humbug!» Das Üben an einer Formel entspräche nicht im geringsten Sinne einer Teilhabe am Thema. Beide sind nun angeregt und motiviert, das Experiment zu beginnen.

Die Sonderpädagogin hat keinen genauen Überblick, wohin es führen wird. Den muss sie auch nicht haben, denn sie weiß den Fachkollegen an ihrer Seite. Sie hat die Materialien an die Hand bekommen, die ersten Schritte hat sie verstanden. Die Motivation, das Experiment durchzuführen, steht im Vordergrund.

Erster Tag:
Die vier Schüler treffen sich mit der Lehrerin in einem separaten Raum, wo genügend Platz ist, um den Versuch über mehrere Tage durchzuführen. Die Schüler zeigen sich einerseits lustlos, andererseits neugierig. Die Lehrerin erlebt die eigene Unkenntnis in Bezug auf das Thema hautnah und merkt sofort, welche Vorteile diese Tatsache für die gemeinsame Arbeit haben kann: Sie stellt der Gruppe die Fragestellung vor und ruft mit Begeisterung zum gemeinsamen Forschen auf. Damit ist die Eigenaktivität der Schüler angesprochen. Das sind sie nicht gewohnt! Ist doch der Alltag dieser Schüler oft vom defizitären Erleben und Warten auf die gesonderten Erklärungen durchdrungen.

Die Eingangsfrage lautet: «Was haben der Wasserstrahl aus einem aufrecht gehaltenen Wasserschlauch und der Wurf eines Basketballs gemeinsam?» Es wird überlegt und nachgedacht.

Lukas, der mit Autismus lebt, schmunzelt und fängt an, laut nachzudenken. In der Wiedergabe seiner Gedanken kommt eindeutig eine Begabung für das analytische Denken zum Vorschein. Clara und Mara, die es schwer haben mit schnellen Einsichten und flotten Arbeitsweisen, sitzen zunächst passiv am Tisch, werden aber zunehmend aktiver. Begriffe wie Anziehungskraft und Schwerkraft werden gefunden. Gemeinsam wird überlegt, wie so ein Bogen auf Papier gezeichnet werden kann. Leon, der es

schwer hat mit dem kontinuierlichen Lernen und mit der Lern-
motivation, beginnt Feuer zu fangen und kommt auf originelle
Ideen. Es gibt keinen Lehrenden mehr. Gemeinsam wird kreativ
gedacht und geforscht. Es wird von nun an die Aufgabe der Pädagogin sein, die geweckte Neugierde lebendig zu halten und die
kreative Entdeckungsreise mit dem Ziel zu lenken, dass jeder aus
der Gruppe die Zusammenhänge zwischen Ursache und Wirkung
erleben und verstehen kann.

Zusammenspiel?
Die Gruppe arbeitet zunehmend aktiver. Leon kommt sogar zwischen den Unterrichten auf die Lehrerin zu, um neue Ideen für
das Experiment zu erklären. Er hat erkannt, dass es auf dem Weg
des wissenschaftlichen Untersuchens gilt, möglichst viele Zufalls-
faktoren auszuschließen. Sein Enthusiasmus ist ein freudiger
Schritt in seiner Entwicklung. Der Prozess und die Erkenntnisse
werden dokumentiert, und die Präsentation wird vorbereitet. Clara und Mara sind in großer Sorge: Lukas und Leon sind krank.
Wie sollen sie vor der ganzen Klasse sicher reden und den Prozess
darstellen können?
Der Schulalltag verhindert eine Präsentation am letzten Tag der
Unterrichtsperiode. Die beiden Pädagogen finden keine Gelegenheit, sodass erst nach weiteren zwei Wochen das Ereignis stattfinden kann. Die Klasse zeigt beim Zuhören wenig Interesse. Mara
und Clara wirken in der Darstellung zunehmend unsicherer. Es
kommt zu keiner lebhaften Auseinandersetzung oder Diskussion
in der großen Gruppe. Die verbindenden Fragen können von den
Pädagogen nur mühsam angeregt werden. Von einem fruchtbaren
und wertschätzenden Miteinander-Lernen kann keine Rede sein.

Betrachtungen

WIR als miteinander lernend
Die Beispiele aus dem pädagogischen Alltag habe ich ausgesucht,
weil sie Momente beschreiben, in denen ich eine inklusive Qua-

lität erlebte. Ich nenne sie Lichtmomente, weil sie, ob von kurzer oder längerer Dauer, eine schöpferische und leuchtende Wirkung hatten, die mich tief bewegte.

Welche Rolle spielt die Kunst bei der Entstehung dieser inklusiven Qualität? Welche Fähigkeiten brauchen wir, um zu solchen Momenten in unserer Pädagogik zu gelangen?

Diese Leitfragen bewegen mich. Sie deuten auf Bezüge zwischen meiner früheren künstlerischen Tätigkeit und meiner jetzigen Arbeit als Sonderpädagogin in der Oberstufe hin. Auch durch meinen persönlichen biografischen Wandel von der freien Künstlerin über die Waldorflehrerin im Fach Handarbeit und Kunst bis hin zur Sonderpädagogin in der Oberstufe ahne ich wesentliche Zusammenhänge des inklusiven Unterrichts, die ich ergründen möchte.

Die Intention

In den beschriebenen Unterrichtssituationen nahm ich die Rolle der Sonderpädagogin ein. In dieser Funktion habe ich unter anderem den Auftrag, den Unterricht in Zusammenarbeit mit dem jeweiligen Fachkollegen inklusiv zu gestalten. Die Begleitung der Schüler mit sonderpädagogischem Förderbedarf ist mir im Besonderen zugewiesen. Für die Gestaltung der Entwicklungspläne dieser Schüler und die Umsetzung der individuellen Entwicklungswege im pädagogischen Alltag trage ich die Verantwortung.

In den jeweiligen Teams war vor Epochenbeginn klar, dass beide Pädagogen die Intention hatten, die Teilhabe aller am Thema und das Miteinander-Lernen zu ermöglichen. Präziser ausgedrückt bedeutet das: «den Abbau von Barrieren für Lernen und Teilhabe aller Schüler, nicht nur solcher mit Beeinträchtigungen oder solcher, denen besonderer Förderbedarf zugesprochen wird, und die Sichtweise, dass Unterschiede zwischen den Schülern Chancen für das gemeinsame Lernen sind und nicht Probleme, die es zu überwinden gilt».[2] Teilhabe bedeutet uns hier also, mit anderen gemeinsam zu lernen und aktiv am Lernprozess beteiligt zu sein. In beiden Teams teilten die Pädagogen die Überzeugung, dass die Veränderungen zum Wohl aller Schüler führen werden.

Das Urbild

Nach Klärung der Intention stellte ich dem jeweiligen Fachkollegen die Frage nach den Urbild, nach dem wesentlichen Inhalt der Epoche: «Warum unterrichten Sie dieses Thema in dieser Altersstufe, wie soll die Auseinandersetzung mit dem Thema den Schülern dieser Klasse in ihrer Entwicklung helfen, was will angeregt werden und warum?

Am Beispiel der Deutschepoche war es für den Fachkollegen relativ einfach, das Wesentliche zusammenzufassen: Parzivals Weg ist der Weg der Selbstfindung. Er zeigt, dass das Stellen der richtigen Frage in die Tiefe des eigenen Daseins führt, der Erkenntnisprozess führt von der Frage «Wer bin ich?» zu der Frage «Was ist nötig?»

Am Beispiel der Mathematikepoche fiel es dem Fachkollegen deutlich schwerer, sich auf eine kürzere Formulierung zu beschränken. Vielmehr nahm ich an seinen eigenen Überlegungen und der Besinnung auf das eigene Fach teil. Das war eine ziemlich intime Angelegenheit. Ich hatte dabei die fragende Rolle, nicht das Fachwissen. In beiden Fällen war zwischen den Pädagogen eine Beziehung, die auf gegenseitigem Vertrauen und auf gegenseitiger Wertschätzung beruht, gegeben. Mit der Formulierung des wesentlichen Inhalts wurde in beiden Fällen auf Basis der gemeinsamen Intention eine Ausgangslage für die Gestaltung einer Unterrichtsidee geschaffen.

Das Gespräch

«Wo kommst du her? – Aus den Klüften, versetzte die Schlange, in denen das Gold wohnt. – Was ist herrlicher als Gold?, fragte der König. – Das Licht, antwortete die Schlange. – Was ist erquicklicher als Licht?, fragte jener. – Das Gespräch, antwortete diese.»[3]

Beide Pädagogen stellten sich nun der Frage: Wie kann dieser wesentliche Inhalt so wirken, dass alle Schüler angesprochen werden, dass die Teilhabe aller und ein Miteinander beim Arbeiten möglich wird? Die nun beginnende Phase möchte ich als Kernphase bezeichnen und ihr den Titel «das Gespräch» geben. Das Gespräch ist ein offener Raum, in dem sich zwei Pädagogen mit unterschiedlichen Fähigkeiten und mit unterschiedlichem Fachwissen im Dialog begegnen. Das Ziel des Gespräches liegt in der gemeinsamen Intention verankert: Dem folgend wollen sie zu einer neuen Unterrichtsidee gelangen. Dieser Prozess gleicht dem plastischen Gestalten. Der offene Raum ist die Werkstatt.

Vor und während der Deutschepoche fand dieses plastische Gestalten in mehreren Gesprächen über einen längeren Zeitraum statt. Im ersten Gespräch führte mich der Deutschlehrer in das Thema ein. Er konnte mir aufgrund seiner jahrelangen Erfahrungen nicht nur Inhalte vermitteln, sondern mich auch für die vielen Ebenen begeistern, die durch den Parzivalroman angesprochen werden. Danach wendeten wir unseren Blick auf die Klasse: eine altershomogene Gruppe, aber in der Entwicklung stark differenziert. Hatten wir doch festgestellt, dass jeder Schüler in seiner Entwicklung an unterschiedlicher Stelle steht. In unserer Klasse haben sechs von insgesamt 26 Schülern aus den verschiedensten Gründen den sonderpädagogischen Förderstatus. Um das plastizierende Gestalten in Bewegung zu bringen, führten wir uns exemplarisch Paul vor Augen, der in seiner geistigen Entwicklung von der Norm stark abweicht.

Rudolf Steiner betont im zweiten Vortrag des *Heilpädagogischen Kurses*,[4] wie wichtig es sei, dass wir Interesse entwickeln für die Abnormitäten, denn an den Abnormitäten können wir im goetheanistischen Sinne die Urbilder entdecken. Er führt uns in der Betrachtung des «abnormen» Kindes auf beeindruckende Weise den Zusammenhang zwischen der karmischen Frage und dem Finden der pädagogische Idee vor Augen. In den Vorträgen zeigt er uns wiederholt, wie wir uns schulen können, um aus dem wirklichen Durchschauen (dia gnosis = durch (Er)kenntnis) zu der therapeutischen und pädagogischen Konsequenz zu gelangen. Dabei ist jeder Pädagoge in seiner Individualität gefragt. Wir können daraus schöpfen, wenn wir die Schüler in ihrer Vielfalt begleiten wollen.

Im Gespräch fragten wir uns an dieser Stelle: Was müssen wir als Umgebende ändern, dass auch Paul aktiv teilnehmen kann am Lernprozess? Wie können die Motive des Parzivalromans seine Seele anregen und ihm in seiner Entwicklung helfen? Wir führten uns das Urbild, den wesentlichen Inhalt, noch einmal vor Augen. Im Dialog ergänzten sich die heilpädagogische und die menschenkundliche Sichtweise. Für Paul sei es das Wichtigste, das Interesse an der Welt zu wecken. Je mehr Interesse an der Welt geweckt werden kann, umso mehr versetzen wir Paul in die Lage, in Verbindung mit der Außenwelt zu treten; was laut Rudolf Steiner im karmischen Zusammenhang das leitende Motiv für die heilende Erziehung des «abnormen» Menschen sei.[5] Die Akzeptanz und Wertschätzung der Umgebung spielen dabei eine wesentliche Rolle. Daran sind wir alle – Lehrer, Schüler und Eltern – beteiligt.

Unsere Fantasiekräfte waren nun merkbar angeregt. Wir beendeten das Gespräch, um «einzukehren» und es «wirken zu lassen». Dieser Geste des Loslassens, des Kommens und Gehens möchte ich eine besondere Bedeutung zuweisen. Sie ist wesentlich für den kreativen Prozess, so wie sie wesentlich ist für alle Lebensprozesse, denn sie gleichen dem Ein- und Ausatmen oder, wenn man will, der Punkt-Kreis-Meditation, die uns Rudolf Steiner im *Heilpädagogischen Kurs* sehr ans Herz legt. Sie ist das zentrale Motiv.[6]

Auf diese Weise gewann das plastizierende Gestalten an Qualität, gleich einem künstlerischen Prozess. Denn der Künstler braucht in seinem Schaffen den Wechsel von Nähe und Distanz. Sie sind wesentlich für das Gelingen einer guten Arbeit. In den folgenden – oft auch kurzen – Gesprächen zeigte sich eine Steigerung der gemeinsamen Kreativität: Wir kamen einer neuen Unterrichtsidee zunehmend näher. Diese spitzte sich immer mehr zu auf das *Erleben* von ausgewählten Motiven aus dem Parzivalroman. Der methodische Ansatz wurde zunehmend mehr bestimmt von künstlerischen Elementen und Partnerarbeit, wie im beschriebenen Beispiel das darstellende Spiel. Die Lernumgebung wurde offen und beweglich gehalten.

Vor und während der Mathematikepoche war das plastizierende Gestalten in einem vergleichbaren Umfang, wie oben beschrieben, nicht möglich. Die Pädagogen konnten sich nicht genügend Zeit nehmen. Interessant war jedoch, dass der Prozess, trotz des knappen Zeitfensters, ähnlich ablief: Beide Pädagogen wollten aufgrund der gemeinsamen Intention ein Neues schaffen. Sie kamen zum Gespräch zusammen und gingen auseinander, um loszulassen. Dann trafen sie sich, wenn auch am Telefon, und sagten «ja» zu einer neuen Idee.

In meiner Funktion als Sonderpädagogin lernte ich, dass meine Vorliebe für ein Fach in diesem gestaltenden und vorbereitenden Prozess vollkommen irrelevant ist. Wenn ein Thema wie der Parzivalroman zugänglicher erscheint und die Fantasie schneller anregt, so musste ich feststellen, dass in der Mathematik mindestens genauso viel Faszinierendes verborgen liegt, das mich begeistern und die Fantasiekräfte anregen kann. Es hängt nicht vom Fach ab, sondern von dem Menschen. Wie er, der Fachlehrer, von der Sache durchdrungen ist, wie er die wesentlichen Inhalte seines Faches nach der Menschenkunde versteht und umzusetzen gedenkt: das sind die entscheidenden Elemente.

Im Gespräch mit dem Mathematiklehrer durfte ich miterleben, wie er auf die Frage nach dem Urbild, nach dem Wie und Warum des eigenen Faches, selbst anfing, tiefste Überlegungen anzustellen. Dies erfordert einen Vertrauensraum zwischen den Menschen, der nicht selbstverständlich ist, den man nicht mit allen Kollegen in der gleichen Intensität leben kann. Dennoch möchte ich uns dazu ermutigen, diese Begegnungen mit einem feinen Gefühl der Akzeptanz anzugehen. Aus der eigenen Erfahrung kann ich sagen, dass man nur gewinnt, auch im kollegialen Miteinander, sobald man aufgehört hat, allein das Lernen zu gestalten! Man könnte sagen, «man lernt sich kennen».

Zum Zeitumfang der vorbereitenden Kernphase sei noch gesagt, dass dieser sich im Text umfangreicher darstellt als in der Wirklichkeit. Alles fand im Schulalltag statt.

Die künstlerische Tat
In beiden Beispielen fingen die Pädagogen an, nach der neuen Idee und Methode zu unterrichten. Sie arbeiteten im Team, in der Deutschepoche in allen Phasen und im gleichen Raum, in der Mathematikepoche phasenweise und räumlich getrennt. Sobald der plastizierende Gestaltungsprozess der beiden Pädagogen ab-

geschlossen war, schufen sie einen neuen Raum für einen neuen Prozess in einer größeren Gruppe. Die Epoche war nicht durchgeplant, sondern als Beginn eines Prozesses betrachtet worden, woran von nun an alle, die Lehrer und die Schüler, beteiligt waren. In einem «offenen» Raum! Alles Festgelegte würde den kreativen Prozess behindern.

Das Vorangegangene war die Vorbereitung, nun kam die künstlerische Tat. Die Pädagogen fingen den Unterricht mit einer Methode an, die die Schüler relativ schnell zur Eigenaktivität aufforderte, die Zusammenarbeit förderte und die Teilhabe aller ermöglichte.

Ein gutes Beispiel dafür bietet die Beschreibung der Charakterisierungsszene aus der Parzivalepoche: Anne arbeitet mit Paul zusammen, sie bekommt dazu eine Anweisung von mir. In der Anweisung liegt eine Differenzierung verborgen, denn Paul wird über einen anderen Weg an die Aufgabe herangeführt werden müssen, da er nicht analytisch denken kann. Ich ertappe mich dabei, dass ich in dem Moment denke, dass Anne etwas «verpasst», lasse jedoch diesen Gedanken los und beobachte nun den Arbeitsprozess der beiden. Wichtig dabei ist, dass die Pädagogen sich durch die Methode Zeit zur Beobachtung geschaffen haben. In der Beobachtung von Paul und Anne konnte ich zu der Erkenntnis gelangen, dass Anne sich in ihrer «helfenden Funktion» zutiefst mit der eigenen Vaterfigur auseinandersetzte. Ein völlig gleichwertiges Mit- und Voneinander-Lernen fand nun statt: Anne führte Paul, Paul führte Anne. Durch Paul konnte Anne zu der Auseinandersetzung mit dem eigenen Vater gelangen. Ein unerwartetes Neues war entstanden. Ich konnte es aufgreifen: Anne bekam den Auftrag, zu der von Paul gemalten Vaterfigur eine Charakterisierung zu schreiben.

Ich muss an dieser Stelle erwähnen, dass der Deutschlehrer, obwohl er in dieser beschriebenen Situation nicht direkt einbezogen war, als Teampartner dennoch eine entscheidende Rolle bei diesem Vorgang spielte. Ich konnte meiner Intuition folgen und ihr, im Bewusstsein darüber, dass mein Teampartner an anderer Stelle ebenso tätig war, eine Gestalt geben. Das vergrößerte den physischen und geistigen Raum und hob die Qualität der pädagogischen Arbeit enorm.

Im Beispiel der szenischen Darstellung spielte sich Ähnliches ab. Die Idee war, ein gelebtes Leben zu erzählen, die Methode war Partnerarbeit im improvisierten, darstellenden Spiel. Die Paare kamen spontan und willkürlich zusammen. Teilhabe am Prozess war für alle möglich, ungeachtet des individuellen Entwicklungsstandes. Vom Moment der Vergabe des Auftrags an konnten wir Pädagogen intensiv und zu zweit beobachten. Durch Paul kam Anne in ihrer Darstellung zu den Motiven: Sie setzte sich auch in der Szene intensiv mit dem eigenen Vater auseinander und fand in dem Lokführer Paul dasjenige, was ihr als Kind fehlte.

Im Beispiel des Mathematikunterrichts war das deutlich anders. Die Gruppen waren die meiste Zeit getrennt. Ich erlebte in der Kleingruppe, wie jeder Schüler in einem Miteinander zu eigenen Erkenntnissen gelangen konnte. Der Mathematiklehrer unterrichtete in der Zeit nach gewohnter Weise in der Klasse. Wir besuchten uns zwischendurch und sprachen öfter miteinander, denn ich brauchte für den Lauf des Prozesses die Hinweise meines Fachkollegen. Dieser wiederum wurde zunehmend von den Erlebnissen und Ergebnissen in der Kleingruppe angeregt.

Wir hatten uns in der gemeinsamen Stunde am Ende der Unterrichtsperiode eine inklusive Situation gedacht und erhofft. Diese kam so nicht zustande. Damit war unsere Intention nicht befriedigt, und das Ziel wurde nicht erreicht. Welche Chance hatten wir verpasst? Nur in der kleineren Gruppe konnte ich erleben, wie durch eine neue Idee und der damit verbundenen Methode die Barrieren für eine aktive Teilnahme am Lernprozess aufgehoben wurden. Es war eine temporäre Außendifferenzierung, das Miteinander erwies sich in der Kleingruppe als gelungen, im größeren sozialen Zusammenhang der Klassengemeinschaft jedoch als misslungen.

Fazit: Die Kunst ist das Zentrum der Inklusion

Das plastische Gestalten der beiden Pädagogen war der Prozess, der nötig war, um eine inklusive Unterrichtsidee zu finden. Es war die Kernphase der Vorbereitung auf die Epoche. Sie begegneten sich im Gespräch, zogen sich zurück, um in einem weiteren Gespräch weiter zu plastizieren.

Sie praktizierten die «soziale Plastik». Die Idee der sozialen Plastik stammt von Joseph Beuys, der die soziale Plastik mithilfe eines erweiterten Kunstbegriffs definierte. Hier wird nicht nur zurückgegriffen auf physisches, sondern auch auf geistiges und seelisches Material. Das Ziel ist nicht, Objekte in die Welt zu bringen, sondern am gesellschaftlichen Organismus mit dem Ziel eines kulturellen Wandels zu plastizieren. Das Kunstobjekt ist unsere Zukunft. Jeder Mensch kann als schöpferisches Wesen durch kreatives Handeln zum Wohl der Gemeinschaft beitragen und dadurch auf die Gesellschaft einwirken. Beuys fasste diese Gedanken in dem berühmten Satz zusammen: «Jeder Mensch ist ein Künstler.»[7]

Sowohl die «soziale Plastik» als auch der Inklusionsgedanke kündigen einen gesellschaftlichen Wandel an. Das sollte uns, die wir in der heutigen Zeit leben, nicht verwundern. Was sich in der Menschheitsgeschichte einst differenziert hat, muss sich jetzt zusammenfinden. Zu diesem Entwicklungsschritt wird uns der heutige Zeitgeist, der Erzengel Michael, helfen. Er erwartet jedoch von uns, dass das «soziale Plastizieren» aus dem Willensentschluss des Einzelnen, sich für diese geistige Aufgabe zu engagieren, hervorgeht. Das kann nur in Freiheit stattfinden.[8]

Der Inklusionsgedanke ruft uns zur wahren Begegnung auf. In dem Ringen zweier Pädagogen um eine neue Unterrichtsidee spiegelt sich dieser urchristliche Gedanke wider. Zwei Menschen begegnen sich mit ihren unterschiedlichen Fähigkeiten und wollen ein gemeinsames Neues finden. Sie heben die Barrieren für den gemeinsamen Lernprozess auf, indem sie sich befreien von ihren festen Vorstellungen und Gewohnheiten. Sie schaffen sich einen offenen Raum, in dem sie auf der Grundlage der gegenseitigen Wahrnehmung, Akzeptanz und Wertschätzung plastizierend gestalten.

Damit praktizieren sie das, was sie später in einem größeren Zusammenhang mit den Schülern anstreben. Sie üben an sich im kleineren Rahmen das, was sie später im größeren erreichen wollen. An dieser Stelle lässt sich erahnen, welche Wirkung das soziale Plastizieren der Pädagogen auf die Qualität des Unterrichts haben kann. Es wird in jedem Fall die Erlebnisse am Unterrichtsinhalt für alle Beteiligten intensivieren.

Zurück zu den Leitfragen:

Welche Rolle spielt die Kunst bei der Entstehung dieser inklusiven Qualität? Welche Fähigkeiten brauchen wir, um zu solchen Momenten zu gelangen?

Antwort: Die Kunst ist das Zentrum der Inklusion. Sie ist, im Sinne der sozialen Plastik, der Schlüssel zu den anstehenden und den nötigen Veränderungen in unserer pädagogischen Arbeit. Schulen wir daher den Künstler in uns, anstatt uns in Theorien zu verlieren!

Rudolf Steiner hat uns dafür zahlreiche Impulse gegeben. Wenn wir uns mit den eigentlichen Gedanken hinter seinen Impulsen erneut auseinandersetzen, dann werden wir aus diesem Gedankengut alles schöpfen können, was wir für eine inklusive Pädagogik brauchen. Dann werden sich Menschenkunde und Heilpädagogik ergänzen, Neues anregen und uns in einem Miteinander in Bewegung bringen. Der Index für Inklusion kann dabei eine gute und sachliche Hilfe sein, unsere Strukturen, Kulturen und Praktiken an der Schule zu überprüfen.

«Es muss Ihnen klar sein, dass Sie in dem, was die eigentliche pädagogische Strömung in sich enthält, dasjenige vor sich haben, was den typischen Menschen heilt, sodass er sich in die Welt hineinstellen kann. Sie müssen sich dann klar sein darüber, dass die medizinische Sektion Ihnen dasjenige allein geben kann, was nun die Pädagogik vertiefen kann nach der Abnormität des Menschen hin. Und wenn Sie da in der richtigen Weise sich hinein vertiefen, so werden Sie selbst bald finden, dass das nicht in der Weise gegeben werden kann, dass man hört, das ist für das gut, das ist für das gut –, sondern nur dadurch, dass ein fortwährender lebendiger Zusammenhang entsteht ... Da darf nicht beginnen ein gewisser Egoismus im Spezialwirken, sondern nur die Sehnsucht, sich hineinzustellen in das Ganze.»[9]

Die Anmerkungen finden sich auf S. 757.

HOLGER VAN RAEMDONCK

HORT INKLUSIVE – INKLUSIVER HORT

Mittags in Berlin-Kreuzberg. Der Unterrichtsvormittag ist – zumindest für die Unterstufe – geschafft. Türen öffnen sich, Hände werden geschüttelt, Scherze fliegen durch die Luft, und eine Gruppe Zweitklässler jagt mit hüpfenden Ranzen und Sportbeuteln in den Händen auf den Schulhof hinaus. Ihnen folgen weitere, beladen mit Celli und Trompetenkästen, kichernd und schwatzend. Knapp 240 Kinder begeben sich nach und nach auf den kurzen Weg über das Schulgelände in den Hort, um in zwölf altershomogenen Gruppen mit jeweils eigenen Horträumen den Rest des Tages bis 16.00 oder 18.00 Uhr zu verbringen. Die Älteren werden von hier aus zum nachmittäglichen Instrumentalunterricht ins Schulgebäude gehen, die Jüngeren wahrscheinlich nach der Mittagsruhe von ihren Eltern abgeholt. Die Kinder plaudern eifrig, sie planen die Nachmittagsspiele, manche nutzen die Gelegenheit, endlich den Freunden aus der Parallelklasse von aufregenden Neuigkeiten zu erzählen. Andere sind ins Gespräch vertieft und lassen die ersten Klassen, die von ihren Erziehern an der Klassenzimmertür abgeholt wurden, an sich vorüberziehen. Eine Szene, wie sie sich an vielen Schulen, und in Kreuzberg seit über zwanzig Jahren ereignet. Doch sehen wir genauer hin:

Da schieben drei Kinder einen Rollstuhl über den Hof. Ella,[1] ein siebenjähriges Mädchen, kann nicht aus eigener Kraft aufrecht darin sitzen. Sie bedarf ständiger Unterstützung durch Menschen und verschiedener mechanischer Vorrichtungen. Die Kinder erzählen einander ein Unterrichtserlebnis, und Ella lacht ihre Freundinnen an, einige Schritte hinter ihnen schmunzelt die Schulhelferin, die die kleine Gruppe begleitet.

Unter den Viertklässlern entdecken wir den etwas ernst blickenden Florian, dem man zunächst nicht ansieht, dass sich hinter seinem Namen in den Hortunterlagen der Vermerk «Status: Erhöhter Betreuungsbedarf» findet.

An der Schultür sehen wir eine Erzieherin über ein Mädchen gebeugt, das auf dem Boden liegt und schreit. Weit ist sie noch nicht gekommen, seit der Klassenlehrer Sandra aus der 3. Klasse verabschiedet hat. Ihre Klassenkameraden sind längst im Hort, haben die Ranzen in den Schrank geräumt und sammeln sich zum Begrüßungskreis mit der zweiten Erzieherin ihrer Gruppe. Bis sich Sandra zu ihnen gesellt, wird noch einige Zeit vergehen. Wie lange es genau dauern wird, weiß auch ihre Erzieherin noch nicht. Sandra wird manchmal auch schon vor Unterrichtsende von den Lehrern in den Hort gebracht. Sie war dann so erschöpft, dass ihr die letzte Stunde nicht mehr zuzumuten war.

Gemeinsam mit seinen Klassenkameraden im Hort angekommen ist auch ein großgewachsener Junge. Er fällt dadurch auf, dass er seine Hände angespannt vom Körper abspreizt, die Fingerspitzen an den Daumen gepresst. Nick ist schon elf und mit seiner Diagnose, einer Störung aus dem autistischen Spektrum, zur Freude seiner Eltern und Erzieher erstaunlich gut integriert. Dennoch wird ein Erwachsener Nick für den Rest des Tages ständig im Bewusstsein und im Blick behalten müssen.

Vier Beispiele einer Gruppe von Kindern an der Kreuzberger Waldorfschule, für die ihre Eltern die Hürde auf sich genommen und einen Antrag auf erhöhten oder wesentlich erhöhten Betreuungsbedarf für die ergänzende Betreuung nach Unterrichtsende gestellt haben – zusätzlich zum Förderbedarf an der Schule, denn für beide Einrichtungen muss das aufwendige Prozedere separat bewältigt werden. Wir werden sie weiter begleiten, doch vor allem interessiert uns jetzt, was weitgehend im Hintergrund geleistet werden muss, damit Ella, Sandra, Florian und Nick ebenso wie ihre zahlreichen Alterskameraden in ein paar Stunden hoffentlich gut gelaunt wieder ihre Eltern begrüßen können.

Der Hort der Kreuzberger Waldorfschule arbeitet mit einem altershomogenen Gruppenkonzept. Jeder Gruppe stehen eigene Räumlichkeiten zur Verfügung, in manchen Fällen werden Räume geteilt genutzt. Eine Kontinuität der Raumbelegung bis zur

4. Klasse wird angestrebt. Die Kinder einer Klassenstufe sowohl des klassischen als auch des integrativen Zuges der Schule werden in je drei Hortgruppen mit ca. zwanzig Kindern gemischt betreut. Alle zwölf Gruppen des Hortes sind inzwischen zu Inklusionsgruppen mit Kindern unterschiedlichster Bedürfnisse umgestaltet worden, in denen je zwei Gruppenpädagogen und eine FSJ-Kraft tätig sind. Alle 24 Erzieher des Kollegiums arbeiten in einem Teilzeitarbeitsverhältnis.

Die Kinder, denen wir auf dem Weg in den Hort begegnet sind, teilen inzwischen ihren Nachmittag mit achtzehn bis zwanzig anderen Kindern. Sie werden in einem Begrüßungskreis sitzen, drinnen oder draußen spielen, gemeinsam das Essen einnehmen, basteln, Hausaufgaben erledigen oder kleine Haushaltsarbeiten übernehmen. Der Ablauf ist mit notwendigen Anpassungen an den Schulstundenplan für alle Kinder ähnlich, sowohl in den Gruppen als auch an verschiedenen Wochentagen. Die Gruppe bleibt in ihren Räumen, aber je nach Verabredungen der Erzieher untereinander gibt es Besuche in anderen Gruppen, gemeinsames Spiel oder Aktionen. Auf dem Freigelände treffen immer mehrere Gruppen unterschiedlichen Alters aufeinander. Hier besteht die Gelegenheit zu freien oder angeleiteten altersgemischten Spielaktivitäten.

Sandra hat mit ihrer Erzieherin noch rechtzeitig ihren Platz im Stuhlkreis der Gruppe gefunden. Aber sie ist müde, kann nicht mehr sitzen. Nach einigen Minuten überträgt sie ihr Unbehagen mit lauten Zwischenrufen auf die anderen. Der Stuhlkreis leidet darunter, die allgemeine Ruhe weicht einer gestressten Situation. Nicht jedes Kind bekommt jetzt noch alles mit, denn andere benötigen nun vor allem eine ruhige Atmosphäre, in der möglichst nur einer spricht. Für die Erzieher ist das nicht neu. Dennoch müssen sie immer wieder entscheiden, ob sie Sandra aus dem Stuhlkreis nehmen, sie vielleicht gar nicht erst in die Situation bringen, oder darum kämpfen, dass es ihr irgendwann gelingt, mit den anderen im Kreis zu sein und zu erleben, wie es sich anfühlt, Teil der Gruppe zu sein. Es ist der tägliche Dialog zwischen den Bedürfnissen des einen und denen der anderen, zwischen der Investition in den Entwicklungsraum des einen Kindes und der Wahrnehmung dessen, was auch die anderen brauchen, wie sie als Gruppe von Situationen wie diesen profitieren können, ohne dass die Beziehungen der Kinder untereinander Schaden nehmen.

Bevor Florian sich gemeinsam mit den anderen zu Tisch begibt, muss er seinen Blutzucker messen. Er kann das schon sehr gut allein, trotzdem muss ein Erwachsener anwesend sein, der in den Vorgang eingewiesen ist. Für Notfälle gibt es einen ärztlich vorgeschriebenen Handlungsablauf, den alle kennen müssen, die mit Florian arbeiten. Der Blutzuckerwert muss telefonisch durchgegeben werden, erst danach kann entschieden werden, wie viel Florian essen darf und wie die Insulinpumpe eingestellt werden muss. Florian wird in diese Abläufe stark eingebunden, er soll sie mittelfristig selbst managen können, selbstständiger werden, um eines Tages ohne Unterstützung zurechtzukommen. Doch die Technik ist empfindlich, hin und wieder funktioniert sie nicht so, wie sie soll. Dann muss telefoniert werden, eventuell kommt ein Techniker oder eine Schwester der Sozialstation, schlimmstenfalls kommen die Eltern rasch von der nahe gelegenen Arbeitsstelle vorbei. Sie sind seit Florians Diagnose zu unübertroffenen Spezialisten für alle auftretenden Fragen geworden. Was sich nicht durch Einstellen oder Reparieren lösen lässt, ist Florians tägliche Erfahrung: Liegt bei den anderen ein Stück Kuchen als Nachtisch auf dem Teller, muss für ihn eine halbe Scheibe Brot reichen. Die Essensmenge wird abgewogen, und selbst über den begehrten halben Apfel entscheidet ein Telefonat eine Stunde nach dem Essen. Für die Erzieher stellt sich die Frage, was getan werden kann, damit Florian sich nicht als das Kind fühlt, bei dem alles anders ist – oder besser: als eben dieses Kind, aber trotzdem als eines unter zwanzig anderen.

Wie können Florians Besonderheiten Teil seiner Persönlichkeitsentwicklung werden, ohne dass für ihn das Diabetikersein vor dem Kindsein steht? Die Pädagogen bewegen diese Frage bei der Auswahl der Stuhlkreisspiele ebenso wie bei der Suche nach Vorlesestoff, der Tischsitzordnung und der Faschingsfeierverpflegung. Oft sind sie unzufrieden, wenn durch unvorhergesehene Ereignisse wieder einmal zu wenig Zeit für diese Fragen geblieben ist.

Ella muss nach der Ankunft im Hort noch auf das Essen mit den anderen warten. Sie muss zunächst im eigens dafür hergerichteten Raum gewindelt werden, gefolgt vom Umsetzen in einen speziellen Stuhl. An manchen Tagen benötigt sie einen Stehstuhl, eine besondere Vorrichtung, die verhindern soll, dass sich Muskeln und Bänder verkürzen. Danach wird sie an einen immer gleichen Platz am Tisch gebracht, mit einem Erwachsenen an ihrer Seite, der sie beim Essen unterstützt. Anders als alle Kinder der Gruppe, die regelmäßig neben anderen Kindern sitzen werden, wird Ella diesen Platz behalten. Diese Prozeduren, bei denen die Schulhelferin aus dem Vormittag noch etwas anpackt, bevor sie Ella verlässt, dauern unterschiedlich lange. Hier findet nicht nur pflegerische Arbeit statt, sondern vor allem Beziehungsarbeit. Ella ist sehr wach und lebendig, sie will Erlebnisse des Vormittags berichten, vielleicht auch etwas Kummer loswerden oder eine Frage stellen. Das braucht Zeit und Geduld. Ellas besondere Bedürfnisse beginnen im pflegerischen und räumlich-technischen Bereich, um überhaupt ihre Teilnahme am Gruppenalltag zu ermöglichen. Doch das genügt nicht. Ella will und muss sich entwickeln, lernen, Fähigkeiten und Selbstständigkeiten aufbauen. Das geht manchmal schneller als bei ihren Alterskameraden, manches braucht aber auch unendlich viel mehr Zeit und Geduld.

An den geschilderten Beispielen lässt sich zeigen, dass sich Kinder von anderen durch besondere Bedürfnisse unterscheiden, deren Befriedigung unabdingbare Voraussetzung für ihre Teilnahme am Zusammenleben mit ihren Altersgenossen ist. Diese Bedürfnisse betreffen u.a. räumliche, technische, medizinische Aspekte und benötigen vielleicht diverse Hilfsmittel. Gegebenenfalls sind Fachkenntnisse nötig oder die ständige intensive Zusammenarbeit mit medizinischem oder therapeutischem Fachpersonal. Sie betreffen eine besondere Präsenz der Erzieher, sowohl im Sinne von Aufsicht als auch der Unterstützung bei der Bewegung oder um existenziell notwendige Hilfe zu leisten. Ihre Anwesenheit in der Gruppe verlangt nach einer hohen Flexibilität der Abläufe und der Arbeit der Pädagogen. Und nicht zuletzt bedürfen die Kinder einer deutlich erhöhten Beziehungsintensität und -kontinuität. Dabei dürfen wir nicht vergessen, dass vielleicht zwei oder sogar drei Kinder mit solch besonderen Bedürfnissen in der Gruppe sind. Hinzu kommen auch Kinder, die zwar nicht mit einem «Integrationsstatus» ausgestattet sind, jedoch mit anderen besonderen Bedürfnissen an die Erzieher herantreten.

Die Frage, wie mit diesen Anforderungen umgegangen werden kann, wollen wir uns für zwei Arbeitsphasen genauer ansehen: Gehen wir von den bereits erwähnten besonderen Bedürfnissen eines konkreten Kindes aus. Sie stehen neben den Bedürfnissen eines anderen und wiederum eines anderen, sodass sich eine Gruppe von Kindern sehr unterschiedlicher Bedürfnisqualitäten abbildet. Hinter ihnen stehen jeweils die Eltern der Kinder und deren Familien. Auch sie zeichnen sich durch allgemeine und besondere individuelle Bedürfnisse aus. Hinzu kommen die Erwartungen der Eltern an die Entwicklung ihres Kindes und gegenüber der Einrichtung und deren Arbeit. Hinter den Eltern wie hinter der Einrichtung beeinflussen gesellschaftliche und politische Erwartungen, finanzielle und rechtliche Aspekte die Arbeit. Die Einrichtung, der Hort, muss sich finanzieren, sieht sich den Erwartungen der Eltern wie den qualitativen Anforderungen der Behörden gegenüber, bietet einem ganzen Kollegium Arbeitsplätze und fungiert als Auftraggeber für externe Dienstleister von Verpflegung über Instandhaltung und Wartung der Einrichtung bis hin zu Kollegiumsentwicklung, Fortbildung usw. Auch die Gemeinschaft des Kollegiums in dieser Arbeit hat Bedürfnisse, die allgemein und unterschiedlich sein können. Und die einzelne Erzieherin oder der Erzieher in der Arbeit mit den Kindern steht ebenfalls für Bedürfnisse, ohne deren Wahrnehmung die Qualität der Arbeit leidet. In der Zusammenschau haben wir es also mit einem komplexen Gebilde von Anforderungen, Erwartungen und Bedürfnissen zu tun, mit denen konkret umgegangen werden muss. In der Begegnung mit den Kindern und den Eltern werden jedoch stets die Erzieher stehen – mit ihrer pädagogischen Erfahrung, ihren Fähigkeiten und ihrer Persönlichkeit.

Zu allen beschriebenen Erwartungen und Bedürfnissen gehören aber auch entsprechende Ressourcen aller Beteiligten – des einzelnen Kindes, aller Kinder einer Gruppe, der Eltern, der Schulgemeinschaft –, die fachlichen und institutionellen Ressourcen des Hortes einschließlich der technischen Ausstattung, der Multiprofessionalität des Kollegiums, der Fachkräfte an der Schule, Mediziner und Therapeuten, externer Institutionen und landeseigener Einrichtungen der Jugendhilfe. Die entscheidende Ressource, über die der Hort verfügt, die er pflegen und gestalten, erneuern und ausbilden muss, sind aber seine Fachkräfte. Die Pädagogen, die täglich mit den Kindern arbeiten, die Eltern bei Fragen oder Unsicherheiten beraten müssen, die Bedürfnisse der ihnen Anvertrauten erkennen sollen, die Grenzen setzen, denen Hindernisse zugemutet werden, sie eröffnen Entwicklungsräume für das Zukünftige. Sie sollen wach im Augenblick und sich ihrer Grenzen stets bewusst sein.

Als in Berlin vor einigen Jahren der Stichtag für die Einschulung vorgezogen und damit für zahlreiche Kinder der landläufig als «Früheinschulung» bezeichnete sehr frühe Schuleintritt gesetzliche Realität wurde (alle bis im Dezember des Schuleintrittsjahres Sechsjährige), suchten die benachbarten Waldorfkindergärten und die Waldorfschule Kreuzberg gemeinsam nach einem Weg, den Bedürfnissen dieser Kinder Raum zu geben. Das Ergebnis, eine enge Kooperation mit den Kindergärten als Schulaußenstellen, die «Kleine Schule», schuf auch eine neue Grundlage für eine engere Zusammenarbeit von Kindergarten- und Schulpädagogik.[2] So wurde es möglich, einen Großteil der aufgenommenen Kinder schon lange vor dem Einschulungstermin bei Hospitationen kennenzulernen und aus dem Erfahrungsschatz und den Beobachtungen der Kindergärtnerinnen zu schöpfen. Eine multiprofessionelle Gruppe nimmt alljährlich die Kinder in Augenschein, u.a. um schon sehr früh Anzeichen für einen möglicherweise erhöhten Förderbedarf in der Schule wahrzunehmen und sich darauf einstellen zu können. An diesem Prozess nehmen auch Hortpädagogen teil, was die Stellung der ergänzenden nachschulischen Betreuung im Schulganzen stärkt. Zur Hortarbeit gehört naturgemäß, dass sie dem Schultag nachgeordnet stattfindet. Die Geste des Hortes ist somit eine aufnehmende, denn abgesehen von einem Betreuungsbescheid der Landesämter und einem Aufnahmevertrag bedarf es keiner Voraussetzungen. Wer in die Kreuzberger Waldorfschule geht und einen Betreuungsbedarf nachweist, kann ohne Weiteres den Hort besuchen. In der Realität Berliner sozioökonomischer Verhältnisse betrifft das mit wenigen Ausnahmen alle Kinder. Dem kommt schul- und hortseitig ein Konzept entgegen, das weit über eine reine Betreuung hinausgeht und die Entwicklungsbedingungen der Großstadtkinder und die Bedürfnisse der Familien aufgreift. Der Hortbesuch an der Waldorfschule Kreuzberg bildet so eine nahtlose Fortsetzung des Vormittags, wenn auch unter anderen pädagogischen Bedingungen, dass von Beginn an auch an den Informationstagen für interessierte Eltern und den Aufnahmeelternabenden Hortpädagogen vertreten sind, um Fragen zu beantworten und in ihre Arbeit einzuführen.

Ein entscheidender Gedanke des Inklusionskonzeptes ist es, die Bedürfnisse aller Kinder in einem System, etwa einer Hortgruppe, wahrzunehmen. Um die daraus erwachsenden Aufgaben umsetzen zu können, bedarf es eines Arbeitskonzeptes, das u.a. ein Ressourcenmanagement enthält. Durch die sehr frühe (in der Regel ein bis eineinhalb Jahre vor Aufnahme) Wahrnehmung derjenigen Kinder, die einen erhöhten oder deutlich erhöhten Bedarf an Zeit, Beziehungsintensität und -kontinuität, Arbeitskraft und räumlich-strukturellen Verhältnissen mitbringen, kann ein langfristig angelegter Prozess der Planung und Koordination eingeleitet werden. Er soll geeignete Bedingungen für einen lebendigen Dialog zwischen den besonderen Bedürfnissen dieser Kinder, den Bedürfnissen der ganzen Gruppe und denen der Pädagogen schaffen. Das betrifft zunächst die typischen Ressourcen der Einrichtung: Räume, zeitliche Abläufe, Personalumfang und -qualifikation. Konkret: Wer wird im nächsten oder übernächsten Jahr in welchen Räumen und unter welchen besonderen Bedingungen beste Voraussetzungen für die Betreuung bestimmter Kinder in einer Inklusionsgruppe schaffen können? Größere Einrichtungen profitieren selbstverständlich von einem umfangreicheren Angebot an vorhandenem Fachpersonal und Räumen bzw. bereits eingerichteten Um- oder Einbauten. Tatsächlich reduziert sich die Flexibilität dieser Ressourcen dadurch, dass in jedem Jahr wieder neu auf die Herausforderungen reagiert werden muss. Niemals sind die Bedürfnisse der Kinder gleich, nie die Bedingungen so ähnlich, dass schablonenhaft geplant werden kann. Es kann dann auch sein, dass z.b. besonders geeignete Räume bereits durch eine Gruppe belegt sind, die deren Vorteile ebenfalls dringend benötigt. So erklärt sich, weshalb trotz des langen Vorlaufes Jahr für Jahr ein beachtlicher Aufwand erforderlich ist. Das Kreuzberger Hortkollegium versucht dem mithilfe eines eigens dafür eingerichteten Teamtages, einer Vorbereitungsgruppe und spezialisierten Kollegen, die eine umfassende Kenntnis der jeweiligen Kinder einbringen, zu begegnen. Diese Kenntnis bildet den Kern aller Überlegungen. Denn entscheidend für unsere Planung im Sinne der Koordinierung unserer Ressourcen sind ja die individuell besonderen Bedürfnisse und die bereits zur Verfügung stehenden Fähigkeiten der Kinder. Diese werden sich bis zum Schuleintritt selbstverständlich noch entwickeln, wenn auch nicht unbedingt vorhersagbar. Das muss mitgedacht werden, denn es geht um die Planung zukünftiger Entwicklungsräume. Wird das Kind mit Schuleintritt laufen können? Braucht es Unterstützung beim Essen? Ist es einem Schultag gewachsen? Wird es weiterhin gewindelt werden? Kann es eine Gruppe von zwanzig Kindern in ihrer Lebendigkeit tolerieren? Hier ist ein sensibles Wahrnehmen der vorliegenden Erfahrungen von Eltern, Kindergärtnerinnen und der medizinisch-therapeutischen Experten erforderlich. Unsere Erfahrung lehrt uns dennoch, dass wir beim Schuleintritt und in den ersten Monaten ebenso von unvermuteten Entwicklungsschüben überrascht wie vor unvorhersehbare Schwierigkeiten gestellt werden können.

Das in der Regel erstgenannte Kriterium für gelingende Inklusion ist die Bereitstellung barrierefreier Zugänge. Eine Binsenweisheit, die dennoch ungebrochen gültig ist. Ohne geeignete Zugänge bliebe einigen Kindern überhaupt die Möglichkeit verwehrt, am Spiel und Miteinander der Hortgruppe teilzunehmen. Um diesen Aspekt auf die Erfordernisse des Alltags zu fokussieren, seien hier einige Facetten und das Wechselspiel der räumlichen Dimension mit der pädagogischen Arbeit angerissen. «Zugang» bezeichnet im weitesten Sinne alles, was nötig ist, um den Kindern konkrete Räumlichkeiten und alle damit verbundenen Nutzungsvarianten ungeachtet ihrer individuellen Fähigkeiten zur Verfügung zu stellen. Ein Beispiel für die damit einhergehenden Schwierigkeiten ist die Notwendigkeit eines Rollstuhls. Es leuchtet schnell ein, dass ein ebenerdiger Zugang zu den Räumen und von diesen zu den außenliegenden Spielflächen den Alltag erleichtern wird. Natürlich ist es möglich, einen Fahrstuhl für höher gelegene Räume zu nutzen. Für die Selbstständigkeitsentwicklung des Kindes ist das eigenständige Zurücklegen der täglichen Wege jedoch eine nicht zu unterschätzende Quelle der Stärkung seines Vertrauens in die eigenen Fähigkeiten. Sie wird verschenkt, wenn die Nutzung des Fahrstuhls letztlich doch durch Erwachsene begleitet oder überwacht sein muss bzw. von komplizierten Anweisungen flankiert wird. Allerdings gilt auch hier, auf die Bedürfnisse der Gruppe zu schauen – eventuell ist es für Kinder auch gerade wichtig, eine Treppe zurückzulegen oder sich einem etwas komplizierteren Weg zu stellen.

Vorhandene Verhältnisse sind selten ideal. Wer kann schon auf Räumlichkeiten zurückgreifen, die ausreichend Platz für das Manövrieren eines Rollstuhls oder ähnlicher Hilfsmittel bieten, oder in denen Sitzplätze vorhanden sind, die eine Begleitung des Essens von beiden Seiten zulassen. In der Praxis werden von den Pädagogen meist sehr kreative Lösungen gefunden, die funktionieren und deshalb nicht infrage gestellt werden. Es sollte jedoch daran gedacht werden, dass vielleicht ein Gruppenmitarbeiter den Arbeitsplatz wechselt, neues Personal eingesetzt oder im Krankheitsfall eine Vertretungskraft an diesem Arbeitsplatz tätig sein wird. In diesen Fällen wird es sich als zweckmäßig erweisen, wenn die für die individuellen Gruppenbedürfnisse gefundenen Lösungen möglichst einfach und ohne Mühe nachvollziehbar sind, sodass eine zeitraubende Einweisung entfallen kann.

An diesem sehr einfachen Beispiel können auch die Wechselwirkungen betrachtet werden. Das Raumnutzungskonzept soll es dem einzelnen Kind mit speziellen Bedürfnissen ermöglichen, mit möglichst geringem Aufwand in der Gemeinschaft teilzunehmen, unterstützende Tätigkeiten Dritter zuzulassen und einen Entwicklungsraum zur Verfügung zu stellen, der es dem Kind leicht macht, Fähigkeiten zu trainieren, zu erweitern und gegebenenfalls auszubilden. Zugleich soll die Raumnutzung alle Kinder der Gruppe in ihren Bedürfnissen nicht mehr als nötig einschränken. Sie soll idealerweise das mehr zu unterstützende Kind nicht unnötig stark exponieren, sondern eher fast selbstverständlich einen geeigneten Platz finden lassen. Und schließlich muss die Raumnutzung und -beschaffenheit die Arbeit der Pädagogen erleichtern, damit deren Kräfte in die Beziehungsarbeit und die Entwicklungsbegleitung fließen können. Allzu schnell kann bei den zu bewältigenden Hindernissen übersehen werden, dass mit der Befriedigung der körperlichen Bedürfnisse überhaupt erst die Grundlage für die weitere Entwicklungsarbeit geschaffen wird.

Als Faustregel für Raumgestaltung kann gelten, dass sich der zunächst recht hohe finanzielle und zeitliche Aufwand für eventuelle Umbauten und die Planung von Abläufen und Wegen als Investition im weiteren Verlauf unbedingt bezahlt machen. Improvisation hat ihren Ort in der täglichen pädagogischen Arbeit, nicht in der Realisierung der grundsätzlichen Alltagsabläufe.

Schließlich sollte in eine Planung einfließen, dass die Räume auch für eine eventuelle Abholung des Kindes mit seinen Hilfsmitteln durch ein Transportunternehmen, das Aufsuchen durch medizinisches Notfallpersonal (Krankenwagen, Feuerwehr), die Anlieferung weiterer, eventuell sperriger Hilfsmittel und deren Aufbewahrung für kurze oder auch längere Zeiträume geeignet sein sollten.

In den Geldzuweisungen der Landesämter sind auch Beträge für Anschaffungen und Umbauten enthalten, die im Zusammenhang mit konkreten besonderen Bedürfnissen notwendig werden. Um diese Zahlungen sinnvoll zu verwalten, gehört es zum Ressourcenmanagement einer Einrichtung, solche Investitionen möglichst in Räumen zu bündeln, die im Laufe der Zeit mit höherer Wahrscheinlichkeit wieder für ähnliche Zwecke verwendet werden. Es wird sicher nicht nötig sein, alle Räume mit bestimmten Möglichkeiten auszurüsten, zweckmäßiger scheint es, eine begrenzte Zahl von Räumen so funktional auszurüsten, dass eine hohe Nutzungsflexibilität gegeben ist.

Aus wirtschaftlicher Sicht kann es ein ebenso naheliegender wie verführerischer Gedanke sein, bei der Aufnahme der Kinder auf sich wiederholende Bedarfskonstellationen zu achten, um z.b. angeschaffte Hilfsmittel oder vorhandene Raumumbauten fortlaufend zu nutzen. Im Laufe der Zeit kann daraus eine Spezialisierung der Einrichtung entstehen, die in Kombination mit anderen – anders spezialisierten – Einrichtungen sogar eine große Bandbreite an besonderen Bedürfnissen abzudecken imstande wäre. Uns muss dennoch bewusst sein, dass jede Spezialisierung, wenn sie die bevorzugte Aufnahme bestimmter Kinder nach sich zöge, grundsätzlich den Inklusionsgedanken unterliefe.

Am Ende eines solchen Vorbereitungsprozesses der «äußeren» Bedingungen sollte das Gefühl stehen, gut vorbereitet zu sein. Er wird fortgesetzt von den aufnehmenden Erziehern. Sie werden dann auch die zweite Phase bewältigen: die tägliche Arbeit, die kleinen Hindernisse und auch die großen Momente des Zweifels und Verzweifelns. Die hohe Anforderung an die Flexibilität des Personaleinsatzes innerhalb der Gruppe und darüber hinaus wurde schon beschrieben. Ebenso wurde schon erwähnt, dass besondere Bedürfnisse einzelner Kinder eine Anpassung der Abläufe notwendig machen können. Beide Anforderungen an Flexibilität sind nur auf der Grundlage fest und transparent strukturierter Abläufe und Arbeitsbedingungen möglich. Die «Kompatibilität» der Gruppenabläufe zu denen anderer Gruppen sichert z.B., dass im Notfall im Wissen um die augenblickliche Situation auf die Ressourcen anderer Gruppen zugegriffen werden kann. Verbindlich für alle Gruppen abgesprochene und geplante Abläufe ermöglichen den Rollenwechsel der Pädagogen etwa bei Krankheit, wirken unterstützend, wenn es darum geht, den Gruppenalltag möglichst unbehelligt von Störungen zu gestalten.

Eine wichtige konzeptionelle Entscheidung unserer Arbeit war die Stärkung der Gruppenpädagogen als kontinuierliche Beziehungspartner der Kinder. Anstelle zusätzlicher Fachkräfte, die ausschließlich mit einem oder mehreren Kindern mit erhöhtem Betreuungsbedarf arbeiten, werden die beiden Erzieher jeder Gruppe befähigt, alle Aufgaben rund um die Bedürfnisse aller Kinder ihrer Gruppe wahrzunehmen. So können und sollen die Pädagogen als «Inklusionsgestalter» die Bedürfnisse aller im Blick behalten, mit den Kindern wachsen und an ihnen lernen. Nicht zuletzt bildete die Beobachtung, dass eine besonders für ein Kind abgestellte zusätzliche «Integrationsfachkraft» zu einer exkludierenden Wirkung für sich und das Kind führt, einen weiteren Grund für diese Entscheidung.

Gerade unter diesen Bedingungen verlangt die Tätigkeit in einer Inklusionseinrichtung nach Qualifikationen, Fachwissen und besonderen Fähigkeiten. Berufsausbildungen, die vor mehr als fünf Jahren abgeschlossen wurden, haben erfahrungsgemäß wenig Gewicht auf die Grundlagen des Inklusionsgedankens gelegt, hier besteht unbedingt Nachholbedarf. Inklusionsarbeit ist in erster Linie eine Bewusstseinsarbeit. Wenn hier ein Defizit herrscht, wird es sich durch die gesamte weitere Arbeit ziehen. Diese Bewusstseinsarbeit kann innerhalb des Kollegiums erfolgen, etwa in der Konferenzarbeit oder in Arbeitsgruppen, es können Tagungen besucht und ausgerichtet werden; auch Regionaltreffen, wie sie in Berlin-Brandenburg schon länger Tradition haben, sind sehr geeignet. In Berlin wird zudem eine Fortbildung zum «Facherzieher für Integration und Inklusion» angeboten und empfohlen. Sie vermittelt weniger Fachwissen als geschultes Bewusstsein durch Auseinandersetzung. Der Profit dieser Qualifikation ist der Zugewinn an aktuellen Informationen über unterstützende Einrichtungen, Therapiemöglichkeiten, neue Theorien, Angebote und Vernetzungen in der lokalen Landschaft. So kann die Anforderung an Erzieher, beratend für die Eltern tätig zu sein, erfolgreicher wahrgenommen werden.

Doch wie steht es mit Spezialwissen über Krankheitsbilder, medizinisch-therapeutische Kenntnisse? Zunächst ist es gerade für

Pädagogen in Inklusionseinrichtungen essenziell, ihre Rolle und die Grenzen ihrer Arbeit zu kennen und zu schätzen. Erzieherisch tätig zu sein ist eine wertvolle und hochwertige Arbeit, therapeutische oder andere Aktivitäten dürfen getrost Fachleuten für ihr Gebiet überlassen werden. Zugang zu ihnen zu vermitteln oder deren Tätigkeit in den Hortalltag zu integrieren kann wiederum durchaus eine erzieherische Aufgabe sein. Darüber hinaus sind Fortbildungen sinnvoll. Sie dienen ebenso wie intensive Konferenzarbeit der Bewusstseinsbildung. Niemand befähigt sich durch einen Kurs oder eine Tagung zum Handeln. Doch ein Impuls kann aus dieser Beschäftigung hervorgehen, der wächst und konkret werden kann. Dennoch benötigen die Erzieher häufig spezielles Fachwissen zu den besonderen Bedürfnissen der Kinder ihrer Gruppe. Ein wirklich effizienter Weg, solches zu erlangen, ist es, den betreffenden Kollegen Möglichkeiten zur Selbstversorgung mit diesem Wissen zu verschaffen. Der Kreativität sind keine Grenzen gesetzt, aber hilfreich ist es, wenn die Einrichtung für diesen Fall eine kleine Fachbibliothek, gewachsene Kontakte zu medizinisch-therapeutischem Fachpersonal, Weiterbildungseinrichtungen oder den an der Schule vorhandenen Ressourcen wie Schularzt, Heileurythmisten, Sprachtherapeuten usw. bereithält. Nicht zuletzt sind die Eltern der Kinder meist sehr erfahrene Spezialisten für die Bedürfnisse ihres Kindes. Mit ihnen darüber ins Gespräch zu kommen fördert ihr Vertrauen in die Arbeit des Hortes.

Kinder werden in der Wahrnehmung der Pädagogen zu «besonderen Kindern», wenn die Erwachsenen durch deren Besonderheiten an den Rand dessen geraten, was sie gewohnt sind, gelernt haben, womit sie umgehen können. Sie werden «besonders» durch das in der Situation erlebte Unvermögen, ihnen aus dem eigenen Fähigkeitenschatz gerecht werden zu können. Die Erzieher werden in der Begegnung mit diesen Kindern sehr wahrscheinlich ihre individuellen Grenzen kennenlernen. Das kann das Erlebnis des Scheiterns oder Versagens einschließen. Auch Ängste können eine Rolle spielen, ebenso wie sehr hohe eigene Erwartungen an die Arbeit. Wir haben schon über die verschiedenen Erwartungen gesprochen, die sich an die pädagogische Arbeit richten. Eltern,

Kollegen, Klassenlehrer, Teampartner oder Vorstände können potenziell solche Erwartungen haben. Zur Belastung werden sie vor dem Hintergrund der beschriebenen Erlebnisse in der Arbeit vor allem, wenn sie unausgesprochen bleiben. Für die einzelnen Pädagogen bedeutet das im ungünstigsten, aber keineswegs seltenen Fall, sich in einer Schleife zu verfangen, an deren Ende Verzweiflung und Traurigkeit stehen. Sie werden Opfer eines simplen Mechanismus: Die persönlichen, hohen Erwartungen an die pädagogische Tätigkeit führen dazu, dass sich die Menschen in der Selbstbeobachtung als gescheitert wahrnehmen, den Eindruck gewinnen, etwas falsch gemacht zu haben und den Anforderungen nicht gerecht zu werden. Dies geschieht vor allem, weil sie überdurchschnittlich häufig Entscheidungen treffen und Dinge tun, für die noch keine Erfahrungen vorliegen. Außerdem sind sie ebenso häufig gezwungen, für Alltagsprobleme schnell eine Lösung zu finden, die manchmal auch gegen die bisherigen Leitlinien der Einrichtung, gegen den vorgegebenen Ablauf oder andere verbindliche Gegebenheiten «verstoßen». Zunehmend empfinden sie sich als isoliert, zweifeln das eigene Handeln an, bewerten es als falsch oder ungeeignet. In der Angst, diese Befürchtung von anderen bestätigt zu sehen, verschließen sich die Erzieher und geben lediglich oberflächliche oder nichtssagende Berichte ihrer Arbeit ab, was wiederum zu weiterer Isolation führt.

Ein Worst-Case-Szenario: Eine Einrichtung, z.B. ein Hort, investiert viel Energie in die Vorbereitungsphase für die Aufnahme neuer Kinder. Unter diesen Bedingungen kann jetzt eigentlich nichts mehr schiefgehen. Die Erzieher setzen den Prozess unter anderen Bedingungen fort: allein in der Situation und mit der Sorge, versagt zu haben, wenn sie es nicht wie erwartet hinbekommen. Also verschweigen sie Schwierigkeiten. Irgendwann wird die Anspannung zu groß, doch jetzt hat das Selbstvertrauen bereits Schaden genommen, vielleicht hat das Vertrauen des Kollegiums in den Betreffenden gelitten. Die wertvollste und wichtigste Ressource der Einrichtung, die Pädagogen mit ihrer Persönlichkeit, sind sensibel und verletzlich. Es kann hier nur kurz angerissen werden, wie einer solchen Entwicklung vorgebeugt werden kann.

Verhaltenslernen basiert darauf, sich bewusst etwas vorzuneh-
men, es zu tun, die Wirksamkeit abzuschätzen und das Verhalten mit Blick auf die Zielsetzung zu korrigieren. Wird der Schritt,
Verhalten zuzulassen, um es beobachten und daraus lernen zu
können, übersprungen, weil Pädagogen glauben, keine Fehler machen zu dürfen, gibt es kein positives Lernen mehr. Stattdessen
führen hohe und realitätsferne Ideale zu schmerzhaften Enttäu-
schungen. Eine Fehlerkultur muss im Bewusstsein und den Ar-
beitsstrukturen des Kollegiums verankert sein. Frei über seine
Arbeit in allen Details sprechen zu können, ohne dass ein moralisches Urteil darüber gesprochen wird, ist ein Anfang. Wenn sich
dann die Kollegen anhören können, wie andere die Schilderung
wahrgenommen haben, ist schon viel gewonnen. Gute Ratschläge
helfen nur dann weiter, wenn sie erbeten werden. Andernfalls ist
Zurückhaltung gefragt. Den Kollegen zu sagen, dass eine Schilderung Sorgen ausgelöst hat, kann erleichtern und öffnen, den
Ideenreichtum des anderen zu bewundern, löst vielleicht Stolz
aus. Sich vom Kollegium getragen zu wissen, eine Wertschätzung
der Arbeit zu erleben, stärkt die «Ressource Erzieher» erheblich.
Das Wissen, dass Fehler oder Zweifel über individuelle Entscheidungen besprochen werden können und sollen, damit alle davon
profitieren, beugt einer Schutzhaltung vor, die langfristig immer
Probleme verursacht.

In den Vorbereitungsgesprächen zu dem Artikel zeigte sich zu
unserer Verblüffung, dass wir zwar Strukturen geschaffen hatten, mit deren Hilfe die Reflexion der Arbeit möglich wäre (Intervision, Team- und Klassenstufengespräche, Kinderkonferenzen,
Teilnahme an Zweit- und Viertklassuntersuchungen, enge Zusammenarbeit mit der Schule usw.), etwas Einfaches hatten wir aber
übersehen: über die Arbeit, Erlebtes, Erfahrungen und Gefühle
mit Menschen sprechen, die ähnliche Themen bewegen. Es wirkt
lösend und verhilft zur inneren Distanz, die nötig ist, um das eigene Handeln selbst beobachten und einschätzen zu können.

Alle Eltern wünschen sich für ihr Kind ideale Bedingungen.
Eltern, die vielleicht seit Jahren um jeden Entwicklungsschritt
ihres Kindes und jede Unterstützung kämpfen, formulieren ent-

sprechend deutliche Wünsche. Bevor ein Kind mit besonderen
Bedürfnissen aufgenommen wird, muss eine Analyse seiner Bedürfnisse, seiner Fähigkeiten und Entwicklungsziele sowie seiner
nutzbaren Ressourcen durchgeführt werden. Dem werden die in
der Einrichtung vorhandenen oder bereitstellbaren Ressourcen
gegenübergestellt. Dazu gehört auch ein realistischer Blick auf
Strukturen und Abläufe sowie die Möglichkeiten der zur Verfügung stehenden Fachkräfte. Die bei dieser Analyse sichtbar gewordenen Grenzen der Förderung und Betreuung müssen in allen
Details mit den Eltern vollkommen offen besprochen werden. Alles, was an diesem Punkt des Prozesses nicht gesagt wurde, wird
später Zweifel an der Qualität der Arbeit oder eine Beschädigung
des Vertrauens nach sich ziehen. Dass ein Setting Grenzen auf-
weist, kann akzeptiert werden oder nicht. Dann ist es zweifellos
besser, wenn die Eltern nach einer Alternative suchen, die ihren
Wünschen eher entspricht. Umgekehrt schafft Transparenz Vertrauen, und eine realistische Einschätzung der Möglichkeiten
zeigt Professionalität. Diese Transparenz sollte sich in regelmäßig
durchgeführten Elterngesprächen durch die gesamte Verweildau-
er des Kindes in der Einrichtung ziehen.

Oft werden Einrichtungen, die schon länger bestehen, danach
gefragt, wie sie das eine oder andere Hindernis bewältigt haben.
Doch keine zwei Einrichtungen gleichen einander, und Lösungen lassen sich schwer übertragen. Die Grundbedingungen unterscheiden sich so sehr wie verschiedene Individuen. Dennoch
verfügt jede Einrichtung über die entscheidende Ressource: Mitarbeiter, die nach Wegen suchen, ihre Arbeit mit den Kindern so
gut wie möglich zu machen. Sie darin zu bestärken, ist der einzige universell gültige Rat, der gegeben werden kann. So, wie wir
Mut machen wollen zu einer Suche nach individuellen Lösungen
für die Kinder, so tun wir es auch, wenn es um strukturelle oder
finanzielle Fragen geht. Einrichtungen dürfen und sollen so unterschiedlich sein wie die Bedingungen, unter denen sie arbeiten.
Auch das ist Inklusion.

Die Anmerkungen finden sich auf S. 757.

EDITH BULLE

ENGLISCHUNTERRICHT AN INTEGRATIV ARBEITENDEN SCHULEN

Allgemeine Vorbemerkungen

Die gemeinsame Beschulung von Kindern mit unterschiedlichem Lernverhalten und Förderbedarf erfordert ein erhöhtes Maß an Kommunikation und Zusammenarbeit von Lehrern, Eltern und Schülern. Begegnungsräume müssen immer wieder bewusst geschaffen und strukturiert gefüllt werden, damit die gemeinsame Aufgabe lebendig gestaltet werden kann. Dies kann neue Wege des Lernens für alle Beteiligten eröffnen. Förderprogramme sollten sich auf drei Arten von alltäglichen Programmen unterscheiden:
– in der fachlichen Qualifikation der Lehrer
– in der Intensität der Unterweisung (Kleingruppen und Einzelförderung)
– in der Zeit, die zum Unterrichten und Lernen veranschlagt wird.

Die Rolle des Lehrers

– Die Aufgabe des Fachlehrers besteht darin, die einzelnen Schüler gut zu kennen, damit Interessen und Fähigkeiten, aber auch eventuelle Beeinträchtigungen der Einzelnen mit in die Unterrichtsplanung und -gestaltung einfließen können.
– Erstrebenswert ist es, den gleichen Sprachlehrer durch die Jahrgangsstufen beizubehalten, denn er kennt die Kinder und kann ihre sprachliche Entwicklung am besten beurteilen und unterstützen.
– Zusammenarbeit mit den Klassenkollegen ist unerlässlich, damit der Fremdsprachenunterricht eine inhaltliche Anbindung

an anderen Unterricht behält und die Kinder sich als Teil eines größeren Zusammenhangs erleben können. Inklusive Arbeit beinhaltet in erhöhtem Maß Teamarbeit.

– Aus der Klassenkonstellation heraus gilt es, kreativ tätig zu werden und zu erwägen, wie man einerseits mit den Stärken der einzelnen Schüler eine Thematik ausgestalten kann und andererseits das Thema auf Wesentliches reduzieren bzw. so kleinschrittig vermitteln kann, dass es auch bei allen Schülern ankommt.

– Interesse zu wecken am gemeinsamen Lernprozess und diesen durch variables Wiederholen und Erweitern lebendig zu erhalten stellt die fortlaufende Herausforderung für den Lehrer dar.

– Es wäre wünschenswert, hin und wieder Sprecher, Erzähler oder Schauspieler, deren Muttersprache das Englische ist, in die Schule zu einer Veranstaltung für alle einzuladen, auch für die Eltern, damit die Sprache in der Schule lebendig wird. Die Teilnahme eines Englisch sprechenden Kollegen zu einer Konferenz zum inhaltlichen pädagogischen Austausch kann für den Schulorganismus belebend wirken.

– Auch die Entwicklung von brauchbarem Unterrichtsmaterial mit unterschiedlichem Schwierigkeitsgrad für die Bearbeitung in Kleingruppen- oder Partnerarbeit bis hin zu selbstständiger Bewältigung erfordert besondere Aufmerksamkeit und ist möglichst periodisch von der Fachkonferenz gemeinsam zu bearbeiten, damit ein Fundus und Erfahrungsschatz in der Schule entsteht, auf den auch neue Kollegen zurückgreifen können.

– Methodische Überlegungen zur Unterstützung unterschiedlichen Lernverhaltens sollten unter den Klassenkollegen ausgetauscht und abgestimmt werden.

– Der Bedarf nach kollegialem fachlichem Austausch und Fortbildung sollte ernst genommen und erfüllt werden, damit der Fremdsprachenunterricht dem unterschiedlichen Lernverhalten der Schüler gerecht werden kann.

– Die Schule sollte Zeit aus dem Lehrerkontingent für die Bearbeitung dieser Aufgaben zur Verfügung stellen.

– Inhaltlich bietet der Fremdsprachenunterricht die Möglichkeit, einerseits in das reale Leben einzuführen und andererseits manche Entwicklungsschritte in der Klasse nachreifen zu lassen. Eine gewisse spielerische Leichtigkeit sollte vorherrschen sowie Neugier und Forschungsdrang angeregt werden. Das erfordert vom Lehrer ein erhebliches Maß an Kreativität, Spontaneität, Flexibilität und Geistesgegenwart. Wie man sich diese Fähigkeiten erschließt, bleibt der Selbsterziehung des einzelnen Lehrers überlassen. Freude am Detail der Sprache, gepaart mit Entdeckerfreude am individuellen Lernprozess der Kinder, sind ein hoher Anspruch, aber unbedingt Voraussetzung für eine erfolgreiche (heil-)pädagogische Arbeit.

– Heilpädagogische Förderung in der Klasse erfordert immer auch besondere Schulung der Lehrer.

– Lehrer von Kindern mit Lernschwierigkeiten brauchen dringend besondere Fachkenntnisse, gesunden Menschenverstand, Humor und Gelassenheit!

Schwerpunkte der Unterstufe

Der Unterricht sollte von Anfang an in der Fremdsprache stattfinden. Das Unterrichtsgespräch beinhaltet intensive Interaktion in Form von kurzen Dialogen und Fragen / Antworten, die der Lehrer vorspricht und nachsprechen bzw. beantworten lässt. Dabei sind Einfühlungsvermögen und Humor wichtige Elemente. Didaktische Hilfsmittel, z.B. Puppen oder Tiere, die die Fantasie der Kinder anregen, können das Unterrichtsgespräch führen. Sprachkompetenz und Selbstvertrauen der Kinder sollen möglichst fortlaufend wachsen.

Das Lernen findet aus der Nachahmung heraus statt, sodass der Lehrer ein gutes sprachliches Vorbild darstellen muss. Der Lehrer ist wie ein «Sprachjongleur»; er hält die Bälle in der Luft, sie fliegen höher und höher und werden mit zunehmender Geschicklichkeit mehr. Manche Kinder jonglieren vielleicht mit Begeisterung mit bunten Tüchern! Auch das hat seine Berechtigung.

Puppenspiele

Dialoge oder kleine szenische Darstellungen können mit den Schülern gemeinsam erarbeitet werden und mit Finger- oder Handpuppen in der Klasse oder auch vor Eltern oder kleineren Kindern aufgeführt werden. Dabei können die Sprachanteile mengenmäßig an die sprachlichen Fähigkeiten der einzelnen Schüler angepasst werden.

Rollenspiele

Kleine Rollenspiele, die fremdsprachliche Elemente zur Anwendung bringen, können von Anfang an den Unterricht beleben und bieten vielfältige Möglichkeiten der Binnendifferenzierung und des fächerübergreifenden Lernens. Themen aus dem Hauptunterricht können aufgegriffen und in der Fremdsprache bearbeitet werden. Dabei ist Perfektion nicht das erklärte Ziel, sondern das gemeinsame wiederholende Handeln. Eine gewisse Großzügigkeit und Gelassenheit im kreativen Umgang mit der Sprache sollten vorherrschen. Die Tätigkeiten verschiedener Berufe könnten anfänglich pantomimisch dargestellt werden, eventuell lautmalerisch rhythmisch unterlegt.

Senso-motorische Nachreifung in spielerischer Form

Bei vielen Kindern mit Entwicklungsverzögerungen und / oder Lernstörungen ist die natürliche Bewegungsentwicklung nicht abgeschlossen und die eigentliche Schulreife noch nicht erreicht. Auch in den Fremdsprachenunterricht können daher bewusst Bewegungsübungen zur Nachreifung eingebaut werden. Die unteren Sinne können geschult werden in Verbindung mit diversen kleinen Liedchen oder Sprüchen, mit Sandsäckchen oder Bällen, mit verbundenen Augen oder Sprungseil. Alle Kinder der Klasse können von Bewegungsübungen profitieren, nicht nur die, die es wirklich nötig haben. Kinder mit Förderbedarf bleiben so im Klassenverband. Auf diese Weise wird das Sozialverhalten in der Klasse gleich mit geschult.

Körpergeografie in der Fremdsprache spielerisch aufgreifen

Bei Kindern mit Förderbedarf ist nicht vorauszusetzen, dass sie sich gut in ihrem Körper auskennen. Die Wahrnehmung ihres Körpers, der Umgang mit dem Gleichgewicht, das Erinnern und Befolgen von mehreren verbalen Anweisungen z.b. stellen oft eine erhöhte Schwierigkeit dar und vermitteln ein Gefühl der Unsicherheit. Wenn dann die Sprache auch noch unverständlich bleibt, ist die Motivation zur Mitarbeit von Anfang an eingeschränkt und will immer wieder geweckt werden. Ein Lehrer muss über diese Schwierigkeiten und Befindlichkeiten der Schüler Bescheid wissen und ihnen genügend Zeit lassen, die Aufgaben zu erfassen und zu bewältigen. Wiederholungen mit leichten Veränderungen, eventuell visuelle Hinweise können die Aufgabe erleichtern. An jeder dieser Stellen ist wache Kreativität des Lehrers nötig, um die Aufgabenstellungen so zu gestalten, dass ein Schüler Erfolg haben kann. Die eigene Beobachtungsfähigkeit kann sich mit der Zeit als wichtiges Werkzeug entwickeln. Übungen zur Körpergeografie sind nicht zu unterschätzen, da sie dem Schüler Sicherheit im eigenen Körper vermitteln, den jeder dringend braucht, die aber nicht unbedingt vorhanden ist. Viele Kinder sind heute schon an dieser elementaren Stelle entwicklungsverzögert. Ihr Lebenssinn ist beeinträchtigt und braucht Anregungen, damit das Kind gestärkt sein Leben in die Hand nehmen kann.

Tagesablauf, Jahreszeiten

Auch die sichere Orientierung in Raum und Zeit ist für viele Kinder heute nicht mehr selbstverständlich und braucht zusätzliche Übung. Der Fremdsprachenunterricht bietet sich an dieser Stelle an, manche Konzepte und Begriffe für die Kinder bewusster erlebbar zu machen. In jeder Klasse sollte eine englische Ecke ihren Platz haben, in der eine Art Übersichtsplan und Orientierungshilfen hängen oder wo zumindest ein Eindruck der bearbeiteten Themen ersichtlich wird. Auch ein Stunden- oder Jahreszeitenplan kann den Kindern helfen, sich zurechtzufinden. Wiederkehrende kleine Rituale erleichtern die Orientierung.

Zahlen, Zeiten, die Uhr lesen lernen

Lebenspraktische Tätigkeiten in der Fremdsprache können hilfreich sein, bei manchen Kindern Konzepte nachreifen zu lassen, die in der Muttersprache noch unsicher geblieben sind. Das gilt auch für Zahlenbegriffe oder für das Lesen der Uhr. Ohne das Gesicht zu verlieren, können die Kinder jetzt manches nachholen, das die anderen sprachlich gerade neu lernen, sodass sie ihre Unsicherheiten überwinden können. Die empathische Begleitung durch den Lehrer ist dabei unerlässlich, denn er schafft entsprechende Aktivitäten in der Klasse, die für einzelne Schüler genügend Übung ermöglichen.

Kinderspiele

Eine sehr brauchbare Quelle zur Festigung von Zahl- und Zeitverständnis sind traditionelle Kinderspiele. Auch auf Englisch kann man Seilchen oder Hüpfkästchen springen, Murmeln- oder Ballspiele einbauen. Die Kinder werden mit Freude Altbekanntes wiedererkennen und die Fremdsprache zur Anwendung bringen. Nebenbei werden sie zählen lernen und Mengen erfassen. Der englische Sprachraum verfügt im Übrigen auch über einen reichen Schatz an traditionellen Kinderspielen, die neben dem Spaß auch ein weites Feld für motorische Nachreifung bieten.

Erzählungen, Verse, Reime, rhythmische Übungen kennenlernen

Das Erlernen der Fremdsprache basiert zunächst auf dem Prinzip der Nachahmung. Insofern ist es wichtig, dass die Kinder gute Vorbilder haben, von denen sie die Sprache übernehmen können. Regelmäßige Erzähl- und Vorlesezeiten in Verbindung mit einem Bilderbuch, das das inhaltliche Sprachverständnis unterstützt, werden schnell zu einer geliebten Tätigkeit. Eine besondere Stimmung, die die gemüthafte Verbindung mit der Fremdsprache unterstützen soll, kann in der Klasse geschaffen werden. An solchen Stellen sollte Stille einkehren. Auch die Vermittlung von Reimen und Versen sollte in Ruhe vor sich gehen, damit alle Kinder sich innerlich mit dem Text verbinden können. Erst dann sollten z.B. Gedichte auch in Bewegungsübungen mit eingebaut werden.

Einzelne Laute und Lautverbindungen spielerisch kennenlernen

Zur Vorbereitung auf das spätere Lesen und Schreiben ist es wichtig, dass die Kinder die einzelnen Laute und Buchstaben in der Fremdsprache kennenlernen. Diese Phase bildet die Grundlage für den weiteren Zugang zur Sprache und sollte sorgfältig eingeführt und geübt werden, z.b. mit Bildkarten, da gerade im Englischen die Verbindung zwischen Laut und Buchstaben nicht einheitlich und unterschiedlich zur Muttersprache ist.

Wortschatz, Satzbau, Fragen mündlich anwenden

Der Wortschatz bildet sich aus der Anwendung in verschiedenen Situationen zunächst mündlich. Auf eine saubere Artikulation und Aussprache ist aber von Anfang an zu achten, damit sich die Kinder an die anders geartete Aussprache gewöhnen. Der Lehrer ist an der Stelle als Vorbild besonders wichtig und hat an sich selbst zu arbeiten. Freude am spielerischen Umgang mit der Sprache und auch die Überwindung der eigenen Scheu werden hier beim Schüler veranlagt. Auch Satz- und Fragestrukturen ergeben sich aus der mündlichen Anwendung, erfordern ständige Wiederholung mit leichten Veränderungen. An dieser Stelle kommen die oben angesprochenen Rollenspiele und Dialoge, in humorvoller Weise vorgebracht, zum Tragen. Wenn dieser Erfahrungsschatz gut verankert ist, kann das Schreiben und Lesen in der Fremdsprache später leichter vermittelt werden.

Schwerpunkte der Mittelstufe

Der Unterricht der Fremdsprache ist im höchsten Maße energiereich! Er könnte sozusagen den ganzen Schultag durchwärmen und stimulieren. Seine Energie ist polar zum Hauptunterricht, regt die Kinder zu energetischer Teilnahme und Interaktion an. Laut Steiner ist es notwendig, einen lebendigen Fremdsprachenunterricht zu betreiben.[1] Er kann in höchstem Maße moralisch bildend und richtungsweisend sein, kann Einblick sowohl in die

Schönheit und Bildhaftigkeit der Sprache als auch in die Organisation und Klarheit ihrer Struktur vermitteln. Lebensfreude und Humor können immer wieder im Unterricht durchblitzen.

Die Vermittlung von Selbstvertrauen und Sprachfluss hat Vorrang vor akkuratem Sprachgebrauch: Es muss erlaubt sein, mit der Sprache zu experimentieren, Neues auszuprobieren und Fehler zu machen. Die Erfahrung, sich verständlich zu machen, selbst wenn man nicht alles richtig ausspricht oder auch nicht alles vollkommen versteht, ist Teil des kreativen Spracherlebnisses. Enthusiasmus kann dabei entstehen, und wie selbstverständlich können individuelle Unterschiede mit einbezogen werden.

Diese kreative Energie soll der Lehrer mit Haut und Haar, mit Herz und Seele in den Unterricht einbringen, so Rudolf Steiner[2] – ein hoher Anspruch, dem man am besten durch Geduld, Gelassenheit und gemeinsames Wachsen mit den Kindern gerecht zu werden versucht.

Lesen

Der Lehrer erzählt den Inhalt einer Geschichte (mit Herz und Seele, befeuernd, emotional fesselnd); der Schüler liest den Text nach, vorzugsweise zu Hause. Langes Vorlesen von Texten in der Schule gilt es zu vermeiden, denn die Zuhörer verlieren schnell das Interesse.

Den inhaltlichen Fortgang einer Geschichte kann auch ein Kind mit Förderbedarf hörend verfolgen und eventuell in verkürzter Form nachlesen. Die Lesefähigkeit muss dann womöglich an anderen Texten vermittelt und geübt werden. Anfängliches Lesen in der Fremdsprache kann sich auf Texte beziehen, die das Kind schon durch die mündliche Anwendung kennt. Eventuell hat der Lehrer einen Text, angelehnt an seinen Erzählstoff, für einen Schüler selbst verfasst. Das Kind erkennt bekannte Worte oder Inhalte sozusagen wieder. Die Fortschritte einzelner Kinder mit Förderbedarf sind genau zu beobachten, damit das Unterrichtsmaterial auf einem Niveau bleibt, das das Kind erfolgreich bewältigen kann. Eventuell muss der Lesestoff entsprechend angepasst werden. An dieser Stelle treten individuelle Unterschiede deutlich auf und wollen methodisch gegriffen werden. Einige Vorschläge zur differenzierten Lesevermittlung finden sich auf S. 758.

Schreiben

Die Einführung des Schreibens in der Fremdsprache verlangt nach einem systematischen Zugang. Schriftliche Wortbildung sollte sich zunächst auf die im Englischen so vielfältig vorhandenen lautgetreuen einsilbigen Worte mit kurzen Vokalen beschränken. Hier kann auf die im Vorfeld veranlagten Lautkarten zurückgegriffen werden. Eigene kleine Texte können auf dieser Grundlage mit lautgetreuen Reimen entwickelt werden. Die Regelhaftigkeit der Lautbildung sollte zunächst beibehalten und langsam erweitert werden, z.b. durch Vor- und Nachsilben. Lange und kurze Vokale sollten durch ausführliche Hörübungen unterstützt werden, denn diese Unterschiede genau zu hören mag manches Kind überfordern. Auch die genaue Lautfolge muss gesondert eingeführt und geübt werden, durchaus in Verbindung mit Bewegungsübungen (siehe Anhang), damit die Kinder sich nicht nur auf ihre auditive Wahrnehmung verlassen müssen.

Vokabeln

Vokabeln müssen gelernt werden. Welches System der Übung man in der Klasse einführt, ist beliebig. Wichtig ist nur, dass es lebendig genutzt wird. Kinder brauchen Unterstützung darin, eine gewisse Ordnung beizubehalten im Umgang mit Vokabelheften oder auch alphabetischen Wortkarten. Diese Systeme sollten nicht zu pedantisch eingefordert werden und sich auf Wesentliches beschränken. Die Einführung braucht Unterrichtszeit und kann nicht den Kindern allein überlassen werden. Spielerische Übungen können eine Unterrichtsstunde beleben.

Grammatik

Besonders empfänglich für grammatikalische Fragen sind die Kinder im Alter von neun bis zwölf Jahren. Auch hier gilt es, die Thematik für Kinder mit Förderbedarf auf Wesentliches zu reduzieren und durch vielfaches spielerisches Wiederholen in

unterschiedlicher Form zu verankern. Einige Kernpunkte sind
möglichst in der Muttersprache schriftlich festzuhalten, sodass
ein überschaubares kleines Grammatikheft entsteht. Grammatikalische Regeln sind aus der Anwendung heraus zu entwickeln.
Der Lehrer stellt exemplarische Beispiele vor. Die Kinder finden
ihre eigenen Beispielsätze. Grammatische Unterschiede können
sprachvergleichend mit der Muttersprache betrachtet werden.

Praktische Anwendung
Für die Schüler ist anschaulich zu machen, an welchen Stellen
im täglichen Leben die englische Sprache gebraucht wird. Englische Landeskunde und Kartenmaterial, geschichtliche Themen
können aufgegriffen und gemeinsam ausgestaltet werden. Hier
kommen möglicherweise Sketche, Witze, Rollenspiele zur Anwendung, die dann auch in schriftlicher Form bearbeitet werden
können. Binnendifferenzierung in den Erwartungen an einzelne
Schüler ist hierbei gut einzubauen.

Englisch im Fachunterricht
(Werken, Gartenbau, Kochen, Sport usw.)
Man kann sich in einem Schuljahr auch vornehmen, den einen
oder anderen Fachunterricht auf Englisch zu begleiten. Dazu ist
natürlich die Zusammenarbeit mit dem jeweiligen Fachlehrer
vorausgesetzt. Den spezifischen Wortschatz kann man dann
exemplarisch festhalten und vorbereitend besprechen. Partnerarbeit aller Schüler könnte an dieser Stelle unterstützend geübt
werden.

Schwerpunkte der Oberstufe

In der Oberstufe soll sich der Schüler als kritischer Kosmopolit
erleben lernen. Zukünftiges Potenzial soll ihn motivierend an-
wehen können, Unbekanntes in erreichbare Nähe rücken. Die
konventionelle Idee, dass wir als Lehrer den Kindern traditionell
gelernte Sprachstrukturen vermitteln sollen, ist laut Steiner[3] der

falsche Ansatz. Es soll den Schülern in ihrer menschlichen Persönlichkeitsentwicklung helfen, sich in den Redewendungen einer fremden Kultur auszudrücken. Verständnis soll entstehen nicht durch die wörtliche Übersetzung, sondern durch die eigene Phrasierung. Hierbei drückt jeder seine eigenen Gedanken aus.

Konkrete Anwendung

Inzwischen kann man davon ausgehen, dass die englische Sprache bei den Schülern angekommen ist, sodass sie als Kommunikationsmittel gebraucht werden kann. Der Horizont soll deutlich erweitert werden, und die Schüler können unterschiedliche Kulturen, in denen Englisch als Muttersprache lebt, auch im Eigenstudium näher kennenlernen. Individuelle Interessen können verfolgt werden, und der Lehrer wird eher zum Prozessbegleiter und Berater. Nach wie vor erfordern (nicht nur) Schüler mit Förderbedarf die besondere Aufmerksamkeit des Lehrers und eventuelle methodische Hilfestellung. Hierbei ist der Schwerpunkt auf Hilfe zur Selbsthilfe zu legen, und in unteren Klassen angelegte Arbeitsweisen sind zu wiederholen bzw. schrittweise zu erweitern. Methoden zum Eigenstudium und zur Bearbeitung von Texten sind gezielt zu vermitteln und im Klassenverband zu üben. Partnerarbeit ist vom Lehrer anzuregen und zu unterstützen.

Die englische Sprache in der Welt

Interesse ist bei den Schülern zu wecken, wie weit Englisch als Sprache in der Welt verbreitet ist und genutzt wird. Hierzu können gemeinsam Schaubilder erarbeitet werden, die als Orientierungshilfe dienen können. Auch das Internet ist einzubeziehen. Es kann eine interessante Gemeinschaftsproduktion werden, in die sich jeder nach seinen Fähigkeiten einbringen kann.

Geografie, Landeskunde erweitert

Der oben angeregte Ansatz wird hier vertieft und konkretisiert durch landeskundliche Themen verschiedener englischsprachiger Länder in der Welt, z.B. USA, Australien, Neuseeland, aber auch afrikanische Staaten wie Südafrika oder Kenia. Hier können geschichtliche und politische Themen aufgegriffen werden. Biografien aus den entsprechenden Ländern können gelesen werden. Wenn das Interesse der Schüler geweckt ist, können unterschiedliche Bereiche in Eigenarbeit übernommen werden, die dann der Klasse oder anderen Interessierten vorgestellt werden. Hierbei können die Eigeninteressen der Schüler gut in individuelle Forschungsaufgaben einfließen. Themen aus Musik, Sport, Zeitschriften etc. können aufgegriffen und sprachlich bearbeitet werden. Interviews können geplant und durchgeführt werden, Artikel oder Leserbriefe für diverse Zeitschriften entstehen. Briefkontakte können aufgebaut und gepflegt, Reisen und Studienaufenthalte konkret geplant werden, sodass der Sprachunterricht echte «life skills» vermittelt.

Texte, Theaterstücke lesen und bearbeiten

Selbstverständlich soll auch die Bearbeitung literarischer, dramatischer und poetischer Texte im fremdsprachlichen Programm der Oberstufe ihren Platz haben. Auch hier bleibt es der Kreativität des Lehrers überlassen, das Angebot so zu gestalten, dass es bei den Schülern mit Förderbedarf emotional ankommt und einen sinnvollen Beitrag zum Ganzen darstellt. Der Lehrer ist immer aufgefordert, ganzheitlich systemisch zu denken. Wenn dieser Umgang miteinander in der Klasse gepflegt wird, kann eine sehr fruchtbare Arbeitsatmosphäre entstehen. Es empfiehlt sich im Interesse aller, die fremdsprachliche Arbeit immer auf die eine oder andere Art sichtbar zu machen und zur Darstellung zu bringen, sei es dramatisch oder über andere Sinne, nicht nur rein schriftlich in einem Heft. Das belebt alle ungemein und bietet Raum für individuelle Gestaltungsmöglichkeiten.

Fremdsprachen bieten ein weites Feld, vielfach noch unbeackert, zur Entfaltung von Lebensfreude und unkonventionellem Denken und Handeln. Es könnte insofern ein Lieblingsfach werden und die Persönlichkeitsentwicklung ungemein fördern. Der Lehrer hat gewisse Freiheiten in der Ausgestaltung, die sich gemeinsam mit den Schülern entwickeln kann.

Zu A. Schmidt: Handwerkepochen in der Schuleingangsstufe

Tischlern

Töpfern

Weben

Pflanzenfärben

Spinnen

Korbflechten

Zu G. Meier-Wacker: Bewegtes Lernen in der Unterstufe

Anfertigen eines Filzteppichs (1. Klasse) und die Schatzkisten (1. Klasse)

Murmeln aus Ton für das Rechnen (1. Klasse)

Bau eines Klettergerüsts mit der Werkstufe (2. Klasse)

Bau eines Weidenhauses (3. Klasse)

Beim Schmieden (3. Klasse)

Auf dem Schulbauernhof (4. Klasse)

Auf dem Schulbauernhof (4. Klasse)

Projekt Marktstand (4. Klasse)

Der Baum zeigt die Lernpartner an.

«Everything is possible with a bit of fantasy.»

Anhang: Methodische Hinweise

Der *Lernprozess* sollte immer vom Herz zum Kopf, vom Bekannten zum Unbekannten, vom Sinnhaften zum Abstrakten gehen.

Zum Unterrichten des Schreibens
Vorbereitende Übungen:
– Übungen zur Stifthaltung
– Formenzeichnen
– vorbereitende Geschichten zur Einführung der Buchstaben und Laute mit Formen
– Gebrauch unterschiedlicher Schreibutensilien
– Druckschrift vs. Schreibschrift
– Gebrauch von liniertem Papier nach Bedarf.

Allgemeine Überlegungen zur Organisation eines Schreibprogramms:
– Umfeld: unterschiedliche Schreibumgebungen wählen, in der Klasse oder draußen, im anderen Raum, je nach Schreibanlass
– Hintergrundinformationen: das Alter des Schreibers, seine Befindlichkeit, sein sprachlicher Hintergrund, besondere Bedürfnisse
– mögliche Helfer für bestimmte Themen: in der Schule, zu Hause, im Umfeld
– eventuelle Vorkenntnisse der Schüler
– Motivation der Schüler zum Schreiben: Differenzierungsmöglichkeiten, individualisierte Aufgaben
– Schreibanlass: Publikum, Leserschaft, Zeitungsbericht, Eltern, Wettbewerb, Interview
– Bearbeitungsmethoden in der Gruppe: vorlesen, verbal vorformulieren, in der Gruppe inhaltlich mitteilen
– Werkzeug: Rechtschreibung, Grammatik, verbale Sprache, Vergleiche
– Überarbeitungsmöglichkeiten: Korrektur lesen, in thematische Abschnitte einteilen, Überschriften einfügen

Was macht eine gute Geschichte aus?
- ein Thema
- eine Handlung
- eine Struktur
- Charaktere
- ein Handlungsort
- Stil und Ton der Sprache

Alle diese Aspekte sollten mit den Schülern einzeln behandelt werden.

Methodische Staffelung im Aufbau des Schreibunterrichts
1. Schreiben zur Nachahmung:
- Der Lehrer schreibt den Text zur Nachahmung vor.
- Er verbalisiert die einzelnen Schritte.
- Der Text wird erstellt, die Schüler schauen zu und schreiben ab.
- Die Unterweisung hat einen klaren Zweck und ein Ziel und soll kurz sein.

2. Verschriftlichung von gemeinsamen Erlebnissen:
- gemeinsam verfasster Tafeltext als Gruppenarbeit
- Gesprochene Sprache der Schüler wird genutzt.
- Der Lehrer oder einzelne Schüler fassen zusammen und schreiben für alle.

3. Gemeinsamer Schreibprozess:
- Der Lehrer arbeitet mit einzelnen Schülergruppen, um einen Text zu entwickeln. Schüler und Lehrer formulieren gemeinsam.
- Der Lehrer schreibt, die Schüler bringen Ideen ein.
- Vorgang beinhaltet Fragen und Diskussionen.
- geplanter und vom Lehrer geführter sprachlicher Aufbau

Der Text wird gemeinsam gelesen und bei Bedarf verändert.

4. Begleitetes Schreiben:
– Schüler schreiben selbstständig, mit Partner oder Gruppe; der Lehrer spiegelt wider und unterstützt bei Formulierungen.
– Schülergruppierungen nach bestimmtem ähnlichem Förderbedarf gliedern.
– Das Schreiben ist selbstständig so weit wie möglich.
– Genaue Beobachtung, schnelles Eingreifen und Unterstützung durch den Lehrer sind notwendig.

5. Selbstständiges Schreiben:
– Der Schüler übernimmt Verantwortung für seine eigenen Texte.
– Der Schüler nutzt eigene Vorkenntnisse selbstständig.
– Die ganze Klasse ist gleichzeitig beschäftigt.
– Die Schüler schreiben für einen realen Zweck und ein reales Publikum.

6. Autorenkonferenz:
– Die Klasse reflektiert den Schreibprozess.
– Die Schüler diskutieren brauchbare Schreibstrategien.
– Weitere Fragen werden gesammelt und notiert für späteren Gebrauch.

Schnellschreibprogramm

Schnellschreiben ist eine Methode, die bei den Schülern Schreibmotivation wecken kann.
Ziele: Schnellschreiben
– weckt Spaß am Schreiben
– unterstützt die Fantasie
– soll den Schreibprozess erleichtern
– soll Erfahrungen mit kreativem Schreiben vermitteln
– soll den Blick auf Techniken erweitern, die Autoren beim Schreiben verwenden
– regt die Schüler an, Sprache auf ungewöhnliche Art zu nutzen
– entwickelt die Fähigkeit, das eigene Schreiben zu reflektieren
– gibt den Schülern einen Rahmen für ihre eigenen Texte ohne genaue Vorgaben.

Zeitraum: Eine Unterrichtsstunde, auch gut für Verfügungs- oder Vertretungsstunde
Schritt 1: Schlüsselwort. Ein Schlüsselwort wird an die Tafel geschrieben und laut ausgesprochen.

Schritt 2: Aufwärmphase. In einer Minute schreiben die Schüler so schnell wie möglich alles, was ihnen zu dem Schlüsselwort einfällt. Der Stift darf nicht ruhen. Ein Schüler stoppt die Zeit.

Schritt 3: Mitteilen und Reflexion. Jeder Schüler soll sich mitteilen. Er kann entweder ein Wort, eine Phrase, einen Satzteil, der ihm besonders gefällt, oder seinen gesamten Text mit der Klasse teilen.

Der gesamte Prozess wird wiederholt. Die Zeit wird auf zwei Minuten verlängert, dann auf drei, dann auf vier Minuten. Bei der letzten Zeit von fünf Minuten wird den Schülern die Option gegeben, entweder weiter an ihrer Geschichte zu schreiben oder eine neue zu beginnen.

Im letzten Schritt, der *Veröffentlichungsphase*, wird den Schülern die Möglichkeit eröffnet, sich zu entscheiden, ob und wie sie ihren Text weiter bearbeiten wollen, um ihn zu veröffentlichen.

Einige besondere Vorüberlegungen zur Vermittlung des Lesens
– Schüler mit niedrigem Leselevel haben auch immer ein niedriges Selbstwertgefühl in Verbindung mit dem Lesen.
– Emotionen unterstützen oder verhindern das Denken, Problemlösungen und das Lernen.
– Schüler mit besonderem Förderbedarf haben eine Schwierigkeit und kein Defizit.
– Sie kämpfen mit einem unterschiedlichen Lernverhalten und nicht mit einer Lernbehinderung.
– Das unterschiedliche Lernverhalten kann durch guten Unterricht verändert werden.
– Diese Position wird durch führende Lernforscher unterstützt.[4]

Vorübungen zur Einstimmung für einen neuen Text

Die «Stimmt / stimmt nicht»-Liste:
In Vorbereitung auf eine neue Lektüre oder ein neues Buch schreibt der Lehrer einige Fragen in Bezug auf den Text auf und lässt die Schüler ihre «Stimmt»- oder «Stimmt nicht»-Antworten abhaken. Dann wird der Text inhaltlich vorgetragen, nicht vorgelesen, und die Antworten werden diskutiert. Die Schüler können dann den Text zu Hause genauer nachlesen.

Wortschatzarbeit im Vorfeld: auflisten – gruppieren – benennen:
- Vor dem Lesen eines neuen Buches wird eine *Brainstorming*-Sitzung vorgeschaltet.
- Daraus werden für die Klasse *Wortlisten* erstellt. Hintergrundwissen der Schüler kann einfließen.
- Die Worte werden an einer Magnettafel gruppiert, wie sie vielleicht zusammengehören.
- Jede Gruppe bekommt eine Überschrift.
- Dann wird das Buch gelesen.
- Die Gruppen werden erneut betrachtet und eventuell ergänzt mit neuen Worten in einer anderen Farbe.

Inhaltlicher Leseplan im Vorfeld – erweiterter Wortschatz:
- Der Lehrer schreibt Schlüsselworte an die Tafel.
- Die Schüler assoziieren andere Worte die sie kennen, und begründen, warum sie auch aufgeschrieben werden sollen.
- Der Text wird gemeinsam gelesen.
- Wortliste erneut gemeinsam betrachten und ergänzen.

Inhaltliche Hauptpunkte:
Jeder Schüler hat drei bis fünf Zettel und sucht Hauptpunkte im Text heraus. Beim Lesen schreibt er einen Punkt auf je einen Zettel. Er sortiert seine Zettel nach Wichtigkeit. Paarweise werden die Zettel diskutiert, auf fünf reduziert und wieder nach Wichtigkeit sortiert, dabei gibt es kein Falsch oder Richtig. Das Resultat wird in der Klasse vorgestellt.

*Kriterien zur methodischen Nutzung von Kinderliteratur als Sprung-
brett zum Leseunterricht:*
- Komplette, authentische Texte sollten verwandt werden. Dabei
  soll die *Textstruktur* betrachtet werden.
- Aus dem ganzen Text heraus sollen *einzelne Sätze* hervorgeho-
  ben und linguistische Besonderheiten betrachtet werden.
- *Einzelne Worte* werden in Verbindung mit Reimworten oder
  Alliterationen / Stabreimen bearbeitet.
- An- oder Endlaute und besondere *Rechtschreibphänomene*
  werden aus dem Text herausgehoben und näher studiert.
- *Einzelne Buchstaben und Lautierungen* gesondert behandeln
- *Vergleiche* mit anderen Texten werden angestellt; dies ist ein
  wesentlicher Schritt, um das Verständnis für unterschiedliche
  Textbearbeitungen zu schulen.

Methode zur allmählichen Verselbstständigung im Lesen:
- *Vorbildmethode:* Der Lehrer liest selbst.
- *Geteilte Übung:* Der Lehrer spiegelt, das Kind liest nach (kann
  Druck auf das Kind erzeugen).
- *Geführtes Lesen:* Jedes Kind liest ein Stück, gibt an das nächste
  Kind weiter, ein Stück lesen sie zusammen, dann hört das erste
  Kind auf.
- *Selbstständiges Lesen:* Jedes Kind liest selbst, die Gruppe trägt
  den Inhalt zusammen.

Methoden zur Unterstützung flüssigen Vorlesens:
- Nur Texte im Rahmen der individuellen Möglichkeiten aus-
  wählen.
- Der Lehrer liest als Vorbild vor.
- Er hebt Betonungen, Satzende und Umgang mit Satzzeichen
  hervor.
- Er fragt die Schüler nach besonders ergreifenden oder interes-
  santen Passagen und lässt sie wiederholen, auch Passagen, die
  der Autor besonders formuliert hat.
- Zunächst Zeit für stilles Lesen vorausschicken, bevor ein
  Schüler laut vorlesen soll.

- Einzelübung von lautem Lesen bei Partnerübungen mit geteiltem Lesen (s.o.).

Außerdem:
- Freude beim chorischen Lesen oder einem Vorlesetheater entwickeln
- Die Kinder können auch parallel zu einem Hörbuch laut lesen üben.
- Sie können ihr eigenes Lesen aufnehmen und sich selbst hören.

Anmerkungen und Literatur finden sich auf S. 757f.

EDITH BULLE

COACH ON THE ROAD

Coaching in Class. Lernfutter für alle Beteiligten

Seit einigen Jahren arbeite ich auf Anfrage als Coach in Schulklassen. So war ich z.b. zwei Monate lang in einer 7. Klasse der Christian Morgenstern Schule in Wuppertal tätig und nahm täglich am Hauptunterricht teil. Für die aktuelle Situation hatte die Lehrerin bestimmte, für sie dringende Fragen, die sie mit mir bearbeiten wollte:
– Wie setze ich Förderpläne am besten um?
– Wie werde ich den individuellen Fähigkeiten und Einschränkungen der Schüler mithilfe von Binnendifferenzierung besser gerecht?
– Wie erreiche ich trotz pubertären Verhaltens eine konstruktive Lernsituation?
– Was muss ich im Sinne der Selbsterziehung an meiner eigenen Einstellung und meinen Reaktionsweisen in Konfliktsituationen mit auffälligen Schülern verändern?
– Wie kann ich konkret auf der Grundlage des «pädagogischen Gesetzes»,[1] also die Schüler immer über das nächsthöhere Wesenglied anzusprechen, arbeiten?

Die Christian Morgenstern Schule ist eine Waldorf-Förderschule mit Schwerpunkt Lernen und Verhalten. In der Klasse 7 wurden sechzehn Kinder mit unterschiedlichen Förderschwerpunkten unterrichtet, überwiegend aber Jugendliche mit Lernstörungen, Entwicklungsverzögerungen und Verhaltensauffälligkeiten, die teilweise recht massive Auswirkungen auf das soziale Klima und den Umgang untereinander mit sich brachten. Viele Jugendliche der Klasse waren lernwillig und eifrig, verfügten über eine schnelle Auffassungsgabe und Einfühlungsvermögen, brauchten aber erhebliche Unterstützung, um ihre sozialen, kognitiven und kreativen Fähigkeiten zu entwickeln und sich konstruktiv in die Klassengemeinschaft einzubringen. Die grundsätzlichen Herausforderungen der entwicklungsbedingten Umbrüche in diesem Alter der Pubertät in Kombination mit dem individuellen emotionalen «Päckchen», das jeder einzelne Schüler mitbrachte, ergaben eine dynamische Mischung, die von der Lehrerin kaum allein zu bewältigen war. Emotionale Schwankungen, die täglich neue Konflikte aufwallen ließen, erforderten ständig neue pädagogische Zugriffe. Die Lehrerin war in zunehmendem Maße als Erziehungskünstlerin, Entwicklungsbegleiterin und Managerin von sozialen und kognitiven Lernprozessen gefragt und fühlte sich dadurch oft überfordert.

Die beratende Begleitung der aktuellen Problemfragen durch einen erfahrenen neutralen Coach, der über längere Zeit die sozialen Prozesse beobachtet, sie fortlaufend mit der Kollegin reflektiert und Lösungsstrategien auf den Weg bringt, kann zu einem hilfreichen Modell werden. Meine Aufgabe war also in der konkreten Situation, die sozialen Prozesse in der Klasse zu begleiten, die Jugendlichen in ihren Eigenheiten und Arbeitsweisen kennenzulernen und Konfliktsituationen zu analysieren. Lösungsstrategien wurden mit der Lehrerin gemeinsam erörtert, geplant und umgesetzt; deren Wirkungen wurden beobachtet, veränderte Ansätze und neue Strukturen in der Klasse angeregt. Einzelne Unterrichtsstunden wurden exemplarisch konzipiert und umgesetzt.

Meine Aufgabe als Coach versetzte mich in eine besondere Stellung. Ich war zwar primär für die Lehrerin da, hatte aber neben einem Blick auf jeden einzelnen Schüler und die Klasse als Ganzes auch die Fachkollegen, die Eltern und den gesamten Schulorganismus einzubeziehen. Diese Stellung musste allen Beteiligten im Vorfeld klar vermittelt werden, denn dieser pädagogische Ansatz stellt Neuland dar und muss von allen getragen werden. Schließlich soll ein gemeinsamer Prozess der Zusammenarbeit entstehen, der allen Beteiligten verbesserte fachliche Entfaltungs- und inhaltliche Begegnungsmöglichkeiten eröffnen und auch den Übergang in die Oberstufe transparenter gestalten sollte.

Die Vielschichtigkeit dieser Arbeit zeigte sich erst im Laufe der Zeit, denn in dem gemeinsamen Erfahrungsaustausch ergaben sich immer neue Zusammenhänge, besonders auch im Hinblick auf die Fachkollegen der Klasse, die mit einbezogen werden konnten. Die Idee eines fächerübergreifenden Projekts entstand. Es wurde also in Vorbereitung auf das nächste Schuljahr noch vor der Sommerpause eine Klassenkonferenz einberufen, in der die Fachkollegen das für die 8. Klasse geplante Theaterstück als gemeinsames Projekt ins Auge fassten und sich entschlossen, es gemeinsam zu realisieren.

Konkrete Erfahrungen im Alltag

Verbindliche, zeitlich begrenzte Vereinbarungen mit den Schülern z.B. im «Rhythmischen Teil» wurden gemeinsam in einer Verfügungsstunde verhandelt.

– Schülervorschläge wurden in die Planung aufgenommen.
– Projektunterricht, fächerübergreifend, mit angewandter Binnendifferenzierung, wurde anfänglich konzipiert.
– Selbstverantwortung in Gruppenarbeitsphasen der Schüler wurde erprobt.
– Regelmäßige Auswertungen der Prozesse wurden in der Klasse durchgeführt (mithilfe von Ergebnisprotokollen, die von Schülern erstellt wurden); besondere Vorschläge wurden in den Stundenplan aufgenommen.
– Soziale Kompetenz wurde gestärkt: durch ausgebildete Streitschlichter der Klasse, regelmäßige Gruppengespräche und einen Klassenhund, der durch seine Anwesenheit das emotionale Klima deutlich verbesserte.
– Kollegiumsarbeit, Klassenkonferenz als Planungsgremium, Teamarbeit der Lehrer: das pädagogische Potenzial für Selbsterziehung in den schulischen Strukturen galt es neu zu entdecken, immer wieder bewusst kreativ zu ergreifen und für die gemeinsame pädagogische Aufgabe neu zu gestalten.
– Individuelle Förderpläne als Kommunikationsgrundlage und arbeitsteilige Absprachen mit Fachkollegen und Eltern wurden als pädagogisches Rüstzeug neu belebt.

– Ein bewusster Umgang mit dem pädagogischen Hauptgesetz (s.o.) – ein Ansatz, der auch in der Kollegiumsarbeit als Fortbildungsthema aufgegriffen wurde – wurde eingeführt.
– Interne Fortbildungen wurden nach Bedarf durchgeführt. Diese Thematik ergab sich aus dem gemeinsamen Tun und wurde entsprechend aufgegriffen, geplant und teilweise aus den eigenen Reihen gestaltet.

Das Modell der Beratung vor Ort ist auf andere Schulformen übertragbar, denn es wird immer deutlicher, dass Lehrer aufgrund ihrer massiven Beanspruchung, auch angesichts der Inklusionsanforderungen, fachkundige (heilpädagogische) Unterstützung in ihren Klassen gebrauchen können, um den individuellen Bedürfnissen ihrer Schüler besser gerecht zu werden. Die Unterstützung vor Ort ist oft nicht durch die eine oder andere Lehrerfortbildung zu ersetzen oder nebenbei durch Hospitationen eines Kollegen zu leisten. Fortlaufende gemeinsame Reflexion diverser Konflikte über einen längeren Zeitraum, verbunden mit gemeinsam entwickelten Lösungsstrategien und deren Umsetzung, die anschließende Spiegelung des eigenen Verhaltens und der Schülerreaktionen sowie die Planung der nächsten Schritte machen die inhaltliche Arbeit der Coachtätigkeit aus. Diese Form intensiver Beratung setzt eine vertrauensvolle, offene Zusammenarbeit und die Bereitschaft, sich selbst infrage zu stellen, voraus. Ein Prozess entsteht, der zunächst etwas bedrohlich wirken kann. Diese anfängliche Unsicherheit gilt es zu überwinden im Interesse der Ziele: einer verbesserten Förderung des einzelnen Schülers und einer entspannteren Arbeitsatmosphäre.

Prozessbegleitung der Schuleingangsphase

Ein weiterer Auftrag führte mich für drei Monate in die Klasse 1 der Troxler Schule in Wuppertal, einer Schule für Kinder mit geistiger Behinderung. Meine Aufgabe als Prozessbegleiterin beinhaltete:

- Begleitung der Klasse 1 durch den Tagesablauf in der Anfangs-
  phase bis zu den Herbstferien
- Beobachtung der individuellen Bedürfnisse der Kinder und
  Mitgestaltung einer Tagesstruktur, die an diesen ausgerichtet
  ist, die andererseits aber seelisch aufbauend wirken soll
- Koordination der Arbeit der Integrationshelfer
- Koordination der Kommunikation mit deren Arbeitgebern
- Koordination außerschulischer Förderung, insbesondere konti-
  nuierlicher Physiotherapie in der Schule, die schon im Kinder-
  garten begonnen hatte
- Vorstellung der Klasse im Therapiekreis der Schule und Per-
  spektive der innerschulischen Einzelförderungsmöglichkeiten
- Austausch mit der Schulärztin
- ansatzweise Erstellung von individuellen Förderplänen bzw.
  Formulierung von Förderzielen
- Unterstützung bei der Formierung des Mitarbeiterteams der
  Klasse
- Unterstützung bei der Verankerung der täglichen Routine mit
  den Schülern
- Unterstützung der Kommunikation mit den Eltern
- Beratung über weiteren Bedarf an Ausrüstung für schwerst
  mehrfach behinderte Kinder in der Klasse
- Ausblick.

1. Begleitung der Klasse 1

Kurz vor den Sommerferien erreichte mich die Anfrage, ob ich
die Eingangsphase der 1. Klasse beratend begleiten könne, da
schon im Vorfeld absehbar war, dass die Klassenkonstellation ein
erhebliches Maß sowohl an heilpädagogischer Aufmerksamkeit
als auch an krankenpflegerischen Maßnahmen erfordern würde.
Acht Schüler waren aufgenommen worden. Nur zwei konnten
sprechen, vier waren als Rollstuhlfahrer auf intensive Hilfe von
Integrationshelfern bzw. einer Krankenpflegerin angewiesen. Ein
Kind war blind.

Zunächst galt es, die Kinder kennenzulernen und zu sehen,
welch individueller Förderbedarf vorliegt. Wie könnte diese Be-

schulung aussehen? Wie könnte der Tagesablauf gestaltet werden?
Wie würde man überhaupt den Kindern gerecht werden können?
Diese Fragen beschäftigten die Kollegen im Vorfeld. Sie übernahmen die Aufgabe, diesen Tagesablauf sinnvoll zu gestalten, während ich zunächst die Kinder beobachtete. Täglich tauschten wir
uns dann nach dem Unterricht aus.

2. Beobachtungen der Schüler der Klasse 1

Exemplarisch sei anhand der Beobachtungen hier die Hauptthe-
matik zweier Kinder aufgeführt, die dann in die Erstellung von
Förderplänen einflossen.

Ein kleiner Junge:
- insgesamt erheblich entwicklungsverzögert
- das Laufen vor Kurzem erlernt
- Gleichgewichtsfrage: Ist er gekrabbelt?
- Sprachentwicklung verzögert, er spricht nicht
- Feinmotorik: homologes Stadium, Greifen, Daumen ständig im
  Mund
- freudig und fröhlich bei der Sache
- erkennt Abläufe und reiht sich bereitwillig ein
- ergreift Eigeninitiative bei Leerläufen in der Tagesstruktur
- öffnet und schließt gerne Türen, geht auf die Außenbrücke
- interessiert an Musikalischem (Windharfe an der Tür)
- durch Singen zu motivieren
- Toilettentraining (derzeit noch in den Windeln)
- rhythmisches Bewegungstraining passiv?
- motorische Nachreifung nötig
- Muskeltonus stärken (trägt Fußorthesen)
- orale Anregungen, isst gerne und viel
- braucht Koordinationshilfe beim Essen (erhöhter Tellerrand).

Ein kleines Mädchen:
- Rollstuhlfahrerin, schwerst mehrfach behindert
- intensive Pflege durch Integrationshelferin
- wechselnde Pflegepersonen
- epileptische Anfälle, Ganzkörperspastik

- Atmung beeinträchtigt, krankheitsanfällig
- kaum Lautäußerungen
- Kopfkontrolle nur anfänglich
- Spastik löst sich nach RMT-Übungen[2]
- reagiert auf schulische Umgebung
- Aufmerksamkeit wächst deutlich
- anfänglicher Augenkontakt und Kopfbewegungen
- gelegentliches Lächeln
- besonders empfänglich für Musik
- Bewegungstraining täglich durch Integrationshelferin nötig (Schulung)
- sensomotorische Nachreifung nötig
- einmal wöchentlich Physiotherapie beantragt
- Lagerung im Liegen ist nötig, Sitzsack oder Schaukel / Hängematte, Kuschelecke.

3. Koordination der Zusammenarbeit mit den Integrationshelfern

Mein Auftrag war es, die Arbeit der Helfer im Umgang mit den Kindern zu beobachten und zu sehen, wie die Kinder reagierten bzw. wie sie ihre Erlebnisse in der Schule verarbeiteten und wie die Integrationshelfer in den Tagesablauf einstiegen. Dieser Prozess war etwas erschwert durch mehrere Krankheitsfälle, die gleich neue Gesichter mit anderen Arbeitsweisen und veränderten Reaktionen der Kinder auf die neuen Personen mit sich brachten. Es dauerte bestimmt einen Monat, bis für alle deutlich wurde, wer dauerhaft wen betreut.

Im Großen und Ganzen hatte sich das Team der regelmäßigen Helfer formiert, und die Stimmung untereinander war locker und kooperativ. Die Kinder gingen vertrauensvoll auf jeden zu, und alle unterstützten sich gegenseitig bei Bedarf. Bei Ausflügen schoben manche Kinder gern den einen oder anderen Rollstuhl oder halfen mit, wenn andere Kinder auf dem Boden gelagert wurden. Ich konnte die Kommunikation untereinander unterstützen und aufkommende Fragen zu waldorfspezifischer Heilpädagogik beantworten.

4. Koordination der Kommunikation mit den Arbeitgebern

Mehrere Vermittlungsagenturen waren bei der Versorgung der Kinder in Klasse 1 mit im Spiel. Nach den ersten Erfahrungen mit Wechseln in der Betreuung einzelner Kinder und unseren Beobachtungen ihrer Reaktionen wurde deutlich, dass gewisse Absprachen mit den Agenturen nötig waren, um den Tagesablauf in der Klasse möglichst reibungslos gewährleisten zu können. Es war dringend erforderlich, dass die Betreuung möglichst von den gleichen Personen abgedeckt würde und dass Absprachen mit den Lehrkräften stattfinden. Entsprechende Gespräche wurden von der Klassenlehrerin telefonisch vereinbart.

5. Koordination der außerschulischen Förderung

Manche der Schüler hatten schon im Kindergarten logopädische und physiotherapeutische Einzelförderung, die sinnvollerweise, auch auf ausdrücklichen Wunsch mancher Eltern, möglichst lückenlos weitergeführt werden sollte. Ich habe mich mit der Physiotherapeutin in Verbindung gesetzt. Sie kam zu einem Sondierungsbesuch und arbeitete daraufhin mit drei Kindern in der Schule. Weitergehende Zusammenarbeit wurde vereinbart.

Logopädische Förderung wäre im täglichen Schulalltag nötig gewesen. Das hätte die Durchführung einer Fortbildung durch eine Logopädin beinhaltet. Dieser Bereich wurde in den ersten Wochen noch nicht in Angriff genommen. Allerdings wurden im Tagesverlauf immer wieder Sprüche und Lieder eingebaut, die die Kinder allmählich lernten. Auch Bewegungsübungen, die durch einen Spruch begleitet wurden, konnten in der täglichen Routine erübt werden. Die Bewegungen mussten bei einem Großteil der Schüler jedoch geführt werden.

6. Vorstellung der Klasse 1 im Therapiekreis

Ich war gebeten worden, die Klasse im Therapiekreis kurz vorzustellen, um einen ersten Eindruck zu vermitteln oder zu ergänzen, denn sowohl die Eurythmistin als auch die Schulärztin hatten sich schon durch Hospitation einen eigenen Eindruck von den Kindern verschafft. Es bestand ein deutlicher Bedarf an thera-

peutischer Unterstützung, sei es chirophonetisch, heileuryth-
misch oder durch rhythmische Massage oder Bäder. Einzelheiten
würden im Laufe der Zeit besprochen werden. Zunächst wurde
wahrgenommen, dass die Klasse insgesamt in der Schule angekommen war und als Klassengemeinschaft schon einen guten
Eindruck machte. Die allgemeine gute Stimmung war erfreulich.
Die Klasse trat bereits recht selbstverständlich in Veranstaltungen der Schulgemeinschaft auf.

7. Austausch mit der Schulärztin

Die Schulärztin hat in der Klasse 1 hospitiert und sich einen ersten Eindruck verschafft. Sie wollte wiederkommen, um mehr ins
Detail individueller Befindlichkeiten gehen zu können. Sie war
auch in der Vorstellung im Therapiekreis anwesend. Über einzelne Kinder wurde noch nicht gesprochen.

8. Erstellung individueller Förderpläne

Erst beim näheren Kennenlernen der Kinder wurde deutlich,
welche besonderen Fördermaßnahmen von schulischer Seite
geleistet werden könnten bzw. was nötig sein würde, um die
Entwicklung einzelner Kinder zu unterstützen. Es galt auch zu
prüfen, welche Förderaspekte für die gesamte Klasse an welcher
Stelle mit in den Unterricht eingebaut werden könnten. Diese
Überlegungen waren in der Anfangsphase auf die Schaffung
und Verankerung allgemeiner Strukturen und Abläufe gerichtet, um zunächst einen Rahmen zu schaffen, in dem sich die
Kinder wiederfinden könnten. Dieser heilpädagogische Ansatz
wirkte auf alle Kinder heilsam. Ergänzende Maßnahmen zur
körperlichen Nachreifung wurden in den täglichen Ablauf eingebaut und zeigten anfängliche Erfolge. Zur konkreten Absprache von individuellen Fördermaßnahmen sollte auch eine erste
gemeinsame Klassenkonferenz mit den Integrationshelfern und
allen Lehrerinnen dienen. Anfängliche Beobachtungen wurden
ausgetauscht.

9. Unterstützung zur Formierung des Mitarbeiterteams

Die Kommunikation unter den Kolleginnen war rege und fortlaufend. Manchmal habe ich übernommen, die Absprachen an die Integrationshelfer weiterzuleiten und deren Rückmeldung wiederum zurückzutragen. In Krankheitssituationen bin ich eingesprungen und habe geholfen, den Tagesablauf aufrechtzuerhalten, sodass ein verlässlicher Rahmen für die Schüler bleiben konnte. Das war unterstützend für eine junge Klassenlehrerin, die die Tagesabläufe durchtragen musste.

Leider war es immer schwierig, Zeit für gemeinsame Besprechungen mit dem gesamten Team zu finden. Durch meine Tätigkeit als Coach und deren Darstellung wurde dem Kollegium deutlich, dass in den komplexen Alltagsabläufen der Anfangssituation die Kommunikation und die Absprachen untereinander einen besonders wichtigen Stellenwert haben und genügend Zeit dafür anberaumt sein muss.

10. Mithilfe bei der Verankerung der täglichen Routine

Die täglichen Abläufe gestalteten sich zunehmend routinierter, je mehr die Kinder sie für sich akzeptierten. Viele Wege zur Toilette mit oder ohne Wechsel der Windeln waren täglich nötig und erforderten alle zur Verfügung stehenden Hände. Während der morgendlichen Vorbereitungen für das Frühstück habe ich mit einzelnen Kindern in einem Nebenraum motorische Übungen gemacht und sie ihren Integrationshelfern zur weiteren täglichen Anwendung gezeigt. Ich war den ganzen Schultag über mit in der Klasse und habe mit den Kindern agiert, sodass eine vertrauensvolle Verbindung entstand, welche die täglichen Abläufe unterstützte.

11. Unterstützung der Kommunikation mit den Eltern

Beim ersten Elternabend der Klasse 1 war ich anwesend und habe mich und meinen Auftrag vorgestellt. Für die Eltern war es gut zu wissen, dass ich da war und mich auch um die Belange der Kinder kümmerte. Viele hatten die berechtigte Sorge, wie ihre Kinder wohl in der Schule ankommen würden. Die ersten

Rückmeldungen der Eltern waren durchweg positiv. Die Kinder kamen gern zur Schule. Die Hauptansprechpartner für die Eltern waren die Lehrerinnen. Ich konnte aber individuelle Anliegen zu bestimmten Therapien in Erinnerung behalten und weiter verfolgen. Auch mit den Integrationshelfern konnte ich manche Fragen der Eltern besprechen und ihnen Mut machen, selbst mit den Eltern in Kontakt zu treten.

12. Weiterer Bedarf an Ausrüstung

Nach den ersten paar Wochen bestand weiterhin Bedarf an der Ausgestaltung des Nebenraums und des Klassenzimmers. Manche Anfragen wurden an die Hausmeisterei weitergeleitet. Auch spezifische Lageflächen und Material zur sensomotorischen Nachreifung wurden bestellt.

13. Ausblick

Vor den Herbstferien, nach Ablauf meines Auftrags, konnten wir uns im Team gut vorstellen, dass ich in der Zeit von Januar bis Ostern nochmals ein Quartal in der Klasse mitarbeite, vielleicht nicht täglich und auch nicht den ganzen Tag, aber periodisch je nach Bedarf. Es wurde vereinbart, dass ich in dieser Zeit zwei Stunden in der Woche für die Lehrer zur internen Fortbildung zur Verfügung stehen sollte.

Für die Arbeit selbst war es sinnvoll, den Anfangsprozess noch genauer zu reflektieren und Förderziele neu zu formulieren, eventuell auch in Zusammenarbeit mit Fachkollegen und / oder dem Therapiekreis. Individuelle Förderpläne wurden noch nicht formuliert, sollten aber nach Weihnachten dann erarbeitet werden. Der spezifische heilpädagogische Ansatz der Waldorfpädagogik war noch nicht allen Beteiligten deutlich und sollte fortlaufend thematisiert werden.

Coaching in der internationalen heilpädagogischen Schulbewegung

Das Thema Inklusion ist für viele Schulen in der Welt eine große Herausforderung. Deshalb kamen ähnliche Arbeitsaufträge aus verschiedenen Waldorfschulen in Australien, Neuseeland, Thailand und China auf mich zu. Ich wurde als Beraterin gefragt, habe dann in Klassen hospitiert und mit den Lehrern deren Fragen zu bestimmten Kindern erörtert. Wir haben gemeinsam nach Lösungstrategien gesucht und sie anfänglich umgesetzt. Meist wurden auch die Eltern in diese Arbeit einbezogen, damit eine gemeinsame Grundlage geschaffen werden konnte. In manchen Schulen wurden interne Fortbildungsveranstaltungen für Lehrer und Eltern zu verschiedenen Themen wie z.b. Kinderbesprechungen, Binnendifferenzierung, brauchbarem Arbeitsmaterial und Förderplänen durchgeführt, sodass in einer fruchtbaren Arbeitsatmosphäre professionelle Gemeinsamkeiten entstanden. Diese Verbindungen sind für mich besonders beglückend und zukunftsweisend, und ich bedanke mich bei den Kindern und Jugendlichen, die diese neuen Begegnungen von uns als Heilpädagogen einfordern.

Die Anmerkungen finden sich auf S. 758.

ULLA BALIN & UTE MARIA BEESE

INKLUSION IST TEAMARBEIT

Wenn wir im Frühling die Wildgänse am Himmel ziehen sehen, schenkt uns die Natur ein schönes Bild für die Arbeit, die wir an der Schule alle zusammen leisten können. Meist bilden die Wildgänse eine unterschiedlich große V-Formation, wobei die Bewegungen dieser Flugformation harmonisch aufeinander abgestimmt sind. Bei diesem besonderen Flugverhalten handelt es sich nicht um spielerische Variationen bei der Fortbewegung, sondern um angewandte Technik und Gewinn durch Teamarbeit. Durch aerodynamische Tricks ergibt sich während des Fluges für die gesamte Vogelschar eine Energieeinsparung von bis zu 70 Prozent. Ein an der Spitze fliegender Vogel wird bei Ermüdung abgelöst und wechselt an den Schluss der Formation, während einer der nachfolgenden Vögel ihn ablöst. Durch bestimmte rhythmische Schreie, die die Vögel ausstoßen, werden die voranfliegenden Teamgefährten angefeuert. Sie schaffen es, ohne Pause Tausende von Kilometer zurückzulegen, sie überqueren dabei die höchsten Gebirge und die heißesten Wüsten und kommen doch genau zur rechten Zeit an ihrem Zielort an.

Bewundernswert, was Teamarbeit bewirken kann

Die Kreuzberger Waldorfschule ist eine integrative Schule und arbeitet seit 2003 mit einer Kooperationsklasse – parallel zu einer großen Klasse, die lediglich von einem Lehrer geführt wird. Die Kooperationsklasse (sog. «bc-Klasse») nimmt zu etwa neunzehn Schülern zusätzlich sechs Schüler mit sonderpädagogischem Förderbedarf auf. Sie wird von zwei Lehrern unterrichtet, wovon einer mindestens Waldorfklassenlehrer sein sollte und der andere möglichst heil- oder sonderpädagogische

Kompetenzen mitbringen soll. In der Mittelstufe wird das Team durch einen Erzieher ergänzt, der die Schüler in der Mittagspause und am Nachmittag begleitet. In Einzelfällen gibt es stundenweise oder auch den ganzen Schulvormittag hindurch Integrationshelfer. Da in diesen Kooperationsklassen Kinder mit unterschiedlichsten Fähigkeiten, Lernvoraussetzungen und Biografien sind, ist «Teamteaching» die Voraussetzung für ein sinnvolles Lernen.

Was ist ein Team? Ein Team ist eine Arbeitsgruppe, die unter Nutzung der unterschiedlichen Ressourcen der einzelnen Mitglieder an einem oder an mehreren gemeinsamen Zielen arbeitet.[1] In unserem Fall sind es für eine Klasse das Zweierteam (Klassenlehrer und Sonderpädagoge) sowie die Fachkollegen, Therapeuten und Erzieher.

Ein gutes Team arbeitet in einer geregelten, strukturierten und organisierten Form. Mit dem Wissen, zusammen in einem Boot zu sitzen, ergibt sich der gemeinsame Arbeitsauftrag. Es wird ergebnisorientiert gearbeitet, sodass ein Wir-Gefühl entstehen kann. Über Struktur und Organisation muss bei Bedarf reflektiert werden. Die gemeinsamen Ziele des Teams sind (SMART):
– spezifisch
– messbar
– akzeptiert
– realistisch (erreichbar)
– terminiert.[2]

Welche Teamarbeitsmodelle leben in Kreuzberg?

– «Klassisches Modell»: Der Klassenlehrer agiert, der Kooperationslehrer[3] hat begleitende Funktion (als «Rückenfreihalter» und «Zuarbeiter») und unterstützt bei Bedarf einzelne Schüler während des Unterrichts in der Klasse.
– Klassenlehrer und Kooperationslehrer wechseln sich mit dem Hauptunterricht ab, sodass auch der Klassenlehrer anstelle des Kooperationslehrers teilweise begleitende Funktion hat.

- Die drei Teile des Hauptunterrichts (rhythmischer Teil, Arbeitsteil und Erzählteil) werden wechselseitig von beiden Lehrern übernommen, beide Lehrer agieren.
- Gleichzeitige Übernahme des Hauptunterrichts, indem immer einer der Lehrer dem anderen den Vortritt lässt.

Die in der Klasse unterrichtenden Fachlehrer und Therapeuten sowie ab Beginn der Mittelstufe auch die begleitenden Erzieher sind die zusätzlichen Teammitglieder. Sie alle bilden das Team, welches im Austausch der Beobachtungen zur Bereicherung und Unterstützung der individuellen Entwicklung aller Kinder beiträgt und die Zusammenarbeit optimiert und motiviert.

Was braucht ein Team?
Was sind die Teamvoraussetzungen?

Im Mittelpunkt der pädagogischen Arbeit steht das Kind. Wie können z.b. zwei individuelle Persönlichkeiten, die möglicherweise über Jahre gewohnt waren, den Unterricht allein zu gestalten, zu einem erfolgreichen Team werden?

Das gemeinsame Ziel ist die Voraussetzung für den Beginn der Arbeit. Es ist gegeben durch den pädagogischen Auftrag, den die Lehrer haben. Bereitschaft und Mut sind erforderlich, sich auf einen Partner einzustellen, ihm Respekt und Vertrauen entgegenzubringen. In jeder Unterrichtsstunde offenbart man Stärken und Schwächen, die in der gemeinsamen Rückbesinnung auf den Unterricht betrachtet werden. Die Fähigkeit, Kritik auszusprechen und anzunehmen verlangt nicht nur Übung, sondern auch Offenheit und Toleranz und wiederum Vertrauen, dass persönliche Stimmungen nicht relevant sind. Diese Kriterien sind die Grundlage für eine Qualitätssteigerung des Unterrichts.

Jeder Schulalltag birgt in sich unvorhersehbare Ereignisse, die gemeinsam getragen werden müssen. Wie oft hat Humor in solchen Situationen geholfen und diesen die Spitzen genommen!

Teamarbeit ist eine besondere Herausforderung an die Pädagogen. Wie kommuniziere ich mit allen zusätzlichen Teampartnern die gemeinsame Zielsetzung, die die gesunde Entwicklung des Kindes im Blick hat? In den unterschiedlichen Bereichen handelt jeder eigenverantwortlich, aus diesem Grund muss ein klarer und ehrlicher Austausch stattfinden. Das ist Prozessarbeit, an der das Team wächst.

Auswirkungen der Teamarbeit

1. Auf die Partner:
Der jeweilig Unterrichtende kann die von den Lerninhalten abweichenden Aufgaben dem Partner überlassen, um seine ganze Kraft der Vorbereitung und Vermittlung zu widmen. Zu wissen, dass die Alltagsorganisation in der Verantwortung des Partners liegt, gibt Freiraum für eine Maximierung und Intensivierung des Lernstoffs. Möglich und wünschenswert ist die Verteilung der Unterrichtsfächer nach den persönlichen Neigungen und besonderen Fähigkeiten der einzelnen Lehrer. Damit ist und wird neben der Qualitätsoptimierung auch eine Entlastung des einzelnen Lehrers sichergestellt, dessen physische und psychische Kraft nicht der hohen Belastung ausgesetzt ist, die ein einzelner Klassenlehrer erlebt, der täglich alles allein bewältigen muss. Achtung und Toleranz sind die Basis für dieses Miteinander und Vertrauen darauf, dass immer die gesunde Entwicklung des Kindes das gemeinsame Ziel ist.

2. Auf die Schüler:
Die Schüler erleben täglich, wie mit Achtung und Respekt dem anderen gegenüber Gemeinschaftsarbeit gelebt wird, und erfahren, dass nicht die persönliche Stärke oder die Durchsetzungsfähigkeit des Einzelnen in der Teamarbeit entscheidend ist. Sie haben die Möglichkeit, sich in verschiedenen Belangen einen Ansprechpartner im Team zu wählen. Fehlt ein Lehrer, so ist die Struktur des Alltags durch die Übernahme des Unterrichts durch

den Partner gewährleistet, denn für die Schüler sind Stabilität und die gewohnte Struktur die wesentlichen Grundlagen zum Lernen. Gerade sehr sensible Kinder nehmen «seismografisch» jede Veränderung wahr.

Als sehr günstig hat sich das Zweierteam in der Betreuung einzelner Schüler, die besondere Aufmerksamkeit während des Unterrichts benötigen, erwiesen. Manchmal benötigen sie eine Auszeit oder ein anderes Lernangebot und können so dennoch im Klassenverband verbleiben. Auch Schüler ohne Förderstatus haben mindestens zwei verschiedene Ansprechpartner und können dadurch individueller gefördert werden. Das gemeinsame Lernen in einer derartig heterogenen Gruppe ist auch für die Schüler eine Herausforderung. Einzelne fühlen sich durch das Verhalten oder Aussehen mancher Kinder überfordert und brauchen Zeit, Verständnis, Gespräche, Spiele und vielerlei andere gemeinschaftliche Erlebnisse, um eine angemessene Umgangsform zu entwickeln. In den ersten beiden Klassenstufen haben die Kinder meist noch einen naiv-unbekümmerten Umgang untereinander; in den darauffolgenden Klassen werden sie wacher und kritischer, sind aber auch aufgrund des Miteinanderaufwachsens häufig toleranter. Natürlich ist die Entwicklung sozialer Kompetenzen nicht nur durch die Teamarbeit möglich, jedoch ist so eine andere Voraussetzung des Miteinander-Lernens gegeben.

Durch das Ringen um gemeinsame Positionen und Arbeitsgrundlagen fungieren die Lehrer als Vorbild und bilden so eine sehr wesentliche Grundlage für die Sozialkompetenz der Schüler.

Durch das gemeinsame Durchtragen des Alltags ist die Voraussetzung für die intensivere Wahrnehmung der Schüler und das Erkennen ihrer Bedürfnisse gegeben.

3. Auf die Elternarbeit:
Gemeinsame Gespräche, die mit den Eltern geführt werden, können durch Nachvollziehbarkeit einerseits (Protokoll) und durch Ergänzen der gegenseitigen Wahrnehmungen effektiver werden. Missverständnisse können schneller durch direkte Nachfrage beim Partner geklärt werden, dieser hat immer die Unterstützung

durch den anderen. Sollte das Gespräch in eine aussichtslose Position geraten, springt der Teamkollege ein. Man ist als Lehrer nicht mehr «Einzelkämpfer», man ist nicht allein.

4. Auf die Oberstufe:
Die Oberstufenlehrer sollten in die laufenden Prozesse der Kooperationsklassen eingebunden werden, um ein effektiveres Weitertragen der Schüler zu gewährleisten. Einerseits kann das durch Hospitationen in den Klassen passieren, andererseits durch die Teilnahme an den speziellen Konferenzen dieser Klassen. Dringend erforderlich sind aber auch Aus- und Weiterbildung.

Aus eigener Erfahrung können wir behaupten, dass Teamarbeit eine persönliche Bereicherung ist, in der wir uns auf unseren Teampartner verlassen konnten, vertraut haben und einen respektvollen Umgang pflegen konnten, um unverkrampft, humorvoll und sorgfältig vorbereitet den Schulalltag zu meistern. In diesem Zusammenhang ist das mongolische Sprichwort «Mit einer Hand lässt sich kein Knoten knüpfen» für uns wie ein Leuchtturm.

Teamschwierigkeiten

Wenn sich Menschen zusammentun, können trotz aller idealen Voraussetzungen und gutem Willen Probleme in Form von Missverständnissen, Verletzungen und Sprachlosigkeit auftreten. Konfliktpotenzial taucht z.B. auf
– im Gegensatz von Alt und Jung
– beim Gegensatz von Mann und Frau
– in der Gegenüberstellung von erfahrenem und unerfahrenem Kollegen
– im Gegensatz einer willensstarken und einer eher zurückhaltenden Persönlichkeit
– bei zu großen Ähnlichkeiten
– bei Egomanie usw.

Bevor einer «von Bord» geht, muss das Team wissen, dass es Hilfe gibt und wo man sie finden kann. Hierfür hat die Institution von Anfang an Hilfen zu gewährleisten. Sie können in folgender Art gegeben werden: als Supervision und Mediation von außen, als Austausch in Intervisionsgruppen, Einladungen zu Hospitationen, Hospitationen in anderen Einrichtungen, die ähnlich arbeiten. Sind diese Hilfsmöglichkeiten für das Team nicht unterstützend, sollten sich die Partner voneinander verabschieden.

Mitunter stellt sich auch die Frage, wie lange ein Team zusammenbleiben soll. Ist es gesund für die Teampartner, mehrere Jahrgänge gemeinsam durchzutragen, oder sollte mal ein Austausch stattfinden? Schleifen sich alte Gewohnheiten ein wie in einer Ehe, tut das den Schülern und den Teampartnern gut? Für einen Wechsel offen zu sein bedeutet Risiko und Mut.

Wo steht Ihr Team?

Der folgende *Fragebogen* wurde für die Kollegen der Freien Waldorfschule Kreuzberg entwickelt, um gezielt auf das Team zu schauen und die Teamarbeit zu optimieren.

Um gezielt die Teamarbeit zu verbessern, stelle man sich folgende Fragen und beantworte sie ehrlich:

1. Gegenseitiges Vertrauen: Herrschen im Team gegenseitiges Vertrauen, Toleranz und Akzeptanz – ohne Rivalitäten?
2. Kooperation / Teamgeist: Ist die Zusammenarbeit durch Unterstützung und Anteilnahme geprägt? Geht es den Mitarbeitern nicht vornehmlich um ihre eigene Profilierung?
3. Anpassung / Konformität: Verhalten sich die Mitarbeiter frei und flexibel, ohne Konformität und starre Verhaltensmuster?
4. Umgang mit Konflikten: Werden Probleme angepackt, Konflikte offen ausdiskutiert, schwierige Fragen nicht vermieden?
5. Neue Ideen / Risikobereitschaft: Wird das Ausprobieren neuer Ideen gefördert, auch wenn damit Risiken verbunden sind? Werden Fehler toleriert?

6. Aufgaben- / Zuständigkeitsverteilung: Ist die Verteilung sachlich gelungen und ist jeder Mitarbeiter mit dem Zuschnitt seines Bereiches zufrieden? Gibt es Kompetenzgerangel, Überschneidungen oder gar Mehrarbeit?

7. Selbstverständnis / Zielvorstellungen: Zeichnet sich ein Team durch ein einheitliches Selbstverständnis und hohe Übereinstimmung in Zielvorstellungen und Sichtweisen aus?

8. Motivation / Kommunikation: Verkehren alle Mitglieder offen und ehrlich miteinander? Sind Ihnen das «Teamleben» und die gegenseitigen Kontakte wichtig? Ist Ihnen taktisches Vorgehen fremd?

Auswertung:

Mit jedem «Nein» als Antwort haben Sie im komplexen Geflecht von Teamkonstellationen und Teambeziehungen einen «kritischen» Teilbereich erfolgreich identifiziert. Hier sollten Sie Ihre Prioritäten setzen, um die Teamarbeit in Ihrer Organisation gezielt zu verbessern und weiterzuentwickeln.

Die Anmerkungen finden sich auf S. 758.

IV. GESELLSCHAFTLICH-
RECHTLICHE ASPEKTE

ULRIKE BARTH

EINLEITUNG

In diesem Kapitel wird Inklusion vom gesamtgesellschaftlichen Standpunkt und der rechtlichen Perspektive aus beleuchtet. So schreiben zwei Juristen über die rechtliche Seite der Kernfrage Inklusion: im Bezug auf die Pädagogik (Reinald Eichholz) sowie ganz klassisch auf die gegenwärtige rechtliche Lage in einzelnen Ländern und die Herausforderungen, die sich für die Institutionen derzeit ergeben (Johanna Keller). Christiane Drechsler befragt den inklusiven Blick auf das Gemeinwesen, der die gesamtgesellschaftliche Herangehensweise an dieses große Projekt verdeutlicht. Elementar für alle inklusiven Settings ist die Fragestellung nach den Integrationshelfern oder Assistenzen. Ein maßgeblicher Beitrag wurde hierzu von Stephanie Loos beigesteuert. Hier taucht als erweiterter Blick auch die Frage nach Zusammenarbeit und Netzwerken auf, die Ulrike Barth bearbeitet.

Wir haben auch Eltern gefunden, die sich persönlich mit der Thematik und den Entwicklungen der Inklusionsfrage beschäftigen. Hierbei sind ergreifende Beiträge von Birte Müller und Anne Peters entstanden, die zutiefst den Kern der Fragestellung berühren. Aber auch Eltern forschen: So beschreibt der Beitrag von Christine Carbone den Stand der Entwicklung von Institutionen und die Haltung und Forderungen der betroffenen Eltern.

Befragt man Schüler nach ihren Erfahrungen in inklusiven Schulzusammenhängen, so wird deutlich, dass für sie inklusive Settings Alltag werden können, der Normalität darin leben lässt. Thomas Maschke setzt sich in seinem Beitrag mit der Verantwortung exklusiver privater Bildungseinrichtungen und ihres inklusiven Auftrags auseinander. Und die Landesarbeitsgemeinschaft der Waldorfschulen in Hessen zeigt schließlich anhand ihrer Steuerung inklusiver Prozesse, wie ein Projekt zu deren Anbahnung entstehen und durchgeführt werden kann.

REINALD EICHHOLZ

INKLUSION – EINE SCHICKSALSFRAGE NICHT NUR FÜR KINDER

SPANNUNGEN ZWISCHEN RECHT UND PÄDAGOGIK[1]

I.

Um das Verhältnis von Recht und Pädagogik ist es nicht zum Besten bestellt. Die Juristen haben sich den Ruf erworben, durch Schulgesetze, Verordnungen, Richtlinien und Erlasse den eigentlich zur Erziehungskunst berufenen Pädagogen an allen Ecken und Enden das Leben schwer zu machen. Nun sollen durch die Behindertenrechtskonvention auch noch verbindliche internationale Vorgaben für ein «inklusives Bildungssystem» mit «gemeinsamem Unterricht» aller Kinder mit und ohne Behinderung hinzukommen. Es versteht sich, dass der Dialog zwischen Juristen und Pädagogen unter diesen Umständen Schwierigkeiten bereitet – denn ebenso wie die Pädagogen fühlen sich auch die Juristen beim Versuch, Klarheit und Ordnung ins Dasein zu bringen, in ihrem eigentlichen Anliegen unverstanden.

Es beginnt mit der Auseinandersetzung, was – so fragt der Jurist – die Pädagogik eigentlich meint, wenn von «Inklusion» die Rede ist – oder doch besser von «Integration»? Oder lieber mit Schrägstrich: «Integration / Inklusion»? Zuzugeben ist, dass das Problem als *rechtliche* Frage schon bei der Behindertenrechtskonvention selbst auftritt, indem es in Art. 24 BRK in der amtlichen Fassung heißt, die Vertragsstaaten sollten ein «*inclusiv education system*» schaffen, während sich in der deutschen Arbeitsübersetzung an dieser Stelle die Worte «*integratives* Bildungssystem» finden. Spricht die Beliebigkeit, mit der diese Begriffe verwendet werden, nicht doch dafür, dass beides in etwa dasselbe ist? Dann allerdings wäre kaum verständlich, warum die deutsche Arbeitsübersetzung so große Empörung ausgelöst hat.

II.

Am Anfang sollte daher eine Klärung stehen, was wir denn vor Augen haben, wenn von *Integration* oder von *Inklusion* gesprochen wird. Dazu hat Jutta Schöler[2] einen Klärungsversuch unternommen: *Inklusion* beschreibe den Zustand, bei dem *alle* Kinder und Jugendlichen in der Vielfalt menschlicher Verschiedenheit gleichberechtigt in die Gemeinschaft einbezogen seien; *Integration* sei die Aufgabe, die Ausgegrenzten in diese Gemeinsamkeit hereinzuholen. Wenn *Integration* geglückt sei, sei *Inklusion* erreicht: Inklusion verstanden also als Ziel der Integration. Dann allerdings müsste im Blick auf politische und praktische Initiativen bei Einigkeit in der Zielsetzung nicht *Inklusion*, sondern *Integration* das Thema sein, weil eben dies der Weg zum Ziel wäre. Und so kann man in der Tat die gegenwärtige Diskussion verstehen. Denn konzeptionell dreht sich alles, wie die Kultusministerkonferenz es sagt, «um Kinder und Jugendliche mit Bedarf an sonderpädagogischen Bildungs-, Beratungs- sowie Unterstützungsangeboten».[3] Die Aufgabe wird darin gesehen, diese Kinder und Jugendlichen in der «Regelschule» mit zu unterrichten. Die dafür erforderlichen Vorkehrungen konzentrieren sich – und dies ist vornehmlich der Gegenstand der politischen Auseinandersetzung – auf das Problem, eine ausreichende Zahl von Förderlehrern für die Kinder mit einer Behinderung zu gewinnen. In der Ausbildung schlägt sich dies nieder, indem die allgemeinen pädagogischen Studiengänge durch Elemente der Sonderpädagogik – Diagnostik und Therapie – angereichert werden. Inklusive Pädagogik erscheint als Fach, in dem «Regelpädagogik» und «Sonderpädagogik» kombiniert sind. In der Klasse sollen später «Regelpädagogen» und «Sonderpädagogen» ein Team bilden, das die notwendigen Kompetenzen einbringt.

III.

Das wirft Fragen auf. Denn in der Diskussion um die Behindertenrechtskonvention wird allgemein anerkannt, dass es sich bei dem Recht auf Inklusion um ein unteilbares Menschenrecht handelt. Dies gründet in der Überzeugung, dass die Ausgrenzung von Menschen mit Behinderung aus dem Gemeinschaftsleben eine menschenrechtlich nicht hinnehmbare Diskriminierung darstellt. Die gesamte Behindertenrechtskonvention kann für Menschen mit Behinderungen als Konkretisierung des allgemeinen Nichtdiskriminierungsgebots verstanden werden.[4]

Bemerkenswert nimmt sich vor diesem Hintergrund aus, dass für den Schulbereich als politisch realistisch angestrebtes Entwicklungsziel formuliert wird, 80 Prozent der Kinder und Jugendlichen mit Behinderungen seien in Regelschulen aufzunehmen. Mehr wird mit Blick vor allem auf Menschen mit schwersten – gerade auch *sozial-emotionalen* – Behinderungen als nicht machbar angesehen. Damit scheint allerdings in Kauf genommen, dass das Menschenrecht auf Inklusion für 20 Prozent der Menschen mit einer Behinderung nicht gelten, die Ausgrenzung bei ihnen also bestehen bleiben soll. Menschenrechtlich ist dies nicht vertretbar. Als unteilbares Menschenrecht verstanden, kann Inklusion nur ausnahmslos für *alle* Menschen gelten. Ganz offensichtlich mischen sich politisch-pragmatische Fragen der Machbarkeit, die an anderer Stelle zu diskutieren wären, unzulässig in einen Diskurs ein, der ohne jede Ausnahme die Unteilbarkeit der Menschenrechte fordern muss. Es ist deshalb wahrscheinlich, dass der spezifisch menschenrechtliche Gehalt der Inklusion etwas durchaus anderes ist, als es die aktuelle (schul)politische Diskussion erkennen lässt. Als unteilbares Menschenrecht bedarf Inklusion offensichtlich einer eigenen Inhaltsbestimmung. Dies spricht dafür, die Fragen des Bildungswesens unter diesem Gesichtspunkt noch einmal neu zu betrachten.

IV.

Den Ausgangspunkt dafür liefert der Internationale Pakt über *wirtschaftliche, soziale* und *kulturelle Rechte* vom 19. Dezember 1966. Er stellt in der Präambel voran, «dass sich diese Rechte aus der dem Menschen innewohnenden Würde herleiten». Das gilt nach Art. 13 insbesondere auch für «das Recht eines jeden auf Bildung». Ausdrücklich stimmen die Vertragsstaaten überein, «dass die Bildung auf die volle Entfaltung der menschlichen Persönlichkeit und des Bewusstseins ihrer Würde gerichtet sein und die Achtung vor den Menschenrechten und Grundfreiheiten stärken muss». Dieser Bezug zur Menschenwürde verleiht dem Recht auf Bildung einen besonderen Rang und den Anspruch auf universelle Geltung.

Bildung als Menschenrecht öffnet daher einen anderen Horizont als die Rechtsfragen, die wir im Alltag vor Augen haben. Da beschäftigt uns vor allem, was als Rechte oder Pflichten in Gesetzen, Paragraphen, in Verordnungen oder Erlassen steht. Der Blick ins Gesetz schafft den Zugang zu den maßgeblichen Rechtsquellen des, wie es heißt, «positiven» (geschriebenen) Rechts. Die Quelle der Menschenwürde und der Menschenrechte besteht jedoch ihrem Wesen nach nicht in *Regelungen*, sei es im Verfassungsrecht, in den UN-Konventionen oder in einfachen Gesetzen; das Recht auf Anerkennung seiner Würde steht dem Menschen «kraft seiner Menschheit» (Immanuel Kant) zu. Dass die Unantastbarkeit der Menschenwürde in das Grundgesetz und die internationalen Menschenrechtsverträge aufgenommen wurde, ist für deren Verbindlichkeit und Durchsetzbarkeit als Grundwert der Völkerrechtsgemeinschaft von unbedingter Wichtigkeit; die eigentliche Quelle der Menschenwürde ist aber nicht das positive, sondern das nicht geschriebene «überpositive», *moralische* Recht. Daher bindet die Menschenwürde auch nicht nur die im positiven Recht verpflichteten Adressaten, sondern gilt als moralisches Recht für alle zwischenmenschlichen Zusammenhänge, also letztlich für jede Begegnung von Mensch zu Mensch. Für das positive Recht verlangt das moralische Recht die ‹Legitimation von oben›, an der sich ausweisen muss, ob die demokratische ‹Legitimation von unten› zu «richtigem Recht» (Rudolf Stammler) geführt hat.

Sobald man versteht, dass Menschenwürde hierdurch jenseits aller Regelungen den eigentlichen Untergrund für das Zusammenleben bildet, ergibt sich eine tiefgründige Gemeinsamkeit zwischen Juristen und Pädagogen; denn keinen Moment werden Erzieherinnen und Erzieher, Lehrerinnen und Lehrer zögern, dieses Verständnis von Menschenwürde als maßstabsetzend auch für ihr berufliches Handeln und ihr Verhältnis zu Kindern und Jugendlichen zu betrachten. Deshalb kann hier ein fruchtbarer Dialog ansetzen. Freilich müssen dann auch Juristen bereit sein, die Paragraphen für einen Augenblick zur Seite zu legen und sich mit der Substanz des Rechtlichen zu beschäftigen, statt mit juristischem Handwerkszeug zu hantieren.[5]

V.

In diesem Diskurs gewinnt das Bildungsverständnis eine anthropologische Dimension, die dem Reden über Bildung eine entscheidende Wendung gibt. Formuliert hat dies Vernor Muñoz, der Sonderberichterstatter der Vereinten Nationen für das Recht auf Bildung.[6] Er stellt einen Zusammenhang vom Recht auf *Bildung* zum Menschenrecht auf *Leben* her, indem er ausführt, alles Lernen habe seinen Ursprung letztlich in der Tatsache, dass sich der Mensch in einer Welt vorfindet, mit der er sich um seines Überlebens willen lernend auseinandersetzen muss. Und zwar jeder Mensch in der konkreten Lebenssituation, in der er aufwächst; das heißt auch: mit den konkreten Menschen, die ihn umgeben und die in Beziehung zu ihm stehen. Und dies alles mit den ihm gegebenen Begabungen und Stärken, aber auch unter Berücksichtigung der Schwächen und Lebenswiderstände, mit denen sich jeder Mensch auseinandersetzen muss – dazu zählen persönlich-biografische und soziale Herausforderungen ebenso wie Behinderungen aller Arten und Schwere. Auf diese ganz individuelle Weise entwickelt sich der Mensch in seinem Lebensumfeld, so formt sich seine Persönlichkeit. Bildung wird menschenrechtlich zum «Menschwerdungsrecht».

Diese anthropologische Verankerung hebt auch Hartmut von Hentig hervor, wenn er Bildung u.a. als das beschreibt, «was dem Menschen ermöglicht, in der Welt, in die er gestellt ist, zu überleben».[7] Dadurch rückt das Bildungsverständnis deutlich ab von den abstrakten Anforderungen, die wir üblicherweise mit Bildung verbinden. Während wir Bildung in der Regel als eine Fülle von Inhalten betrachten, die als ‹Bildungskanon› oder ‹Lernstoff› das Leben in der Schule bestimmen, steht Bildung in diesem menschenrechtlichen Sinne ganz im Dienst der individuellen Entwicklung und Entfaltung, und allein von hier aus ist zu bestimmen, was im Sinne der individuellen Biografie zu lernen ist. Weder gesellschaftliche Vorgaben, etwa mit Blick auf die Verwertbarkeit auf dem Arbeitsmarkt, noch überhaupt fremdgesetzte Normen sind der Maßstab, sondern allein die Individualität des einzelnen Menschen. Jeder Mensch ist seine ‹eigene Norm›, die nicht gesellschaftlicher Nützlichkeit oder dem Vergleich mit anderen entspringt, sondern allein danach fragt, was der einzelne Mensch als Individualität für sein Recht auf Leben und Entwicklung braucht.

Verfassungsvorgaben bestätigen diese Ausrichtung, wenn es etwa in der Verfassung des Landes Nordrhein-Westfalen heißt: «Jedes Kind hat ein Recht auf Achtung seiner Würde als eigenständige Persönlichkeit ... Kinder und Jugendliche haben ein Recht auf Entwicklung und Entfaltung ihrer Persönlichkeit ... Staat und Gesellschaft ... achten und sichern ihre Rechte, tragen für altersgerechte Lebensbedingungen Sorge und fördern sie nach ihren Anlagen und Fähigkeiten.»[8] In der Praxis des Bildungswesens jedoch dominieren fremdgesetzte, gesellschaftlich definierte Anforderungen, die sich in den von Kommissionen erdachten Lehrplänen wie auch allen anderen abstrakten Lernvorgaben, in den Prüfungsanforderungen und dem entsprechenden Bewertungssystem niederschlagen. Dafür lässt sich vielleicht anführen, dass mit einer radikalen Individualisierung des Lernens ein kaum hinnehmbares Risiko verbunden sein könnte, das Risiko nämlich, dass dann offensichtliche gesellschaftliche Notwendigkeiten zu kurz kommen könnten und auf wichtigen Feldern des Gemeinschaftslebens die Menschen fehlen, die die anstehenden Anforderungen erfüllen. Es drängt sich auf, dem individuellen Recht auf Bildung ein ‹Recht der Gesellschaft› gegenüberzustellen, das dafür sorgt, dass die Gemeinschaftsbelange erfüllt werden.

In Wirklichkeit gibt es diesen Konflikt nicht. Denn man muss ja gerade davon ausgehen, dass die Menschen um ihrer individuellen Entwicklung willen die Auseinandersetzung mit der Welt suchen, so wie sie sie vorfinden, und dass sie bereit sind, ihre Potenziale zur Bewältigung der Herausforderungen der Zeit und, wo nötig, zur Änderung der Verhältnisse einzusetzen. Der Mensch ist in einem umfassenden Sinne Beziehungswesen, geprägt nicht nur durch Individuation als Einzelwesen, sondern als soziales Wesen immer zugleich bezogen auf seinen Lebensumkreis. Was als Risiko erscheint, ist tatsächlich eine Chance. Denn so werden nicht nur Fähigkeiten und Fertigkeiten ausgebildet, die nach aktuellem Wissensstand gesellschaftlich notwendig erscheinen; es werden vielmehr auch Potenziale entfaltet, deren Bedeutung vordergründiger Rationalität entgeht, weil ihre schöpferische Qualität sich erst in noch kaum absehbaren Zukunftsszenarien beweist, wenn nicht vorgewusstes Wissen, sondern ursprüngliche Kreativität gefragt ist, um neu entstehende Aufgaben zu meistern. Gerade die Offenheit für den Beitrag jedes Einzelnen schützt vor der Gefahr, zu schmale oder überholte Wissensbestände festzuschreiben und den Wert *aller* in Betracht kommender Beiträge aus dem Blick zu verlieren, gerade auch der Beiträge, die sich dem Nützlichkeitsdenken entziehen.

Augenfällig wird dies im Blick auf die ‹multiplen Intelligenzen› Howard Gardners.[9] Inzwischen ist anerkannt, dass es neben der für die Wissensgesellschaft besonders wichtigen ‹logisch-mathematischen› und der sprachlichen Intelligenz ein ganzes Spektrum anderer Intelligenzen gibt, von der musischen über die Bewegungsintelligenz bis zur interpersonal-sozialen Intelligenz. Auch hier sind besondere Leistungen erzielbar – im Musikalisch-Künstlerischen, in der Raumgestaltung, im Schauspiel, im Tanz, in der

Fähigkeit, Frieden zu stiften – und diese Formen der Intelligenz sind für Kultur und Zusammenhalt der Gesellschaft keineswegs unwichtiger als die logisch-mathematische oder sprachliche. Vielmehr bilden sie für das Gemeinschaftsleben einen unverzichtbaren Untergrund, der Vielfalt und Reichtum einer Gesellschaft ausmacht, der jedoch ins Hintertreffen gerät, wenn – so etwa bei Erhebungen wie PISA – aus vordergründig wichtiger erscheinenden gesellschaftlichen Interessen ein umfassender Blick auf die Bildung fehlt. Ein menschenrechtlich begründetes Bildungsverständnis führt deshalb zur gleichberechtigten Anerkennung des individuellen Beitrags jedes Menschen und dient mit dieser Vielfalt dem Gemeinschaftsleben mehr als politisch-gesellschaftlich motivierte Selektion. Die Befürchtung, in der ‹Facebook-Generation› könnten sich am Ende nicht genügend viele Menschen bereit finden, sich aus eigenem Antrieb den wissenschaftlich-technischen Anforderungen des modernen Lebens zu stellen, ist, wie heutiges Jugendleben augenfällig belegt, offensichtlich unbegründet. Daneben aber finden bei einem menschenrechtlichen Bildungsverständnis auch alle anderen Begabungen Anerkennung und Wertschätzung.

VI.

Für einen menschenrechtlich von der Menschenwürde hergeleiteten Ansatz im Bildungswesen ergibt sich daraus ein unumstößliches Gebot. Bildung als Menschenrecht ist der unverwechselbaren Individualität verpflichtet, und zwar so wie jeder einzelne Mensch sie als eigenständige Persönlichkeit mit dem Recht auf Autonomie in der Gemeinschaft lebt. Menschenwürde und Gemeinschaft gehören zusammen. Erst die Beziehungen zu anderen Menschen sind es, die im Erleben der Zugehörigkeit zur Gemeinschaft Selbstwertgefühl und das Gefühl der eigenen Würde entstehen lassen. Die Vorenthaltung einer in dieser Weise menschenrechtlich geprägten Bildung ist deshalb Menschenrechtsverstoß, und zwar durch Verweigerung eines individuellen Bildungsansatzes ebenso wie durch Selektion der Gemeinschaft, in der der Mensch aufwächst und lernt. Für beides gilt das Recht auf freie Entfaltung. Auf diese Weise verbindet sich individuelles Lernen menschenrechtlich mit dem Recht auf Inklusion als dem Recht, ungehindert und gleichberechtigt in der Gemeinschaft mit andern zu leben. Das «Mit-den-andern-in-der-Welt-Sein» (William Luijpen) ist zu achten und zu schützen wie die Menschenwürde selbst. Dies bildet die Substanz des Rechts auf Inklusion. Es umschließt alle Facetten des Lebens in der Gemeinschaft. Dazu gehört das *Wie* und *Wo* des Zusammenlebens mit andern ebenso wie das Für-sich-Sein, das jeder Mensch braucht. In jeder Beziehung müssen Nähe und Distanz möglich sein; es muss ein Gleichgewicht gefunden werden, und zwar selbstbestimmt, sodass die Anerkennung der Entscheidung, ob ich allein, in Zweisamkeit, in großen oder kleinen Gruppen leben will, Ausdruck der Menschenwürde selbst ist. Dabei versteht sich, dass jeder Mensch bei dieser Entscheidung auch Bindungen eingeht, die Verlässlichkeit und die Achtung der Würde anderer verlangen, sodass sich die Gestaltung der Beziehungen um der eigenen Würde willen individueller Beliebigkeit entzieht. Entscheidend ist, dass die Wahl des Lebensortes und der Gemeinschaft, in der jeder lebt, als Entfaltung der eigenen Persönlichkeit nicht nur *verstanden*, sondern im konkreten Leben auch *empfunden* werden kann.

Vor diesem Hintergrund entsteht ein menschenrechtliches Verständnis von Inklusion, das sich erheblich von der aktuellen Debatte abhebt und den Begriff der Integration weit hinter sich lässt. Gegenwärtig wird schulische Inklusion praktisch mit Gemeinsamem Unterricht (GU) gleichgesetzt, zu dem *Integration* den Zugang sichert. Dadurch wird immerhin einem grundlegenden Mangel unseres Schulsystems entgegengewirkt, indem die übliche Selektion in «Regel-» und «Sonderschulen» vermieden und das gemeinsame Leben und Lernen aller, insbesondere der Kinder mit und ohne Behinderung, in *einer* Schule ermöglicht wird. Vielfältige positive Erfahrungen lassen sich anführen, die belegen, dass diese Gemeinsamkeit nicht nur menschliche Nähe und gegenseitiges Verständnis mit sich bringt, sondern auch verbesserte schulische Leistungen.

Deshalb führt die Gleichsetzung von Inklusion mit Integration und GU menschlich und pädagogisch zu einer Verarmung, die vor dem Anspruch von Inklusion als Menschenrecht nicht bestehen kann. Denn Bildung als Menschwerdungsrecht, das der Individualität in ihren ganz konkreten zwischenmenschlichen Bezügen verpflichtet ist, verlangt zugleich, den individuellen Bedürfnissen in der Gemeinschaft, den unterschiedlichen Begabungen und Neigungen, d.h. der Heterogenität, gerecht zu werden, die in jeder Gruppe lebendig ist. Dabei stellt die Behindertenrechtskonvention das Schicksal der Menschen mit Behinderungen besonders heraus, weil deren Diskriminierung trotz allgemeiner Menschenrechte nicht überwunden wurde; betroffen sind aber *alle*. Im Unterricht ist es eine ständige anspruchsvolle pädagogische Aufgabe, herauszufinden, wie jedes Kind – ob mit oder ohne Behinderung – zu seinem Recht kommt. Unter diesen Bedingungen das Gemeinschaftsleben in einer Klasse zu gestalten verlangt mehr als «nur» die Integration der Kinder und Jugendlichen mit Behinderungen. Ist *Integration* durch Teilhabe der Menschen mit Behinderungen erreicht, setzt die Aufgabe der *Inklusion*, das «Mit-den-andern-in-der-Welt-Sein» im konkreten Lebensalltag zu gestalten, eigentlich erst ein. Pädagogische und politische Anstrengungen sind nicht am Ziel angekommen, sondern stehen am Anfang.

Diese allgegenwärtige Aufgabenstellung der Inklusion ist durch Gleichsetzung mit gemeinsamem Unterricht nicht zu bewältigen. In der Praxis muss immer wieder neu entschieden werden, wann tatsächlich an einem «gemeinsamen Gegenstand» (Georg Feuser) *gemeinsam* gelernt werden kann oder wann Differenzierungen innerhalb der Gruppe geboten sind, die zieldifferentes Lernen mit unterschiedlichen Methoden erforderlich machen. Aber auch diese Binnendifferenzierung kann ungenügend sein. Es kann sich in der konkreten Situation herausstellen, dass das Lernen in *einer* Gruppe im Moment überhaupt nicht möglich ist. Dann kann auch eine äußere Aufteilung in größere oder kleinere Gruppen, ja Einzelbetreuung, erforderlich sein. Nur auf diese Weise ist das alle einschließende Gemeinschaftsleben gestaltbar, ohne dass Kinder und Jugendliche, zumal wenn etwa schwere oder schwerste Behinderungen vorliegen, mit ihren Potenzialen ohne gezielte Förderung bleiben oder andere durch nivellierenden Unterricht zu kurz kommen, statt auf «Lerninseln» nach ihrem Tempo lernen zu können.

Die äußere Differenzierung hat jedoch entscheidende Vorbedingungen. Soll verhindert werden, dass einzelne Kinder oder Jugendliche auf diese Weise aus der Gemeinschaft herausfallen oder sich Gruppen isolieren, bedarf es im Lebensgrundgefühl aller Beteiligten der unumstößlichen Gewissheit, in die Gemeinschaft aller eingebunden zu sein. Andernfalls mag individuelle Förderung zu ihrem Recht kommen; aber erst recht droht die Zugehörigkeit zur Gemeinschaft, die den Kern des Rechts auf Inklusion ausmacht und entscheidend für die Persönlichkeitsbildung ist, im praktischen Erleben verloren zu gehen. Daher muss der Grundsatz gelten: Je mehr äußere Differenzierung erforderlich ist, desto mehr muss lebendige Gemeinschaft angelegt und gepflegt werden. Vor allem künstlerische Projekte, die als «Wissensstoff» eher am Rande stehen, erhalten auf diese Weise einen unschätzbaren Wert.

VII.

Diese aus der Menschenwürde hergeleiteten Gesichtspunkte haben in den Menschenrechtskonventionen der Vereinten Nationen beredten Ausdruck gefunden. Nicht nur die Menschenwürde selbst steht seit der UN-Charta vom 25.6.1945 in allen folgenden Menschenrechtsverträgen obenan wie schließlich auch in Art. 1 des Grundgesetzes. Auch die Zugehörigkeit zur Gemeinschaft ist von Beginn an im Blick gewesen. Allerdings haben Formulierungen wie die gleichberechtigte «Zugehörigkeit zur menschlichen Familie» «ohne Diskriminierung»[10] nicht verhindern können, dass ganze Menschengruppen aus dem sie eigentlich einschließenden Menschenrechtsschutzsystem herausgefallen sind. Deshalb wurde das System erweitert und präzisiert, insbesondere durch die Frauenrechtskonvention (1979), die Kinderrechtskonvention (1989) und schließlich durch die Behindertenrechtskonvention (2006). Jede dieser Konventionen hat unter den jeweiligen Bedingungen den Grundgedanken der Menschenwürde weiter ausformuliert. Daher geht es auch nicht um «Spezialgesetze», sondern die neu gewonnenen Gesichtspunkte gelten als Ausdeutung der universellen Menschenwürde für *alle* Menschen. Auch die Behindertenrechtskonvention ist daher kein «Sonderrecht» für Menschen mit Behinderungen; der Grundgedanke der diskriminierungsfreien Inklusion ist ein für alle menschlichen Beziehungen geltendes Prinzip.

Konventionsrechtlich ist es daher eine unangemessene Engführung, wenn sich die politische Diskussion ebenso wie die erwähnten Empfehlungen der Kultusministerkonferenz «*Inklusive Bildung von Kindern und Jugendlichen mit Behinderungen in Schulen*» letztlich allein mit den Bedürfnissen der Kinder und Jugendlichen mit besonderem Förderbedarf befassen.[11] Die Grundfragen von Inklusion, Heterogenität, Vielfalt und Nichtdiskriminierung betreffen *alle* Kinder und Jugendlichen in der Schule. Es geht nicht um bloßes «Mitunterrichten» der Kinder mit Behinderungen in der «Regelschule»; denn das gemeinsame Leben und Lernen in der Gemeinschaft aller verändert die gesamte interpersonale Situation – auch für die Kinder ohne attestierten sonderpädagogischen Förderbedarf. Daher greift es auch zu kurz, wenn man meint, die Herausforderungen lediglich durch Zusammenarbeit von «Regelpädagogen» und «Sonderpädagogen» bewältigen zu können. Inklusive Pädagogik braucht die Kompetenzen beider Berufsgruppen; aber darüber hinaus verlangt sie einen übergreifenden, grundlegend neuen Griff.

Um dies zu erreichen, ist die Verankerung der Menschenrechte in den Urkunden des Völkerrechts von ganz wesentlicher Bedeutung. Die Menschenrechtskonventionen bewirken nämlich, dass die aus dem überpositiven Recht gewonnenen Gesichtspunkte der Inklusion *Durchsetzungsfähigkeit* erlangen. Begründet werden Staatenverpflichtungen und Individualrechte: Art. 24 Abs.1

BRK verpflichtet die Vertragsstaaten, ein «inklusives Bildungs-system» und damit die Voraussetzungen zu schaffen, dass nicht nur *Integration*, sondern *Inklusion* gelingen kann. Art. 24 Abs. 2 BRK verstärkt dies durch den individuellen Anspruch, «nicht vom allgemeinen Bildungswesen ausgeschlossen (zu) werden». Ergänzend enthält Art. 24 BRK den Anspruch auf «angemesse-ne Vorkehrungen», die Art. 2 BRK definiert als «notwendige und geeignete Änderungen und Anpassungen, die keine unverhältnis-mäßige oder unbillige Belastung darstellen, wenn sie in einem be-stimmten Fall benötigt werden, um Menschen mit Behinderun-gen gleichberechtigt mit anderen den Genuss und die Ausübung aller Menschenrechte und Grundfreiheiten zu gewährleisten». Auch wenn im Einzelnen strittig ist, was konkret durchsetzbar ist,[12] lässt die Konvention doch erkennen, dass es um ein umfas-sendes menschenrechtliches Konzept mit dem Anspruch geht, die Lebenswirklichkeit von Menschen mit Behinderung konkret zu verbessern.[13]

Dafür ist es von unschätzbarem Wert, dass die menschen-rechtlichen Grundlagen der Inklusion in der Behindertenrechts-konvention klarer zum Ausdruck kommen als in jeder anderen Konvention. In Art. 24 BRK wird ausdrücklich vermerkt, dass die Menschenrechte nicht nur anerkannt werden, sondern als *Gefühl* der eigenen Würde (*sense of dignity*), als *Selbstwertgefühl* (*sense of selfworth*) und – so ergänzt die Präambel – als *Gefühl der Zu-gehörigkeit zur Gemeinschaft* (*sense of belonging*) erlebbar sein müssen; nur durch das unmittelbare Erleben können diese Rech-te im Sinne des «Menschwerdungsrechts» für die Entwicklung und Entfaltung des Einzelnen fruchtbar werden. Die im *mora-lischen* Recht gegründete Achtung vor der Individualität und die Pflege der Zusammengehörigkeit aller sind durch die Behinder-tenrechtskonvention bindendes Recht geworden. Auch wenn die *pädagogische* Verwirklichung eine eigenständige pädagogische Aufgabenstellung ist, ergeben sich aus den Vorgaben der Achtung der Individualität und der Autonomie in der Gemeinschaft doch bindende *rechtliche* Rahmenbedingungen, die inhaltlich und strukturell den Maßstab für die weitere Entwicklung bilden.

VIII.

Es ist unverkennbar, dass die gegenwärtige bildungspolitische Debatte diesen menschenrechtlichen Ansprüchen nicht gerecht wird. Weder konzeptionell noch im Hinblick auf die praktische Realisierung ist die Situation befriedigend. Die Gesetzgebung in den Ländern bringt zwar erste Verbesserungen, aber in *keinem* Bundesland[14] kann von dem notwendigen «Paradigmenwechsel» die Rede sein, «indem die Integrationsperspektive durch die Inklusionsperspektive ersetzt wird».[15] Angesichts dieser Mängel kann es nicht ausbleiben, dass mit dem Gedanken der Inklusion nicht nur positive Erfahrungen verbunden sind. Wegen unzureichender Bedingungen häufen sich problematische Erfahrungen und damit negative Einschätzungen des Reformprozesses überhaupt. Diese Bedenken lassen sich nur entkräften, wenn politisch klargestellt wird, dass vor allem die in den derzeitigen Fördereinrichtungen gegebenen Unterstützungsmöglichkeiten auch in der inklusiven Schule gewährleistet sein werden.

An dieser Stelle sollte der Dialog zwischen Pädagogen und Juristen fruchtbar werden. Gemeinsam gilt es klarzumachen, dass die Politik nicht nur eng geführte und finanziell unzureichende Integrationskonzepte verfolgen darf. Verbale Bekenntnisse zur Inklusion reichen nicht. Weitere Reformschritte, die das System als Ganzes betreffen, sind unerlässlich. Um sie zu erreichen, ist es erforderlich, dass Pädagogen und Juristen in der Überwindung der üblichen Spannungen nach Verständigung suchen und sich gemeinsam mit Nachdruck für den Rückbezug der Debatte auf die menschenrechtliche Ausgangslage stark machen.

Anmerkungen und Literatur finden sich auf S. 759ff.

JOHANNA KELLER

INKLUSION ALS MENSCHENRECHT

UMSETZUNG UND HERAUSFORDERUNGEN
VON INKLUSION IN SCHULISCHEN EINRICHTUNGEN

Unter Inklusion wird im Allgemeinen die umfassende Teilhabe jedes Einzelnen am gesellschaftlichen Leben verstanden. Ziel ist die ausdrückliche und aktive Teilhabe von Menschen mit Behinderungen an der Gesellschaft. Mit dem Übereinkommen über die Rechte von Menschen mit Behinderung (im Folgenden Behindertenrechtskonvention oder BRK)[1] sollen künftig alle in Deutschland geltenden Gesetze übereinstimmen.

Menschen mit langfristigen körperlichen, seelischen, geistigen oder Sinnesbeeinträchtigungen, denen aufgrund von Barrieren nicht die volle Teilhabe an der Gesellschaft möglich ist,[2] gelten nach der BRK als Menschen mit Behinderung.[3] Barrieren oder Hindernisse, die dem Menschen die volle Teilhabe an der Gesellschaft verhindern, führen zu einer Behinderung. Um die Teilhabe zu ermöglichen, müssen die Hindernisse aus dem Weg geräumt werden. Dies kann mit der Hilfe anderer Menschen geschehen. Wenn Inklusion in Form von Teilhabe aller Menschen an der Gesellschaft umgesetzt wird, richtet sich unser Blick daher notwendigerweise auf die Bedürfnisse des anderen Menschen.

Menschen mit Behinderung werden in gleicher Art und Weise in die Rechte einbezogen wie Menschen ohne Behinderung: Art. 5 BRK bestimmt, dass alle Menschen vor dem Gesetz gleich, vom Gesetz gleich zu behandeln sind und ohne Diskriminierung Anspruch auf gleichen Schutz durch das Gesetz und gleiche Vorteile durch das Gesetz haben. Die Vertragsstaaten verbieten jede Diskriminierung aufgrund von Behinderung und garantieren Menschen mit Behinderung gleichen und wirksam rechtlichen Schutz vor Diskriminierung: Alle Menschen stehen sich als von

Natur aus gleiche Rechtspersönlichkeiten gegenüber, mit gleichen Rechten ausgestattet.[4]

Art. 24 BRK[5] gewährleistet die Entfaltung der menschlichen Persönlichkeit und die Sicherung der individuellen Freiheitsrechte: Menschen mit Behinderung sind in der Entfaltung ihrer Begabungen und Kreativität sowie den geistigen und körperlichen Fähigkeiten umfänglich zu unterstützen. Dies soll durch die Einrichtung eines inklusiven Bildungssystems auf allen Bildungsebenen und durch lebenslanges Lernen erreicht werden. Damit wird allen Menschen ein individueller Lern- und Freiheitsraum gegeben, der als Ziel die individuelle Fähigkeitsbildung hat.

Menschen mit Behinderung wird nach Art. 27 BRK das gleiche Recht auf gerechte und günstige Arbeitsbedingungen, einschließlich Chancengleichheit und gleichen Entgelts für gleichwertige Arbeit, auf sichere und gesunde Arbeitsbedingungen, Schutz vor Belästigungen und auf Abhilfe bei Missständen zugestanden. Damit soll dem Menschen mit Behinderung Schutz vor Ausbeutung garantiert werden. Art. 28 greift die Idee der Solidarität im Wirtschaftsleben auf: die Anerkennung des Rechts von Menschen mit Behinderungen auf einen angemessenen Lebensstandard für sich selbst und ihre Familien, einschließlich angemessener Ernährung, Bekleidung und Wohnung, sowie auf eine stetige Verbesserung ihrer Lebensbedingungen.

Art. 3 fasst die Grundsätze, die in der Behindertenrechtskonvention gelten, in einer allgemeinen Formulierung zusammen.[6] Die Ermöglichung einer freien Entfaltung jedes Menschen, seinem von Natur aus gleichen Recht sowie der Solidarität und Grundversorgung im wirtschaftlichen Bereich ist als ethische Grundhaltung in der Behindertenrechtskonvention verankert.

Die Bundesrepublik Deutschland hat sich mit Inkrafttreten der Behindertenrechtskonvention verpflichtet, die entsprechenden Bundes- und Landesgesetze sowie Verordnungen zu schaffen, die der Konvention entsprechen. Dabei hat sie wie jeder Staat einen gewissen Spielraum, wie die allgemeinen Regelungen der Konvention im eigenen Kulturkreis umgesetzt werden. Die Monitoring-Stelle am Institut für Menschenrechte in Berlin beobachtet die Entwicklungen und Umsetzung der Behindertenrechtskonvention in Deutschland.

Seit dem Jahr 2009 hat der Gesetzgeber umfangreiche Gesetzesänderungen, insbesondere im sozial- und arbeitsrechtlichen Bereich, bei den Vorgaben für die öffentlichen Bauten sowie weiteren bundesgesetzlichen Regelungen in Kraft gesetzt. Für die Schulgesetzgebung sind die Bundesländer zuständig.[7] Die Pflicht zur Umsetzung der Behindertenrechtskonvention liegt also im Bereich schulischer Bildung bei den Ländern. In fast allen Bundesländern[8] sind mittlerweile schulgesetzliche Regelungen zur inklusiven Beschulung in Kraft getreten.[9] Sie verpflichten zunächst das staatliche Schulsystem zur Umsetzung des Art. 24 BRK. Bei der Beurteilung, ob die Staaten ihre Verpflichtungen aus dem Abkommen erfüllen, wird jedoch das gesamte schulische Bildungssystem einschließlich der Schulen in freier Trägerschaft in die Betrachtung einbezogen.[10] Schulen in freier Trägerschaft sind daher aufgrund des Gleichbehandlungsgebotes nach Art. 3 GG die gleichen Rechte einzuräumen, sodass sie, wenn sie sich um die Umsetzung von Inklusion bemühen, zur Realisierung dieses Menschenrechtes beitragen. Die Ausprägung und Entwicklung der pädagogischen Konzepte liegen in der Verantwortung der Schulen in freier Trägerschaft im Rahmen des Art. 7 GG.

Im Bildungsbereich führt die Geltung der Behindertenrechtskonvention zu einschneidenden Änderungen: Kinder und Jugendliche mit einem festgestellten sonderpädagogischen Förderbedarf[11] wurden bisher aus dem allgemeinbildenden Schulsystem ausgesondert und verpflichtend im Förderschulzweig[12] beschult. Erst nach Aufhebung des festgestellten sonderpädagogischen Förderbedarfs war rechtlich gesehen eine Reintegration in das allgemeine Schulsystem möglich. Mit dem Erfordernis der Begutachtung eines sonderpädagogischen Förderbedarfs wurde ein Schulsystem geschaffen, welches seit Inkrafttreten der Behindertenrechtskonvention infrage gestellt ist. Allein ein sonderpädagogischer Förderbedarf ist kein zulässiger Grund mehr, ein Kind aus einer allgemeinbildenden Schule auszuschulen. Vielmehr wird ihm bzw. den Erziehungsberechtigten ein Wahlrecht zugestanden, in welcher Schule das Kind beschult werden soll. Nur ausnahmsweise hat in manchen Bundesländern die Behörde ein Entscheidungsrecht über die zuständige Schule, was aber im Zweifelsfall auch angefochten werden kann.

Konsequenterweise sollten auch Förderschulen künftig Kinder mit und ohne sonderpädagogischen Förderbedarf inklusiv beschulen können. Obwohl jedoch die Kultusministerkonferenz[13] darauf hingewiesen hat, dass auch die Förderschulen grundsätzlich inklusiv auszurichten seien und allen Kindern der Weg in die Förderschulen offenstehen müsste, gibt es in Deutschland nur wenige verwaltungspraktische Beispiele hierfür.

Aufgabe der Schulpraxis ist es, im Rahmen von neugefassten Regelungen in den Schulgesetzen eine Förderung der individuellen Entwicklung jedes Menschen zu gewährleisten. Schulen müssen sich mit den neuen Regelungen bekannt machen, was in manchen Bereichen Änderungen in dem bisher vertrauten Ablauf mit sich bringt. Genaue Kenntnis der Rechtsmaterie kann insbesondere bei Schulen in freier Trägerschaft zu kreativer Ausschöpfung der Ressourcen führen. Viele Schulen suchen dabei nach eigenen Formen, wie inklusive Bildung im Rahmen der neugefassten Regelungen umgesetzt werden kann. Schulen, Geschäftsführer, Lehrer und Eltern sammeln Informationen und Erfahrungen, welche Wege am besten für ihre Einrichtung geeignet sind. Dabei entsteht erfahrungsgemäß die Frage, wie und ob Inklusion im Schulganzen ermöglicht werden kann. Nicht selten kommt es zu einer Abstimmung des Kollegiums für oder gegen Inklusion. Dabei wird jedoch nicht berücksichtigt, dass Inklusion auf Völkerrechtsebene als Menschenrecht inauguriert wurde und daher eine Abstimmung über seine Geltung nicht statthaft ist: Inklusion beinhaltet, dass allen Menschen alle Rechte in gleicher Weise zustehen. Inklusion bedeutet nicht, dass alle Kinder immer gemeinsam unterrichtet werden müssen, sondern dass allen Kindern der Zugang zu gleichen Bildungsmöglichkeiten gegeben wird. Wie der Unterricht im Einzelnen aussieht, ist eine pädagogische Frage; hier ist eine Vielzahl von Unterrichtsformen denkbar, wie eine größtmögliche Entfaltung der Fähigkeiten des einzelnen Schülers geschehen kann; gemeinsame Unterrichtsformen sind durchaus geeignet, soziale Fähigkeiten und die Hinwendung zum anderen Menschen zu entwickeln.

In der Auseinandersetzung mit der Frage, wie sich individuelle Förderung für jedes Kind gewährleisten lässt, kann die Frage nach der Inklusion durchaus eine Rolle spielen – allerdings in der Form, dass sie nach den Möglichkeiten sucht, die sich für die Förderung des Individuums im Rahmen der Beschulung für jedes Kind stellt. Einem Kind eine Aufnahme zu verwehren, weil Inklusion an der Schule nicht umgesetzt werden soll, könnte letztlich als Diskriminierung des Kindes gewertet werden, was unrechtmäßig wäre. Zu empfehlen ist in diesem Zusammenhang, das Aufnahmeverfahren für alle Kinder in gleicher Weise durchzuführen. Das bedeutet, dass die Schule sich wie üblich in jedem Fall individuell für oder gegen die Beschulung eines Kindes und den Abschluss eines Schulvertrages mit den Eltern entscheidet. Daran ändert die Behindertenrechtskonvention nichts. Wird ein Kind mit sonderpädagogischem Förderbedarf aufgenommen, so ist zu klären, inwieweit die Einbeziehung eines Förderlehrers oder Integrationshelfers möglich ist, um dieses Kind entsprechend zu fördern.

Die Finanzierbarkeit von Inklusion, die z.B. auch die Beschäftigung von Förderlehrern umfasst, spielt für die Schulen in freier Trägerschaft eine große Rolle. Da der Staat verpflichtet ist, Inklusion umzusetzen, stellt sich für die Schulen in freier Trägerschaft die Frage, ob und wie sie in die staatliche Finanzierung von Inklusion mit einbezogen sind. Hierfür ist es sinnvoll, auf die Vorschriften der BRK zurückzugreifen, da die schulrechtlichen Vorschriften letztlich der Konvention entsprechen müssen. Art. 24 BRK, in dem das Recht auf Teilhabe im Schulbereich geregelt ist, unterscheidet nicht zwischen öffentlichen und privaten Schulen (Schulen in freier Trägerschaft), sondern bezieht sich grundsätzlich auf das gesamte Bildungssystem unter Einschluss der Schulen in freier Trägerschaft. Das Schulsystem ist ein ganzheitliches, in welchem Schulen in freier Trägerschaft grundsätzlich die gleichen Rechte zugebilligt werden müssen, wie sie den öffentlichen Schulen zustehen. Ansonsten bliebe das Schulwesen in freier Trägerschaft chancenlos gegenüber dem öffentlichen Schulsystem. Jedenfalls dürfen die Regelungen für die Schulen in staatlicher bzw. kommunaler Trägerschaft nicht dazu führen, dass die Schulen in freier Trägerschaft sich nicht in ähnlicher Weise ausrichten können. Damit sind Schulen in freier Trägerschaft bei der Umsetzung von Teilhaberechten im Bildungsbereich einzubeziehen, sodass die Refinanzierung von Kindern mit entsprechendem sonderpädagogischem Förderbedarf grundsätzlich zu ermöglichen ist.

In der Praxis wird dennoch vorgebracht, dass eine Refinanzierung für Kinder mit sonderpädagogischem Förderbedarf in allgemeinbildenden Waldorfschulen nur schwer möglich sei.[14] Dies ist insbesondere im Hinblick darauf, dass Eltern die gleichen Rechte für die Wahl des Schulbesuchs ihres Kindes haben, nur schwer mit der Verfassung in Einklang zu bringen. Hier hat die Praxis gezeigt, dass es sich durchaus lohnt, mit den Behörden in entsprechende Verhandlungen zu treten.

In der Regel ist die Finanzierung von Inklusion auch für Schulen in freier Trägerschaft vorgesehen oder an bestimmte Voraussetzungen gebunden: Kinder und Jugendliche mit festgestelltem sonderpädagogischem Förderbedarf können an allgemeinbildenden Waldorfschulen beschult und refinanziert werden, wenn eine entsprechende Förderung durch genehmigungsfähige Förderlehrer an der Schule nachgewiesen werden kann. Der Maßstab ist grundsätzlich derjenige, der in dem entsprechenden Bundesland für die inklusive Beschulung an öffentlichen Schulen und der Genehmigung von Waldorflehrern gilt.

Die Finanzierung für Kinder mit sonderpädagogischem Förderbedarf an Schulen in freier Trägerschaft gliedert sich in zwei Säulen:

– Die schulische Refinanzierung erfolgt nach den schulgesetzlichen Regelungen des jeweiligen Bundeslandes.
– Die Bewilligung eines Integrationshelfers oder einer anderen individuellen Zusatzleistung aufgrund eines Antrages, den die Eltern des Kindes oder Jugendlichen beim Sozial- oder Ju-

gendamt stellen. Die Bewilligung bezieht sich auf die Finanzierung eines persönlichen Begleiters oder Zusatzleistung des Kindes oder Jugendlichen. In der Bewilligung wird der Umfang und die Art der Hilfe festgelegt.

Deutschlandweit geht die Entwicklung derzeit in die Richtung, dass bei Kindern in den ersten Grundschulklassen in bestimmten Förderbereichen kein sonderpädagogischer Förderbedarf mehr festgestellt wird, sondern eine Sonderschullehrkraft den Grundschulunterricht begleitet. Schulen in freier Trägerschaft erhalten die Refinanzierung der Förderschullehrerstunden noch in einigen Bundesländern erst zu dem Zeitpunkt, in welchem der sonderpädagogische Förderbedarf bei dem Kind festgestellt ist. Das führt unter Umständen zu einer Benachteiligung der Finanzierung von Schulen in freier Trägerschaft, da den Eltern und Kindern ein Verfahren abverlangt wird, das bei anderen allgemeinbildenden Schulen nicht mehr erforderlich ist. Hier sollte künftig ein besonderes Augenmerk auf die Refinanzierungssituation von Schulen in freier Trägerschaft gelegt werden.

Wenn ein Kind mit sonderpädagogischem Förderbedarf oder vermutetem sonderpädagogischem Förderbedarf in einer Schule aufgenommen werden soll, so empfiehlt sich folgende Vorgehensweise: Besteht noch kein Gutachten über einen sonderpädagogischen Förderbedarf, so ist dieses je nach Voraussetzung in dem jeweiligen Bundesland zu erstellen. Ein Lehrer mit entsprechender heilpädagogischer bzw. sonderpädagogischer Ausbildung wird für die spezielle Förderung des Kindes beauftragt bzw. eingesetzt, der neben dem Klassenlehrer für die individuelle und sonderpädagogische Begleitung verantwortlich ist. Die Refinanzierung erfolgt über die Schule im Nachhinein und ist je nach Bundesland verschieden. Wenn außerdem die Begleitung durch einen Integrationshelfer sinnvoll erscheint, sollten Gespräche mit den Eltern wegen einer entsprechenden Antragsstellung geführt werden oder je nach Bundesland von der Schule in Absprache mit den Eltern gestellt werden. Juristische und pädagogische Fachberater können einen solchen Prozess unterstützend begleiten. Wird für die Begleitung eines Kindes in der Schule eine Integrationshilfe bewilligt, so ist eine gute Einführung und Begleitung des Integrationshelfers sehr hilfreich, da diese nicht immer über eine pädagogische Ausbildung verfügen. Hier hat es sich als sinnvoll erwiesen – in manchen Gemeinden oder Bundesländern wird dies verpflichtend vorausgesetzt –, mit bestehenden Organisationen der Jugend- und Sozialhilfe (welche oftmals einen «Pool» von Integrationshelfern haben und diese ausbilden und auch fachlich begleiten) zu kooperieren oder in einem eigenen anerkannten Verein neue Formen für die Integrationshilfe zu entwickeln.

Eine Kenntnis über Diagnose, Förderung und spezielle Begleitung von Kindern und Jugendlichen mit sonderpädagogischem Förderbedarf ist eine wichtige Voraussetzung für die Befähigung der Lehrkräfte zur Binnendifferenzierung im Unterricht. Kenntnis über unterschiedliche Behinderungsarten, individuelle Maßnahmen und Förderpläne sind Grundbedingungen für die Befähigung künftiger Lehrkräfte, die in einem inklusiven Bildungswesen tätig sein wollen. Hier sind insbesondere die Lehrerausbildungsinstitute gefordert, spezielle Kurse für inklusive Pädagogik anzubieten. Die Kenntnis von und Befähigung zu inklusiver Pädagogik kann nach Berichten von tätigen Lehrern, die entsprechende Weiterbildungen besucht haben, helfen, Ängste und innere Blockaden abzubauen.[15]

(Klassen-)Lehrer an Waldorfschulen und Lehrer an heilpädagogischen Schulen bzw. Sonderschullehrer sind bis heute Berufe unterschiedlicher Ausbildungsrichtungen. Hierfür gibt es zwar historische Gründe, jedoch nicht zwangsweise inhaltliche. Wünschenswert wäre es, wenn sich Ausbildungsinhalte noch stärker überschneiden und ein breites Ausbildungsangebot zur Binnendifferenzierung im Unterricht zur Verfügung stünde. An Förderschulen hat sich in den vergangenen Jahren eine hohe Kompetenz und Spezialisierung bei den Lehrkräften im Umgang mit Schülern mit sonderpädagogischem Förderbedarf und der speziellen Förderung herangebildet. Die Zusammenarbeit von Lehrkräften aus den allgemein bildenden und Förderschulen wird daher entscheidend sein, um zum Gelingen von Inklusion beizutragen. Hierzu kann bereits in der Ausbildungssituation von Lehrkräften unterstützend beigetragen werden.

Gelingt es einem Lehrer in der Praxis, eine gute Beziehung zu einem Kind aufzubauen, ist die Grundlage für eine pädagogische Förderung gegeben, unabhängig vom bestehenden Förderbedarf. Pädagogen sprechen in dem Zusammenhang von einer Notwendigkeit, im pädagogischen Bereich ganz neue Ideen zu entwickeln, eine Neuschöpfung der Waldorfpädagogik zu initiieren.

Das Kind mit sonderpädagogischem Förderbedarf hat ein Recht darauf, eine Förderung unter Einbeziehung von Fachkräften zu erhalten. Sofern dies geschieht, entsteht in der Regel bei Kollegen und Eltern, die für die Bildung dieses Kindes Verantwortung tragen, ein Vertrauen, das sich positiv auf die Entwicklung des Kindes auswirken kann. Für tätige Lehrkräfte ist daher eine Weiterbildung oder eine Zusammenarbeit in Netzwerken[16] zu empfehlen, um Sicherheit im Umgang mit dem Thema Inklusion zu bekommen und die eigene Befähigung im pädagogischen Bereich zu erweitern.

Fragen entstehen insbesondere dort, wo es um Differenzierung des Unterrichtsinhaltes geht, ohne dabei in die Gefahr der Stigmatisierung zu geraten. Es gibt Kinder mit unterschiedlicher Aufnahmekapazität. Hier sind neue Ideen gefragt, wie der Unterricht insgesamt ergriffen werden kann. Ein immer wieder auftauchendes Thema ist dabei die Frage der gemeinsamen Unterrichtsführung (Teamteaching); sie wird voraussichtlich in der Ausbildung künftiger Lehrer für das Gelingen von Inklusion wichtig sein. Nach einer Empfehlung der Kultusministerkonferenz[17] ist für inklusive Beschulung ein Zusammenwirken unterschiedlicher Berufsgruppen wichtig. Hierzu gehören ebenso nicht lehrende Mitarbeiter, die die Tätigkeit der Lehrkräfte im Bildungs- und Erziehungsprozess unterstützen (Menschen mit einer sozialpädagogischen Ausbildung, mit therapeutischer und pflegerischer Ausbildung und sonstige Assistenzen).

Es werden zunehmend Kinder mit weniger schwerwiegendem sonderpädagogischem Förderbedarf (oder nicht mehr ausdrücklich festgestelltem sonderpädagogischem Förderbedarf) in die allgemeinen Schulen aufgenommen, sodass in den Förderschulen Kinder mit höherem sonderpädagogischem Förderbedarf zurückbleiben können, die Förderschule also zunehmend als sogenannte Auffangschule erlebt wird. Dies führt dazu, dass die Kinder, welche bisher treibende Kraft in der Klasse waren, unter Umständen nicht mehr in den Klassen einer Förderschule beschult werden. Diese Tendenz wiederum führt dazu, dass sich die Tätigkeit der an den Förderschulen verbleibenden Lehrkräfte verändert und auch hier neue Ansätze in der pädagogischen Begleitung von Kindern wichtig erscheinen.

Eine oft gestellte Frage ist die, welche Bedingungen gegeben sein müssen, um Inklusion umzusetzen. Hier kann nur darauf hingewiesen werden, dass die erste Voraussetzung die innere Haltung und der Wille ist, eine große Bandbreite an Kindern mit den unterschiedlichsten Fähigkeiten aufzunehmen und zu fördern. Ferner ist die Bereitschaft sehr wichtig, mit Kollegen gemeinsam die Beschulung und Bildung zu meistern und in Teamarbeit die Kinder zu fördern. Die Voraussetzungen, dass dies an der eigenen Einrichtung möglich ist, sollten mit den verschiedenen Gremien geklärt sein. Wichtig ist dabei die Einbeziehung auch anderer Schüler und betroffener Eltern, offene Fragen anzusprechen und über Förderungsmöglichkeiten zu informieren. Das schafft Vertrauen und zeigt die Sorgfalt, wie der Lehrer an die spezielle Förderung herangeht.

Oberstufenschüler haben in diesem Zusammenhang berichtet, dass sie sich selbst Gedanken machen würden, wie ein bestimmter Schüler besser gefördert werden könne, da sie oft mehr mit den speziellen Lernschwierigkeiten ihrer Mitschüler vertraut seien.

Inklusion lässt uns den Blick auf den anderen Menschen richten, ruft uns auf zu sozialerem Handeln. Ob die Umsetzung von Inklusion gelingt, wird wesentlich von unserer Haltung, unseren Ideen und der zur Verfügung gestellten Mittel abhängen.

Die Anmerkungen finden sich auf S. 761f.

JOHANNA KELLER

REGELUNGEN ZUR INKLUSION IN DEN SCHULGESETZEN DER BUNDESLÄNDER

Schulbildung ist Ländersache. Aufgrund der föderalen Struktur der BRD müssen die wesentlichen Regelungen der «UN-Konvention über die Rechte von Menschen mit Behinderungen» oder «Behindertenrechtskonvention» (im Folgenden BRK) im Bildungsbereich durch die einzelnen Bundesländer umgesetzt werden. Dies führt zu einer sehr unterschiedlichen Umsetzung. Zunächst seien einige allgemeine Ausführungen vorausgeschickt, bevor auf die besondere Situation der Umsetzung des Art. 24 BRK in den Bundesländern eingegangen wird.

Das Konzept der inklusiven Erziehung beruht auf dem Prinzip, alle Schüler ungeachtet ihrer individuellen Unterschiede zu unterrichten. Heterogenität wird nicht als Problem, sondern als Bereicherung angesehen. Angestrebt wird «eine Schule für alle». Die Vertragsstaaten sind nach Art. 24 Abs. 2 Ziff. b BRK verpflichtet, Schülern mit Behinderungen den «Zugang» zum inklusiven Schulsystem sicherzustellen. Art. 24 Abs. 2 Ziff. c, d und e BRK verpflichtet die Vertragsstaaten, innerhalb des allgemeinen Schulsystems eine bestmögliche individuelle Unterstützung anzubieten, um den Schülern mit Behinderungen eine wirksame Bildung zu erleichtern, und zwar «mit dem Ziel der vollständigen Inklusion» (Gesetzestext der BRK).

Die Erreichung der Ziele eines solchen inklusiven Bildungssystems setzt eine systemische Veränderung im Schulwesen voraus. Für alle Schüler soll eine Unterrichtssituation geschaffen werden, in der ihr Bildungspotenzial optimal entfaltet werden kann.

Art. 24 Abs. 4 BRK verlangt, qualifizierte Lehrkräfte einschließlich Lehrkräfte mit Behinderungen im Unterricht einzusetzen. Eine entsprechende Fortbildung als Qualifizierungsmaßnahme zielt auf die Sensibilisierung für Behinderungen, die Vermittlung behindertengerechter Kommunikationsformen und die pädagogische Unterstützung von Menschen mit Behinderungen. Die Kultusministerkonferenz (KMK) empfiehlt dabei, dass u.a. Schulorganisation, Pädagogik und Lehrerbildung so gestaltet werden, «dass an den allgemeinen Schulen ein Lernumfeld geschaffen wird, in dem sich Kinder und Jugendliche mit Behinderungen bestmöglich entfalten können und ein höchstmögliches Maß an Aktivität und gleichberechtigter Teilhabe für sich erreichen».[1] Dies erfordere auch die Förderung der Gesundheit und die Stärkung der Lernenden sowie die Einbindung von Familien und Gemeinschaften.

Einschränkungen des Art. 24 BRK können sich aus anderen Normen des Abkommens und faktischen Umständen ergeben. Normative Grenzen können aus dem Zweck der Konvention folgen, der auf das Wohl der Menschen mit Behinderungen ausgerichtet ist und im Einzelfall eine spezielle Förderung im kleineren Rahmen verlangt.[2] Zunächst sind allerdings alle begleitenden und unterstützenden Maßnahmen auszuschöpfen, um das Inklusionsziel zu erreichen.

Unter der Berücksichtigung dieses Positionspapiers hat die KMK mit ihrer Empfehlung «Inklusive Bildung von Kindern und Jugendlichen mit Behinderungen in Schulen» vom 20. Oktober 2011[3] eine weitere Grundlage zur Umsetzung von Inklusion für die Gesetzgebung der Länder geschaffen. Die Empfehlung formuliert Rahmenbedingungen einer zunehmend inklusiven pädagogischen Praxis in den allgemeinbildenden und berufsbildenden Schulen, die sich mittlerweile in den Ländergesetzen wiederfinden. Ausgehend von einem veränderten Verständnis von Behinderung und den Prinzipien der Teilhabe und Barrierefreiheit wird die Zuständigkeit der allgemeinen Schule für alle Kinder und Jugendlichen mit Behinderungen betont. Die KMK sieht es als Aufgabe der Schule, präventiv dem Entstehen einer Behinderung oder weiterer Auswirkungen einer bestehenden Behinderung entgegenzuwirken. «Schulische Bildung kann deshalb im Einzelfall vorbeugende personelle, pädagogische oder räumlich-sächliche Zuwendungen erfordern.»[4]

Die KMK macht außerdem deutlich, dass inklusive Beschulung ein Zusammenwirken unterschiedlicher Berufsgruppen erfordert, das heißt, nicht nur Lehrer unterschiedlicher Lehrämter und Ausbildungen, sondern auch Mitarbeiter anderer Berufsgruppen tragen zum Gelingen von Inklusion bei. «Zum nicht lehrenden Personal, das die Tätigkeit der Lehrkräfte im Bildungs- und Erziehungsprozess unterstützt, gehören Mitarbeiterinnen und Mitarbeiter mit einer sozialpädagogischen Ausbildung, Personen mit therapeutischer und pflegerischer Ausbildung sowie Assistenzpersonal.»[5]

Aufgrund der BRK (insbesondere der Fassung des Art. 24 BRK) sind die wesentlichen Regelungen zur gemeinsamen Beschulung von Kindern mit und ohne Behinderung in fast allen Bundesländern unterschiedlich und neu formuliert worden. Insbesondere in Baden-Württemberg sind in nächster Zeit noch entsprechende Gesetzesänderungen im Schulgesetz zu erwarten.

Die Bezeichnung von Schulen, die ausschließlich Kinder mit sonderpädagogischem Förderbedarf unterrichten, ist in den Bundesländern sehr unterschiedlich.

In *Baden-Württemberg* bestehen Modellversuche für inklusive Beschulung in fünf Schwerpunktregionen: Stuttgart, Mannheim, Freiburg, Konstanz und Biberach. Seit dem Schuljahr 2012/13 ist in Baden-Württemberg für 42 Schulen die «Gemeinschaftsschule» als neue Schulform eingeführt. Sie vereint das Prinzip der Gesamtschule, Ganztagsschule und der inklusiven Beschulung von Kindern mit und ohne Behinderung. Der «Förderbedarf» wird in einem Feststellungsbescheid festgestellt nach einem Verfahren zur Feststellung eines Anspruchs auf ein sonderpädagogisches Beratungs-, Unterstützungs- oder Bildungsangebot. Anwendbare Gesetze sind bisher noch die §§ 23 Abs. 1,82 Schulgesetz sowie die Regelungen zur Umsetzung des Beschlusses des Ministerrats vom 3.5.2010 sowie vom 20.9.2010 «schulische Bildung von Menschen mit Behinderung».[6] Die Finanzierung einer inklusiven Beschulung erfolgt durch eine Mischfinanzierung, das heißt, Schulen erhalten für Kinder mit festgestelltem Förderbedarf einen Personalkostenzuschuss zusätzlich zur Schülerkopfsatzfinanzierung.

In *Bayern* ist Inklusion für alle Schulen gesetzlich vorgesehen. Kindern und Jugendlichen mit sonderpädagogischem Förderbedarf stehen unterschiedliche Beschulungsmöglichkeiten zur Wahl – sie können, soweit keine Einschränkungen nach Art. 41 Abs. 5 BayEUG vorliegen, die allgemeine Schule besuchen, eine Partnerklasse der Förderschule (ehemals Außenklasse), eine offene Klasse der Förderschule oder eine Kooperationsklasse der allgemeinen Schule, sie können ein Förderzentrum besuchen oder an einer Schule mit dem Schulprofil «Inklusion» beschult werden. Die Wahl des Förderortes richtet sich dabei nach den individuellen Förderbedürfnissen des Kindes und regionalen Angeboten innerhalb der Schullandschaft. Die Regelungen des Schulgesetzes gelten für Schulen in freier Trägerschaft nur, wenn es im Schulgesetz bestimmt ist. Das sonderpädagogische Gutachten zur Feststellung eines sonderpädagogischen Förderbedarfs erfolgt nach Maßgabe der VSO-F. Danach folgt ein förderdiagnostischer Bericht und Förderplan. Die Entscheidung über die Aufnahme eines Kindes mit sonderpädagogischem Förderbedarf in die Regelschule liegt bei der Schule, sie führt ein entsprechendes Prüfverfahren (förderdiagnostischer Bericht) durch. Ansonsten erfolgt die Beschulung in einer Förderschule. Hier sind unterschiedliche Formen möglich. Anwendbare Gesetze sind die Art. 2, 30a, 30b, 90 BayEUG sowie die Schulordnung für die Volksschulen zur sonderpädagogischen Förderung (Volksschulordnung F, VSO-F). Die Finanzierung der Schulen in freier Trägerschaft erfolgt nach der Berechnung eines notwendigen Personalaufwands (pauschale Zuschüsse) gem. Art. 31 ff, 45 ff BaySchFG zuzüglich eines pauschalen Zuschussbetrages je Schüler pro Schuljahr für den notwendigen Schulaufwand. Die Förderung von Baumaßnahmen erfolgt nach Art. 45 Abs. 3 BaySchFG.

Berlin gewährt den Eltern ein Wahlrecht, welche Schule ihr Kind besucht. Das Gesamtkonzept «inklusive Schule» bezieht sonderpädagogische Förderzentren mit ein. Ein sonderpädagogisches Gutachten kann zur individuellen Fördersituation des Kindes oder Jugendlichen erstellt werden. Dies erfolgt in einem Verfahren zur Feststellung des sonderpädagogischen Förderbedarfs durch die Schulaufsichtsbehörde. Anwendbare Gesetze sind §§ 7, 30 Schulgesetz sowie die Verordnung über die sonderpädagogische Förderung (Sonderpädagogikverordnung). Die Finanzierung erfolgt bei Schulen in freier Trägerschaft nach § 101 SchulG Berlin.

In *Brandenburg* ist ein gemeinsamer Unterricht möglich, wenn der entsprechende Förderbedarf des Schülers und die Eignung der Schule festgestellt sind (Ausnahme beim Förderschwerpunkt Lernen und der emotionalen und sozialen Entwicklung). In einer Stufe 1 wird der sonderpädagogische Förderbedarf grundlegend festgestellt, in Stufe 2 erfolgt die förderdiagnostische Lernbeobachtung: Für jeden Schüler mit sonderpädagogischem Förderbedarf stehen neben den Lehrkräftewochenstunden der allgemeinen Schule zusätzliche Lehrkräftewochenstunden von sonderpädagogisch qualifizierten Lehrkräften gemäß den Verwaltungsvorschriften über die Unterrichtsorganisation zur Verfügung (Grundbedarf). Soweit erforderlich, kann zur Sicherung der individuellen sonderpädagogischen Förderung neben den Lehrkräften der allgemeinen Schule und den sonderpädagogisch qualifizierten Lehrkräften auch «sonstiges pädagogisches Personal» eingesetzt werden. Ein individueller Lernplan begleitet den Schüler. Das Feststellungsverfahren erfolgt durch einen Förderausschuss der Schulbehörde. Sonderpädagogische Förder- und Beratungsstellen begleiten entsprechende Förderung. Anwendbare Gesetze sind § 4 Abs. 7 Schulgesetz sowie die Sonderpädagogikverordnung (SopVO). Die Finanzierung erfolgt nach § 124 BbgSchulG: Träger von Ersatzschulen, die auf gemeinnütziger Grundlage arbeiten, erhalten einen öffentlichen Finanzierungszuschuss zum Betrieb der Schule (Betriebskostenzuschuss). Der Betriebskostenzuschuss wird für die durch den Betrieb der Schule anfallenden Personalkosten und Sachkosten gewährt.

Bremen hat die Förderschulen im staatlichen Schulbereich aufgehoben, stattdessen sind Zentren für unterstützende Pädagogik für die Begleitung bei Feststellung einer sonderpädagogischen Förderung eingerichtet. Bremer Schulen in staatlicher Trägerschaft haben den gesetzlichen Auftrag, sich zu inklusiven Schulen zu entwickeln (§ 3 Schulgesetz). Das Verfahren zur Erstellung eines förderdiagnostischen Gutachtens erfolgt durch die Schulbehörde. Anwendbare Gesetze sind §§ 3, 4 sowie die Sonderpädagogikverordnung. Die Finanzierung für Schulen in freier Trägerschaft richtet sich in Bremen nach § 17 des Gesetzes über das Privatschulwesen und den Privatunterricht. Danach erhält die Schule einen Zuschuss für einen Schüler, der ausgehend von einer Grundsumme erhöht werden kann, wenn die Schule besondere Pflichten übernimmt. Diese sind in § 17a, Gesetz über das Privatschulwesen und den Privatunterricht, geregelt.

Auch in *Hamburg* haben die Eltern ein Wahlrecht, in welche Schulform ihr Kind eingeschult werden soll. In einem sonderpädagogischen Gutachten wird der sonderpädagogische Förderbedarf durch die zuständige Behörde (Regionales Bildungs- und Beratungszentrum) festgestellt. Eine systemische Zuweisung erfolgt durch eine KESS («Kompetenzen und Einstellungen von Schülerinnen und Schülern»)-Zuordnung; in diesem Fall ist kein gesondertes Gutachten erforderlich. In einem Förderplan wird das Ziel der Förderung festgelegt. Anwendbare Normen sind die §§ 6, 8, 12 des Hamburgischen Gesetzes über Schulen in freier Trägerschaft. Sofern Schulen in freier Trägerschaft eine gleichwertige Förderung anbieten können, erhalten sie für die betreffenden Schüler auf der Basis des sonderpädagogischen Feststellungsbescheides den jeweiligen erhöhten Finanzhilfesatz nach § 15 Abs. 3 des Gesetzes über Schulen in freier Trägerschaft (Aufschlag pro Schüler). Diese Finanzhilfesätze für Schüler mit sonderpädagogischem Förderbedarf sind im Bereich der Schulen in freier Trägerschaft einheitlich für die allgemeinbildenden Schulformen. Die Zuweisungen für sonderpädagogische Förderung sind hier an die neuen Bedarfsgrundlagen im staatlichen Bereich angepasst. Wird die sonderpädagogische Förderung direkt von einem staatlichen Regionalen Bildungs- und Beratungszentrum geleistet, erhält die Regelschule in freier Trägerschaft nur den regulären Schülerkostensatz.

In *Hessen* wird Inklusion an allgemeinbildenden Schulen von Fachberatern Inklusion, die staatlichen Schulämtern zugeordnet sind, sowie vom sonderpädagogischen Beratungs- und Förderzentrum (BFZ) begleitet. Zur Anerkennung einer sonderpädagogischen Förderung ist die Einholung einer förderdiagnostischen Stellungnahme und weiterer Gutachten durch einen eingerichteten Förderausschuss an der Schule erforderlich. Hierauf aufbauend wird ein individueller Förderplan erstellt. Anwendbare Vorschriften sind §§ 51 ff. SchulG sowie die Verordnung über Unterricht, Erziehung, sonderpädagogische Förderung von Schülerinnen und Schülern mit Beeinträchtigungen oder Behinderungen – (VOSB). Erklärtes politisches Ziel ist die Verlagerung von Förderschulen unter das Dach einer allgemeinbildenden Schule. Voraussetzung für die Förderung eines inklusiv an einer allgemeinbildenden Schule beschulten Schülers mit Behinderung als Inklusionsschüler ist gemäß § 3 Abs. 2 ESchFG das Vorliegen einer Bestätigung des Landesschulamtes hinsichtlich des Anspruchs auf eine sonderpädagogische Förderung sowie des Förderschwerpunkts. Der Umfang des für einen inklusiv beschulten Schüler mit sonderpädagogischem Förderanspruch gewährten Schülersatz-Zuschusses beträgt 90 Prozent eines Schülers mit demselben Förderschwerpunkt im Sinne von § 50 Abs. 3 SchulG. Die Landeszuschüsse betragen jeweils für den Förderschwerpunkt (2013) zwischen 10.281 € (Sprachheilförderung) und 13.674 € (körperliche und motorische Entwicklung).

In *Mecklenburg-Vorpommern* liegt die Schulwahl bei den Eltern, sofern das Kind angemessen gefördert werden kann. § 35 SchulG M-V regelt den gemeinsamen Unterricht von Schülern mit und ohne sonderpädagogischen Förderbedarf. Nach § 34 Abs. 7 SchulG M-V gelten die Vorschriften über die sonderpädagogische Förderung ausdrücklich auch für Schulen in freier Trägerschaft. Die zuständige Schulbehörde legt den sonderpädagogischen Förderbedarf in einem geregelten Verfahren fest. Anwendbare Vorschriften sind neben den schulgesetzlichen Bestimmungen die Verordnung zur Ausgestaltung der sonderpädagogischen Förderung (Förderverordnung Sonderpädagogik – FöSoVO). An Grundschulen sind zur Umsetzung von Inklusion sogenannte Diagnoseförderklassen eingerichtet worden. Die Finanzierung von Schulen in freier Trägerschaft sind in den §§ 127 ff SchulG M-V geregelt.

Das erklärte Ziel *Niedersachsens* ist es, das Schulsystem künftig als inklusives System auszugestalten. Die derzeitigen Förderschulen arbeiten zugleich als sonderpädagogische Förderzentren. In einem Feststellungsverfahren wird ein Fördergutachten durch die Schule erstellt, soweit dies erforderlich ist. Für alle Schüler wird eine sonderpädagogische Unterstützung im Rahmen des Grundschulunterrichts zur Verfügung gestellt. Anwendbare Vorschriften sind die §§ 4, 139 SchulG, sowie die Verordnung zum Bedarf an sonderpädagogischer Unterstützung (SoPädFV ND). Für Schulen in freier Trägerschaft gilt außerdem der Runderlass vom 21.03.2011 zur Aufnahme von Schülern mit SFB an Schulen in freier Trägerschaft.[7] Die Finanzierung erfolgt nach den §§ 149, 150 NSchG. Danach erhöht sich im Falle der inklusiven Beschulung der finanzielle Zuschuss um den Satz für die Förderschulen.

In *Nordrhein-Westfalen* besteht ein subjektiv-öffentliches Recht auf Inklusion. In einem Verfahren zur Feststellung der sonderpädagogischen Förderung kann der Förderschwerpunkt zur Beschulung in einer entsprechenden Förderschule festgestellt werden. Anwendbare Vorschriften sind die §§ 19, 20 SchulG sowie die Ausbildungsordnung sonderpädagogische Förderung – AO-SF. Die Finanzierung erfolgt nach entsprechender Feststellung von Förderbedarfen nach dem SchulG.

Rheinland-Pfalz hat mit den neuen Regelungen zur Inklusion sogenannte Schwerpunktschulen eingerichtet. Die Schwerpunktschule ist ein möglicher Lernort für Schüler, bei denen sonderpädagogischer Förderbedarf festgestellt wurde. Das Verfahren zur Erstellung eines sonderpädagogischen Gutachtens ist in die Verantwortung eines Förderzentrums gelegt. Die Schulaufsichtsbehörde entscheidet, ob organisatorische, personelle und sächliche Möglichkeiten bestehen, einen Schüler zu beschulen, bei Schwerpunktschulen ist dies jedenfalls festgestellt. Anwendbare Rechtsvorschriften sind die §§ 10, 59 SchulG, §§ 28, 29, 35, 45 GSchO (Grundschule) sowie die Verwaltungsvorschrift «Lernschwierigkeiten und Lernstörungen». Die Waldorfschulen haben durch Verhandlungen der Regionalen Arbeitsgemeinschaft erreicht, eine eigene Regelung mit dem Ministerium über Form und Finanzierung von Inklusion für ihre besondere Schulform zu erhalten. Damit ist Inklusion in diesem Bundesland vergleichbar gut bezuschusst.

Im Rahmen des Pilotprojektes «Inklusive Schule» werden im *Saarland* derzeit Konzepte für eine inklusive Förderung erarbeitet und erprobt, damit soll ein schrittweiser landesweiter Ausbau des inklusiven Bildungssystems vorbereitet werden. Das Verfahren zur Feststellung der sonderpädagogischen Förderungsbedürftigkeit wird von der Schulbehörde geleitet. Auf Antrag der Eltern entscheidet die Schulbehörde über den sonderpädagogischen Förderungsbedarf des Kindes. § 4 Schulordnungsgesetz (SchoG) regelt die gemeinsame Beschulung von Kindern mit und ohne Behinderung. In der Verordnung über die gemeinsame Unterrichtung von Behinderten und Nichtbehinderten in Schulen der Regelform (Integrationsverordnung) sind die weiteren Voraussetzungen zur integrativen Beschulung und das Verfahren zur integrativen Beschulung von Kindern oder Jugendlichen geregelt. Die Bestimmungen über die Finanzierung von Schulen in freier Trägerschaft sind in §§ 29ff Privatschulgesetz (PrivSchG) zu finden.

In *Sachsen* sind Beratungsstellen für die Früherfassung, Früherkennung und Frühförderung von Behinderungen bei Kindern eingerichtet. Förderzentren übernehmen die Beratung von umliegenden Schulen. Inklusion ist an allgemeinbildenden Schulen möglich, wenn die sächlichen und personellen Voraussetzungen vorliegen. Das Verfahren zur Feststellung des sonderpädagogischen Förderbedarfs wird von der Bildungsagentur (Ministerium) geleitet. Sie entscheidet über den Förderort, wobei der Elternwille berücksichtigt werden soll. Anwendbare Rechtsvorschriften sind § 35a SchulG, die Schulintegrationsverordnung – SchIVO sowie die Schulordnung Förderschulen (SOFS). Eine allgemeinbildende Förderschule kann sich auf der Grundlage von § 13 Abs. 7 SchulG Sa im Rahmen ihres pädagogischen Konzepts zu einem Förderzentrum entwickeln. Die Finanzierung der Schulen in freier Trägerschaft richtet sich nach dem Sächsischen Gesetz über Schulen in freier Trägerschaft. Darüber hinaus sind auf der Grundlage einer «Förderrichtlinie des SMK»[8] Zuwendungen an die Schulträger für die Förderung von Maßnahmen integrativer Unterrichtung möglich. Zuwendungsfähig sind neben Sachausgaben auch Personalausgaben, z.B. für fachlich qualifizierte Integrationshelfer.

Gemäß § 1 SchulG SA sollen Schüler mit und ohne sonderpädagogischen Förderbedarf in *Sachsen-Anhalt* gemeinsam unterrichtet werden, wenn die Erziehungsberechtigten der Schüler mit sonderpädagogischem Förderbedarf dies beantragen, die personellen, sächlichen und organisatorischen Möglichkeiten vorhanden sind oder nach Maßgabe der Haushalte geschaffen werden können und mit der gemeinsamen Beschulung und Erziehung dem individuellen Förderbedarf entsprochen werden kann. Das Verfahren zur Feststellung des sonderpädagogischen Förderbedarfs leitet die Schulbehörde und stellt gegebenenfalls einen Förderbedarf nach Vorbereitung durch den Mobilen Sonderpädagogischen Diagnostischen Dienst fest. Sie entscheidet über den Förderort, der Elternwille wird aber berücksichtigt. Grundsätzlich erhalten alle Grundschulen eine sonderpädagogische Grundausstattung. Förderzentren sind Verbünde aus Förder- und allgemeinen Schulen; mit ihnen soll die Möglichkeit des gemeinsamen Unterrichts gestärkt werden. Neben regionalen Förderzentren besteht ein Netz überregionaler Förderzentren mit dem Schwerpunkt der Beratung von allgemeinen Schulen und regionalen Förderzentren sowie dem Unterricht in eigenen Klassen. § 32 der Verordnung über die sonderpädagogische Förderung regelt die Aufgaben und Organisation der Förderzentren. Anwendbare Vorschriften sind die §§ 1, 2, 8a SchulG sowie die Verordnung über die sonderpädagogische Förderung (SoPäd-FV). Der Umfang und die Voraussetzungen für die Refinanzierung von sonderpädagogischer Förderung ist für die Schulen in freier Trägerschaft insbesondere im § 18a SchulG SA geregelt.

In *Schleswig-Holstein* ist die gemeinsame Beschulung zu ermöglichen, soweit es die organisatorischen, personellen und sächlichen Möglichkeiten erlauben und es der individuellen Förderung des Schülers entspricht. Wann diese beiden Voraussetzungen erfüllt sind, wird im Zusammenhang mit der Entscheidung der Schulaufsichtsbehörde (§ 7 SoFVO) bekannt. Soweit ein Verfahren zur Feststellung des sonderpädagogischen Förderbedarfs erforderlich ist, wird dieses durch ein Förderzentrum eingeleitet. Anwendbare Vorschriften sind die §§ 4, 5 SchulG sowie die Landesverordnung über sonderpädagogische Förderung (SoFVO). Wenn die Genehmigung einer Schule in freier Trägerschaft auch ein Förderzentrum umfasst, werden die Schüler mit einem festgestellten sonderpädagogischen Förderbedarf entsprechend einem Schüler der entsprechenden Sonderschulart refinanziert: § 122 Abs. 3 SchulG SH. Insgesamt leitet sich aus den Sach- und Personalkosten eines Schülers an einer öffentlichen Schule die Höhe der Refinanzierung eines Schülers an einer Schule in freier Trägerschaft ab.

Auch in *Thüringen* ist der gemeinsame Unterricht von Kindern mit und ohne sonderpädagogischen Förderbedarf nach den gesetzlichen Regelungen vorrangig vorgesehen: § 1 ThürFSG. Die Feststellung von sonderpädagogischem Förderbedarf ist in Thüringen Voraussetzung, um eine entsprechende Förderung gewährleisten zu können, und ist in der Verordnung zur sonderpädagogischen Förderung (ThürSoFöV) geregelt. Auf Grundlage eines vorliegenden Sonderpädagogischen Gutachtens benennt der Förderplan, unter Berücksichtigung vorhandener personeller, sächlicher, räumlicher und zeitlicher Bedingungen, individuelle entwicklungsorientierte Förderziele kombiniert mit fachbezogenen Lernzielen aus dem Lehrplan des Bildungsgangs. Den spezifischen Förderbedarf erfüllen die Schulen, wenn eine angemessene personelle, räumliche und sächliche Ausstattung vorhanden ist. Die Finanzierung des gemeinsamen Unterrichts an Schulen in freier Trägerschaft erfolgt nach den Vorschriften des ThürSchfTG (§ 18) und den ausführenden Bestimmungen.

Die rechtlichen Rahmengesetze für inklusive Bildung in den einzelnen Bundesländern sind erkennbar unterschiedlich ausgeprägt. Eine Tendenz weg von dem Erfordernis einer Gutachtenerstellung in den ersten Schuljahren hin zu einer pauschalen Förderung durch Sonderschullehrkräfte in den Grundschulen ist erkennbar.[9] Das könnte zu Finanzierungsschwierigkeiten von Inklusion für Schulen in freier Trägerschaft führen, die entsprechend diskutiert werden sollte, da die Refinanzierung in aller Regel an ein sonderpädagogisches Gutachten gebunden ist. Das Deutsche Institut für Menschenrechte hat eine Studie erstellen lassen, in der die Schulgesetze der Bundesländer geprüft wurden.[10] Danach erfüllt im Ergebnis kein Land alle im Recht auf inklusive Bildung angelegten verbindlichen Kriterien. Insgesamt bleibe der Umsetzungsstand hinter den Erwartungen, die man an die Implementierung dieses Menschenrechts fünf Jahre nach Inkrafttreten der UN-BRK für die Bundesrepublik Deutschland stellen dürfe, zurück, so das Fazit der Studie. Es seien noch erhebliche Anstrengungen erforderlich, bis die Rede davon sein könne, dass das deutsche Schulrecht – und zwar das gesetzliche wie das untergesetzliche – in allen Ländern die verbindlichen Vorgaben des Rechts auf inklusive Bildung hinreichend oder gar vollständig umsetze und erfülle.

Man kann also noch deutliche Entwicklungserfordernisse in den Bundesländern hin zu einer inklusiven Beschulung feststellen.

Anmerkungen und Literatur finden sich auf S. 762f.

CHRISTIANE DRECHSLER

WALDORFPÄDAGOGIK ALS GESTALTENDER FAKTOR EINES INKLUSIVEN SOZIALRAUMS

Dieser Artikel wird sich mit Waldorfschulen aus sozialräumlicher Perspektive auseinandersetzen. Dabei werden verschiedene Aspekte Beachtung finden:
- Sozialraum: Definition, Chancen, Probleme
- Schule als Schutzraum und Begegnungsraum
- Nutzung außerschulischer Angebote
- Wirkung der Waldorfschule im Sozialraum
- Fazit: voneinander lernen – Schule und Sozialraum im Dialog.

Das Sozialraumkonzept, wie es heute verstanden wird, hat verschiedene Facetten, teils historisch bedingt, teils aus Gründen verschiedener Sichtweisen und Schwerpunktsetzungen. Dörner[1] geht vom Vorhandensein verschiedener Sozialräume aus: Der primäre Sozialraum beschreibt das engste familiäre Umfeld, der sekundäre Sozialraum darüber hinausgehende Bezugssysteme wie Kindertagesstätte, Schule, das Arbeitsumfeld – sie sind schon freier gefasst, aber dennoch strukturiert. Der dritte Sozialraum, um den es sich in diesem Zusammenhang hauptsächlich handelt, beschreibt das direkte Wohnumfeld eines Menschen, den Stadtteil, das Dorf, die Gemeinde.

Eng verbunden mit Dörners Konzept ist dasjenige der Community Care im neueren Verständnis von K.-U. Schablon: «Die Idee der Community-Care-Philosophie, deren Wurzeln man in England und Schweden finden kann, ist, den Bürger mit in die Verantwortung für Menschen in marginalisierten Positionen zu nehmen. Dies gilt nicht nur für behinderte Menschen, sondern genauso für andere Menschen, die professionelle Hilfe in Anspruch nehmen müssen.»[2] Generell verfolgt dieser Ansatz die Idee, dass das Gemeinwesen in der Lage ist (oder in die Lage versetzt werden muss), Verantwortung zu übernehmen und zu tragen. Schablon beschreibt und rechtfertigt Community Care als professionell initiierten und gestützten Prozess der gegenseitigen Verantwortung, gegebenenfalls Hilfeleistung und Ergänzung: «(Es geht) darum, dass die Gesellschaft dafür Sorge tragen soll, dass der Zugang zu Institutionen und Dienstleistungen allen Menschen ermöglicht wird. Dies bedeutet, dass sich Strukturen und Auffassungen so verändern, dass es normal ist, verschieden zu sein.»[3]

Entscheidend beim heutigen Konzept der Sozialraumorientierung ist die Betonung des Individuums in seinem real existierenden Umfeld als Teil einer Community, also:
– weg von der alleinigen Zentriertheit auf gesellschaftliche Zusammenhänge, aber auch
– weg von der alleinigen Zentriertheit auf den Einzelnen.

Gefragt ist das Zusammenspiel zwischen dem Wollen des einzelnen Menschen im Sozialraum mit seinen Kompetenzen, Möglichkeiten, Fähigkeiten und Fertigkeiten und den Möglichkeiten, die ein Wohnumfeld bietet.

Fruchtbar bei der Betrachtung unterschiedlicher Ansätze zum Begriff des Sozialraums in Bezug auf Schulen und hier speziell Waldorfschulen kann das Konzept Bronfenbrenners[4] sein: Kinder bringen in die Schule die Erfahrungen ihres primären Sozialraums, der Familie oder der Institution, in der sie leben, mit. Art und Weise dieser Erfahrungen prägen das soziale Klima der Klasse und somit der Schule, in diesem Zusammenhang: den sekundären Sozialraum. Dieser wird auf der anderen Seite beeinflusst vom Stadtteil, in dem sich die Schule befindet. Das «Klima» einer Schule hat also durchaus externe Einflussfaktoren zu gewärtigen. Umgekehrt ist die Schule im dritten Sozialraum präsent: durch ihre Größe, die Menschen, die hineingehen und herauskommen, durch Veranstaltungen, die stattfinden, als Störfaktor, wenn bei internen Veranstaltungen alle umliegenden Straßen durch Elternfahrzeuge zugeparkt werden, als bereichernder Faktor, wenn es sich um eine öffentliche Veranstaltung wie einen Herbstmarkt oder ein Konzert handelt. Die Geräuschkulisse, die die Schüler in der Pause erzeugen, kann ebenfalls höchst unterschiedlich wahrgenommen werden: als Zeichen von Lebendigkeit oder als zusätzliche Lärmbelastung.

Halten wir an dieser Stelle fest: Schulen sind sozialräumlich relevant, zunächst einmal unabhängig davon, ob sie bewusst ihre diesbezüglichen Gestaltungsmöglichkeiten ergreifen oder nicht. Inklusiv arbeitende Waldorfschulen unterscheiden sich hier meines Erachtens nicht von anderen. Allerdings können inklusiv arbeitende Waldorfschulen von den Chancen informellen Lernens in Stadtteilen, die diese Möglichkeit bieten, profitieren: «Die Teilnahme an ihnen (an non-formalen Angeboten, C.D.) beruht auf Freiwilligkeit, zudem sind sie frei von den Zwängen der Leistungsbewertung. Für inklusive Lernprozesse bieten sich damit besondere Freiräume, die u.a. ein hohes Maß an Partizipation aller Beteiligten zulassen, welche wiederum ein konstitutives Merkmal von Inklusion ist.»[5] In der Praxis kann das bedeuten, dass Waldorfschulkinder mit und ohne Behinderungen zum Beispiel an einer Jugendreise der Kirchengemeinde oder eines freien Trägers teilnehmen. Im kleineren Rahmen kann auch der Besuch des Schwimmbads oder eines Stadtteilfestes zur gegenseitigen Wahrnehmung und zur Mitgestaltung eines gemeinsamen Sozialraums dienen.

Es stellt sich die Frage, inwiefern Waldorfschulen im ländlichen oder kleinstädtischen Raum diesem Modell folgen; häufig ist der Anteil der aus entfernten Sozialräumen stammenden Kinder, deren Eltern die Schule aus pädagogisch-konzeptionell geprägten Gründen gewählt haben und die täglich zur Schule gefahren und wieder abgeholt werden, hoch; die Schule bekommt daher einen Charakter, der dem des sie umgebenden Sozialraums nicht unbedingt entspricht, ja, ihm sogar widersprechen kann. Betrachtet man nun die Waldorfschule als sekundären Sozialraum, so treffen Kinder (und Lehrer) aufeinander, die den tertiären Sozialraum nicht zwingend teilen. Gemeinsame Erfahrungen, das Teilen des dritten Sozialraums mit seinen Geschäften, gastronomischen Einrichtungen, Ämtern, Parks und öffentlichen Einrichtungen findet nicht statt; der Einfluss des dritten

Sozialraums auf die Schule verringert sich, die Präsenz der Schule für den dritten Sozialraum bleibt allerdings bestehen.[6]

Die Heterogenität der Herkunftsbereiche der Schüler muss nicht zwingend ein Nachteil sein; es begegnen sich auf diese Weise Kinder (und gehen miteinander um), die auf der informellen Ebene keinen Kontakt zueinander hätten. Die Schule wird so zu einem besonderem Raum Gleichgesinnter (zunächst zumindest gleichgesinnter Eltern), die durch die Besonderheit des hier herrschenden Menschenbildes und des daraus resultierenden Curriculums miteinander verbunden sind.

Waldorfschulen in Großstädten können wiederum in ganz anderer Weise mit dem tertiären Sozialraum verbunden sein: Informelle Angebote spielen für den Alltag der Schule möglicherweise eine viel größere Rolle, als das in ländlichen oder kleinstädtischen Zusammenhängen der Fall ist. Teil der sogenannten Bildungslandschaft sind Waldorfschulen jedoch in beiden Fällen: «Es geht dabei um die Frage, wie der Bildungsraum der Stadt insgesamt im Sinne eines Abbaus von Bildungsbarrieren und der Öffnung von Zugängen zu Bildung auch für sozial benachteiligte Gruppen in den Blick genommen und gestaltet werden kann. Schule und Schulentwicklung erscheinen dann als Bestandteile einer lokalen Bildungslandschaft, zu der auch viele andere Institutionen gehören wie Einrichtungen und Angebote der Jugendhilfe, Kultureinrichtungen, Institutionen im Bereich der Gesundheitsförderung, des Sports oder der Ausbildungs- und Arbeitsförderung.»[7]

Wie kann nun eine inklusiv arbeitende Waldorfschule in beiden Bereichen erfolgreich tätig sein – als sekundärer Sozialraum, der für alle Schüler, aber auch für Lehrer und Eltern Erfahrungsräume ermöglicht, die andernorts nicht möglich wären? Zunächst ist darauf hinzuweisen, dass Waldorfschulen bereits in ihrer Gründungszeit als inklusive Schule gedacht und geplant waren.[8] In der Historie ergab sich allerdings eher das Modell eines kooperierenden Unterrichts, der heutzutage, Binnendifferenzierung genannt, wieder sehr modern wäre. Die Aufnahme von Kindern mit Lernschwierigkeiten in die (allgemeinbildend angelegte) Waldorfschule war von Seiten ihres Gründers nicht nur möglich, sondern ausdrücklich erwünscht. Der Gründungsimpuls der Waldorfschulen kann durchaus als inklusiv verstanden werden. Betrachtet man hingegen die Geschichte der Waldorfpädagogik, so ergibt sich durchaus ein anderes Bild: «Es kam daher im zweiten Jahr des Bestehens der Waldorfschule, im April 1920, zur Begründung der sogenannten Hilfsklasse. Karl Schubert, ein Altphilologe mit Wurzeln in Österreich, übernahm auf Wunsch Steiners eine Gruppe von Kindern, die zeitweise separat zu beschulen war.»[9] Dennoch ist das Konzept des gemeinsamen Unterrichtens von Kindern mit unterschiedlichen Begabungen nicht fremd, muss vielleicht, entsprechende personelle und strukturelle Ausstattung vorausgesetzt, nur wiederbelebt und mit den Erkenntnissen des beginnenden 21. Jahrhunderts erweitert werden: «Historisch gesehen ist die Waldorfschule seit ihrer Gründung außerdem konzeptionell eine Gesamtschule. Sie ist damit die Schulform, die über die längsten Erfahrungen zum Miteinander unterschiedlichster Kinder und Jugendlicher verfügt.»[10]

Betrachtet man nun die Waldorfschule als Teil des dritten Sozialraums, so kann daraus ein wertvoller pädagogischer Impuls erwachsen: Dadurch, dass nachweislich und für alle sichtbar ein gemeinsamer Schulbesuch von Kindern mit und ohne Behinderung gelingt, kann ein Kulturimpuls entstehen, der für andere Schulen fruchtbar werden kann. Allerdings bedarf dieser Kulturimpuls eines erweiterten Wirkungsbereichs, um aufgenommen und verstanden zu werden. Waldorfschulen – in unserem Zusammenhang: inklusiv arbeitende Waldorfschulen – müssen sich den Fragen stellen, die in ihrem Umfeld an sie herangetragen werden. Dies kann etwa durch ein Engagement von Lehrern, Eltern und Angehörigen in Arbeits- und Gesprächskreisen zu Stadtteilentwicklung geschehen. Eine Beteiligung der Schule an Stadtfesten wäre eine andere Möglichkeit, positiv-gestaltend wahrgenommen zu werden. Umgekehrt kann die Schule als Bildungsort über das reine Unterrichtsgeschehen hinaus gesehen werden, indem sie z.B. Vorträge, Lesungen oder Konzerte nicht nur intern stattfinden lässt, sondern bewusst die Öffentlichkeit sucht.

Inklusion wird damit selbstverständlich wahrgenommen als inertes Konzept der Waldorfpädagogik: Indem das gemeinsame Lernen aller Kinder als selbstverständlicher Bestandteil eines gut funktionierenden Schulsystems im Stadtteil wahrgenommen wird, verschwindet die Be-Sonderung der Kinder, die mit einer Behinderung leben. Damit wäre zumindest in Ansätzen erreicht, was die eigentliche Bedeutung der Behindertenrechtskonvention ausmacht: dass es um das Menschsein geht, nicht um das mögliche Vorhandensein einer Behinderung, die je nach sozialem Zusammenhang und menschheitsgeschichtlicher Entwicklung sowieso unterschiedlich gesehen und definiert wird. Das Gefühl des Zusammengehörens fordert gemeinsame Erlebnisräume; dies kann eine Sozialraumorientierung fördern. Bildung und Entwicklung im Kindes- und Jugendalter wird durch eine gute Schule befördert bzw. erst ermöglicht; dies kann eine inklusiv arbeitende Waldorfschule leisten. Beides zusammen befördert wiederum die Entwicklung hin zu einer inklusiven Gesellschaft.

Anmerkungen und Literatur finden sich auf S. 764f.

THOMAS MASCHKE

EXKLUSIV INKLUSIV?

FREIE SCHULE UND INKLUSION: EIN WIDERSPRUCH?

Etymologisches

Der Begriff «exklusiv» kann ebenso wie der Begriff «inklusiv» in zweifacher Weise verstanden bzw. interpretiert werden.[1] Mit Blick auf die gesellschaftliche, politische und soziale Rolle von Schulen in freier Trägerschaft, die sich in Richtung einer Verwirklichung von inklusiver Bildung bewegen (und so verstehe ich hier die Integrativen bzw. Inklusiven Waldorfschulen), soll zunächst die Ambivalenz des Begriffes «exklusiv» beleuchtet werden. Etymologisch gibt es einerseits «negative» Herleitungen: «nicht allen zugänglich, ausschließend; gesellschaftlich abgesondert». Eher «positiv» verstanden werden kann dagegen «vornehm und außergewöhnlich».[2] Es ist unmittelbar nachvollziehbar, dass mit dem Außen- (wie vielleicht auch dem Innen-) Blick auf Freie Waldorfschulen beim Betrachter beide Assoziationen geweckt werden können: diejenige eines elitären, inhaltlich und sozial besonderen Ortes (hier kann dann der Begriff «exquisit» = erlesen, von besonderer Qualität»[3] assoziiert werden) ebenso wie diejenige der sich abschließenden, den Austausch verweigernden, fremden oder gar befremdlichen Einrichtung. Ein freier Zugang wird bei einer derartigen Betrachtungsweise erschwert. Erhebt nun ein solches, als «nicht offen» erlebtes System den Anspruch, sich in der aktuell nicht eindeutigen und konfliktträchtigen Transformationsphase des Bildungswesens als «inklusiv» zu positionieren, dann kann die Uneindeutigkeit des Verständnisses weitere Nahrung bekommen; dann ist, hier auf der Ebene des Verstehens, Inklusion nicht etwas Normales, sondern erst recht etwas Besonderes, Exklusives!

«Freie Schulen» und gesellschaftliche Entwicklung

Seydel weist in seinem grundlegenden Beitrag *Über die Freiheit einer «freien Schule»* darauf hin, dass in Art. 7 GG benannt ist, dass das gesamte Schulwesen in Deutschland unter der Aufsicht des Staates steht.[4] Innerhalb des verfassungsrechtlichen Rahmens existiert jedoch ein inhaltlicher und organisatorischer Gestaltungs(frei-)raum, welcher von Schulträgern und -gemeinschaften belebt und immer wieder weiter entwickelt werden kann. Damit bestehen grundsätzlich (z.b. in pädagogischer und methodischer Hinsicht) Entwicklungsmöglichkeiten jenseits obrigkeitlicher Bestandsgarantien und inhaltlicher Bestimmungen.

Krampen präzisiert aus juristischer Sicht diese Aussagen, indem er darauf verweist, dass die Schulen in staatlicher und in privater Trägerschaft gemeinsam das öffentliche Schulwesen bilden: «Schulen in freier Trägerschaft sind – wie staatliche Schulen auch – öffentliche Schulen. Öffentlich bedeutet, dass die Schule öffentliche Bildungsaufgaben erfüllt und sich an die Allgemeinheit wendet, also nicht für einen exklusiven (sic!) Benutzerkreis vorgesehen ist.»[5]

Über dieses (juristische) Verständnis hinaus kann auf das Verhältnis und die Bedeutung von Schulen in privater und staatlicher Trägerschaft mit einem politischen Fokus geblickt werden: Welche Funktion können die freien Schulen für Veränderungen und grundlegende Entwicklungen im Bildungswesen einnehmen? Laut einer aktuellen Studie fördern Schulen in freier Trägerschaft den Wettbewerb und stärken dadurch das Bildungswesen insgesamt.[6] Somit können diese Schulen einen positiven gesellschaftlichen Einfluss dann haben, wenn sie zum Vorreiter in der Umsetzung von innovativen Ideen (z.B. eines inklusiven Bildungssystems) werden und sich gleichzeitig hierin nicht isolieren, sondern z.B. im Gemeinwesen vernetzen.[7] An dieser Schnittstelle unterscheidet sich gegebenenfalls die öffentliche Wahrnehmung bzw. Bewertung der «Exklusivität» im positiven (= außergewöhnlich) oder negativen (= ausschließenden?) Sinn. Es ist andererseits evident, dass sich auch die Schulen in privater

Trägerschaft (eben als Teil des öffentlichen Schulwesens) grundlegenden gesellschaftspolitischen Entwicklungen nicht verschließen bzw. sich hier eigener Entwicklung enthalten *können* und
dürfen: Die Schaffung eines inklusiven Schulwesens ist daher
auch ohne Frage als Aufgabe dieser Schulen zu verstehen.

Die Gründung der Waldorfschule 1919 als spirituelle und politische Tat

Als Rudolf Steiner im Jahr 1919 die Waldorfschule auf Bitten der
Arbeiterschaft und des Besitzers der Stuttgarter Waldorf-Astoria-
Zigarettenfabrik inhaltlich wie praktisch begründete, geschah
dies in einer Phase des politischen und gesellschaftlichen Um-
bruchs. Die als Antwort auf die Krise der zusammenbrechenden
gesellschaftlichen und politischen Ordnung (Kaiserreich und
verlorener 1. Weltkrieg) entwickelte Idee der *Dreigliederung des
sozialen Organismus*[8] führte letztlich zur Begründung einer frei-
en Schule als Teil bzw. Ausdruck des freien Geisteslebens. Steiner
knüpfte hiermit unmittelbar an die großen und grundlegenden
Ideale der Menschheit an, indem er die Qualitäten von Freiheit,
Gleichheit und Brüderlichkeit den Gebieten gesellschaftlichen Lebens des Geistes-, Rechts- und Wirtschaftslebens zuordnete und
den dort jeweils gültigen Bezugsrahmen herausarbeitete.

Die politische Dimension dieser innovativen Schulgründung
verdeutlichte er u.a. in einem Aufsatz aus dem Jahr der Schulgründung 1919: «Verhängnisvoll müsste es werden, wenn in den
pädagogischen Grundanschauungen, auf denen die Waldorfschule aufgebaut werden soll, ein lebensfremder Geist waltete.
Ein solcher tritt heute nur allzu leicht dort hervor, wo man ein
Gefühl dafür entwickelt, welchen Anteil an der Zerrüttung der
Zivilisation das Aufgehen in einer materialistischen Lebenshaltung und Gesinnung während der letzten Jahrzehnte hat. Man
möchte, durch dieses Gefühl veranlasst, in die Verwaltung des öffentlichen Lebens eine idealistische Gesinnung hineintragen. Und

wer seine Aufmerksamkeit der Entwickelung des Erziehungs- und Unterrichtswesens zuwendet, der wird diese Gesinnung vor allem andern da verwirklicht sehen wollen.»[9]

Die darüber hinausgehende spirituelle Dimension möchte ich mit einem für diese Fragestellung zunächst vielleicht etwas ungewöhnlich anmutenden Zugang erläutern. Steiner spricht im sogenannten *Pädagogischen Jugendkurs* folgende Sätze: «Die Waldorfschul-Pädagogik ist überhaupt kein pädagogisches System, sondern eine Kunst, um dasjenige, was da ist im Menschen, aufzuwecken. Im Grunde genommen will die Waldorfschul-Pädagogik gar nicht erziehen, sondern aufwecken. Denn heute handelt es sich um das Aufwecken. Erst müssen die Lehrer aufgeweckt werden, dann müssen die Lehrer wieder die Kinder und jungen Menschen aufwecken.»[10]

Anders als in explizit auf die Anbindung an eine geistige Welt sich beziehenden Wortlaute Steiners[11] wird hier der spirituelle Bezug nicht unmittelbar erlebbar, verlangt obiges Zitat vom Zuhörer bzw. Leser vielmehr ein gedankliches Anschließen an einen Grund-Satz (nicht nur anthroposophischer) Anthropologie: den Menschen konstitutiv als ein sich entwickelndes, ein potenzielles, ein werdendes Wesen zu verstehen! Das, was werden will und kann, was als vorgeburtlicher Impuls in dieses Leben mitgebracht wurde, ist uns in der Regel nicht unmittelbar vor Augen oder ist gar verborgen. Das Potenzial, die individuelle Werde-Kraft des Kindes, zu erkennen bedarf eines aktiven Bemühens der Erzieher um Erkenntnis[12] (im Falle von Erwachsenen der Selbsterkenntnis). Für diese Haltung des Anerkennens müssen (auch) Lehrer unter Umständen aufgeweckt werden, aufgeweckt zur Wahrnehmungsbereitschaft. Das ist die Basis dafür, dasjenige im Schüler zu erkennen, was aufgeweckt sein will und kann. Dieses ist, weil es werden will und kann, immer auch zukünftig. Und an dieser Stelle trifft sich die spirituelle mit der politischen Dimension: Wenn in Schule und Unterricht darauf geachtet wird, dass sich die individuellen Entwicklungsmotive der Schüler aktiv gestalten können, beinhaltet ein solches Schulleben das Potenzial der Veränderung. Steiner drückt das deutlich aus: «Nicht gefragt soll werden: Was braucht der Mensch zu wissen und zu können für die soziale Ordnung, die besteht; sondern: Was ist im Menschen veranlagt und was kann in ihm entwickelt werden? Dann wird es möglich sein, der sozialen Ordnung immer neue Kräfte aus der heranwachsenden Generation zuzuführen. Dann wird in dieser Ordnung immer das leben, was die in sie eintretenden Vollmenschen aus ihr machen; nicht aber wird aus der heranwachsenden Generation das gemacht werden, was die bestehende soziale Organisation aus ihr machen will.»[13]

Zusammenfassung

Schule als gesellschaftliche Instanz beinhaltet also grundsätzlich (potenziell) ein restauratives sowie ein innovatives Moment: Nimmt sie die individuellen Entwicklungsmotive aktiv wahr und ernst, dann schließt sie die Möglichkeit einer grundlegenden Veränderung ihrer selbst mit ein. Damit können besonders freie Schulen, die in weit geringerem Maß an Lehrplan- oder sonstige Vorgaben gebunden sind, eine innovative Funktion für die Entwicklung des Schulwesens übernehmen. So wie die Waldorfschule 1919 (in Bezug z.B. auf Koedukation und die Überwindung von sozialen Grenzen innerhalb der Schülerschaft) in vielfältiger Weise diese innovative Funktion übernahm, so tat und tut dies in der heutigen Zeit z.B. auch die Integrative Waldorfschule Emmendingen,[14] die als erste integrative Schule in Baden-Württemberg arbeitete und diesen Anspruch auch aufrechterhalten hat, als sich die politischen Rahmenbedingungen verschlechterten.

In der Beantwortung der Frage, welche Vorgaben das Handeln von Eltern und Lehrern beeinflussen und bestimmen, liegt die gesellschaftspolitische Dimension und Wirkung von Schule: Ist diese ein ausführendes Organ von inhaltlichen wie strukturellen Vorgaben oder eine auf die Bedürfnisse der Schüler und ihre Potenziale gerichtete Gemeinschaft, welche selbst Ideale gestaltet, sich damit letztlich in Bewegung hält und impulsierend in die Zukunft (des Bildungswesens und der Gesellschaft) wirken kann? Freie Schulen können und sollen die ihnen gegebenen Gestaltungsmöglichkeiten nutzen; sie leben damit die Dualität bzw. Dialektik von Freiheit und Verantwortung.

In letzterem Sinne ist «Exklusivität» besonders auch bei der aktuellen Aufgabe der Entwicklung eines inklusiven Schulwesens als außergewöhnlich und damit positiv zu verstehen, allerdings immer unter der Maßgabe, dass diese nicht ausschließend wirken darf!

Anmerkungen und Literatur finden sich auf S. 765f.

STEPHANIE LOOS

ASSISTENZ IN DER SCHULE IST TEIL DES MENSCHENRECHTS AUF BILDUNG

RECHTLICHE GRUNDLAGEN UND (MENSCHEN-)RECHTLICHER ANSPRUCH

Als Einstieg in die Thematik «Recht auf Bildung» hier zunächst ein Aperçu zur Haltung gegenüber Behinderung im Wandel der Zeit[1] ... im Jahr 800: eine Strafe Gottes
1500: ein medizinisches Problem
1900: eine Kriegsverletzung
1933: unwertes Leben
1994: ein soziales Problem
2011: eine Aufgabe für die Menschenrechte.

Die Empfehlung der Kultusministerkonferenz aus dem Jahr 2011 «geht von Kindern und Jugendlichen aus, die zur schulischen Teilhabe Bildungs-, Beratungs- und *Unterstützungsangebote* benötigen. Die *individuellen* Förder- und *Unterstützungsmöglichkeiten* umfassen bauliche und sächliche Barrierefreiheit, *Assistenz* und pädagogische Maßnahmen. (...) Besteht bei Kindern und Jugendlichen nach Maßgabe des Landesrechts ein Bedarf im Hinblick auf sonderpädagogische Bildungs-, Beratungs- und Unterstützungsangebote, werden dessen Art und Umfang für eine individuell erfolgreiche Teilnahme am Unterricht ermittelt. (...) Die schulische Bildung und Erziehung von Kindern und Jugendlichen mit Behinderungen erfordert vielfach den Einsatz von Personen mit unterschiedlichen Professionen und Qualifikationen. Dazu gehört lehrendes und nicht lehrendes Personal, das von *unterschiedlichen* Leistungs- und Kostenträgern zur Verfügung gestellt wird. Zum nicht lehrenden Personal, das die Tätigkeit der Lehrkräfte im Bildungs- und Erziehungsprozess unterstützt, gehören Mitarbeiter mit einer sozialpädagogischen Ausbildung, Personen mit therapeutischer und pflegerischer Ausbildung sowie *Assistenzpersonal. Das setzt voraus, dass sich die Beteiligten auf unterschiedliche Formen der Zusammenarbeit einlassen.*»[2]

Die UN-Konvention über die Rechte von Menschen mit Behinderungen (UN-BRK) bildet die Grundlage des individuellen Rechtes auf Assistenz. Sie bildet auch die Grundlage für die Kultusminister der Länder – die UN-BRK ist für alle öffentlichen Träger und damit für den Bund, die Länder und die Kommunen völkerrechtlich verbindlich und regelt den auf die Bedürfnisse des Einzelnen ausgerichteten Anspruch auf angemessene Vorkehrungen, notwendige Unterstützung und individuell angepasste Unterstützungsmaßnahmen.[3] Zudem stellt die Untersagung «angemessener Vorkehrungen» eine Diskriminierung dar.[4] Die Monitoring-Stelle im Institut für Menschenrechte[5] formuliert außerdem: «Danach sind – auch im Bereich der wirtschaftlichen, sozialen und kulturellen Rechte – bestimmte Bestandteile des Übereinkommens sofort anwendbar und werden deshalb aus dem Bereich der Progressivität, das heißt dem Kreis der nur nach und nach voll zu verwirklichenden Rechte, ausdrücklich ausgeklammert. Beim Recht auf Bildung betrifft dies den Anspruch auf diskriminierungsfreien Zugang zu Regelschulen unter Einschluss der im Einzelfall zu treffenden angemessenen Vorkehrungen.»[6]

Rechtsanspruch nach Bundesrecht

Die Bundesgesetze SGB VIII § 35a und SGB XII § 54 regeln jeweils für den entsprechenden Personenkreis den Rechtsanspruch auf Eingliederungshilfe (Hilfe zur angemessenen Schulbildung in Form von Schulhelfern, Integrationsassistenz, Schulassistenz, Schulbegleitung, Integrationshelfern[7]). Allerdings gilt hier der Grundsatz der Nachrangigkeit. Das heißt, nur wenn die jeweilige Schule personell nicht in der Lage ist, Schüler, welche dem vorbezeichneten Personenkreis zugeordnet sind, angemessene Schulbildung zu gewähren und Nachteile zur Teilhabe am Unterricht auszugleichen, besteht ein individueller Anspruch auf Eingliederungshilfe in Form einer Schulbegleitung bzw. Assistenz. Diese muss von den Eltern / Personensorgeberechtigten bei dem für den Wohnort des Schülers zuständigen Jugendamt (je nach Bundesland auch im zuständigen Sozialamt) beantragt werden.

Im Gegensatz zur sozialrechtlichen Eingliederungshilfe mit Nachrangigkeitsklausel gewähren die Schulgesetze der Länder bisher keine konkreten individuellen Ansprüche. Der Nachranggrundsatz der sozialrechtlichen Hilfen kommt daher nur zum Tragen, wenn solche individuellen, rechtsmittelfähigen Ansprüche in den Schulgesetzen bestehen und die Schulverwaltungen bzw. Schulgesetze rechtzeitige bedarfsgerechte Leistungen erbringen.

Ergänzend sei auch auf den Koalitionsvertrag der aktuellen Bundesregierung hingewiesen. Er beschreibt die Weiterentwicklung des modernen Teilhaberechtes. Die Leistungen sollen sich am persönlichen Bedarf orientieren und personenbezogen ermittelt werden.

Hierarchisch bedeuten die vorstehenden Ausführungen:

– Es gibt einen Menschenrechtsanspruch auf individuell angemessene Vorkehrungen nach §24 UN-BRK Abs. 2 c, d und e. Die Monitoring-Stelle des Bundes unterstreicht den Anspruch und verortet das Konzept der angemessenen Vorkehrungen im Zusammenhang mit dem menschenrechtlichen Diskriminierungsverbot.[8] Die angemessene Vorkehrung Schulassistenz unterstützt dabei, individuelle Barrieren zu überwinden.

– Hier greift das Bundesrecht auf Assistenz nach individuellem Bedarf SGB VIII § 35a und SGB XII § 54: Die Amtsermittlungspflicht liegt bei den Sozialbehörden.

– Die Kultusministerkonferenz gibt für die Landesgesetze das Unterstützungsangebot auf Assistenz vor – dies wenn notwendig auch durch unterschiedliche Kostenträger (als Beispiel sei eine Kooperation / Ergänzung von Leistungen zwischen Jugend- bzw. Sozialhilfe und den Verantwortlichen für schulische Bildung genannt –, insbesondere um Schüler mit hohem Unterstützungsbedarf zu begleiten).

An dieser Stelle ist deutlich hervorzuheben: In Bundesländern gegebenenfalls bestehende Verwaltungsvorschriften, etwa in Berlin (das Verfahren zum Berliner Schulhelfer, derzeit VV 7/2011: «Regelungen und Verfahren zur Umsetzung der ergänzenden Pflege und Hilfe von schulpflichtigen Kindern und Jugendlichen mit Behinderungen an öffentlichen Schulen und Ersatzschulen in Berlin»), stellt kein Gesetz dar. Auch Verwaltungen sind an allgemeine Rechtsprechung, Gesetze und insbesondere an die UN-BRK gebunden. Verwaltungsvorschriften beschränken sich in ihrer Rechtswirkung auf den Innenbereich der erlassenden Verwaltung und dürfen ihre rechtliche Verbindlichkeit nur innerhalb dieser Verwaltung entfalten, nicht darüber hinaus, nicht gegenüber dem Menschen und auch nicht gegenüber den Gerichten. In Verwaltungsvorschriften verankerte Haushaltvorbehalte – «Einsatz erfolgt vorrangig gruppenbezogen[9] (...) und nach Maßgabe der zur Verfügung stehenden Haushaltsmittel» – stehen in keinem Verhältnis zu den vorstehend genannten Bundesgesetzen und (menschen)rechtlichen Ansprüchen. Die Institutionen sind verpflichtet, dem Bedarf im Einzelfall nachzugehen (individuell angemessene Vorkehrungen), dies insbesondere für Schüler mit schweren Behinderungen einschließlich ihrer kommunikativen Barrieren. Ihre gleichberechtigte aktive Teilhabe am Unterricht ist im besonderen Maße gefährdet.

Die in Berlin hinzukommende interne Anweisung der Senatsverwaltung für Bildung an Berliner Schulleiter, keine individuellen Mehrbedarfe gegenüber den Gerichten, der Jugendhilfe und / oder den Eltern beschreiben zu dürfen bzw. eine abgestimmte Einschätzung vertreten zu müssen,[10] bedarf einer rechtlichen Überprüfung dieses Verwaltungshandelns mit Blick auf die (Menschen-)Rechte zur individuellen Unterstützung des einzelnen Schülers.

Ein individueller Bedarf und Anspruch kann nicht gruppenbezogen und im Rahmen verfügbarer Haushaltmittel an das derzeit bestehende schulische System abgegeben bzw. abgetreten werden, solange in diesem der konkrete, individuelle und einklagbare Anspruch nicht verankert ist. Valentin Aichele, Leiter der Monitoring-Stelle im Institut für Menschenrechte, beschreibt es einfach: «Diese Unterstützung ist ein Teil des Rechtes auf Bildung.»[11]

Die Bezeichnung «Schulassistenz»
Der Begriff Assistenz wurde bereits frühzeitig geprägt, um selbstbestimmte von fremdbestimmter Hilfe abzugrenzen. Die ursprünglich neutralen Worte «Betreuung», «Versorgung», «Pflege» und «Hilfe» sind für Menschen mit Behinderung bzw. ihre Familien oft gleichbedeutend mit Fremdbestimmung und Bevormundung. Schulhelfer, Schulassistenz, Schulbegleitung oder -begleiter, Integrationshelfer, Integrationsassistenz sind Bezeichnungen, die sich bundesweit, manchmal je nach unterschiedlich zuständiger Behörde, entwickelt haben. Die Begriffe und Inhalte haben aber ein und denselben Hintergrund: Es sind Assistenzen zur vollen und wirksamen Teilhabe an der Gesellschaft. Diese Unterstützung und der Nachteilsausgleich gelten zur Wahrnehmung einer angemessenen Schulbildung und orientieren sich am Bedarf des Einzelnen.

Indikation oder:
Was begründet den Einsatz von Schulassistenz?
Der hier verwendete Terminus «Indikation» findet seinen Ursprung im medizinischen Bereich. Dennoch möchte ich ihn in der Verfeinerung «Diagnosebezogene Indikation» in Bezug auf den Einsatz von Schulassistenz gebrauchen. In der Medizin heißt es: «Eine Maßnahme ist aufgrund einer einzelnen Diagnose im Rahmen eines Krankheitsbildes angezeigt.»[12] In Zeiten von Integration / Inklusion und dem Anspruch, Diagnosen und Krankheit als normal anzusehen und auch zu leben, ist es sicher ungünstig, diese rein medizinische Erklärung der «Maßnahme Schulassistenz» zu verwenden. Dennoch ist sie leicht zu übersetzen: Die «Maßnahme» Schulassistenz ist «angezeigt», um individuelle Barrieren zu überwinden, eine Beeinträchtigung auszugleichen und somit das Recht auf Chancengleichheit und Gleichberechtigung ohne Benachteiligung oder Diskriminierung wirksam umsetzen zu können. Schüler sollen die volle, aktive und wirksame Teilnahme an «Angeboten

von Schule» überhaupt wahr- und annehmen können. Dafür ist es notwendig, eine regelmäßige und rechtzeitig erbrachte Unterstützung durch Assistenzen sicherzustellen. Es braucht hierbei, um insbesondere für Schüler mit hohem Unterstützungsbedarf Kontinuität, Verlässlichkeit sicherzustellen, kindspezifisch qualifizierte Bezugspersonen. Wichtig ist außerdem, die Kommunikation für Schüler mit kommunikativen Barrieren auf unterschiedlichen Wegen zu erleichtern bzw. überhaupt zu ermöglichen (allgemeines Menschenrecht). Damit diese Schüler überhaupt erfolgreich mit dem Ziel des bestmöglichen Abschlusses bzw. umfassender Kompetenzen für den weiteren Lebensweg wohnortnahe Schulen besuchen können, muss durch Assistenz oder Schulhilfe der Rechtsanspruch auf angemessene Bildung sichergestellt werden. Wichtig ist, dass individuelle Barrieren nicht nur in Unterrichtsstunden, sondern auch in Pausen, auf Wegen im Schulhaus, auf dem Gelände, zur Schwimmhalle, auf Ausflügen und Klassenfahrten sowie im Ganztagsschulleben überwunden werden.

Anforderungen – Aufgaben – Qualifikation – Qualität

Aufgrund von Praxiserfahrungen werden an Schulassistenzen spezielle Anforderungen gestellt. Hierzu gehört beispielsweise eine spezifische Einführung, Vorbereitung, fachliche Begleitung und Supervision der Schulassistenten im Hinblick auf die Besonderheiten der Schüler mit Beeinträchtigung. Außerdem gehört eine enge Kooperation mit den schulischen Einrichtungen und externen Fachkräften dazu, um einen kontinuierlichen Kompetenztransfer zwischen therapeutischem und pädagogischem Personal sowie der Assistenz sicherzustellen. Das setzt voraus, dass sich die Beteiligten auf unterschiedliche Formen der Zusammenarbeit einlassen. Es erfordert möglichst personelle Kontinuität im Rahmen der Assistenz, um insbesondere Schüler mit Autismus in sozialer Hinsicht nicht durch vermeidbare personelle Veränderungen zu überfordern. Qualifizierte Assistenz setzt dort an, wo der institutionelle Auftrag pädagogischer sowie sonder- oder heilpädagogischer Förderung und Betreuung an seine Grenzen stößt.

Dabei haben Schulassistenz und Lehrkraft unterschiedliche Aufgaben: Die Assistenz ist nicht für die Unterrichtsinhalte verantwortlich, sondern ausgehend vom individuellen Förderplan tragen die Lehrer die Gesamtverantwortung für das schulische Lernen der Schüler. Die Schulassistenz leistet in diesem Gesamtzusammenhang Teilaufgaben. Schulassistenz kann jedoch Unterstützung bei der Umsetzung eines Nachteilsausgleichs leisten.

In den bisherigen Studien zur Schulassistenz hat sich gezeigt, dass Schulassistenten ein äußerst heterogenes Tätigkeitsspektrum haben, z.b.:

– Austausch / Kooperation mit den Lehrkräften
– Unterstützung beim Informationsaustausch mit Eltern
– Adaption und Aufbereitung von Unterrichts- und Lernmaterialien
– Ermöglichung der Teilnahme an schulischen Aktivitäten
– Hilfestellung bei der Ausführung von Arbeitsaufträgen; Unterstützung bei der Aneignung von Lerninhalten
– die Arbeit in Einzel- oder Kleingruppensituationen begleiten
– räumlichen Rückzug begleiten
– Adaption von Lernmitteln
– Kommunikation mit verschiedenen Hilfsmitteln oder über unterschiedliche Kommunikationswege (zwischenmenschliche Kommunikation; Bedürfnisse, Wünsche ...)
– die Erweiterung von Sozialkompetenz; Unterstützung bei dem Bemühen, Kontakte zu Mitschülern zu knüpfen
– lebenspraktische Verrichtungen, wie pflegerische und medizinische Versorgungstätigkeiten; Unterstützung bei den Mahlzeiten
– die Strukturierung des Unterrichtsablaufs und des Schulalltags
– Lenkung der Aufmerksamkeit auf das Unterrichtsgeschehen und auf die Impulse der Lehrkräfte
– die Regelakzeptanz unterstützen
– unterstützen, zu einer realistischen Selbst- und Außenwahrnehmung zu gelangen

- unterstützen, Stress zu vermeiden, bzw. in solchen Situationen deeskalierend einwirken
- Möglichkeiten der Abreaktion / Entspannung finden und üben
- Hilfe bei der Entwicklung eines adäquaten Arbeitstempos
- Begleitung in Krisensituationen
- Körperassistenz
- Strukturhilfe bei der sozialen Interaktion mit Mitschülern und dem Lehrpersonal
- Motivation geben, um Konzentration und Aufmerksamkeit zu stärken
- Schulwegbegleitung, Schulwegtraining.[13]

Die Aufgaben einer Schulassistenz müssen sich am individuellen Bedarf und dem Gesamtförderplan jedes einzelnen Schülers orientieren und im Sinne einer Arbeitsplatzbeschreibung regelmäßig aktualisiert und fortgeschrieben werden. Dies ist in den Prozess der Gesamthilfeplanung, wünschenswerterweise einem Bildungsteilhabeplan, mit allen Beteiligten gemeinsam festzulegen – einschließlich der Eltern.

Als weitere Anregung möglicher Aufgabeninhalte sei als Beispiel die Aufgabenbeschreibung aus dem Expertenpapier «Kommunale, verbandliche und schulische Praxis zur Förderung von Kindern und Jugendlichen mit Autismus durch Integrationsassistenz»[14] aus Nordrhein-Westfalen genannt.

Qualifikationen zur Schulassistenz

Hilfreich ist, wenn Fachkräfte mit den Abschlüssen als Erzieher oder Heilerziehungspfleger Schulassistenz leisten oder aber Fachkräfte mit sonstiger pädagogischer Ausbildung und / oder zusätzlicher gezielter und umfassender Fortbildung zur Behinderung des Schülers. Durch Qualifikation ergibt sich erst ein Selbstverständnis vom Ziel des Einsatzes von Assistenz: «Assistenz ist dazu da, daran zu arbeiten, sich selbst größtmöglich überflüssig zu machen.»[15]

Auf der Grundlage einer an das Kind und Umfeld angepassten Arbeitsplatzbeschreibung muss überlegt werden, ob die notwendigen Kompetenzen der Schulassistenz schulintern angeleitet werden können, extern erworben werden oder als Voraussetzung vorhanden sein müssen.

Qualitätsmerkmale der Schulassistenz
Qualität aus schulischer Assistenz spricht sich dann aus, wenn sie eine entsprechende Qualifikation nachweisen kann. An der Zufriedenheit aller Beteiligten und an andauernden Entwicklungsfortschritten sowie durch Nachhaltigkeit der Hilfe gewinnt diese an Qualität. Dauerhafter Rückzug auf den begleitenden Assistenten darf jedoch nicht Sinn der Maßnahme sein.

Ziele
Ziel der Schulassistenz ist die Hinführung der Schüler zur größtmöglichen Selbstständigkeit und deren sozialer Integration in die Gemeinschaft der Klasse und in das Schulleben. Ziel ist auch, wohnortnahe Beschulung erst zu ermöglichen und somit im sozialen Wohnumfeld «dazugehören» und eingebunden zu sein. Für manche Kinder wird Schule mit Unterstützung von Assistenz überhaupt erst möglich.

Abgrenzungen bzw. Herausforderungen. Die Zukunft

Misslich ist die noch immer weitgehend ungeklärte Abgrenzung der Zuständigkeiten der Schule einerseits und der Sozial- bzw. Jugendhilfe andererseits für die Sicherstellung des Schulerfolges von Schülern mit Behinderung. Zwar lässt sich aus der Gesetzeslage und aus der Rechtsprechung der Grundsatz ableiten, dass die Schulverwaltung und die Schulträger vor allem für Maßnahmen zuständig sind, die einer behinderungsgerechten Gestaltung der Schulanlagen und des Unterrichts dienen. Die Sozial- und Jugendhilfeträger sind dafür zuständig, den Schüler in die Lage zu versetzen, dieses Angebot überhaupt zu nutzen.[16] Im Einzelfall ergeben sich hier jedoch immer wieder Abgrenzungsfragen. Eine exakte Trennung zwischen unterrichtsbezogenen und persönlichen Unterstützungsmaßnahmen lässt sich häufig z.B. bei Kindern mit Autismus oder kommunikativ beeinträchtigten Kindern nicht vornehmen.

Interessant wird die Betrachtung der Abgrenzung hinsichtlich des Sozialgesetzbuches IX, dem Gesetzbuch zur «Rehabilitation und Teilhabe behinderter Menschen». Hier heißt es: «So sieht § 4 Abs. 3 SGB IX vor, dass Sozialleistungen für Kinder und Jugendliche so zu gestalten sind, dass sie gemeinsam mit anderen, nicht behinderten Kindern aufwachsen können und nicht von ihrem Umfeld getrennt werden.»

Hinsichtlich der Teilhabe im Zusammenhang mit dem Schulbesuch (ohne Assistenz das Angebot und die Förderung in der Schule gar nicht wahrnehmen zu können) ist die Abgrenzungsfrage und Zuständigkeit geklärt. In diesem Fall ist Assistenz die Aufgabe von Eingliederungshilfe, also eine Teilhabeleistung nach dem SGB IX. Bestätigt wird dies auch durch eine Entscheidung des Landessozialgerichts Nordrhein-Westfalen[17] zur Abgrenzung der Verantwortlichkeit Träger der Eingliederungshilfe / Schulverwaltung.

Wesentliche Aussagen dieser Entscheidung sind:[18]

– Im Kernbereich der Schule ist Eingliederungshilfe nicht zu leisten (entspr. der Rechtsprechung des BSG).

– Schulbegleitung dient dazu, die eigentliche Arbeit der Lehrer abzusichern und die Rahmenbedingungen für den erfolgreichen Schulbesuch zu schaffen. Der Kernbereich ist selbst dann nicht berührt, wenn der Integrationshelfer auch pädagogische Aufgaben übernimmt. Entscheidend ist allein, ob die Vorgabe der Lerninhalte in der Hand des Lehrers bleibt.

– Die Verpflichtung der Eingliederungshilfe ist auch nicht nachrangig. Für die Nachrangigkeit genügt es nicht, dass eine anderweitige Verpflichtung überhaupt besteht. Vielmehr muss diese anderweitige Verpflichtung auch rechtzeitig realisierbar und nach den Umständen des Einzelfalles im öffentlichen Schulwesen eine bedarfsdeckende Hilfe zu erhalten sein. Zwar würden die Kosten der Inklusion so quasi «durch die Hintertür» den Trägern der Sozial- und Jugendhilfe aufgebürdet. Diese in erster Linie politische Problematik darf aber nach Auffassung des LSG nicht zu Lasten der betroffenen Kinder und Jugendlichen gehen.

– Der Kernbereich der pädagogischen Arbeit der Schule kann entgegen der Auffassung einiger anderer Gerichte nicht unter Heranziehung der schulrechtlichen Bestimmungen definiert werden. Dies folge aus dem Wortlaut von § 54 Abs. 1 Satz 1 Nr. 1 SGB XII, wonach die Bestimmungen über die Ermöglichung der Schulbildung im Rahmen der allgemeinen Schulpflicht unberührt bleiben.

Das bedeutet: Die Eingliederungshilfe bleibt in der Pflicht, und das Prinzip der individuellen Bedarfsdeckung kann durch eine wünschenswerte «inklusive» Beschulung nicht aufgehoben werden.

Herausforderungen und Hindernisse

In bereits genannten bzw. noch aufgeführten Stichpunkten muss der Kosten- und Zuständigkeitsstreit noch behandelt werden. Fiskalpolitische Entscheidungen stehen nach wie vor, insbesondere im Bereich der bedarfsgerechten, manchmal sehr individuell zu gestaltenden Schulassistenz, über dem diskriminierungsfreien Zugang zu Regel- oder Sonderschule. Inklusive Bildung entwickelt sich somit deutlich zu Lasten der Schwächsten. Jugend- bzw. Sozialhilfe und Schulverwaltungen verhalten sich hierbei oftmals wie Hund und Katze. Es wäre sehr hilfreich, wenn sich Denken, Handeln und Planen ergänzen würden. Derzeit aber erscheint insbesondere für Schüler mit hohem Unterstützungsbedarf aufgrund des Kosten- und Zuständigkeitsstreites die Gewährung von angemessener Assistenz eine unüberwindbare Barriere. Hierzu ist immer ein Gesamtplan (Bildungs-, Teilhabeplan) vonnöten, um einem Schüler mit ganzheitlichem Ansatz die Hilfen zukommen zu lassen, die er braucht. Leider fehlt meist ein innovatives und kreatives Aushandeln zwischen zuständigen Kosten- und Leistungsträgern unter Beachtung der individuellen und umfeldbezogenen Voraussetzungen und Ressourcen zum Wohle dieses Schülers.

Zukunft

Hinsichtlich der Thematik Schulassistenz bestehen offensichtlich ein besonders ausgeprägter Weiterentwicklungsbedarf und die Notwendigkeit, bundesweit anwendbare Rahmenbedingungen und Regelungen zu schaffen und diese rechtssicher zu verankern. Das beginnt bei den Begrifflichkeiten, den klärungsbedürftigen Aufgabenprofilen, bei Funktion und Rolle, den Abgrenzungs- bzw. Kooperationserfordernissen im Gesamtgefüge, der Vergütungspraxis, den Arbeitsbedingungen und Qualitätskriterien, dem Klärungs- und Handlungsbedarf im Alltag, der (leistungs-)rechtlichen Zuständigkeit und Finanzierungsverantwortung und endet mit dem Antrags- und Bewilligungsverfahren für alle Beteiligten.

Die Diskussion, Assistenzpersonal einer Schule insgesamt zuzumessen (mit Zuständigkeit des Bildungsressorts) und nicht schülerbezogen und diese Assistenzperson «gruppenbezogen»[19] einzusetzen, ist grundsätzlich nicht verkehrt, für einen Großteil der Schülerschaft eventuell auch sinnvoll und praxistauglich. Hierbei sollte es aber selbstverständlich sein, die Zumessung an Schulen auf Basis des individuellen Bedarfs – auch unter dem Aspekt gleichbleibenden Assistenzpersonals für den einzelnen Schüler, der Beachtung des Gendering und Intimsphäre der Schüler sowie notwendiger spezifischer Qualifizierung für das einzelne Kind – zu bestimmen, ohne Verweis auf begrenzte Haushaltsmittel. Die Zumessung an Schulen muss für das Individuum bzw. für Eltern und Schulen nachvollziehbar und auch rechtssicher beschieden werden. Für Schüler mit hohem Unterstützungsbedarf, etwa mit schweren oder Mehrfachbehinderungen, mit frühkindlichem Autismus bzw. mit starken Einschränkungen im kommunikativen Bereich, müssen im Rahmen der Eingliederungshilfe der Jugend- bzw. Sozialämter weiter und gemessen am individuellen Bedarf Leistungen zur vollen und wirksamen Teilhabe am Leben in der Gemeinschaft ohne Zuständigkeits- oder Kostenstreit als ergänzende Assistenzleistungen (persönliche Assistenz) möglich sein. Ihre aktive und wirksame Teilhabe ist im besonderen Maße und unumkehrbar gefährdet. Unter Beachtung der in den Kommunen regelmäßig kleinen Gruppe dieser Schülerschaft sollten sich ergänzende Leistungen von selbst verstehen. Der Schutz der Menschen, die intensivere Unterstützung benötigen, ist insbesondere in der Präambel der UN-BRK im Punkt j benannt.

Die (noch) unterschiedlichen Leistungs- und Kostenträger zusätzlicher Unterstützung in einer Schule sollten Kooperationen forcieren, miteinander intelligente und kreative Lösungen finden und sich nicht zu Lasten der Schüler und ihrer Eltern im Kosten- und Zuständigkeitsstreit verlieren. Denkbar ist die grundlegende (auch finanzielle) Zuständigkeit des Bildungsressorts – allerdings müssen bei festgestelltem und individuell geprüftem Mehrbedarf durch die Eingliederungshilfe im Rahmen einer definierten Kooperation von Jugendhilfe (bzw. Sozialhilfe) und Schulverwaltungen Vereinbarungen getroffen werden, diese Schülerschaft ergänzt durch die Eingliederungshilfe nach individuellem Bedarf (persönliche Assistenz) zu unterstützen. Möglich ist ein Finanzausgleich im Rahmen des § 102 des Sozialgesetzbuches X («Anspruch des vorläufig leistenden Leistungsträgers ermöglicht die Rückerstattung der Kosten von Eingliederungshilfe durch den zuständigen Träger schulischer Hilfen»).

Im Gegensatz zur sozialrechtlichen Eingliederungshilfe gewähren die Schulgesetze der Länder bisher keine konkreten individuellen Ansprüche. Der Nachranggrundsatz der sozialrechtlichen Hilfen kommt daher nur zum Tragen, wenn solche Ansprüche bestehen und die Schulverwaltungen bzw. Schulgesetze tatsächlich bedarfsgerechte Leistungen erbringen. Dies ist für Schüler mit hohem Unterstützungsbedarf, etwa mit schweren oder Mehrfachbehinderungen, mit frühkindlichem Autismus bzw. mit starken Einschränkungen im kommunikativen Bereich, in der Regel nicht der Fall. *Ihre Beschulung wird somit automatisch hin zur Sonderbeschulung gelenkt.* Für diese Schüler und ihren Anspruch auf gemeinsame Bildung gilt nach aktuellem Stand der Schulgesetze einschließlich Kosten- und Zuständigkeitsstreit um Assistenz in der Schule: «Und dann war es, als hätte jemand, vollkommen gedankenlos, den Stecker aus der Dose gezogen.»[19]

Anmerkungen und Literatur finden sich auf S. 766ff.

BIRTE MÜLLER

SEHR EXKLUSIV: MEIN SOHN BESUCHT EINE WALDORF-FÖRDERSCHULE

Als ich im Jahr 2007 mein erstes Kind bekam, war ich mir nicht dessen bewusst gewesen, dass ich an dieses Kind Erwartungen hatte. Erst als wir erfuhren, dass unser Sohn das Down-Syndrom hatte, platze der mir nicht bewusste Traum vom ganz normalen Leben mit einem ganz normalen Kind. Der Schmerz über diesen Verlust war groß, und nur mein kleines Baby mit seinen weichen Wangen konnte mich trösten. Wir gaben ihm den Namen Willi, und wir wollten ihn so nehmen, wie er war. Doch wieder wuchs in mir eine vermessene Vorstellung von unserer Zukunft heran: Ich nahm mir vor, mein Kind bestmöglich zu fördern und der Welt zu zeigen, wie viel ein Mensch mit Down-Syndrom heute erreichen kann!

Dann wurde unser Willi krank, sehr schwer krank. Ich hatte das Gefühl, als würde das Schicksal einen riesigen Gong läuten, um mir zu sagen: Hör endlich auf, von deinem Kind etwas zu erwarten! Nach zwei harten Jahren, in denen Willi ein Tracheostoma (Luftröhrenschnitt) bekam, zwangsernährt wurde, ständig operiert werden musste, und unendlich viele epileptische Anfälle später hatten wir das Schlimmste überstanden, und wie durch ein Wunder entwickelte sich unser Willi endlich weiter. Natürlich hatte ich noch immer große Wünsche für mein Kind, aber nichts, aber auch gar nichts mehr schien mir selbstverständlich. Ich betete, dass Willi eines Tages laufen lernen könnte und kommunizieren – und ich war nicht mehr so anmaßend zu erwarten, dass es unbedingt gesprochene Sprache sein müsste. Und zuallererst betete ich, dass mein Kind niemals wieder sein Lachen verlieren würde.

Heute ist Willi sechs Jahre alt. Der Luftröhrenschnitt wurde verschlossen, Willi hat keine Anfälle mehr, er läuft munter umher (und läuft munter weg), er kann eine ganze Reihe Gebärden und hat einen Sprechcomputer. Beides nutzt er hauptsächlich, um etwas Essbares, bestimmte Musik und Fernsehen einzufordern oder um nach seinem Opa zu fragen.

Doch auch in den vergangenen drei Jahren hatte ich immer wieder Vorstellungen und Erwartungen, die sich nicht mit der Realität decken sollten. Ich war z.b. einfach davon ausgegangen, Willi würde in einen normalen Kindergarten und eine Regelschule integriert werden, etwas anderes lag gar nicht in meinem Vorstellungsbereich. Als wir jedoch nach der Geburt von Willis kleiner Schwester Olivia einen Krippenplatz für Willi suchten, stellten wir fest, dass es das nicht gab: einen Krippenplatz für ein behindertes Kind. Es war kein zusätzliches Geld für ihn vorhanden, also nahm ihn keiner. Damals gab es das Wort Inklusion noch nicht, aber als das Wort später auftauchte, wurde mir an diesem Beispiel klar, was Inklusion bedeutet: Man muss nicht erst einen Platz für ein bestimmtes Kind schaffen, jedes Kind ist überall willkommen!

Als Willi endlich im Kindergartenalter war, musste ich erneut feststellen, dass es zwar sogenannte «I-Plätze» für behinderte Kinder gab, aber trotzdem keiner mein Kind in seinem Kindergarten haben wollte. Er war ein nicht sprechender, schwer geistig behinderter Junge mit starker Weglauftendenz und ausgeprägter Hyperaktivitätssymptomatik. Mit dem Satz «Er passt nicht in unsere Gruppe» oder «Woanders ist er sicher besser aufgehoben» wurden wir überall abgewimmelt, in normalen Kitas, bei den kirchlichen oder den Waldorfkindergärten in unserer Umgebung. In den Gesprächen wurde mir auch schnell klar, dass keine Kita bereit war, ihre üblichen «Kindergartengebärden» gegen die GuK (Gebärden der Unterstützten Kommunikation) auszutauschen, die Willi benötigte, um sich mitzuteilen.

Und so blieb uns überhaupt keine Wahl: Willi kam in eine heilpädagogische Sondergruppe, der einzige Ort, an dem für ihn ein Platz war. Ich erinnere mich gut an mein erstes Gespräch dort im Kindergarten: Ich war gerade dabei, mich umfangreich für mein Kind zu entschuldigen, und die Kindergartenleiterin unterbrach mich, um mir zu sagen, dass sie *jedes* Kind nehmen würden, egal wie behindert! Ich weiß noch, wie unendlich gut mir das tat, einen Ort gefunden zu haben, wo mein Sohn willkommen war!

Auf der Suche nach einer Kinderturngruppe, die ich mit Willi und seiner kleinen Schwester Olivia gemeinsam besuchen wollte, stellte ich ein knappes Jahr später fest, dass das Angebot für behinderte Kinder sehr klein war. Die einzige integrative Gruppe des Sportvereins traf sich an einem Tag und Ort, der nicht gut in unseren Wochenplan passte. Der Gedanke, mal in einer «ganz normalen» Gruppe nachzufragen, ob Willi dort mitmachen könnte, kam mir erst ein paar Wochen später, und ich wunderte mich darüber.

Tatsächlich hatte die Übungsleiterin einer Kinder-Turngruppe in unserer Nähe nichts dagegen, dass Willi käme, solange es keine Probleme gäbe. Und ich dachte: Ja, genau, *das* ist Inklusion!

Aber es gab Probleme. Willi braucht eine sehr engmaschige Betreuung, es wurde zu einem enormen Kraftakt für mich, mit beiden Kindern zum Turnen zu gehen. Allein in den paar Sekunden, die ich brauchte, um meiner Tochter die Straßenschuhe auszuziehen und die Turnschuhe anzuziehen, war Willi weggelaufen, hatte geschubst, anderer Leute Sachen durcheinandergebracht, war im Geräteraum verschwunden und hatte die Schnuller von mindestens zwei Babys geklaut, von denen mir dann noch mindestens eine Mutter sagte, er solle das Baby bitte nicht anfassen ... Ich bat bei den anderen Müttern nicht um Hilfe und bekam auch keine. Sie ließen weiter die Tür der Halle offen, legten ihre Brotdosen und Kekspackungen auf die Bänke und machten mich darauf aufmerksam, wenn Willi vorgedrängelt oder gehauen hatte. Die Betreuer schenkten Willi nicht mehr oder weniger Aufmerksamkeit als jedem anderen Kind, wodurch er die Bewegungsangebote im Prinzip nicht wahrnehmen konnte: Er muss langsam an Neues herangeführt werden, er muss stark motiviert werden, etwas Neues zu probieren, und «schnell, schnell» hintereinander weg ist für ihn nicht möglich. Ich habe Willis Behinderung beim Turnen nie erklärt oder thematisiert, und ich hätte ja auch nicht mal eine halbe Minute Zeit gehabt, darüber zu reden, weil ich permanent damit beschäftigt war, Willi festzuhalten, ihn zu ermahnen, zu ermutigen oder hinter ihm herzurennen. Regelmäßig brach ich auf dem Rückweg vom Turnen in Tränen aus. Dann gingen meine Eltern noch etwa ein Jahr lang mit Willi und Olivia in diese Gruppe – bis es endgültig unmöglich wurde, Willi dorthin mitzunehmen; ich ertrug es nicht mehr, und mir war klar geworden: Inklusion war das auch nicht!

Willi wurde in der Turngruppe zwar geduldet, aber um wirklich teilhaben zu können, hätten wir andere Bedingungen gebraucht. Bei den Übungsleitern hätte jemand Willi speziell unterstützen und anleiten müssen. Und auch die notwendige Aufklärungsarbeit bei den anderen Kindern und Eltern überforderte mich als Mutter komplett. Jetzt besuchen Willi und Olivia doch die integrative Gruppe des Sportvereins. Genau genommen werden da zwei nicht behinderte Geschwisterkinder und der Sohn der Übungsleiterin in eine Gruppe von behinderten Kindern integriert. Drei Betreuerinnen kümmern sich um alles, und ich kann mich sogar zwischendurch auf die Bank setzen, toll!

Als wir begannen, uns nach einer Schule für Willi umzusehen, zogen wir eine Regelschule kaum noch in Betracht. Seit in Hamburg die Inklusion (das angeblich gemeinsame Lernen aller Kinder) vorangetrieben wird, sind die Bedingungen für behinderte Kinder an den Regelschulen deutlich schlechter geworden. Willi hätte nach dem jetzigen System für 2,5 Stunden in der Woche (!) eine Sonderpädagogin an seiner Seite gehabt, und ohne Schulbegleitung wäre ein Schulbesuch vollkommen undenkbar gewesen.

Als Kind hatte ich ganz in der Nähe einer Waldorfschule gewohnt, an die eine Sonderschule angeschlossen war. Wir hatten dort regelmäßig Theaterstücke gesehen, und das Spiel der behinderten Kinder hatte mich sehr beeindruckt. Mir gefiel es, dass hier die Förderschule auf demselben Gelände war wie die normale Schule. Als ich dort anrief, um mich über eine eventuelle Aufnahme von Willi zu informieren, war ich noch nicht fit darin, die aktuellen Sprachregelungen rund um das Wort «behindert» zu dechiffrieren, sonst hätte ich wissen können, dass sich offensichtlich an der Schule ein Wandel vollzogen hatte und die aktuelle Klientel nicht mehr Kinder mit geistigen Behinderungen sind, sondern Kinder mit «Förderbedarf in den Bereichen Lernen und sozial-emotionale Entwicklung». Heute kenne ich die Übersetzung, und es bedeutet so viel wie: lernbehinderte und verhaltensauffällige Kinder. Mir war dieses Phänomen schon bei der Kindergartensuche aufgefallen. In den vielen integrativen Kindergärten tummelten sich zwar auf dem Papier jede Menge Kinder mit Integrationsstatus, von außen war aber im Prinzip kaum ein behindertes Kind zu erkennen. Wenn ich mich mit anderen Müttern behinderter Kinder unterhalte, differenzieren wir zwischen «wirklich behindert» und «nicht wirklich behindert». Wenn mir z.B. jemand erzählt, dass ihr Kind den ersehnten integrativen Kita-Platz schon wieder nicht bekommen hat, würde ich sofort fragen, ob ihn denn wenigstens ein «wirklich behindertes» Kind bekommen habe oder wieder nur eines mit einer angeblichen Wahrnehmungsstörung oder Ähnlichem ... Der Alltag von Familien besonderer Kinder lässt es gar nicht zu, ständig um das Wort «behindert» herumzuschwänzeln, als sei es ein Tabu.

Mich persönlich würde interessieren, ob die Kindergärten, Schulen und letztlich wohl auch Eltern immer mehr Kinder als «behindert» (also förderbedürftig) einstufen müssen, um die nötigen Minimalmittel zu bekommen, damit sie die Gruppe überhaupt betreuen können. Auf jeden Fall scheinen sich die meisten Einrichtungen über Kinder zu freuen, die Gelder freisetzen, um den Gesamtbetrieb am Laufen zu halten, aber trotzdem nicht wirklich mehr Arbeit machen.

Bei der ganzen Inklusionsdebatte müsste man deutlicher differenzieren zwischen wirklich behinderten Kindern und denjenigen mit Lern- oder Verhaltensproblemen. Mir scheint es ein Unding zu sein, dass die Kinder der zweiten Kategorie offensichtlich in den letzten Jahren massiv aus den normalen Schulklassen aussortiert wurden. Das Rezept, um diese Entwicklung zu stoppen, scheint mir recht einfach zu sein: kleinere Klassen, deutlich mehr Personal sowie Heil- und Sozialpädagogen an die Schulen, Unterricht im Zweiergespann und räumliche Möglichkeiten, die Gruppen zu teilen (und natürlich müssten die Lehrer auch darin ausgebildet und willens sein, so zu unterrichten). Ob das am Ende mehr oder weniger Geld kostet als der Betrieb der Förderschulen, kann ich nicht beurteilen. Doch es müsste unser Anspruch sein, diese Kinder ins normale Schulsystem zurückzuholen, allein um ihnen die Möglichkeit zu geben, einen Abschluss und somit eine Ausbildung zu machen.

Ich muss zugeben: Ich war nach dem ersten (und einzigen) Telefonat mit unserer nahe gelegenen Waldorfförderschule einigermaßen enttäuscht, dass für ein wirklich behindertes Kind, welches außerdem – wie die Sekretärin am Telefon bemerkte – noch nicht mal «stubenrein» sei, selbst an der Sonderschule kein Platz war. Mit einem «stubenreinen», hoch begabten Kind mit Down-Syndrom hätte man an der Schule vielleicht eine Chance gehabt, aber mit unserem Willi offensichtlich sicher nicht. Auch wenn ich kein großer Kenner der Waldorfpädagogik bin, erschien mir immer eine Waldorfschule am ehesten geeignet, meinen Sohn so als Menschen anzunehmen, wie er ist. Der Fokus aufs Musische und Bildnerische kommt Kindern wie Willi sehr entgegen, genau wie das stark Rhythmisierte, die festen Abläufe und Wiederholungen sowie das Lernen in Epochen. Auch der Ansatz des Ausdrucks über Gebärden findet sich durch die Eurythmie in den Lehrplänen aller Waldorfschüler wieder. Umso erstaunter war ich, als ich feststellte, dass in Waldorfschulen kaum behinderte Kinder integriert wurden. Doch der Ansatz, die behinderten Kinder in ihrer Andersartigkeit auch anders zu beschulen, leuchtete mir ebenfalls ein.

Ich habe mich immer etwas lustig gemacht über die Familien, die selbst nichts mit Anthroposophie zu tun hatten, aber seit der Geburt ihrer Kinder nur noch Bio kauften und sie auf die Waldorfschule schickten, weil sie das für ihre Kinder für das Beste hielten. Nun bin ich eine von ihnen: Unser Sohn Willi besucht seit einem halben Jahr eine Waldorfschule für «seelenpflegebedürftige» Kinder. Man muss Rudolf Steiner zugute halten, dass er schon hundert Jahre, bevor es in Mode kam, sich ständig neue Worte für «Behinderung» auszudenken, diesen Begriff prägte – zu einer Zeit, zu der allgemein noch von Schwachsinnigkeit, Idiotie oder Geisteskrankheit gesprochen wurde.

Willi ist sehr gut aufgehoben dort in seiner Klasse mit sechs Kindern und zwei Lehrern und einer FSJlerin.[1] In seiner Klasse liegt er hinsichtlich der Schwere seiner Behinderung etwa im Mittelfeld, was ich sehr angenehm finde. Es ist wichtig für ihn zu erleben, dass auch er anderen helfen kann. Es ist außerdem eine große Erleichterung, dass Willi keinen Schulbegleiter braucht. Mir kommt das System der Einzelintegration mit ständig wechselnder Schulbegleitung nicht sehr sinnvoll vor. Ich sehe häufig, dass die Lehrer die Verantwortung (auch die pädagogische) an die Schulbegleiter abgeben, die manchmal selbst lieber draußen Fußball spielen, als Buchstaben zu lernen, und oft jegliche Selbstständigkeit der Kinder verhindern. Vor allem aber genieße ich es, dass Willi nicht immer der Einzige ist, der «anders» ist – denn soviel man auch im Zuge der Inklusion um das Wort «behindert» herumreden will und so tut, als seien alle Kinder doch unterschiedlich, so klar ist mir doch, dass man meinem Sohn damit gar nicht gerecht wird. Unter allen «normal» unterschiedlichen ist er doch immer absolut am «andersten». Wer behauptet, alle Kinder seien doch anders, einige Kinder seien einfach blond und die anderen schwarzhaarig, dieser trage eine Brille, der nächste habe Sommersprossen und der andere sei schwer mehrfach behindert, der vergleicht Äpfel mit Birnen!

Ich empfinde es als sehr angenehm, dass die Lehrer an Willis Schule die Andersartigkeit ihrer Schüler nicht versuchen wegzureden, sondern sie vielmehr darin vollkommen annehmen und akzeptieren. Das bietet mir als Mutter einen Schutzraum, in dem z.B. die Leistung der Alltagsbewältigung mit einem behinderten Kind voll anerkannt wird. Das ist etwas, was ich unbedingt von jeder Schule erwarte: dass die Behinderung und auch die Probleme meines Kindes (und letztlich auch die der ganzen Familie) nicht kleingeredet werden, sondern in ihrer ganzen Tragweite selbstverständlich wahrgenommen werden. Der tausendfach gehörte Satz: «Das hast du aber mit einem normalen Kind auch», macht mich mittlerweile sehr traurig, denn es zeigt mir, dass man mir entweder nicht glauben will oder kann, was ich von unserem Alltag erzähle.

Ein weiterer Schutzraum, den ich sehr genieße: dass ich mich vor den Lehrern und anderen Eltern nicht rechtfertigen muss. Ich habe keine Energie übrig, um in der Schule für die Rechte meines Kindes zu kämpfen und es ständig zu erklären. Natürlich wäre es gesamtgesellschaftlich wichtig, dass alle Familien zum Thema Behinderung aufgeklärt werden, aber mich persönlich überfordert es. Das müsste von der Schule geleistet werden.

Ich freue mich, dass mein Kind von der Waldorfpädagogik so sehr profitiert, selbst wenn ich persönlich mit Esoterik wenig anfangen kann und auch nicht nach anthroposophischen Grundsätzen lebe. Auch die anderen Familien von Willis Klassenkameraden sind genau wie wir keine «Anthros», wahrscheinlich sogar noch viel weniger als wir. Ich hoffe immer, dass das unsere Lehrer nicht frustriert. Was mich an Willis Schule ganz überzeugt, ist tatsächlich der Aspekt, «wie etwas gemacht wird», und nicht, «warum es so gemacht wird». Willi gibt die Praxis der Waldorf-Heilpädagogik eine Struktur. Dass jeder Wochentag eine Farbe hat und immer am selben Tag in der Woche die gleichen Dinge gegessen werden (die am besten auch noch die Farbe des jeweiligen Wochentages haben), hilft Willi, sich im Leben zu orientieren. Aber welche Begründung und Philosophie dahintersteckt, interessiert mich nicht besonders. Hoffentlich ist es moralisch trotzdem vertretbar, sein Kind unter diesen Bedingungen auf eine Waldorfschule gehen zu lassen, denn ich würde sie nicht mehr missen wollen ...

Wenn mich jemand fragt, wie Inklusion funktionieren kann, dann kann ich skurrilerweise immer nur auf den Unterricht in Willis Sonderschulklasse verweisen: Dort wird wahrhaft «zieldifferent» gelernt. Jedes Kind wird nach seinen eigenen Möglichkeiten individuell gefördert, und das Gelernte wird immer wieder auch praktisch wiederholt und vertieft. (Übrigens wird auch das Alphabet gelernt – mit allen Kindern!) Aber ich müsste wohl auch auf den Personalschlüssel verweisen, der das möglich macht.

Vermutlich hängt die Problematik, dass sich «normale» Waldorfschulen oft nicht für behinderte Kinder öffnen, auch damit zusammen, dass sie am «Althergebrachten» festhalten. Es gibt noch immer Schulen, die in ihrer technikfeindlichen Einstellung so weit gehen, dass behinderte, nicht sprechende Kinder ihren Sprechcomputer nicht in die Schule mitbringen dürfen. In Willis Schule gibt es solche Berührungsängste nicht. Dadurch, dass sie immer wieder mit komplett unterschiedlichen Kindern und ganz neuen, unerwarteten Herausforderungen konfrontiert ist, ist dort vielleicht mehr in Bewegung als an anderen Waldorfschulen. Ich würde mir wünschen, dass Schulen diese Bewegung als Chance sehen können, von starren Strukturen wegzukommen. Denn nach allem, was ich von Rudolf Steiner gelesen habe, scheint er mir neuen Ideen gegenüber sehr offen gewesen zu sein, und er wollte, dass seine Worte neu interpretiert und nicht einfach konserviert werden.

Ein Beispiel: Es bestürzt mich, wenn an einer Schule für geistig behinderte Kinder ein Christgeburtsspiel aufgeführt wird, dessen Texte in einem donauschwäbischen Dialekt vorgetragen werden, den wohl *keines* der Kinder (und nur die Hälfte der Eltern) versteht. Besonders wenn man erfährt, dass Rudolf Steiner dem Stück dadurch seine besonders volksnahe Fassung bewahren wollte, scheint mir klar, dass eine Neuinterpretation inzwischen dringend nötig wäre. In der Schule teilte man meine Kritik nicht, und man begegnete mir mit dem Argument, das Stück verliere dann seine ursprüngliche Kraft.

Wenn man jedoch bedenkt, dass z.B. auch die Eurythmie zu Steiners Zeit als expressionistische Ausdrucksform entstanden ist (und der Expressionismus war doch die größte Revolution der Kunstgeschichte!), dann erscheint es mir eigenartig, dass es nicht möglich ist, diese «ursprüngliche Kraft», die darin steckt, wieder ganz neu und vor allem zielgerichtet einzusetzen, indem man sie nutzt, um mit *einfacher* Sprache und neuen Bewegungen (vielleicht abgeleitet aus der deutschen Gebärdensprache?) die

Kinder zu fördern. Ich wünschte mir, im Zuge der Öffnung der Waldorfschulen für behinderte Kinder würde man wieder auf einfache Sprache achten, denn das ist eine Minimalvoraussetzung, um inklusiv arbeiten zu können. Und die einfache Sprache muss ja nicht bedeuten, dass es keine schöne Sprache ist ...

Aber auch wenn ich an Willis Schule hier und da etwas finde, mit dem ich nicht zufrieden bin (so z.B. ein Gebärdensystem, das sonst meines Wissens nirgendwo benutzt wird, oder das Fehlen einer einheitlichen Symbolsammlung zur Unterstützung der Kommunikation), sind mein Mann und ich absolut glücklich damit, dass er auf diese Förderschule geht. Und vor allem ist auch Willi dort glücklich! Erst wenn die inklusive Schule mir dieselben Vorteile bieten kann wie Willis exklusive Förderschule, wäre ich bereit, es zu versuchen.

Natürlich kann man mir vorwerfen, dass ich zu wenig zu einer inklusiven Gesellschaft beitrage, indem ich Willi auf eine normale Schule schicke, selbst wenn dies nicht das Beste für ihn ist. Und es tut mir auch wirklich leid, dass momentan Hamburgs Schüler nicht an Willi lernen dürfen, wie viele Spielarten das Leben hat. Manchmal unterstelle ich anderen Familien aber auch, dass sie vielleicht gar nicht so sehr daran interessiert sind, von meinem Sohn zu lernen (oder warum meldet bei uns kein Einziger sein «normales» Kind in der integrativen Sportgruppe an?). Am Ende weiß ich, dass wir alle davon profitieren werden, wenn möglichst viele behinderte und nicht behinderte Kinder gemeinsam erfolgreich in den Schulen lernen. Aber ich denke auch, dass es Kinder gibt, für die der Schutzraum «Förderschule» immer von Vorteil sein kann. Andersartigkeit akzeptieren könnte dann auch bedeuten, andere Schulformen zu akzeptieren.

ANNE PETERS

ZWEIERLEI GEBURT

Die Geburt eines Kindes und die Gründung einer Schule werden in waldorfpädagogischen Kreisen nicht selten als ähnlich im Entstehungsprozess beschrieben. Bestimmte Gemeinsamkeiten, wie die Empfängnis (Geburt der Idee), die Schwangerschaft (vorbereitende Gründungsaktivitäten), die Geburt selbst (Tag der Eröffnung), die frühe Kindheit usw., sind tatsächlich nicht von der Hand zu weisen. Wenn dies allerdings, wie im Fall der Karl Schubert Schule Leipzig und unserer Tochter Lucie, tatsächlich zusammenkommt, ist das schon für alle Beteiligten ein besonders schicksalshaftes Erleben.

Schenkt man denen Glauben, die behaupten, der Moment der Geburt eines Kindes trage bereits Züge dessen, was das Lebensmotiv dieses Menschen werden soll, dann ist das bei Lucie auf alle Fälle zutreffend. Es fing schon damit an, dass sie mit einer sogenannten «Glückshaube» geboren wurde: Die Fruchtblase war während des Geburtsprozesses nicht geplatzt und bedeckte ihr Haupt noch im Geburtskanal. Erst im Moment der Geburt des Kopfes platzt in diesem Fall die Fruchtblase, und durch den großen Druck, mit dem das Fruchtwasser austritt, bedeutet das oft eine warme Dusche für die umstehenden Geburtshelfer. Natürlich wusste man das im Krankenhaus schon und versteckte sich hinter Tüchern. Ein unglaublich komischer Augenblick, an den ich immer wieder mit Schmunzeln zurückdenke.

Denn so ist Lucie: grundsätzlich im Einklang mit sich und ihrer (gegenständlichen) Umgebung, aber eruptiv bisweilen, wenn es um die Kontaktaufnahme mit ihrer (sozialen) Umwelt geht. Ihr Verhalten ist dann oft nicht vorhersehbar, mitunter recht laut und sehr anstrengend, aber immer ehrlich bis ins Mark. Es gibt dieses gern tradierte Vorurteil, Menschen mit dem Down-Syndrom seien immer freundlich und gut gelaunt, bereicherten das

Sozialklima einer Gemeinschaft ungemein und seien eine emotionale Bereicherung für alle. Mag sein, dass es solche gibt, wir haben jedenfalls kein solches Exemplar abbekommen. Das Leben mit Lucie ist durchaus anstrengender als mit einem Kind ohne Trisomie 21. Heute noch braucht sie nachts eine Windel und verzichtet gerne mal aus Bequemlichkeit darauf, aufs Klo zu gehen. Was unser Kind mit Mandelaugen allerdings auszeichnet, ist, dass es ganz gesund ist. Ja, Lucie ist die gesündeste Person, die ich kenne. Sie hat ein sehr gutes Gespür dafür, wann es genug ist, wann sie Rückzug braucht, wann sie allein spielen will, wann es Zeit ist, sich kreativ auszudrücken, um das eigene Seelenleben wieder ins richtige Lot zu rücken. Sie weiß, welche Nahrungsmittel ihr guttun, wann sie genug gegessen hat und wann sie Kontakt zu anderen braucht. Diese Ausgewogenheit ihres Bedürfnislebens ist für mich immer wieder erstaunlich. Erwachsene ziehen sich in Meditationswochen zurück oder praktizieren Nebenübungen, um wieder ins Lot zu kommen. Geschwister und gleichaltrige Kinder haben es unter Umständen viel schwerer, sich von den Eindrücken, die ihr soziales Leben mit sich bringt, zu befreien und sich wieder auf sich selbst zu besinnen. Lucie scheint immer durch die Mitte zu schwingen, zutiefst gesund, und selten in Extreme zu verfallen.

Der Grund, weshalb mein Bericht in diesem Buch erscheint, ist, dass Lucies Sosein und die Entwicklung, die wir als Familie in den letzten zehn Jahren gemacht haben, tatsächlich mitbeeinflusst haben, dass es heute in Leipzig eine zweite Waldorfschule gibt, die alle Kinder aufnimmt, egal wie behindert oder begabt sie sind. Ob dies etwas mit Glück oder Schicksal zu tun hat, dies zu entscheiden, möchte ich den Lesern überlassen.

Für mich persönlich wäre es zu kurz gegriffen, wenn ich im Zusammenhang mit der Schulgründung von Glück spräche. Viele Kräfte waren sicherlich am Werk, um die Gründung zu begünstigen. Dennoch fühle ich, dass mich eine gehörige Portion wohlwollender Umstände begleitet hat. Zum Beispiel habe ich nie wirklich mit mir gehadert, dieses Kind anzunehmen. Ich hatte das «Glück», außer in den ersten vierundzwanzig Stunden nach Bekanntgabe des Ergebnisses der Feindiagnostik, die Beziehung zu

Lucie aufgrund ihrer «Behinderung» nie infrage zu stellen. Diesen Umstand halte ich für einen der gnadenreichsten in meinem Leben. Er hat nicht nur dazu geführt, dass ich eine Sinnhaftigkeit in meinem Lebensweg finden konnte, sondern dass es heute in der Stadt, in der wir wohnen, eine Waldorfschule gibt, die es in der Form ohne Lucie wahrscheinlich nicht gegeben hätte. Heute ist Lucie neun Jahre alt und besucht die 2. Klasse der Karl Schubert Schule Leipzig. Diese Schule wurde vor vier Jahren von mir mitgegründet. Die Ereignisse, die vor und nach Lucies Geburt mein Leben geprägt haben, waren dafür entscheidend. Die Tatsache, dass Lucie heute in eine Waldorfschule geht, in der in jeder Klasse bis zu fünf Kinder mit unterschiedlichem Förderbedarf gemeinsam mit anderen Kindern unterrichtet werden, war vor fünf Jahren noch undenkbar.

Aber noch einmal von vorne

Lucie ist das dritte von vier Kindern und wurde neun Monate nach dem Tod ihrer älteren Schwester geboren. Amelie war nach einem tragischen Unfall wiederbelebt worden und nach elf Monaten im Wachkoma doch sehr plötzlich verstorben. Ich hatte durch dieses traumatische Ereignis genügend Zeit, mich mit der Zukunftsaussicht zu verbinden, mein Leben mit einem schwerstbehinderten Kind zu verbringen. Im Monatszyklus nach Amelies Tod war ich wieder schwanger. Für mich war diese Tatsache sehr bedeutsam, hatte ich mich doch in den langen Monaten an Amelies Krankenbett sehr viel mit dem Sterben, der Wiedergeburt und verschiedenen Schriften zum Karma beschäftigt. Diese erneute Schwangerschaft empfand ich somit als großes Geschenk.

Ich kenne viele Frauen, denen das Mutterwerden einen ordentlichen Ruck im Verständnis des eigenen Weltbildes versetzt hat. Bis zur Geburt meines ersten Kindes waren mir bestimmte Fragen zum Sinn meines Tuns und zur Verantwortung für mein eigenes Handeln nicht in der Art zu Bewusstsein gekommen. Kinder zu gebären, dafür Verantwortung zu übernehmen, ihre Entwicklung

so positiv wie möglich zu gestalten und gleichzeitig eine unglaub-
liche Nähe wie zu sonst niemandem zu spüren, war für meinen
persönlichen Weg ein Meilenstein. Das hätte ich vorher nie gedacht, und so war ich von den Veränderungen in der Lebens- und
Gedankenführung bisweilen selbst überrascht.

Ende der 90er-Jahre hatten mich familiäre Umstände in den
Osten Deutschlands geführt, in dem viele neue Wege gesucht wurden. Gerade das Feld der Erziehung schrie nach Umbruch und
Erneuerung. Mit anderen Müttern gründete ich in dieser Zeit einen Waldorfkindergarten in einem Plattenbau im Leipziger Nor-
den. Nach und nach wurde das Interesse an der Anthroposophie
in mir stärker, und die Suche nach einer spirituellen Orientierung
führte mich und meine Kinder auch in die Christengemeinschaft.
Als ich dann bei unserem dritten Kind in der 20. Schwanger-
schaftswoche mit fünfzigprozentiger Wahrscheinlichkeit die Diagnose Down-Syndrom brutal auf den Tisch geknallt bekam, hat
es durch hilfreiche Hände einen Tag gedauert, bis ich das Kind
in meinem Bauch so annehmen konnte, wie es ist. Dafür bin ich
sehr dankbar.

Lucie kam fast sechs Wochen zu früh mit einem Herzfehler zur
Welt. Dieser wurde im vierten Lebensmonat durch eine mehrstündige Operation so weit korrigiert, dass sie heute ohne Einschränkungen und Medikamente leben kann. Lucies erste beiden
Lebensjahre, bis zur Geburt unseres vierten Kindes, habe ich
sehr ruhig und entspannt in Erinnerung. Bereits damals zeigte
sie eine gute Fähigkeit, sich allen Therapieversuchen – und derer
gibt es ja so viele für engagierte DS-Mütter – zu entziehen und
am liebsten ihren eigenen Weg zum Rollen, Krabbeln, Gehen und
selbstständigen Essen zu finden. Auch die Versuche, ihr mit ge-
bärdenunterstützter Kommunikation (GUK) mehr Möglichkeiten
zum verbalen Ausdruck zu bieten, schlugen weitgehend fehl: Die
Gebärde für Trinken habe ich ihr sicher über drei Jahre mehrmals täglich gezeigt; heute noch begnügt sie sich mit dem Ein-
Wort-Satz «Duast», um ein Glas Wasser zu bekommen.

Da ich bereits um den Schulplatz meines Erstgeborenen sehr
gekämpft hatte – zu dieser Zeit gab es für jeden Waldorfschul-

platz in Leipzig mindestens zwei Anmeldungen –, war uns sehr bald klar, dass wir mit «so einem Kind» an einer normalen Waldorfschule keine Chance haben würden. Genauso, wie es mir bei meinem ersten Kind unmöglich war, ihn in die Obhut eines staatlichen Kindergartens mit deutlicher DDR-Signatur zu geben, konnte ich es mir bei Lucie unter keinen Umständen vorstellen, sie in eine staatliche Schule für Kinder mit einer sogenannten geistigen Behinderung zu geben. Inzwischen waren für mich die Grundsätze der Waldorfpädagogik im ersten Jahrsiebt (Vorbild und Nachahmung, Rhythmus und Wiederholung, Bedeutung des freien Spiels) nicht mehr aus unserem Familienalltag wegzudenken. Es war für mich eine unumstößliche Tatsache, dass auch mein Kind mit einer Behinderung in den Genuss dieser gesundheitsfördernden Erziehung kommen sollte. Ich konnte nicht erkennen, dass das Lernen durch die Vorbilder der größeren Geschwister zu Hause oder der Kinder im Kindergarten, das ständige Wiederholen der gleichen Abläufe, der rhythmische Tageslauf, die musikalischen und künstlerischen Elemente, die den waldorfpädagogischen Kindergarten- und Schulalltag prägen, nur für nicht behinderte Kinder passen sollten.

Ich erinnere mich daher gut, dass mein Mann und ich auf der Rückfahrt von Marburg, wo wir ein Seminar für Eltern mit Kindern mit DS der *Bundesvereinigung Lebenshilfe* besucht hatten (in dem uns Etta Wilken, Pionierin der Down-Syndrom-Forschung in Deutschland, den Unterschied zwischen integrativer Beschulung und Förderschule erklärte), den Entschluss gefasst hatten, dass Lucie den integrativen Weg einschlagen sollte. Auch wenn sich die Vorstellung, die ich damals vage von integrativer Beschulung hatte, nicht mehr ganz mit dem deckt, was ich heute als inklusive gesellschaftliche Ordnung empfinde, hat dieses Wochenendseminar, auf dem wir zum ersten Mal viele Eltern in ähnlichen Lebenssituationen kennengelernt hatten, den Ausschlag gegeben, dass wir vier Jahre später eine der bisher wenigen inklusiven Waldorfschulen in Deutschland gegründet haben.

Der Gedanke, dass unsere Tochter genau wie unsere anderen Kinder inmitten von anderen sehr unterschiedlichen Kindern auf-

wächst und alle – nicht nur die Menschen in einer Behinderten-
einrichtung – von ihrem Sosein etwas lernen könnten und umgekehrt, kam mir schon in dieser Zeit. Für mich war sehr früh
gewiss, dass das gemeinsame Leben und Lernen nicht nur Vorteile für die Menschen mit Behinderung bringt – in dem Sinne, wie
es häufig verstanden wird, dass die Behinderung dann ein Stück
weit verschwindet. Das schicksalshafte Zusammentreffen von
Menschen in einer Familie, einer Klasse, einer Schule, einer Stadt
wurde für mich immer mehr zu einer Aufgabe des Menschseins
schlechthin. Diese Grundverfassung steht über allem, was das Leben und Lernen im inklusiven Kontext ausmacht. Entgegen der
häufigen Meinung von Gegnern der Inklusion, die Menschen mit
Behinderung als Opfer für das Gutmenschentum anderer sehen,
steht für mich dahinter eine zutiefst menschliche Frage. Auch die
anderen Menschen, die in einem «inklusiven» Umfeld leben werden, sind ebenso schicksalshaft mit Lucie und den anderen Kindern mit Behinderungen verbunden. Je mehr ich darüber las und
nachdachte, umso mehr wurde mir deutlich, dass das Zusammenleben von Menschen mit und ohne Behinderungen nicht auf
spezielle Einrichtungen beschränkt sein sollte. Die Qualität von
«Leben», im Sinne von Facettenreichtum und Intensität, die das
uneingeschränkte Zusammenleben aller ausmacht, empfand ich
immer mehr als einen neuen Weg im Sozialen schlechthin. Das
Leben, Lernen und Arbeiten innerhalb einer solchen Gesellschaft
zu ermöglichen erscheint mir heute als eine der wichtigsten Herausforderungen unserer Zeit.

Der Gedanke einer Schicksalsgemeinschaft, die weit über
das übliche Verständnis von Waldorf-Klassengemeinschaften
hinausgeht, hatte uns dann auch zur Gründung einer Eltern-
Lehrer-Initiative bewegt, die ab 2008 mit den Vorbereitungen
zur Gründung einer weiteren Waldorfschule in Leipzig begonnen
hatte. 2009 entschloss ich mich, meinen alten Beruf aufzugeben
und selbst Waldorflehrerin zu werden. Ich besuchte das berufsbegleitende Seminar in Dresden und hospitierte in einigen
Waldorfschulen, die in Deutschland Kinder mit Behinderungen
integrierten: Emmendingen, Berlin Kreuzberg, Windrather Tal-

schule in Velbert-Langenberg. Zudem besuchte ich eine anthroposophisch orientierte heilpädagogische Schule, um ganz sicher zu sein, dass der «integrative» Weg, von dem wir bis 2010 noch immer sprachen, für unsere Schule das Richtige sei. Nach und nach rückte das Engagement für meine Tochter in die zweite Reihe. Es wurde immer offensichtlicher, dass es nicht nur darum ging, einen Schulplatz für Lucie zu bekommen, sondern ein komplett neues Schulkonzept für eine junge Gründungsinitiative auf die Beine zu stellen. Die Kerninitiative, die aus Eltern und Unterstützern sowie einigen Pädagogen bestand, schmiedete Ende 2009 einen solchen Plan. Es wurden Veranstaltungen u.a. mit Ines Boban und Henning Köhler zum Thema «Eine Schule für alle» organisiert. Ein Verein wurde gegründet und eine Schulgenehmigung beantragt.

Als dann im März 2009 Deutschland die UN-Konvention für die Rechte der Menschen mit Behinderungen ratifiziert hatte, saßen wir gewissermaßen schon in den Startlöchern. Dennoch dauerte es bis 2013, bis der Begriff «Inklusion» in das Standardvokabular der politischen und pädagogischen Diskussion in Deutschland eingegangen ist. Die Gründung der Karl Schubert Schule hat dies in ihren ersten Jahren auch hautnah zu spüren bekommen. 2010 wurde uns die Schulgenehmigung im ersten Anlauf unter anderem mit der Begründung verweigert, dass unser Konzept einem Schulversuch gleichkomme und Schulversuche als solche für Freie Schulen im Freistaat Sachsen nicht gestattet seien. Durch eine Verschärfung der Gründungsbedingungen im Folgejahr wurde uns der Anfang noch einmal erschwert. 2011 durften wir letztendlich die Schule auf einem von der Stadt Leipzig gepachteten Gelände beziehen. Allerdings mussten wir nun nicht nur drei, sondern sogar vier Jahre Wartefrist in Kauf nehmen, um als freie Schule in die Landesbezuschussung aufgenommen zu werden. Da wir aber schon unsere Gründungsklasse mit in diese verlängerte Wartefrist zu nehmen hatten, die ein Jahr von der «alten» Waldorfschule aufgenommen worden war, haben wir derzeit vier Klassen in Warteposition und dementsprechend mehr Personalkosten. Die Summe, die der Trägerverein in diesen vier Jahren zusätzlich zu den Elternbeiträgen und Spenden aufwenden muss, beläuft sich auf ca. 650.000 €.

Ich war von Anfang an im Trägerverein als Vorstand tätig. Mein Deputatsumfang fiel in diesen Jahren noch gering aus, sodass ich bis zum fünften Schuljahr die Geschäftsführung kommissarisch übernahm. Die Arbeitsbelastung für meine Kollegen, die Gründungsfamilien und alle anderen ehrenamtlich engagierten Menschen war und ist enorm. Neben dem konzeptionellen Aufbau einer einzügigen Waldorfschule mit Teamteaching, Hortbetreuung und Schulassistenten mussten auch vor allem mit viel Eigenleistung DDR-Baracken, die bis dahin der städtischen Verwaltung gedient hatten, in abnahmefähige Schulgebäude umgebaut werden. Um den Ausbau der Schule zügig fortzusetzen, muss bis 2018 ein Mittel- und Oberstufengebäude errichtet werden.

Im Gegensatz zu einer «normalen» Waldorfschule gibt es in unserer inklusiven Waldorfschule bedeutend mehr Personal, das betreut und verwaltet sein möchte. Diese Herausforderung wird jährlich größer und anspruchsvoller. Jedes Klassenteam besteht aus zwei Lehrern und zwei Hortnern, die die Ganztagesbetreuung absichern. Je nach Bedarf bringen Schüler Leistungen der Eingliederungshilfe nach SGB VIII oder XII mit in die Schule. Das heißt, sie erhalten Hilfen zur Teilhabe am Unterricht in Form von Schulassistenz. Diese Schulassistentinnen sind, ebenso wie die Lehrerinnen, in der Schule angestellt, um ein harmonisches Arbeitsklima in der Klasse zu gewährleisten. Leider lassen sich die kommunalen Kostenträger selten auf lebensnahe Umsetzung dieser Leistungen ein, die halbjährlich auch viel Verwaltungsaufwand kosten.

Gemeinsam waldorfpädagogischen und heilpädagogisch angemessenen Unterricht zu gestalten ist spannend und fordernd zugleich. Viele Kollegen kommen da an ihre Grenzen. Etliches muss für heterogene Lerngruppen neu gedacht und gestaltet werden und kann nicht aus den Curricula der herkömmlichen Waldorfschulen übernommen werden. Das erfordert Zeit und viel Willenskraft. Regelmäßige Team-Supervisionen gehören daher dazu. Auch die Nachmittagsbetreuung im Hort muss neu betrachtet werden. Den Anspruch der Ganztagesbetreuung für alle Kinder gesund und rhythmisch zu gestalten ist nur mit genügend Personal und guten Absprachen möglich.

Lucie ist inzwischen eine Schülerin unter vielen – sicher nicht die einfachste. Denn nach wie vor ist sie jederzeit für eine Überraschung gut, ob sie sich nun irgendwo auf dem Schulgelände versteckt, weil das Beobachten von Ameisen so viel spannender ist als Eurythmie, oder sie nur als Prinzessin verkleidet zum Handarbeitsunterricht erscheinen mag. Ihre Eigenarten sind genauso speziell oder allgemein menschlich wie die ihrer Mitschüler. Dies zeigen uns immer wieder besonders die Kinder, die ohne Diagnosestempel zu uns kommen und mitunter genauso viel oder mehr Zuwendung und Einzelbetreuung brauchen, wie ein Kind mit ... was auch immer.

CHRISTINE CARBONE

INKLUSIVE BILDUNG
AM BEISPIEL ZWEIER BERLINER SCHULEN

Der vorliegende Text ist ein Auszug aus der Bachelorarbeit «Eine Schule für alle – eine qualitative Untersuchung zu inklusiver Bildung am Beispiel zweier Berliner Schulen» und untersucht den Status quo und die Umsetzung der Inklusion von Kindern mit sonderpädagogischem Förderbedarf an der Freien Waldorfschule Kreuzberg (FWSK) und der Schule am Friedrichshain (SaF). Beide Berliner Schulen haben bereits langjährige Erfahrung mit der Integration von Kindern mit Beeinträchtigungen. Als Grundlage der Arbeit dienten qualitative Interviews mit den Eltern der beiden Schulen.

Seit dem Inkrafttreten der UN-Behindertenrechtskonvention (BRK) haben Eltern das Recht auf einen integrativen Schulplatz für ihr Kind mit Beeinträchtigung. Das Recht auf einen Platz reicht jedoch allein nicht aus, auch die finanziellen Mittel für das Personal und die Ausstattung der Schule sind erforderlich, um eine zufriedenstellende Inklusion auf sozialer wie auf didaktischer Ebene zu gewährleisten.

Das Land Berlin hat in den letzten Jahren enorme Einsparungen vorgenommen, sodass seit 2002 Kinder mit sonderpädagogischem Förderbedarf nur noch drei bis vier Sonderpädagogikstunden innerhalb des Unterrichts und 0,5 Stunden für Diagnostik, Kooperation und Fortbildung erhalten.[1] Auch die Stunden der Schulhelfer wurden in Berlin erheblich reduziert: Für das Schuljahr 2011/2012 sind z.B. an der FWSK von 102 beantragten Schulhelfer-Stunden nur 30 Stunden bewilligt worden.[2] Das führt dazu, dass sich Eltern von Kindern mit Beeinträchtigungen gezwungen sehen, Verfahren vor Gericht anzustrengen, um ihre Kinder inklusiv und qualitativ gut beschulen zu lassen. Unter diesen Voraussetzungen ist es fraglich, wie das Ziel der BRK, jede Schule zu einer inklusiven Schule zu machen, überhaupt umgesetzt werden kann.[3]

Im Schuljahr 2008/2009 wurde bei über 480.000 Schülern in Deutschland der Primar- und Sekundarstufe ein sonderpädagogischer Förderbedarf diagnostiziert. Das entspricht sechs Prozent aller Schüler in Deutschland.[4] 34 Prozent der Grundschüler mit sonderpädagogischem Förderbedarf besuchen Regelschulen und lernen dort gemeinsam mit Kindern ohne sonderpädagogischen Förderbedarf, in der Sekundarstufe 1 sind es 15 Prozent. Der größte Anteil der Schüler mit sonderpädagogischem Förderbedarf besucht eine Förderschule, was einer Exklusion gleichkommt.[5] Vor allem die Sekundarstufen haben einen großen Aufholbedarf in Sachen Inklusion. Staatlich anerkannte Schulabschlüsse sind besonders für Kinder mit sonderpädagogischem Förderbedarf von großer Bedeutung, um sie später erfolgreich in den Arbeitsmarkt zu integrieren. Momentan machen 76,3 Prozent der Schulabgänger mit sonderpädagogischem Förderbedarf Förderschulabschlüsse, die von der Wertigkeit noch unter dem Hauptschulabschluss stehen. Dadurch eröffnen sich für die Schulabgänger kaum berufliche Perspektiven auf dem ersten Arbeitsmarkt.[6] Um den Weg für Kinder mit sonderpädagogischem Förderbedarf in unsere Gesellschaft zu ebnen, ist es wichtig, dass das gemeinsame Lernen auch noch im Anschluss an die Grundschule, in der Sekundarstufe, stattfindet, damit reguläre Schulabschlüsse erreicht werden können.

Innerhalb der Elternschaft gibt es immer wieder Befürchtungen, dass die Kinder ohne Beeinträchtigungen durch die inklusive Beschulung in ihrer Entwicklung gebremst würden. Wissenschaftliche Untersuchungen konnten dies jedoch widerlegen.[7] Ihre Ergebnisse zeigen keine signifikanten Unterschiede bezüglich der Lernfortschritte in Mathematik und Sprache. Die Inklusion von Kindern mit Beeinträchtigungen hat demnach keinen negativen Einfluss auf die Lernentwicklung der Mitschüler.[8]

Inklusive Schule

«Inklusion wird ... als Integration aller Schüler/-innen in die allgemeine Schule verstanden und in der Konsequenz mit dem Verzicht auf jegliche Form der Etikettierung der Schüler/-innen mit der Auflösung der Sondereinrichtungen und der Sonderpädagogik verbunden.»[9] Dabei werden jedoch die Begriffe Integration und Inklusion im schulischen Kontext differenziert; der Senat von Berlin beispielsweise hat dies folgendermaßen formuliert: «Während Integration von einzelnen Schüler/-innen mit Behinderung ausgeht, ist Inklusion ein systemisches Konzept.»[10] Er befürwortet in diesem Zusammenhang, die Regelschulen in dem Maße zu verändern, dass sie auch Kindern mit erhöhtem Förderbedarf eine optimale Lernumgebung bieten können.[11] «Dafür benötigt die allgemeine Schule Rahmenbedingungen, personelle, materielle und finanzielle Ressourcen, die ihr ohne Etikettierung einzelner Schüler/-innen zur spezifischen Förderung zur Verfügung gestellt werden.»[12]

Im schulischen Bereich haben Eltern von Kindern mit Beeinträchtigungen jahrzehntelang dafür gekämpft, dass ihre Kinder in die nächstliegende Regelschule gehen dürfen. Heute ist dies als Rechtsanspruch festgelegt. Ob das momentan jedoch die beste Wahl ist, ist fraglich, denn oft sind die entsprechenden Voraussetzungen noch nicht gegeben.[13] Deshalb setzen betroffene Eltern meist auf Schulen, die bereits Erfahrungen mit der Integration bzw. Inklusion von Kindern mit erhöhtem Förderbedarf haben.

Ergebnisse

Im Folgenden wird ein Überblick über die im Rahmen der Untersuchung erlangten Ergebnisse gegeben. Diese werden anhand von acht Kernkategorien und verschiedenen Unterkapiteln dargestellt. Da die beiden Schulen keine inklusiven Schulen sind, verwende ich im Zusammenhang mit den untersuchten Schulen den Begriff Integration.

Kernkategorie Kind

Darstellung der teilnehmenden Kinder

Die Kinder der befragten Eltern gehören den Jahrgängen 1997–2004 an. Sie waren folglich zur Zeit der Interviews zwischen acht und fünfzehn Jahren alt. Durch die Teilnahme an der Untersuchung per Gelegenheitsstichprobe sind die Altersmischung und die Auswahl hinsichtlich der Beeinträchtigungen der Kinder rein zufällig. Die teilnehmenden Kinder hatten entsprechend den Aussagen ihrer Eltern folgende Beeinträchtigungen bzw. Förderschwerpunkte: vier Kinder mit Down-Syndrom, ein Kind mit frühkindlicher Zerebralparese, ein Kind mit einer Lese-Rechtschreib-Schwäche, zwei Kinder mit einer unspezifischen Entwicklungsverzögerung, ein Kind mit Förderschwerpunkt emotional-sozialer Entwicklung und zwei Kinder mit Asperger-Syndrom.

Kernkategorie Schule

Schullaufbahn

Es gab unter den Teilnehmern drei Kinder, die als Quereinsteiger in die betreffende Schule kamen, alle anderen Kinder besuchten die jeweilige Schule seit der 1. Klasse. Ein Kind wechselte die Schule, nachdem es bereits zwei Jahre eine Förderschule besucht hatte. Der zweite Quereinsteiger hat nach der 6. Grundschulklasse die Schule gewechselt und ist seitdem an der FWSK. Ein Junge mit Asperger-Autismus wechselte nach der 2. Klasse und kam in die 3. Klasse der SaF. Ein vierter Junge wechselte innerhalb der Schule von der Asperger-Klasse in die Integrationsklasse der SaF.

Schulweg

Von elf Kindern werden sieben Kinder in die Schule gebracht, eines davon mit dem Fahrdienst. Die Eltern fahren mit dem Auto, Fahrrad oder der U-Bahn, ein Kind fährt selbst mit dem Fahrrad und ein anderes Kind, das auch selbst Fahrrad fährt, wird von seiner Mutter begleitet.

Fördermöglichkeiten an der Schule

Von den zehn befragten Eltern sagten neun Eltern, sie hätten das Gefühl, dass ihr Kind an der Schule die beste Förderung erhalte. Die Flexibilität der Lehrkräfte wird als sehr positiv bewertet, da sie dem Kind ermöglichen, eigene Neigungen auszuleben, und darin Unterstützung bekommen. Ein Vater ist sehr froh, dass an der Waldorfschule die Möglichkeit besteht, «auch noch andere Seiten im Menschen anzusprechen, dass man auf ihn eingeht mit seiner Schwäche und er bei allem, was er kann, unterstützt wird».[14] Ein Junge mit Down-Syndrom fühlt sich sehr wohl an der Waldorfschule, und die Mutter vermutet, dass es an dem strukturierten Rahmen liegt und weil alle Fächer in Geschichten eingebettet werden. Dass die Lehrkräfte ihn «so sein lassen, wie er ist, ihn fördern und fordern».[15]

Dass es an der Waldorfschule den Bruch nach der 6. Klasse nicht gibt, findet eine Mutter sehr gut, denn sie stellt sich einen Schulwechsel für ein Kind mit Down-Syndrom schwierig vor, da zu dieser Zeit die Kinder «heftigst in der Pubertät sind».[16] Eine Mutter wünscht sich zusätzlich therapeutische Angebote, wie Logopädie, die während der Unterrichtszeit angeboten werden sollen.[17]

Eine Schülerin der SaF wird auf der Grundlage von Förderplänen und mit vielen kreativen Aktionen gefördert sowie mithilfe von GUK[18]-Karten unterstützt, da sie noch Probleme mit der Artikulation hatte. Die auf den Karten abgebildeten Gesten dienten auch den Mitschülern als Hilfe, um mit ihr zu kommunizieren.

Gründe für die Wahl einer integrativen Schule

Für Kinder mit sonderpädagogischem Förderbedarf gibt es verschiedene Möglichkeiten der Beschulung. Sie können eine allgemeine Schule besuchen und dort im gemeinsamen Unterricht mit Kindern ohne sonderpädagogischen Förderbedarf gefördert werden. Eine andere Möglichkeit ist der Besuch einer Schule mit sonderpädagogischem Förderschwerpunkt (Förderschule). In der Förderschule werden ausschließlich Kinder mit Beeinträchtigungen unterrichtet.[19]

Die in den Interviews befragten Eltern gaben unterschiedliche Gründe für ihre Wahl der Beschulung an einer integrativen Schule an. Ein Grund war die Vorbereitung auf die Gesellschaft und das Vermeiden von Separation. Ein Kind war auf der staatlichen Grundschule nicht weitergekommen und «war praktisch schon gescheitert»,[20] als es auf die integrative Schule wechselte. Ein Junge sollte in die gleiche Schule gehen wie sein Bruder ohne Beeinträchtigung und ging deshalb mit ihm gemeinsam an eine integrative Schule. In einem anderen Fall war das Kind zwei Jahre an einer Förderschule, worüber die Mutter sagte: «Ich hatte das Gefühl, dass G. wenig lernt oder gar nichts lernt, sondern im Gegenteil auf eine ganz blöde Art und Weise behindert wird.»[21]

Ein Junge wechselte von der Regelschule auf die inklusive Schule, nachdem bei ihm Autismus diagnostiziert worden war. Er macht seitdem «Fortschritte ohne Ende, weil man ihn nicht immer überfordert … man stützt ihn ein Stück und dann kann er auf einmal diese Entwicklungsschritte machen.»[22]

Für einige Eltern kam eine Förderschule grundsätzlich nicht infrage, und eine schulische Integration wurde als das bessere Konzept empfunden. Ein Mädchen mit Down-Syndrom besucht eine integrative Schule, weil sie viel von den anderen Kindern lernt und bereits in einem integrativen Kindergarten war. Die Klassengemeinschaft sei wichtig und mit ihr der geschützte Rahmen, den eine integrative Schule im Vergleich zur Einzelintegration an einer Regelschule bietet.

Integrationsmodus

Der Integrationsmodus sagt aus, ob eine Einzelintegration stattfindet oder ob sich mehrere Kinder mit Beeinträchtigungen in einer Klasse befinden. In der FWSK bilden die Kinder mit sonderpädagogischem Förderbedarf formal die C-Klasse. Diese besteht meist aus fünf Kindern. Der Unterricht wird in Kooperation mit den Kindern der B-Klasse durchgeführt. In der SaF liegt der Schwerpunkt bei Kindern mit Autismus. In der Regel gibt es zwei Kinder mit Autismus in jeder Klasse und drei weitere Kinder mit anderen Beeinträchtigungen.

Schulischer Fortschritt der Kinder

Auch für die Eltern von Kindern mit sonderpädagogischem Förderbedarf ist es wichtig, dass ihr Kind in der Schule gut vorankommt, selbst wenn die soziale Integration oft an erster Stelle steht.

Von den befragten Eltern sagten alle, dass ihr Kind sehr gut bis gut vorankomme. Eine Mutter, deren Tochter bald die Grundschulzeit an der SaF beenden wird, merkte trotzdem an: «Dass sie da jetzt lesend aus der Schule rausgeht, das schaffen die einfach nicht.»[23] Sie fördert ihre Tochter deshalb noch zweimal wöchentlich außerschulisch in den Bereichen Lesen und Schreiben. Eine Schülerin, die nach zwei Schuljahren an der Förderschule nun die FWSK besucht, lernt erst dort das Lesen und Schreiben.

Unterrichtsmodus

Da es in den Klassen immer mehrere Kinder mit sonderpädagogischem Förderbedarf gibt, wurde gefragt, ob diese auch gemeinsam, ohne die übrigen Kinder, unterrichtet werden.

Bei den drei achtjährigen Kindern gibt es keinen Extraunterricht. Bei allen älteren Kindern wird er jedoch angeboten. In zwei Fällen wird die Zeit des Russischunterrichts genutzt, damit die beiden Integrationsschüler an Therapien, wie der Heileurythmie, teilnehmen können. Diese wird innerhalb der FWSK angeboten. Ein sechzehnjähriger Junge der FWSK geht zweimal wöchentlich in die Tischlerwerkstatt, um sich auf das Berufsleben vorzubereiten, und in der Klasse einer Neunjährigen erhalten die Kinder der C-Klasse speziell auf sie abgestimmten Unterricht. Ein Mädchen mit Down-Syndrom erhält in der Schule (SaF) auch Therapien, wie Logopädie und Physiotherapie, zudem hat sie zweimal wöchentlich mit einem anderen Förderkind zusammen lebenspraktischen Unterricht.

Einstellung zum Schulbesuch

Alle Kinder der Untersuchung gehen sehr gern zur Schule. Ein Junge tat sich am Anfang schwer, und der Wechsel vom Kindergarten in die Schule war sehr schlimm, «weil er in der Kindergartenzeit zu den Ältesten gehört hat, und jetzt war er plötzlich wieder der Kleine. Jetzt geht er sehr gerne zur Schule.»[24] Ein anderes Mädchen «ist unglücklich in den Ferien, weil sie da allein ist und ihr langweilig ist. Also die Schule ist richtig toll.»[25]

Verhalten des Kindes nach dem Schultag / Hort

Der größte Anteil der Kinder ist nach der Schule bzw. dem Hort gut gelaunt, einige davon sind gleichzeitig auch erschöpft bzw. waren es im ersten Schuljahr. Einige ziehen sich zu Hause zurück und möchten eine Weile allein sein. Ein Kind möchte erst gar nicht mit nach Hause gehen, wenn es abgeholt wird, spielt aber dann gern zu Hause und erholt sich dabei.

Reflexion des Schultages

Insgesamt berichten fünf Kinder im Alter zwischen acht und zehn nichts von den Erlebnissen in der Schule. Die Kinder aus den zweiten Klassen berichten nichts aus der Schule, und ein Kind antwortete auf Nachfragen: «Ja, weiß ich auch nicht.»[26] Drei Kinder berichten immer über das Mittagessen, und eines davon erzählt erst beim Hausaufgabenmachen, was in der Schule passiert ist. Ein Kind berichtet erst später von den Schulereignissen, gibt aber schriftliche Informationen aus der Schule sofort weiter. Ein zehnjähriger Junge beginnt mehr und mehr von den Erlebnissen in der Schule zu erzählen. Ein achtjähriges Mädchen sagte kürzlich auf dem Nachhauseweg zu ihrer Mutter: «Mama, wir haben heute gerechnet.»[27] Die Mutter, nicht an solche Äußerungen gewöhnt, war sehr überrascht und vermutet den Beginn des nächsten Entwicklungsschrittes.

Diskriminierungen im Schulalltag

Eine große Sorge der Eltern von Kindern mit Beeinträchtigungen sind diskriminierende Äußerungen dem Kind gegenüber. Vier Eltern haben nicht den Eindruck, dass ihr Kind an der Schule in Form von Hänseleien diskriminiert wird.

Ein Junge wird aufgrund seiner Kleidung, die sehr extravagant ist, von größeren Kindern gehänselt, nimmt es jedoch gelassen und sagt dazu: «Das ist mir egal.»[28] Eine Mutter berichtete von ganz allgemeinen Bemerkungen wie: «Der läuft ja ganz komisch, der ist ja ein Vielfraß»,[29] hält aber solche Äußerungen für ganz normal im Schulalltag. Ein Vater wusste aus anderen Erfahrungen, die er mit Inklusion gemacht hat, «dass, wenn die Pubertät dann kommt, es durchaus problematischer wird».[30] Die Mutter einer Zweitklässlerin hatte sogar gegenteilige, überaus positive Erfahrungen mit größeren Schülern der Schule gemacht, die über ihre Tochter sagten: «Ach, die ist ja voll süß und so!»[31]

Ein Mädchen, das selbst wahrnimmt, dass ihr das Lernen schwerer fällt als den anderen, hat Angst davor, dass die anderen Kinder nicht mit ihr spielen wollen, wenn sie nicht so gut in der Schule ist. Ein Junge wurde in der ersten Zeit in der Schule sehr gehänselt, da er als besserwisserisch galt. Nachdem seine Diagnose Asperger-Autismus feststand, ließen die Hänseleien nach, da es für die Kinder klar wurde, weshalb der Junge sich anders verhielt.

Informationsfluss
Die Eltern wurden gefragt, ob sie von den Schulen vorab ausreichende Informationen über den Ablauf des Schulgeschehens bekommen hatten.

Neun von zehn befragten Eltern gaben an, vorab von der Schule gut informiert worden zu sein. Zwei berichteten, dass für sie die gemeinsamen Elternabende besonders wichtig gewesen seien. Eine Mutter wurde vor Schulbeginn nicht gut informiert, weil ihre Tochter das erste Kind in der Schule war mit Förderschwerpunkt «Geistige Entwicklung» und die Schule gemeinsam mit den Eltern neue Wege beschritten hat.

Kernkategorie Hilfen, Helfer und Lehrpersonal

An inklusiv arbeitenden Schulen werden besondere Hilfen sowie verschiedene Helfer wie Schulhelfer, Praktikanten, Erzieher oder FSJler[32] eingesetzt. Das Lehrpersonal besteht in der Regel aus zwei Lehrern, einem Haupt- oder Klassenlehrer bzw. dem Fachlehrer und einer Lehrkraft mit sonderpädagogischer Ausbildung. Im Idealfall bilden diese ein Team, das Hand in Hand arbeitet und die Klasse unterstützt, um den Kindern mit erhöhtem Förderbedarf genauso die Teilnahme am Unterricht zu ermöglichen wie den Kindern ohne Förderbedarf. «Die Lehrkräfte haben dabei eine Moderatorenrolle im sozialen Geschehen und müssen eine geeignete Lernumgebung schaffen. Die Geheimnisse der Kindheit und Jugend sollten sie dabei so gut wie möglich schützen und akzeptieren.»[33]

Material- und Hilfsmitteleinsatz

Ausstattung und Materialien sind gerade bei Kindern mit sonderpädagogischem Förderbedarf ein wichtiges Thema. Denn besondere Materialien erleichtern den Kindern den Zugang zu den Lerninhalten und bieten ihnen neue Möglichkeiten, sich Wissen anzueignen.

Grundsätzlich waren sechs der befragten Eltern mit den Materialien bzw. den Hilfsmitteln sehr zufrieden. Eine Mutter wünschte sich passendere Materialien, ein Vater sieht die handwerkliche Ausrichtung an der Schule sehr positiv für seinen Sohn: «Basteln oder Handwerk ist seine Stärke. Von daher hat er dieses Extra, dass er hier tischlert.»[34]

Lehrer- und Helferanzahl

In allen Klassen befinden sich im Hauptunterricht zwei Lehrer: ein Klassenlehrer und ein Sonderpädagoge sowie verschiedene Helfer, z.B. Personen, die ein Freiwilliges Soziales Jahr absolvieren (FSJ), Erzieher und Schulhelfer.

Ausbildungsniveau des Lehrpersonals

An der FWSK gibt es für das Lehrpersonal eine Integrationsberatung und Fortbildungsmöglichkeiten, um gute Rahmenbedingungen für die Integration zu schaffen.[35]

Sieben der befragten Eltern sind mit dem Lehrpersonal und deren Qualifikationen sehr zufrieden, wobei eine Mutter sagte, dass sie sich diese Frage nie gestellt habe, da sie nicht das Gefühl

habe, dass U. «hinter seinen Möglichkeiten zurückbleibt».[36] Eine
Lehrkraft war zu Beginn nicht ausreichend qualifiziert, hat dies
jedoch in Eigeninitiative ausgeglichen. Zwei Eltern haben bereits
Erfahrungen mit weniger guten Lehrern gemacht und äußern
sich deshalb kritisch: «Sehr unterschiedlich, also ich glaube, es
gibt auch welche, die das nicht sind.»[37]

Kernkategorie Kommunikation

Die Kommunikation zwischen Eltern und Lehr- und Hilfsper-
sonal ist ein wichtiger Punkt für die betroffenen Eltern, denn
Kinder mit Beeinträchtigungen äußern sich oft nur wenig oder
kaum über Erlebnisse, sodass die Eltern sich kein Bild vom Schultag des Kindes machen können. Probleme und Erfolge bleiben
verborgen und können nicht reflektiert und bearbeitet werden.

Kommunikationsmodi zwischen Eltern und Personal
Neun Eltern berichteten, dass die Kommunikation mit den Lehrern sehr gut sei. Insgesamt gaben sechs Eltern an, dass es keine
regelmäßigen Gesprächstermine gibt, sondern die Gespräche bei
Bedarf geführt werden. Drei Eltern berichteten von regelmäßigen
Elternsprechtagen halbjährlich, die aber oft nicht erforderlich
sind, da es jederzeit individuelle Termine gibt.

Kernkategorie Beeinträchtigung

Umgang mit der Beeinträchtigung
Die Thematisierung der Beeinträchtigung des Kindes findet zu
Beginn hauptsächlich über die Eltern statt. Die Eltern der Kinder
mit sonderpädagogischem Förderbedarf hatten dazu eigene
Vorstellungen, wie die Kommunikation über das Thema Beein-
trächtigung stattfinden soll.

Die Untersuchung hat ergeben: Einige Eltern möchten, dass
die anderen Eltern wissen, dass sie ein Kind mit sonderpädago-

gischem Förderbedarf haben; sie sind auch sehr offensiv damit umgegangen. Das sind vor allem Eltern, deren Kindern anzusehen ist, dass es sich um «Förderkinder» handelt. Andere Eltern möchten nicht, dass die Beeinträchtigung des Kindes thematisiert wird. Sie sprechen zwar beim Elternabend darüber, aber in der Klasse soll es nicht besprochen werden, da es das Kind zum Teil selbst auch nicht weiß. Durch das Thematisieren der Beeinträchtigung des Kindes können die anderen Kinder besser in die Interaktion mit dem Betreffenden einbezogen werden. Die Mitschüler werden durch die Aufklärung für dessen Bedürfnisse sensibilisiert. Es ist von Vorteil, dann über die Beeinträchtigung eines Kindes zu sprechen, wenn die anderen danach fragen. In diesem Zusammenhang kann dargestellt werden, dass im Grunde jeder verschiedenartig ist. Unter den Eltern ist die Thematisierung ein erster Schritt zu einem offenen und transparenten Umgang miteinander.

Umsetzung der Inklusion an der Schule

Auch wenn die einzelnen Kinder in den Klassen gut integriert sind, sehen die Eltern die Umsetzung der Inklusion überwiegend kritisch und noch nicht vollzogen. Sie setzen sich zum Teil sehr stark für neue Wege und Veränderungen ein. An der FWSK hat sich ein Arbeitskreis Inklusion gebildet, um die Umwandlung von einer integrativen in eine inklusive Schule durch Elternarbeit zu unterstützen.

Drei Mütter sahen die Inklusion sehr gut umgesetzt, und eine weitere Mutter bestätigte dies. Eine Mutter vermutet, dass es Eltern und Pädagogen an der FWSK gibt, die eine Inklusion von Kindern mit Beeinträchtigungen nicht befürworten. Sie findet das Thema «aber an der Schule hier ganz gut bearbeitet, und das bearbeiten auch ziemlich stark die Eltern», z.B. in Elternabenden; dort werde auch deutlich, dass die Schule «eine Elterninitiativschule ist, und da wird schon alles ganz klar ausgesprochen und sehr deutlich diskutiert».[38]

Andere Eltern waren der Meinung, Inklusion sei an den Schulen noch nicht umgesetzt. Ein Vater sagte, an seiner Schule gebe es zu viele Lehrer, die Inklusion nicht befürworteten. Ein anderer Vater äußerte sich kritisch dazu: «Da würde ich auf einer Skala von eins bis sechs eine vier geben.»[39] Eine Mutter findet die Inklusion noch nicht gut umgesetzt, da die Voraussetzungen dafür noch nicht gegeben seien: «Besonders in S.' Fall ist ja die Klassengröße entscheidend ... Er hat gesagt: ‹Mehr als zwanzig Kinder schaffe ich nicht.›»[40] Eine Mutter fand: «Die Eckpfeiler waren sehr gut besetzt, aber es ist auch spürbar, dass die Schule insgesamt noch nicht inklusiv ist, weil sie ja quasi noch das parallele System hat von der einen Klasse, die die Behinderten mit aufnimmt, und der Parallelklasse, bei der ‹die Normalos› drin sind.»[41] Ein Vater sieht in der mangelnden Vernetzung von Schule und Hort noch Defizite bei der Umsetzung der Inklusion.[42]

Die Eltern empfinden die Inklusion an den Schulen durch das Fehlen von finanziellen Mitteln und zusätzlichem Lehrpersonal als noch nicht umgesetzt. Besonders in der Sekundarstufe der FWSK häufen sich die Probleme. An der SaF ist die Personalsituation mittlerweile sehr gut, wobei auch dort eine Entwicklung stattfand und in den letzten Jahren an Personal nachgerüstet wurde. Insgesamt ist die Klassengröße an beiden Schulen von durchschnittlich 25 Kindern zu groß, um wirklich alle Kinder unabhängig vom Schweregrad ihrer Beeinträchtigung unterrichten zu können. Die Umwandlung der FWSK in eine inklusive Schule wird nicht von heute auf morgen verlaufen, sondern sich prozessartig und mit einem festen Ziel stetig entwickeln. An der SaF ist die Integration nur ein Modellprojekt, das von weiteren finanziellen Mitteln abhängig ist.

Umsetzung der Inklusion in der Gesellschaft

Die gesellschaftliche Entwicklung, die sich derzeit gleichzeitig in Richtung Inklusion und Selektion, z.B. Pränataldiagnostik, bewegt, und das große Bedürfnis nach Sicherheit und Perfektion innerhalb der Gesellschaft tragen dazu bei, dass die Eltern unzufrieden mit der Inklusion innerhalb der Gesellschaft sind.

Insgesamt sind zwei Elternteile sehr besorgt um die Zukunft ihrer Kinder, weil sie nicht erkennen können, dass die Inklusion in den nächsten Jahren umgesetzt wird und sie Angst davor haben, wie es den Kindern dann als Erwachsene in der Gesellschaft gehen wird. Zwei Eltern äußerten, dass die Inklusion an der Finanzierung scheitern könnte. Eine Mutter befürwortet eine sonderpädagogische Ausbildung für alle Lehrkräfte, um die Voraussetzungen für eine Inklusion zu schaffen. Von zwei Eltern wurde der Drang nach Perfektionismus, der sich in immer feineren pränataldiagnostischen Methoden zeigt, als Problem erkannt, die Inklusion in der Gesellschaft zu manifestieren. Persönlich hat bis auf eine Familie niemand negative Erfahrungen in Bezug auf sein Kind gemacht.

Die Gründe, warum die Inklusion in der Gesellschaft von den Eltern als noch nicht umgesetzt beurteilt wird, sind vielfältig. Es wird gemeinhin angenommen, dass es viele Menschen gibt, die eine Inklusion von Menschen mit Beeinträchtigungen nicht befürworten. Das Beispiel dafür ist die sehr späte Anerkennung der UN-BRK in Deutschland. Die Eltern haben zum Teil auch das Gefühl, dass die Gesellschaft genau bestimmt, wo die Einzelnen hingehören, und dass es oft noch nicht ausreichend Platz inmitten der Gesellschaft für Menschen mit Beeinträchtigungen gibt. Dieses Gefühl haben die Eltern besonders, wenn sie spüren, dass sie mit ihrem Kind nicht überall hingehen können, weil oft kein Verständnis für die Beeinträchtigung des Kindes aufgebracht wird. Und zu oft wird eine Beeinträchtigung noch mit Leid in Verbindung gebracht.

Bei der Schulsuche ist aufgefallen, dass die Regelschulen noch nicht vorbereitet sind auf die Inklusion und man sich im Fall einer Einschulung dort sorgen würde. Es fehlt vor allem an gut ausgebildetem Lehrpersonal und deren effektivem Einsatz in ausreichender Anzahl. Außerdem zeigt das Anspruchsdenken der Eltern von Kindern ohne Beeinträchtigungen Separationstendenzen. Weiter wird vermutet, dass das Inklusionsmodell als Sparmodell betrachtet wird, um die Kosten für die Sonderschulen einzusparen, und die freien finanziellen Mittel nicht in die Inklusion investiert werden.

Kernkategorie Freizeitgestaltung

Die selbstbestimmte Gestaltung der eigenen Freizeit ist ein Bedürfnis, das jeder Mensch hat. Auch Kinder mit Beeinträchtigungen möchten ihre Freizeit ihren Neigungen entsprechend leben. Je nach Situation brauchen sie dafür Hilfe und Anregungen von außen bzw. muss ihnen der Weg zu den Freizeitaktivitäten geebnet werden.[43]

Freizeitverhalten

Bis auf ein Kind haben alle Kinder in ihrer Freizeit ein bis zwei Termine, die sie wöchentlich wahrnehmen. Die Freizeitaktivitäten der Kinder finden in den Bereichen Sport, Musik, Lernen, Fernsehen / Computer und Handarbeiten statt. Zwei Kinder beschäftigen sich auch in ihrer Freizeit mit der Aneignung von Lerninhalten, und ein Junge geht in eine Sozialtrainingsgruppe, ein anderer zur Therapie. Eine Mutter hatte probiert, ihre Tochter im örtlichen Sportverein unterzubringen, was aber an der Unflexibilität der Kursleiterin scheiterte: «Na ja, ich wollte jetzt keinen Behinderten- und Altensport machen.»[44]

Sozialverhalten

Die sozialen Kontakte aller untersuchten Kinder sind gut, allerdings unterschiedlich intensiv. Nicht alle Kinder fordern ein, sich mit anderen zu treffen, und werden demnach auch selten oder nie selbst eingeladen. Sind die Kinder jedoch an Treffen interessiert, gestalten sich die Beziehungen genauso wie bei Kindern ohne Beeinträchtigungen – bis auf ein Mädchen, das sich eine Freundin wünscht, aber keine findet. Sie ist allerdings mit einem Jungen aus ihrer Klasse befreundet, der die gleiche Beeinträchtigung hat wie sie selbst und den sie auch in ihrer Freizeit trifft.

Freizeitverhalten und Wohnort

Eine inklusive Beschulung ermöglicht den Kindern mit Beeinträchtigungen, in eine wohnortnahe Schule zu gehen, wodurch ihre Teilhabechancen erheblich erhöht werden. Eine soziale Entwurzelung aus dem natürlichen Wohnumfeld kann dadurch weitgehend vermieden werden. «Die Realisierung der wohnortnahen Beschulung ist aus sozialpolitischer und pädagogischer Sicht ... bedeutsam.»[45]

Die Eltern der Umfrage hatten versucht, ihre Kinder wohnortnah unterzubringen, was jedoch nicht immer realisiert werden konnte. In zwei Fällen brachen die Eltern aufgrund des mangelnden Lernerfolges den Schulbesuch des Kindes ab und wechselten an die sehr viel weiter vom Wohnort entfernte integrative Schule.

Kernkategorie Familie

«Grundsätzlich haben behinderte und nicht behinderte Geschwister zueinander eine ähnliche Beziehung wie Kinder ohne behinderte Geschwister.»[46] Ob das Kind mit Beeinträchtigung als Einzelkind oder in einer Geschwisterreihe aufwächst, ist für den Entwicklungsverlauf von großer Bedeutung. Denn in der Regel fördern die Geschwister die Entwicklung des beeinträchtigten Kindes sehr. Es lernt Lieder und Reime von ihnen, und die meisten Kulturtechniken werden durch die Geschwister vermittelt. Es wird von seinen Geschwistern so angenommen, wie es ist, und erlebt dadurch einen natürlichen Umgang ohne übertriebene Rücksichtnahme. So lernt es ganz natürlich, sich mit den Freuden und Schmerzen des Alltags auseinanderzusetzen und eigene Strategien zu entwickeln. Die Eltern, die mehrere Kinder haben, nehmen das Leben mit einem Kind mit Beeinträchtigung leichter, als wenn sie sich ausschließlich um das eine Kind kümmern würden. Es wird dann oft überbehütet durch die Eltern.[47]

Geschwister

Alle Kinder der Untersuchung haben Geschwister. Ein Junge wächst mit sechs anderen Geschwistern auf und zwei Kinder mit Zwillingsgeschwistern. Bei Kindern, bei denen die Geschwister mit in der Familie leben sind vier Geschwister jünger, und nur ein Geschwisterkind ist älter. In drei Fällen sind die Geschwister wesentlich älter und leben nicht mehr in den Familien. Bis auf ein Kind haben alle Kinder Kontakt zu ihren Geschwistern, und sieben von ihnen leben mit ihnen im gleichen Haushalt.

Kernkategorie ‹Persönliche Fragen›

Eltern von Kindern mit Beeinträchtigungen sind stark gefordert. Das Leben mit der Beeinträchtigung des Kindes stellt zum Teil eine große Belastung für sie dar und ist eine tägliche Herausforderung. Die Auseinandersetzung mit der Beeinträchtigung ihres Kindes ist ein langer Prozess, in den die Eltern hineinwachsen, viel Positives, aber auch Negatives erleben. Durch die Belastung entwickeln sie viel Kraft und neue Strategien, durch die sie sich verändern und weiterentwickeln.[48]

Intensität der persönlichen Belastung

Von den zehn befragten Eltern haben zwei Mütter geäußert, keine persönliche Belastung durch die Beeinträchtigung des Kindes zu empfinden. Alle anderen Eltern äußerten, auf die eine oder andere Art belastet zu sein. Das reicht von der Sehnsucht nach einem leichteren Leben über Schulprobleme, ambivalente Gefühle bis hin zu Zukunftsängsten und Sorge um die natürlichen Bedürfnisse des Kindes. Neben persönlichen Belastungen haben die Eltern auch positive Erfahrungen mit ihrem Kind gemacht. Eine Mutter, die ein Pflegekind mit Beeinträchtigung hat, sagte, dass sie wusste, worauf sie sich einließ, und sie es deshalb nicht als Belastung empfinde. Eine andere Mutter gab zu, emotional schon belastet zu sein: «Dadurch, dass wir ja auch keine leiblichen Eltern sind und uns das sehr gewünscht haben, sind wir jeden Tag total glücklich und froh, dass sie da ist.»[49] Eine Mutter empfindet das Leben mit einem Kind mit Beeinträchtigung schon belastend und wünscht sich ein leichteres Leben.[50]

Belastet fühlen sich die Eltern vor allem durch die starke Abhängigkeit des Kindes von ihnen und durch Schulprobleme. Manche Eltern sind besonders überfordert, wenn sich das Kind mit dem Lernen so schwertut, «dass man überlegen muss, auf welchem Level das Lernen stattfinden muss, damit das Kind es als erfolgreich erlebt».[51] Es bestehen auch Zukunftsängste und eine emotionale Belastung durch die andauernde Sorge, z.b. dass man immer sehen muss, «dass sie zu ihren Bedürfnissen kommt».[52]

Organisation

Die drei Eltern der SaF haben keinen hohen organisatorischen Aufwand, was die Schule betrifft. Waldorfeltern sind durch die freie Trägerschaft der Schule stark ins Schulleben und seine Aufgaben einbezogen. Trotzdem empfinden sechs der Eltern den Aufwand nicht als sehr hoch. Es sind andere Dinge, wie die Beantragung der Schulhelfer-Stunden und die Bürokratie, die durch eine Pflegeelternschaft entsteht, die manche Eltern sehr belasten.

Fazit und Ausblick

Insgesamt hat sich ein überwiegend positives Bild ergeben, was die Integration der Kinder betrifft. An den beiden Berliner Schulen FWSK und SaF funktioniert die Integration von Kindern mit Beeinträchtigungen gut.

Die Integration, die an den beiden Schulen der Untersuchung umgesetzt wird, befindet sich noch in der Übergangsphase zur Inklusion. Da die Umwandlung in eine integrative Schule an beiden Schulen erst vor einigen Jahren eingesetzt hat, ist der Entwicklungsprozess noch in Gang. Inklusiver Unterricht ist auf konzeptionelle, personelle, räumliche und finanzielle Rahmenbedingungen angewiesen. Die Umwandlung in eine integrative bzw. inklusive Schule ist ein langwieriger und schwieriger Prozess. Immerhin soll der gemeinsame Unterricht bis zum 12. Schuljahr realisiert werden.[53] Wissenschaftlich konnte nachgewiesen werden, dass selbst wenn noch nicht alle Rahmenbedingungen optimal sind, der gemeinsame Unterricht einem Kind mit Beeinträchtigung große individuelle Entwicklungschancen bietet.[54]

In Berlin, wo 7,4 Prozent der Schüler einen sonderpädagogischen Förderbedarf haben, sollen mit Beginn des Schuljahres 2014/15 laut dem neuen Inklusionsgesetz alle Schüler mit dem Förderschwerpunkt Lernen, Sprache und emotional-soziale Entwicklung in die Regelschulen aufgenommen werden, in den darauffolgenden fünf Jahren sukzessive auch Schüler mit körperlichen Beeinträchtigungen und mit dem Förderschwerpunkt ‹Geistige Entwicklung›. Das vom Landesbeirat für Inklusion erarbeitete Gesetz[55] sieht die Zuteilung von zusätzlichen Förderstunden und Sonderpädagogen vor. Der Förderbedarf soll künftig nicht mehr wie bisher üblich mithilfe einer speziellen Förderdiagnostik, sondern durch die Lehrer selbst ermittelt werden. Diese werden entsprechend fortgebildet. Unterstützend soll es bis 2015 spezielle Beratungszentren für inklusive Pädagogik in jedem Berliner Bezirk geben, wo sich Eltern und Lehrer beraten lassen können.[56] Laut Sibylle Volkholz, der Vorsitzenden des Landesbeirats Inklusion, nimmt Berlin in Sachen Inklusion eine Vorreiterstellung ein, da bereits jetzt rund 50 Prozent der Kinder mit Beeinträchtigungen am gemeinsamen Unterricht teilnehmen. Der Beirat hat ermittelt, dass für die Umsetzung der Inklusion an Berliner Schulen pro Jahr 15 Millionen Euro für die 300 zusätzlichen Lehrerstellen benötigt werden. Parallel soll es weiterhin Förderschulen geben, um den Eltern ein Wahlrecht bezüglich der Schulform einzuräumen.[57]

Wann das letztlich angestrebte Ziel des Normalfalls, wie bei Bintinger und Wilhelm[58] definiert, erreicht wird, ist noch nicht abzusehen. Der Impuls hierzu muss aus der Gesellschaft kommen, die Schulen allein können dieses Ziel nicht erreichen. Erst müssen die Voraussetzungen geschaffen werden, die guten politischen Richtlinien umzusetzen. Dafür sind Folgegesetze und materielle sowie personelle Ausstattungen notwendig. Erst dann wird es selbstverständlich, dass alle Menschen mit oder ohne Beeinträchtigungen überall gleichberechtigt zusammenleben können. Berlin hat gute Voraussetzungen dafür geschaffen und setzt mit dem Gesamtkonzept ‹Inklusive Schule› erste Zeichen für eine inklusive Gesellschaft.

Anmerkungen und Literatur finden sich auf S. 769ff.

SILKE ENGESSER

VIELFALT, DIE PRÄGT

OBERSTUFENSCHÜLER UND EHEMALIGE
ÜBER IHRE ERFAHRUNGEN MIT INKLUSION

Im Rahmen einer Umfrage und eines Interviews in der Oberstufe über Inklusion an der Integrativen Waldorfschule in Emmendingen (IWS) kam sehr Unterschiedliches zur Sprache. Eine Annäherung an das Thema war weniger durch kurze «Fragen zum Befinden» möglich als vielmehr durch längere Gespräche über Sinn und Sinnhaftigkeit, Teilhabe und Stolperfallen rund um den gemeinsamen Unterricht von Schülern mit und ohne Behinderung aus Schülersicht.

Wie zu erwarten, empfinden diejenigen, die schon im Kindergarten und in den ersten Schuljahren Inklusion oder Integration erlebt haben, es durchweg als normal, gemeinsam zur Schule zu gehen und Freunde zu haben, die «anders» sind.

In der Pubertät, in der sich u.a. auch eine Distanzierung zur Umgebung vollzieht, kommt es bei vielen Jugendlichen zu mehr oder weniger starkem Rückzug oder Vereinzelung. In dieser Zeit setzen auch einige der Kritikpunkte der Schüler an, werden Widersprüche erlebt: Zielorientierung beim einen, Lebenstraining beim anderen. Kognitive Anforderungen und wissenschaftliches Interesse begegnen Themen wie «Mobilität im Alltag mit öffentlichen Verkehrsmitteln» oder «Einkaufen und Zubereiten einer Mahlzeit».

Schnitt- und Begegnungspunkte sind z.B. der gemeinsame Tages- oder Unterrichtsbeginn, das künstlerisch-praktische Arbeiten sowie Epochen, etwa Biologie, Kunstgeschichte oder Deutsch, die inklusiv gestaltet werden und in der jeder zu dem «Seinigen» kommt. Berührungslinien bilden sich durch Projekte, Feste und Feiern, Ausflüge und Klassenreisen. Gemeinschaft entsteht dort, wo alle im gegenseitigen Bewusstsein und Erleben einen Platz haben.

Zu beobachten ist eine Verwandlung der Beziehung durch die Jahre – nicht ohne zum Teil schmerzhafte Prozesse. Was schließlich daraus (und darüber hinaus) entsteht, vielleicht auch erst im Nachklang, viele Jahre später, muss jeder der Beteiligten zunächst für sich selbst erkunden.

In der Beobachtung der weiteren Lebens- und Schicksalswege unserer Schüler zeigt sich – die IWS ist seit sechs Jahren mit einem «Zug» voll ausgebaut –, dass sie ebenso vielfältige Studien- und Ausbildungsthemen aufnehmen wie an anderen Schulen auch. Oft klingt in Rückblicken der Schüler an, dass sie weniger «Ellbogenmentalität» ausgeprägt und eher gelernt haben, Rücksicht zu nehmen. Aber auch das mag in sehr unterschiedlichen Facetten zutage treten und hält sicherlich einer Verallgemeinerung nicht stand. Die Schüler mit Behinderung, welche die IWS nach ihrem 12. oder 13. Schuljahr verlassen, gehen ihren unterschiedlichen Fähigkeiten entsprechend in verschiedene Richtungen.[1]

Schülerstimmen[2] zum gemeinsamen Unterricht

«Es ist gut für mich, mit einer Vielzahl von Menschen mit unterschiedlichen Bedürfnissen zusammen in die Schule zu gehen. Ich habe dabei viel, auch über mich selbst, gelernt. Zum Beispiel, meine eigenen Probleme etwas zu relativieren, mich so anzunehmen, wie ich bin, und auch meine Toleranzschwelle zu erweitern.»

«Vor allem in den ersten Schuljahren ist Inklusion eine gute Sache, die funktioniert und trägt. In den späteren Jahren dann, in der Mittelstufe etwa, haben wir weniger gemeinsam – oder besser gesagt – mehr differenziert. Das ist ja auch sinnvoll, da jeder ein anderes Tempo hat und die Ziele unterschiedlich sind.»

«Ich habe an meiner Schule keine Berührungsängste. Sehr gerne bin ich in der ganzen Klasse zusammen mit allen Schulkameraden, aber auch in anderen Gruppen ist es okay. Ich lerne halt langsamer, und oft ist das Lernen einfacher in kleineren Gruppen.»

«Was ist schon eine Gesellschaft ohne Teilhabe – ohne Selbstverständnis für die Bedürfnisse der Schwachen und Schwächeren?»

«Es gibt bei uns viel Gruppenarbeiten und auch manchmal das ‹Gruppendenken› – also: ‹Wer rechnet sich welcher Gruppe zu?› –, das finde ich nicht gut. Wie es anders gehen könnte, weiß ich aber auch (noch) nicht!»

«Inklusion sollte nicht bedeuten, die rosarote Brille aufzusetzen! Differenzierung muss sein. Die Würde des Einzelnen und seine Bedürfnisse müssen an erster Stelle stehen – keine Ideologie.»

«‹Bremsklötze› in der Klasse sind eigentlich nicht die Schüler mit Handicap, sondern eher die anderen: Verweigerer, Klugschwätzer und Querulanten.»

«Irgendwie bin ich stolz darauf, diese Erfahrungen gemacht zu haben. Freunde zu haben, die ‹anders› sind, aber eben doch vertraut. Das ist mehr wert als mancherlei Lernstoff! Weil es eben das richtige Leben angeht. Ich weiß, dass und wie ich mit Menschen mit Behinderung leben kann und wie ich mich verhalten kann. Ich glaube, dass das sehr prägend ist.»

Die Anmerkungen finden sich auf S. 773.

CLAUDIA KATHARINA BAUER & SUSANNE HAMPF

DAS PROJEKT «INKLUSION» DER LAG HESSEN

EIN BEISPIEL FÜR PROZESSSTEUERUNG
UND BERATUNG INKLUSIVER ENTWICKLUNG

Projektidee

Wer Inklusion will, sucht Wege und denkt über die Zukunft der Menschen nach. Das Einfühlen in die gesellschaftlichen, menschlich-subjektiven und bildungsrechtlichen Gegebenheiten führt zu Erkenntnissen bezüglich Realität und Idealität. Bei einem Missverhältnis zwischen den tatsächlichen Lebensbedingungen und den Grundrechten menschlicher Existenz ist Handlungswille gefragt. So führt Rudolf Steiner aus: «... das Soziale soll aber das Lebendige sein. Da müssen biegsame Anschauungen, biegsame Sätze, biegsame Formen in Anwendung sein. Deshalb ist es schon notwendig, dass wir nicht nur nachdenken, wie ich schon öfter gesagt habe, über die Umwandlung einzelner Einrichtungen, sondern dass wir uns dazu bequemen, wirklich umzudenken und umzulernen mit Bezug auf das innerste Gefüge unseres Denkens und unseres Sinnens.»[1]

Die Aufgabe, ein inklusives Bildungswesen zu verwirklichen, ist ein Appell an den Willen zu handeln und an den Mut, in der bestehenden Ordnung für stete Veränderung zu sorgen. Sowohl Achtsamkeit als auch Vertrauen sind wichtige Wegbegleiter für diesen evolutiven Prozess.

Die Landesarbeitsgemeinschaft (LAG) der Waldorfschulen in Hessen hat unter diesen Gesichtspunkten das Pilotprojekt WIB (Waldorfinklusionsberatung) ins Leben gerufen. Damit wurde eine Institution geschaffen, die Grundlagen setzt, um Inklusion an hessischen Waldorfschulen zu befördern. Derzeit arbeiten in der Beratungsstelle zwei Fachreferentinnen mit jeweils zehn Wochenstunden. Als Kompetenzzentrum mit dem Anspruch stetiger Weiterentwicklung soll es ein Organ mit aktuellem Bezug sein. WIB lässt sich somit auch übersetzen als «Wir In Bewegung» zum Thema Waldorfpädagogik und Inklusion.

Projektplan

Der Projektplan richtet sich nach den in den Arbeitsverträgen der Fachreferentinnen aufgeführten und unten wiedergegebenen Aufgabenfeldern, auf die im weiteren Bericht Bezug genommen wird. Die Mitarbeiter von WIB sollen:

- die Impulsierung aller Aktivitäten in hessischen Waldorfeinrichtungen, die Inklusion befördern
- die Kooperation von Waldorfschulen und Waldorfförderschulen befördern
- die Aktivitäten der Lehrer, die «Inklusionsschüler» unterrichten, koordinieren
- die Landesfachkonferenz Inklusion leiten
- den Ausbau der Landesfachberatung Inklusion / Förderbedarf zu einem landesweiten Netzwerk «Waldorfinklusionsberatung Hessen» durchführen
- über den Rechtsrahmen für Inklusion informieren
- Einzelfallberatung von Schülern, Lehrern und Eltern anbieten
- in allen Fragen von Kleinklassenkonzeptionen und Integrationsmodellen beraten
- die Diagnostik und die offizielle Feststellung des Förderbedarfs einzelner Waldorfschüler (Erstellung von Gutachten) organisieren
- Qualitätssicherung der Inklusionsmaßnahmen in hessischen Waldorfeinrichtungen etablieren
- die Förderbereiche an Waldorfschulen (Therapeuten, Schulärzte, Förderlehrer) koordinieren
- in Zusammenarbeit mit dem Referat Lehrerbildung der LAG Hessen Fortbildungsangebote zu Inklusionsthemen organisieren

- mit Beratungsstellen der Kinder- und Jugendhilfe, Einrichtungen der Behindertenhilfe und anderen pädagogischen, therapeutischen und medizinischen Diensten kooperieren
- mit staatlichen Förderschulen und Hochschulen kooperieren
- mit waldorfpädagogisch arbeitenden Instituten, die sich mit Inklusion befassen (z.B. Institut für Waldorfpädagogik, Inklusion
und Interkulturalität Mannheim, Alanus Hochschule Alfter)
kooperieren
- die Zweitklass-Beobachtungen in hessischen FWS organisieren
- den Landesgeschäftsführer bei politischen Stellungnahmen
und Verhandlungen zur Inklusion unterstützen
- an bildungspolitischen Veranstaltungen auf Landesebene teilnehmen und mitwirken.

Beschreibung des Arbeitsprozesses
unter inhaltlichen und methodischen Gesichtspunkten

Verortung des Projekts

Zur Landesarbeitsgemeinschaft der Freien Waldorfschulen in
Hessen gehören zehn Waldorfregelschulen und sieben Waldorfförderschulen sowie eine Gründungsinitiative in Gelnhausen mit
dem Ziel, inklusiv arbeitende Schule zu werden.

In Hessen befindet sich derzeit keine Schule mit einem inklusiven Schulkonzept. Zunehmend kooperativ, aber auf einzelne
Projekte bezogen arbeiten die Albrecht Strohschein Schule und
die Waldorfschule Vordertaunus (Oberursel) miteinander. Die in
Marburg ansässige Bettina von Arnim Schule (staatlich geneh-
migte Förderschule) entwickelt einen zweiten Schulzweig, eine
inklusiv arbeitende Grundschule.

Diskussion der wesentlichen Projektschritte vor dem Hintergrund relevanter Theorien, Konzepte und Methoden

Inklusion ist erreicht, wenn die Gesellschaft nicht mehr darüber spricht, postulierte Jutta Schöler[2] auf dem Kongress «Vielfalt gestalten» 2013 in Berlin. Blicken wir auf die Geschichte der Sonder- und Heilpädagogik, so ist zu erkennen, dass die Ausgliederung von Menschen mit Behinderung lange Zeit auf gesellschaftlichen Vorurteilen beruhte und Persönlichkeitsentwicklung in einer ausschließlich «geschützten» Lernumgebung stattfand. In den 1970er-Jahren regte sich die Diskussion in Richtung Integration und soziale Eingliederung. In Deutschland ist, bedingt durch die Zeit des Nationalsozialismus, die Integrationsbewegung im Vergleich zu anderen Ländern spät in Gang gekommen. Im Jahre 1973 erschienen unter der Leitung des Pädagogen Jakob Muth erarbeitete Empfehlungen zur pädagogischen Förderung behinderter und von Behinderung bedrohter Kinder und Jugendlicher, die die Bildungskommission des Deutschen Bildungsrates herausgab.[3]

Heute steht der Begriff der Inklusion im Vordergrund und meint «eine Schule für alle» und weniger das, was unter dem Begriff der Integration als partielle Eingliederung geschehen ist. In der Projektarbeit bedienen wir uns des Begriffes «Teilhabe» und beziehen uns dabei auf die im «Index für Inklusion» erläuterten Termini.[4] Teilhabe beziehen wir auch auf das Anerkennen der Differenzen in der Einheit bzw. des Individuums in seiner Einzigartigkeit in der Gesellschaft und verbinden damit die Aufhebung eines normativen Menschen- und Weltverständnisses. Der Begriff der Inklusion wird in Gesellschaft und Wissenschaft unter dem Gesichtspunkt seiner semantischen Bedeutung «Einschluss» diskutiert und in seinem Verhältnis zu seinem dialektischen Widerpart, der Exklusion, betrachtet. Das Verständnis von Teilhabe, wie oben beschrieben, fordert eine Haltung in der Gesellschaft und bei den in der Bildungspolitik Wirkenden. Gemeint ist damit eine Haltung, behindernde Lebensumstände verändern zu wollen, und die Möglichkeit der Erkenntnis, dass jede Inklusion bzw. Teilhabe subjektbezogen zu betrachten ist.

Die vom Fachreferat entworfenen Postkarten mit dem Wortlaut «Teilhabe ändert alles» haben die Funktion, zum Nachdenken anzuregen, wenn sie im Zuge von Öffentlichkeitsarbeit ihren Weg in die Gesellschaft finden. Teilhabe setzt voraus, dass jeder Mensch die Möglichkeit hat, persönliche Begegnungen und seine persönliche Wirksamkeit selbstbestimmt im allgemein gesellschaftlichen Leben zu erfahren.

Grundsätzlich will das Fachreferat mit seiner Arbeit das Keimhafte im Werden unterstützen und weniger das Bild bzw. die Vorstellung pflegen, die die Gesellschaft und die Pädagogik zu existenziellen Fragestellungen treibt.[5] Die Wirklichkeit anzunehmen ist der erste notwendige Schritt. Die Möglichkeiten zu erkennen und zu handeln ein weiterer. Unterschiedliche Möglichkeiten lassen unterschiedliche Vorstellungen entstehen, die den Menschen beschäftigen.

«... die Angst dagegen ist die Wirklichkeit der Freiheit als Möglichkeit für die Möglichkeit.»[6] Angst macht die Menschen wach für die Gegebenheiten des Lebens. Betrachten wir die Vorgänge des Lebens unter dem Gesichtspunkt des Werdens und Vergehens, dann sehen wir, dass das Sterben notwendig ist, damit Neues entstehen kann. Unsere soziale Ordnung braucht eine neue Gestalt (Inklusion), und deren Verwirklichung bedingt, dass sich neue Formen des Lebens begründen und alte weichen.

«Man sieht ein, dass es nicht ohne Bedeutung für den gesamten Lebensraum der Erde ist, wie wir über uns, über die Natur oder aber auch über andere Menschen, Völker, Wesen und Dinge – ja, wie wir über unsere Zukunft denken. Denn in diesen Gedanken lebt Wirklichkeit. Jeder Gedanke ist eine Möglichkeit der Verwirklichung. Wenn wir unsere Zukunft nicht wollen, wenn wir keine geistige Konzeption von ihr in uns tragen, so nehmen wir uns selbst unsere Zukunft weg.»[7]

Angst ist eine körperliche, seelische und oder geistige Verfassung des Menschen, und die Bereitschaft, mit der Angst als

Entwicklungspotenzial umzugehen, eröffnet neue Wege. «Nicht durch Selbsteinkerkerung bewältigen wir die Angst, sondern durch die interessevoll-teilnehmende Neuorganisation des Weltverhältnisses aus sicherem Abstand.»[8] Damit das «Werden» in den Bildungseinrichtungen möglich werden kann, müssen sich Angst und Misstrauen verwandeln und dem Vertrauen mit seinen produktiven Eigenschaften den Vorrang geben, denn Vertrauen sieht das «Geistige», das «schöpferische Potenzial» und das «Werdende».[9]

Im März 2009 ist in Deutschland die UN-Behindertenrechtskonvention in Kraft getreten, in der die bestehenden Menschenrechte für das Leben behinderter Menschen ausformuliert werden. Im Zusammenhang mit den Bildungsfragen sind die wichtigsten Grundsätze:

– assistierte Selbstbestimmung
– Nichtdiskriminierung
– Anerkennung der Unterschiedlichkeit von Menschen mit Behinderungen
– Akzeptanz als Teil der menschlichen Vielfalt und Menschheit
– volle, effektive Partizipation und Inklusion in der Gesellschaft
– Chancengleichheit
– Barrierefreiheit.[10]

In unserer Arbeit (der WIB) steht das Individuum im Mittelpunkt der Betrachtung. In diesem Sinne unterstützen und befördern wir eine Entwicklung, in der das Recht auf freie Entfaltung der Persönlichkeit Beachtung findet. Daraus wächst die Einsicht, dass Individualitäten individuelle Bedürfnisse haben können und innovative und vielfältige Existenz- und Bildungsstrukturen dazu einen Beitrag leisten können. Die Kooperationen, die sich zwischen Förderschulen und Regelschulen verstärkt auch durch unsere Anregungen ergeben, können vielfältig sein. Schule der Zukunft ist noch nicht klar definiert, aber sicher ist, dass Grenzen zwischen Schulsystemen durchlässiger werden müssen.

In den «Fachkonferenzen Inklusion» die regelmäßig (ca. dreimal pro Schuljahr) stattfinden, suchen wir den Austausch mit den

Förder- und den Regelschulen. Neben der inhaltlichen Arbeit zum Thema finden Schulberichte statt, welche helfen, die Wege der einzelnen Schulgemeinschaften in Richtung «Inklusion» wahrzunehmen und zu unterstützen. In der Regel nehmen an diesen Konferenzen die Inklusionsbeauftragten der einzelnen Schulgemeinschaften teil.

Die Aufgabenfelder des Inklusionsbeauftragten (IKBE) wurden im Wesentlichen in der letzten Landesfachkonferenz am 21. Januar 2014 herausgearbeitet und sollen durch das Fachreferat zu einer Empfehlung ausgearbeitet werden, die allen Schulen zur Orientierung dienen kann:

– Bewusstseinsveränderung in der Schulgemeinschaft anstoßen
– Ansprechpartner für Klassenlehrer und Eltern
– Ängste durch Information und Maßnahmen abbauen
– Teilnahme an Fachkonferenzen zum Thema Inklusion
– Kontaktperson zu Regelschulen und Förderschulen
– Fortbildungen besuchen
– Elterninformation / Elternabende mitgestalten
– den Überblick über aktuelle bildungspolitische Fragen behalten
– Initiator sein
– das Schulkollegium zur Entwicklung und Reflexion anregen.

Auf der bildungspolitischen Ebene geht es immer wieder um die Frage der Existenzberechtigung von Förderschulen in der Zukunft. Ängste entstehen, und das Vertrauen in eine neue, zukunftsträchtige Schulform »Allgemeine Schule» wirft immer wieder Fragen auf. Neben pädagogischen Fragestellungen und dem Bewusstsein, dass ein Umdenken wie oben beschrieben notwendig ist, beschäftigen wirtschaftliche und rechtliche Fragen die Betroffenen. Mit diesen Problemstellungen stehen die Waldorfschulen und die Freien Schulen nicht allein da, auch die staatlichen Einrichtungen erleben diesen Prozess der Umwandlung und Neuorientierung als Herausforderung.

Organisation eines landesweiten Thementages

Es gibt gelingende Praxisbeispiele zum Thema «Allgemeine Schule» auch im Verbund der Waldorfschulen Deutschlands, die bereits oben aufgeführt wurden. Diese gelebten Schulformen und
die Evaluation der Rückmeldebögen vom Kongress «Vielfalt gestalten» im September 2013 in Berlin sind die Bausteine, auf denen die Gestaltung des Thementages «Auf dem Weg zur Inklusion» gründet. Die Teilnehmer des Kongresses wünschten sich
Folgeveranstaltungen, um in Bewegung und in einem Austausch
bleiben zu können. Ziel des Thementages im April 2014 in Frankfurt war es dann, konkrete Fragestellungen im Podiumsgespräch
zu bewegen, im Plenum Gehör zu finden und Antworten von Erfahrenen zu bekommen. In den Vorträgen sollte der Blick auf die
gegenwärtige Praxis gelenkt werden und eine konkrete Methode
vorgestellt werden, wie Schulstrukturen verändert werden können. Alle Menschen, für die sich hier eine Zukunftsaufgabe zeigt,
und alle Menschen, die sich aufgrund ihrer Berufung mit dieser
Thematik beschäftigen, waren eingeladen. Wir wünschten uns
außerdem die rege Teilnahme von Eltern und Schülern, damit
auch sie einen Impuls in die Schulen mit hineintragen können.

Das Fachreferat erarbeitete außerdem einen «Leitfaden Inklusion in Hessen». Mit diesem Leitfaden werden wir alle für das
Land Hessen relevanten Fragen zur rechtlichen Grundlage von
Inklusion beantworten und zur Arbeitsgrundlage an die Schulen
ausgeben. Darüber hinaus bietet der Leitfaden eine inhaltliche
Auseinandersetzung zum Thema. Die aufgegriffenen Themen
haben sich aus der Arbeit in der Landesfachkonferenz Inklusion
ergeben.

Sowohl in der Vorbereitung für den Thementag als auch bei
der Organisation von Fortbildungsveranstaltungen zu relevanten
Themen der Inklusion arbeitet das Fachreferat mit Hochschulen
bundesweit zusammen. Die Fortbildungsveranstaltungen der
Lehrerakademie der Goethe-Universität Frankfurt sollen zukünftig auf der Homepage der LAG Hessen unter der Rubrik Fachreferat Inklusion beworben werden. Kontakte zur Justus-Liebig-

Universität in Gießen und zur GEW (Gemeinschaft für Erziehung und Wissenschaft) Hessen bestehen ebenfalls.

Neben diesen Angeboten organisiert das Fachreferat auch innerhalb der LAG Hessen Fortbildungsveranstaltungen zu ausgewählten und aktuell relevanten Themen: z.b. «Bild und Keim als menschenkundliche Grundlagen auf dem Weg zur Inklusion», «Zweitklassbeobachtung», «Auf dem Weg zur Inklusion» oder «Förderpläne erstellen».

Insbesondere durch die Fortbildung zur «Zweitklassbeobachtung» arbeiten wir am Ausbau waldorfspezifischer Diagnosemittel. Eine allgemeingültige Diagnostik für die 2. Klasse soll hier erstellt und staatlich genehmigt werden. Eine Diagnose zieht einen Förderplan[12] nach sich und entsprechende Fördermaßnahmen. An dieser Stelle wollen wir den Ausbau der Förderbereiche an den Schulen unterstützen bzw. zu einer Kooperation und Vernetzung verhelfen. Die Kooperation und der Austausch mit staatlichen Förderschulen bzw. Beratungs- und Förderzentren ist nötig, wenn spezielle Förderschwerpunkte wie z. B. Hören und Sehen eine ambulante Betreuung erfordern. Es bedarf einer guten Aufklärungsarbeit in den Schulen und einzelner Lehrer, damit zum Wohl der Kinder auch mit externen fachkompetenten Personen (z.B. Sonderschullehrern) eine Zusammenarbeit ermöglicht wird. Hier soll eine Arbeitsgruppe entstehen, in der Lehrer über ihre Arbeit mit Schülern mit einem festgestellten sonderpädagogischen Förderbedarf sprechen können und beraten werden. Neben diesen Tätigkeitsschwerpunkten konnten einzelne Beratungsdienste in individuellen schülerbezogenen Fällen für Schulen bereits angeboten werden. Eine Eltern- / Familienberatung ist geplant.

Reflexion über die Kooperation mit Praxispartnern hinsichtlich der Inhalte, Arbeitsweisen und Ergebnisse

Insgesamt können die Mitarbeiterinnen des Fachreferates auf eine allgemein positive Resonanz in Bezug zu der begonnenen Arbeit zurückblicken. Die Kontakte zu staatlichen oder öffentlichen Einrichtungen wie Schulen und Hochschulen führten bisher zu fruchtbarem Austausch und zu Akzeptanz. Innerhalb des Bundes der Freien Waldorfschulen ist dieses Projekt ein Pilotprojekt, das über die Grenzen von Hessen hinaus Früchte tragen soll. Das Fachreferat bemüht sich um beispielhaftes Vorgehen in der Ausbildung von Kompetenz und in Form der eigenen Konzeption. Der Kontakt zu den hessischen Schulen und die damit verbundene Referententätigkeit darf sich noch entwickeln und ist terminlich für die zweite Jahreshälfte 2014 vorgesehen. Mit der Fertigstellung des «Leitfadens Hessen» werden die Mitarbeiterinnen die Schulkollegien aufsuchen, die Schwerpunkte ihrer Arbeit vorstellen und Gesprächsrunden anbieten.

Aus der Zusammenarbeit mit den Förderschulen soll sich ein Team von Landesfachberatern zusammenstellen, die zur Unterstützung in Diagnose und Förderplanerstellung den Schulen auf Anfrage zur Seite stehen können. Hier könnten die Dienstleistungen der staatlichen Beratungs- und Förderzentren ergänzt und vielleicht sogar ersetzt werden.

Schwächen und Stärken innerhalb der Projektarbeit
Die Arbeitsphase vom 01.08. 2013 bis zum 15.01.2014 diente der
– Profilbildung
– inhaltlichen Auseinandersetzung mit dem Thema
– Öffentlichkeitsarbeit
– ersten Impulsierung zum Thema Inklusion in den hessischen Schulen.

Derzeit fehlt noch:
- Organisation der Diagnose und offiziellen Feststellung des Förderbedarfes einzelner Schüler
- Kooperation mit Beratungsstellen der Kinder- und Jugendhilfe und Einrichtungen der Behindertenhilfe.

Somit haben sich die Mitarbeiterinnen auf ein umfangreiches Arbeitsgebiet eingelassen und mit großem Arbeitseinsatz innerhalb kurzer Zeit viele Wege beschritten. Das Ziel dieser Arbeit ist erreicht, wenn die hessischen Waldorfschulen nicht mehr über Inklusion reden, sondern Inklusion selbstverständlich leben und das Fachreferat ein etabliertes Beratungszentrum geworden ist. Bis dahin werden viele Teilziele zu erreichen sein.

Distanzierte Zielbetrachtung

Das Profil und das Projekt sind mit großer Sorgfalt angelegt worden und lassen wissenschaftliches Arbeiten in diesem Themenbereich zu. Für die Zukunft sollen Dokumentationen, Evaluationen und Interviews die wissenschaftliche Arbeit stärker in den Vordergrund rücken. Dabei wären folgende Themen von Belang:
- Entwicklungsprozesse der hessischen Schulen
- schulische Entwicklung einzelner Schüler mit sonderpädagogischen Fördergutachten
- Elternbefragung über die Erfahrung mit Inklusion an hessischen Schulen
- sowie weitere noch nicht ausformulierte Themen, die sich aus der Arbeit ergeben.

Die Mitarbeiterinnen werden sich unaufgefordert weiterbilden, um dem Ziel, ein Kompetenzzentrum zu leiten, gerecht werden zu können. Ferner werden sie sich auch im Arbeitskreis Inklusion des Bundes der Freien Waldorfschulen engagieren und pflegen den Austausch und die gegenseitige Beratung.

Anmerkungen und Literatur finden sich auf S. 773f.

ULRIKE BARTH

NETZWERKE ODER INKLUSION ALS FRAGE DER ZUSAMMENARBEIT

Heute ist es eine Frage des Fortschritts, in Netzwerken zu denken und zu arbeiten. Die Zeit der Einzelkämpfer ist vorbei, wie Gerald Hüther in einem Vortrag im Mai 2013[1] bei der Tagung in Zürich zum Thema «Schulen der Zukunft» deutlich machte: Bei BASF weiß man, dass alle chemischen Formeln gedacht sind, man braucht also keinen individuellen Einzelkämpfer oder -denker mehr. Heute braucht man ein Team von unterschiedlichen Spezialisten und Experten im chemischen Bereich, die miteinander an neuen Produkten forschen. Auch wenn Sydow, ein Netzwerkforscher, vor einer Überschätzung der Netzwerkwelt warnt, stellt er doch fest, dass die «Bedeutsamkeit netzwerkartiger Beziehungen, sowohl in der Praxis als auch in der Wissenschaft (und dort die Disziplinen übergreifend), gerade bei der Entwicklung von Kompetenzen kaum zu übersehen» sind.[2]

Das Leben hat sich also verändert. Wir denken in Teams und in Netzwerken, denn Informationen und Wissen sind ausreichend vorhanden, aber wir brauchen Menschen, die dieses Wissen zusammentragen und damit arbeiten.

Was sind Netzwerke?

Netzwerke sind eine Form der Interaktion und Zusammenarbeit. Da wir in einer Zeit des schnellen Informationsaustausches leben, brauchen wir zur Organisation dessen ein Netzwerk, das gesteuert und auch beraten wird. Grundsätzlich unterscheiden sich Netzwerke in ihren Basiskategorien nach «Prozess (Entstehung, Steuerung, Koordination), Inhalt (Strukturen, Positionen, Beziehungen, Mitgliedschaft) oder Funktion (Zweck, Ergebnis, Erfolg, Wirkung)».[3]

Können Netzwerke sozial sein?
Bei dem Begriff «soziales Netzwerk», um das es uns ja beim Miteinander von Menschen in einer Gemeinschaft geht, denken wir heute sofort an Facebook. Doch soziale Netzwerke gab es schon vor Einführung der Computer. Das gesellschaftliche Leben spielte sich allerdings hauptsächlich in der Familie, im Freundes- und Bekanntenkreis, in Vereinen u.Ä. ab. Ab 1991 ergab sich jedoch eine deutliche globale Veränderung: Mit der Entwicklung des Internets entstand die Möglichkeit, soziale Netzwerke in einem unbegrenzten Rahmen zu erweitern und global Kontakte zu pflegen.[4]

Um zu verstehen, was ein soziales Netzwerk ist, hilft eine Definition der Universität Oldenburg: «Ein soziales Netzwerk ist eine abgegrenzte Menge von Personen, die über (soziale) Beziehungen miteinander verbunden sind. Diese Netzwerke waren unter anderem dadurch gekennzeichnet, dass die Kontakte persönlich geknüpft und auch gehalten wurden. Dadurch konnte nur ein (im Vergleich zu heute) begrenzter Umfang von Personen zu einem Netzwerk gehören.»[5]

Es geht also um Informationsaustausch oder soziale Unterstützung (materiell, kognitiv, emotional). Wichtig ist die Einteilung der sozialen Netzwerke nach verschiedenen Gesichtspunkten, die sich an der Stärke der Beziehungen zwischen den Teilnehmern ausrichtet:

Primäre oder persönliche Netzwerke
– Familie und Verwandtschaft
– Nachbarschaft
– Freundschaften (sogenannte selbst gewählte Netwerke)
– hierzu gehören auch altersspezifische, geschlechtsspezifische oder arbeitsplatzspezifische Netzwerke.

Sekundäre oder gesellschaftliche Netzwerke, auch institutionelle Netzwerke, z.B.
– Handwerksbetriebe
– Versicherungsunternehmen
– öffentliche Einrichtungen der Infrastruktur (Kindergarten, Schule, Hochschule, Soziale Dienste, Verkehrssysteme)

Tertiäre Netwerke

- sind zwischen den primären und sekundären Netzwerken angesiedelt
- haben eine vermittelnde Funktion
- sind z.b. Selbsthilfegruppen, Bürgerinitiativen, professionelle Dienstleistungen (Krankenpflegedienste, Gesundheitsberatung).[6]

Auch wenn soziale Netzwerke in erster Linie auf Informationsaustausch oder soziale Unterstützung ausgerichtet sind, ist immer die Zielrichtung des sozialen Netzwerkes von Bedeutung. Man kann sich somit auch fragen, ob es innerhalb von Netzwerken nicht auch um die Kompetenzentwicklung geht. Hiervon kann oder darf jedoch laut Sydow nur gesprochen werden, wenn die «Kompetenzerweiterung und / oder -vertiefung ein wesentlicher Gegenstand der Netzwerkbildung war bzw. geworden ist (...) Netzwerke können dabei (...) sowohl Ergebnis als auch als Medium der Kompetenzentwicklung begriffen werden.»[7]

Theorie und unterschiedliche Praxis

Es gibt auch einen negativen Beigeschmack des «Netzwerkens». Im inklusiven Zusammenhang geht es jedoch nicht um dieses Prinzip «Eine Hand wäscht die andere». Vielmehr kann anhand der Darstellung «Vitamin C» verdeutlicht werden, was gemeint ist, wenn in inklusiven Settings vom «Netzwerken» gesprochen wird:

Vitamin C

V ertrauen als Fundament für erfolgreiches und dauerhaftes Netzwerken

I nitiative: um weiter offen aufeinander zuzugehen

T iming: am richtigen Ort, zur richtigen Zeit zu sein und der Empirie und Theorie ihren Raum zu geben

A uthentizität: immer wieder deutlich machen, dass wir lernen wollen, um gemeinsam Neues zu erfinden. Uns aus dem langweiligen Altbekannten lösen und Neues wagen

M enschen brauchen Menschen, um soziale Bindungen und Beziehungen einzugehen.

I nformationen sind Grundnahrung. Informationen sammeln, aufbereiten und für besondere Gelegenheiten nutzen

N eugierde stärken

C onnections (Verbindungen) sichtbar machen und die damit verbundenen unterschiedlichen Ressourcen allen zur Verfügung stellen, um letztlich mit der Neugierde Neues zu schaffen[8]

Es geht also letztlich um die Idee einer Gemeinschaft, des Miteinanders, der Kooperation. Und diese benötigt grundlegend für dieses Miteinander eine Herangehensweise im Sinne einer verabredeten Zielperspektive und einer gemeinsamen Vision.

Was bedeuten Netzwerke für Inklusion?

Die Umsetzung von Inklusion ist nur in und mit Netzwerken zu erreichen, denn mannigfaltiges Wissen ist notwendig, das kein Einzelner vorhalten kann. Zwar lässt sich heute vieles im Internet recherchieren. An entscheidenden Eckpunkten ist es jedoch notwendig, Spezialwissen von Experten mit der Institution zusammenzubringen. Netzwerke nutzen synergetisches Potenzial. Hierfür braucht es im jeweiligen System interinstitutionelle sowie interpersonale Beziehungen.[9] Netzwerke sind niemals ein Endprodukt; im positiven Sinne sind sie durch das Wissen und die Möglichkeiten der verschiedenen Teilhabenden immer im Werden.

Balance zwischen Geben und Nehmen?

Im inklusiven Denken und Handeln gibt es keine Win-win-Optimierung im Sinne von «Gibst du mir, so geb ich dir». Es ist vielmehr ein gemeinsames Wollen zur Weiterentwicklung der gesamten Gemeinschaft. Der Austausch von Wissen kann von allen Netzwerkknotenpunkten aus in verschiedenste Richtungen mit unterschiedlicher Länge gestartet werden. Wissensaustausch und Wissenstransfer ist das Ziel. In der Mitte steht immer ein Mensch. Dichte und Reichweite des Netzwerkes oder die Beziehungsstärke untereinander sind nicht entscheidend, viel wichtiger für das Bestehen von Netzwerken ist grundsätzlich der Kompetenztransfer und das Management im Allgemeinen.

Netzwerkmanagement

Sydow[10] benennt vier wichtige Funktionen des Managements von Netzwerken

– Selektion von Netzwerkpartnern (Wer ist wichtig im Netzwerk?)
– Allokation (Verteilung von Ressourcen, Zuständigkeiten und Aufgaben und Verantwortlichkeiten; diese Verteilung sollte entsprechend der jeweiligen Kompetenzen erfolgen)
– Regulation der Zusammenarbeit (Abstimmung der Aufgaben aufeinander)
– Evaluation der Netzwerkunternehmungen oder einzelner Netzwerkbeziehungen (Analyse von Kosten und Nutzen und deren Verteilung).

Zugehörigkeit und Kommunikation

Wer ist im Netzwerk wichtig? Hierbei gilt grundsätzlich, dass alle, die um den betroffenen Menschen stehen, dazugehören. Interdisziplinarität ist von absolutem Vorteil: Experten, Eltern mit ihrem Netzwerk, privat oder fachlich, das Personal der Einrichtung, Erzieher, Schulassistenz, Leitung, Ehrenamtliche, Arbeitsamt, Jugendamt, Schulpsychologie, Ärzte, Therapeuten. Alle sind wichtig und gegebenenfalls an einen Tisch zu bringen.

Einfache Strukturen,
ohne die Inklusion nicht denkbar ist

Ein basales Instrument von Netzwerken sind Hilfekonferenzen oder runde Tische. Im anthroposophisch-pädagogischen Sinne könnten diese Hilfekonferenzen im ersten Schritt Kinderkonferenzen sein, die in einem nächsten Schritt weitere Kontakte mit sich bringen (wer kümmert sich um was?). Allerdings könnte man auch die Kinderkonferenz zu Beginn um externes Fachpersonal erweitern, und es entsteht ein neuer Blick. Auch eine persönliche Zukunftsplanung wäre ein Schritt in die Richtung der Aktivierung eines persönlichen Netzwerkes.

Am deutlichsten wird die Notwendigkeit von Netzwerken in Momenten der Gestaltung *struktureller Übergänge* (Kindergarten → Schule → Beruf) oder bei *individuellen Übergängen Einzelner zur nächsten Entwicklungsstufe* (Ärzte → Diagnostiker → Experten → Therapeuten). «Der Inklusionsanspruch bedeutet, dass die Experten ihre klinische Einzelarbeit mit Schüler/innen verändern und Kinder nicht als ‹Fall› sehen. Sie werden ermutigt und es wird auch von ihnen erwartet, dass sie die Schule oder die Klasse als eine Gemeinschaft ansehen und soziale Aspekte berücksichtigen, wenn sie ihre Arbeitsweisen für ein Kind oder eine Gruppe von Kindern entwickeln.»[11] Wünschenswert ist, alle Experten oder Institutionen, z.B. Schulpsychologie, Jugendamt, Beratungsstellen, zu beteiligen, um eine größtmögliche Synergie zu ermöglichen.

Und es gibt eine Grundregel für das Arbeiten im Netzwerk: Nichts geht ohne die Eltern. Sie stehen als Vertreter des Kindes an erster Stelle. Sie bringen oftmals zusätzliches Fachwissen mit an den Tisch, entweder durch außerschulisches Erleben oder durch zusätzliche therapeutische oder anderweitige Maßnahmen. Teilweise sind Eltern auch in Verbänden oder Elternselbsthilfegruppen organisiert, hinter denen wiederum ein neues großes Hilfenetzwerk steht, siehe beispielsweise «Kooperationsverbund Autismus Berlin gGmbH (KVA Berlin)».

Klärung der Aufgaben und Evaluation

Wichtig für die Arbeit im Netzwerk ist zunächst immer die Frage nach der Ausgangsposition. Ist die Frage für alle gleich? Im weiteren Vorgehen muss genau abgestimmt werden, welches (Teil-)Ziel verfolgt wird und wer wann was machen soll. Am Ende einer Runde sind die Verabredungen, die getroffen werden, entscheidend. Das kann auch nur ein neuer Termin sein, wann sich wer erneut zusammensetzt. Es ist allerdings notwendig, dass innerhalb von Prozessen immer wieder zurückgeblickt und analysiert wird, was sich entwickelt hat oder was entstanden ist oder auch nicht entstehen konnte. Außerdem sind manchmal auch ganz neue Ideen oder gemeinsame Kräfte notwendig, die nachjustieren und verstärken.

Know-how und Kreativität

Die Struktur eines Netzwerks wird durch das Verhalten der Agierenden, die wechselseitige Abhängigkeit, die Intensität der Zusammenarbeit und die Macht der Akteure bestimmt. Netzwerke unterscheiden sich hinsichtlich ihrer Zielsetzung, des Grades der Formalität sowie der räumlichen Anordnung.[12] Das Zusammentreffen unterschiedlichen Wissens in Form unterschiedlicher Personen und die sich daraus ergebende Möglichkeit neuer Ideen ist die Grundmaxime des Netzwerkhandelns.

Anwendung auf die Institution Schule

Jede Schule braucht ein vielschichtiges Netzwerk, in dessen Mitte das jeweilige Kind mit seinen Bedürfnissen steht. Die Netzwerkstruktur bildet sich immer um das Kind. Es kann ein «Innen» und «Außen» entstehen. Die Veränderungen in Systemen sind mittlerweile meist multiperspektivisch zu bearbeiten. Das bedeutet, dass alle daran beteiligt werden müssen. Hier helfen die Schulentwicklungsmanuale weiter.

Fragen nach Zusammenarbeit: Index für Inklusion

«Inklusion zielt darauf, Schulen zu unterstützenden und anregenden Orten für ihre SchülerInnen, MitarbeiterInnen und Eltern zu machen. Es geht darum, intern Gemeinschaften zu bilden, die zu Leistungen anspornen, und sie auch zu feiern, und auch darum, Gemeinschaften in einem weiteren Sinne nach außen zu bilden: So können Schulen mit anderen Diensten und Einrichtungen zusammenarbeiten, um Bildungsmöglichkeiten und soziale Bedingungen in ihrem Umfeld zu verbessern, entsprechend dem Konzept der Stadtteilschule.»[13] In dem Schulentwicklungsmanual «Index für Inklusion» gibt es klare Angaben für die Ermöglichung konstruktiver, strukturierter, kollegialer, deutlich verbesserter und effektiver Zusammenarbeit. Möglichkeiten werden durch Beispiele plastisch illustriert. In den einzelnen Dimensionen werden anhand der Hinweise zu den einzelnen Indikatoren gezielte Fragen bezüglich der Zusammenarbeit in verschiedenen Zusammensetzungen gestellt und somit auch vorangetrieben.

«Entwicklungsschritte werden durch Zusammenarbeit, gute Kommunikation und das allgemeine Engagement für inklusive Werte unterstützt und entsprechend den Kriterien im Schulprogramm beobachtet und eingeschätzt, der Fortschritt wird dokumentiert. Dies ist eine fortlaufende Phase.»[14]

Im neu erschienen Praxishandbuch *Inklusion vor Ort* der Montag Stiftungen[15] wird diese Zusammenarbeit im Gemeinwesen vorgestellt und somit überinstitutionell noch weiter gefasst. Jede Frage gilt als Startpunkt, um möglichst gemeinsam, im Netzwerk, innerhalb der Kommune nachzudenken, zu fragen und selbst aktiv zu werden.

Blicken wir erneut auf die vernetzte Entwicklung der Institution Schule, so geben die «Instrumente zur Schulevaluation und zur Schulentwicklung» der Pädagogischen Hochschule Nordwestschweiz in ihren Fragen zur Selbsteinschätzung für das Bewertungsraster zu den schulischen Integrationsprozessen die Zusammenarbeit (in Netzwerken) vor: In den vorgegebenen acht Dimensionen zur Beurteilung der schulischen Integrationsprozesse des «Bewertungsrasters zu den schulischen Integrationsprozessen der Aargauer und Solothurner Volksschule» heißt es in Dimension 7 (Lernprozess- und Unterrichtsbezogene Zusammenarbeit): «Kooperation zwischen Lehrpersonen, den weiteren Fachpersonen sowie den Eltern ist institutionalisiert. Eine gemeinsame Förder- und Maßnahmenplanung und ein regelmäßiger Erfahrungsaustausch unter den Beteiligten ermöglichen eine koordinierte und wirksame Lernunterstützung der Schülerinnen und Schüler sowie der Lerngruppen (Klassen).»[16]

In Dimension 8 heißt es, dass die Schule institutionelle Rahmenbedingungen zur Verfügung stellt, welche die Umsetzung von Integrationsprozessen erleichtern und unterstützen (strukturelle Maßnahmen, Architektur und Infrastruktur u.a.). Lehrpersonen können auf verschiedene Angebote zurückgreifen, die ihnen die anspruchsvolle Arbeit erleichtern und bei auftretenden Schwierigkeiten Hilfe bieten. Die fortgeschrittene Entwicklungsstufe geht noch einen Schritt weiter und fordert die Schaffung von Ressourcen vor Ort. «Es gibt ein differenziertes Supportsystem für auftretende Schwierigkeiten im Umgang mit Schülerinnen und Schülern mit besonderen Bedürfnissen (z.B. Einbezug von internen und externen Fachpersonen, Support durch Klassenassistenz, Coaching, Supervision usw.). Die Supportmöglichkeiten sind allen beteiligten Lehr- und Fachpersonen sowie den Erziehungsberechtigten / Eltern bekannt. Sie sind unkompliziert zugänglich und werden bei Bedarf im Schulalltag genutzt.»[17]

Inklusive Schulentwicklung braucht strukturierte Planungs- und Arbeitshilfen, um eine neue Schulkultur zu entwickeln. Das vertreten auch die Herausgeberinnen Wilhelm, Eggertsdóttir, Marinósson des fast gleichlautenden Buches. Sie haben ein Manual mit Handlungsanweisungen erarbeitet, das es einem Kollegium ermöglicht, seine bisherige Netzwerkarbeit zu untersuchen und dann schrittweise neue Zusammenarbeit zu beginnen, denn «die örtlichen Bildungsinstitutionen (Kindergarten, Sonderpädagogisches Zentrum, Schule, Inspektoren, Beratungsstellen der Schulverwaltung, Expert/innen ...) müssen initiativ werden. Es ist deren Verantwortung, die nötige Unterstützung anzubieten, sie zu koordinieren und ein Konzept für die Zusammenarbeit zu entwickeln.»[18] Hierbei ist es zunächst eine wichtige Aufgabe, Unterstützer zu lokalisieren, die die Bildungseinrichtungen begleiten können. Der erste Schritt ist, herauszufinden, in welcher Weise und welchem Ausmaß diese beratenden und unterstützenden Institutionen eine inklusive Erziehungspraxis unterstützen können.[19] Die Verfasserinnen stellen fest, dass die Zusammenarbeit mit außerschulischen Experten und Institutionen in inklusiven Bildungseinrichtungen unerlässlich ist. Diese Unterstützer von außen müssen jedoch in die Kultur der Einrichtung einbezogen werden und nicht bloß mit einem Kind arbeiten wollen.[20]

«Inklusive Schulen sind so komplex, dass sie verschiedene Fertigkeiten und Spezialwissen verlangen, um richtig geführt zu werden. Manche Aufgaben sind so umfangreich, dass man ihre Bearbeitung nicht von einer einzelnen Person erwarten kann. Die inklusive Praxis erfordert Menschen, die Einfluss auf das Schulsystem, auf die Ausführung inklusiver Praxis und auf die Evaluation nehmen. Es ist ein allgemeiner Anspruch zu versuchen, den

Schüler/innen vollen Zugang innerhalb der sozialen und lerntechnischen Rahmenbedingungen einer Schule zu ermöglichen.»[21] Diese Zusammenarbeit jedoch hat unterschiedliche Dimensionen, Formen und Ziele. Sie muss in allen Bereichen häufig praktiziert werden, um die Fertigkeiten dazu sowohl beim Lehrkörper als auch bei den Schüler/innen zu erhöhen. Nur so kann sie die Basis für Fortschritt und Veränderung hin zu inklusiven Prozessen sein.[22] Auch Wilhelm et al. sehen es als entscheidend für das Gelingen inklusiver Prozesse an, wenn Reflexion und Evaluation zielgenau eingebaut und mitgedacht sind.[23] Die Begleitung *aller* Lernenden braucht letztendlich Beratung und Zusammenarbeit, und sie zielt auf Qualität.[24]

Karin Berndt-Schmidt beschreibt in ihrem Beitrag «Förderschule Lernen in Auflösung? – Zur Gestaltung eines Transformationsprozesses» sehr anschaulich, was derzeit und vielleicht auch zukünftig an gemeinsamer Arbeit möglich ist und sein kann. Sie fordert die Förderschule auf, «verbindliche Kooperations- und Kommunikationsstrukturen mit den unterschiedlichen Institutionen auf- und auszubauen».[25] Gemeint ist professionelles Zusammenarbeiten unterschiedlicher Fachkräfte. Aufgrund der Heterogenität der Schülerschaft ist dieses Handeln dringend notwendig. Somit wird ein «Aktionsplan» notwendig, der über allem steht, der den jeweils regionalen Inklusionsplan unterstützt und der Servicestellen und Lotsen beinhaltet.

Bei der institutionellen Entwicklung in Richtung Inklusion herrscht teilweise große Unsicherheit. Hier hilft nur Transparenz, Information, Diskussion und größtmögliche Offenheit. Außerdem braucht es die starke Vernetzung mit «Arbeitskreisen im Bereich des Schulträgers, mit den «Koordinatoren für Inklusion», der Schulaufsicht und auch den Trägern der Jugendhilfe».[26] Berndt-Schmidt entwirft einen Plan, wie Übergänge im Netzwerk gemeinsam im Sinne der jeweiligen Bedarfe des einzelnen Schülers gestaltet werden können. Dafür wird jede einzelne Berufssparte mit ihrem Know-how gebraucht. Kollegialer Austausch, Beratungsangebote, Unterstützung bei Entscheidungen, Hospitationen, Gestaltung von Übergängen (beispielsweise auch bei

Klinikaufenthalten) sind nur ein kleiner Teil der notwendigen Formate, die angewendet werden können. «Runde Tische» sind eine entsprechende Form der Unterstützung, zu denen alle eingeladen sind, die dabei helfen können, die nächste Entwicklungsebene zu erreichen. Zur Vermeidung von Parallelstrukturen sind Kooperation und Netzwerkarbeit notwendig. Hierbei muss ein Agierender von sich selbst Abstand nehmen können und zum gemeinsamen Denken für das Kind bereit sein. Dies lässt sich nicht von heute auf morgen lernen, es ist vielmehr ein langwieriger Umdenkprozess, der in Gang gesetzt wird. Anregende Fort- und Weiterbildung für Team- und Netzwerkarbeit, die im sozialen Sinne arbeitet, wird hier zukünftig gebraucht.

Erfahrungen aus der Aus- und Weiterbildung

In Weiterbildungssituationen wird häufig der Wunsch nach einer Art «rotem Telefon» benannt. Das Bedürfnis, sich an jemanden wenden zu können, der einem weiterhilft, ist derzeit groß. Oft stellt sich die naheliegende Frage: Könnte nicht eine zentrale Kontaktstelle «Inklusion» geschaffen werden? Aber jedes einzelne Kind steht im Zentrum eines Gesamtsystems unterschiedlichster Bezugssysteme und braucht ein individuell abgestimmtes Unterstützersystem von Netzwerkpartnern, die miteinander kommunizieren und im Sinne des Kindes bzw. des Betroffenen zusammenarbeiten (hier ein Auszug):

- Selbsthilfe, Verbände
- Vernetzung Schulen
- Behindertenbeauftragte
- Beratung
- Ämter, wie Jugendamt, Sozialamt oder Agentur für Arbeit
- Senatstellen, z.B. Koordination von Gutachten, Schulhelfern o.a.
- Politik: gemeinsame Veranstaltungen, Resolution, offene Briefe im Zusammenschluss der verschiedenen Akteure
- Schulpsychologie
- Supervision und Beratung des Gesamtsystems
- persönliches Budget

- Rechtsfragen
- Eltern: Elternwissen, Elternvereine, Elternselbsthilfe ... spezifische Kompetenzen der Selbstvertreter bzw. der Vereine um Menschen mit Behinderung nutzen, Unterstützungen über Eingliederungshilfe
- Einzelfallhilfe
- Schulhelfer / Assistenten
- Therapeuten
- Beratungslehrer / Diagnostik staatlicher Schulen
- Anwälte
- Finanzexperten
- Kenner der politischen Strukturen.

Es ist nicht von einer Stelle aus zu regeln, alle müssen an den Tisch, und das will gelernt sein.

Wer vernetzt all diese Teilbereiche? Wohin wendet man sich zunächst? Wichtig für jegliche Vernetzung ist immer: Indem die Teilnehmer von «Runden Tischen» oder Arbeitsgemeinschaften herausfinden, welche Akteure es gibt und mit wem man kindspezifisch zusammenarbeiten kann, gehen sie erste Schritte. Es gibt in den verschiedenen Bundesländern bereits institutionalisierte Netzwerkarbeit in sogenannten Beratungs- und Therapiezentren (in Hamburg etwa die «Pädagogische und psychologische Beratung» in den «ReBBZ-Beratungsabteilungen»).

Für spezielle Behinderungsarten existiert aber auch ein bestehendes und organisiertes Netzwerk, z.B. der «Kooperationsverbund Autismus Berlin gGmbH (KVA Berlin)». Dieser Verbund ist eine Kontakt- und Netzwerkstelle, die wiederum ein wichtiger Knotenpunkt im Gesamtnetzwerk sein kann, denn dort wird beraten, informiert und vernetzt. Hier entsteht ein Autismusnetzwerk für Berlin, mit Möglichkeiten der Selbsthilfe, einem Forum für Austausch und Begegnung, das auch Ansprechpartner ist. Das Ziel des «Kooperationsverbund Autismus Berlin gGmbH (KVA Berlin)» ist es, zusammen mit Berliner und Brandenburger Kooperationspartnern, Angebote und Hilfen für Menschen aus dem Autismus-Spektrum zu vernetzen, deren

Kompetenzen zu bündeln, um somit Ratsuchenden schneller ans Ziel zu verhelfen sowie die Versorgungsstrukturen in Berlin besser verständlich zu machen. Um den komplexen Herausforderungen der Thematik «Autismus» adäquat begegnen und dem hohen Bedarf an autismusspezifischen mit inklusiven Angeboten entsprechen zu können, versucht dieser Kooperationsverbund, für Fragen zum Thema «Autismus» kompetent, individuell und wohnortnah Antworten anbieten zu können und dafür ein Netzwerk zu schaffen.

Dies ist nur ein Beispiel für eine Stelle, die professionell ein Netzwerk aufbaut, um Ratsuchenden direkt helfen zu können. Es gibt organisierte Netzwerkarbeit, deren Hilfen man auch als Institution zielgerichtet anfordern kann. Insbesondere in schwierigen Fällen kann man Zeit und Spezialisten gewinnen. In der derzeitigen Umbruchssituation hin zu inklusiven Strukturen ist es daher äußerst sinnvoll und hilfreich, in Netzwerken mit der Professionalisierung der eigenen Arbeit zu beginnen.

Für die Ausbildung von schulischem Fachpersonal entwickeln viele Studienstätten Inhalte, die sonderpädagogische Schwerpunkte übergreifend in allgemeine pädagogische Themenbereiche einarbeitet. Hierbei werden die Fächervielfalt eingeschränkt und einzelne fachliche Schwerpunkte zusammengelegt. Inklusion ruft also einen veränderten Orientierungsrahmen für die sonderpädagogische und heilpädagogische Arbeit hervor, aber sie wird weiterhin und dringend gebraucht. Mit der Veränderung der Ausbildung von Lehrern – und hier sind explizit auch Waldorflehrer eingedacht – wird und muss es eine enge Zusammenarbeit der Kollegen innerhalb der Schulen und mit Experten außerhalb der Schulen geben. Ein intensiver und spannender Prozess hat eigentlich längst begonnen.

Anmerkungen und Literatur finden sich auf S. 774ff.

V. LEHRERBILDUNG UND FORSCHUNG

THOMAS MASCHKE

EINLEITUNG

Um inklusive schulische Bildung zu verwirklichen, bedarf es einer neu konzeptionierten Lehrerbildung; neue Formen für die schulische Praxis werden bei den Studierenden vorbereitet in Theorie und übender Praxis. Dass Lehrerbildung nicht mit dem Abschluss akademischer Ausbildung beendet sein kann, ist evident, besonders wenn die Institution Schule sich verändern soll. Daher sind die dargestellten Aus- und Weiterbildungskonzepte Ideen, die sich an den Bedürfnissen der Teilnehmenden und Schulen orientieren. Dass die Ausbildung von Haltungen sich mit dem Ausbildungsgang vollzieht, zeigen die Aussagen von Studierenden.

Es bedarf aber nicht nur neuer Konzepte der Lehrerbildung, um ein inklusives Bildungswesen zu verwirklichen, sondern dazu der immerwährenden Forschung auf diesem Gebiet: in Theorie und Praxis. Einen kleinen Einblick in dieses große Feld geben der sehr spezifische Beitrag von Alfred Röhm sowie der weitere, mehr überblicksartige von Thomas Maschke. Beide sollen als Beispiele verstanden werden und zu weiterer Forschung ermutigen.

THOMAS MASCHKE

«IST INKLUSION ERREICHT, HABEN WIR WAHRE MENSCHLICHKEIT ERREICHT.»

ZUR MOTIVATION JUNGER MENSCHEN, INKLUSIVE PÄDAGOGIK ZU STUDIEREN. EINE QUALITATIVE ANALYSE[1]

Die Überschrift dieses Aufsatzes ist von Studierenden am Mannheimer Institut für Waldorfpädagogik, Inklusion und Interkulturalität sowie an der Mannheimer Akademie für Waldorfpädagogik in einer Modulabschlussprüfung als Fazit ihrer Beschäftigung mit den Grundlagen inklusiver Pädagogik formuliert worden.[2] Versucht man, die hier getroffene Aussage einzuordnen und zu bewerten, dann stellt sich unmittelbar der Begriff des *Ideals* ein. Dieser meint, in der Interpretation von Langenscheid: «höchster Wert, Vorstellung von etwas Vollkommenem» sowie «Zielvorstellung, Leitgedanke, Verkörperung von etwas Vollkommenem»[3]; der Duden hingegen betont noch stärker den zukünftigen Charakter: «als ein höchster Wert erkanntes Ziel; Idee, nach deren Verwirklichung man strebt»[4].

Zwei zeitliche Dimensionen sind hier erkennbar: die gegenwärtige, welche als Vorstellung, als Leitgedanke aktuelles Denken und Handeln lenkt, sowie die zukünftige, welche auf das zu erreichende Ziel verweist. Dieses allerdings reicht wiederum in die Gegenwart zurück, indem man *jetzt* danach strebt. Man kann also von zwei sich bedingenden und befruchtenden zeitlichen Wirkungen des Ideals sprechen. Die in der aktuellen Debatte um Inklusion häufig zu hörende Aussage, dass Inklusion Weg und Ziel zugleich sei, drückt dieses ebenfalls aus. Es ist hier also ein grundlegendes Signum eines Studiums bzw. einer Ausbildung erkennbar: Hier (jetzt) werden Ideale für die Zukunft entwickelt.

In der beruflichen Realität («Alltag») sollen die Ideale immanent anwesend sein: sie wirken!

Drei grundlegende Fragen zur individuellen Motivation sowie zur pädagogischen Zukunft wurden von den Studierenden beantwortet. Im Sinne der reziproken zeitlichen Wirkungen (s.o.) hängen diese inhaltlich zusammen.

1. Was ist Ihre persönliche Motivation, inklusive Pädagogik zu studieren?

Die Antworten zeigten einen grundsätzlich idealistischen Duktus. Eine Aussage, die von drei Studentinnen gemeinsam formuliert wurde, soll dies belegen:

«Wir studieren inklusive Pädagogik an einer anthroposophischen Einrichtung, weil wir alle Menschen ganzheitlich wahrnehmen wollen – geistig, körperlich und seelisch – und davon ausgehen, dass jeder Einzelne wichtig ist für die Entwicklung einer Gruppe. Innerhalb unseres Studiums wollen wir nicht nur Wissen erarbeiten, sondern auch unsere Sinne sensibilisieren und unsere Persönlichkeit bilden, um im späteren Berufsleben situativ lebendig – jeden mit einbeziehend und auf jeden angemessen eingehend – handeln zu können.»[5]

Eine weitere Aussage «Ich studiere Inklusion, weil es ein Menschenrecht ist, für das es sich zu kämpfen lohnt!» steht stellvertretend für das grundlegende Verständnis der UN-Konvention zum Schutz der Rechte von Menschen mit Behinderungen. Und: Inklusion wird als «Generationenprojekt» verstanden, welches zur Entwicklung neuer gesellschaftlicher Werte führen wird. Auch wird die Arbeit in der Schule und mit Kindern grundsätzlich als keimhaft in dem Sinne betrachtet, dass ein Samen in der kommenden Generation gelegt werden kann.

Die meisten der befragten Studierenden hatten vor Aufnahme oder zu Beginn des Studiums persönliche Begegnungen mit Menschen mit Behinderungen gemacht. Diese prägen auch ihre

Aussagen, wie z.B.: «Diese Begegnungen haben dazu geführt, dass ich meine vorgefassten Meinungen über ‹Behinderte› revidieren musste. Die Offenheit und Emotionalität, die von ihnen ausging, hat mich gefühlsmäßig sehr stark berührt und fasziniert. Daher habe ich mich für den Studiengang ‹Inklusive Pädagogik› entschieden, um diesen Menschen im Rahmen ihrer schulischen Bildung einerseits bestmöglich zu helfen und andererseits die ihnen oft eigene vorurteilsfreie Lebensfreude in ein sich gut entwickelndes soziales Miteinander in einer Klasse einfließen lassen zu können.»

Besonders im letzten Satz wird deutlich, dass die Qualität inklusiver Pädagogik als ein Neu-Entstehendes im Miteinander aller begriffen und aktiv erarbeitet werden wird.

2. Was ist Ihrer Meinung nach die Hauptaufgabe der Veränderung im Bildungswesen?

Als Antwort auf diese Frage wird zunächst die notwendige bundesweite Vereinheitlichung der Schulgesetzgebung gesehen. Diese müsste beinhalten, dass es überall möglich ist, inklusive Schule zu verwirklichen. Darüber hinaus wird das bestehende dreigliedrige Schulsystem als dem Ideal der Inklusion entgegenstehend eingeschätzt: «Die Funktion dieser Mehrgliedrigkeit war und ist die der Exklusion bzw. Separation und der Verhinderung von Teilhabe.» Oder eher bildlich ausgedrückt: «Ein mehrgliedriges Schulsystem wie das deutsche ist nicht vereinbar mit der Idee der Inklusion und mit inklusiven Strukturen. Inklusive Strukturen in Schulklassen eines mehrgliedrigen Schulsystems sind Strukturen ohne Grundlage. Man kann sie sich bildlich vorstellen wie eine Kugel, die man versucht gleichzeitig auf mehreren ungleich hohen Säulen zu balancieren.»

Auf der inhaltlichen Ebene wird Waldorfpädagogik als Chance für die Transformation gesehen: «Mit ihren klaren Strukturen und Rhythmisierungen bietet sie die ideale Grundlage für diese Entwicklung.»

Beim Blick auf die Schüler wird die Fähigkeit der Wahrnehmung von individuellen Stärken und Schwächen vorausgesetzt.
Folge davon soll allerdings nicht Selektion sein, sondern gemeinsamer Unterricht: «Die individuell notwendige Förderung wird
in *der* Schule stattfinden und nicht mehr in speziellen Sonderschulen.» Dies stellt bereits im Studium eine Herausforderung
dar. Hier wollen Konzepte kennengelernt werden, welche auf die
Herausforderungen in Schule und Unterricht vorbereiten. Die
Studierenden benennen damit die je persönliche Verantwortung
der Lehrkräfte für Veränderungen.

3. Wie sieht ein nach Ihrer Meinung ideales Schulwesen der Zukunft aus?

Die Vision einer «Schule der Zukunft» gestaltet sich sowohl auf
idealistischer wie auch auf pragmatischer Ebene.

«Die Schule der Zukunft muss jeden in seiner Individualität so
fördern, wie er es braucht, um seinen Platz in der Gesellschaft zu
finden. Dies kann nur gelingen, wenn man das selektive System
hinter sich lässt und eine ‹Schule für alle› anbietet, die auf Zwän-
ge verzichtet und auf Wertschätzung für jeden Einzelnen und die
Gemeinschaft baut.»

«Oberstes Ziel des Schulunterrichts wird die bestmögliche Förderung jedes einzelnen Kindes sein. Der Unterricht wird differenziert sein, mehr Gruppen- und Projektarbeit beinhalten. Sozial-
kompetenzen und Persönlichkeitsentwicklung werden wichtige
inhaltliche Bestandteile darstellen, ebenso wie die Grundlagen
des alltäglichen Lebens. Die Lehrpläne werden im Vergleich zu
heute entschlackt wirken, die Lehrer werden mehr Freiheit bei
der Themenwahl und deren Ausgestaltung haben, um besser auf
die Bedürfnisse der Kinder ihrer Klassen eingehen zu können.
Bei der Beurteilung unterscheiden die Lehrer zwischen der Erreichung der Lernziele und der individuellen Leistung, die das Kind
auf dem Weg dorthin erbrachte.»

Die beiden hier zitierten Aussagen über die Zukunft beinhalten gleichermaßen Notwendigkeiten wie Wünsche. Was wie ein Traum klingt, kann durch die ebenso erfolgte Formulierung der notwendigen Bedingungen und Umsetzungsschritte konkreter und realistischer werden.

Bedingungen für die Verwirklichung eines zukünftigen Bildungswesens – das ist in den Augen der Studierenden zumeist ein inklusives Bildungswesen – lassen sich wie folgt zusammenfassen:

- gemeinsame Arbeit in Lehrerteams, die unterschiedliche individuelle Bedingungen und Qualifikationen vereinen und gemeinsam Unterricht und Schulleben gestalten
- kleinere Schüler-Gruppengrößen
- unterschiedlichste Formen des differenzierenden Unterrichtes
- mehr Projektarbeit, auch jahrgangsübergreifend
- Barrierefreiheit in den Schulen
- ausreichende und adäquate sächliche wie personelle Ausstattung der Schulen, um den auch spezifischen Bedürfnissen der Schüler gerecht werden zu können.

Darüber hinaus wird der Schule eine politische bzw. gesellschaftliche Funktion zugewiesen. Durch Öffentlichkeitsarbeit, die zum einen über inklusive Praxis informiert und sich zum anderen vernetzt im Sozialraum und mit Fachleuten für spezifische Fragestellungen, kommt der inklusiven Schule eine innovative Kraft zu. Diese bezieht sich auch auf die Aus-, Fort- und Weiterbildung der Lehrer.

Der Blick auf sich selbst als (werdender) Lehrer und zugleich die Schüler ist Maßgabe der Selbstentwicklung des Lehrers sowie der Ermöglichung der individuellen Entwicklung aller Schüler. Eine Aussage von Studierenden verdeutlicht dies auf plastische Weise: «Jeder, der nicht nur den Mut hat, selbst zu sein, sondern auch die Hingabe, die anderen selbst sein zu lassen, wird ein guter Lehrer!»

Die Tatsache, dass sich junge Menschen persönlich und mit großem Idealismus mit dem Entwicklungsweg der inklusiven

Pädagogik verbinden, kann für die Schulen, an denen sie nach ihrem Studium arbeiten werden, sehr wichtig werden. Der menschenrechtliche Transformationsimpuls der UN-Konvention bekommt mit diesen Absolventen einen zusätzlichen aktiven und verbindlichen Charakter.

Die Anmerkungen finden sich auf S. 776f.

THOMAS MASCHKE

INKLUSION IN DER SCHULE: (WIE) GEHT DAS?

ZUMUTUNGEN UND ERMUTIGUNGEN[1]

Versucht man, die aktuelle Forschung zum Thema inklusive Pädagogik zu überschauen, so ist man schnell überfordert. Eine Fülle von Buchtiteln und Aufsätzen erscheint, fast wöchentlich gibt es hierzu neue Publikationen. Insofern werden in diesem Aufsatz Schwerpunkte der inhaltlichen Auseinandersetzung gelegt, welche nach meiner Meinung für eine Anregung und Weiterentwicklung der waldorfpädagogischen Praxis fruchtbar sein können. Dies kann und soll nicht den Anspruch einer vollständigen Auseinandersetzung erfüllen.

Ich nenne diesen Beitrag im Untertitel «Zumutungen und Ermutigungen» und beziehe mich dabei auf eine Formulierung Rudolf Steiners in einem pädagogischen Vortrag für junge Menschen, die lautet: «Wirklich Mut, Mut, sich zu sagen: Das Leben der Welt muss in seinen Fundamenten neu gegründet werden.»[2] Dieses Zitat kann als Motto für die anstehenden Veränderungen im Schulwesen gelten: Das Leben der Schulen muss in seinen Fundamenten neu gegründet werden. Das ist eine Zumutung. Aber es kann gleichzeitig auch eine Ermutigung sein, wenn sie dazu führt, konstruktiv Gewohntes zu hinterfragen und Neues zu wagen. Denn wir werden nicht umhin kommen, Schule zu entwickeln. Und: Schule entwickelt sich ständig, auch unabhängig davon, ob wir uns einer UN-Konvention verpflichtet haben oder nicht. Schulentwicklung geschieht und ist deshalb notwendig, weil wir täglich mit Kindern zu tun haben, die uns immer wieder neue Fragen stellen. Daher kann und muss man, besonders unter dem Anspruch der Verwirklichung von Inklusion in der Schule, sagen: Moderne bzw. zeitgemäße Pädagogik heißt, Schul- und Unterrichtspraxis täglich neu zu erfinden. Anthroposophische Pädagogik geht grundsätzlich in seinem anthropologischen (= «menschenkundlichen») Ansatz davon aus, dass der Mensch ein sich entwickelndes Wesen ist.[3] Diese Setzung führt in logischer Konsequenz zu der Forderung nach sich verändernder Schule (s.o.). Der so entstehende Anspruch ist im Alltag gefährdet durch die Anforderungen, denen Pädagogen sich ausgesetzt sehen, und durch die vielfältigen Aufgaben und Belastungen, die sie zu bewältigen haben. Hier handelt es sich also wieder um eine Zumutung – oder ist es doch eine Ermutigung, alltäglich Gewordenes zu durchbrechen? Ein innovativer Ansatz ist natürlich stets auch ein Stück weit in Gefahr, z.B. durch Routinen oder durch Hilfsmittel, die wir benutzen, letztlich tatsächlich nicht zum Tragen zu kommen. Er braucht, um sich durchzusetzen, daher vielfältige Ermutigungen.

Daher werden hier nun Zumutungen und Ermutigungen benannt und ausgeführt werden.

Erste Zumutung: die ICF

Die Weltgesundheitsorganisation hat mehrfach Definitionen von Krankheit und Gesundheit vorgelegt, in immer neuen und aktualisierten Fassungen.[4] Hat man mit Erkrankungen oder Beeinträchtigungen zu tun, dann ist man unweigerlich mit der ICD – der «International Statistical Classification of Diseases and Related Health Problems», also verkürzt ausgedrückt: der internationalen Klassifikation von Krankheit – konfrontiert. Das ist eine Beschreibung, welche aus medizinischer Sicht primär Defizite benennt bzw. in den Blick nimmt und letztlich für Ärzte die Grundlage zur Abrechnung ihrer Behandlungen bildet. Wenn man z.B. mit Kindern, die mit psychischen Beeinträchtigungen belastet sind, zu tun hat und ein psychiatrisches Gutachten vorliegt, findet sich dort ein Buchstabe und eine Zahl (etwa F 90.1 = «Hyperkinetische Störung verbunden mit Störung des Sozialver-

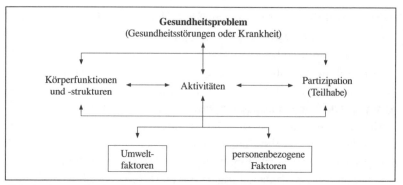

Abb. 1: ICF, Wechselwirkungen zwischen den verschiedenen Komponenten[5]

haltens»). Dies ist aktuell noch eine Diagnose nach ICD-10 und ist gleichzeitig für den Psychiater die Begründung für seine Abrechnung. Problematisch wird diese Diagnosepraxis dann, wenn sie dazu dient, Ressourcen (sowohl im medizinischen wie auch im pädagogischen Bereich) zu vergeben und damit letztlich in die pädagogische Praxis einzugreifen. Kretschmann nennt dies das «Etikettierungs-Ressourcen-Dilemma».[6]

Man hat nun in den 90er-Jahren das System ICD einer grundlegenden Revision unterzogen und ein dynamisches Modell entwickelt, die ICF: «International Classification of Functioning, Disability and Health», auf deutsch: «Internationale Klassifikation der Funktionsfähigkeit, Behinderung und Gesundheit».[7]

Die oben benannte Gesundheitsstörung oder Krankheit kann auch, besonders für unseren Kontext, durch den Begriff Beeinträchtigung ersetzt werden. Man sagt somit: Der Mensch ist nicht nur sein körperliches Merkmal. Denn das entspräche die Definition nach dem ICD, wie oben ausgeführt: Man hat eine Krankheit oder eine Beeinträchtigung, und die definiert letztlich das Menschsein. Das Deutsche Institut für Medizinische Dokumentation und Information DMDI, welches die deutsche Fassung der ICF publiziert, benennt den Unterschied wie folgt: «Die ICF ist wie die ICD-10 ein Teil der WHO-Familie der Internationalen Klassifikationen. Während die ICD Krankheiten klassifiziert, klassifiziert die ICF die Folgen von Krankheiten in Bezug auf

Körperfunktionen, Aktivitäten und Teilhabe.»[8] Die Blickwinkel beider Modelle ergänzen sich also.

Die besondere Qualität der ICF ist, dass sie als neutral einzustufen ist. Sie stellt ein Instrument zur Verfügung, welches umfassendere Wahrnehmungen ermöglicht: «Die ICF ist dank des zugrundeliegenden bio-psycho-sozialen Modells nicht primär defizitorientiert, also weniger eine Klassifikation der ‹Folgen von Krankheit›. Vielmehr klassifiziert sie ‹Komponenten von Gesundheit›: Körperfunktionen, Körperstrukturen, Aktivitäten und Partizipation (Teilhabe) sowie Umweltfaktoren. Sie ist damit auch ressourcenorientiert und nimmt bezüglich der Ätiologie einen neutralen Blickwinkel ein. Die ICF kann daher auf alle Menschen bezogen werden, nicht nur auf Menschen mit Behinderungen. Sie ist universell anwendbar.»[9]

In der abgebildeten Grafik finden wir einen zentralen Begriff. Und der Zentralbegriff ist nicht die körperliche und geistig-seelische Verfassung, sondern es ist «Aktivität». Der Begriff der Beeinträchtigung bezieht sich also zunächst auf eine individuelle physisch-psychische Bedingung: z.B. das Fehlen des rechten Armes (etwa aufgrund einer Amputation). Man kann ebenfalls eine Trisomie 21, ein Down-Syndrom, als eine körperliche (in diesem Falle genetische) Bedingung bezeichnen. Diese ist da und beeinflusst die Möglichkeiten der Aktivität des Betroffenen. Und diese Grundbedingung – nehmen wir das Beispiel des Menschen mit nur einem Arm – bedeutet auch, dass dessen Körperfunktionen in einer bestimmten Weise gegeben sind. Wenn also ein einarmiger Mensch Klavier spielen kann, dann kann er z.B. eine Beethoven-Sonate nicht vollständig spielen. Anders hingegen verhält es sich im Falle des *Klavierkonzertes für die linke Hand in D-Dur* von Ravel: Der Pianist ist hier nicht in der Aktivität eingeschränkt, obwohl seine körperlichen Bedingungen und seine Körperstrukturen so sind, dass man sagen würde: Dies ist eine Behinderung oder müsste eigentlich zu einer Behinderung führen.

Aktivitäten sind immer auf den individuellen Menschen bezogen, Partizipation bedeutet aber die Teilhabe am gesellschaftlichen Leben. Und Partizipation hängt einerseits von den individuellen Bedingungen, dann von der Aktivität ab (in der Grafik durch die Pfeile verdeutlicht). Aber sie hängt auch davon ab, wie sich der Mensch mit individuellen Bedingungen z.B. auch in die Begegnung mit anderen hineinstellt. Nun kommt die soziale Komponente hinzu. Es ist ein gesellschaftlicher Auftrag (nicht zuletzt der UN-Konvention), Teilhabe zu ermöglichen. Die Umweltfaktoren, die wiederum die persönlichen Faktoren beeinflussen, können Teilhabe unterstützen oder auch verhindern: Gibt es Menschen, die unterstützen, indem sie Barrieren wegräumen, indem sie den anderen auch seelisch unterstützen? Schon sind die Bedingungen zur Teilhabe andere.

Die Pfeile in der Grafik zeigen, dass es sich um ein dynamisches Modell mit diversen Bedingungen und möglichen Wechselwirkungen handelt. Bio-psycho-sozial bedeutet, dass die biologischen Bedingungen eine Auswirkung auf das Befinden des Menschen haben, desjenigen, der damit umgehen muss. Aber im Sozialen kommt es nun darauf an, ob diese Bedingungen so zum Tragen kommen, dass die Teilhabe dieses Menschen gelingt oder sie verhindert wird. Dann erst sprechen wir von Behinderung. Somit ist in der Folge eine gesellschaftliche Aufgabe benannt.

Ich möchte an einem weiteren Beispiel aufzeigen, wie Umweltfaktoren (z.B. Einstellungen) Teilhabe beeinflussen: Man geht selbstverständlich davon aus, dass ein Mensch mit Down-Syndrom zwangsläufig eine geistige Behinderung hat. Das ist natürlich eine Täuschung. Spätestens seit der Film «Me too» mit Pablo Pineda in der Hauptrolle in den Kinos lief, muss man einräumen, dass das nicht so ist: Pablo Pineda ist der erste Mensch mit Down-Syndrom in Europa, der einen Hochschulabschluss hat. Er hat also studiert, hat zuvor Abitur gemacht und arbeitet jetzt als Lehrer und Sozialpädagoge. Es gibt eine Bedingung, das ist das Down-Syndrom. Aber ob es zu einer Behinderung kommt, hängt damit zusammen, ob die Aktivitäten, die dieser Mensch unter seinen Bedingungen lebt, zur Teilhabe führen können oder nicht. Pablo Pineda ist ein prominentes Beispiel, es gibt unzählige andere.

Dies ist die erste Zumutung: Sie bedeutet in aller Konsequenz, dass die Teilhabe aller Menschen von der Aktivität der Umgebung abhängt, von deren Bereitschaft zur Teil*gabe*. Hier sind alle Menschen immer wieder aufgefordert, ihre eigenen Haltungen und Handlungen zu überprüfen. Der Satz «Inklusion beginnt in den Köpfen und in den Herzen» wird hier zu einer Realität im Miteinander.

Zweite Zumutung:
Feusers Definition inklusiver Pädagogik

Georg Feuser hat bereits 1995 die nach meiner Meinung umfassendste Definition inklusiver Pädagogik vorgelegt. Der in seinem Text verwendete Begriff «integrativ» kann in diesem Falle synonym verstanden werden: «Als integrativ bezeichne ich [...] eine *Allgemeine (kindzentrierte und basale) Pädagogik, in der* **alle Kinder und Schüler** in Kooperation miteinander **auf ihrem** jeweiligen **Entwicklungsniveau** nach Maßgabe ihrer momentanen Wahrnehmungs-, Denk- und Handlungskompetenzen in Orientierung auf die ‹nächste Zone der Entwicklung› an und mit einem ‹**gemeinsamen Gegenstand**› spielen, lernen und arbeiten.»[10]

Eine ‹Allgemeine Pädagogik› bedeutet, dass sie wirklich für alle Kinder gilt. Feuser hat diesen Begriff der ‹Allgemeinen Pädagogik› eingeführt und geprägt; er wird als spezifischer Begriff groß geschrieben. Er bedeutet daher nicht: allgemein im Sinne von ‹unverbindlich› (klein geschrieben), sondern ‹Allgemein› meint eine Pädagogik, die grundsätzlich den Anspruch hat, für alle Kinder geeignet zu sein, und in der Konsequenz daraus durch ihre didaktischen Ausarbeitungen auch für alle Kinder geeignet ist.

Wir haben hier eine Analogie, die sofort auffallen kann: Die Waldorfpädagogik basiert auf einer allgemeinen Menschenkunde.[11] Und das ist etwas, was wir uns auch deutlich machen müssen: Steiner hatte den Anspruch, mit einer allgemeinen Menschkunde die kindliche Entwicklung grundsätzlich für alle

Kinder zu erklären. Hiervon ist niemand ausgeschlossen. Das wird an anderer Stelle auch dadurch deutlich, dass im ersten Vortrag des *Heilpädagogischen Kurses* zu Beginn gesagt wird: Wenn man die Kinder – Steiner nennt sie dort dem damaligen Sprachgebrauch entsprechend «abnorme Kinder» – verstehen will, muss man ein Verständnis, ein wahres und tiefes Verständnis, einer sogenannten gesunden menschlichen Entwicklung haben, also einer allgemeinen Entwicklung.[12] Machen Sie sich einen Begriff des Allgemeinen – und ich meine dies im Sinne von allgemeingültig.

Zur Aussage Feusers in Bezug auf das jeweilige Entwicklungsniveau und die Kooperation müssen wir eine grundsätzliche Annahme machen. In dem Moment, wo zwei Menschen zusammen sind, handelt es sich um eine heterogene Gruppe. Es ist eine Illusion zu meinen, dass es homogene Gruppen gäbe, besonders in Bezug auf die jeweiligen Entwicklungsniveaus, aber auch auf die Interessen und Bedürfnisse. Diese Homogenität kann es nicht geben. Nimmt man das Beispiel, welches z.B. in der Kommunikationsforschung immer gerne bemüht wird, die Zweierbeziehung, Mann und Frau: unterschiedlicher geht es eigentlich nicht. Und wenn man dann vielleicht mit dem Partner eine Auseinandersetzung hat, wird man merken, was Unterschiedlichkeit bedeutet: *Heterogenität live in jeder Beziehung.*

In einer Schulklasse ist dies natürlich auch so. Es ist deutlich, dass in einer Schulklasse mit 25 – 35 Kindern Heterogenität in hohem Maße vorliegt. Das heißt, es befinden sich hier tatsächlich entsprechend viele Einzelpersönlichkeiten, und dennoch muss das Allgemeine gefunden werden. Und: das Allgemeine finden bedeutet nicht, das Individuelle zu nivellieren. Das ist die Herausforderung, vor der Lehrer täglich stehen. Dazu ist es notwendig, das jeweilige Entwicklungsniveau der Schüler tatsächlich wahrzunehmen. Das Prinzip der Jahrgangsklassen in der anthroposophischen Pädagogik widerspricht dieser Aussage nicht: Ausgehend von allgemeingültigen entwicklungspsychologischen Gesetzen in einem gemeinsamen Entwicklungsalter gilt es, die individuellen Gestaltungsformen der Schüler anzuerkennen.

Es ist beeindruckend zu erleben, wenn der Epochenunterricht, in dem ja die Inhalte auf das Lebens- und Entwicklungsalter als Anregung abgestimmt sind, mit den individuellen Entwicklungsbedürfnissen der Schüler korrespondiert. Noch einmal: Die individuellen Bedingungen der Kinder wollen deutlich wahrgenommen werden, und zwar sowohl als physiologisch-psychologische Bedingungen wie auch als soziale Entwicklungsbedingungen (s.o.: ICF). Hier spielen dann zwei zeitliche Dimensionen eine Rolle: Die Erziehenden müssen den aktuellen Entwicklungsstand erkennen und darüber hinaus das Zukünftige, die möglichen nächsten Entwicklungsschritte und auch das individuelle Entwicklungsmotiv.

In der schulischen Praxis ist – nach Feusers Definition – der gemeinsame Gegenstand das Wesentliche. Er kann z.B. ein Thema aus der Mathematik sein. Eine Epoche und / oder eine Unterrichtssequenz, die es den Schülern ermöglicht, mit ihrer jeweiligen Wahrnehmungs-, Denk- und Handlungskompetenz zu arbeiten, und zwar in Bezug auf potenzielle Entwicklung, die sie machen können, ist möglich. Die Bedingungen des Epochenunterrichts sind hierfür zunächst grundsätzlich hilfreich. Aber es ist auch und erst recht möglich im Bereich allen praktischen und handelnden Unterrichts. Also allen Unterrichts, den man dann außerhalb der Waldorfbewegung als Projektunterricht bezeichnet. Eine Hausbau- und eine Ackerbau-Epoche sind ebenso Projekte wie ein Klassenspiel. Und in solchem handlungsorientierten Unterricht kann natürlich jedes Kind partizipieren. Es gilt hier aber auch zu verdeutlichen, dass nicht jedes Kind dasselbe tun muss, sondern die individuellen Bedingungen sind an der Stelle leitend und auch leitend für eine pädagogische Wahrnehmung (durch die Lehrer) dessen, was sich an Entwicklung vollzieht.

Zur Illustration ein Beispiel: In einer Hausbauepoche, in der die 3. Klasse tatsächlich ein Haus baut oder eine Mauer errichtet, die real wächst, wurde auch ein Gerüst aufgestellt. Ein Beispiel für Teilhabe ist, dass man ein Kind, das in einem Rollstuhl lag, immer auf das wachsende Gerüst mit hinaufnahm – und dieses Kind erlebte die Höhe! Es erlebte aufgrund seiner physischen Bedingungen nicht die Möglichkeit, selbst dort Steine hinaufzubringen, aber nach Maßgabe seiner eigenen momentanen Wahrnehmungs-, Denk- und Handlungskompetenzen konnte es durchaus partizipieren, indem es in diese Höhe mitgenommen wurde und es natürlich an der Freude des Wachsens teilhatte; vielleicht hatte es auch selbst Freude in der Wahrnehmung dessen, was als Gesamtes entstand.

Die Definition von Feuser ist also sehr weit, und sie ermöglicht tatsächlich auch, den Begriff der Teilhabe im Unterricht in seiner Weite zu fassen. Dies ist meine zweite Zumutung an die Leser.

Exkurs: Pausen machen

An dieser Stelle möchte ich den Textfluss unterbrechen. Machen Sie sich klar: Wenn wir Fragen der Inklusion bewegen, dann ist in der aktuellen schulpolitischen Situation einerseits Aufbruchstimmung, andererseits aber auch Abwehr erlebbar. Selbstverständlich wird diese Abwehr gespeist durch gute Erfahrungen, die bisher an heilpädagogischen Schulen gemacht wurden, aber auch durch Misstrauen gegenüber allem Neuen.

Der Aphorismus von Christian Morgenstern, «Vorsicht und Misstrauen sind gute Dinge – nur sind auch ihnen gegenüber Vorsicht und Misstrauen geboten»,[13] kann uns auffordern, immer wieder auch unsere eigene Haltung in dem Sinne zu hinterfragen, dass wir nicht in eine Falle geraten und Entwicklung dann tatsächlich dadurch verhindern, dass es ja «schon immer gut gegangen ist». Denn: es muss nur ein ganz bestimmtes Kind kommen oder sich unvorhergesehen entwickeln, und schon geht alles, was früher wirksam und sinnvoll war, so nicht mehr.

Die eigene Haltung und das eigene Handeln zu hinterfragen und immer wieder neu zu justieren ist ebenso notwendig wie Bedenken und Sorgen wahrzunehmen; denn auch diese wirken und verhindern so unter Umständen einen klaren Blick.

Inklusion in der Schule: (Wie) geht das? I T. Maschke

593

Dritte Zumutung und zugleich erste Ermutigung: Statistik

Die nun folgende Zumutung ist gleichzeitig eine Ermutigung. Wenn man über die Verwirklichung von schulischer Inklusion nachdenkt, spricht oder schreibt, dann sollten auch die realen Verhältnisse berücksichtigt werden.

Jutta Schöler hat nach Forschungen von Klaus Klemm,[14] die im Auftrag der Bertelsmann-Stiftung durchgeführt wurden, errechnet, wie viele Kinder mit sonderpädagogischem Förderbedarf in einer Klasse sind, wenn ein inklusives Schulwesen verwirklicht ist. Diese errechneten Zahlen weichen von manchen Vorstellungen und auch von der aktuell notwendigen Praxis integrativer Schulen[15] ab. Nach Schöler wären statistisch gesehen bei einer Klassengröße von 20 Schülern in jeder Klasse ein bis zwei Kinder mit einem sonderpädagogischen Förderbedarf. Das bedeutet, es wäre

– in jeder Klasse ein Kind mit Lern-, Verhaltens- oder Sprachproblemen (nicht *und*, sondern *oder*)
– in jeder sechsten Klasse ein Kind mit einer geistigen Behinderung
– in jeder vierzehnten Klasse ein körperbehindertes Kind
– in jeder 62. Klasse ein sehbehindertes Kind.

Diese Zahlen entsprechen den statistischen Verhältnissen und sind damit repräsentativ für die deutsche Bevölkerung. Die Darstellung ist insofern als Ermutigung gedacht, als sie zeigen, dass in inklusiven Klassen nicht große Gruppen von beeinträchtigten Schülern zusammenkommen, das ist einfach nicht der Fall.

Vierte Zumutung und zugleich
zweite Ermutigung: Einander helfen

In der Folge soll ein besonderer Ansatz aus der inklusionspädagogischen Forschung dargestellt werden. Er wird hier auch als eine Zumutung bewertet, da sich mit der Umsetzung der beschriebenen Forschungsergebnisse das übliche Lehrverhalten verändern muss. Er stammt von André Frank Zimpel, Professor für Sonderpädagogik in Hamburg. Ich beziehe mich hier auf Zimpels Buch *Einander helfen*[16]. Zimpel bilanziert am Ende des ersten Großkapitels: «Voraussetzungen für die Teilhabe am kulturellen Lernen sind also weniger die Wahrnehmungs- und Bewegungsfähigkeiten, sondern:
– die Kompetenz, mit anderen etwas zu teilen (Informationen, Raum, Zeit und andere Ressourcen),
– die Fähigkeit zum Perspektivwechsel (gleichbedeutend mit Perspektivübernahme oder geteilter Intentionalität) sowie
– das Lernen durch Nachahmung.»[17]

Die Kompetenz, etwas zu teilen, bedeutet, dass wir miteinander arbeiten und lernen. Dieser Schritt des Teilens, die Aktivität des Teilens ist wechselseitig; das müssen wir uns klarmachen. Zimpel hat, auch durch hirnphysiologische Forschungen und Messungen unterlegt, in diesem Buch nachgewiesen, dass das Teilen, das Helfen eine positive Kraft ist. Derjenige, der hilft, profitiert am meisten von der Tätigkeit des Helfens. Ein zunächst erstaunliches Phänomen, meint man doch eigentlich, dass der, dem geholfen wird, vom Helfen und durch den Helfer profitiert. Zimpels Aussagen können und sollten den pädagogischen Blick z.B. von Lehrern verändern. Wenn es in einer Klasse Kinder gibt, denen immer nur geholfen wird, führt das zu Entmündigung und Frustrationserlebnissen und letztlich dazu, dass diese Kinder nicht mehr aktiv werden. Also kann Aktivität gelähmt werden durch das wohlmeinende Helfen der anderen. Helfen hilft also dem, der es tut, im Sinne einer Weiterentwicklung seiner Kompetenzen.

Inklusion in der Schule: (Wie) geht das? I T. Maschke

595

Deswegen kommt es nach Zimpel darauf an, dass Helfen ein Prinzip der Pädagogik wird, indem alle Kinder helfen, und dass ihnen allen geholfen werden kann. Es geht darum, dass es eine gleichberechtigte Art des Umgangs miteinander ist: «Der Schlüssel zu Integration und Inklusion liegt im menschlichen Bedürfnis zum Helfen. Genauer: der Sehnsucht, sich selbst als hilfreich zu erleben, und dem Bedürfnis, Helfenden vertrauen zu können. Menschen wachsen über ihre biologischen Möglichkeiten hinaus, indem sie miteinander Gefühle, Wünsche, Absichten, Ziele, Motive und Überzeugungen teilen.»[18]

Zimpel gibt ein eindrucksvolles Beispiel: Mit Studierenden der Sonderpädagogik an der Hamburger Universität wurde ein Projekt zur Unterstützung von Jugendlichen mit einer sogenannten geistigen Behinderung durchgeführt. Es war festzustellen, dass diese Jugendlichen mit der geistigen Behinderung davon profitierten, sie lernten – und die Studierenden lernten natürlich auch, weil sie dabei ihre Lehrfähigkeit und ihre methodischen und didaktischen Fähigkeiten entwickelten. Nun kamen diese Menschen in Beziehung. In der Folge wünschten sich die Jugendlichen, entstanden auf der Basis der Beziehung, ein Tanzprojekt mit den Studierenden. Diese stimmten zu, und es stellte sich dann heraus: Als die Proben anfingen, tanzten die Menschen mit der sogenannten geistigen Behinderung – während sich die Studenten schämten und sich nicht trauten. Wer hilft jetzt wem? Und wie wirkt das auf das Erleben der Menschen? Natürlich tanzten am Ende alle, und die sogenannten Behinderten halfen den anderen über deren Behinderung der Ausdrucksfähigkeit hinweg. Genau wie diejenigen, die beim Tanzen behindert waren, zuvor im Bereich der kognitiven Entwicklung den anderen geholfen hatten. Und so entstand ein Gleichgewicht, ein Miteinandersein im Helfen.

Dies ist eine Erkenntnis, die nicht unterschätzt werden darf. Häufig erlebt man, dass auch in Waldorfschulen Kinder, die z.B. im Bereich der kognitiven Möglichkeiten schneller sind, Helfer für die sogenannten Schwachen werden. Das ist grundsätzlich auch kein schlechter Ansatz. Nur: Wenn der Lehrer die Kinder mit ihren guten kognitiven Möglichkeiten dafür benutzt, einem anderen quasi zu zeigen, was er nicht kann, und es immer wieder tut, dann stellen sich verschiedene Effekte ein. Es entsteht der Effekt, dass diejenigen, die «stärkere» kognitive Möglichkeiten haben, diese weiterentwickeln. Durch die Aktivität des Erklärens wird der Inhalt weiter durchdrungen, kognitive Fähigkeiten dadurch weiterentwickelt und differenziert. Für die anderen Schüler besteht die Gefahr, dass sie in ihrer Aktivität gelähmt werden. Das heißt, die Aktivität derjenigen, denen geholfen wird, wächst nicht, und gleichzeitig steigt potenziell die soziale Kompetenz der Helfenden, während durch dieses Rollenverhältnis die Kompetenz des Miteinanders z.b. durch Rückzugstendenzen derjenigen, denen geholfen wird, eher abnimmt.

Die Erkenntnis aus diesen Beobachtungen lautet daher, dass Helfen als Prinzip nur dann funktionieren kann, wenn es tatsächlich paritätisch ist. Wenn es in einem atmenden Prozess ist, einem gleichberechtigten Prozess. «Heranwachsende streben nun einmal zugleich nach Unabhängigkeit und Verbundenheit. Diese Dialektik zwischen Ich und Du, zwischen Autonomie und Angewiesensein, ist eine nie versiegende Quelle individueller Erfahrungen.»[19]

Das Erlebnis von Unabhängigkeit ist ungemein wichtig. Jutta Schöler benennt diesen Anspruch gerade auch für Menschen, denen ein Schonraum zugewiesen wird: «Schonraum ja, aber nur wenn das Kind bestimmt, dass es das möchte»[20] – in einem solchen Fall zeigt sich Unabhängigkeit. Woher wissen denn die Erwachsenen überhaupt mit letzter Sicherheit, was ein Kind braucht? Wo geben sie die Möglichkeit, dass dieses Kind seine Bedürfnisse artikuliert und dass diese auch Platz greifen können in der alltäglichen Praxis?

Weiter formuliert Zimpel, nachgewiesen durch Studien, die in der Evolutionsbiologie gemacht wurden, dass ein Wir-Gefühl bei den Menschen angeboren ist. Es gibt eine angeborene Bereitschaft, sich mit Helfenden zu identifizieren,[21] das heißt, Kinder nehmen bei Erwachsenen sofort wahr, wenn sie helfen (oder auch bei anderen Kindern), und ahmen es nach. Hier ist eine Phase der kindlichen Entwicklung benannt, die im ersten Jahrsiebt stattfindet. Es wird auch bei eigenen Beobachtungen deutlich, dass Kinder eigentlich immer helfen. Wo und warum hört das auf? Es hört unter Umständen deshalb auf, weil den Kindern das Helfen abgenommen wird, man nimmt ihnen ihre eigene Aktivität ab.

Überträgt man diese Einsichten auf schulische Prozesse und speziell auf Prozesse mit Menschen, die in ihren Handlungskompetenzen als beeinträchtigt gelten, dann ist ein pädagogisches Umdenken angezeigt. Wo sind Lehrende, Pädagogen in der Lage, auch einmal hinzuschauen, zuzuschauen, wenn ein Kind sich müht und vielleicht auch länger braucht, als das dem geplanten Unterrichtsprozess entspricht? Wo geht das? Was ist hierbei das Problem? Ist es das Problem des Kindes oder das des Lehrers, um wieder etwas aufzugreifen, was Jutta Schöler formuliert.[22]

Viele der Probleme, die sich in der Schule zeigen, sind hauptsächlich Probleme des Lehrers. Störungen von geplanten Abläufen, sind meistens Fragen an die Lehrer, nicht die Fragen der Kinder. Aufgabe der Pädagogen ist daher tatsächlich, das adäquat wahrzunehmen. Zimpel schließt aus den dargestellten Überlegungen: «Nur das Erleben gelingender Koordinationen von kooperativen Handlungen schöpft das humane Entwicklungspotenzial Heranwachsender aus. Enttäuschtes Vertrauen ist die Hauptquelle von Lern- und Verhaltensproblemen.»[23] Enttäuschtes Vertrauen auch in diesem Sinne, wenn Kindern etwas abgenommen wird, wenn ihnen nicht das Zutrauen entgegengebracht wird, dass sie etwas selbst können. Dies ist eine der schwierigen Aufgaben in der Pädagogik: wahrzunehmen, was dieses Kind jetzt kann, wo es durch Anstrengung – in seiner Zeit wohlgemerkt und zu seinem Zeitpunkt – Dinge tun kann, die ihm vielleicht nicht selber zugetraut werden. Gelingt den Pädagogen hier eine adäquate Wahrnehmung und auch eine Zurückhaltung, dann können Dinge geschehen, die tatsächlich den größten Lernfortschritt erbringen.

Dritte Ermutigung: «Man sieht nur mit dem Herzen gut»

«... man sieht nur mit dem Herzen gut. Das Wesentliche ist für die Augen unsichtbar.»[24] Diese bekannten Worte von Antoine de Saint-Exupéry aus dem *Kleinen Prinzen* weisen auf eine Qualität in der Menschenbegegnung, auf die ich aufmerksam machen möchte. Zu Beginn der Begegnung zwischen dem kleinen Prinzen und dem Fuchs verlangt dieser, dass er vom kleinen Prinzen gezähmt werde. «Was heißt ‹zähmen›?» «Das ist eine in Vergessenheit geratene Sache», sagte der Fuchs. «Es bedeutet: sich ‹vertraut machen›.» (...) «... wenn du mich zähmst, werden wir einander brauchen. Du wirst für mich einzig sein in der Welt. Ich werde für dich einzig sein in der Welt.»[25]

In dem Moment, wo wir eine Beziehung eingehen mit einem anderen Menschen, übernehmen wir Verantwortung. In dem Moment, wo wir mit Kindern arbeiten, wo wir Kinder auch in unsere Schule, in unsere Klasse aufnehmen, übernehmen wir Verantwortung.

Rudolf Steiner hat sich in den Konferenzen der ersten Waldorfschule deutlich positioniert, indem er sagte: «Das dürfen wir auf keinen Fall tun, die Kinder aufnehmen und wieder heraustun.»[26] Diese Frage des Heraustuns bezieht sich nicht nur darauf, ob Lehrer meinen, ein Kind nicht mehr in der Klasse oder in der Schule haben zu können, sondern es bezieht sich auch auf eine übliche Praxis des Ausschließens, z.B. indem ein Kind vor die Tür gestellt oder auf andere Art aus der Gemeinsamkeit ausgeschlossen wird.

Wir haben also Verantwortung für die Menschen, die wir erfasst haben, mit denen wir eine Beziehung eingegangen sind. Der Existenzphilosoph Emanuel Lévinas benennt das «Antlitz», welches diesen Prozess der Übernahme von Verantwortung für das Gegenüber durch Wahrnehmung des anderen charakterisiert.[27]

Es ist mir ein Anliegen, an dieser Stelle auf Karl Schubert und Rudolf Steiner zu verweisen. Wenn wir über Fragen der Inklusionspädagogik nachdenken, dann gibt es Tatsachen, welche aus der Waldorfpädagogik und den Anfängen der Waldorfschule einbezogen werden können. Karl Schubert, der Lehrer der «Hilfsklasse» an der ersten Waldorfschule, lebte eine zutiefst christliche Grundhaltung. Er hatte als einer der ersten Goetheanumredner, von Rudolf Steiner und Ita Wegman ernannt, der also zutiefst die Anthroposophie repräsentierte, ein katholisches Begräbnis. Schubert lebte beides: Er war derjenige, der zutiefst anthroposophisch gebildet und auch Handlungshaltender war, und gleichzeitig war er katholisch. Er verkörperte eine tiefe christliche Grundhaltung, kann ein Vorbild genannt werden im Sinne von Herzensbildung. Mit seinen Worten, die vielleicht etwas pathetisch klingen für heutige Ohren, formulierte er: «Menschen erkennen heißt auf dem Pfad des Christus wandeln ... Die ganze Pädagogik ist heilend, welche das Menschenbild in sich trägt»[28] – das christliche Menschenbild, müsste man ergänzen. Und weiter: «Wenn das innerlich lebendige Herz innigst wahrnimmt, ohne zu verurteilen und ohne zu richten, wird es sehend werden. Christus sagt nicht: ‹Erkennet nicht!›, sondern er sagt: ‹Richtet nicht!› Im Wachsen des Erkennens und in der Demut des Richtens wird der Keim liegen für die Wirksamkeit der heilenden Liebe.»[29]

Dies ist die Ebene der Haltung, es ist noch keine Methode. Schubert hat natürlich auch Methoden für das Erkennen der Kinder gegeben. Die Basis allen Umgangs mit Kindern und vor allem auch mit den Kindern, die uns dann unter Umständen ganz viele und deutliche Fragen stellen, z. B. durch ihr Verhalten, ist eine annehmende Haltung. Und diese Haltung muss sich der Einzelne immer wieder selbst erringen.

Rudolf Steiner hat im *Heilpädagogischen Kurs* 1924 das sogenannte «pädagogische Gesetz» entwickelt. Vor dessen Beschreibung steht der Grundsatz, der die grundlegende Anforderung an den Erzieher darstellt, wenn er mit einem Kind mit Beeinträchtigung umgeht: «Dadurch, dass der Erzieher die Sympathie und Antipathie in sich austilgt, dadurch wirkt er erzieherisch auf seinen Astralleib.»[30] In der Folge wird verlangt, dass der Erzieher ein reines Mitleid entwickeln muss, als eine aktive Tätigkeit. Man kann dies vielleicht mit dem Begriff der Empathie fassen. Aber: Mitleid unter Austilgung von Sympathie und Antipathie bedeutet damit jedoch auch, dass es den Erzieher nicht seelisch bedrückt und natürlich auch nicht freut. Das Entwickeln von tiefem Mitleid ist ein Prozess, den der Erzieher aktiv gehen muss, es ist ein Prozess des Verstehen-Wollens, nicht des Richtens.

Die Ausbildung der Fähigkeit des Mitleides führt dazu, dass Steiner dann als Ermutigung sagt: «Erst dann, wenn man es so weit gebracht hat, dass einem eine solche Erscheinung zum objektiven Bild wird, dass man sie mit einer gewissen Gelassenheit als objektives Bild nimmt und nichts anderes dafür empfindet als Mitleid, dann ist die im astralischen Leib befindliche Seelenverfassung da, die in richtiger Weise den Erzieher neben das Kind hinstellt. Und dann wird er alles übrige mehr oder weniger richtig besorgen.»[31]

Das pädagogische Gesetz bedeutet also für den Erzieher: Er muss aktiv ein Mitleid erwerben, d.h. ein Mit-Leiden mit dem, was das Kind ihm zeigt. Das führt dann dazu, dass er seinen eigenen Astralleib erzieht und dieser wiederum auf den Ätherleib des Kindes wirkt. Das ist mit dem pädagogischen Gesetz gemeint, und es kann auch auf die anderen Wesensglieder und die anderen Verhältnisse übertragen werden. Es handelt sich also primär um einen Akt der Selbsterziehung, welcher erzieherisch auf das Kind wirkt.

Mit diesem Ansatz steht Steiner in einer Tradition von großen Pädagogen, die vor und nach ihm gewirkt haben. Selbsterziehung ist ein wesentlicher Bestandteil der Pädagogik von Johann Heinrich Pestalozzi, Janusz Korczak, Paul Moor, Hermann Nohl und anderen. Was als erzieherische Liebe benannt ist oder z.B. als «pädagogischer Bezug», wie es bei Nohl heißt, hat eine Tradition.

Steiner sagt schließlich am Ende des 12. Vortrags des *Heilpädagogischen Kurses*: «... beobachten Sie einmal, welcher Unterschied es ist, wenn Sie an das Kind mehr oder weniger gleichgültig herantreten oder wenn Sie an das Kind herantreten mit wirklicher Liebe. Es ist sofort, wenn man mit wirklicher Liebe an das Kind herangetreten ist, wenn der Glaube aufhört, dass man mit technischen Kunstgriffen mehr machen kann als mit wirklicher Liebe, sofort die Wirksamkeit der Erziehung, besonders bei abnormen Kindern, da.»[32] Diese Aussage ist meines Erachtens für alle erzieherischen Bezüge gültig.

Vierte Ermutigung: Differenzierung

Zimpel hat zwei Formen des Lernens, zwei Lernwege, benannt «Imitationslernen» und «Emulationslernen». Imitationslernen meint: Kinder imitieren, ahmen im Lernprozess nach. Hier ist nicht Nachahmung im Sinne der Entwicklungsphase des ersten Jahrsiebtes gemeint. Imitationslernen heißt: Der Lernweg ist vorgegeben. Das ist Imitation: Die Schüler gehen einen Weg mit, vollziehen etwas nach oder mit, sie tun dies in der Gruppe und kommen im Grunde damit zu den Lernergebnissen, die der Lehrer anstrebte. Das ist klassisches Unterrichten. Nachahmung ist die Aktivität der Schüler, Wege werden nachgeahmt, mitvollzogen.

Zimpel hat an Menschen mit Autismus beobachtet, dass es eine andere Form gibt: das emulative Lernen. Wenn Kinder nicht mitgehen können in dem, was sich Erwachsene (also auch Lehrer) vornehmen, kann das nicht nur daran liegen, dass sie widerspenstig sind oder sich aus anderen Gründen verweigern, sondern es kann daran liegen, dass sie in dem Moment die Möglichkeit dazu nicht haben. Gründe hierfür können z.B. in der Wahrnehmung liegen. Es ist für Zimpel ein deutliches Erlebnis sowie ein Ergebnis von Forschungen: Wenn Kindern Räume gegeben werden, sodass sie ihre eigenen Lernwege probieren können; dann kommen sie unter Umständen zu demselben Ergebnis. Insofern kann emulatives Lernen auch Lernen durch Nachbildung genannt werden.[33]

Das Gegensatzpaar Imitationslernen – Emulationslernen kann demnach auch als Differenzierungsmöglichkeit betrachtet werden. Es ist eine Differenzierung des Lernwegs, die einen unterschiedlichen Umgang mit unterschiedlichen Bedingungen verwirklicht. Gleichwohl bedeutet das Zulassen emulativen Lernens auch ein Wagnis: Wenn Schüler selbst probieren, eine Aufgabe

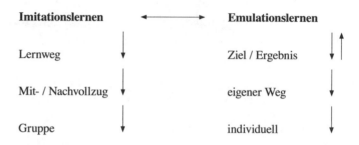

Abb. 2: Vergleich der Lernwege nach Zimpel

handelnd zu lösen, ohne vorgegebene Wege benutzen zu müssen, ist dies für den Lehrer zunächst ein Risiko. Vielleicht benötigen die Schüler mehr Zeit, aber sie können ihre eigenen Möglichkeiten ausprobieren auf das Ziel hin, welches sie vielleicht kennen. Das entlastet unter Umständen den Lehrer. Das kann auch die Schüler entlasten. Wenn es also Schüler und den Lehrer entlastet, dann entlastet es die ganze unterrichtliche Situation und führt dazu, dass ein insgesamt entspannterer Unterricht stattfinden kann.

Einen weiteren Ansatz der Differenzierung beschreibt Ferdinand Klein. Alle Lehrer kennen das von Ruth Cohn entwickelte didaktische Dreieck. Es hat drei Komponenten: den Gegenstand [G], den Schüler [S] und den Lehrer [L]. Das klassische didaktische Dreieck zeigt Abbildung 3.

Das bedeutet, dass unterschiedliche Faktoren Einfluss auf das Unterrichtsgeschehen haben. Cohn spricht von «Interdependenzen» zwischen diesen Faktoren. Der Lehrer verbindet sich mit dem Gegenstand, immer im Hinblick auf seine Schüler. Unterricht besteht nun darin, dass Lehrer den Schülern etwas darbieten. In dieser Form ist der Lehrer von zentraler Bedeutung, weil er nämlich derjenige ist, der den Inhalt, die Weltbegegnung der Schüler zubereitet. So verstanden ist Unterricht «lehrerzentriert». Ferdinand Klein hingegen hat nun einen Begriff aufgegriffen, der bereits seit Längerem in der pädagogischen Diskussion ist. Lehrerhandeln sollte sich nur auf die Auseinandersetzung des

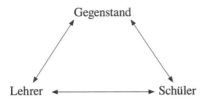

Abb. 3: Das didaktische Dreieck

Schülers mit dem Gegenstand beziehen; also auf das Handeln des Schülers. Klein formuliert es so: «Das unterrichtliche Handeln des Lehrers ist Vermittlungsarbeit. Seine Arbeit hat in der Aneignungsarbeit des Schülers ihr Handlungsziel. Dieses Prinzip überwindet den Gegensatz zwischen der pädagogischen Idee der Führung und der pädagogischen Idee der Selbsttätigkeit.»[34] Das Lehrerhandeln nennt Klein daher handlungsbezogenes Handeln, das sich auf die Handlungen des Schülers bezieht. Der Lehrer bezieht sich also nicht in erster Linie auf den Gegenstand, indem er ihn z.b. umfassend erklärt, oder auf das Kind, indem er eindeutige Handlungsanweisungen gibt. Er bezieht sich auf die aktive Auseinandersetzung des Schülers.

Es geht also um den Bereich der Selbsttätigkeit des Schülers. Klein sagt dazu: «Unterricht realisiert sich durch die Arbeit des Schülers. Die Schülerarbeit besteht im Aneignen des Unterrichtsgegenstands, bei der das Interesse des Schülers der Motor ist. ‹Aneignung des Gegenstands ist die subjektive Rekonstruktion der vorgegebenen objektiven Tätigkeitsdisposition›.»[35] Die Schülerarbeit besteht im aktiven Aneignen des Unterrichtsgegenstandes, bei der das Interesse des Schülers der Motor ist. Die Frage der Motivation ist hier deutlich benannt, das Interesse des Schülers ist der Motor für sein Handeln.

Das gewohnte Bild des didaktischen Dreiecks ist somit auf den Kopf gestellt – die Aktivität des Lehrers ist neu zu definieren.

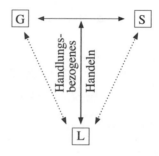

Abb. 4: Handlungsbezogenes Handeln[36]

Sie nimmt das Handeln des Schülers wahr und unterstützt diese dann gegebenenfalls.

Häufig geschieht Unterricht dadurch, dass der Schüler eine Beziehung zum Lehrer hat, und auch durch die Begeisterung des Lehrers: das ist alles gut und richtig. Aber hier kommt noch etwas hinzu, und ich glaube, das ist etwas, was in den Unterrichten an Waldorfschulen und in Bezug auf differenzierenden Unterricht ein ganz wesentlicher Punkt ist: Wo können wir Kinder befähigen oder es auch zulassen, dass sie selbsttätig handeln? Emulationslernen im Gegensatz zu Imitationslernen ist ein Ansatz, handlungsbezogenes Handeln des Lehrers, d.h. nur zu unterstützen, gegebenenfalls Hinweise zu geben, wenn Kinder selbsttätig sind, ist ein anderer Ansatz.

Diese Anregungen mögen dazu führen, die eigene Unterrichtspraxis dahingehend zu überprüfen, ob man Schülern tatsächlich ein größtmögliches Maß an eigener, selbstgesteuerter Aktivität einräumt. Eine veränderte Sicht auf die eigene Rolle ist von Lehrerseite dafür allerdings Voraussetzung.

Weitere Zumutungen und Ermutigungen finden sich in den auch in diesem Buch berarbeiteten Themen- und Aufgabenfeldern Teamentwicklung, Vernetzung, Schulentwicklung, Beispiele guter Praxis.

Anmerkungen und Literatur finden sich auf S. 777ff.

THOMAS MASCHKE

DIE AUS- UND WEITERBILDUNG FÜR INKLUSIVE PÄDAGOGIK

TRANSFORMATION DER STRUKTUREN, WANDEL IN DEN KÖPFEN

Inklusive Schulen brauchen Lehrer, die für diese Aufgabe ausgebildet sind. Was wie eine Banalität, eine «Binsenweisheit», klingt, entfaltet seine ganze Macht und Größe, wenn man bedenkt, dass eine Transformation des gesamten Bildungswesens bevorsteht – mit Anforderungen, die als neu erlebt werden, z.b. Teamarbeit, differenzierender Unterricht, Umgang mit Heterogenität; dabei müssen unter Umständen auch langgepflegte Gewohnheiten hinterfragt werden.

«Wir Schüler von heute werden in Schulen von gestern durch Lehrer von vorgestern mit Methoden aus dem Mittelalter auf die Zukunft vorbereitet»[1] – um diesen anekdotischen Ausspruch nicht Wirklichkeit werden zu lassen, bedarf es neben einer zeitgemäßen Ausbildung der ständigen Fort- und Weiterbildung bereits tätiger Lehrer. Allerdings sei hier darauf verwiesen, dass ein Lehrer niemals «fertig» sein kann: Unabhängig von den persönlichen Ansprüchen und Bedingungen an Selbstentwicklung und -erziehung werden an diesen Beruf in vielfältiger Weise sich verändernde Anforderungen gestellt, z.b. aus der Politik, aber auch durch sich verändernde Lebenswelten der Schüler.

Ausführlich dargestellt und diskutiert wurden die Notwendigkeiten und Bedingungen der Lehrerbildung für die inklusive Schule in dem Sammelband *Lehrerbildung auf dem Prüfstand.*[2] Hier sollen nun speziell die Mannheimer[3] Angebote zur inklusiven Lehrerbildung und deren Hintergründe dargestellt werden.

Grundsätzliches

Ausbildungsgänge zum Lehrer an Waldorfschulen haben sich in der trialen Form bewährt. Die wechselseitige Durchdringung dreier Studienschwerpunkte (1. wissenschaftliche Grundlagen = Pädagogik, Methodik und Didaktik, 2. künstlerisches Üben, 3. Schulpraxis) dient nicht primär der Ansammlung theoretischen Wissens *über*, sondern vielmehr dem erfahrenden Erfassen der Lebensrealitäten sowie Entwicklungsbedingungen und -wege der Schüler. Der (zukünftige) Lehrer bildet sich in der Auseinandersetzung mit Inhalten, im selbsttätigen Üben und in der sozialen Auseinandersetzung mit seinem Gegenüber. Die Gewichtung der benannten Elemente innerhalb der verschiedenen Lehrerbildungseinrichtungen ist unterschiedlich, über das Grundprinzip herrscht aber im Wesentlichen Konsens.[4]

Ausbildung

Seit Beginn des Studienjahres 2013/14 bietet das Mannheimer Institut für Waldorfpädagogik, Inklusion und Interkulturalität[5] im Rahmen des Masterstudienganges Waldorfpädagogik den Studienschwerpunkt «Klassenlehrer mit Inklusiver Pädagogik» an. Inklusive Pädagogik tritt innerhalb des Studiengangs an die Stelle eines ansonsten zu studierenden Wahlfaches (= weiteren Unterrichtsfaches). Dieser erste Schritt zur Realisierung von Studieninhalten zur inklusiven Pädagogik baut auf dem Studiengang Klassenlehrer auf: Der Zugang ist also einer aus einer allgemeinen Pädagogik. Diesem werden spezifische Inhalte in sechs Modulen hinzugefügt, welche zwar auf den ersten Blick additiv erscheinen, jedoch in der realen Auseinandersetzung der Studierenden mit den Inhalten einen neuen, erweiterten pädagogischen Blick formen.[6] Das Masterstudium dauert zwei Jahre und schließt mit einer Masterarbeit ab.

Die Inhalte der Module und Lehrveranstaltungen im Überblick, wie sie für den Studienschwerpunkt akkreditiert wurden:

Modul 1: Grundlagen inklusiver Pädagogik
LV[7]: a) Vorlesung: Inklusion als gesellschaftlicher Auftrag
b) Grundlagenseminar: Behinderung als soziales Phänomen. Konzepte von Diversität und Heterogenität und ihre Relevanz für Erziehungs- und Bildungsprozesse. Schulentwicklung
c) Seminar: Historische Entwicklungen und rechtliche Grundlagen im Hinblick auf die Entwicklung von Inklusion

Modul 2: Diagnostik
LV: a) Einführung in die sonderpädagogische Diagnostik
Seminar: theoretische Grundlagen, Testtheorie, Förder- und Entwicklungsplanung
Übung: Erarbeitung von Testverfahren, Gutachtenerstellung, Förder- und Entwicklungsplanung
b) Heilpädagogische Diagnostik
Seminar: Konstitutionsdiagnostik (medizinisch-menschenkundliche Grundlagen)
Seminar und Übung: heilpädagogische Diagnostik

Modul 3: Unterricht in heterogenen Lerngruppen
LV: a) Seminar: Konzepte differenzierenden Unterrichts. Erarbeitung der Grundbegriffe innere Differenzierung, natürliche Differenzierung, Zieldifferenzierung
b) Übung zur Gestaltung differenzierenden Unterrichts in der inklusiven Schule

Modul 4: Förderschwerpunkt soziale
und emotionale Entwicklung
LV: a) Seminar: grundlegende Gesichtspunkte zum Verständnis von «Verhaltensstörungen» und deren Genese, pädagogische Konsequenzen
b) Seminar: heilpädagogische Psychologie
c) Seminar: Grenzerfahrungen von Lehrern

Modul 5: Förderschwerpunkt geistige Entwicklung
LV: a) Seminar: grundlegende Gesichtspunkte zum Verständnis von «geistiger Behinderung» und deren Genese, Erscheinungsbilder
b) Seminar: Erziehung und Unterricht bei geistiger Behinderung

Modul 6: Forschungspraktikum
LV: a) Vorbereitung des Praktikums: Entwickeln von spezifischen Fragestellungen für das Praktikum
b) Schulpraktikum im Team

Das Studium ist so angelegt, dass die Studierenden in ihrer eigenen Arbeit unterschiedliche Formen der Zusammenarbeit kennenlernen und erproben. Das Forschungspraktikum, das im 4. Semester, also gegen Ende des Studiums, stattfindet, wird im Team absolviert und soll die Studierenden mit realen Fragestellungen von bereits inklusiv arbeitenden Waldorfschulen oder solchen, die sich in einer Transformationsphase dorthin befinden, in eine aktive Beziehung bringen. Hier können alle Beteiligten profitieren: die Studierenden ebenso wie Schulen, die durch den forschenden Blick der Studierenden angeregt und bereichert werden können.

Die Entwicklung des beschriebenen Studienschwerpunktes kann als ein Zwischenschritt auf dem Weg zur Entwicklung eines Studienganges für Inklusive Pädagogik verstanden werden (s.u.). Dieser ist getan und motiviert Studierende, das Studium zum «inklusiven Waldorflehrer» gezielt in Mannheim aufzunehmen.

Weiterbildung

Es existieren zum Thema «Inklusive Pädagogik» unterschiedliche Zugangsweisen und Angebote. In der Mannheimer Akademie für Waldorfpädagogik[8] stand bei der Konzeptionierung einer Weiterbildungsreihe «Inklusive Pädagogik» der Entwicklungsgedanke im Vordergrund. An zehn Wochenenden innerhalb eines Jahres gehen die Teilnehmenden, Lehrer an Waldorfschulen, einen individuellen und auch gemeinsamen Weg. An jedem dieser Wochenenden nimmt die künstlerische Betätigung (Eurythmie und Plastizieren) einen bedeutenden Stellenwert ein: Entwicklung kann hier erlebbar werden und im Zusammenklang mit den Kursinhalten Wahrnehmung und Denken erweitern.

Entstanden ist dieses Angebot durch Anfragen von Kollegen aus Waldorfschulen sowie aus Gremien des Bundes der Freien Waldorfschulen. Es ist ein Grundsatz an der Mannheimer Akademie, die Bedürfnisse der Adressaten bei der Gestaltung unserer Angebote wahrzunehmen und zu berücksichtigen. Daher sind diese Angebote auch immer in Entwicklung begriffen. Die Referenten kommen sowohl aus der Forschung als auch (zum großen Teil) aus der Praxis und gestalten ihre jeweiligen Inhalte eigenverantwortlich. So entsteht ein vielfältiges Mosaik, welches sich in der aktiven Arbeit aller Beteiligten realisiert.

Folgende Schritte werden an den zehn Wochenenden gegangen, wobei die benannten Inhalte Möglichkeiten darstellen, welche jeweils erarbeitet werden können:

«Der Blick auf den anderen»
– existenzphilosophische Grundlagen: E. Levinas, M. Buber
– der Tast-Sinn und der Ich-Sinn (sowie weitere Grundlagen aus der anthroposophischen Sinneslehre)
– Phänomene beeinträchtigter Existenz («Krankheitsbilder»; Erscheinungsformen von Behinderung: Heilpädagogischer Kurs)
– heil- und sonderpädagogische Diagnostik

«Der Blick auf mich als Lehrer»
– Welche Veränderungsprozesse geschehen, welche Anforderungen kommen auf mich zu durch den praktizierten, radikalannehmenden Blick auf die unterschiedlichen Schüler-Individualitäten?
– Welche Unterstützungsmöglichkeiten kann ich bekommen?
– Grenzerfahrungen von Lehrern
– die Arbeit im Team
– das Verhältnis Klassenlehrer – Fachlehrer

«Der Blick auf alle gemeinsam»
- Inklusion: gemeinsam leben – gemeinsam lernen
- Wie integriere ich die individuellen Bedingungen und Bedürf-
nisse in einer Klasse / Lerngruppe?
- Gemeinsames und Individuelles
- Allen alles?

«Rechtsfragen»
- Die UN-Konvention zum Schutz der Rechte von Menschen mit
Behinderungen und Konsequenzen für das Schulwesen
- landesrechtliche Regelungen / Bedingungen
- Unterstützungsmöglichkeiten (individuelle Zusatzleistungen,
Eingliederungshilfe etc.)
- Aufsichtsrecht

«Instrumente»
- kollegiale Wahrnehmung der Schüler/innen: (Formen der) Kinderbesprechung
- Förder- und Entwicklungsplanung: Herausarbeiten eigener In-
strumentarien
- kollegiale Beratung

«Der Blick auf meine Schule»
- Schulentwicklung
- Veränderungsnotwendigkeiten mit dem Ziel der inklusiven
Schule
- der Index für Inklusion

«Psychische Störungen bei Schülern»
- Diagnostik, Therapie und Unterricht bei Kindern und Jugendlichen mit psychischen Störungen: ADHS, Autismus und emotionale Störungen

«Differenzierender Unterricht»
- didaktische Grundfragen zum Umgang mit heterogenen Lerngruppen

– Möglichkeiten, Notwendigkeiten und Formen der Differenzierung
– Differenzierung in der Oberstufe
– praktische Erarbeitung von beispielhaften Unterrichtssequen-
zen unter den zuvor erarbeiteten Maßgaben
– Spezifika einzelner Fächer unter inklusionspädagogischen
Maßgaben

Die beteiligten Referenten kommen aus unterschiedlichen Arbeitsfeldern: So werden die juristischen Themen von einer Rechtsanwältin bearbeitet, die medizinischen von einem Arzt. Multiprofessionalität ist sowohl in der Gruppe der Teilnehmenden als auch
der Referenten gegeben und befruchtet sich wechselseitig.

Die bisherigen Erfahrungen in der Durchführung zeigten,
dass in den jeweiligen Teilnehmergruppen durchaus unterschiedliche inhaltliche Schwerpunkte gelegt wurden und die
Arbeit somit als dialogisch verstanden werden kann. Rückblicke
mit den Beteiligten zeigen auch, dass individuelle Entwicklungen angestoßen werden konnten. Gleichwohl ist bei manchen
Teilnehmern das Bedürfnis auch nach Beendigung der ein-
jährigen Weiterbildung vorhanden, weitere Anregungen und
Inhalte wahrzunehmen sowie eigene Fähigkeiten für eine inklusive Pädagogik auszubilden.

Perspektiven

In Bezug auf Weiterentwicklungen in den Bereichen Aus- sowie
Fort- und Weiterbildung sollen hier nun zwei Initiativen benannt
werden, die als Anregung auch für die Lehrerbildung für inklusive Waldorfschulen (und damit sind beide Bereiche gemeint)
relevant sind.

Die beiden Erziehungswissenschaftler und Vorkämpfer für ein
inklusives Bildungswesen, Hans Eberwein und Georg Feuser,
haben 2012 mit ihrem Manifest *Kritische Analyse der politischen
Struktur unseres Schul- und Bildungssystems*[9] die bestehende

Bildungspolitik schonungslos kritisiert und u.a. den Föderalismus als Bremse in den notwendigen Veränderungsprozessen ausgemacht. Auch wenn sich diese Analyse und Kritik in erster Linie auf das Schulwesen in staatlicher Trägerschaft bezieht, ist die Rolle der Schule in freier Trägerschaft auch in ihrer gesellschaftlichen Verantwortung zu betrachten.[10] Einer der Forderungen von Eberwein und Feuser ist jedoch uneingeschränkt zuzustimmen: «Schnelle gesellschaftliche Veränderungen und die Entwicklung der humanwissenschaftlichen Erkenntnisse machen es notwendig, dass sich Lehrerinnen und Lehrer, Erzieherinnen und Erzieher permanent weiterbilden. Fort- und Weiterbildung müssen deshalb obligatorischer Bestandteil des Lehrberufs sein.»[11]

Eine klare Perspektive in Bezug auf ein inhaltlich umfassendes Curriculum zur inklusiven Lehrerbildung wurde von einer europäischen Arbeitsgruppe im Rahmen des EU-Programmes SOKRATES ERASMUS 2004 vorgelegt.[12] Der hier dezidiert ausgearbeitete Master-Studiengang kann grundsätzlich an jeder Hochschule implementiert bzw. einzelne Module umgesetzt werden. Ist dies nicht gewünscht oder möglich, bietet dieses Curriculum einen reichen Fundus, welcher zur Entwicklung eigenständiger Ausbildungsgänge für inklusive Schule anzuregen vermag.

Die Anmerkungen finden sich auf S. 779.

ULRIKE BARTH

ANFORDERUNGEN AN EINE FORT- UND WEITERBILDUNGSSTRUKTUR FÜR INKLUSIVE SCHULPROZESSE

Seit vielen Jahren beschäftigt mich die Fragestellung einer angemessenen Aus-, Fort- und Weiterbildung für Lehrer, die an zukünftigen inklusiven Schulen gut unterrichten sollen. Diese Frage bringt mich in meiner eigenen Seminar- und Vortragstätigkeit ins Gespräch mit vielen Menschen, die ebenfalls diese Frage bewegt bzw. die klar ihre Anforderungen formulieren.

Auf der anderen Seite habe ich seit vielen Jahren Kontakt zum deutschsprachigen Integrations- und Inklusionsforscherkreis, dessen Teilnehmer in vielen Bundesländern an verschiedenen Universitäten und Hochschulen bereits erste innovative Schritte in die Umgestaltung von Lehrerbildung initiieren.

Ich beschränke mich in diesem Beitrag auf die Frage nach inklusiven Fort- und Weiterbildungen. Die Frage nach einer Veränderung im Lehrerbildungswesen, explizit auch für Waldorfeinrichtungen und heilpädagogische Einrichtungen, ist ein eigenes großes Feld, für das ich mir eine offene Diskussion und Veränderungswillen wünsche.

Eine beispielhafte Umfrage unter Teilnehmern[1] eines Forums zum derzeitig vorhandenen Bedarf innerhalb der bestehenden Lehrerausbildungsstätten und in den Schulen ergab eine Zusammenstellung, die teilweise durch die anwesenden Persönlichkeiten gefärbt ist. Das Ergebnis jedoch festigt bisherige Umfrageergebnisse in verschiedenen Lehrerbildungssituationen.

Sortiert nach den einzelnen Untergruppen ergibt sich Bedarf in folgenden Bereichen:

1. Bedingungen für Inklusion

- Grundhaltung für einen Studiengang Inklusion: Wie muss Schule in der Zukunft aussehen, damit Schüler das bekommen, was sie brauchen?
- Bewusstseinsbildung für die Basisideen inklusiver Pädagogik: Prämissen der Waldorfpädagogik müssen verwandelt werden.
- Wo fängt Inklusion an? Sind «schwierige» Schüler schon Schüler, die heilpädagogisches Fachwissen brauchen, oder gehört dieses Handwerkszeug in die herkömmliche Lehrerbildung? Gibt es tatsächlich die «veränderte Schülerschaft»? Wie gestaltet sich der Umgang mit «schwierigen» Schülern in einer Mediengesellschaft?
- Wie bildet sich ein zukünftiger Lehrer heute, der «geliebte Autorität» sein will?
- Welche künstlerischen und handwerklichen Kompetenzen braucht ein Lehrer?
- Allgemeine Pädagogik für Heilpädagogen
- Schonraum Sonderschule versus Entwicklungsperspektive an allgemeinen Waldorfschulen

2. Organisatorisches

- Wünsche nach: anerkannter Weiterbildung, Weiterbildung in kleinen Modulen, berufsbegleitendes Fernstudium, «inhouse»-Weiterbildung, Ausbildung von Multiplikatoren mit Kompetenz zur Kollegiumsarbeit
- Praxisbegleitung / praktische Einführung (ähnlich Referendariat) in inklusiven Settings
- Praxisjahr / Einarbeitung: Schule als Teil der Ausbildung

3. Diagnostik und Gutachtenerstellung

- Wahrnehmungsschulung, Kinderkonferenz
- Diagnostik in der Unter- und Mittelstufe plus nötigen Transfer in Oberstufe an Waldorfschulen
  - Wesensgliederdiagnostik
  - Konstitutionstypen

- Fähigkeiten, auffälliges Verhalten von biografischen Besonderheiten (z.B. Pubertät) zu unterscheiden
- medizinische Kenntnisse
- Fachwissen Behinderungen: Braucht es das? Brauchen wir noch Spezialisten?
- Lern-, Entwicklungs-, Förderplanung

4. Netzwerkbildung und Unterstützung
• Wissen und Information über staatliche Förderungen und Forderungen

5. Methodik / Didaktik
• unterschiedliche Lernfähigkeiten der Schüler «bedienen»
• offene Lernformen
• methodische Ansätze für besondere Epochen in der Oberstufe, z.B. Chemie, 10. Klasse
• mehrdimensionales Lernen ermöglichen

6. Teamarbeit
• Arbeitstechniken
• Teamfähigkeit
• Teamteaching

7. Kommunikationsformen
• Elternarbeit: Vermittlung des pädagogischen und organisatorischen Basiswissens
• Arbeit im Kollegenteam: Stärkung der Förderlehrer- / Therapeutensicht im Team mit Klassen- und Fachlehrern.

Letztlich kommen diese Wünsche und Forderungen bei allen Umfragen und Gesprächen immer wieder dem nahe, was bereits an verschiedenen anderen Stellen das Ergebnis war und in dem Bild vom «Haus der inklusiven Lehrerbildung» (siehe Abbildung auf der folgenden Seite) Eingang fand.

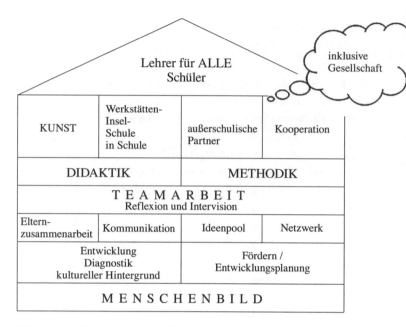

Das Haus der inklusiven Lehrerbildung (Ulrike Barth 2012)

Wenn Lehrer eines Tages im Sinne des inklusiven Paradigmas unterrichten sollen, müssen sie während ihrer Ausbildung die Gelegenheit dazu bekommen, an sich selbst zu erfahren, wie ertragreich, befriedigend und sinnschaffend Lernen sein kann, wenn es auf der Basis der eigenen biografischen Verfasstheit, in Interaktion und Kooperation mit anderen sowie auf selbstbestimmte, selbsttätige und reflexive Art und Weise erfolgt.

Dies muss und kann auch in Weiter- und Fortbildungen vermittelt werden.

Gestaltungsmöglichkeiten
inklusiver Fort- und Weiterbildung

Wir müssen eigentlich in verschiedenen Stufen denken und auch verschiedene Modelle für Fort- und Weiterbildung anbieten. Jetzt aktuell brauchen wir Angebote inklusiver Fort- und Weiterbildung, anhand derer sich Einzelne oder Teams / Gruppen fort- oder weiterbilden, es braucht darüber hinaus insbesondere Angebote für schulinterne Fortbildungen. Themenbezogene Fort- und Weiterbildungen können einen zusätzlichen Baustein bezüglich inklusiver Schulstrukturen bilden. Erst langsam können wir uns an die inklusiven Didaktik- und Methodikstrukturen wagen, denn die Versuche und damit die Erfahrungen, die inklusive Schulen machen, müssen erst evaluiert und strukturiert werden, um in Fort- und Weiterbildungsformaten Eingang zu finden. Derzeit ließen sich erste Modulideen formulieren.

Kollegiale Fort- und Weiterbildungsmöglichkeiten

Womit jedoch vielen Schulen, die sich auf den Weg machen wollen, sofort geholfen wäre, sind kollegiale Fort- und Weiterbildungsmöglichkeiten.

Hierbei spielt die Schule als «lernende Organisation», der Autonomiegedanke an sich, eine entscheidende Rolle. Heute weiß man, dass nicht die schulorganisatorischen Veränderungen die pädagogische Wirksamkeit einzelner Lehrer verbessern können. Die innerschulischen und vor allem die persönlichen Faktoren sind hierbei entscheidend für den Erfolg. «... nur wer selbst autonom handelt, kann anderen autonomes Handeln zugestehen. Wenn Eltern, Lehrer und Schüler ihre Schule mitgestalten, ihre ‹Schulkultur› gemeinsam erstellen und mittragen, dann wird durch dieses gemeinsame Ziel, durch das Projekte-Planen, das Feste- und Feiern-Gestalten aus Schulfrust Schullust. Vielleicht werden jene Lehrer/innen, die Schule aktiv mitgestalten, die für ihre Schule ‹kämpfen›, die ihrer Schule Schulprofil und Schulkultur geben und damit in der Achtung der Öffentlichkeit steigen, anerkannte Professionalist/innen statt ausgebrannter Pensionist/innen.»[2]

Schulen können sich auch mit teamorientierten Strukturen auf den Weg zu gemeinsamer Unterrichtsgestaltung machen. Fängt man damit an, finden sich vielfältige Anregungen, wie man sich auf den Weg zu einer lernenden Organisation begeben kann.

Am Beispiel der Freien Waldorfschule Kreuzberg lässt sich feststellen, dass die Kollegen sich in den vergangenen Jahren mehr und mehr in Fachkonferenzen organisieren und sich mittlerweile auch anhand des Indexes für Inklusion kleine inhaltliche und organisatorische Ziele erarbeiten und diese Jahr für Jahr weiterentwickeln.

Netzwerkarbeit

Hilfreich ist das Erlernen der *Arbeit in Netzwerken*.[3] Gemeinsam mit anderen Experten kann an runden Tischen im Sinne des Kindes gehandelt werden. Letztlich kann und sollte daraus ein breit aufgestelltes inklusives System entstehen. Durch dieses Miteinander entsteht ein Wissensraum, der zunächst dem einzelnen Kind von Nutzen sein kann, jedoch ganz sukzessive auch für ein Mehr an Wissen jedes Einzelnen sorgt und Haltungen verändert.

Intervisionsformate

Intervision oder auch kollegiale Fallberatung als eine kollegiale Beratungsform, die in ihrem Anliegen der Supervision nahe ist, jedoch im Unterschied zur *Supervision* reihum von beruflich Gleichgestellten geleitet wird. Ein Kollege bringt einen Fall ein, ein anderer leitet die *Beratung* nach einem vorgegebenen Schema. In dieser Fallberatungsform wird nach Lösungen für ein konkretes Problem gesucht. Letztlich gibt es jedoch hierbei nicht zwingend fallbasierte Fachkompetenz bei den Beteiligten.

Kinder- (Schüler-) Konferenzen / -Besprechung[4]

Eine speziell aus der anthroposophischen Schulbewegung stammende Methode der wertfreien, von Stärken ausgehenden Entwicklungsbeobachtung im Kreise von Pädagogen, die nach Lösungen für Entwicklungsunterstützung des Kindes / Jugendlichen suchen. Spezifische Kind-Umfeld-Diagnostik für individuelle Entwicklungsplanung wird mehr und mehr prozessgeleitet durchgeführt und kann im Sinne des Inklusionsgedankens weitreichende Hilfsmaßnahmen ermöglichen (siehe dazu auch den Beitrag von Jan Christopher Göschel in diesem Buch).

Persönliche Zukunftsplanung

Eine weitere sehr umfassende und umfangreiche Methode der Hilfestellung ist die *persönliche Zukunftsplanung*. Es geht darum, Inklusion und die Menschenrechte konkret mit einzelnen Menschen umzusetzen. Sie basiert auf einem Denken, welches die Fähigkeiten und Möglichkeiten aller in den Blick nimmt und darauf aufbaut. Letztlich umfasst die persönliche Zukunftsplanung viele methodische Ideen und Planungsansätze. «Dabei geht es vor allem darum, für die im Mittelpunkt stehende Person etwas Positives in Gang zu bringen und ihre Ziele zu erreichen. Es geht aber auch darum, dass sich Organisationen verändern und man gemeinsam vor Ort neue Möglichkeiten schafft.»[5]

Arbeit mit dem «Index für Inklusion»

Auf dem Weg inklusiver Schulstrukturveränderung ist der Einsatz von geschulten *Prozessbegleitern* wichtig und gewinnbringend. Die Montag Stiftung[6] bildet qualifizierte Prozessbegleiter aus, die eine Schule in die Arbeit mit dem Index für Inklusion einführt. Es gibt auch andere Manuale, die Einrichtungen in diesem Prozess der Veränderung unterstützen. Grundsätzlich ist es für jedes Individuum, jede Institution, jede Gemeinschaft gewinnbringend, sich mit den Aufgaben, die die Leitidee Inklusion mit sich bringt, auseinanderzusetzen. Schon die Arbeit an einer einzigen Fragestellung aus den bislang auf dem Markt befindlichen Materialien[7] ist der erste Schritt in Richtung Inklusion.

Auf dem Weg zur «Schule für alle» gibt es mittlerweile viele Qualitätskriterien. Einzelne Fortbildungen und Schulungen sind entstanden, und mittlerweile werden auch Masterstudiengänge

angeboten.[8] Was aber tatsächlich zählt, sind nach der Prozess-
phase die Ergebnisse. Daher müssen Umgestaltungsprozesse
begleitet, erforscht und ausgewertet werden. *Ideen für eine Praxisforschung* gibt es. Auch Partner lassen sich hierfür finden. Für den
Gestaltungsprozess einer integrativen / inklusiven Schule müssen
Konstruktionen einer neuen Identität (der Einrichtung, der Lehrer, der Eltern) geschaffen werden, um daraus die Professiona-
lisierungsvariablen für Lehrer erarbeiten zu können. Das kann
Hinweise für eine zukünftige Lehrerbildung erbringen. Grundsätzlich müssten diese einzelnen Forschungsschritte durch Praxisforschung entwickelt werden.

Es ist also notwendig und sinnvoll, dass außerschulische
Partner (z.B. Hochschulen) in geeigneter Form am Lernprozess
mitwirken und ihre Ideen und ihre professionelle Kompetenz
einbringen. Somit entstehen Synergieeffekte besonderen Aus-
maßes – und dies explizit im waldorfpädagogischen Bereich, der
hier eine immense Zukunftschance innehat.

Schulentwicklung ist ein fließender Prozess einer lernenden
Organisation. Da Lehrer sich derzeit diesem Wandel anschließen müssen, ergibt sich letztlich die Folgerung, dass sich die
Lehrerfort- und -weiterbildung eng in den fließenden Prozess
einbringen und ebenfalls lernende Organisation werden muss,
um mit den Anforderungen umgehen zu können. Entscheidend
hierbei ist ein hohes Maß an Interesse sowie an Flexibilität aller Beteiligten. Interessant ist hier ein Blick auf eine aktuelle
Studie für die Bertelsmann Stiftung zum Stand der Lehrerfortbildungen zu Inklusion, die von B. Amrhein und B. Badstieber
erarbeitet wurde. Die Verfasser dieser Studie versuchen eine
Momentaufnahme in die aktuelle Entwicklung von Lehrerfortbildungen im Bereich der Inklusion. Als konzeptionelle Trends
wurden Grundlagen inklusiver Bildung, inklusive Unterrichtsentwicklung, inklusive Struktur und Schulentwicklung, Implementierung sonderpädagogischer Förderung in der Regelschule
sowie die interdisziplinäre Zusammenarbeit, Kooperation und
Vernetzung analysiert. Die Verfasser konnten aber auch Gefahren identifizieren (z.B. Fortbildungen sind an Einzelne gerichtet,

kaum in institutionellem und kollegialem Kontext eingebettet) und weisen v.a. auf die derzeit nicht feststellbare oder belegbare Wirksamkeit und Nachhaltigkeit vieler Programme und Aktivitäten hin. Fazit: Lehrerfortbildung muss als Teil von Schulentwicklungsprozessen verstanden werden, an der jeweils die gesamte Schulgemeinschaft beteiligt ist. Einen entsprechenden Anspruch haben die Verfasser an die Rahmenbedingungen von Professionalität und Qualität der Programme, sonst können Schulen dem Anspruch nicht gerecht werden. Hierfür erarbeiteten sie einen beispielhaften Katalog von zehn Empfehlungen zur Gestaltung berufsbegleitender Professionalisierungsmöglichkeiten für Inklusion.

Kommunikation auf verschiedensten Ebenen

Hochschulen und Universitäten brauchen die Nähe zur Praxis. Derzeit können die hauptsächlichen Ansatzpunkte Praxisforschung und evidenzbasierte Forschung sein. Daraus sollte sich die Theorie einer Fort- und Weiterbildungsstruktur entwickeln. Es geht also um eine gemeinsame Handlungsebene von inklusiven Schulen, Fort- und Weiterbildungsinstituten und Hochschulen / Universitäten zur Entwicklung tatsächlich umzusetzender Kurse.

Wünschenswert wäre an dieser Stelle ein theoriegeleitetes Forschungsprojekt, das sich kontinuierlich an der aktuellen Praxis in inklusiven Schulen orientiert. Hierzu müssen Beobachtungskriterien entwickelt und ein Evaluationskatalog erstellt werden. So könnten aus der Arbeit an spezifischen Fragestellungen Teilergebnisse, Diskussionen und Reflexionen entstehen, die vorhandenes Wissen in Inhalte von Fort- und Weiterbildungsformate formt.

Eine gut strukturierte und tatsächlich an der waldorfpädagogischen Praxis orientierte Forschungsaufgabe könnte den heutigen Wissenschaftssektor für eine zukünftige inklusive Lehreraus- und -weiterbildung reformieren. Hierfür braucht es Mut und Wille zur Veränderung.

Anmerkungen und Literatur finden sich auf S. 780ff.

ALFRED RÖHM

DIE IMITATION – EINE STÄRKE
VON MENSCHEN MIT TRISOMIE 21

WAS BEDEUTET DAS FÜR INKLUSIVEN UNTERRICHT?

Einleitung

Menschen mit einer Trisomie 21 (Down-Syndrom) gelten schon vor ihrer Geburt als geistig beeinträchtigt. Es gibt jedoch Menschen mit diesem Syndrom, die einen Universitätsabschluss erworben haben, z.b. Pablo Pineda. Pineda ist ein spanischer Lehrer für pädagogische Psychologie und Schauspieler. Im Film «Me too. Wer will schon normal sein?» spielte er die Hauptrolle. Bestätigt diese Ausnahme einfach nur die Regel? Doch was ist dann mit dem Wirtschaftsberater Dr. Francesco Aglio aus Italien? Oder Aya Iwamoto aus Japan, die als Übersetzerin von Kinderbüchern tätig ist? Auch Ausnahmen? Und was ist mit Ángela Bachiller, die als Stadträtin in Valladolid (Spanien) gewählt wurde? Oder mit Dr. Karen Gaffney aus den USA?

Bei den aufgeführten Personen eine geistige Beeinträchtigung zu diagnostizieren ist für die Diagnostizierenden höchstens peinlich. Doch hat sich deswegen die öffentliche Meinung geändert? Kaum. Die meisten Schüler mit Trisomie 21 besuchen nach wie vor Förderschulen oder sind sogenannte «I-Kinder» in inklusiven Klassen. Auch wenn noch vieles im Unklaren ist, sind heute doch einige Missverständnisse gegenüber dem Syndrom Trisomie 21 bereits behoben worden. So weiß man z.B., dass Trisomie 21 keine Erbkrankheit ist, sondern eine Chromosomenanomalie.[1] Auch weiß man längst um den Irrtum der geringen Lebenserwartung. Etwa jeder zehnte Mensch mit Trisomie 21 wird heute aufgrund der gesellschaftlichen Anerkennung und des medizinischen Fortschritts über 70 Jahre alt.[2]

Die Ursachen für Lernschwierigkeiten bei Menschen mit Trisomie 21 sind damit jedoch noch nicht geklärt. Um sie zu verstehen, reicht der gegenwärtige Forschungsstand keinesfalls aus. In diesem Artikel wird der aktuelle Stand der Imitationsforschung vorgestellt, die derzeit an der Universität Hamburg mit Menschen unter der Bedingung einer Trisomie 21 durchgeführt wird. Das Anliegen dieser Forschung besteht darin, zur Verbesserung des Lernerfolgs von Menschen mit Trisomie 21 beizutragen.

Erläuterung der Hypothesen

Im Gegensatz zum Autismusspektrum sind die neuropsychologischen Ursachen für Lernschwierigkeiten bei einer Trisomie 21 verhältnismäßig wenig erforscht worden. Vor allem wurden die vermeintlichen Stärken bei Menschen mit einer Trisomie 21 bisher wenig in den Fokus der Forschung gerückt. Sie spielen beim Lernen eine wichtige Rolle. Eine Verbesserung des Lernerfolgs von Menschen mit Trisomie 21 kann dann am besten erreicht werden, wenn man auch deren Stärken kennt; kennt man diese, hat man bessere Karten für einen kompetenzzusprechenden Unterricht. Dass hingegen kompetenzabsprechendes Verhalten zu Entmutigung und zur Verschlechterung der Lernbedingungen führt, muss heute nicht mehr betont werden.

Wo liegen also die Stärken bei Menschen mit Trisomie 21? In der Imitation. Der britische Arzt und Apotheker John Langdon Down konstatierte bereits 1866: «They have considerable power of imitation.»[3] Auch der anthroposophische Heilpädagoge Karl König, der die internationale Camphill-Bewegung gegründet hat, beschäftigte sich intensiv mit dem Syndrom Trisomie 21. Auch er wies auf die Stärke der Imitation bei Menschen mit Trisomie 21 hin: «Sie zeigen eine große Begabung im Nachahmen anderer Menschen.»[4] Doch wie ist es heute um diese Fähigkeit bestellt? Liegt hierin tatsächlich eine besondere Stärke? Dies zu untersuchen ist Ziel und Zweck der Imitationsforschung bei Menschen mit Trisomie 21.

Die Imitation wurde im Lauf der Zeit nicht immer positiv bewertet. Der österreichische Kinderarzt und Heilpädagoge Hans Asperger attestierte z.B. im letzten Jahrhundert den Menschen mit Trisomie 21 eine Stärke in der Imitation, doch er warnte, diese nicht zu überschätzen: «Ungemein geschickt vermögen sie das Äußerliche, die Geste einer Handlung nachzuahmen, etwa das Zeitunglesen, das Schreiben, können mit höchst ‹weisem› Gesicht nicken, erfüllen die Handlung freilich nicht im entferntesten wirklich, machen aber dabei oft einen recht possierlichen Eindruck und werden darum von den Angehörigen meist für viel intelligenter gehalten, als sie wirklich sind.»[5]

Der Grund liegt darin, dass die Imitation früher als blinder Instinkt oder Trieb ohne Einsicht betrachtet wurde:[6] «Imitation oder ‹Lernen durch Zuschauen› wurde lange Zeit als primitive Lernform im Sinne des ‹Nachäffens› angesehen und dem Einsichtslernen gegenübergestellt.»[7] Doch sind Affen tatsächlich so gut im Imitieren? Aktuelle Untersuchungen von Nagell, Olguin und Tomasello mit Schimpansen und zweijährigen Menschenkindern zeigen, dass Schimpansen, Bonobos, Gorillas, Orang-Utans und Gibbons beim Imitationslernen den Menschenkindern im Vorschulalter unterlegen sind.[8] Mit einem rechenartigen Gerät sollten sich die Kinder und Affen einen entfernten Gegenstand (Nahrungsmittel / Spielzeug) «angeln». Wie das geht, wurde ihnen vorgemacht. Zeitlich unmittelbar zuvor wurden ihnen zusätzlich mit dem rechenartigen Gerät noch einige unnötige Bewegungen vorgemacht.

Ergebnis des Experiments: Während die Schimpansen bei der Nachahmung die unnötigen Bewegungen wegließen und sich zweckorientiert den Leckerbissen holten, neigten die Menschenkinder dazu, auch die unnötigen vorgemachten Bewegungen zu imitieren, bevor sie das «Spielzeug» ergatterten.[9] Im Gegensatz zu ihnen wählen Schimpansen immer die effektivste Strategie, um ans Ziel zu kommen. Menschen dagegen haben genauso viel Freude am Imitieren unnötiger Bewegungen.[10] Tomasello vermutet, dass diese soziale Kompetenz im Imitieren den Menschen angeboren sei. Das zweckorientierte, aber auch kreative Verhalten, welches die Schimpansen bevorzugen, wird «Emulationslernen» genannt.[11] Es kennzeichnet eine besondere Stärke der Schimpansen: «Affen vergeuden kaum Zeit mit umständlichem Imitationslernen. Dafür glänzen sie mit Geschick und Geduld beim Ausprobieren.»[12]

Das imitative Lernverhalten der menschlichen Babys und Kleinkinder dagegen zeigt, dass sie sich – selbst wenn es von Nachteil ist – sozialer verhalten als die Schimpansen. Heute weiß man, dass es sich bei der Imitation evolutionär gesehen um die höchste Lernform handelt. Ohne Imitation wäre die kulturelle Menschheitsentwicklung nicht möglich.[13] Vor diesem Hintergrund erscheint die Imitationsfähigkeit von Menschen mit Trisomie 21 in einem völlig neuen Licht. Durch die Forschung von Tomasello wird ihre Stärke bezüglich der Imitation immens aufgewertet.

Nebenbei gesagt, erfährt der waldorfpädagogische Ansatz dadurch auch einen Auftrieb. Für Steiner spielte nämlich die Imitation besonders im frühkindlichen Alter eine zentrale Rolle. Die gesunde Entwicklung des Kleinkindes hängt nach Steiner von einer imitationswürdigen Umgebung ab. Er verweist dabei auf Aristoteles, der die Imitationsfähigkeit dem Menschen im Gegensatz zu allen übrigen Lebewesen zuspricht: «Es gibt zwei Zauberworte, welche angeben, wie das Kind in ein Verhältnis zu seiner Umgebung tritt. Diese sind: *Nachahmung* und *Vorbild*. Der griechische Philosoph Aristoteles hat den Menschen das nachahmendste der Tiere genannt; für kein Lebensalter gilt dieser Ausspruch mehr als für das kindliche bis zum Zahnwechsel.»[14]

Etta Wilken, Professorin für Allgemeine und Integrative Behindertenpädagogik am Institut für Sonderpädagogik an der Leibniz Universität Hannover, konstatiert, dass es bis heute noch keine systematische Forschung gibt, welche die Imitationsfähigkeit bei Menschen mit Trisomie 21 untersucht hat. «Die Imitationsfähigkeit von Menschen mit Down-Syndrom wird als besonders auffällig betont. Bereits Langdon Down und danach zahlreiche andere Autoren haben diese Fähigkeit als typisch bezeichnet.

Allerdings liegen nur wenige systematische Untersuchungen zu dieser Frage vor; die Ergebnisse zeigen zwar die erwartete Tendenz, sind jedoch nicht so überzeugend, wie es das oft benutzte Stereotyp erwarten lässt.»[15]

Aus diesem Grund finden in unserem Aufmerksamkeits-Computer-Labor (ACL) an der Universität Hamburg Studien zur Imitation bei Menschen mit Trisomie 21 statt. Die Voruntersuchungen dazu ergaben, dass diese Menschen zwar sehr gern und ausdauernd imitieren, jedoch an ihre Grenze stoßen, wenn die Bewegungsvorlagen zu komplex werden.[16] Es können also bei Menschen mit Trisomie 21 Schwierigkeiten im Imitieren angenommen werden, welche durch kreatives Verhalten (Emulation) kompensiert werden.[17]

Die Hypothese geht davon aus, dass Besonderheiten im Scheitelhirn (parietaler Cortex, etwa neben dem Gyrus postcentralis bis zum Gyrus supramarginalis) mitverantwortlich sind für die Imitationsschwierigkeiten bei Menschen mit Trisomie 21. Bestätigt sich diese Hypothese, wäre bei Menschen mit Trisomie 21 von einer *kinästhetischen Dyspraxie* auszugehen. Ein anderes Erklärungsmodell sieht die Ursache für Trisomie 21 im Frontallappen. Die aus Besonderheiten des Sprachzentrums resultierenden Sprachbarrieren würden zu der Spekulation passen: Aufgrund der Sprachprobleme entwickle sich bei den Betreffenden das sprachliche Denken und damit das einsichtsvolle Handeln in geringerem Maße.

Für Karl König liegt hierin ein wesentliches Problem von Menschen mit Trisomie 21. «Das Denken ist nicht vorhanden und kann deshalb nicht in Erkenntnis und Selbst-Erkenntnis umgeschmolzen werden.»[18] Dass diese Menschen jedoch einen angeborenen Intelligenzmangel hätten, weist er von sich. «Das Gespenst der ‹angeborenen›, d.h. vererbten Intelligenzschwäche müsste vor allem auf dem Gebiet des Mongolismus überwunden werden. Es ist eine billige Ausflucht zu meinen, hier liege ein angeborener Schwachsinn vor und deshalb vollziehe sich die kindliche Entwicklung so langsam und unvollständig.»[19]

König hat ein Entwicklungsmodell formuliert, das drei Stufen

umfasst: Gehen, Sprechen und Denken. Er sieht die Ursache für die Sprachprobleme bei Menschen mit Trisomie 21 in der verzögerten motorischen Entwicklung. «Es ist die Asthenie der Motorik, anatomisch sowohl als auch funktionell, die das Sprechen und damit auch die Gedankenbildung zur Unvollkommenheit verdammt.»[20] Seine Untersuchungen haben ergeben, dass die gesamte motorische Entwicklung verzögert ist. Hiermit hätten wir zwei Erklärungen:
– kinästhetische Dyspraxie (Röhm)
– (fronto-cortical bedingte) motorische Sprachstörung (König).

Der Ansatz von König ist sehr produktiv für die Förderung, insbesondere für die Frühförderung. Davon haben mittlerweile viele Kinder mit Trisomie 21 profitieren können. Problematisch erscheint mir jedoch die Überlegung Königs, dass die betreffenden Menschen nicht denken könnten und nie zum einsichtsvollen Handeln kämen. Diese Auffassung ist heute durch viele Beispiele, wie auch die oben genannten, eindeutig widerlegt worden. Dennoch lassen sich Besonderheiten im Denken – wie etwa in der Satz- und Wortbildung – erkennen: Es fällt auf, dass Menschen mit Trisomie 21 eher zu kurzen Worten und Sätzen neigen. Längere Worte werden von ihnen mitunter ohne Rücksicht auf die Grammatik verkürzt. Unter anderem auch diese Beobachtungen haben Prof. Zimpel bewogen, bei Menschen mit Trisomie 21 einen kleineren Aufmerksamkeitsumfang, eine *Simultandysgnosie*, zu vermuten.
Bei der Untersuchung von 1.000 Personen mit Trisomie 21 (ab 5 Monaten bis über 70 Jahre) im Vergleich zu Personen ohne dieses Syndrom gleichen Alters konnten wir diese Vermutung experimentell bestätigen.[21] Die Untersuchungen finden unter der Leitung von Prof. Dr. André Zimpel seit 2010 in einer großen Aufmerksamkeitsstudie zur Verbesserung des Lernerfolgs von Menschen mit Trisomie 21 statt.[22]
Die Simultandysgnosiehypothese hat sich mittlerweile mit hochsignifikanten Ergebnissen bestätigt. Insgesamt wurden an 400 Personen mit vorhandenem Zahlbegriff Untersuchungen zur Aufmerksamkeitsumfangsmessung am Computertachistoskop

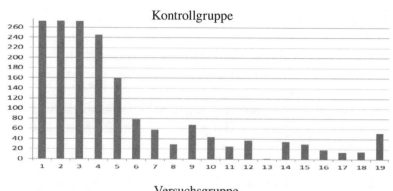

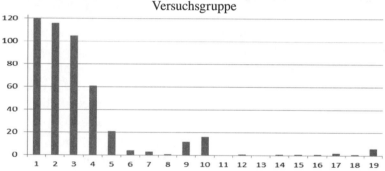

Abb. 1: Absolute Zahlen der Personen mit richtigen Angaben der Anzahl im Experiment «Strichreihen». Abszisse: Anzahl der Striche. Ordinate: absolute Zahl der Personen mit richtigen Angaben der Anzahl der Striche innerhalb der Reihe. Die Unterschiede sind statistisch hochsignifikant, bei einer Irrtumswahrscheinlichkeit von $p < 0,001$, Mann-Whitney-Test, Moses-Test, Kolmogorov-Smirnov-Test.

durchgeführt. Beim Experiment «Strichreihen» z.B. konnten wir bei 123 Menschen mit Trisomie 21 (Versuchsgruppe) im Vergleich zur Kontrollgruppe von 277 Personen ohne Syndrom einen kleineren Aufmerksamkeitsumfang feststellen.

Die kinästhetische Dyspraxie-Hypothese vermutet, dass die Imitationsschwierigkeiten durch den kleineren Aufmerksamkeitsumfang verursacht werden. Zur Überprüfung dieser Hypothese entwickelte ich verschiedene Experimente, mit denen das Imitationsvermögen möglichst ohne Abhängigkeit von besonderen Vorerfahrungen erfasst werden kann. Einige der Experimente sollen hier exemplarisch erörtert werden. Es sind Untersuchungen, welche sowohl die simultane Imitation als auch die Imitation im Nachhinein in unterschiedlicher Komplexität berücksichtigen. Das Ziel der Untersuchungen besteht in der experimentellen Untersuchung des Imitationsvermögens von Menschen mit Trisomie 21. Es gilt zu überprüfen, ob bei ihnen die Hypothese der kinästhetischen Dyspraxie bestätigt werden kann.

Methodik

Insgesamt nahmen an dieser Studie zur Imitation *492* Menschen teil. Es wurden *261* Personen der Versuchsgruppe im Alter von 5 bis 56 Jahren und *231* Personen der Kontrollgruppe im Alter von 6 bis 52 Jahren untersucht. Die Versuchsgruppe setzt sich aus *140* männlichen und *121* weiblichen Teilnehmern zusammen. Die Kontrollgruppe bestand aus *67* männlichen und *164* weiblichen Teilnehmern.

	Kontroll-gruppe	Versuchs-gruppe	Insgesamt
Untersuchte Personen	231	261	492
Tanzende Hände	74	207	281
Body Percussion	84	116	200
Zeichnen	170	195	365
Durchgeführte Untersuchungen	328	518	846

Abb. 2: Anzahl der Personen in der Kontroll- und der Versuchsgruppe

Voraussetzung für eine Teilnahme an den Untersuchungen war die vorhandene Imitationsfähigkeit und Motivation. Da es bei den Experimenten bezüglich des Schwierigkeitsgrades zwischen der rechten und der linken Hand keine bedeutenden Unterschiede gibt, konnten an den Untersuchungen sowohl Rechts- als auch Linkshänder teilnehmen. Um von vornherein die Beteiligung des Langzeitgedächtnisses bei den Experimenten auszuschließen, wurden möglichst bedeutungslose Bewegungen zur Imitation angeboten.

Untersuchungsverfahren

Für die Untersuchung habe ich extra elementare Körperbewegungen ausgewählt. Beispiele: Drehen der Hände, Klopfen mit den Händen, Stampfen mit den Füßen usw. Ziel war es, Lernerfahrungen möglichst nicht zum Tragen kommen zu lassen. Bei den verschiedenen Experimenten gibt es jeweils mindestens sieben verschiedene Komplexitätsgrade. Die Komplexität wächst dadurch, dass immer mehr elementare Bewegungen simultan (tanzende Hände, s. unten) oder im Nachhinein (Body Percussion, Zeichnen, s. unten) präsentiert werden. Die Schwierigkeit der Bewegungsausführung soll möglichst nur in der Erfassung und Replikation des Bewegungsablaufes liegen. Die Präsentation verschieden komplexer Imitationsangebote erfolgt in gemischter Form, damit sich schwere und leichte Aufgaben möglichst angenehm abwechseln und sich somit das Überforderungsgefühl bei den Probanden in Grenzen gehalten wird.

Der Komplexitätsgrad wird dabei durch die Anzahl der elementaren Bewegungen definiert. Werden z.B. zur Umsetzung einer Aufgabe drei Elementarbewegungen benötigt, so bedeutet dies, dass diese Bewegungsaufgabe einen Komplexitätsgrad von 3 hat. Für die korrekte Ausführung einer zusammengesetzten Bewegung muss die Person mindestens drei Bewegungen im Arbeitsgedächtnis behalten. Die Kapazität des Arbeitsgedächtnisses entspricht in etwa dem Aufmerksamkeitsumfang, der in der Regel vier Einheiten umfasst. Bei Menschen mit Trisomie 21 beträgt der Aufmerksamkeitsumfang nach unseren Messungen nicht vier, sondern zwei Einheiten (s. Tabelle und Grafik oben).

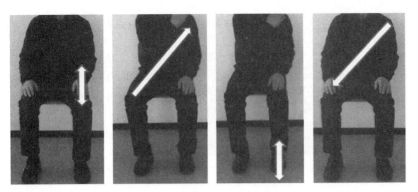

Abb. 3: Bewegungsaufgabe aus der Versuchsreihe Body Percussion mit einem
Komplexitätsgrad von vier Bewegungseinheiten

Experiment 1: Body Percussion

Bei dem Experiment *Body Percussion* handelt es sich um zwanzig Körperbewegungen mit Händen und Füßen (Klatschen und
Stampfen etc.), die erst nach Abschluss der Vorführung nachgeahmt werden. Die wahrgenommene Bewegungsabfolge muss
dafür vollständig im Arbeitsgedächtnis behalten werden, damit
sie im Anschluss korrekt repliziert werden kann. Die Schwierigkeitsgrade wechseln dabei zwischen 1 und 7 und treten in folgender gemischter Reihenfolge auf: Die Untersuchungspersonen
sitzen während der Untersuchung vor einem Bildschirm. Die
Bewegungen werden als Videoaufnahme auf einem Bildschirm
oder über einen Beamer an einer Leinwand präsentiert. Die
Aufgabe besteht darin, die Bewegungen anzusehen und sich genau einzuprägen. Erst nach einem Signalton soll die Bewegung
nachgeahmt werden. Jedes Video wird nur einmal vorgespielt.
Entsprechend der kinästhetischen Dyspraxie-Hypothese sollten
sich bei Menschen mit Trisomie 21 Imitationsschwierigkeiten
auch schon bei Bewegungen mit weniger Elementarbewegungen
einstellen als bei der Kontrollgruppe.

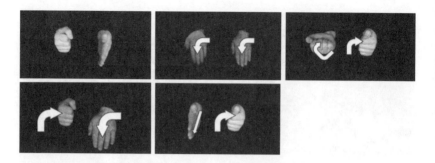

Abb. 4: Bewegungsaufgabe aus der Versuchsreihe Tanzende Hände mit einem Komplexitätsgrad von je drei Einheiten. Übergang von Bild 1 zu Bild 2: 1. Faust öffnen, 2. linke Hand drehen und 3. rechte Hand drehen. Übergang von Bild 2 zu Bild 3: 1. Hand drehen, 2. linke Faust schließen und 3. rechte Faust schließen usw.

Experiment 2: Tanzende Hände

Um auszuschließen, dass die Imitationsschwierigkeit nicht in einer mangelnden Erinnerung begründet ist, sollten die Untersuchungspersonen bei diesem Experiment, *Tanzende Hände*, die Imitation simultan zur präsentierten Bewegungsvorlage ausführen. Es handelte sich hierbei um dreizehn Elementarbewegungen der Hände und Arme. Beispiele: Außen- und Innenrotation der Hände, Flexion und Extension der Finger oder das Klopfen der Hände auf der Tischfläche. Komplexer werden die Bewegungen lediglich durch Addition von Elementarbewegungen, die gleichzeitig ausgeführt werden sollen. Die Schwierigkeitsgrade der Bewegungen wechseln sich nach folgender Reihenfolge ab: Die Aufgabe besteht darin, die per Video eingespielten Bewegungen in Echtzeit nachzuahmen. Gemäß der gestellten Hypothese sollte es – wenn auch weniger als bei *Body Percussion* – den Menschen mit Trisomie 21 mehr Schwierigkeiten bereiten, mehrere Elementarbewegungen gleichzeitig auszuführen, als der Kontrollgruppe.

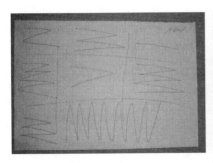

Abb. 5: Die Bewegungsvorgabe (links) und die Bewegungsimitation eines sech-zehnjährigen Schülers mit Trisomie 21 (rechts)

Experiment 3: Zeichnen

Um den Versuchspersonen neben der Erinnerungshilfe auch mehr Zeit beim Erfassen der Imitationsvorgabe einzuräumen, habe ich zusätzlich die Untersuchungsreihe *Zeichnen* entwickelt. Es handelt sich um acht unterschiedlich lange Zickzacklinien. Die Anzahl der Striche dieser Zickzacklinien variiert zwischen einem und sieben Strichen und einer Zusatzreihe von fünfzehn Strichen: Nachdem der Untersuchungsleiter eine Zickzacklinie mit einem Stift auf Papier vorgezeichnet hat, zeichnet die Versuchsperson eine möglichst gleiche Zickzacklinie. Dafür gibt es keine zeitliche Einschränkung. Der kinästhetischen Dyspraxie-Hypothese entsprechend, sollte es der Versuchsgruppe (im Gegensatz zur Kontrollgruppe) schwerer fallen, die längeren Zickzacklinien korrekt nachzuzeichnen.

Ergebnisse

Experiment 1: Body Percussion

Die Ergebnisse von «Body Percussion» ergaben wie erwartet hochsignifikante Unterschiede zwischen Versuchs- und Kontrollgruppe (s. Abb. 6). Von den insgesamt 84 Untersuchungspersonen (ohne Trisomie 21) der Kontrollgruppe schafften es (bis auf wenige Ausnahmen) alle Personen, die Bewegungen mit den Schwierigkeitsgraden 1 – 3 fehlerfrei auszuführen. Von den 116 Personen (mit Trisomie 21) der Versuchsgruppe schafften es alle (bis auf eine Ausnahme), Bewegungen mit einem Komplexitätsgrad 1 korrekt zu imitieren. Doch schon beim Komplexitätsgrad 2 nahmen die Schwierigkeiten zu, die Bewegungsvorgabe korrekt zu imitieren.

Darin sehe ich einen Beleg dafür, dass die Imitationsfähigkeit von Menschen mit Trisomie 21 genauso wie bei Menschen ohne dieses Syndrom vom Komplexitätsgrad der Bewegung abhängt. Allerdings schränken auch Bewegungen mit geringerem Komplexitätsgrad (2 und 3), die von Personen ohne dieses Syndrom noch leicht imitiert werden können, die Imitationsfähigkeit von Menschen mit Trisomie 21 nachweisbar ein. Das erklärt sowohl deren Schwierigkeiten beim Erlernen von Alltagshandlungen als auch bei schulischen Anforderungen wie Sprechen, Schreiben und Rechnen.

Experiment 2: Tanzende Hände

Auch die Untersuchungen von «Tanzende Hände» ergaben hochsignifikante Ergebnisse (Abb. 7, S. 636). Wie erwartet, ist es leichter, simultan zu imitieren als im Nachhinein. Allerdings fallen die Ergebnisse für Menschen mit Trisomie 21 nicht wesentlich besser aus.

Experiment 3: Zeichnen

Die Ergebnisse bei «Zeichnen» ergaben ebenfalls hochsignifikante Unterschiede zwischen Kontroll- und Versuchsgruppe (Abb. 8, S. 637). Bei der Zusatzreihe von fünfzehn Strichen haben 118 von

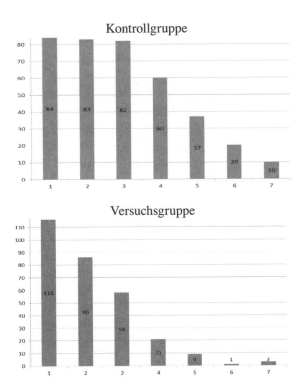

Abb. 6: Ergebnisse der Kontroll- und Versuchsgruppe von Body Percussion. Abszisse: Komplexitätsangabe, Ordinate: Anzahl der Untersuchungspersonen. Die Unterschiede sind statistisch hochsignifikant, bei einer Irrtumswahrscheinlichkeit von $p < 0,001$, Mann-Whitney-Test, Moses-Test und Kolmogorov-Smirnov-Test.

insgesamt 139 Personen der Kontrollgruppe (85%) ein richtiges Ergebnis erzielt. Bei der Versuchsgruppe waren es 7 von insgesamt 178 Personen (4%), welche die Zusatzreihe von fünfzehn Strichen bewältigten. Damit ist gezeigt, dass die Imitationsschwierigkeiten bei Menschen mit Trisomie 21 nicht von der Zeitdauer beim Erfassen der Imitationsvorgabe abhängen.

Die Imitationsschwierigkeiten scheinen also tatsächlich im Imitieren selbst zu liegen. Damit kann die kinästhetische Dyspraxie-Hypothese als bestätigt angesehen werden.

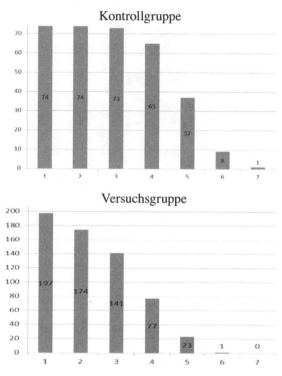

Abb. 7: Ergebnisse der Kontroll- und Versuchsgruppe von Tanzende Hände. Abszisse: Komplexitätsangabe, Ordinate: Anzahl der Untersuchungspersonen. Die Unterschiede sind statistisch hochsignifikant, bei einer Irrtumswahrscheinlichkeit von p < 0,001, Mann-Whitney-Test, Moses-Test und Kolmogorov-Smirnov-Test.

Diskussion

Die Ergebnisse der Studie zeigen: Eine Stärke von Menschen mit Trisomie 21 liegt zwar tatsächlich in der Imitation (wie Langdon Down und andere Autoren richtig beschrieben haben), doch sie kommen beim Imitieren komplexer Bewegungen deutlich an ihre Grenzen. Mit Emulation kompensierten sie diese Schwierigkeiten oft sehr geschickt. Es spricht viel dafür, dass die Imitationsschwierigkeiten von der Simultandysgnosie herrühren, wie sie Zimpel bei Menschen mit Trisomie 21 festgestellt hat.[23]

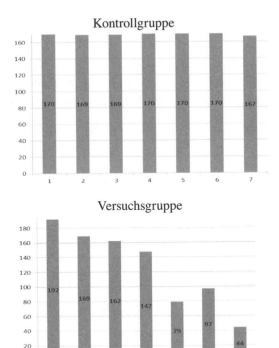

Abb. 8: Ergebnisse der Kontroll- und Versuchsgruppe von Zeichnen. Abszisse: Komplexitätsangabe, Ordinate: Anzahl der Untersuchungspersonen. Die Unterschiede sind statistisch hochsignifikant, bei einer Irrtumswahrscheinlichkeit von $p < 0,001$, Mann-Whitney-Test, Moses-Test und Kolmogorov-Smirnov-Test.

Der kleinere Aufmerksamkeitsumfang ist offenbar die entscheidende Bedingung und Ursache für die Imitationsschwierigkeiten, die sich zugleich auf alle Sinnesbereiche erstrecken. Daher muss bei Menschen, die unter der Bedingung einer Trisomie 21 leben, grundsätzlich der kleinere Aufmerksamkeitsumfang berücksichtigt werden, will man weder in Über- noch in Unterforderung steckenbleiben.

Lassen sich aus diesem Ergebnis auch Stärken bei den Betroffenen ableiten? Ja. Ein kleinerer Aufmerksamkeitsumfang birgt auch Vorteile: Zimpel zufolge liegt die Stärke bei Menschen mit

Trisomie 21 in der Abstraktionsfähigkeit, die durch den kleineren Aufmerksamkeitsumfang bedingt ist; er bewirkt, dass die Betreffenden in einer Viertelsekunde weniger simultan erfassen können als Menschen ohne dieses Syndrom. Daher sehen sie bei der Erfassung einer Situation von mehr Details oder Ganzheiten ab als Menschen ohne das Syndrom. Doch in «absehen von» steckt das Wort «Abstraktion», wie es die lateinische Übersetzung nahelegt: absehen von = abstrahere. Das bedeutet: Menschen mit Trisomie 21 können sprechen und denken, doch sie tun es auf abstraktere Weise; sprich, sie fassen sich kurz.

Natürlich kann es ungewohnt sein, wenn man mit solchen Kurzfassungen konfrontiert wird, doch darin steckt auch eine Stärke. Wer hat sich z.B. nicht schon über zu lange Ansagen vor Veranstaltungen geärgert? Dies passiert den Zuschauern unseres «Zirkus Regenbogen», den wir mit Studierenden und Artisten mit Trisomie 21 gegründet haben, nicht. Der Zirkusdirektor mit Trisomie 21 hielt seine Ansagen kurz und knapp und kam beim Publikum hervorragend an.[24]

Leider besuchen Schüler mit Trisomie 21 nach wie vor hauptsächlich Förderschulen, in denen der konkret-anschauungsgebundene, kleinschrittige und Abstraktionen vermeidende Unterricht ihren neuropsychologischen Besonderheiten kaum Rechnung tragen kann.[25] Zimpel zufolge hängt viel davon ab, dass die Betreffenden von einer Willkommenskultur empfangen werden: «Die geistige Entwicklung, einschließlich Sprach- und Lernfähigkeit, ist abhängig von der Lernkultur, deren Gewährleistung in Förderschulen an strukturelle Grenzen stößt.»[26]

Es wäre wünschenswert, wenn mehr allgemeinbildende Schulen ihre Tore auch für Menschen mit Trisomie 21 öffneten und sie als ganze Menschen willkommen hießen und jeden Einzelnen in seiner Unterschiedlichkeit akzeptierten. Damit wäre eine Grundlage des «Voneinander-Lernens» gewährleistet, bei der jeder sowohl seine individuellen Stärken einbringen als auch von anderen lernen kann.[27]

Anmerkungen und Literatur finden sich auf S. 782ff.

VI. HERAUSFORDERUNGEN UND ENTWICKLUNGS-SCHRITTE

THOMAS MASCHKE

EINLEITUNG

Der Weg zur Umsetzung von Inklusion bedeutet Transformation, nicht nur in den Schulen. Das folgende Kapitel stellt Wege der Veränderungen dar. Ferdinand Klein beschreibt die Qualitäten der anthroposophischen Heilpädagogik im Hinblick auf Inklusion. Monika Fischer-Langenbein stellt dar, welche konkreten Schritte aktuell in Bayern möglich sind, auch vor dem gegebenen rechtlichen Hintergrund. Dietlind Gloystein stellt mit dem Index für Inklusion ein Instrument vor, welches in jeder Schule angewendet werden kann. Katharina Sütterlin und Gottfried Knodt beschreiben Umbauprozesse, die diese Bezeichnung im wahrsten Wortsinn verdient haben.

Die Beiträge von Albert Schmelzer und Zan Redzic sowie von Michael Birnthaler erweitern den Blick: Inklusion bedeutet eben nicht, Kinder mit Behinderungen in Regelschulen einzugliedern. Es betrifft vielmehr eine neue Praxis für alle Kinder und nicht nur in der Schule. Die Beispiele der Interkulturellen Waldorfschule und der Erlebnispädagogik können daher den pädagogischen Blick auch auf die eigene Arbeit in der Schule weiten. In diesem Sinne ist auch der Beitrag von Ulrike Barth und Matthias Katsch zu verstehen: Aus einem gesellschaftlichen Verständnis von Inklusion müssen auch das Berufsleben und die wirtschaftliche Struktur insgesamt einbezogen werden.

MONIKA FISCHER-LANGENBEIN

KOOPERATIONSFORMEN VON WALDORFSCHULEN UND HEILPÄDAGOGISCHEN SCHULEN

DARGESTELLT AM BUNDESLAND BAYERN

Waldorfschulen und auch die heilpädagogischen Schulen müssen sich in gleichem Maße auf einen gemeinsamen Weg zu inklusivem Denken machen. Heilpädagogische Schulen sollten sich dafür einsetzen, starre Zuordnungen der Kinder in Förder- oder Regelschulen zu überwinden. Dies muss mit dem Bemühen um eine Intensivierung von Begegnung, Kooperation und gemeinsamem Lernen von heilpädagogischen und regulären Waldorfschulen beginnen.

Die Förderschule und die allgemeinbildende Schule bieten verschiedene Wege der Förderung an; beide können daher geeignete Förder- und Lernorte für Kinder und Jugendliche mit sonderpädagogischem Förderbedarf sein. Die Eltern oder Erziehungsberechtigten entscheiden im Regelfall, ob ihr Kind die allgemeine Schule oder die Förderschule besucht. Dabei ist es wichtig, im Gespräch zwischen Eltern und Lehrern beider Schularten sowie eventuell dem Schularzt die verschiedenen Lernorte für das jeweilige Kind und die Möglichkeiten des Lernens abzuwägen, um den individuellen Lernort auszuwählen und den Bildungs- und Lebensweg des Kindes bestmöglich zu gestalten. (Eltern-) Beratungsstellen mit Kollegen verschiedener Schultypen (Lehrkräften verschiedener Schularten) sollten eingerichtet werden, um mit den Eltern die diversen Möglichkeiten zu erörtern und die Schulwahl zu erleichtern.

An erster Stelle unserer Bemühungen um die Verwirklichung schulischer Inklusion muss das Interesse des einzelnen Lehrers stehen, sich mit «besonderen Schülern» auseinanderzusetzen. Die Möglichkeit der Auseinandersetzung kann dann geschaffen werden, wenn heilpädagogische Schulen bereit sind, sich zu öffnen, und den Waldorfschulen die Möglichkeit geben, Einblick in ihre Arbeit zu gewinnen. Ein erster Schritt der Öffnung kann daher das Kennenlernen des jeweils anderen sein. Jedem Leser dürften erste Schritte bekannt sein, die Begegnung schaffen, z.b. ein gemeinsamer Bazar, ein Sommerfest oder miteinander veranstaltete Konzerte. Es gibt viele Möglichkeiten. Schon ab der 1. Klasse können gemeinsame Ausflüge gemacht, kleine Theaterstücke gemeinsam oder füreinander eingeübt werden. Interne Feste, Besuche der Monatsfeiern und Klassenspiele bis hin zu Besuchen von einzelnen Schülern beider Schularten als eine Art Schüleraustausch oder gegenseitige Besuche einzelner Klassen können weitere Schritte der Annäherung sein. Ist diese Annäherung zu einer gern praktizierten Gewohnheit geworden, freuen sich die Schüler auf gemeinsame Fachunterrichte. Gemeinsame Epochenabschnitte z.B. in der Pflanzenkundeepoche oder der Tierkunde bieten sich als Möglichkeit des Kennenlernens an. Intensivere Begegnungen sind durch ganze Epochen, z.B. Ackerbau, Hausbau, erste Menschenkundeepoche, möglich. All dies kann in einer wertvollen Zusammenarbeit von Waldorfschulen und heilpädagogischen Schulen als erster Schritt, ohne rechtliche Vorgaben, durch die Initiative einzelner Menschen verwirklicht werden.

Neben diesen beschriebenen Kooperationsmöglichkeiten gibt es folgende inklusive Modelle in Bayern.[1]

Inklusion[2] einzelner Schüler

Kinder mit sonderpädagogischem Förderbedarf besuchen die allgemeinen Schulen, Waldorfschulen oder beruflichen Schulen. Bestimmte Voraussetzungen sollten als notwendig angesehen werden, ohne die Integration (nach dem bayerischen Recht «Inklusion») nicht gelingen kann. Bei Aufnahme eines Kindes mit besonderem Förderbedarf an einer regulären Waldorfschule

muss ein Konzept erstellt werden, wie den Lern- und Entwicklungsbedürfnissen dieses Schülers und der Klassengemeinschaft
entsprochen werden kann und welche Unterstützung der Klassenlehrer bekommen kann, z.b.:

- räumliche Bedingungen, Rückzugsmöglichkeiten, Pflegemög-
  lichkeiten
- Ausstattung mit geeignetem Mobiliar
- Versorgung mit Hilfsmitteln und Lernmaterial, die dem besonderen Förderbedarf des Schülers Rechnung tragen
- möglicher Einsatz eines Schulbegleiters / Integrationshelfers.
  Dessen Aufgabe ist es, als verlässliche Bezugsperson dem Schüler Teilhabe und Selbstständigkeit zu ermöglichen und sich in
  diesem Prozess, wenn erforderlich, feinfühlig zurücknehmen
  oder ausblenden zu können, um sich in letzter Konsequenz
  überflüssig zu machen. Seine Hilfestellungen sind denkbar in
  den lebenspraktischen Bereichen, pflegerischen Tätigkeiten, in
  der Hilfe zur Mobilität, Unterstützung im sozialen und emotionalen Bereich, Prävention und Intervention bei Krisen und
  in der Unterstützung der Kommunikation. Wichtigste Aufgabe
  ist es, dafür Sorge zu tragen, dass der Schüler nicht separiert,
  sondern in die Klasse integriert wird. Der Schulbegleiter übernimmt grundsätzlich nicht die Aufgabe der Lehrkraft.
- möglicher Einsatz des Mobilen Sonderpädagogischen Dienstes (MSD) zur Beratung der Lehrkräfte und zur Förderung des
  Schülers
- sonstige Beratungsmöglichkeiten und Fortbildungsangebote
  für den Lehrer
- die Frage des Team-Teachings im Falle der Aufnahme mehrerer
  Schüler mit erhöhtem Förderbedarf: Waldorflehrer und Heilpädagoge / Sonderpädagoge in einer Klasse
- Konferenzen mit allen Kollegen, die mit dem aufzunehmenden
  Schüler zu tun haben
- therapeutische Angebote und Maßnahmen
- Planung und Gestaltung von Elternabenden mit besonderer Berücksichtigung der individuellen Bedürfnisse und Verhaltensweisen der Schüler mit besonderem Förderbedarf. Ziel ist es,

eine vertrauensvolle Atmosphäre zwischen den Eltern zu schaffen, in der auch Ängste und Meinungen angesprochen werden können. Es soll deutlich werden, welche Chancen durch Inklusion entstehen.

Besteht der Wunsch der Eltern, ihr Kind mit Förderbedarf (geistige Entwicklung, Lernen, Sprache, Erziehungsschwierigkeiten ...) an einer Waldorfschule einzuschulen, kann, wie erwähnt, der MSD zur Unterstützung herangezogen werden. Sonderschullehrer diagnostizieren und fördern Schüler mit sonderpädagogischem Förderbedarf, sie beraten Lehrer, Erziehungsberechtigte, koordinieren sonderpädagogische Förderung und führen Fortbildungen für Lehrer durch.

Der MSD ist verortet an heilpädagogischen Schulen / Förderzentren, die für das Kind infrage kommen (Schwerpunkt geistige Entwicklung, Hören, Sprache, Lernen, sozial-emotionale Entwicklung). Der MSD oder Sonderpädagogische Beratungsstellen geben Unterstützung bei folgenden Fragen:

– Schulreife
– Besteht ein Förderbedarf?
– Welcher Förderbedarf?
– Welche Unterstützungssysteme würde der Schüler im Falle einer Beschulung benötigen?
– Welche Hilfen kann die Waldorfschule bekommen?
– Ist für den Schüler ein Schulbegleiter notwendig / sinnvoll?
– Wie wird ein Schulbegleiter beantragt? Hier gilt grundsätzlich: Die Bewilligung erfolgt einzelfallbezogen; sie wird ermöglicht im Rahmen der Eingliederungshilfe SGB XII; sie wird finanziert durch Bezirk oder Jugendamt (SGB VIII, SGB XII).

Darüber hinaus unterstützen die Lehrer von Förderschulen in ihrer Tätigkeit zum einen die Schüler mit sonderpädagogischem Förderbedarf an der allgemeinen Schule oder beruflichen Schule, im Rahmen der Beschulung selbst (wöchentlich maximal 2 Std.), zum anderen die Lehrer und Eltern der Schüler durch Diagnostik und Beratung. Zudem gehört die Koordination der Förderung des

Schülers mit Lehrern, Schularzt, Eltern und Therapeuten zum Aufgabenfeld des MSD. Eine weitere Unterstützung können Fortbildungen für das Schulkollegium bieten.

Oft ist die Anwesenheit eines Sonderschullehrers bei Elterngesprächen und Informationsveranstaltungen hilfreich und wünschenswert. Nicht nur die Eltern der Schüler mit Förderbedarf, sondern auch die Eltern der anderen Schüler sollten in die Entscheidung der Aufnahme, durch Information, einbezogen werden.

Angebote in Bayern

Sofern die heilpädagogischen Waldorfschulen ausreichend Sonderschullehrer haben, können die MSD-Stunden an den Waldorfschulen von Lehrern der heilpädagogischen Waldorfschulen geleistet werden. Die Arbeitsgemeinschaft der heilpädagogischen Schulen in Bayern macht es sich zur Aufgabe, ein Beratungsangebot zu entwickeln, das bayerischen Waldorfschulen hilft, die Aufnahme von Schülern mit besonderem Förderbedarf erfolgreich möglich zu machen. Beispielsweise kann sie

– regionale Ansprechpartner an den heilpädagogischen Schulen nennen

– Hilfestellung bei rechtlichen und finanziellen Rahmenbedingungen geben

– hinsichtlich Diagnostik und Förderplanung beraten

– bei Bedarf einen waldorfspezifischen «Mobilen Sonderpädagogischen Dienst» für die betreffende Waldorfschule aufbauen

– in möglicherweise entstehenden schulübergreifenden Aufnahmegremien für die Schulaufnahme von Kindern mit Behinderungen heilpädagogische Kompetenz einbringen

– gegenseitige Hospitationsmöglichkeiten schaffen

– Teilnahme an Klassenkonferenzen ermöglichen

– im Vorfeld Unterstützung bei Klassenelternabenden anbieten

– Therapien für die Schüler mit besonderem Förderbedarf können mithilfe der Kollegen aus der Heilpädagogik beraten, beantragt oder gegebenenfalls auch einrichtungsübergreifend organisiert oder erteilt werden.

– Angebote wie Tagesstätte, Hort, das Konzept Ganztagsschule, sonstige Ganztagesförderungen und tagesstrukturierende Maßnahmen wollen angedacht und organisiert werden. Dies ist möglicherweise einrichtungsübergreifend zu verwirklichen.

Kooperationsklassen

Dieses Konzept entspricht in Bayern inhaltlich dem der «Inklusionsschulen»[3] – mit dem Unterschied, dass oft nur eine einzelne Klassen an einer Schule ist, die inklusiv unterrichtet wird, statt – wie an Inklusionsschulen üblich – alle Klassen inklusiv zu unterrichten. Die Lehrer unterrichten jedoch nicht als Tandem, da der Sonderschullehrer nur für wenige Stunden in der Woche den Unterricht übernimmt. Qualitative und quantitative Anpassung der Unterrichts- und Förderangebote an den individuellen Bildungs- und Erziehungsbedarf der Schüler ist dafür erforderlich.

Partnerklassen

Die zuvor in Bayern übliche Außenklasse wurde im neuen Gesetz durch die Partnerklasse ersetzt.

Partnerklassen der Förderschule oder der allgemeinen Schule kooperieren eng mit einer Klasse der jeweils anderen Schulart. Formen des gemeinsamen, regelmäßig lernzieldifferenten Unterrichts sind darin enthalten. Gleiches gilt für Partnerklassen verschiedener Förderschulformen.

Auch in weiterführenden Schulen wie Gymnasien und Realschulen sowie in Berufsschulen ist diese Konzeption eine Chance, sich der Herausforderung kooperativen Lernens in heterogenen Lerngruppen zu stellen. Partnerklassen von Seiten der Förderschulen werden überwiegend für Schüler mit sonderpädagogischem Förderbedarf im Förderschwerpunkt geistige Entwicklung (und Mehrfachbehinderung) gebildet. Gemäß des pädagogischen Grundsatzes «so viel gemeinsamer Unterricht wie möglich, so viel individuelle Förderung wie nötig» entsteht in diesen Begegnungen eine Atmosphäre der gegenseitigen Anerkennung und Wertschätzung.

Diese Art der Kooperation ist sowohl mit einer Klasse der Waldorfschule als auch mit einer Klasse einer staatlichen Schule praktizierbar. Sie wird derzeit z.b. von der Rudolf-Steiner-Schule Augsburg geplant und in einer Grundschule realisiert.

Wie ist ein Konzept einer Partnerklasse durchführbar?
Das Augsburger Beispiel
Die Rudolf-Steiner-Schule ist eine Förderschule (Förderschwerpunkt geistige Entwicklung) mit integrierter Tagesstätte, also eine Ganztageseinrichtung. Schule und Tagesstätte sind eng miteinander verflochten. Dies ermöglicht eine intensive Zusammenarbeit aller an der Förderung beteiligten Lehrer, Erzieher und Therapeuten. Zentrales Prinzip ist dabei der rhythmische Tagesablauf, der durch den Wechsel von Schule und Tagesstätte entsteht. Dies bedeutet organisatorisch, dass die Schüler der Förderschule vormittags mit ihren Lehrern und dem Tagesstättenpersonal an der Grundschule beheimatet sind. Wenn die Grundschulkinder mittags nach Hause fahren, werden die Förderschüler an die Rudolf-Steiner-Schule gebracht, um dort am restlichen Tagesablauf der Gesamteinrichtung teilzunehmen. Dadurch wird die kontinuierliche Teilnahme der Schüler an den Schulfesten ihrer Stammschule ermöglicht. Die Schüler können am Nachmittag die therapeutischen Angebote wahrnehmen, und ihre Anbindung an die Rudolf-Steiner-Schule als Stammschule wird gepflegt.

Da bei dem Konzept der Partnerklasse nicht wie in einer Inklusionsklasse oder einer Kooperationsklasse der Großteil des Tages gemeinsam gestaltet wird, ist es wichtig, täglich gemeinsame Begegnungsmöglichkeiten zu schaffen: Ein täglich stattfindender gemeinsamer Morgenkreis bietet sich hierfür an. Der Rhythmische Teil als tägliches Ritual für die Partnerklassen ist als künstlerisches Element ein wichtiger Faktor einer teilweise gemeinsamen Beschulung und kann fast als Voraussetzung einer gelungenen Partnerschaft gesehen werden. Auch der Hauptunterricht wird als Zeit gemeinsamen Begegnens und Lernens genutzt werden. In der Partnerschaft mit einer Grundschule ist dies nur in Teilen möglich. So kann es in der 1. Klasse zur Regel werden, dass zu Beginn der Woche ein Inhalt wie beispielsweise die Buchstabengeschichte an die Schüler beider Klassen vermittelt wird. Der übrige Hauptunterricht kann dann in Gruppen und dem Unterrichtkonzept gemäß der einzelnen Klassen fortgeführt werden. Im Laufe des Tages bieten sich weitere Fachstunden an, die gemeinsam gestaltet werden. Dazu gehören in der 1. Klasse vor allem ein gemeinsamer Musik- sowie Kunstunterricht. Sport wird oft zuerst genannt, ist aber aus unserer Erfahrung nicht einfach gemeinsam umzusetzen. In einer Waldorfschule kommen selbstverständlich alle waldorfspezifischen Fächer, z.B. Eurythmie, dazu. Als besonders wichtig wird eine gemeinsame Stunde zum Wochenabschluss gesehen. Inhalte können bei einer Partnerschaft mit einer Grundschulklasse neben dem Wochenrückblick Elemente der Waldorfpädagogik sein, etwa ein Puppenspiel aus dem Erzählteil des Hauptunterrichts der 1. Klasse.

Ein noch intensiveres Zusammensein beider Klassen ist bei einer Partnerschaft mit einer Grundschulkasse in der 3. Klasse bei allen Epochen des Waldorflehrplans möglich, da diese Epochen bei einer gemeinsamen Planung viele der im staatlichen Lehrplan vorgegebenen Unterrichtsinhalte der Grundschule, z.B. Umwelterfahrung oder lebenspraktischer Unterricht, beinhalten.

Der Ansatz der Unterrichtsgestaltung gleicht der einer inklusiven Schule und wird im gemeinsamen Tun beim Erarbeiten der Unterrichtsinhalte, z.B. dem Ackerbau, sowie in Lerngruppen nach Förderbedarf oder in gemischten Kleingruppen gestaltet. Räumlich sind bei unserem Beispiel die Schüler mit Förderbedarf in einer Grundschule untergebracht, dort liegen die Klassenzimmer beider Klassen, verbunden durch einen gemeinsamen Gruppenraum, direkt nebeneinander. Die reduzierte Klassenstärke der Grundschulklasse mit maximal fünfzehn Schülern orientiert sich an der Klassengröße bereits gelungener Partnerklassenmodelle. Die Schülerzahl der Partnerklasse mit acht Schülern kommt der durchschnittlichen Klassengröße an einem Förderzentrum mit Förderschwerpunkt geistige Entwicklung nahe.

Offene Klassen der Förderschulen

In offenen Klassen der Förderschule, in denen auf der Grundlage der Lehrpläne der allgemeinen Schule unterrichtet wird, können auch Schüler ohne sonderpädagogischen Förderbedarf aufgenommen werden. Voraussetzung ist, dass kein Mehrbedarf hinsichtlich des erforderlichen Personals und der benötigten Räume entsteht. Im Rahmen der zur Verfügung stehenden Mittel können die Schulaufsichtsbehörden in Förderzentren (Förderschwerpunkt Sehen, Hören, körperliche und motorische Entwicklung) Schüler ohne Förderbedarf bis zu 20 Prozent der vom Staatsministerium festgelegten Schülerhöchstzahl je Klasse bei der Klassenbildung berücksichtigen. Dieses Konzept könnte auch im Bereich der anthroposophisch orientierten Schulen eine zukunftsweisende Möglichkeit sein und den Schülern mit hohem Assistenzbedarf wie Autisten oder Schülern mit besonders starken psychischen Problemen gerecht werden.

Schule mit dem Schulprofil «Inklusion»

Vorrangiges Ziel der Schulentwicklung aller Schulen ist die inklusive Schule. Dies bedeutet eine besondere Beachtung der erweiterten Heterogenität und Würdigung der Vielfalt aller Schüler.

Eine inklusive Schule ermöglicht die bestmögliche Förderung von einzelnen Schülern mit sonderpädagogischem Förderbedarf in der «Sprengelschule» (die von der Regierung festgelegte wohnortnahe Schule), realisiert gemeinsames Lernen in Gruppen- und Klassenstrukturen und hat darüber hinaus die gesamte Schule als Lern- und Lebensraum für alle Kinder und Jugendlichen mit und ohne sonderpädagogischen Förderbedarf im Blick. Es ist Aufgabe der qualitätsvollen Schulentwicklung, Schüler mit unterschiedlichen Begabungen, Lernvoraussetzungen und mit verschiedener Sozialisation in der Organisation und Gestaltung von Lernprozessen zu unterstützen. Mit der Akzeptanz von Heterogenität geht die Forderung nach einem Unterricht einher, der sich durch ein hohes Maß an individualisierenden Lernmöglichkeiten auszeichnet. Die inklusive Schule entspricht damit dem Anspruch des Leitprinzips des bayerischen Bildungswesens: begabungsgerechte individuelle Förderung aller Schüler.

Das feste Lehrertandem aus einer Lehrkraft der allgemeinen Schule und einer Lehrkraft für Sonderpädagogik (gegebenenfalls auch heilpädagogische Förderlehrer oder heilpädagogische Unterrichtshilfen) unterrichtet diese Klasse gemeinsam. Klassen mit festem Lehrertandem sind gedacht für Schüler ohne und mit sehr hohem Förderbedarf.

Funktionierende Inklusion benötigt kleine Klassen, mehr Personal, pädagogische Unterstützung, Fortbildungen, Hospitationen, Anregungen und Weiterbildung, um die Kollegen in ihrer pädagogischen Arbeit zu stärken und zur Sicherheit im pädagogischen Tun zu verhelfen.

Inklusionsschulen sind in Bayern momentan nur als Projektschulen möglich. Die unterschiedlichen Formen kooperativen Lernens stehen vom Grundsatz her jedoch auch privaten Schulen offen, soweit nicht schulorganisatorische Besonderheiten, z.b. die Sprengelpflicht, zu beachten sind. Es ist privaten Schulen freigestellt, in den Klassen einige Kinder mit sonderpädagogischem Förderbedarf zusammenzufassen. Gegenwärtig haben jedoch nur öffentliche Regelschulen die Möglichkeit, das Profil der inklusiven Schule zu entwickeln. Schulen in freier Trägerschaft sind zwar im Rahmen der gesetzlichen Bestimmungen frei, sich eine besondere pädagogische Ausrichtung (z.b. auch ein inklusives Profil) zu geben, die Finanzierung wie bei Inklusionsschulen kann momentan jedoch nicht gewährleistet werden.

Die Anmerkungen finden sich auf S. 784.

FERDINAND KLEIN

AUF DEM WEG ZUR INKLUSIVEN SCHULE

Zur Inklusion als Prozess und Ziel
gibt es keine Alternative

Wissenschaftliche Erfahrungen als Wegbereiter
der UN-Behindertenrechtskonvention
Im Auftrag des Hessischen Schulministeriums erforschte ich von
1982 bis 1985 als einer der ersten Integrationswissenschaftler der
Bundesrepublik Deutschland im Modellversuch Rüsselsheim-
Königsstätten die Voraussetzungen und Chancen des inklusiven Unterrichts.[1] Die Forschung hatte das Ziel, das heute die
«UN-Konvention über die Rechte von Menschen mit Behinderungen» auf den Punkt bringt: Ein Kind mit Behinderung hat das
Recht, gleichberechtigt mit anderen Kindern alle Menschenrechte und Grundfreiheiten zu genießen. Sein Wohl ist zu achten, und
das inklusive Bildungssystem ist zu schaffen.[2] Bei der Begleitfor-
schung kristallisierten sich Einsichten und Erkenntnisse heraus,
die auch heute zu beachten sind.

Sechs grundlegende Einsichten und Erkenntnisse
– Im demokratisch verfassten Gesellschaftssystem gibt es keine
  für immer gültig definierten Begriffe, denn das würde zu definierten Verhältnissen führen, die aus totalitären Systemen mit
  ihrer hierarchisch untermauerten Ordnungswelt bekannt sind.
  Der Preis der Freiheit verpflichtet Wissenschaft und Praxis zum
  offenen Diskurs. Das kann einerseits beunruhigen, andererseits
  hält es das schöpferische Denken in Bewegung und motiviert
  zum Handeln.[3]
– Auch wenn dominierende Ökonomisierungstendenzen das
  Prinzip der schulischen Gemeinsamkeit zu bedrohen scheinen

und «neue Segregationstendenzen»[4] sichtbar werden, gibt es zur Inklusion als Prozess und Ziel keine Alternative.[5]

– Erziehungswissenschaftler orientieren sich oft an theoretischen Konstruktionen einer gerechten sozialen Umwelt und gehen von der Akzeptanz von Verschiedenheit aus. Dieser Hypothese widerspricht die Realität. Der Widerspruch zwischen Idealität (wie es sein soll) und Realität (wie es wirklich ist) darf nicht harmonisiert werden. Er ist auszuhalten, zu bearbeiten und öffentlich zu machen.[6]

– Bei der inklusiven Schulpraxis agieren Lehrende und Lernende, die einander begegnen oder verfehlen, Beziehungen aufbauen oder abbauen, fördern oder verhindern. Der interaktive Prozess ist auf ein Thema bezogen, hat ein Ziel und eine methodische Struktur; dabei spielen die Unterrichtsmedien eine Rolle. Diese inneren Zusammenhänge inklusiver Praxis dürfen nicht für sich allein gesehen werden; sie sind in die Organisation der einzelnen Schule mit ihrer heterogenen Schülerschaft und in die Struktur des Lehrplans eingebunden. Außerdem wirken auf den inklusiven Unterricht ein: Politik, Recht und Gesetz, Weltanschauung, Tradition und Interessenverbände.[7]

– Den inklusiven Unterricht diskutiert die Pädagogik als Handlungswissenschaft, die dem Lehrer Handlungsorientierung zu geben hat. Handlungsorientierung ist jedoch nur möglich durch Bezug auf leitende Prinzipien im Sinne der regulativen Ideen von Kant. Die Prinzipien sind das Ergebnis des wissenschaftlichen Diskurses und unterliegen dem Wandel der Zeit.

– Letztgültige Prinzipien können nicht formuliert werden, denn der Unterricht ist ein lebendiges Geschehen, das sich apodiktischen oder gar dogmatischen Forderungen widersetzt.

Auf neue Herausforderungen antworten

In seiner Streitschrift gegen den Ungeist der Zeit spricht der Wiener Sozialphilosoph Liessmann vom Traum der Solidarität. In der verwertungsorientierten Wissensgesellschaft stehen diesem Traum inflationäre Begriffe wie Leistungs- und Qualitätssteigerung, Wettbewerb und Wissensbilanz, Konkurrenz,

Ranking, Verwertbarkeit des Wissens und Effizienzorientierung
gegenüber, die Selektion erzeugen und den Schwächeren aussondern. Bildungsziele der Inklusionspädagogik (gemeinsames geistiges Durchdringen der Welt, soziale Kompetenz und Freude am
Lernen) müssen dem auf Profit ausgerichteten Ranking der Wissensgesellschaft weichen.

Gehen wir mit Liessmann davon aus, dass diese «Irrtümer der
Wissensgesellschaft» auch in den Schulen dominieren, dann darf
es nicht darum gehen, dem Ideal der Inklusion nachzujagen, denn
das kann den Lehrer zum Ablehnen der inklusiven Praxis führen.
Ich verstehe deshalb Inklusion als einen Begriff im Werden, den
jeder Lehrer in seiner Praxis durch seine Haltung und sein Handeln verwirklichen kann, und zwar an dem Ort, an dem er tätig
ist. Inklusion ist seine fortwährende Entwicklungsaufgabe.

Eine Schule für alle Kinder ist aufgegeben

Wissenschaft und Praxis können und sollen den Weg zur inklusiven Schule beharrlich gehen und dabei Ressourcen und Hindernisse wahrnehmen.

– Die *Ressourcen*: Risikobewusstsein, persönliche Ressourcen,
  Unterstützung durch Netzwerke, gesellschaftliche Toleranz
  und Offenheit, finanzielle und kulturelle Ressourcen, neue
  Rahmenbedingungen
– Die *Hindernisse*: Unselbstständigkeit, Schwierigkeiten im sozialen Umfeld, Diskriminierung, Institutionalisierungseffekt, geringe Chancen auf dem Arbeitsmarkt, unzureichende Finanzierung der sozialen Dienstleistungen, Behinderung im Kontext
  des Rechtssystems, aufkommende Eugenik.

Insbesondere die Hindernisse zeigen, dass der Wandel im Blick
auf eine Schule für alle Kinder in den Herzen und Köpfen jener
Bürger zu beginnen hat, die in Politik, politischer Administration,
Bildungsorganisation und Bildungspraxis die Verantwortung
tragen.

Strukturelemente des inklusiven Unterrichts

Menschenbild des Lehrers

Entscheidend für das Gelingen des gemeinsamen Unterrichts ist die dem pädagogischen Handeln des Lehrers zugrunde liegende Haltung und Einstellung. Die besonderen Bedingungen des gemeinsamen Unterrichts sind an die ethische Position des Lehrers geknüpft. Ein Lehrer, der sich für ein inklusives Menschenbild entscheidet, welches das Defizitäre und Trennende überwindet und sich an den individuellen Bedürfnissen orientiert, schafft grundlegende Voraussetzungen für die inklusive Arbeit.

Lehrerkooperation

Beim zieldifferenten inklusiven Unterricht arbeiten Lehrer der Regelschule und der Sonderschule und therapeutische Fachkräfte zur gleichen Zeit ganz oder teilweise zusammen. Sie stimmen in einer offenen Kommunikationskultur die Arbeit gemeinsam ab (individueller Erziehungs-, Unterrichts- und Therapieplan, Kompetenzen und Ressourcen wechselseitig transparent machen, Kompetenztransfer, Probleme konstruktiv lösen). An die Mitarbeiter dieser «integrativen Kooperation»[8] werden neue Anforderungen gestellt.

Inklusiver Unterricht im Einzelnen

Der inklusive Unterricht ist ein komplexes interaktionales Geschehen, bei dem soziale Lernprozesse stattfinden. Sie ermöglichen die individuelle Lernentwicklung des Schülers. Dabei hat der Lehrende die Eigenaktivität des Lernenden anzuregen, zu begleiten und zu unterstützen: Er hat die Autonomie des lernenden Subjekts zu stärken.

Neben der auf das Subjekt bezogenen Strukturierung des gemeinsamen Unterrichts ist durch ein differenziertes methodisches Vorgehen die Unterstützung des Lernenden in der Klasse (Gruppe) zu realisieren. Vor allem eine Differenzierung in den Zielen und im Niveau der Anforderungen, in der Anzahl der Aufgaben und im Einsatz der Medien ist notwendig. Auch an weitere didaktische Hilfsmittel, spezielle individuelle Lernhilfen und zusätzliche technische Hilfen ist zu denken.

Folgende offene Unterrichtsformen (Handlungs- und Sozialformen) haben sich bewährt:

- *freie Arbeit, Phasen freien Arbeitens* (Schwerpunkt: das Lernen aus eigenem Antrieb lernen; Selbstaktualisierung; selbstständiges zielorientiertes Lernen)
- *Projektunterricht* (Schwerpunkt: entdeckendes Lernen durch Selbsttätigkeit im fächerübergreifenden Unterricht vor allem in Partner- und Gruppenarbeit)
- *Klassenunterricht* (Schwerpunkt: Gespräche über gemeinsame Erlebnisse und Erfahrungen; Spiele, Feste und Feiern; Aneignung und Vermittlung von grundlegenden Kenntnissen und Fertigkeiten; Planung und Auswertung von Vorhaben)
- *Differenzierung* (Schwerpunkt: innere Differenzierung, um den unterschiedlichen Lernmöglichkeiten der Kinder gerecht zu werden; zeitweilige äußere Differenzierung zur spezifischen Begleitung einzelner Schülergruppen oder Schüler, individuelle oder gruppenbezogene therapeutische Arbeit)
- *«verbundener Ansatz»* (das Aneignen und Vermitteln emotional und sozial fundierter Fähigkeiten und Fertigkeiten, eines emotional fundierten strukturellen Wissens und sozial fundierten Wollens sind nur mit einem «verbundenen Ansatz» zu realisieren). Mit diesem Ansatz ist gemeint, dass sich der gemeinsame Unterricht und die differenzierende Arbeit gegenseitig bedingen und in einer Synthese wirksam werden.

Zur sozialen Dimension des inklusiven Unterrichts

Wenn zunächst keine beobachtbare Kommunikation zustande kommt, sondern Schüler eher in der Gruppe nebeneinander agieren, muss das nicht negativ sein. Entscheidend ist nicht die Enge der Beziehungen, sondern die Auseinandersetzung mit der sozialen Situation. Wesentlich ist, ob das Kind die Position des anderen versteht, ob es sich (teilweise) in dessen Lage hineinversetzen kann, ob es lernt, dass Verschiedenheit nicht gleichbedeutend ist mit Unverträglichkeit und Konflikt.

Einigungen erfordern nicht einheitliche Einschätzungen, Ziele und Vorgehensweisen. Nötig ist vielmehr die Bereitschaft, die Position des jeweils anderen gleichsam hereinzulassen, ohne sie als Abweichung zu verstehen.

Der Prozess der Einigung kann nicht damit verwechselt werden, dass sich ein Schüler zugunsten des anderen in der Beziehung aufgibt. Wie aus Analysen verschiedener integrativer Situationen hervorgeht, liegen in jenen Prozessen große Entwicklungsmöglichkeiten, in denen die Schüler von ihrer jeweils eigenen Position aus agieren. Dies bedeutet, dass sich der Einzelne in einer gelungenen Auseinandersetzung mit dem bzw. den anderen sowohl abgrenzen (d.h. sich seiner eigenen Position sicher werden) wie annähern (d.h. die Position des anderen verstehen und berücksichtigen) kann.

Inklusionsdidaktische Prinzipien

Folgende didaktische Prinzipien beachten die inhaltliche Dimension des inklusiven Unterrichts:[9]
- bei didaktischen Entscheidungen die Potenziale des einzelnen Kindes wahrnehmen und die Lerngegenstände aus der Sicht des Schülers mit Sinn füllen
- auf die Balance zwischen dem gemeinsamen Unterricht in Klassen oder Gruppen und dem individuellen Unterricht achten
- im Sinne der Elementarmethode von Pestalozzi die Kinder von Kindern lernen und an Lerngegenständen wachsen lassen
- beim gemeinsamen Lernen in einer offenen Unterrichtsstruktur das eigene Lernen und das Lernen des anderen Schülers wertschätzen und würdigen lernen
- die Schüler mit Empathie beobachten und ihnen in positiver Atmosphäre ein Handeln ermöglichen, damit sie beim gemeinsamen Lernen die individuelle Differenzierung vollziehen können
- Beim empathischen Wahrnehmen realisiert der Lehrer lernbegleitende Diagnostik mit dem Ziel, die Fach- oder Gegenstandsperspektive mit der Schülerperspektive zu verbinden.

Auf dem Weg zur «Schule als polis»

Durch gemeinsames schulisches Leben und Lernen werden beim einzelnen Kind ganzheitliche und sinnerschließende Aktivitäten geweckt, entfaltet und gestaltet. Die Klasse als Lebens- und Erfahrungsraum bildet Herz, Geist und Hand. Das Lernen geschieht in der Auseinandersetzung mit der Welt der Gegenstände und im gegenseitigen Vertrauen auf Hilfe und Führung. Das Wort des einen kann an das Wort des anderen anknüpfen, und dabei entsteht etwas Gemeinsames. In diesem sprachlich-geistigen Prozess kommt der Mensch zu Wort.

In Hartmut von Hentigs programmatischer Schrift *Die Schule neu denken*, in die seine Erfahrungen in der Bielefelder Gesamtschule, die im PISA-Vergleich hervorragende Ergebnisse erzielte, eingehen, begegnen wir der Schule als polis, als Modell einer politischen, sich selbst verantwortenden Lebens- und Lerngemeinschaft. Schule als polis strebt einen gemeinsamen Unterricht an, der alle Kinder «inmitten zunehmender Systemzwänge zur Selbstbestimmung»[10] befähigen möchte. Deshalb sollte die inklusive Schule, in der ganz andere Ordnungen und Verhältnisse walten als im Leben draußen, ein Raum für Erfahrungen sein, der jedem Schüler ein Hineinwachsen in die gemeinsame Lebensordnung ermöglicht.

Damit berühren wir das Konzept der Mathetik (Lernen durch eigene Erfahrungen). Lernen durch eigene Erfahrungen bedeutet:
– Inhalte in Projekte, in ganzheitliche Lebensfelder gliedern: *Knüpft an die Erfahrungswelt der Kinder an und ermöglicht ein leistungsbewusstes, sachmotiviertes Lernen, ein vernünftiges, spielerisches Aneignen der Gegenstände.*
– In das Bildungsgeschehen den Erwerb der Kulturtechniken eingliedern (Ordnung beachten in den Kategorien von Raum, Zeit, Kausalität und Notwendigkeit; erzählen und zuhören; lesen von Gegenständen, Bildern, Symbolen oder abstrakten Zeichen; Lieder, Tanz- und Bewegungsspiele üben; malen, basteln, künstlerisches Gestalten): *Ermöglicht Ausgewogenheit im Erleben und Fühlen, Denken und Handeln, Können und Wollen.*

- Lernen mit Kindern unterschiedlicher Voraussetzungen: *Ermöglicht ein sozial motiviertes und leistungsbewusstes Lernen.*
- Kindliche Lebensprobleme, die Lernprobleme hervorrufen oder überlagern, von Beginn an ernst nehmen: *Ermöglicht ein ausgleichendes (kompensatorisches) und «heilendes (therapeutisches) Lernen».*[11]

Der Weg zur inklusiven Schule ist der Weg des Sisyphos

Die Darstellung zeigt, dass die inklusive Schule aus dem sozialen Bewusstsein des Gemeinwesens eines Landes und einer Gemeinde heraus wachsen muss. Sie kann nicht «von oben» verordnet werden. Dreh- und Angelpunkt sind aber die Lehrer aller Schularten. Sie werden vor anspruchsvolle Aufgaben gestellt. Der Weg zur inklusiven Schule ist steinig, aber es ist der Weg des Sisyphos, der am Ende seines Weges ein glücklicher Mensch geworden ist. Sisyphos sieht die unaufhebbare Diskrepanz zwischen Realität und Idealität und bejaht sein «Tun und Trachten und erlebt sogar in dieser trotzigen Vergeblichkeit eine Art Würde und Selbstbestätigung, ja Glück».[12]

Noch dominiert die segregierende Schulstruktur, die bildungspolitisch auf Homogenität und Selektion ausgerichtet ist. Doch initiative Persönlichkeiten in Wissenschaft und Praxis treten mit Herz und Sachverstand für die Umgestaltung zur inklusiven Schule ein, in der jedes Kind als einzigartige Persönlichkeit willkommen und geachtet ist.

Anmerkungen und Literatur finden sich auf S. 784ff.

RAUM FÜR MEHR

GESTALTUNG VON SCHULISCHEN LERNRÄUMEN MIT SCHÜLERN

KATHARINA SÜTTERLIN

Aspekte einer neuen Schulraumgestaltung[*]

In Schulen verbringen Menschen auf begrenztem Raum sehr viel Lebenszeit miteinander. Ob diese Zeit als angenehm empfunden wird, ist nicht zuletzt auch eine Frage der räumlichen Bedingungen. An der Ausdifferenzierung des Raumes kann ständig gearbeitet werden, im besten Falle im Zusammenspiel von Pädagogik, Raumgestaltung und Schulentwicklung. Wie könnte eine Schule aussehen, an der Unterschiedlichkeit als Gewinn für alle erlebt werden kann?

Mit unserem Büro «Bauereignis» unterstützen wir Veränderungsprozesse. Gemeinsam mit allen am Schulleben Beteiligten entwickeln wir kontextspezifische Lösungen. Der Designprozess wird als Lernchance begriffen und genutzt. In Projektwochen werden die Ideen entwickelt und gemeinsam umgesetzt. Beim Prozess sind alle angesprochen und gefragt, die miteinander den Lernraum nutzen. Hier ist jeder Experte persönlicher Wahrnehmungen und Bedürfnisse und in der Lage, für die Gestaltung des gemeinschaftlich genutzten Raumes wertvolle Impulse zu geben.

Zuweilen sind gerade besondere Sensibilitäten hilfreiche Wegweiser. Der Prozess ist wesentlicher Bestandteil für die Akzeptanz und die Qualität des Ergebnisses. Ein Höhepunkt für die Schüler ist die Realisation der Entwürfe in der Bauwoche. Hier wird Gestaltungskompetenz tatkräftig erfahren. «Es zeigt,

---

[*] Die Fotos zu diesem Beitrag finden sich im farbigen Bildteil, nach S. 417.

dass man was machen kann», sagte etwa die Kommunikations-
wissenschaftlerin Sigrid Peuker bei einer Führung durch die
«Nürtingen-Grundschule» in Berlin.

Erweiterte Handlungsspielräume

«Bewegungsanlässe schaffen, Lernmöglichkeiten vervielfältigen»:
So könnte der Anfangsgedanke auf eine kurze Formel gebracht
werden. Die von unserem Büro gestalteten Schulräume sind alle
unterschiedlich. Jeder Designprozess bringt neue Impulse, jeder
Ort, jeder Raum hat andere Potenziale. Allen gemeinsam ist die
Möglichkeit des Sichtbarmachens von Unterschiedlichkeit durch
differenziertes Mobiliar.

Durch den Einbau von Podesten und Galerien und eine damit
einhergehende Erweiterung des Möbelsortiments wird der zur
Verfügung stehende Platz «vergrößert», Handlungsspielräume
werden erweitert und vielfältige Körperhaltungen beim Arbeiten möglich. In Kombination mit der akustischen Ertüchtigung
des Gebäudes entsteht eine insgesamt entspannte Grundatmo-
sphäre.

«‹Ich gehe raus in den Flur arbeiten!› – ‹Ist die Bücherei
offen?› – ‹Darf ich mit Tim (Namen der Kinder im Text geändert)
an den Hochtisch?› Verschiedene Lernprozesse und -aktionen,
die zeitgleich in einer Lerngruppe stattfinden, sind eine Herausforderung an Raum und Personal. Einige Kinder brauchen
beim Arbeiten Stille, andere wollen sich austauschen, den Platz
wechseln und brauchen Hilfe … Es wäre natürlich einfacher,
hätten wir mehr Räume, kleinere Klassen, mehr Personal. Doch
unsere Schule zeigt, wie ein Raumkonzept und vergleichsweise
einfache Umbauten zu einer entspannten Lernatmosphäre beitragen können. Nicht nur in den Klassenräumen, auch auf den
Fluren wurden Arbeitsinseln geschaffen, die es ermöglichen,
eine große Klasse in kleine Lerngruppen zu teilen. In unserem
Raum gibt es beispielsweise einen Sitzkreis aus kleinen Bänken, der sowohl als Freiarbeitsfläche als auch für Material- bzw.
Aufgabeneinführungen genutzt wird. Ein Podest mit niedrigen
Arbeitstischen, einer Leseecke sowie einer Hängematte bietet

auch Stauraum für Materialien, die bei Bedarf schnell hervorge-
holt und genutzt werden können, wie unsere Experimentierkiste
oder die Spielekiste für Regenpausen. Mit ein paar Handgrif-
fen wird das Podest zur Bühne, und ein davor liegender runder
Teppich, der eben noch als Arbeitsfläche genutzt wurde, dient
jetzt den Zuschauern einer Vorführung als Sitzmöglichkeit.
Diese Struktur im Klassenraum scheint ein Mehr an Raum zu
schaffen. Akustikpaneele an den Wänden der Klassenräume und
Flure dämpfen zusätzlich die Geräuschkulisse. Ich selbst wande-
re in der Freiarbeit von Insel zu Insel und führe mit einzelnen
Schülern leise Gespräche. Viel mehr als beim Frontalunterricht,
der meine Stimme und Nerven angreift, erreiche ich hier die
Kinder direkt.»[2]

«Was hast du gesagt?»
Bei der Umgestaltung von Lernräumen hat sich die Verbesserung
der Akustik als elementar wichtig erwiesen für gemeinschaftliches
und integratives Lernen. Durch eine Steigerung der Sprachverständlichkeit und damit Verbesserung der Bedingungen für Verständigung untereinander – gerade unter Kindern mit verschie-
densprachigem Familienhintergrund – trägt gute Raumakustik
als wesentlicher Faktor zur Qualität von Arbeitsklima und Lern-
ergebnis bei. Individualisierter Unterricht mit Wechsel zwischen
Einzel- und Gruppenarbeit bringt natürliche Arbeitsunruhe mit
sich, die andere akustische Bedingungen braucht als Frontalunterricht. Jeder soll jeden verstehen können und nicht nur alle
einen. Die in den meisten Schulräumen vorhandene Akustikdecke
wird diesen Bedingungen in der Regel nicht gerecht. Durch das
Einbringen von zusätzlichen Akustikabsorbern kann die Situation wesentlich verbessert werden. In Zusammenarbeit mit einem
Raumakustiker entwickeln wir raumspezifische, gestalterisch an-
sprechende Lösungen.

Flurnutzung, aber sicher
«Durch die Umgestaltung der Flure und die Ausstattung mit den
Podesten ist nun eine ‹Flurschule› entstanden. Die neuen Podes-

te dienen zur Abwechslung bzw. als Alternative zum Arbeiten außerhalb des Klassenraums. Die Schüler können sich lang machen oder sitzen bei der Partnerarbeit nebeneinander, mit dem Rücken an die Wand gelehnt. Gern drücken sich die kleineren Kinder in die offenen Kuben. Sie genießen diesen Rückzug und wollen kurzzeitig für die Erwachsenen unsichtbar sein. Im Sichkleinmachen und Zurückziehen erleben sie Schutz und Geborgenheit und können sich und ihre Körpergrenzen wieder spüren. Wenn ich während meiner Fluraufsicht dann mein Erstaunen darüber zum Ausdruck bringe, wie sie es schaffen, sich in diese kleine Höhle zu drücken, kommen sie oftmals stolz herausgekrabbelt und flitzen dann auf den Pausenhof.»[3]

Viele Schulen haben den Wunsch, die Flure als Aufenthaltsbereiche zu nutzen. In Arbeitsphasen, bei denen sich die Schüler Lerninhalte selbstständig erarbeiten, können diese zusätzliche Arbeitsplätze und Rückzugsräume bieten. Doch Flure sind meist notwendige Fluchtwege und müssen als solche funktionieren. Um dennoch hier Aufenthaltsbereiche zu schaffen, müssen die Brandschutzbedingungen berücksichtigt werden. In der «Nürtingen-Grundschule» in Berlin haben wir gemeinsam mit der Schule und einem Brandschutzexperten ein Gestaltungskonzept entwickelt, welches genehmigt wurde.

Prioritäten setzen

Klassen-, Gemeinschaftsräume, Eingangsbereiche, Schulhof – jeder Standort verlangt andere Themen und Prioritäten. Öfter werden diese Themen auch erst im Prozess richtig deutlich. Selbstverständlich kann nicht jede Bautätigkeit mit Kindern ausgeführt werden, aber immer lassen sich Teilbereiche finden, die gut für eine Kinderbaustelle geeignet sind.

«In der Gestalteten Lernumgebung ging es um das Bauen von Ideen und Konzepten, die Überprüfung unserer Visionen vom Lernen und die Rückeroberung des Schulraums für die dort arbeitenden und lebenden Menschen.»[4]

Planen – bauen – nutzen

Ist die Kooperation mit einer Schule beschlossen, die Finanzierung des Projektes weitgehend gesichert und hat sich das Team aus Pädagogen und Schülern zusammengefunden, wird ein «Bauereignis» in mehreren Schritten verwirklicht, mit folgenden Zielen:

- Stärkung der Wahrnehmung für die vorgegebene Umgebung
- Wahrnehmen und Formulieren von Bedürfnissen
- Möglichkeiten der Veränderung erkennen
- Ideen zu einem konsensfähigen und machbaren Konzept ausformulieren
- bauliche Umsetzung in Zusammenarbeit
- Nutzung der selbstgestalteten Umgebung.

«Wir und der Raum. Wahrnehmen, erkennen,
benennen und weiterdenken»

Im ersten Schritt wird die vorhandene räumliche Lernsituation erforscht. Der Raum und die Einrichtung werden vermessen und gezeichnet, es entsteht ein Modell vom Bestand. Die Körperhaltungen beim Sitzen, Liegen, Stehen, in der Bewegung wird erkundet.

Mit einfachen Elementen werden Möbel erfunden und erprobt und Ideen für die Umgestaltung gesammelt. Hier ist Raum für alle Arten von Vorstellungen, Entdeckungen und Erfahrungen. Oft leisten gerade hier Kinder mit speziellen Befindlichkeiten und Bedürfnissen regelrecht Pionierarbeit und durchbrechen mit unkonventionellem Verhalten Klischees und Routinen. Ein Beispiel hierfür: «Der, der immer so unruhig ist, nimmt sich nun den Hochstuhl ans Fenster, wickelt sich in den Vorhang ein und arbeitet.»[5] Dies verstanden wir als *Ausdruck des Bedürfnisses nach Reizabschirmung und Konzentration.* Im Weiterdenken entstand ein Einzelarbeitsplatz, der dies ermöglicht.

Alle Ideen werden aufgezeichnet, ihre Machbarkeit diskutiert und in der Reihenfolge ihrer Zustimmung sortiert. Danach ist vor allem professionelle Planung gefragt, um die Wunschliste in ein finanziell und technisch realisierbares Konzept zu überführen und dieses gemeinsam mit den Eltern, Lehrenden und pädagogisch Betreuenden abzustimmen und weiter auszuformulieren. Materialauswahl, Detailkonstruktion und Bautechniken werden bestimmt vom Gedanken der Ausführbarkeit nach den kindlichen Möglichkeiten und der konstruktiven Verständlichkeit, auch der Wirtschaftlichkeit und Tauglichkeit im strapazierenden Schulalltag.

GOTTFRIED KNODT [1]

Bauereignis

Mit der Bauwoche geht das Vorhaben in die praktische Phase – jetzt geht es zur Sache. Die Klasse hat ihren Raum weitgehend ausgeräumt, um Baufreiheit zu schaffen und manchen Ballast zugunsten der neuen Einrichtung loszuwerden. Lastwagen fahren vor, es werden abgeladen: Balken, Latten, Bretter in allen Größen, Werkzeugkisten. Die Kinder kommen angestürmt, alle packen sich etwas auf, oft viel zu viel auf einmal; ein großes Brett, ein Balken muss zu zweit getragen werden. Auf der Treppe nach oben wird es eng, es staut sich; mit den langen Latten geht es nicht einfach durch die Kehre. Hier wird echte Zusammenarbeit erprobt und erfahren. Adrian, noch kein viertel Jahr zuvor eingeschult, nimmt sich ein Brett und geht zu einer anderen Tür als die anderen Kinder. Nach einer Weile erscheint er wieder und berichtet: «Da hoch, in dem Treppenhaus ist keiner, da gibt es keinen Stau!»

Wie beim Abladen der Materialien ist auch beim Bauen Teamarbeit gefragt. Es gibt unterschiedliche Arbeitsschritte, nicht jederzeit sind alle Werkzeuge für jeden verfügbar. In kleinen Gruppen wird gearbeitet: Material wird zusammengestellt, Werkstücke werden gemessen, Schnittlängen angezeichnet; es werden Bauteile gesägt, Löcher für Verbindungsschrauben vorgebohrt und gesenkt, es wird Leim angegeben; Teile werden zusammengesetzt und schließlich verschraubt zu Hockern, Tischchen oder zu tragenden Konstruktionen größerer Einbauten wie einem Podest, einer großen Bank oder einer Hochebene.

Mit dem ersten Bautag sind die Routinen, Hierarchien und Strategien des schulischen Alltags außer Kraft gesetzt, neue Denkweisen sind gefragt, Kreativität wird herausgefordert. Hier entdecken die Kinder Fähigkeiten in sich, von denen sie bislang nichts wussten. Und sie lernen, diese in der Zusammenarbeit einzusetzen. Die Auffassungsgabe im Praktischen zeigt sich oft unerwartet und überrascht nicht selten die Alltagsgefährten und Lehrer. Mancher «unruhige Geist», der vor den Büchern nicht stillsitzen kann, erfährt sich als unermüdlicher und geduldiger Arbeiter und erwirbt sich Respekt. Einige Beispiele:

– Jonas hat es von seiner anfänglichen Verweigerungshaltung aus mangelndem Zutrauen schließlich auf das Titelbild der Projektbroschüre «geschafft»; sein Arbeitseifer steht ihm deutlich ins Gesicht geschrieben.

– Ein groß gewachsener, sehr zurückhaltender Schüler wird auf sein besonderes Talent aufmerksam gemacht: Mit unerschütterlicher Ruhe vermag er kerzengerade Löcher zu bohren in Bretter und Balken. Er bekommt Komplimente; höflich bedankt er sich dafür. Schnell ist er unter dem Spitznamen «Standbohrer» anerkannt und mit seinem Können gefragt.

– Eine Klasse hat sich eine Hochebene gewünscht, mit einer Balustrade umgeben, eine Treppe führt nach oben. Eine Mitschülerin ist mit einem Arm und einem Bein in der Beweglichkeit eingeschränkt. In aufmerksamem Probieren werden Position und Gestaltung eines weiteren Treppengeländers ermittelt, das auch ihr den Aufstieg zur Galerie ermöglicht.

– Patrick, ein Kind mit sonderpädagogischem Förderbedarf, Klasse 1, 2, 3; erster Tag der Bauwoche; das Klassenzimmer ist fast leergeräumt. Kinder und Erwachsene kommen zum Kreis zusammen. Patrick reiht sich nicht ein, er streift durch den veränderten Raum und findet einen leeren Umzugskarton. Sofort steigt er hinein, kauert sich zusammen und klappt die Deckel über sich zu. Durch einen Spalt verfolgt er die weiteren Vorgänge. (Aus dieser praktischen Demonstration des «Nischenexperten» Patrick entwickelte sich im Weiteren die Idee zum Bau einer kleinen Höhle im Klassenzimmer als Rückzugsort.)

– Berkan fällt beim gemeinschaftlichen Bau eines Hockers aus zugeschnittenen Bauteilen auf; sehr schnell hat er den Arbeitsablauf verstanden. Welches Teil kommt wohin, an welchen Stellen wird vorgebohrt, wo wird der Leim angegeben, welche Schraubenlängen sind passend für die jeweils unterschiedlichen Verbindungen? Die kurzen Lattenstücke mit der schräg angeschnitten Seite nach rechts; mit den halblangen Schrauben gegen die Unterseite der Sitzplatte geschraubt. «Ich zuerst» ist bisher der Tenor in der kleinen Gruppe der vor Begeisterung ungeduldigen Kinder. Berkan gibt abgezählt Schrauben weiter, reicht dem Mädchen neben sich die Leimflasche, bohrt zweimal vor, gibt dann den Akkubohrer weiter und lässt den Kollegen neben sich an das Werkstück ran. Er bringt eine wunderbare Ruhe in den Ablauf, weil er vorausschaut und sehr kollegial das Zusammenarbeiten vormacht. In der Pause kommt es im Gespräch mit einer Erzieherin zu einem kuriosen Missverständnis. «Berkan ist ein ganz Besonderer» beschrieb ich meine Beobachtung. «Ja, der ist ja auch ein I-Kind» erwidert die Erzieherin. Bislang nicht vertraut mit der Bedeutung der Bezeichnung und mit dem «Kürzel «I» eher etwas Auszeichnendes in Richtung Intelligenz vermutend, staunte ich nicht wenig, als die Erzieherin fortfährt: «Der kann nicht lesen und nicht rechnen, das ist im Unterricht ganz schlimm mit dem.» Berkan hat das nicht gehört; die Erfahrungen beim Bauen und das Erlebnis seiner Selbstwirksamkeit werden ihn hoffentlich begleiten und stärken.

– Der Sinn von Zusammenarbeit und die Freude daran werden beim gemeinsamen Bauen zuweilen mit einer Intensität erfahren, die deutlich zeigt, dass hier echte Entdeckungen und elementare Erfahrungen gemacht werden: Bei zwei Jungen einer Klasse 1, 2 wich die anfängliche Konkurrenzhaltung zunächst einem arbeitsteiligen Miteinander – einer zeichnete die Position der Bohrlöcher vor, der andere bohrte; dann wurde abgewechselt. Ebenso wurde der Weg der Leimspur jeweils bis zur Hälfte vorgezeichnet und mit der Leimangabe ebenso verfahren. In ihrer Begeisterung gingen sie dann aber weiter: Zum Schluss machten sie alles gleichzeitig zu zweit und führten die Leimflasche einträchtig zu vier Händen. Ob das Verfahren das Optimum an Zusammenarbeit war, werden die beiden herausgefunden haben; jedenfalls war es das Maximum an Gemeinschaftserlebnis. Beide haben am nächsten Tag ihre Arbeit unvermittelt da aufgenommen, wo sie aufgehört hatten, und haben ihre Zusammenarbeit mit Begeisterung fortgesetzt.

Auch scheinbar ungleiche Verhältnisse können hier im Zusammenspiel ihr Gleichgewicht finden. Ein Wissensvorsprung wird oft großzügig weitergegeben und für beide Seiten zum Gewinn. Und nicht selten gesellt sich zu einem tatkräftigen Kind ein hingebungsvolles und bewunderndes Pendant, und beide bilden für eine Weile ein Paar jenseits der Freundschafts- oder Konkurrenzverhältnisse im Klassenalltag.

Zum Ende der Bauwoche gibt es bei entsprechender Resonanz unter den Eltern – das kann erheblich variieren – einen «Familienbautag»; da zeigen dann die kleinen Handwerker ihren Eltern und Geschwistern mitunter stolz, «wo es lang geht». Mit vereinten Kräften, in lockerer Atmosphäre, wird dann angepackt, was bis dahin noch nicht zu Ende geführt werden konnte. Schon hier, wie auch später in der alltäglichen Nutzung, zeigt sich ein hohes Maß an Identifikation mit dem neu geschaffenen Ort, von Kindern und Eltern gleichermaßen. Für die pädagogisch Betreuenden wird und soll der neue Raum – nach allem bisher Geleisteten – eine Herausforderung bleiben.

«Der Einzug in das neue Klassenzimmer war sehr schön. Die Kinder kamen ganz aufgeregt und überpünktlich in die Klasse. Auch ich konnte die Nacht nur unruhig schlafen – es fühlte sich wie Weihnachten an. Die Kinder zogen sich ganz selbstverständlich die Schuhe aus und wollten gerne Hausschuhe einführen. Auch die Festlegung der Sitzordnung erfolgte friedlich. Die Bauwoche schweißte uns alle zusammen. Unser größter Schatz ist der dreiteilige, kreisförmige Klassenrat-Tisch. Laut der Kinder haben wir noch jede Menge zu tun, z.b. müssen wir nun den Podest-Putzdienst und den Kissen-Fülldienst einführen. Nach der Umgestaltung des Klassenzimmers haben wir uns für ein neues Unterrichtskonzept entschieden. Wir arbeiten nun mit Wochenplänen. Jetzt wird der Raum den unterschiedlichen Bedürfnissen der Kinder gerecht, was sich positiv auf das Lernklima auswirkt. Sie arbeiten wesentlich konzentrierter und ruhiger.»[6]

Die Tauglichkeit des Konzeptes von «Bauereignis» steht mit bislang etwa dreißig umgestalteten Klassenräumen, dazu Freizeiträumen, Fluren, Eingangsbereichen und Außenanlagen auf dem Prüfstand andauernder Praxis. Der integrative Aspekt ist dem Konzept von Beginn an wesentlich. Alle künftigen Nutzergruppen sind in Planung und Ausführung mit ihren Wünschen, Vorstellungen und Bedürfnisse im Entstehungsprozess integriert. Mit gewonnener Vielfalt an Arbeits-, Bewegungs- und Erholungsmöglichkeiten wird auch Raum geschaffen für Belange, die über den erwarteten Standard hinausgehen.

Die Anmerkungen finden sich auf S. 786.

ZAN REDZIC & ALBERT SCHMELZER

PÄDAGOGISCHE HERAUSFORDERUNGEN IM INTERKULTURELLEN KONTEXT

ERFAHRUNGEN AN DER INTERKULTURELLEN WALDORFSCHULE MANNHEIM[1]

Eines der zentralen Probleme des deutschen Bildungssystems ist die vielfach empirisch nachgewiesene und breit diskutierte Benachteiligung von Kindern mit Migrationshintergrund aus schwachen sozialen Schichten.[2] Angesichts dieser Lage wird intensiv nach Konzepten zur Verbesserung der Chancengleichheit gesucht. Neben der Forderung nach einer früheren Sprachförderung sind zahlreiche Empfehlungen formuliert worden, wie Schule mit der Herausforderung einer besseren bildungsmäßigen Integration von Kindern mit Migrationshintergrund umgehen könne: Sie solle integrativ und nicht segregierend sein, Mehrsprachigkeit fördern und ein gutes Sozialklima sowie vertrauensvolle Lehrer-Schüler- und Lehrer-Eltern-Beziehungen pflegen, die Pädagogik solle nicht defizitorientiert sein, sondern die persönlichen Potenziale von Kindern und Jugendlichen stärken, günstig seien Gesamt- und Ganztagsschulen.[3]

Im Blick auf diese Charakteristika mag auffallen, dass sie in ihren Grundzügen dem Konzept der in Deutschland über 220, weltweit rund 1000 Waldorfschulen entsprechen. Allerdings haben die deutschen Waldorfschulen die Migrationsproblematik bisher kaum aufgegriffen. Zwar gibt es selbstverständlich auch Kinder mit Migrationshintergrund an Waldorfschulen, doch entstammen sie zumeist – ähnlich wie ihre deutschen Mitschüler – den mittleren und oberen gesellschaftlichen Schichten, dem «Bildungsbürgertum» eben.[4] Die Gründe dafür liegen vermutlich vor allem im Schulgeld, das Waldorfschulen aufgrund unzureichender staatlicher Zuschüsse verlangen müssen, sowie einer kulturellen Hemmschwelle: Der Entschluss, sein Kind an eine freie Schule zu schicken, setzt ein erhebliches Maß an pädagogischem Interesse voraus. Bisher haben die Waldorfschulen wenig getan, um aktiv um Kinder mit Migrationshintergrund aus schwachen sozialen Schichten zu werben. Das ist umso bedauerlicher, als die erste Waldorfschule 1919 aus einem dezidiert sozialen Gründungsimpuls hervorgegangen ist; sie sollte eine Schule sein, in der «die Kinder des Arbeiters neben denen des Direktors sitzen, wo also die Klassenunterschiede von Grund aus aufhören und einmal wahr gemacht wird mit dem Ausspruch: freie Bahn dem Tüchtigen».[5]

Eine erste interkulturelle Waldorfschule

Vor diesem Hintergrund ist im Jahre 2003 in Neckarstadt-West, einem «Problemviertel» Mannheims mit einem Anteil an Menschen mit Migrationshintergrund von über 50 Prozent der Bevölkerung, eine erste interkulturelle Waldorfschule begründet worden, die teilweise durch Stiftungen finanziert wird, sodass das Schulgeld niedrig gehalten werden kann. Charakteristisch ist die große soziale wie kulturelle Heterogenität der inzwischen rund 250 Schülerinnen und Schüler aus zehn Klassen: Als Stadtteilschule wird sie von Kindern aller sozialen Schichten besucht, etwa die Hälfte hat einen Migrationshintergrund, viele bringen Lernprobleme oder soziale Verhaltensauffälligkeiten mit. Multikulturell wie die Schülerschaft ist auch das Kollegium: Etwa 40 Prozent der Lehrerinnen und Lehrer stammen aus der Türkei, aus Polen, Bosnien, England, Spanien, Brasilien und anderen Ländern. Das Leitbild, die Strukturen und das pädagogische Konzept dieser Schule sind in mehreren Veröffentlichungen vorgestellt worden.[6] Zentrale Elemente lassen sich in folgenden Stichwörtern andeuten: Die Interkulturelle Waldorfschule ist eine freie, selbstverwaltete Ganztagsschule ohne Sitzenbleiben und Notengebung, Englisch wird ab der ersten, Französisch ab der vierten Klasse unterrichtet, in den ersten drei Stufen gibt es jahrgangsübergreifend das Fach «Begegnungssprache», in dem die Kinder mit Migrationshintergrund in ihrer Muttersprache unterrichtet werden und die deutschen Kinder sich zuordnen, künstlerische und handlungsorientierte Lernformen haben einen hohen Stellenwert. Die Ergebnisse einer wissenschaftlichen Evaluation, die in den Jahren 2004 – 2006 stattgefunden hat, weisen auf eine erfolgreiche erste Phase der Schulentwicklung hin: Defizite zahlreicher Kinder mit Migrationshintergrund in der deutschen Sprache konnten innerhalb der ersten zwei Jahre ohne besondere Sprachförderung ausgeglichen werden, das Sozialklima verbesserte sich, die überwiegende Mehrzahl der befragten Eltern zeigte sich mit der schulischen Entwicklung ihrer Kinder zufrieden. Im folgenden Beitrag soll es nun um die Anforderungen gehen, die sich an einer solchen Schule einem Lehrer stellen. Dabei wird der Fokus auf den Klassenlehrer gelegt, der traditionell an Waldorfschulen, besonders aber an der Interkulturellen Waldorfschule Mannheim, eine zentrale Rolle spielt: Er unterrichtet «seine» Kinder von der ersten bis zur achten Klasse in einem täglichen Blockunterricht von 8 bis 10 Uhr in Deutsch, Geschichte, Rechnen, Physik, Biologie und Geografie im Rahmen von drei- oder vierwöchigen Epochen, er begleitet darüber hinaus die Schüler bis zum gemeinsamen Mittagessen, manchmal noch in den Nachmittag hinein, er ist wichtigster Ansprechpartner der Eltern. Methodisch wird so verfahren, dass exemplarisch von den Erfahrungen von Zan Redzic, dem aus Bosnien stammenden Lehrer der aktuell 4. Klasse – einem der Autoren dieses Beitrags – ausgegangen wird.

Man stelle sich vor: 32 Schülerinnen und Schüler sitzen mehr oder weniger erwartungsvoll in ihren Bänken, 17 von ihnen haben einen Migrationshintergrund; sie stammen aus der Türkei, Bosnien, Syrien, Italien, Lettland, Nordafrika, Belgien, den USA, Venezuela, Chile und Thailand – ein wahrer «melting-pot». Auch in Bezug auf den sozio-ökonomischen Status der Eltern und das kognitive Leistungsvermögen der Schüler existieren erhebliche Unterschiede: Es gibt Hartz-IV-Empfänger und relativ gut Situierte, es gibt Hochbegabte und Kinder mit Lernschwierigkeiten.

Wie kann, wie soll man als Lehrer mit einer solchen Heterogenität umgehen? Aspekte der Unterrichtsmethodik und Leistungsbewertung, des sozialen und des interkulturellen Lernens werden in diesem Zusammenhang zu betrachten sein.

Soziales und interkulturelles Lernen

Als ein wichtiges Element des Unterrichtens in so vielfältig zusammengesetzten Klassen erscheint die Binnendifferenzierung: Es ist sinnvoll, unterschiedliche Schüler mit Aufgabenstellungen verschiedenen Schwierigkeitsgrads zu konfrontieren. Allerdings besteht die Gefahr, Leistungsdifferenzen zu früh bewusst zu machen und bei manchen das Gefühl des Nicht-Könnens und den damit verbundenen Motivationsverlust hervorzurufen.

Daher ist es wichtig, die abgegebenen Arbeiten nicht mit einer abstrakten Ziffer zu bewerten, in die so unterschiedliche Faktoren wie Fleiß, äußere Form, Gedankenklarheit, Zahlen- bzw. Sprachverständnis, Rechtschreibung und grammatikalisches Können einfließen, sondern die jeweilig relevanten Aspekte sprachlich zu charakterisieren – und zwar unter Einbeziehung der Leistungsmöglichkeit und der individuellen Anstrengung des einzelnen Schülers: Was für Jens hervorragend war, ist vielleicht für Aysel bei gleichem Ergebnis in der Rechenarbeit nur mittelmäßig. Entscheidend ist auch, dass nicht die Gespenster von Notenzeugnissen und möglichem «Sitzenbleiben» im Hintergrund stehen und angstfrei gelernt werden kann; wer unter Druck steht, kann – wie Befunde aus der Neurologie zeigen – sein Potenzial nur begrenzt entfalten.[7]

Nur in einem entspannten Schulklima ist zudem möglich, was neben der Binnendifferenzierung als weiteres produktives Element im Umgang mit Heterogenität erscheint: soziales Lernen. Es gilt, Gelegenheiten zu schaffen, in denen die kognitiv Leistungsstärkeren den Schwächeren, die Schnelleren den Langsameren helfen können. Möglich wird das, wenn ein eher lehrerzentrierter Unterricht, in dem die Kinder in neue Weltgebiete eingeführt werden, mit Formen offenen Unterrichts kombiniert wird. Am Ende einer längeren Unterrichtseinheit über Tierkunde stellt Zan z.B. die Aufgabe, große Plakate für eine Ausstellung zu gestalten. Die Klasse wird in Gruppen aufgeteilt, und schon geht das Diskutieren los: Welches Tier wollen wir malen? Welche Farben benutzen wir? Welches Material benötigen wir? Wer soll was machen? Im Bewältigen einer solchen Aufgabenstellung wird Vielfältiges gelernt: das soziale Miteinander, der Umgang mit Arbeitsmitteln, das Konzipieren einer Idee und ihre Umsetzung.

Sinnvoll ist es auch, gelegentlich Hausaufgaben zu stellen, die gemeinsam zu übernehmen sind – etwa ein kleines Referat –, und dabei anzuregen, dass sich Paare aus stärkeren und schwächeren Schülern zusammenschließen. Dabei gilt es im Bewusstsein zu haben, dass auch die Stärkeren von solch einer Kooperation profitieren können: «Am besten begreift man einen Zusammenhang, wenn man ihn anderen Menschen erklären soll, und deshalb lernen gerade gute Schüler so viel, indem sie im Rahmen von Partner- und Gruppenarbeit schwachen Schülern etwas erklären müssen. Die Schwachen bremsen also nicht die Lernfortschritte der Guten, wie so viele Eltern vermuten, sondern sie sind Anlässe und Motoren für deren Leistungssteigerung.»[8] Möglichst sollte jeder in der Klasse Gelegenheit bekommen, sich hervorzutun. Hier zeigt sich, wie wichtig es ist, eine Vielzahl von Fächern anzubieten, sodass nicht nur kognitive, sondern auch künstlerische, handwerkliche und sportliche Begabungen gefragt sind und sich entfalten können. Als beispielsweise die Klasse an einem Fußballturnier der Stadt teilnimmt, werden Schüler ausgewählt, die in manchen anderen Fächern nicht so im Vordergrund stehen – eine enorme Hilfe für die Stärkung des Selbstbewusstseins.

Zudem können scheinbare Defizite als Lernanregung genutzt werden. So kommt ein Mädchen aus Venezuela in die Klasse. Sie spricht nur Spanisch und Englisch. Zan redet als Klassenlehrer nur Deutsch mit ihr, damit sie schnell in die neu zu erlernende Sprache hineinwächst, regt aber die Kinder an, doch jetzt ihr Englisch, das sie seit der 1. Klasse lernen, anzuwenden. Einige trauen sich – mit großer Freude und wachsendem Erfolg!

Überhaupt wird immer wieder die Gelegenheit ergriffen, die kulturelle Vielfalt als Chance zu nutzen. Wie viele Möglichkeiten gibt es, in den verschiedenen in der Klasse vorhandenen Sprachen «Danke» zu sagen, wie viele Lieder warten darauf, gesungen zu werden! Hier können die Kinder auch den Lehrer als einen Lernenden erfahren. Manchmal ergeben sich bewegende Momente. Die Schüler haben in der 3. Klasse durch einen japanischen Pädagogikstudenten japanische Lieder und Begrüßungsformen gelernt. Als nun ein Jahr später ein japanischer Schüler als Gast kommt, wird er in seiner Sprache empfangen. Er ist begeistert, und die Kinder freuen sich!

Hervorragende Anlässe für interkulturelles Lernen bieten die Feste der verschiedenen Religionen. Manche werden gemeinsam vorbereitet und gefeiert; besonders das Zuckerfest am Ende des Ramadan ist ausgesprochen beliebt. Immer wieder aber taucht Fremdes, Überraschendes auf. Warum bloß essen die muslimischen Kinder keine Gummibärchen? Warum sind sie bei Grillfesten bei Würstchen so wählerisch? Es dauert eine Weile, bis die Kinder herausgefunden haben, dass in den Gummibärchen Gelatine verarbeitet ist, die aus Schweinefleisch stammt, und es bei den Würstchen wichtig ist, dass sie von rituell geschlachteten Tieren stammen – solches «halal»-Fleisch wird gegessen. Und es dauert nicht lange bis zur Entdeckung, dass es auch «vegetarische» Gummibärchen gibt! Bei solchen Gelegenheiten kann unmittelbar erfahren werden, dass Toleranz weit mehr meint als Duldung: nämlich aktives Interesse.

Ein wesentlicher Beitrag zum sozialen und interkulturellen Lernen ist die Stärkung der Klassengemeinschaft. Separierungen einzelner kultureller Gruppen sind kontraproduktiv, entstehen aber schnell, wenn der Lehrer nicht aufmerksam ist. Als sich die Gewohnheit einschleicht, dass einige Schüler in der Klasse miteinander türkisch sprechen, entscheidet sich Zan eines Tages, den Unterricht in bosnischer Sprache zu beginnen. Nur ein bosnisches Kind versteht ihn; die Übrigen sind verblüfft und beginnen zu begreifen, dass es notwendig ist, dass sich in der Schule alle in einer Sprache verständigen.

Ein verbindendes Element ist das Frühstück, es hat sich zu einem Ritual des Teilens entwickelt. Die in den Ranzen verborgene kulinarische Vielfalt internationaler Küche wird ausgebreitet und gemeinsam verzehrt. Auch die karge Schnitte Toastbrot, die ein Kind als einziges Mitbringsel beisteuern kann, wird akzeptiert, wobei der Klassenlehrer das Ganze noch mit frischem Obst, Gurken und Salat aufbessert.

Anfang der vierten Jahrgangsstufe ist als weitere Hilfe für das Zusammenwachsen der Klassengemeinschaft und das Lösen von Konflikten eine «Klassenkonferenz» eingerichtet worden; im Abstand von vierzehn Tagen werden regelmäßig anstehende Vorhaben, auftretende Streitigkeiten, Anregungen und Wünsche miteinander bewegt. Die Kinder lernen auf diese Weise, Meinungsverschiedenheiten geregelt auszutragen, Initiative einzubringen und Verantwortung zu übernehmen: etwas von dem, was Hartmut von Hentig als «Schulpolis» bezeichnet hat und Vorübung für eine lebendige Demokratie bedeutet.[9]

Schenken von Sinn

Es ist versucht worden zu beschreiben, wie der Klassenlehrer an der Interkulturellen Waldorfschule mit der sozialen und kulturellen Heterogenität der Kinder umzugehen versucht; Motive wie Binnendifferenzierung und Gruppenarbeit, der produktive Umgang mit Differenzen und die Pflege von Gemeinsamkeit sind berührt worden. All diese Bemühungen sind wesentlich; sie bleiben allerdings unwirksam, wenn die Kinder nicht von etwas ergriffen werden, was sich schwer in Worte fassen lässt und andeutungsweise als Erfahren von Sinn bezeichnet werden kann. Neil Postman hat in einer eindrücklichen Studie darauf hingewiesen, dass ohne den Zugang zu dieser Dimension Schulen «Häuser der Leere, nicht der Lehre» sind;[10] sie erschließt sich durch das Einbeziehen von Religiosität in seiner umfassenden Bedeutung, verstanden als «Transzendieren des Ich zu einem sinngebenden Gesamtzusammenhang und als Einbettung in diesen».[11] Das geschieht einerseits durch das schon beschriebene Bemühen um eine Begegnungsqualität, die jeden Menschen, unabhängig von Hautfarbe, kulturellem Hintergrund und Leistung, in seiner Geschöpflichkeit als gleichwertig anerkennt, andererseits durch die großen Erzählungen, die Leben und Welt eine Bedeutung geben: die Märchen, Legenden und Mythen der Geschichte der Menschheit sowie das Hineinwachsen in den «erlebbaren Zusammenhang» der Natur.[12] In diesem Kontext spielen der Bildungsplan und die phänomenologisch ausgerichtete Methode der Waldorfpädagogik eine entscheidende Rolle: In den täglichen Erzählteilen des Klassenlehrers begegnet das Kind dem lebendigen Strom der kulturellen Überlieferungen der Menschheit, in der Naturkunde wird das Staunen über die Welt der Steine, Pflanzen und Tiere angeregt und ihr Zusammenhang mit den Stoffen der Erde, dem Klima und den Jahreszeiten erarbeitet.[13] Dabei fällt auf, dass zu den Märchen, Legenden und Mythen, die an der Interkulturellen Waldorfschule aus verschiedenen Kulturen genommen werden, offensichtlich ein transkultureller Zugang möglich ist; so ist das willenshaft-lebendige Element der Nordischen Mythologie mit den dramatischen Auseinandersetzungen im Bereich der Götter, wo der gewaltige Thor seinen Hammer Mjölnir schleudert, der nach jedem Wurf in seine Hand zurückkehrt, quer durch die Kulturen, Schichten und Geschlechter hindurch besonders beliebt. Indem die Kinder in der angedeuteten Weise Sinnhaftigkeit erfahren, das – wie sich Zan ausdrückt –, was «hinter den Dingen» ist, «das Qualitative, das Wesenhafte», bilden sich Seins-Vertrauen und personale Stabilität – und damit berührt Bildung eine tiefere Schicht als das Vermitteln überprüfbarer Kompetenzen und das Anstreben standardisierter Lernziele.

Kollegen und Eltern

Nun begegnet der Lehrer an der Interkulturellen Waldorfschule nicht nur der Heterogenität der Kinder, er ist auch Teil eines internationalen, ebenso heterogenen Kollegiums. Vierzehn Nationalitäten sind vertreten; das schafft eine Atmosphäre kultureller Vielfalt und großer Lebendigkeit, bedeutet aber auch das Aufeinandertreffen unterschiedlicher Mentalitäten. Nicht alle Kulturen haben das gleiche Verhältnis zur Zeit und damit zur Pünktlichkeit, nicht für alle ist rationale Planung stärker zu gewichten als Spontaneität und Improvisationsfreude. In Bezug auf solche grundlegenden Haltungen einen gemeinsamen Nenner zu finden ist nicht von heute auf morgen zu erreichen, sondern kann nur Ergebnis eines Prozesses intensiver Zusammenarbeit sein, welcher das Überwinden von Vorurteilen, das Einüben in Formen gewaltfreier Kommunikation und Konfliktlösung sowie das immer wieder neu zu aktivierende Interesse für den anderen umfasst. Eine Hilfe für den Umgang mit den auftretenden Schwierigkeiten erwächst zudem aus dem Bewusstsein für die Nöte und Bedürfnisse der Kinder und der Orientierung an der gemeinsamen ideellen Grundlage, die im Leitbild der Schule im Blick auf das soziale Miteinander wie folgt beschrieben wird: «Neues kommt in die Welt, indem sich Menschen zu freier Tat verbinden. In diesem Sinn sehen wir uns als freie Schule: der Einzelne ist eigenverantwortlich tätig im Bemühen, sein eigenes Handeln im Zusammenklang mit der Arbeit der Kolleginnen und Kollegen zu halten. So sehr gilt, dass jede Initiative heilig ist, so sehr gilt auch: jeder Initiativträger strebt danach, sich als Glied des Ganzen zu fühlen.»[14] Dieses Streben, die eigene Sicht von den Gesichtspunkten des anderen korrigieren und erweitern zu lassen, ist auch notwendig im Kontakt mit den Eltern. So vielfältig wie deren kulturelle Verwurzelung und ihr sozio-ökonomischer Status ist auch ihre Motivation für die Wahl der Schule. Manche schicken ihre Kinder aufgrund der räumlichen Nähe, andere aus Enttäuschung über das staatliche Bildungssystem, wieder andere wegen der Ganztagsbetreuung oder weil sie gehört haben, dass es den Kindern hier «gut geht»; nur ein geringer Teil kennt die Waldorfpädagogik und hat sich mit dem ideellen Konzept der Schule beschäftigt. Genau hier ist anzusetzen: Für das wechselseitige Verstehen erscheint es unverzichtbar, die Eltern mit der an der Schule praktizierten Pädagogik vertraut zu machen. Das geschieht weniger in Vorträgen – die werden von «bildungsfernen» Eltern selten besucht – als vielmehr im unmittelbaren Gespräch über das Kind. Wie sehen die Eltern, wie die Lehrer seine Entwicklung? Auf welcher Stufe steht es? Welche Entwicklungsschritte sind zu erwarten? Wie können Stärken gefestigt, Lernschwierigkeiten überwunden werden? In der konkreten Beratung werden pädagogische Ideen anschaulich; gelingt sie, wächst das Vertrauen in die Kompetenz des Lehrenden.

Neben dem Einzelgespräch ist selbstverständlich auch das Entstehen von Gemeinsamkeit in der Elternschaft einer Klasse bedeutsam: Elternabende mit alle verbindender künstlerischer Tätigkeit, Wochenendfahrten zum gegenseitigen Kennenlernen, ein wöchentlich stattfindendes Elterncafé bieten Gelegenheit zum Kennenlernen und Gedankenaustausch, über sozio-ökonomische, nationale und religiöse Grenzen hinaus. Auf diese Weise wächst allmählich ein Gefühl der Verantwortung füreinander, verbunden mit solidarischem Handeln. So haben sich einige Eltern bereit erklärt, den Instrumentalunterricht für Kinder von finanzschwächeren Elternhäusern zu übernehmen; wechselseitige finanzielle Unterstützung innerhalb der Klasse gibt es auch bei Fahrten und sonstigen Veranstaltungen. Im Allgemeinen ist nur der Klassenlehrer in diese Vorgänge einbezogen, es sollen keine Gefühle von Dankesschuld und Abhängigkeit entstehen. Die ursprünglich gerade bei türkischen Eltern bestehende Reserve, ihre Kinder in anderen Familien übernachten zu lassen, ist inzwischen überwunden; enge Freundschaften haben sich bei Kindern und Eltern gebildet – bis dahin, dass in schwierigen existenziellen Situationen – etwa einer Scheidung – die Kinder eine Weile bei ihren Freunden leben.

Kompetenzen und Fähigkeiten

In den vorangegangenen Ausführungen ist eine Skizze der Aufgaben und Tätigkeiten des Klassenlehrers gegeben worden. In einer abschließenden Betrachtung soll nun der Blick auf die von ihm verlangten Kompetenzen und Fähigkeiten gerichtet werden.[15] Der Klassenlehrer an Waldorfschulen, das ist breit dargestellt worden,[16] braucht eine umfassende Allgemeinbildung, um Rechnen, Schreiben und Lesen, Gesteins-, Pflanzen- Tier- und Menschenkunde, Deutsch, Geschichte, Geografie und Astronomie und – wenn er die Schüler bis zur 8. Klasse führt – Physik und Chemie zu unterrichten. Im interkulturellen Kontext sollte hinzutreten die Bereitschaft, gerade in Geografie, Geschichte und Literatur Motive der verschiedenen in der Klasse vertretenen Kulturen einzubeziehen und aufleben zu lassen; wenn auch orientalische Legenden, russische Erzählungen und spanische Dichtungen im Unterricht auftauchen, bewirkt das nicht nur seelischen Reichtum, sondern fördert auch die Einwurzelung der Kinder in der neuen Umgebung.

Auch die erwarteten methodisch-didaktischen Kompetenzen sind vielgestaltig. Der Lehrer sollte lebendig erzählen können, durch den methodischen Dreischritt von Darstellung, Charakterisierung und gedanklicher Durchdringung die Urteilsbildung anregen, er sollte den Unterricht rhythmisch gliedern, schöne Tafelzeichnungen anfertigen, gut singen und Arrangements für soziales Lernen schaffen können. Diese fachlichen und methodisch-didaktischen Fähigkeiten, die idealiter so ineinanderspielen, dass ein erziehungskünstlerischer Prozess entsteht, sind noch zu ergänzen durch interkulturelle Kompetenzen: die Überwindung von Vorurteilen, das Verstehen des Fremden, die Entwicklung von Toleranz als Haltung aktiven Interesses sowie die Akzentuierung des Unterrichts mit interkulturellen Motiven und das Anleiten der Schüler zum interkulturellen Lernen. All diese Kompetenzen aber sind nur tragfähig, wenn sie aus einigen Schlüsselqualifikationen wachsen: dem stets neu zu aktualisierenden Bemühen um die Wahrnehmung der einzelnen Kinder, der Beschäftigung mit der anthroposophischen Menschenkunde und der Fähigkeit zur Intuition. Wie diese Elemente zusammenhängen, sei abschließend angedeutet.

Intuition ist Geistesgegenwart, absolute Präsenz im Hier und Jetzt, Offenheit für Einfälle. Bewegt man die Frage, wie man als Lehrer und Erzieher zu einer solchen Intuitionsfähigkeit kommen kann, so stößt man in der Waldorfpädagogik auf den Hinweis Rudolf Steiners, die Fähigkeit zur Intuition entspringe dem Empfinden der Lebensäußerungen des Kindes und seiner Bedürfnisse: «Viel wichtiger als das Wesen aller Erziehungsregeln: ‹Das muss man so und das so machen!› ist es, diese Empfindung sich anzueignen, den Reflex des Kindes empfinden, beobachten zu können, wie man die eigene Tätigkeit entwickelt, wie sie einem entgegenkommt am Reflex. Es ist also im Wesentlichen ein intuitives Element, das im Verhältnis des Lehrenden und Erziehenden zu dem Kinde sich entwickeln muss. Man muss sozusagen auch lesen lernen das Ergebnis seines eigenen pädagogischen Tuns.»[17] Ein solches Mit-Empfinden mit dem Kind wachse aus zwei Wurzeln: dem Wahrnehmen des Kindes und der Beschäftigung mit seinem Wesen und den Gesetzen seiner Entwicklung.[18] Wie ein solches Wahrnehmen im vorliegenden Kontext zu verstehen ist, kann durch die Etymologie des Wortes anschaulich werden: Wahrnehmen kommt vom altgermanischen Wort «waren» und meint «in Acht, in Hut nehmen» – im Wort «bewahren» klingt die ursprüngliche Bedeutung noch nach. Ein solches Wahrnehmen ist das Gegenteil eines registrierenden Beobachtens, das Merkmale auflistet und Stärken und Defizite registriert, es ist ein empfindendes Schauen, in dem Anerkennung und Empathie mitschwingen.

Die Neurologie hat die Pädagogik auf die Wirkungen aufmerksam gemacht, die von einem solchen Wahrnehmen ausgehen. Mitte der 90er-Jahre konnte im Gehirn das System der Spiegelneuronen nachgewiesen werden; sie übersetzen das Wahrgenommene oder Miterlebte in eine Art diskretes inneres Mittun. Schüler lernen am Modell durch Nachahmung und Vorbild des Lehrers, sie registrieren darüber hinaus, wie die Lehrenden sie sehen, vor allem in ihren Potenzialen für die Zukunft. «Sie legen sich» – so schreibt Joachim Bauer – «in den Korridor der Vorstellungen und Visionen hinein, die sich ihre Bezugspersonen ... von ihnen machen. Gibt es keinen solchen Zukunftskorridor, dann weiß das Kind nicht, wohin die Reise gehen soll.»[19] Damit wird deutlich, womit pädagogisches Handeln zu beginnen hat: mit dem immer wieder neu zu aktualisierenden Gewahrwerden des einzelnen Kindes.

Die zweite Wurzel, aus der das Mit-Empfinden mit dem Kind wachsen kann, ist das Studium der anthroposophischen Menschenerkenntnis, wie sie Steiner ab dem Jahre 1917 in zahlreichen Vorträgen, besonders in dem für die ersten Waldorfschullehrer gehaltenen Kurs über die *Allgemeine Menschenkunde als Grundlage der Pädagogik*, entwickelt hat.[20] Dabei verstand Steiner die geisteswissenschaftliche Menschenerkenntnis nicht als Theorie, sondern als Gedanken, die unmittelbar fähigkeitsbildend wirken, wenn der Unterrichtende sich meditativ mit ihnen beschäftigt und damit eine Art «geistigen Verdauungsprozess» anregt: «Abends meditieren Sie über Menschenkunde, und morgens quillt aus Ihnen heraus: ja, mit dem Hans Müller musst du jetzt dies oder jenes machen – oder: bei diesem Mädchen fehlt es an dem und dem und so weiter. Kurz, Sie wissen, was Sie für den speziellen Fall anwenden müssen.»[21]

Es erscheint im vorliegenden Kontext nicht möglich, inhaltlich die Grundlagen anthroposophischer Menschenkunde auch nur anfänglich zu entwickeln.[22] Doch soll zumindest an einem Punkt angedeutet werden, worin die Fruchtbarkeit des Studiums und der meditativen Vertiefung ihrer Begriffe besteht. Im 6. Vortrag der *Allgemeinen Menschenkunde* werden die drei Seelenfähigkeiten Denken, Fühlen und Wollen in ihrer geistigen Dimension, d.h. in Bezug auf ihre Bewusstseinshelligkeit, charakterisiert. Im Denken sind wir wach, wir vollziehen die Gedankenverbindungen – wenn wir wirklich denken – bewusst. Anders ist es im Fühlen. Gefühle erscheinen weniger konturiert und durchschaubar als Begriffe; sie wogen, Traumbildern gleich, auf und ab, wir leben halbbewusst, träumend in ihnen. Noch tiefer unbewusst, schlafend ist die Region des Willens, verstanden als körperliche Tätigkeit: Was physiologisch vorgeht, wenn wir unseren Arm bewegen, ist unserem Bewusstsein entzogen. Nun können solche Überlegungen zu einem aufmerksamen Wahrnehmen der Schülerinnen und Schüler führen: Es gibt intellektuell wache Kinder, es gibt eher träumerische, bei denen das Gefühlsleben überwiegt, und es gibt Kinder, die wie stumpf wirken in ihren Gedanken und Gefühlen – man kommt schwer an sie heran. «Wenn Sie da gleich das Urteil fällen: das ist ein schwachsinniges, ein stumpfsinniges Kind –, wenn Sie es mit experimenteller Psychologie untersuchen würden, schöne Gedächtnisprüfungen vornehmen und allerlei, was ja jetzt auch schon in psychologisch-pädagogischen Laboratorien gemacht wird und dann sagen würden: stumpfes Kind seiner ganzen Anlage nach, gehört in die Schwachsinnigen-Schule oder auch in die jetzt beliebte Wenigerbefähigten-Schule, so würden Sie mit einem solchen Urteil nicht dem Wesen des Kindes nahekommen. Vielleicht aber ist dieses Kind besonders stark im Willen veranlagt, vielleicht ist es eines jener Kinder, die im späteren Leben aus ihrer Cholerik zu tatkräftigem Handeln übergehen. Aber der Wille schläft zunächst.»[23] Allerdings deutet sich eine Entwicklungsperspektive an: «… alles Schlafen hat dem Lebensrhythmus gemäß die Tendenz, nach einiger Zeit aufzuwachen.»[24]

Eine solche Bemerkung ist geeignet, die Aufmerksamkeit des Lehrers anzuregen. Wie lässt sich diese Tendenz zum Aufwachen unterstützen? Im Nachsinnen über eine solche Frage, im Bewusstsein, dass auf Kinder nur in dem Bereich gewirkt werden kann, in dem sie «ansprechbar» sind, im Wahrnehmen von Kindern und Durchleben von Unterrichtssituationen können pädagogische Intuitionen auftauchen, was konkret getan werden und hier nur allgemein angedeutet werden kann: auf gefühlsmäßig orientierte Kinder durch starke Gefühle zu wirken, auf willenshafte, indem man sie zu Tätigkeiten anregt, in die ein waches Element hineinspielt, etwa indem Bewegungen mit Sprache verbunden werden.

Wir haben neben den fachlichen, methodischen und interkulturellen Kompetenzen einige grundlegende Fähigkeiten skizziert, die für den Waldorf-Klassenlehrer von zentraler Bedeutung sind: das immer wieder neu zu realisierende empathische Wahrnehmen der Schüler, der meditative Umgang mit der anthroposophischen Menschenkunde und die Entwicklung von Intuitionsfähigkeit. Diese Stränge pädagogischen Bemühens bilden eine allgemein-menschliche, transkulturelle Grundlage für die Entfaltung der Waldorfpädagogik im interkulturellen Kontext.

Anmerkungen und Literatur finden sich auf S. 787ff.

MICHAEL BIRNTHALER

ERLEBNISPÄDAGOGIK UND INKLUSION

Erlebnispädagogik und Inklusion scheinen auf den ersten Blick eher wie Feuer und Wasser zueinander zu stehen. Hier die feurige, vitale und oftmals ungestüme Erlebnispädagogik, dort die bedächtige, sich einfühlsam um vielerlei individuelle Bedingungen besorgende Inklusionspädagogik. Zwei Welten, die sich unversöhnlich gegenüberstehen und sich wie Feuer und Wasser auslöschen?

Bei näherem Hinsehen fällt jedoch auf, dass es zwischen der Erlebnispädagogik und der Inklusion mehr Brücken gibt, als man zunächst vermuten möchte. Dies erkannten bereits die Väter der Behindertenrechtskonvention der Vereinten Nationen. Die 2009 in Deutschland in Kraft getretene Übereinkunft hat als «Inklusionsmotor» entscheidend dazu beigetragen, dass sich das Thema Inklusion in den Folgejahren sehr rasch ausbreiten konnte. Für die Erlebnispädagogik relevant ist dabei vor allem ein Artikel aus der Konvention, bei dem es um freizeitpädagogische Angebote geht. Dabei werden die Vertragsstaaten verpflichtet, Schritte einzuleiten, «um sicherzustellen, dass Menschen mit Behinderungen die Möglichkeit haben, behinderungsspezifische Sport- und Erholungsaktivitäten zu organisieren, zu entwickeln und an solchen teilzunehmen».[1] Sport, Freizeit, Erholung – die zentralen Themen der Erlebnispädagogik – sind also von Anfang an auch in die «Magna Charta» der Inklusion von den Vereinten Nationen aufgenommen worden.

Erlebnispädagogik und Inklusion:
Feuer und Wasser oder ideale Partner?

Dass die Erlebnispädagogik aber geradezu prädestiniert ist, ein idealer Partner der Inklusion zu sein, hat einen anderen Grund. Wenn man nämlich in der Geschichte der Erlebnispädagogik zurückblättert, stößt man auf zwei interessante Wurzeln.

– Die ersten Ursprünge der Erlebnispädagogik liegen, ähnlich wie auch in der Waldorfpädagogik, in den Erfahrungen aus den Katastrophen des Ersten Weltkrieges. Ein Zeitgenosse und Bekannter von Rudolf Steiner, der junge Politiker und Pädagoge Kurt Hahn, gründete nach dem Weltkrieg im Schloss Salem die erste erlebnispädagogische Schule. Seinen Ansatz betitelte er aber merkwürdigerweise nicht als «Erlebnispädagogik», sondern als «Erlebnistherapie»[2]. Er war davon überzeugt, dass bestimmte hochkarätige Erlebnisse die Potenz besitzen, eine Art Gegenkraft gegen die destruktiven Tendenzen im Menschen (die zum Weltkrieg führten) aufzubauen. Gute Erlebnisse, so Kurt Hahn, stärken den Menschen, Herausforderungen lassen ihn über sich hinauswachsen und festigen den Charakter des Menschen – aller Menschen.

– Als Kurt Hahn 1976 hochbetagt verstarb, war durch ihn und seine «Outward Bound-Bewegung» eine stabile Grundlage für die («moderne») Erlebnispädagogik geschaffen worden. Diese erhielt dann in den 80er-Jahren einen faszinierenden Aufschwung – in der Zeit, als unbeschulbare Jugendliche und junge Menschen mit den verschiedensten Benachteiligungen von Sozialarbeitern «aufgesammelt» wurden und in ein außergewöhnliches Projekt «gesteckt» wurden. Gegen den Rat von Wissenschaftlern, Politikern und Beamten unternahmen diese wagemutigen Sozialpädagogen mehrmonatige transatlantische Segeltörns mit den Jugendlichen. Die «Experimente» in den 80er-Jahren waren allerdings so erfolgreich, dass sie in der Welt der Pädagogik und Sozialarbeit für Aufsehen sorgten. Gleichzeitig waren die Versuche auch die Geburtsstunde der «modernen Erlebnispädagogik». Auch diese zweite Wurzel der Erlebnispädagogik führt uns also wiederum mitten hinein in die Arbeit mit benachteiligten (jungen) Menschen.

Auch wenn die Erlebnispädagogik in der Gegenwart immer wieder einmal als «Spaßpädagogik» auftritt oder als «Abenteuerpädagogik» missverstanden wird, ihre eigentlichen Ideale sind aus den Grundideen der Inklusion heraus geschöpft. Denn dem Ideal der Erlebnispädagogik liegt ein spezifisches Menschenbild zugrunde. Kurt Hahn hat es so formuliert: «Wir vermögen mehr, als wir glauben. Wenn wir dies erleben, werden wir uns in Zukunft nicht mit weniger zufrieden geben!»[3] Es beinhaltet erstens ein Credo an die verborgenen Potenziale in jedem Menschen. Zweitens an die Möglichkeit, diese Potenziale wachrufen und nutzen zu können. Und drittens, dass der Mensch darauf ausgelegt ist, zu wachsen, an seine Grenzen zu gehen und im Überschreiten der Grenzen – in der Transzendenz – sein Glück zu finden. Die Erlebnispädagogen eint insofern auch der Glaube an die Potenziale in jedem Menschen – selbst wenn die Potenziale bei einem Menschen vorübergehend einmal versteckt oder verschüttet sein mögen.

Sämtliche Konzepte der Erlebnispädagogik, ihre gesamte Praxis atmet dieses Ideal, die schlummernden Potenziale in jedem Menschen heben zu wollen. Wie kaum eine andere pädagogische Richtung hat sie deshalb Modelle entwickelt, die nicht von einer Normierung des Menschen ausgehen oder auf eine Normierung hinauslaufen. Im Gegenteil, der Kerngedanke der Erlebnispädagogik ist sogar anti-normativ, alle gängigen Normen hinter sich lassend.

Nehmen wir z.B. das Bogenschießen. Diese Sportart kann in vielerlei Hinsicht normierend genutzt werden. Der Sportpädagoge wird das Bogenschießen nutzen wollen, um die Leistung eines Schützen zu verbessern, der Vereinsschütze wird die Technik ausfeilen wollen. Der Schulpädagoge wird intellektuelle Aspekte, historisches Wissen usw. einfließen lassen wollen, der Freizeitpädagoge den Spaß als Gradmesser anlegen und der

Naturpädagoge den ökologischen Lerneffekt bemessen wollen. Der Erlebnispädagoge dagegen wird – frei von Normen und einengenden Zielsetzungen – nur das individuelle Erlebnis in den Vordergrund stellen. Er wird davon ausgehen, dass das Erlebnis des Bogenschießens in jedem Menschen seine ganz eigene, subjektive Kraft entfalten kann. Bei einem sensibel vorbereiteten Setting kann das Bogenschießen, beispielsweise gerade bei Menschen mit Behinderungen, ein tiefgehendes, äußerst nachhaltig wirkendes Urerlebnis darstellen.

Um nochmals mit Kurt Hahn zu sprechen: «Es ist Vergewaltigung, Menschen in Meinungen zu zwängen, doch es ist Verwahrlosung, ihnen Erlebnisse vorzuenthalten, durch die sie ihres eigenen Wesens gewahr werden können.»[4] Mit der entsprechenden Haltung und dem geeigneten Lernumfeld kann dann also z.B. das Bogenschießen zu einem Urerlebnis werden, zu einem Erlebnis, durch das der Teilnehmer «sich seines eigenen Wesens gewahr werden kann».

Erlebnispädagogik: Gemeinsamkeitsgefühle schaffen

Andere pädagogische Ansätze bauen gelegentlich auf Normierendes, auf Wissen, Können, Leistung, auf Intellektualität, spezifische Fähigkeiten usw. Dadurch wird segregiert, differenziert, notfalls auch ausgegrenzt. Im Unterschied dazu baut die Erlebnispädagogik auf die ursprüngliche Kraft der Erlebnisse, auf Urerlebnisse, die alle Menschen miteinander teilen können. Damit werden die Menschen miteinander verbunden, wird eine Einheit geschaffen und das Gefühl der Gemeinsamkeit erzeugt: Inklusion, vielleicht in ihrer reinen und urtümlichen Form.

In vierfacher Weise kann die Erlebnispädagogik ein gemeinsames Band zwischen den Menschen aller Art schaffen; diese vier Aspekte sollen im Folgenden dargestellt werden.

1. Die Erlebnispädagogik rekurriert auf die urbildlichen und archaischen Erlebnisse

Viele Psychologen und Anthropologen gehen davon aus, dass in jedem Menschen bestimmte phylogenetisch verankerte, uralte Erlebnismuster vorhanden sind, die alle Menschen miteinander gemein haben. Paläontologisch betrachtet durchlief die Menschheit bestimmte archaische Bewusstseinsstufen, die unabhängig von den spezifischen ethnischen oder kulturellen Ausprägungen sind. Manche sprechen z.b. von einem mythischen, magischen und mentalen Bewusstsein (Ken Wilber et.al.[5]) oder einem kollektiven Unbewussten, in dem einheitliche Archetypen und Urbilder eingeschrieben sind (C. G. Jung[6]), wieder andere erkennen ein Set an Entwicklungsmustern und sprechen von einem «Heldenweg der Menschheit» (J. Campbell, v. Gennepp[7]). Aus der anthroposophischen Menschenkunde kennen wir vergleichbar die Idee der epochalen Entwicklung der Menschheit im Laufe der verschiedenen Kulturstufen. Auch hier liegt die urferne Vergangenheit des Menschen in einem gemeinsamen (geistigen) Mutterschoß, aus dem heraus sich dann der Mensch immer mehr herausdifferenziert und individualisiert. Wie dem auch sei, die Vergangenheit der Menschheit war anscheinend stark geprägt von einem einheitlichen Bewusstsein, das quasi wie eine geistige Glocke über allen Menschen vorhanden war. Am Anfang stand also die große Einbezogenheit = Inklusion.

Hier stoßen wir aber zugleich auf ein spezielles Geheimnis der Erlebnispädagogik, ein rätselhaftes Phänomen, das immer wieder bestaunt wird: Warum entfalten manche Erlebnisse innerhalb eines fein abgestimmten Umfeldes gelegentlich eine frappierende Wirkung? So als ob unter manchen Erlebnismustern ganz eigene energetische Kraftfelder vorhanden wären?

Wer sich mit der Erlebnispädagogik länger beschäftigt, wird bemerkt haben, dass diese außergewöhnlichen Wirkungen in der Regel dann auftreten, wenn die Erlebnisse in Resonanz geraten mit den archaischen Tiefenschichten in den Untergründen der menschlichen Seelen. Da die Erlebnispädagogik genau mit diesen, über alle Kulturen, Zeiten und Begabungen hinweg gleichen seelischen Tiefenschichten arbeitet, wohnt ihr eine immense natürliche inklusive Potenz inne.

Um es in einem Beispiel darzustellen: Wenn junge Menschen eine geheimnisvolle Höhle begehen und erforschen, erfüllt sie stets eine immer und überall gleiche schaurig-schöne Stimmung von Andacht vor den Kunstwerken der Natur. Ganz unabhängig davon, ob es ein Kind mit oder ohne Behinderung ist, ob es hochbegabt oder originell ist, sich beim Lernen leicht tut oder mit ADHS diagnostiziert wurde, ob es ein Lamm ist oder sich «frech wie Rotz» benimmt, immer wenn ein Kind eine majestätische Höhle erkundet, wird sich bei ihm ein Gefühl des Staunens und der Ehrfurcht bemerkbar machen. Und dieses gemeinsame Gefühl ist die goldene Brücke zwischen allen Kindern, die «lingua franca», die Sprache, die alle Kinder sprechen und verstehen.

2. Elementare Naturerfahrungen, die alle Kinder teilen können

In der klassischen Erlebnispädagogik spielt die fundamentale Naturerfahrung die herausragende Rolle. Oft wird dies auch in Bezeichnungen wie «Outdoor Education» oder «Outward Bound», der von Kurt Hahn gegründeten Organisation, dokumentiert. Eine Naturerfahrung die unter einem erlebnispädagogischen Vorzeichen steht, wird einen anderen Charakter haben als originär schulische Naturerfahrungen. Auch hier stehen nicht die normierbaren, pädagogisierbaren Aspekte im Vordergrund. Vielmehr ist die Naturerfahrung selbst Zweck und Ziel der erlebnispädagogischen Bemühungen in einem. Wer mit Kindern oder Jugendlichen unterschiedlichster Provenienz eine Bootstour unternimmt, wird spätestens nach drei Tagen wissen, welche tiefe Wahrheit hinter der Devise «Wir sitzen alle in einem Boot» steckt. Es mag kaum etwas geben, was Menschen mehr verbindet als das Erleben von Naturgewalten. Oder auch: was Menschen mehr zusammenschweißt als die gemeinsame Bewältigung von Abenteuern in der «wildnisartigen Natur» – sei es mit einem Boot in den reißenden Wassermassen eines Flusses, auf einem Schiff im tosenden, wogenden Meer, mit Seil und Karabiner in der imposanten Welt der Berge oder einfach nur bei der Pirsch durch das Unterholz und das Dickicht im Wald nebenan.

Ein Spaziergang durch herrliche Sonntagsnatur mag (inzwischen) für viele langweilig sein. Doch wenn sich am Horizont eine mächtige graue Wand aufbaut, die ersten Blitze zucken und der Donner in der Ferne rollend zu hören ist, fallen plötzlich alle Unterschiede zwischen den Menschen ab und das Gefühl von bedingungslosem Zusammenstehen macht sich breit. Vor Wandervögeln, aber auch vor Waldorflehrern hat Rudolf Steiner immer wieder die zentrale Bedeutung von elementarer Naturerfahrung hervorgehoben. Die Erhabenheit eines Gewitters, die Schönheit eines Sonnenuntergangs, die Majestät einer Berglandschaft seien Erlebnisse, die alle Menschen vitalisieren und begeistern können.

3. Das urtümliche Gefühl von echter Gemeinschaft durch erlebnispädagogische Aktivitäten

Erlernte Etiketten, Statusdenken, Rollenklischees und Cliquenhaftigkeit sind schon bei Kindern und Jugendlichen unüberwindliche soziale Schranken. Die korrekten Marken an den Klamotten, das hipste Smartphone, die coolste Musikband oder der angesagteste Fußballklub sind heute zu Reviermarken für unerbittliche Ausgrenzungen geworden. Doch auch wer nicht das «Gymi» besucht, sondern auf eine «Deppen-» oder «Baumschule» («Wald-dorf-schule») geht, kann schon mal mit Häme und sozialer Herabsetzung rechnen. Im Zeitalter der Individualisierung treten die «antisozialen Triebe» (Rudolf Steiner)[8] mehr und mehr in den Vordergrund. Im Zeitalter der Individualisierung sind deshalb umso mehr inklusive Gegenkräfte nötig. Sie sind der erforderliche soziale Kitt. Hier kann in Zukunft unter diesen Vorzeichen die Erlebnispädagogik eine tragende Rolle einnehmen. Denn die Förderung von Gemeinschaftsgefühl, Teamgeist und «sozialem Kitt» ist die Kernkompetenz der Erlebnispädagogik. Aus diesem Grunde werden die Methoden der Erlebnispädagogik zunehmend in sämtlichen pädagogischen und sozialen Feldern eingesetzt. Kooperative Abenteuerspiele,

Teamspiele, Interaktionsübungen sind bewährte und weit verbreitete Methoden, die vor einigen Jahren aus der Werkstatt der Erlebnispädagogik herausgeholt wurden.

Mit den Kooperationsaufgaben aus dem Methodenpool der Erlebnispädagogik könnte ein «Trumpf im Ärmel» der Inklusionsbewegung gefunden werden. Nach wie vor ist noch nichts Vergleichbares entwickelt worden, was Gruppen jeglicher Zusammensetzungen leichter und schneller zu einem Team zusammenschweißen kann. Die Erfolgsfaktoren dahinter sind unschwer zu benennen: Abenteuergeist, Ernstcharakter, etwas Wettkampf und eine packende Aufgabenstellung, die nur gemeistert werden kann, wenn die Gruppe ihr Bestes gibt.

Eine kleine Kostprobe:
«Vor uns seht ihr einen schier unüberwindlichen schluchtartigen Wassergraben. Um unsere Mission erfüllen zu können, müssen wir es aber schaffen, in zwei Stunden auf der anderen Seite zu sein. Hm, allerdings sind hier nur ein paar Seile zu finden – wer weiß, ob die uns weiterhelfen können. Kommt schnell alle zusammen, wir müssen zuerst einen Plan schmieden, wie wir die schwierige Aufgabe schaffen können!» Bei Abenteuerprojekten dieses Typs spielen plötzlich die sonstigen Differenzen und Handicaps kaum mehr eine Rolle. Denn schließlich werden alle Hände gebraucht, und die Gruppe kann ihr Ziel nur erreichen, wenn sie als geschlossenes Team agiert.

Zu den Aufgaben der Schule gehört es zu differenzieren und zu individualisieren. Robert ist in Mathematik besser als Richard, und Richard ist in Deutsch besser als Ramona. Ein Herzstück der Erlebnispädagogik dagegen ist es zu sozialisieren und zu inkludieren. Was unter Umständen in der Schule analysiert und sortiert wird, das wird nach der Schule, z.B. in der Erlebnispädagogik, synthetisiert und wieder vereinigt.

4. Das Verlernen der erlernten Hilfslosigkeit durch Erlebnispädagogik

Ein nicht zu unterschätzendes Problem für Inklusion stellt die erlernte Hilflosigkeit dar. Viele Menschen mit Handicaps haben sich in einer Welt der Hilfslosigkeit dauerhaft eingerichtet. Sie haben erfahren und gelernt, dass ihre Möglichkeiten sehr beschränkt sind, dass ihre Fähigkeiten begrenzt, ihre Chancen gering sind usw. Vor allem haben sie sich damit abgefunden und es «verlernt», an ihre Fähigkeiten und Potenziale zu glauben.

Um diesen Teufelskreislauf zu durchbrechen, bedarf es jedoch oft starker pädagogischer Instrumente – etwa in Form von starken Erlebnissen, die gleichzeitig mit einschneidenden «persönlichen Erfolgserlebnissen» verbunden sind. Man darf nicht vergessen, dass nicht nur Kinder ohne Beeinträchtigung eine Sehnsucht danach haben, ihren «inneren Helden» zu leben. Ihn zu befriedigen, sich in echten Abenteuern und Herausforderungen als Held zu bewähren ist eine anthropologische Konstante, die allen eingeschrieben scheint. Doch gerade Menschen mit Behinderungen sind aufgrund ihrer erlernten Hilflosigkeit oft von den Möglichkeiten abgeschnitten, sich auch einmal als Held zu erleben. Dass dies nicht so sein muss, zeigen einzelne Beispiele aus der Erlebnispädagogik, bei denen benachteiligten Menschen gezielt die Chance gegeben wird, ihr inneres Heldentum auszuleben. So gibt es z.B. schon seit vielen Jahren eine Segelgesellschaft in England («Jubilee Sailing Trust»[9]), die bewusst auf Inklusion setzt. Neben den acht Segelprofis wird die Crew aus Menschen mit den unterschiedlichsten Fähigkeiten zusammengesetzt, darunter z.B. auch acht Rollstuhlfahrer. Bis heute sind mehr als 21.000 Teilnehmer auf diesen Törns gewesen, fast 10.000 davon mit körperlichen Einschränkungen, allein 3.000 Rollstuhlfahrer. Erstaunlicherweise sind die Törns stets ausgebucht, die Resonanz ist überwältigend positiv. Menschen mit Behinderung berichten oft, dass sie hier einen Durchbruch erlebt haben, um aus ihrem Kokon aus erlernter Hilflosigkeit herauszufinden.

Grenzen der Erlebnispädagogik für die Inklusion

Sosehr die Erlebnispädagogik einerseits für Durch- und Aufbrüche sorgen kann, so sehr sind aber auch Abbrüche und Abgründe durch sie möglich. Nur zu groß ist z.b. die Gefahr, dass ein erlebnispädagogisches Setting die Teilnehmer komplett überfordert. Dann entsteht aus einem gut gemeinten Ansatz ein Fiasko, ein zusätzliches Misserfolgserlebnis und damit mehr an Behinderung.

Wer also im Bereich der Inklusion mit erlebnispädagogischen Elementen arbeiten möchte, sollte deshalb aus der Sicht des Autors

– eine doppelte Qualifikation mitbringen, z.b. eine Ausbildung in der Heilpädagogik und zugleich eine gute Schulung in Erlebnispädagogik

– auf einen hohen Betreuerschlüssel achten, günstigerweise mit dem «Buddy-Prinzip» arbeiten, bei dem ein enges Tandem (Behinderter + Nichtbehinderter) entsteht

– sämtliche Aufgabenstellungen und Settings «barrierefrei» machen und entsprechend adaptieren (6+1-Modell[10]: sechs Adaptionen eines Settings: Materialien, Lernumfeld, Regeln, Aufgabenstellung, Sozialformen, Kommunikation)

– die Bedeutung des Abenteuers nicht unter dem Aspekt der «Leistung» einordnen, was bei «Vollblut-Erlebnispädagogen» immer wieder einmal geschehen kann («Erlebnishuberei», «Abenteuerstress»).

In der Erlebnispädagogik stecken demgemäß enorme Potenziale, aber auch immense Gefahren in Bezug auf ihren Beitrag zur Umsetzung von Inklusion. Fluch und Segen scheinen sich hier mehr denn anderswo die Hand zu geben. Dies sollte jedoch längst nicht zur Folge haben, dass Erlebnispädagogik und Inklusion nicht zusammengebracht werden dürfen oder sollen. Denn: Erlebnispädagogik und Inklusion sind nicht wie «Feuer und Wasser».

Anmerkungen und Literatur finden sich auf S. 789f.

DIETLIND GLOYSTEIN

INKLUSION ALS ENTWICKLUNGSAUFGABE JEDER SCHULE

MIT DEM INDEX FÜR INKLUSION

In Zeiten gesellschaftlichen Wandels verändert sich auch «Schule» und damit das Aufgabenfeld der in der Schule tätigen Lehrkräfte. Diese sehen sich zunehmend vor neue Herausforderungen gestellt. Betrachteten sie sich bislang als Unterrichtsentwickler und Experten ihrer Klassen, finden sie sich zusehends in die Verantwortung für die Entwicklung ihrer eigenen Schule genommen. Fühlten sich Lehrer bislang eher als Einzelkämpfer, muss sich das Kollegium mehr und mehr – gewollt oder ungewollt – als (interdisziplinäres) kooperatives Team begreifen. Die Tatsache, dass zunehmend auch Eltern und Schüler ein Mitgestaltungsrecht über ihre Schule beanspruchen, macht die Aufgabe für sie nicht leichter. Viele Schulen in Deutschland stehen am Anfang einer gemeinsam getragenen Schulentwicklung. Andere Schulen sind vertrauter darin, eine Schulkultur in Kommunikation und Kooperation sowie auf Augenhöhe mit allen Beteiligten – insbesondere Schüler und Eltern – zu führen und zu pflegen. Nicht selten sind regionale Erfordernisse und mangelnde bildungspolitische Außensteuerung Motor für das «In-Gang-Setzen» schulinterner Entwicklungsprozesse.

Veränderungsprozesse in Schulen finden immer und aus unterschiedlichsten Gründen statt – Stillstand gibt es nicht. Sie sind geprägt von der aktuellen Situation, der Geschichte der jeweiligen Institution, deren Kultur und Erfahrungen, den einzelnen Mitarbeitern und Leitungen, zugleich von den Rahmenbedingungen, auch gestaltet von Ländern und Kommunen.[1] Darüber hinaus sorgt gegenwärtig ein bedeutsamer Paradigmenwechsel für einen schulpolitischen Umgestaltungswillen. Insbesondere seit der Ratifikation der UN-Konvention über die Rechte von Menschen mit Behinderungen macht sich Deutschland auf den Weg zu einem inklusiven Bildungssystem.

Zwischen Integration und Inklusion

Neben der UN-Konvention über die Rechte von Menschen mit Behinderungen[2] hat auch die jahrzehntelange Erforschung und Gestaltung gemeinsamen Unterrichts von Kindern mit und ohne Behinderung die Entwicklung von inklusiver Schule vorangetrieben. Im Fokus integrationspädagogischer Forschung und Praxis standen dabei u.a. Fragen zur:
– Umsetzung eines «guten» gemeinsamen Unterrichts unter Bedingungen vielfältiger Heterogenität
– Lernentwicklung aller Schüler und deren sozialer Integration
– Einstellungen von Kindern, Eltern und Lehrkräften unterschiedlicher Ausbildung
– (Förder-)Diagnostik und Förderpläne
– Teamarbeit
– Vernetzung mit anderen Hilfesystemen.[3]

Inklusionsforschung und -praxis hingegen ist, aufgrund ihrer Intention, auf Etikettierungen von Schülern zwecks Ressourcengewinnung zu verzichten, noch stärker auf Schulentwicklung fokussiert.[4] Besonders seit Inkrafttreten der UN-Konvention wird die Frage nach einem inklusiven Schulsystem, verbunden mit dem zügigen Abbau selektiver Strukturen, mit Nachdruck gestellt. Die Umsetzung der Forderung nach einem gemeinsamen Lernort «für alle» ist dabei eng an die Entwicklung der Einzelschule gebunden. Sowohl die Organisationsstruktur der Schule, die Gestaltung des Unterrichts als auch die Einstellung und Kompetenzen von Lehrern und pädagogischem Personal werden dabei als maßgebliche und ineinandergreifende Einflussgrößen für die Realisierung dieser pädagogischen Herausforderung gesehen.[5]

Inklusion als menschenrechtliche Verpflichtung[6] meint, die selbstverständliche Teilhabe von Einzelnen an einer Gemeinschaft zu ermöglichen: in der Schule, in der Arbeitswelt, beim Sport, kulturell, im politischen Leben. Denn nur wer in einem Lebensbereich dabei ist, kann seine Freiheiten leben, die ihm die UN-Konvention zugesteht. «Inklusion» meint gemäß Artikel 3 der UN-Konvention die volle, wirksame Teilhabe und Einbeziehung in die Gesellschaft. Die englische Übersetzung von Einbeziehung heißt «inclusion» und bedeutet «dabei sein», «von Anfang an dazugehören» und nicht wie in der amtlichen deutschen Übersetzung «Integration», das mit «einbeziehen» übersetzt wird. Wenn Inklusion «von Anfang an dabei sein» und Partizipation «Mitgestaltung» meint, bedeutet es schlussendlich: «Ich muss von Anfang an dabei sein, um mitgestalten zu können.» Und umgekehrt: Wer nicht dabei sein kann, kann nicht mitgestalten. Wenn Menschen nicht dabei sind, kann auch nicht erreicht werden, was die UN-Konvention verlangt: die volle Teilhabe.

Der mit der UN-Konvention vorgenommene Wechsel zur inklusiven Wahrnehmung der Lebens- und Erlebenswelt verlangt, dass die Umwelt oder die Systeme so gestaltet sein müssen, dass alle Menschen einer Gesellschaft ohne besondere Anpassungsleistungen und ohne Diskriminierung in einer «inklusiven Gemeinschaft» zusammenleben können. Die Verwirklichung dieser komplexen gesamtgesellschaftlichen Aufgabe erfordert es, alte Denkmuster, Ordnungen und Strukturen aufzugeben und durch Transformationsprozesse das Bisherige nicht nur zu verbessern, sondern neu zu gestalten. Nur dadurch kann gewährleistet werden, dass die bislang Ausgeschlossenen an einer Ordnung als Gleiche partizipieren.[7]

Gelingensbedingungen für Inklusion verlangen dementsprechend die Einbindung jedes Einzelnen von Anfang an, die konsequente Verhinderung von Aussonderung, die Stärkung der Regeleinrichtungen und die Weiterentwicklung der Kooperationen und Netzwerke. Dazu bedarf es der Sicherung inklusiver Ausgestaltung aller Bereiche durch Anpassung von Strukturen, Verfahren, Sprache, Gebäude, etc.

Auf dem Weg zur inklusiven Schule

Die UN-Konvention mit ihrer Forderung nach größtmöglicher Teilhabe und Zugehörigkeit aller Menschen am gesellschaftlichen Leben setzt neue Maßstäbe – auch im Erziehungs- und Bildungssystem. Um das Leitziel Inklusion aktiv umzusetzen, reicht es nicht, organisatorische Vorkehrungen zu treffen, die verhindern, dass Kinder und Jugendliche aufgrund bestimmter physischer und sozialer Merkmale segregiert und ausgegrenzt werden. Inklusion erfordert den Wandel von Einstellungen und Haltungen auf Seiten aller an Schule beteiligten Personen (Schulleitungen, Lehrer, nichtpädagogisches Personal, Eltern und Schüler), aber auch ganz konkrete Veränderungen im Schulleben und im Unterricht: «Inklusion ist deshalb nicht nur eine schulpolitische Aufgabe, sondern eine Herausforderung für die Schul- und Unterrichtsentwicklung auf der Ebene von Einzelschulen.»[8]

Die Transformation zur inklusiven Schule wird zukünftig zur Aufgabe aller Schulen in Deutschland. Die aktuellen Entwicklungen verlangen Neuorientierungen und Umgestaltungen gemäß den Leitlinien einer inklusiven Pädagogik. «Inklusive Pädagogik bezeichnet Theorien zur Bildung, Erziehung und Entwicklung, die Etikettierungen und Klassifizierungen ablehnen, ihren Ausgang von den Rechten vulnerabler und marginalisierter Menschen nehmen, für deren Partizipation in allen Lebensbereichen plädieren und auf strukturelle Veränderungen der regulären Institutionen zielen, um der Verschiedenheit der Voraussetzungen und Bedürfnisse aller Nutzer/innen gerecht zu werden.»[9]

Folgt man dem inklusionspädagogischen Grundgedanken, so sind wir «auf dem Weg zu einer Allgemeinen Pädagogik der Vielfalt in Anerkennung von Heterogenität und Diversität».[10] Vor diesem Hintergrund erweisen sich mit der Lcitidee Inklusion und damit der Realisierung der Menschenrechte besonders folgende Initiativen und Konzepte als kompatibel:

– Ansätze einer Pädagogik der Menschenrechte zum Schwerpunkt Menschenrechtserziehung und -aufklärung
– Zugänge, die dialogische Kompetenzen und gewaltfreie Kom-

munikation stärken sowie andere Formen der Konfliktbewältigung und Mediation
- Initiativen für ein Gesundheitsbewusstsein im Sinne eines weiten Gesundheitsverständnisses, die sich mit Fragen der Ernährung, Bewegung, Entspannung und Achtsamkeit für Gefühle auseinandersetzen
- künstlerische Erfahrungs- und Ausdrucksmöglichkeiten, die für alle zugänglich sind, z.B. in Theater-, Tanz- und Musikprojekten sowie in Literaturprojekten und bildnerischem Gestalten
- demokratische Bildungsprozesse mit Gelegenheit zur Verantwortungsübernahme für eigenes Handeln und Mitwirkungsmöglichkeiten in einer auf gegenseitigem Respekt beruhenden (Lern)-Gemeinschaft
- verschiedene Formen zu Präventionen von Diskriminierungen basierend auf Sensibilisierung für Achtsamkeit, Respekt und Vorurteilsbewusstheit
- pädagogisches Handeln und Lernformen, die Raum für ein selbstbestimmtes, individuelles, kooperatives und demokratisches Lernen eröffnen und mit einer wechselseitigen Hilfekultur und differenzierten Rückmeldung verbunden sind
- Bemühungen um die Entwicklung von vernetztem Denken und dem Bewusstsein für globale Themenstellungen wie Armut, Frieden, Menschenrechte
- Ansätze der Gemeinde- und Sozialraumorientierung, die Ressourcen eines sozialen Kontexts wertschätzen und vernetzen, ebenso wie alle Formen bürgerschaftlichen, zivilrechtlichen und ehrenamtlichen Engagements.

Aber auch alternative oder reformpädagogische Ansätze, welche das Kind oder den Jugendlichen als selbstbestimmte Person mit seinen individuellen Möglichkeiten, Bedürfnissen, Wünschen und Zielen und gleichwohl als Teil einer Gemeinschaft wertschätzen und zum Angelpunkt ihrer pädagogischen Tätigkeit machen, sehen sich in integrationspädagogischer Tradition und damit dem Inklusionsgedanken verbunden. So sieht sich auch die Waldorfpädagogik im Grundsatz ursprünglich gar inklusiv gedacht.[11]

Unterschiedlichkeit, Anderssein, also Vielfalt, ist in der anthroposophisch begründeten Pädagogik von Beginn an angelegt und wird nicht als störend empfunden, sondern vielmehr als Lernchance und Möglichkeit zur Persönlichkeitsentwicklung für alle Kinder. Der pädagogische Umgang mit Heterogenität findet am Lebensort Waldorfschule ihre Entsprechung durch Prinzipien und Schwerpunktsetzungen wie Entwicklungs- und Handlungsorientierung, Individualisierung und Differenzierung des Lernens und der Lernformen, schulformübergreifende Lehrpläne, fließende Übergänge,[12] alternative Leistungsbeurteilungen sowie individualisierte Lern- und Dokumentationsformen. Insbesondere die «inklusive Waldorfschule» sieht ihre Zukunft im Zusammenwachsen von allgemeiner Waldorfpädagogik und Heilpädagogik.

Grundsätzlich gilt: Die inklusive Schule stellt sich der Aufgabe, eine Schule für alle zu sein. Damit verpflichten sich alle unmittelbar Beteiligten, flexibel auf alle Dimensionen von Heterogenität einzugehen und alle Kinder, Jugendlichen und Erwachsenen gleichermaßen wertzuschätzen. Sie erkennen die Vielfalt der Menschen mit ihren unterschiedlichen Talenten und Fähigkeiten als eine Bereicherung an, heißen jeden Menschen willkommen, unterstützen ihn darin dauerhaft und selbstverständlich als Teil der Gemeinschaft anerkannt und getragen zu sein, treten entschieden jeder Form von Ausgrenzung und Diskriminierung entgegen und sorgen dafür, dass sich niemand aufgrund von sozialer Stellung, Alter, Herkunft, sexueller Orientierung, Religion, körperlicher oder geistiger Bedingungen, Geschlecht, Kultur oder Ethnie ausgeschlossen fühlt. Gemeinsam arbeiten sie daran, Barrieren und Ressourcen für Teilhabe und Lernen zu erkennen, inklusive Lernarrangements und Unterstützung für Kinder mit vielfältigen Lernvoraussetzungen zu organisieren und inklusive Werte zu verankern. Die enge Vernetzung mit dem sozialen Umfeld, begleitenden sozialen Diensten, weiterem Fachpersonal aus dem therapeutischen, sozialpädagogischen und medizinischen Bereich sowie mit anderen Bildungseinrichtungen wie Kindertageseinrichtungen sollte ebenso wie die Gestaltung der Übergänge zwischen den Schulen gezielt weiterentwickelt werden.

Zusammenfassend gelten als Qualitätskriterien für eine «gute» Schule auf dem Weg zur Inklusion:
– eine Schule für alle sein, in der sich alle aufgehoben fühlen und angesprochen, gefordert und gefördert werden
– guten Unterricht in den Mittelpunkt stellen[13]
– Schaffung offener und zuverlässiger Strukturen nach innen und außen
– den Prozess der Schulentwicklung bewusst gestalten.

Der «Index für Inklusion» –

Impulsgeber und Orientierungshilfe

in schulischen Veränderungsprozessen

Der Umbau zur inklusiven Schule ist ein dynamischer Prozess. Inklusion ist oft nur bruchstückhaft und schrittweise zu realisieren und in Abhängigkeit der Veränderlichkeit von Gruppierungen oder der einzelnen Person zu begreifen.[14] Inklusive Veränderungsprozesse verlaufen nie linear oder gleichförmig. Der Ausgang ist ungewiss und nicht in allen Schritten vorhersehbar. Change-Prozesse sind durch einen «typischen» Phasenverlauf gekennzeichnet. Phänomene wie Widerstand, Verneinung, Konfusion und Chaos gelten dabei als notwendige und normale Begleiterscheinungen. Um ein vollständiges Bild davon zu erhalten, wo sich ein Veränderungsprozess aktuell befindet, bedarf es differenzierter Standortbestimmungen.[15] Gerade deshalb ist es wichtig, dass dieser Prozess zielgerichtet und behutsam zugleich angegangen wird. Dabei gilt: Ein systematischer und gesteuerter Veränderungsprozess ist wirksamer und nachhaltiger als zufällige und beliebige Prozesse, so wie sie häufig in Schulen stattfinden.[16] Prozesse mit der Zielvorstellung Inklusion müssen in jeder Schule individuell geplant und umgesetzt werden. An dieser Aufgabe sind viele Menschen beteiligt. Der *Index für Inklusion* sieht sich als Hilfestellung auf diesem Weg. Er unterstützt die Schulen darin, mit Heterogenität umzugehen, die verschiedenen Sichtweisen aller Beteiligten zusammenzutragen, sich auf gemeinsame Entwicklungsschritte zu einigen, das eigene Schulprogramm auf- oder fortzuschreiben und die Entwicklungen zu beobachten und zu reflektieren.

Der *Index für Inklusion* ist das weltweit am meisten anerkannte Instrument für inklusive Schulentwicklung. Entwickelt von einem Team aus Wissenschaftlern, Praktikern und Eltern,[17] wurde er von 2002 an in vielen Schulen in Norfolk (England) erprobt und ständig weiterentwickelt. Sein Erfolg wurde rasch über die Grenzen Großbritanniens hinaus bekannt. Andreas Hinz und Ines Boban haben das Material übersetzt und für deutsche Verhältnisse adaptiert. Der *Index für Inklusion* liegt mittlerweile in mehr als 35 Sprachen vor. Die aktualisierte Version vom April 2011 ist bislang nur auf Englisch erschienen.[18] Seit dem Jahr 2006 gibt es den Index auch als übersetzte Ausgabe für Kindertageseinrichtungen. Die «Montag Stiftung Jugend und Gesellschaft» hat 2011 eine weitere Version des Indexes herausgegeben, und zwar den *Kommunalen Index für Inklusion*. Mit vielfältigen Informationen, Beispielen und Umsetzungshilfen will das Praxishandbuch dazu anregen, auch in den teilweise komplexen Wirkungsebenen einer Kommune (Individuum, Nachbarschaft, Organisation, vernetzte Organisationen und Kommune) inklusives Denken und Handeln zu initiieren und zu gestalten. Mittlerweile gibt es erste Erfahrungen mit den verschiedenen deutschsprachigen Versionen des Indexes;[19] der englische Index von 2011 hält zudem einige wichtige Impulse für die Weiterentwicklung bereit.

Mit dem *Index für Inklusion* liegt ein Instrument für die wertegeleitete Unterstützung einer inklusiven Schulentwicklung vor. Inklusive Bildung ist im Wesentlichen ein auf verschiedenen Prinzipien beruhender, rechtebasierter Ansatz, der von einer Reihe zentraler Werte wie Gleichheit, Teilhabe, Entwicklung und Bewahrung von Gemeinschaften, Achtung der Diversität, Nachhaltigkeit usw. getragen wird.[20] Die Auseinandersetzung mit und das Vorleben von Werten ist notwendig, wenn wir in Zukunft inklusive, friedliche und Unterschiede respektierende

Gesellschaften erreichen wollen. Dafür müssen Lernende sowohl in Schulen als auch beim nicht-formalen Lernen die Möglichkeit erhalten, diese Werte zu entwickeln und zu erfahren.[21] Zu den berufsrelevanten Kompetenzen einer heutigen Lehrkraft werden deshalb neben Wissen und Fähigkeiten auch zunehmend Werte gezählt. Immerhin bestimmen die Werte, die ein Lehrer verinnerlicht hat, wesentlich sein Handeln. Eine rechtebasierte und inklusive Bildung für alle Lernenden erfordert einen ganzheitlichen Ansatz; Lehrer werden nicht mehr nur als Vermittler von Inhalten gesehen, sondern sind auch mit der Entwicklung einer lernförderlichen Umgebung befasst.[22]

Der *Index für Inklusion* ist ein Selbstevaluationsinstrument und Werkzeug, das Schulen auf dem Weg in die Vielfalt begleitet, eine wertegeleitete Bestandsaufnahme ermöglicht und sie darin unterstützt, Stolpersteine aufzuspüren und aus dem Weg zu räumen. Der Index ist in drei Dimensionen und sechs Bereiche unterteilt. Sie helfen dabei, auf unterschiedlichen Ebenen an Veränderungen mitzuwirken: bei der Gestaltung der Kultur, der Entwicklung von Strategien und Strukturen und dem praktischen Handeln. Jeder Bereich wird durch Indikatoren dargestellt. Eine Sammlung von insgesamt 44 Indikatoren beleuchtet umfassend wichtige Bereiche und Handlungsfelder der Bildungseinrichtung. Jedem Indikator sind wiederum bis zu elf Fragen zugeordnet. Der Katalog von insgesamt 560 Fragen versteht sich als Angebot mit Buffet-Charakter und soll dabei helfen, miteinander ins Gespräch zu kommen, die Bestandsaufnahme zu beginnen, die Situation der Schule oder Organisation zu beleuchten, aber auch die blinden Flecken zu sehen, Barrieren aufzuspüren und abzubauen und Ressourcen zu entdecken und zu nutzen. Die Auswahl der Fragen kann thematisch oder durch Zufall erfolgen. Um innerhalb der Institution oder im System inklusives Denken und Handeln einer Institution oder eines Systems anzuregen, zu befördern, zu befruchten oder fortzuentwickeln, regt die Materialsammlung situationsgerecht auch dazu an, veränderte oder neue Fragestellungen zu entwickeln. Der Qualitätszirkel der inklusiven Organisationsentwicklung selbst

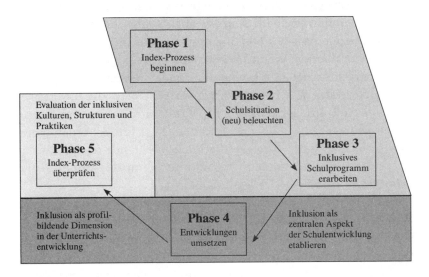

Qualitäts- und Indexzirkel[23]

beinhaltet wiederum fünf konkrete Schritte: mit dem Index beginnen, die Einrichtungssituation beleuchten, einen inklusiven Plan entwerfen, den inklusiven Plan in die Praxis umsetzen und den Index-Prozess evaluieren.[24]

Veränderungen sind immer geprägt von den Menschen, die sie initiieren. Sie sind leichter anzunehmen, wenn sie als sinnvoll erachtet und zum Leben dazugehörend erkannt werden. Inklusion ist ein andauernder Prozess und bedeutet: Jeder kann Verantwortung übernehmen, den Prozess mitgestalten und etwas zur inklusiven Entwicklung «seiner» Schule beitragen. Diese Gestaltung ist ein gemeinsamer Lernprozess. Die folgenden Schritte haben sich in der Praxis bewährt, um Veränderungsprozesse aktiv gemeinsam zu gestalten:

– Orientieren: Was ist unsere inklusive Leitidee?
– Kommunizieren: Wie finden wir eine gemeinsame Sprache?
– Sich einlassen: Was wollen wir überhaupt?
– Organisieren: Wie werden wir handlungsfähig?
– Bestand aufnehmen: Wie sieht es zurzeit bei uns aus?

– Ziele beschreiben: Was wollen wir erreichen?
– Zwischenbilanz ziehen: Sind wir auf Kurs?
– Ideen finden: Wie könnten Lösungen aussehen?
– Pläne schmieden: Wie gehen wir vor?
– Umsetzen: Ärmel hochkrempeln. Und los geht's!
– Nachbereiten: Was haben wir geschafft?
– In die Zukunft denken: Das Ende des Alten ... ist der Beginn
  des Neuen![25]

Ausblick

Schulentwicklung zielt auf die Optimierung der Praxis und, wie
der Begriff Entwicklung nahelegt, auf das Auseinanderwickeln
des Eingewickelten, im Sinne von Sichtbarwerden und Zuta-
getreten von Teilen, Zuständen und Verhältnissen, die vorher
schon angelegt, aber der Wahrnehmung nicht zugänglich waren.[26] Der Transformationsprozess hin zu einer echten inklusiven Bildungseinrichtung – einer Schule für alle, einer Schule,
die sich dem Kind oder Jugendlichen anpasst und nicht das Kind
bzw. der Jugendliche der Schule – braucht Zeit, den ehrlichen
Willen, viel Beharrlichkeit und Überzeugungskraft sowie die
Kompetenz aller Akteure und Ebenen. Berechtigt sind daher die
Forderungen nach Ressourcen und aktiver Unterstützung von
außen. Gleichwohl ist jede Schule eine lernende Organisation.
Das gemeinsame Ziel einer jeden Schulgemeinschaft ist es, die
Schulqualität im Dialog mit allen Beteiligten und in Konzentration auf die Leitidee (und nicht auf das Endergebnis Schulprogramm bzw. Effektivität) nachhaltig zu entwickeln. Der Blick
auf das Wesentliche räumt entlastend auf mit den großen Problemen von Schulentwicklung, wie der Fragmentierung, einer
schier unübersichtlichen Themenfülle und fehlenden Kohärenz.
Vielmehr führt er zur Entdeckung bislang ungenutzter schulinterner Ressourcen oder deren veränderter Nutzung und öffnet
somit Spielräume für neue Entwicklungsvorhaben. Indem jeder
Einzelne einer Schulgemeinschaft die Verantwortung für die

Entwicklung seiner Schule übernimmt, den Blick dahin wendet, wo Ungerechtigkeit, Lernbarrieren oder schlechte Absprachen oder Kooperationen das System nicht effektiv arbeiten lässt, nähern wir uns schrittweise der Entwicklung einer inklusiven Schule. Als Impulsgeber bietet der *Index für Inklusion* mit seinen Indikatoren, Fragen und Materialien die Möglichkeit, diesen überfälligen Veränderungsprozess in Gang zu setzen. Als Orientierungshilfe bietet er jeder Schule bei den eigenen nächsten Schritten ihrer Schulentwicklung hin zu einer «Schule für alle» und einer «Pädagogik der Vielfalt» die gebotene Unterstützung an.

Anmerkungen und Literatur finden sich auf S. 790ff.

ULRIKE BARTH & MATTHIAS KATSCH

INKLUSIVE VIELFALT IN SCHULE
UND WIRTSCHAFT

Wir beginnen diesen Beitrag mit einigen Thesen:
- Beeinträchtigte Menschen sind in der Wirtschaft immer weniger sichtbar. Sie sind dem herrschenden Effizienzdenken gemäß ausgegrenzt worden. Inklusive Schule braucht aber eine inklusive Arbeitswelt, wenn sie sich nicht dem Vorwurf ausgesetzt sehen will, ein weiteres Sondergebiet für Behinderte zu schaffen.
- Um dies zu erreichen, bietet sich das Konzept der Vielfältigkeit (englisch: diversity) an. «Diversität» verbindet das Gebot der Fairness mit dem Ziel von wirtschaftlicher Effizienz und Nutzen. Dies ist auch auf eine inklusive Vielfalt übertragbar, wenn man nicht nur auf den jeweiligen Einzelnutzen blickt, sondern den Gesamtnutzen für ein Unternehmen und darüber hinaus für einen Wirtschaftsstandort, eine Volkswirtschaft in den Blick nimmt und plausibel machen kann.
- Denn natürlich bedeutet Inklusion auch Anstrengung und Kosten. Und Vielfalt ist nicht immer und unter allen Aspekten effizienter als Uniformität. Aber nachhaltiger wirtschaftlicher Erfolg, insbesondere anhaltende Innovationsfähigkeit, Zufriedenheit (und Gesundheit) von Beschäftigten und Kunden lassen sich mit einem Konzept der Vielfältigkeit besser erreichen. Dazu gehören dann aber auch die Menschen mit Beeinträchtigungen.
- Wir brauchen eine inklusive Vielfalt auch in unserer Arbeitswelt.

Wenn heute über Inklusion in der Öffentlichkeit diskutiert wird, dann betrifft dies in der Regel den Bereich der Schule. Doch was geschieht eigentlich, wenn «der Ernst des Lebens» beginnt, also nach einer mehr oder weniger inklusiven Schulzeit? «Gute Arbeit trägt zur Entfaltung unserer Fähigkeiten bei – und damit zu einem guten Leben. Sie bietet die nötigen Kriterien und Standards, die Probleme und Herausforderungen, an denen wir uns messen können. Wir brauchen sie für unsere Selbstachtung. Genau deshalb müssen wir die Frage der Arbeit ins Zentrum der gesellschaftlichen und politischen Debatte rücken. Arbeit gibt uns einen Sinn, sie bringt uns mit Menschen zusammen, sie formt unsere Identität. Zu Recht definieren sich viele Menschen über ihren Beruf, den sie aus guten Gründen gewählt, auf den sie womöglich lange hingearbeitet haben. Was Arbeit für Menschen bedeutet, erkennt man am besten, wenn sie plötzlich fehlt», schreibt der Philosoph Thomas Vašek.[1]

Es geht also um Teilhabe an dieser «guten» Arbeit. Es ist nicht mit der inklusiven Familie getan und auch nicht damit, dass die Eltern für inklusive Schulen gekämpft haben. Das Meisterstück wäre die inklusive Gesellschaft, doch die fängt mit der Schaffung einer inklusiven Wirtschafts- und Arbeitswelt an. Aber kann die freie Wirtschaft wirklich inklusiv sein?

Wenn ich einkaufe und der alte Mann hinterm Tresen nur halb so viele Kunden bedient wie die agile, halb so alte Verkäuferin an seiner Seite, dann murren die Wartenden in der Schlange. Wenn die Kassiererin jeden zweiten Preis an der Kasse noch einmal nachschauen muss, dann haben wir es schon mit einem Inklusionsprojekt im Supermarkt zu tun.

Doch Inklusion bedeutet deutlich mehr, als Menschen auf unterbezahlte Arbeitsplätze zu setzen. Ein inklusiver Arbeitsmarkt unterläge einem immensen Paradigmenwechsel – auf der einen Seite. Auf der anderen Seite wissen wir noch gar nicht, was es für eine Gesellschaft bedeutet, wenn sie anfinge, mit ihren Mitmenschen durchgehend menschlich umzugehen. Auch dort, wo gemeinhin Leistung und Wettbewerb gefordert sind.

Der MIT[2]-Forscher Otto Scharmer beschäftigt sich in seinen Arbeiten insbesondere mit den Fragestellungen einer Veränderung der Wirtschaft: «Ein ... Thema ist natürlich die Umgestaltung von Arbeit als eine fortgeschrittene Form des sozialen Unternehmertums, das eine Riesenbewegung in der Welt heute ist, wo unglaublich viele Sachen passieren. Nur das Denken unserer politischen Entscheidungsträger ist dafür wenig aufgeschlossen.»[3]

Dabei geben sich Politiker durchaus Mühe. Das Land Berlin etwa verleiht jährlich den ehemaligen Integrations-, heute Inklusionspreis an Betriebe, die Menschen mit schweren Behinderungen ausbilden und dauerhaft beschäftigen. Für den Preis können sich kleine, mittlere und große Betriebe in verschiedenen Kategorien bewerben. Grundsätzlich jedoch will das Land Berlin hiermit Mut machen, dass mehr Betriebe einen inklusiven Schritt wagen. Bislang sind es jedoch nur wenige Unternehmen, die sich bewegen lassen, die Förderung von Selbstbestimmung und Teilhabe schwer behinderter Menschen am Arbeitsleben zu ermöglichen.

Der Trend der letzten Jahre geht eher in die Gegenrichtung. In Fortsetzung des «Trennungsparadigmas», das in Deutschland das dreigliedrige Schulsystem plus Sonderschulen hervorgebracht hat, ist die Beschäftigung von Menschen mit Beeinträchtigungen körperlicher oder geistiger Art bisher überwiegend den Sonderformen des Arbeitsmarkts überlassen. Der klassische einbeinige Pförtner, der als Kriegsversehrter noch bis in die 70er-Jahre selbstverständlich in vielen Behörden und Betrieben anzutreffen war, ist verschwunden. Heute wird die überwiegende Anzahl von Arbeitsplätzen für beeinträchtigte Menschen in Spezialunternehmen angeboten, die von Sozialunternehmungen eigens dazu betrieben werden. So ist ein Sonderarbeitsmarkt entstanden, während in den Unternehmen und Betrieben des ersten Arbeitsmarkts lieber die Ausgleichsabgabe gezahlt wird, als eine echte Begegnung, ein Miteinander, einen Austausch von beeinträchtigten und nicht beeinträchtigten Menschen in der Arbeitswelt zu ermöglichen. Ca. 60 Prozent der Unternehmen in der privaten Wirtschaft vermeiden es so, Menschen mit Beeinträchtigungen nach dem Gesetz zur Beschäftigung Schwerbehinderter zu beschäftigen.[4] Allerdings geschieht an dieser Stelle beinahe unbemerkt ein ganz feiner Wandel, wie am 28.5.2014 in einer großen Veranstaltung der Bertelsmann Stiftung in Berlin zum Thema «Inklusion in der Berufsbildung» deutlich wurde. Der demografische Wandel und die UN-Konvention über die Rechte von Menschen mit Behinderungen zwingen Wirtschaft, Politik und Forschung zu neuen Ideen und Herangehensweisen.

Im SGB IX gibt es einen ganzen Bußgeldkatalog für Arbeitgeber, die sich nicht an §71 SGB 9[5] halten, der besagt, wie viele schwer behinderte Menschen bei welcher Anzahl von Arbeitsplätzen eingestellt werden müssen. Aber auch wenn laut Schwerbehindertenrecht (Teil 2 SGB IX)[6] möglichst viele schwer behinderte Menschen durch private und öffentliche Arbeitgeber eingestellt werden sollen und zusätzliche Hilfen und Unterstützung der Integrationsämter vorhanden sind, geht doch oftmals der Leistungsgedanke von Firmen mit denen der Inklusion schwerlich zusammen. «Schwerbehinderte sind etwa doppelt so lange ohne Job wie Nichtbehinderte, rund 60 Prozent von ihnen erhalten Arbeitslosengeld II.»[7] So scheint trotz entsprechender politischer Anstrengungen die mangelnde Flexibilität des Arbeitsmarktes nach wie vor das größere Problem zu sein.

Hier die Welt der Bildung und Erziehung, dort das Wirtschaftsleben, regiert von den Gesetzen des Marktes, von Effizienzdenken und Gewinnstreben: lässt sich diese Spannung überhaupt positiv auflösen? Oder sollte man Äpfel und Birnen nicht gesondert behandeln, wie wir das seit jeher gewohnt sind?

Kinder mit unterschiedlichen Begabungen und Fähigkeiten gemeinsam zu erziehen und zu unterrichten, dahinter steht zunächst der Gedanke der Fairness. Daneben spielen aber auch Vorteile und mögliche Nachteile eine Rolle. Inklusion muss in der Auseinandersetzung mit Ängsten und Vorurteilen belegen können, dass sie Nutzen stiftet und nicht schadet. Erst langsam und allen Widerständen zum Trotz setzt sich die Erkenntnis durch, dass von einem inklusiven Miteinander an den Schulen Kinder mit Beeinträchtigungen und Behinderungen genauso profitieren wie die nicht oder kaum eingeschränkten Mitschüler. Die «Nichtbehinderten» profitieren insbesondere bei der Sozialkompetenz. Sie lernen also wirklich fürs Leben. Darüber hinaus festigen sich auch ihre formalen Kenntnisse, wenn sie Mitschülern bei der Bewältigung des Stoffes helfen. Dass Inklusion den bisher in Sonderschulen untergebrachten Kindern demgegenüber nützt, ist ebenfalls belegbar. Inklusion in der Schule kann also eine echte «Win-win-Situation» hervorbringen, bei der sich Fairness und Nutzenüberlegungen verbinden. Natürlich bedarf es dazu entsprechender organisatorischer und personeller Ausstattung für inklusiven Unterricht. Inklusion kostet Anstrengungen und Ressourcen. Aber dann nutzt sie allen. Und sie ist fair.

In der Welt der Wirtschaft, der Arbeit und des Wettbewerbs gilt das Fairness-Gebot prinzipiell auch. Aber es steht noch stärker in Spannung mit dem obersten Gebot jeder wettbewerbsorientierten Wirtschaft, dem Gebot des Nutzens und der Effizienz. Gesetze gegen Diskriminierung zielen nur auf die Gleichbehandlung von «Gleichem».

Das Prinzip Diversität

In diesem Umfeld hat in den letzten Jahren das Prinzip der Vielfältigkeit, genannt Diversität, als Ansatz für das Personalmanagement mehr und mehr Verbreitung gefunden. Die Idee: Sowohl auf der Ebene des Einzelunternehmens als auch der Volkswirtschaft profitiert die wirtschaftliche Entwicklung von der Zusammenarbeit unterschiedlicher Menschen. Diversität wird als Erfolgsfaktor gerade für Innovation erkannt. «Der Leitgedanke des Diversity Managements ist: Die Wertschätzung der Vielfalt von Mitarbeiterinnen und Mitarbeitern dient dem wirtschaftlichen Erfolg des Unternehmens.»[8]

Hier stand ebenfalls zunächst der Fairness-Gedanke im Vordergrund. Auch in der Wirtschaft darf niemand aufgrund seines Geschlechts, seiner Hautfarbe oder seiner sexuellen Präferenz benachteiligt werden. Bis heute ist dies aber in der Praxis häufig nicht selbstverständlich. Die Gleichberechtigung der Geschlechter, für die die Frauenbewegung seit Jahrzehnten kämpft, ist vielfach noch eine Verheißung und kein Alltag. Das gilt nicht nur für die Spitze von Unternehmen, wo gerade über Quoten diskutiert wird. Tatsächlich arbeiten jedoch nach wie vor die meisten Männer und Frauen in sogenannten typischen Männer- bzw. Frauenberufen. Der Kindergärtner oder die Ingenieurin sind in Deutschland immer noch Exoten in ihren Berufsfeldern. In vielen Bereichen der Wirtschaft sind Menschen anderer Hautfarbe praktisch nicht vertreten, Zuwanderer aus anderen Kulturkreisen nicht sichtbar. Zugleich geben auch heute noch viele homosexuelle Männer bei Befragungen an, dass sie am Arbeitsplatz nicht «out» sind.[9]

Dennoch setzt sich gerade bei den innovativsten und damit auch wettbewerbsfähigsten Unternehmen die Erkenntnis durch, dass ihr wirtschaftlicher Erfolg nachhaltig davon abhängt, dass es ihnen gelingt, das kreative Potenzial unterschiedlicher Menschen zu bündeln, und dieses Potenzial gerade in der Differenz, der Vielfalt liegt. Diversität bietet so gegenüber typischen uniformen Unternehmenskulturen echte Vorteile. Das erkennen auch immer mehr Unternehmen hierzulande. Die sogenannte «Charta der Vielfalt» wurde bislang von 1750 bundesdeutschen Unternehmen unterzeichnet.[10]

Es ist also nicht nur ein Gebot der Fairness, sondern es lohnt sich auch – nicht in jeder einzelnen betriebswirtschaftlichen Situation, aber in der Gesamtheit. Inklusion in der Wirtschaft braucht also ein erweitertes Verständnis von Nutzen. Denn natürlich bedeutet es einerseits Ineffizienz, wenn ich bei der Essensausgabe in einer Betriebskantine ein wenig länger warten muss, weil dort ein Mensch mit Beeinträchtigung arbeitet. Doch zugleich bedeutet es eine Humanisierung des Arbeitsklimas und damit einen wichtigen Beitrag zu einer gesunden Unternehmenskultur, in der Effizienz, Gewinnoptimierung, humane Arbeitsbedingungen und Kundenzufriedenheit zusammen betrachtet werden.[11]

Selbstständigkeit

Natürlich besteht auch die Möglichkeit der Selbstständigkeit für Menschen mit Beeinträchtigungen oder Erkrankungen: In Berlin gibt es das bundesweit einmalige Projekt Enterability, das arbeitslose Behinderte berät und unterstützt, sich selbstständig zu machen. Für viele bedeutet dies die einzige Chance, am Berufsleben teilzunehmen. Dazu kommt: Als Selbstständige können Menschen mit Krankheiten und Behinderungen die Struktur ihres Arbeitsalltages eigenständig auf ihre Beschwerden oder Bedürfnisse abstimmen, die sonst gar keine Anstellung finden würden. Allerdings: Oftmals traut man diesen Menschen das Unternehmertum gar nicht zu. Zwar hat das Berliner Integrationsamt immer schon Kredite zur Existenzgründung an Menschen mit Behinderungen und Krankheiten vergeben. Da sie aber weder beraten noch ausreichend gecoacht wurden, um ihre Geschäftsidee auf Tragfähigkeit zu überprüfen, waren mehr als 90 Prozent der Gründer nach zwei Jahren insolvent.[12]

Durch das Projekt Enterability konnte dies verändert werden. «Seit Februar 2004 haben sich 145 Menschen mit Schwerbehinderung mithilfe des Projektes selbstständig gemacht. Von ihnen sind heute noch 112 im Geschäft, das entspricht einer Erfolgsquote von 77 Prozent und damit in etwa dem Schnitt unter Nichtbehinderten.»[13] Das Konzept der «Sozialrendite» fragt danach, ob Fördermittel sinnvoll angelegt sind. Das Ergebnis für Enterability ist so bestechend wie erstaunlich: Behinderte beim Gründen zu unterstützen bringt in Berlin bisher ein volkswirtschaftliches Plus von mehr als drei Millionen Euro. «Jeder in Enterability investierte Euro brachte einen gesellschaftlichen Mehrwert von 3,90 Euro», so der IQ Consult. Und der Abschlussbericht der Evaluierungs-Experten von ProBeruf stellt fest: «Die große Nachfrage durch die Zielgruppe» habe den Bedarf bestätigt, «der stetige Erfolg» den «spezifischen Mehrwert» des Projektes.[14]

Stärken statt Schwächen betrachten

Ein Beispiel für ein an den Stärken von Menschen mit einer spezifischen Behinderung ausgerichtetes Unternehmen ist *auticon*.[15] Als erstes Unternehmen in Deutschland beschäftigt auticon ausschließlich Menschen im Autismus-Spektrum als IT-Berater.

Auticon hat das Potenzial und die Fähigkeiten von Menschen im Autismusspektrum entdeckt. Insbesondere Menschen mit dem Asperger-Syndrom verfügen über sehr hohe kognitive Fähigkeiten, die in der Softwareentwicklung und -fehlersuche (testing) von Vorteil sind. Die angestellten Berater entwickeln kreative Lösungsansätze und ergänzen die Qualitätssicherung der Kunden. Indem *auticon* die logisch-analytischen Stärken der Berater im Softwarebereich einsetzt, werden Arbeitsplätze für Menschen im Autismusspektrum geschaffen. Die Berater sind bei *auticon* angestellt und werden projektbezogen bei einzelnen Kunden eingesetzt.

Einzigartig an dem Geschäftsmodell ist, dass für Menschen im Autismusspektrum ein geeignetes Arbeitsumfeld geschaffen wird, das an den besonderen Stärken orientiert ist und für die gegebenen Schwächen Ausgleichsmöglichkeiten schafft. Bisher sind lediglich 5-10 Prozent aller Menschen im Autismusspektrum auf dem ersten Arbeitsmarkt beschäftigt. Der hohe Anteil von Nichtbeschäftigung ist zurückzuführen auf die kommunikativen Schwächen, die im Berufsleben oft zu Schwierigkeiten führen. Deshalb werden bei *auticon* den Beschäftigten sogenannte «Job Coaches» als Berater zur Seite gestellt. Diese «Job Coaches» dienen als Schnittstelle zwischen den eigentlichen Arbeitnehmern und den Kunden, also den Firmen, in denen diese Menschen eingesetzt sind. So unterstützen sie die Angestellten in kommunikativen Fragen und bei der Schaffung eines reizarmen Arbeitsumfeldes. Zum anderen sind sie direkte Ansprechpartner für die Arbeitgeber. Sie stehen somit wie Dolmetscher zur Verfügung, um einen reibungslosen Projektablauf zu gewährleisten. *Auticon* sorgt mit den sogenannten «Job Coaches» für eine spezifische und angemessene Unterstützung ihrer Angestellten. Den Kunden bieten sie so einen äußerst innovativen Ansatz für qualitativ hochwertige Arbeit. Die Berater wiederum haben die Sicherheit einer Anstellung bei *auticon*. Dieses Unternehmen hat mittlerweile in verschiedenen deutschen Großstädten eigene Niederlassungen.

Durch das spezifische Angebot von *auticon* entsteht ein wirtschaftlicher und sozialer Mehrwert, denn das Unternehmen hat sozialen, aber gleichzeitig auch unternehmerischen Anspruch. Die IT-Dienstleistungen werden auf dem freien Markt angeboten. Und wie es auf der Webseite des Unternehmens heißt, haben sie die unternehmerische Vision einer guten Qualität der Arbeitsaufträge, aber gleichzeitig die soziale Vision der Erhöhung von Lebenszufriedenheit von Menschen im Autismusspektrum durch Arbeitsplätze auf dem ersten Arbeitsmarkt. Sie haben die Mission, dass sie die besonderen Fähigkeiten von Menschen mit dem Asperger-Syndrom in der Qualitätssicherung nutzen und fördern, und sorgen für die notwendige Schnittstelle zwischen den Kunden und den autistischen Mitarbeitern. Hierbei ist die Strategie zum einen die Schaffung eines geeigneten Arbeitsumfelds für Menschen im Autismusspektrum. Zum anderen will *auticon* in diesem Bereich als erstes Unternehmen in Deutschland «Pionierarbeit» leisten.

Inklusive Gesellschaft

Auf gesamtwirtschaftlicher Ebene liegen die Vorteile einer fairen Wirtschaft, die Unterschiedlichkeit nicht nur zulässt, sondern aktiv nutzt, auf der Hand. Offenheit gegenüber unterschiedlichen Lebensstilen ist heute in einer immer mobileren Welt ein echter Standortfaktor geworden. Junge Menschen wählen bei ihrer Entscheidung, wo sie leben und arbeiten wollen, bevorzugt solche Orte. Das zeigt sich in der ungebrochenen Anziehungskraft von Metropolen. Ein Stadtstaat wie Singapur, bei klassischen ökonomischen Faktoren traditionell mit hohen Standortvorteilen gegenüber konkurrierenden Wirtschaftsstandorten, hat dies erkannt und bemüht sich in den letzten Jahren verstärkt darum, die ethnische Diversität seiner Bevölkerung als Vorteil herauszustellen, um interessant für junge, aufgeschlossene Menschen aus aller Welt zu werden.

Eine diverse Gesellschaft ermöglicht beides: Sie nutzt die Vorteile an Kreativität und Problemlösungskompetenz, die vielfältige Vorzüge gegenüber uniformen Gruppen bieten; zugleich erlaubt sie es den verschiedenen Menschen, auch unter ihresgleichen zu sein – als schwuler Mann kann man in der Großstadt eben auch unter Schwulen leben, als Türke unter Türken. Gesellschaft der inklusiven Vielfalt grenzt nicht aus, lässt aber jeder und jedem dennoch den Raum, um sich unter Gleichen wohlzufühlen.

Tatsächlich leiden demgegenüber Belegschaften oft darunter, dass Menschen dazu neigen, bevorzugt mit denjenigen zusammenzuarbeiten, die ihnen selbst ähnlich sind. Besonders deutlich wird das bei der Personalsuche und -auswahl. Häufig ist das entscheidende Kriterium die Frage: Passt der Kandidat zu uns? Und gemeint ist: Ist der wie wir? So entstehen auf Dauer Monokulturen in Unternehmen, weil das Andere, Fremde, Verschiedene keine Chance hat. Diversität entsteht jedenfalls nicht von allein, sondern bedarf einer bewussten Anstrengung.

Bisher wird bei den Bemühungen um Vielfalt von den Unternehmen die Beschäftigung von Mitarbeitern mit Beeinträchtigung häufig vermieden. Diversität ja, aber bitte nur bei gleicher Leistungsfähigkeit. Tatsächlich fordert das Gebot der Fairness bislang nur, dass bei gleicher Eignung ein behinderter Mensch eingestellt wird. Dies mag für körperbehinderte Menschen Perspektiven eröffnen, schließt aber geistig beeinträchtigte Menschen in der Regel von einer Beschäftigung aus. Inklusion und damit Vielfalt wird aber nur möglich sein, wenn die Leistungsfähigkeit einer Organisation nicht ausschließlich an der Effizienz des einzelnen Mitarbeiters, sondern am Gesamtnutzen unter Berücksichtigung von Arbeitsklima und Unternehmenskultur gemessen wird.

Wenn, wie gerade zu lesen war, ein Unternehmen wie die Deutsche Bank Schwierigkeiten mit dem aggressiven und kundenverachtenden Umgangston ihrer Mitarbeiter in der Investmentsparte hat,[16] wenn in manchen Unternehmen ältere, kranke oder anderweitig eingeschränkte Mitarbeiter als «Minderleister» verunglimpft werden, dann trägt dies zu einer Entmenschlichung des Arbeitsklimas und der Unternehmenskultur bei, unter der am Ende alle Mitarbeiter leiden, was sich in der vielfachen Klage über Mobbing, die allgemeine Unzufriedenheit der Beschäftigten und der zunehmenden Bedeutung von Erkrankungen aus dem Spektrum der Depression (Stichwort: Burnout) zeigt.

Spätestens wenn man sich jedoch den seit Langem gut belegten Zusammenhang von Qualität von Produkten bzw. Dienstleistungen und Mitarbeiterzufriedenheit auf der einen Seite und der Zufriedenheit des Kunden und seiner Kaufentscheidung andererseits klarmacht, klingt der folgende Satz nicht mehr ganz so utopisch und weltfremd: *Zu einer inklusiven Schule gehört auch eine inklusive Wirtschaft.*

In eine ähnliche Richtung gehen Projekte, die Führungskräfte für eine gewisse Zeit für einen Arbeitseinsatz in Sozialprojekten freistellen.[17] Auch hier soll der Perspektivwechsel zur Erhöhung von Sozialkompetenz der Manager beitragen, die dann wiederum dem eigenen Unternehmen zugute kommt. Eine inklusivere Arbeitswelt würde diese Sichtweisen und Standortwechsel in das Unternehmen holen.

Am Umgang mit den Minderheiten und den Schwachen ist die Humanität einer Gesellschaft ablesbar. Viele Unternehmen ziehen es zwar immer noch vor, sich ihrer gesetzlichen Pflicht zur Beschäftigung von behinderten Mitarbeitern durch Zahlung der dafür vorgesehenen Strafabgabe zu entziehen. Doch mit dem Konzept der Vielfalt gibt es einen vielversprechenden Ansatz, hier ein Umdenken zu erreichen. Auch der Ansatz einiger Unternehmen, die Spezialbegabung von Menschen nutzt, weist in diese Richtung, auch wenn dies bislang noch Ausnahmen sind. So verschwinden erwachsene Behinderte in der Arbeitswelt häufig aus unserem Blickfeld. Das kann und muss sich ändern. Inklusion und Diversität sind zwei Konzepte aus unterschiedlichen Lebensbereichen, die in Schule und Arbeitswelt zusammengedacht werden sollten. Wie Fairness und Gerechtigkeit hat auch Inklusion einen Preis. Diese Werte sind nicht umsonst zu haben. Aber sie sind diese Anstrengungen auch wert. Sie bringen uns alle weiter.

Anmerkungen und Literatur finden sich auf S. 794f.

ANMERKUNGEN UND LITERATUR

JUTTA SCHÖLER | Alle sind verschieden

1   Dieser Beitrag wurde als Einführungsvortrag bei dem Kongress «Vielfalt gestalten» am 20.9.2013 an der Freien Waldorfschule Kreuzberg in Berlin gehalten.
2   Pressemitteilung des Bundes der Freien Waldorfschulen http://www.waldorfschule.de/presse/pressemitteilungen/inklusion-und-selektion-im-schulwesen-schliessen-sich-aus (Stand 21.3.2014).
3   Vgl. hierzu die Beiträge von R. Eichholz und J. Keller in diesem Buch.
4   UN-Behindertenrechtskonvention. Siehe: http://www.un.org/Depts/german/uebereinkommen/ar61106-dbgbl.pdf (Stand 21.3.2014).
5   http://www.waldorfschule.de/fileadmin/downloads/erklaerung/Erklaerung_Inklusion_November_2012.pdf (Stand 21.3.2014).
6   Ebd.
7   http://www.jakobmuthpreis.de/ (Stand 21.3.2014).
8   Schöler, J. (1998): Normalität für Kinder mit Behinderung: Integration. Texte und Wirkungen von Ludwig-Otto Roser. Siehe: http://bidok.uibk.ac.at/library/schoeler-normalitaet.html (Stand 21.3.2014).
9   Muth, J. (1986): Integration von Behinderten. Über die Gemeinsamkeit im Bildungswesen, Essen. Siehe auch: http://bidok.uibk.ac.at/library/muth-integration.html (Stand 21.3.2014).
10 Pressemitteilung des Bundes der Freien Waldorfschulen. Siehe: http://www.waldorfschule.de/presse/pressemitteilungen/inklusion-und-selektion-im-schulwesen-schliessen-sich-aus (Stand 21.3.2014).
11 Ebd.
12 http://www.g-ba.de/downloads/62-492-804/HKP-RL_2013-09-19.pdf (Stand 21.3.2014).
13 Zur Kostenfrage siehe: http://www.bertelsmann-stiftung.de/bst/de/media/xcms_bst_dms_29959_29960_2.pdf (Stand 21.3.2014).

WALTHER DREHER | Inklusion und Humanität

1   Hier ist die Behindertenrechtskonvention gemeint, im weiteren Verlauf UN-BRK abgekürzt.
2   Ohtsu, D. R. (1979): *Der Ochs und sein Hirte. Eine altchinesische Zen-Geschichte*, Pfullingen, S. 13.
3   Ebd., S. 57.
4   Kurt, H. (2011): *Leicht auftreten. Unterwegs zu einer anderen Welt. Ein Tagebuch*, Bad Homburg, S. 226.

5 Ohtsu, D. R. (1976): *Der Ochs und sein Hirte. Eine altchinesische Zen-Geschichte*, Pfullingen, S. 14.

6 Feuser, G. (2010): Menschliche Entwicklung bedarf des anderen Menschen. Ein Interview. In: Maschke, T. (Hrsg.) ... *auf dem Weg zu einer schule für alle. Integrative Praxis an Waldorfschulen*, Stuttgart, S. 45.

7 Maturana, H. R., Varela, F. J. (1987): *Der Baum der Erkenntnis. Die biologischen Wurzeln des menschlichen Erkennens*, Bern / München, S. 32.

8 UN-BRK, Leichte Sprache http://www.behindertenbeauftragte.de/SharedDocs/Publikationen/DE/Broschuere_UNKonvention_KK.pdf?__blob=publicationFile, S. 10. (Stand 18.03.2014.)

9 *Ohrenkuss, ... da rein, da raus: Schönheit*, Bonn, Sonderausgabe 2013, S. 10.

10 European Agency for Development in Special Needs Education (2007): *Erklärung von Lissabon. Wie Jugendliche die inklusive Bildung sehen.* Verfügbar unter: http://www.european-agency.org/publications/flyers/lisbon-declaration-young-peoples-views-on-inclusive-education/declaration_de.pdf. (Stand 18.03.2014).

11 Stengel-Rutkowski, S. (2002): Vom Defekt zur Vielfalt. Ein Beitrag der Humangenetik zu gesellschaftlichen Wandlungsprozessen. In: *Zeitschrift für Heilpädagogik*, 53 (2), S. 47.

12 Kursivschreibung vom Verfasser.

13 Ebd., S. 47.

14 Köbsell, S. (2012): «Anders» sein dürfen oder «normal» sein müssen? Gedanken zum Behinderungsbild in der Inklusionsdebatte. In: Seitz, S. / Finnern, N.-K. / Korff, N. / Scheidt, K. (Hrsg.), *Inklusiv gleich gerecht? Inklusion und Bildungsgerechtigkeit*, Bad Heilbrunn, S. 183 ff.

15 Feuser, G. (2010): Menschliche Entwicklung bedarf des anderen Menschen. Ein Interview. In: Maschke, T. (Hrsg.) ... *auf dem Weg zu einer Schule für alle. Integrative Praxis an Waldorfschulen*, Stuttgart, S. 46.

16 Mail-Statement, März 2014.

17 Scharmer, C. O. (2009): *Theorie U. Von der Zukunft her führen. Presencing als soziale Technik*, Heidelberg, S. 174.

18 Sacks, S. / Kurt, H. (2013): *Die rote Blume. Ästhetische Praxis in Zeiten des Wandels*, Klein Jasedow, S. 33.

19 Scharmer, C. O. (2009): *Theorie U. Von der Zukunft her führen. Presencing als soziale Technik*, Heidelberg, S. 48.

20 Kurt, H. (2011): *Leicht auftreten. Unterwegs zu einer anderen Welt. Ein Tagebuch*, Bad Homburg, S. 220.

21 Ebd., S. 221.

22 http://wirundjetzt.org/die-geschichte-von-der-raupe-und-vom-schmetterling/ (Stand 7.8.2014)

23 Rückert, N. / Ondracek, P. / Romanenkova, L. (2006): *Leib und Seele: Salutogenese und Pathogenese / Body and Soul: Salutogenesis and Pathogenesis*, Berlin, S. 16.

24 Ebd., S. 16.
25 Scharmer, C. O. (2009): *Theorie U. Von der Zukunft her führen. Presencing als soziale Technik*, Heidelberg.
26 Massachusetts Institute of Technology.
27 Zitiert als Covertext der englischen Ausgabe: Scharmer, C. O. (2007): *Theory U. Leading From the Emerging Future as it Emerges, The social technology of presencing*, Cambridge.
28 Scharmer, C. O. (2009): *Theorie U. Von der Zukunft her führen. Presencing als soziale Technik*, Heidelberg, S. 59 ff.
29 Ebd.
30 Ebd., S. 64.
31 Ebd., S. 62.
32 Sacks, S. / Kurt, H. (2013): *Die rote Blume. Ästhetische Praxis in Zeiten des Wandels*, Klein Jasedow, S. 27.
33 Ebd., S. 28.
34 Ebd., S. 28.
35 Ebd., S. 2.
36 Scharmer, C. O. (2009): *Theorie U. Von der Zukunft her führen. Presencing als soziale Technik*, Heidelberg, S. 201.
37 *Teilhabe*, 1/2014, Jg. 53, Infothek 40, S. 40.
38 Buchner, T., König, O. (2013): Zum Verhältnis von Inklusion und Wissenschaft. Gedanken zu Transformationspotenzialen der Geistigbehindertenpädagogik. In: Ackermann, K.-E. / Musenberg, O. / Riegert, J., *Geistigbehindertenpädagogik!? Disziplin – Profession – Inklusion*, Oberhausen, S. 247.
39 König, O.: www.personcentredplanning.eu (Stand 7.8.2014).
40 Steiner, R. (1993): *Allgemeine Menschenkunde als Grundlage der Pädagogik*, Dornach, S. 21.
41 Steiner, R. (1990): *Heilpädagogischer Kurs*, Dornach, S. 40 f.
42 Prieß, H. (2013): Liebevolles Verständnis. Der esoterische Blick. In: *Erziehungskunst. Waldorfpädagogik heute*. Spezial. Juli / August 2013, S. 8.
43 Steiner, R. (1993): *Allgemeine Menschenkunde als Grundlage der Pädagogik*, Dornach, S. 21, und Steiner, R. (1990): *Heilpädagogischer Kurs*, Dornach, S. 40 f.
44 Siehe Eichholz, R. (2010): Verpflichtet, die Weichen zu stellen. In: *Das Goetheanum, Wochenschrift für Anthroposophie*, 40/41, S. 1-3.
45 Lyra, O. (2012): *Führungskräfte und Gestaltungsverantwortung. Inklusive Bildungslandschaften und die Theorie U*, Bad Heilbrunn, S. 298.
46 Gebser, J. (1978): *Gesamtausgabe*, Band III.
47 Scharmer, C. O., Käufer, K. (2013): *Leading from the Emerging Future. From Ego-System to Eco-System Economies. Applying Theory U to transforming Business, Society, and Self*, San Francisco.
48 Ebd., S. 1ff.
49 Sacks, S. / Kurt, H. (2013): *Die rote Blume. Ästhetische Praxis in Zeiten des Wandels*, Klein Jasedow, S. 32.

50 Scharmer, C. O. (2009): *Theorie U. Von der Zukunft her führen. Presencing als soziale Technik*, Heidelberg, S. 31.

51 Ebd., S. 31.

52 Ebd., S. 32.

53 Ebd., S. 32.

54 Ebd., S. 32.

55 Sacks, S. / Kurt, H. (2013): *Die rote Blume. Ästhetische Praxis in Zeiten des Wandels*, Klein Jasedow, S. 58.

56 Ebd., S. 59.

57 Ebd., S. 59.

58 Ebd., S. 60.

59 Mail-Statement von Georg Feuser vom 1.3.2014.

60 Scharmer, C. O. (2009): *Theorie U. Von der Zukunft her führen. Presencing als soziale Technik*, Heidelberg, S. 60.

61 Sacks, S. / Kurt, H. (2013): *Die rote Blume. Ästhetische Praxis in Zeiten des Wandels*, Klein Jasedow.

62 Ebd., S. 62.

63 Perlas, N. (2009): Die globale Zivilgesellschaft als kulturelle Kraft des Wandels. In: Lüpke, G. Von (Hrsg.), *Zukunft entsteht aus Krise*, München, S. 239 ff.

64 Ebd., S. 239.

65 Ebd., S. 240.

66 Ebd., S. 240.

67 Kurt, H. (2010): *Wachsen. Über das Geistige in der Nachhaltigkeit*, Stuttgart, S. 117.

68 Sacks, S. / Kurt, H. (2013): *Die rote Blume. Ästhetische Praxis in Zeiten des Wandels*, Klein Jasedow, S. 65.

Literatur

Aktion Mensch: http://diegesellschafter.de/ (Stand: 18.3.2014).

Beauftragte der Bundesregierung für die Belange behinderter Menschen (2010): *Die UN-Behindertenrechtskonvention. Übereinkommen über die Rechte von Menschen mit Behinderungen*. Leichte Sprache: http://www.behindertenbeauftragte.de/SharedDocs/Publikationen/DE/Broschure_UNKonvention_KK.pdf?__blob=publicationFile (Stand: 18.03.2014).

Behindern ist heilbar: http://www.bmas.de/DE/Themen/Teilhabe-behinderter-Menschen/Meldungen/4-jahre-un-konvention.html; Glossar: http://www.einfach-teilhaben.de/DE/Service/Glossar/Functions/glossar.html?lv2=276124&lv3=299254 (Stand 18.03.2014).

Buchner, T., König, O. (2013): Zum Verhältnis von Inklusion und Wissenschaft. Gedanken zu Transformationspotenzialen der Geistigbehindertenpädagogik. In: Ackermann, K.-E., Musenberg, O., Riegert, J.: *Geistig-

behindertenpädagogik!? Disziplin – Profession – Inklusion, Oberhausen, S. 247-267.

Césaire, A. (1967): *Zurück ins Land der Geburt*, Frankfurt/M.

Dreher, W., Lyra, O. (2006): Das Ziel ist der Marktplatz. In: Montag, C. R. (Hrsg.), *Rückblicke und Persepktiven. Festschrift zum 65. Geburtstag von Theo Eckmann*, Bonn, S. 44-71.

Eichholz, R. (2010): Verpflichtet, die Weichen zu stellen. In: *Das Goetheanum, Wochenschrift für Anthroposophie*, 40/41, S. 1-3. Verfügbar unter: http://www.windrather-talschule.de/pdf/Inklusion_IntEichholz.pdf (Stand 7.8.2014).

European Agency for Development in Special Needs Education (2007): Erklärung von Lissabon. Wie Jugendliche die inklusive Bildung sehen. Verfügbar unter: http://www.european-agency.org/publications/flyers/lisbon-declaration-young-peoples-views-on-inclusive-education/declaration_de.pdf (Stand 18.03.2014).

Feuser, G. (2010): Menschliche Entwicklung bedarf des anderen Menschen. Ein Interview. In: Maschke, T. (Hrsg.): ... *auf dem Weg zu einer Schule für alle. Integrative Praxis an Waldorfschulen*, Stuttgart, S. 44-59.

Gebser, J. (1975-1980): *Gesamtausgabe in 7 Bänden*, Schaffhausen.

Jäger, W. (2013): *Wiederkehr der Mystik*, Freiburg.

Jaworski, J., Kahane, A., Scharmer, C. O. (2004): *The Presence Workbook*, Cambridge.

Kadowaki, K. (1993): *Erleuchtung auf dem Weg. Zur Theologie des Weges*, München.

Köbsell, S. (2012): «Anders» sein dürfen oder «normal» sein müssen? Gedanken zum Behinderungsbild in der Inklusionsdebatte. In: Seitz, S., Finnern, N.-K., Korff, N. Scheidt, K. (Hrsg.): *Inklusiv gleich gerecht? Inklusion und Bildungsgerechtigkeit*, Bad Heilbrunn.

König, O.: www.personcentredplanning.eu (Stand 7.8.2014).

Kurt, H. (2010): *Wachsen. Über das Geistige in der Nachhaltigkeit*, Stuttgart.

Kurt, H. (2011): *Leicht auftreten. Unterwegs zu einer anderen Welt. Ein Tagebuch*, Bad Homburg.

Lyra, O. (2012): *Führungskräfte und Gestaltungsverantwortung. Inklusive Bildungslandschaften und die Theorie U*, Bad Heilbrunn.

Maschke, T. (Hrsg.) (2010): ... *auf dem Weg zu einer Schule für alle. Integrative Praxis an Waldorfschulen*, Stuttgart.

Maturana, H. R., Varela, F. J. (1987): *Der Baum der Erkenntnis. Die biologischen Wurzeln des menschlichen Erkennens*, Bern / München.

Möbiusband, Anfertigungsanleitung http://www.youtube.com/watch?v=-21qgxixi3Dw. (Stand 18.03.2014).

Ohrenkuss, ... *da rein, da raus: Schönheit*, Bonn, Sonderausgabe 2013.

Ohtsu, D. R. (1979): *Der Ochs und sein Hirte. Eine altchinesische Zen-Geschichte*, Pfullingen.

http://de.wikipedia.org/wiki/Der_Ochse_und_sein_Hirte; http://www.genius-for-all.de/theorie.php (Stand 18.03.2014).

Perlas, N. (2009): Die globale Zivilgesellschaft als kulturelle Kraft des Wandels. In: Lüpke, G. von (Hrsg.), *Zukunft entsteht aus Krise*, München.

Prieß, H. (2013): Liebevolles Verständnis. Der esoterische Blick. In: *Erziehungskunst. Waldorfpädagogik heute. Spezial.* Juli / August 2013, S. 8.

Rückert, N., Ondracek, P., Romanenkova, L. (2006): *Leib und Seele: Salutogenese und Pathogenese / Body and Soul: Salutogenesis and Pathogenesis,* Berlin.

Sacks, S., Kurt, H. (2013): *Die rote Blume. Ästhetische Praxis in Zeiten des Wandels,* Klein Jasedow.

Scharmer, C. O. (2009): *Theorie U. Von der Zukunft her führen. Presencing als soziale Technik,* Heidelberg.

Scharmer, C. O., Käufer, K. (2013): *Leading from the Emerging Future. From Ego-System to Eco-System Economies. Applying Theory U to transforming Business, Society, and Self,* San Francisco.

Steiner, R. (1993): *Allgemeine Menschenkunde als Grundlage der Pädagogik,* Dornach.

Steiner, R. (1990): *Heilpädagogischer Kurs,* Dornach.

UNO (2006): *Übereinkommen über die Rechte von Menschen mit Behinderungen vom 13.12.2006.* Resolution 61/106 der Generalversammlung der UNO. Deutsche Übersetzung. Verfügbar unter: http://www.institut-fuer-menschenrechte.de/ fileadmin/user_ upload/PDF-Dateien/Pakte_Konventionen/CRPD_behindertenrechtskonvention/ crpd_de.pdf (Stand 18.03.2014).

Zajonc, A. (2009): *Aufbruch ins Unerwartete. Meditation als Erkenntnisweg,* Stuttgart.

FLORIAN OSSWALD | Der Mensch, ein inklusives Wesen

1 Hattie, J. A. C. (2009): *Visible Learning,* London / New York.
2 Goethe, J. W. (1808): *Faust, Der Tragödie 1. Teil,* Prolog im Himmel.
3 Dust-Weise, A. (1987): «*... und schreie in den wind*», Sindelfingen.
4 Steiner, R. (1995): *Heilpädagogischer Kurs,* Vortrag vom 26.6.1924, Dornach.
5 Steiner, R. (1992): *Allgemeine Menschenkunde,* Vortrag vom 30.8.1919, Dornach, S. 131.
6 Steiner, R. (1992): *Allgemeine Menschenkunde,* Ansprache vom 20.8.1919, Dornach.
7 Celan, P. (1952): *Corona aus Mohn und Gedächtnis,* Stuttgart.

FERDINAND KLEIN | Plädoyer für die heilpädagogische Waldorfschule

1 Zit. nach Moor, P. (1999), *Heilpädagogik. Ein pädagogisches Lehrbuch,* Luzern, S. 284.

2   Hanselmann, H. (1976), *Einführung in die Heilpädagogik*, Zürich / Stuttgart (9. Aufl., 1. Aufl. 1930) S. 23.

3   Giese, M. (2011): Der Inklusionsdiskurs in der Heil- und Sonderpädagogik. Ein anthropologisches Niemandsland. In: *Zeitschrift für Heilpädagogik* 62. Jg., Heft 6, S. 218-221.

4   Klein, F. (1995): Aspekte des Gegenstandes und der pädagogischen Methode der schulischen Integrationsforschung. In: *Heilpädagogische Forschung*, Band XXI, 1/1995, S. 43-57.

5   Zieger, A. (2011): Verstehen und Erklären als gemeinsame Praxis am Beispiel der Deutung der Interaktion mit Patienten im Wachkoma. In: Altner, G. / Dederich, M. / Grüber, K. / Hohlfeld, R. (Hrsg.): *Grenzen des Erklärens. Plädoyer für verschiedene Zugangswege zum Erkennen*, Stuttgart, S. 105-115, S. 108.

6   Ebd., S. 111.

7   Buber, M. (1983): *Ich und Du*, Heidelberg, S. 18.

8   Müller-Wiedemann, H. (1981): Heilpädagogik und Sozialtherapie – Idee und Auftrag. In: Rieche, H. / Schuchardt, W. (Hrsg.): *Zivilisation der Zukunft, Arbeitsfelder der Anthroposophie*, Stuttgart, S. 318-348, hier S. 326.

9   Fischer, A. (2012): *Zur Qualität der Beziehungsdienstleistung in Institutionen für Menschen mit Behinderungen*, Dornach / Oberhausen, S. 62.

10 Blomaard, P. (2012): *Beziehungsgestaltung in der Begleitung von Menschen mit Behinderungen*, Dornach / Oberhausen, S. 130f.

11 Müller-Wiedemann, H. (1981): Heilpädagogik und Sozialtherapie – Idee und Auftrag. In: Rieche, H. / Schuchardt, W. (Hrsg.): *Zivilisation der Zukunft, Arbeitsfelder der Anthroposophie*, Stuttgart, S. 318-348, hier S. 334.

12 Steiner, R. (1962): *Die Philosophie der Freiheit*, Dornach.

13 Glöckler, M. (Hrsg.) (2002): *Spirituelle Ethik. Situationsgerechtes, selbstverantwortetes Handeln*, Dornach, S. 7.

14 Ebd., S. 200.

15 Locht, V. (2008): *Anthroposophische Heilinstitute im Dritten Reich. Erste Ergebnisse eines Forschungsprojektes zur Geschichte des Heil- und Erziehungsinstituts für seelenpflegebedürftige Kinder Lauenstein*. Hrsg.: Rektor der Hochschule Neubrandenburg (Brodaer Straße 2, 17033 Neubrandenburg), Band 22.

16 König, K. (1969): Grundlegende Fragen der heilpädagogischen Diagnostik und Therapie. In: Pietzner, C. (Hrsg.): *Aspekte der Heilpädagogik. Beiträge aus der Arbeit der Camphill-Bewegung*, Stuttgart, S. 11-28, S. 27.

17 Zit. n. Klein, F. (2008): Zur Rezeption der anthroposophischen Heilpädagogik und Sozialtherapie. In: Grimm, R. / Kaschubowski, G. (Hrsg.): *Kompendium der anthroposophischen Heilpädagogik*, München / Basel 2008, S. 134-149, S. 139.

18 Schmalenbach, B. (2002): Karl König (1902-1966). In: Buchka, M. /

Grimm, R. / Klein, F. (Hrsg.): *Lebensbilder bedeutender Heilpädagoginnen und Heilpädagogen des 20. Jahrhunderts*, München / Basel, S. 145-156, hier S. 146.

19 Hillenbrand, C. (1994): *Reformpädagogik und Heilpädagogik*, Bad Heilbrunn.

20 Möckel, A. (2007): *Geschichte der Heilpädagogik oder Macht und Ohnmacht der Erziehung*, Stuttgart, S. 126.

21 Gstach, J. (2011): «Jeder Pädagog soll Anthropolog sein». In: *Zeitschrift für Heilpädagogik* 62. Jg., Heft 11, S. 436-439.

22 Möckel, A. (1996): Krise der Sonderpädagogik? In: *Zeitschrift für Heilpädagogik* 47. Jg., Heft 3, S. 90-95, S. 94 f.

23 Heimlich, U. (2007): Reformpädagogik. In: Bundschuh, K. / Heimlich, U. / Krawitz, R. (Hrsg.): *Wörterbuch Heilpädagogik*, Bad Heilbrunn, S. 227.

24 Benkmann, R. u.a. (2012): *Inklusive Schule – Einblicke und Ausblicke*, Immenhausen, S. 15.

25 Schneider, P. (2006): Waldorfpädagogik als mitteleuropäischer Kulturimpuls. In: Bauer, H. P. / Schneider, P. (Hrsg.): *Waldorfpädagogik. Perspektiven eines wissenschaftlichen Dialogs*, Frankfurt am Main, S. 45-104.

26 Klein, F. (2010): *Inklusive Erziehungs- und Bildungsarbeit in der Kita. Heilpädagogische Grundlagen und Praxishilfen*, Troisdorf, S. 70.

27 Nipkow, K. E. (2005): Menschen mit Behinderung nicht ausgrenzen! Zur theologischen Begründung und pädagogischen Verwirklichung einer «Inklusiven Pädagogik». In: *Zeitschrift für Heilpädagogik* 56. Jg., Heft 4, S. 122-131.

28 Kobi, E. E. (2004): *Grundfragen der Heilpädagogik. Eine Einführung in heilpädagogisches Denken*, Berlin, S. 264.

29 Möckel, A. (1998): Zur Geschichte der Arbeit mit behinderten Kindern. In: Grimm, R. / Kaschubowski, G. (Hrsg.): *Heilen und Erziehen*, Luzern, S. 23-37, hier S. 33.

30 Sünkel, W. (2011): *Erziehungsbegriff und Erziehungsverhältnis. Allgemeine Theorie der Erziehung*, Weinheim / München.

31 Glöckler, M. (2002): *Spirituelle Ethik. Situationsgerechtes, selbstverantwortetes Handeln*, Dornach.

32 http://www.waldorfschule.de/medien/erklaerung/erklaerung-zur-unbehindertenrechtskonvention (Stand 7.8.201) – (Inklusion als fortwährende Entwicklungsaufgabe: Gemeinsame Erklärung der waldorfpädagogischen Verbände vom 15. Januar 2013).

33 Hofrichter, H. (2003): *Waldorf. Die Geschichte eines Namens*, Stuttgart (Pädagogische Forschungsstelle beim Bund der Freien Waldorfschulen e.V., Wagenburgstraße 6, 70184 Stuttgart), S. 14.

34 Kliewer, M. (1998): Das Kind als Subjekt im heilpädagogischen Handeln: Der dreifache Dialog im heilpädagogisch-therapeutischen Prozess. In: Grimm, R. / Kaschubowski, G. (Hrsg.): *Heilen und Erziehen*, Luzern, S. 65-71, hier S. 71.

35 Klein, F. (2012): *Inklusion von Anfang an. Bewegung, Spiel und Rhythmik in der inklusiven Kita-Praxis*, Köln, S. 22.

36 Ruhrmann, I. / Henke, B. (2008): *Die Kinderkonferenz. Übungen und Methoden zur Entwicklungsdiagnostik*, Stuttgart, S. 55; vgl. hierzu auch den Beitrag von J. C. Göschel in diesem Buch.

37 Bude, H. (2011): *Bildungspanik. Was unsere Gesellschaft spaltet*, München.

38 Weiß, H. / Stinkes, U. / Fries, A. (Hrsg.) (2010): *Prüfstand der Gesellschaft: Behinderung und Benachteiligung als soziale Herausforderung*, Würzburg.

39 Gstach, J. (2011): «Jeder Pädagog soll Anthropolog sein». In: *Zeitschrift für Heilpädagogik* 62. Jg., Heft 11, S. 436-439.

40 Rödler, P. (2000): *Geistig behindert: Menschen lebenslang auf Hilfe anderer angewiesen?: Grundlagen einer basalen Pädagogik*, Neuwied / Kriftel / Berlin.

41 Möckel, A. (2007): *Geschichte der Heilpädagogik oder Macht und Ohnmacht der Erziehung*, Stuttgart, S. 207.

Literatur

http://www.waldorfschule.de/medien/erklaerung/erklaerung-zur-un-behindertenrechtskonvention (Stand 7.8.2014) – (Inklusion als fortwährende Entwicklungsaufgabe: Gemeinsame Erklärung der waldorfpädagogischen Verbände vom 15. Januar 2013).

Benkmann, R. u.a. (2012): *Inklusive Schule – Einblicke und Ausblicke*, Immenhausen.

Blomaard, P. (2012): *Beziehungsgestaltung in der Begleitung von Menschen mit Behinderungen*, Dornach / Oberhausen.

Buber, M. (1983): *Ich und Du*, Heidelberg.

Bude, H. (2011): *Bildungspanik. Was unsere Gesellschaft spaltet*, München.

Fischer, A. (2012): *Zur Qualität der Beziehungsdienstleistung in Institutionen für Menschen mit Behinderungen*, Dornach / Oberhausen.

Giese, M. (2011): Der Inklusionsdiskurs in der Heil- und Sonderpädagogik. Ein anthropologisches Niemandsland. In: *Zeitschrift für Heilpädagogik* 62. Jg., Heft 6, 218-221.

Glöckler, M. (Hrsg.) (2002): *Spirituelle Ethik. Situationsgerechtes, selbstverantwortetes Handeln*, Dornach.

Gstach, J. (2011): «Jeder Pädagog soll Anthropolog sein». In: *Zeitschrift für Heilpädagogik*, 62. Jg., Heft 11, S. 436-439.

Hanselmann, H. (1976): *Einführung in die Heilpädagogik*, Zürich / Stuttgart (9. Aufl., 1. Aufl. 1930).

Heimlich, U. (2007): Reformpädagogik. In: Bundschuh, K. / Heimlich, U. / Krawitz, R. (Hrsg.) *Wörterbuch Heilpädagogik*, Bad Heilbrunn.

Hillenbrand, C. (2004): *Reformpädagogik und Heilpädagogik*, Bad Heilbrunn.

Hofrichter, H. (2003): *Waldorf. Die Geschichte eines Namens*, Pädagogische Forschungsstelle beim Bund der Freien Waldorfschulen e.V., Wagenburgstraße 6, 70184 Stuttgart.

Klein, F. (1995): Aspekte des Gegenstandes und der pädagogischen Methode der schulischen Integrationsforschung. In: *Heilpädagogische Forschung*, Band XXI, 1/1995, S. 43-57.

Klein, F. (2008): Zur Rezeption der anthroposophischen Heilpädagogik und Sozialtherapie. In: Grimm, R. / Kaschubowski, G. (Hrsg.): *Kompendium der anthroposophischen Heilpädagogik*, München / Basel 2008, S. 134-149.

Klein, F. (2010): *Inklusive Erziehungs- und Bildungsarbeit in der Kita. Heilpädagogische Grundlagen und Praxishilfen*, Troisdorf.

Klein, F. (2012): *Inklusion von Anfang an. Bewegung, Spiel und Rhythmik in der inklusiven Kita-Praxis*, Köln.

Kliewer, M. (1998): Das Kind als Subjekt im heilpädagogischen Handeln: Der dreifache Dialog im heilpädagogisch-therapeutischen Prozess. In: Grimm, R. / Kaschubowski, G. (Hrsg.): *Heilen und Erziehen*, Luzern, S. 65-71.

Kobi, E. E. (2004): *Grundfragen der Heilpädagogik. Eine Einführung in heilpädagogisches Denken*, Berlin.

König, K. (1969): Grundlegende Fragen der heilpädagogischen Diagnostik und Therapie. In: Pietzner, C. (Hrsg.): *Aspekte der Heilpädagogik. Beiträge aus der Arbeit der Camphill-Bewegung*, Stuttgart, S. 11-28.

Locht, van der V. (2008): *Anthroposophische Heilinstitute im Dritten Reich. Erste Ergebnisse eines Forschungsprojektes zur Geschichte des Heil- und Erziehungsinstituts für seelenpflegebedürftige Kinder Lauenstein*. Hrsg.: Rektor der Hochschule Neubrandenburg, (Brodaer Straße 2, 17033 Neubrandenburg), Band 22.

Möckel, A. (1996): Krise der Sonderpädagogik? In: *Zeitschrift für Heilpädagogik*, 47. Jg., Heft 3, S. 90-95.

Möckel, A. (1998): Zur Geschichte der Arbeit mit behinderten Kindern. In: Grimm, R. / Kaschubowski, G. (Hrsg.): *Heilen und Erziehen*, Luzern, S. 23-37.

Möckel, A. (2007): *Geschichte der Heilpädagogik oder Macht und Ohnmacht der Erziehung*, Stuttgart.

Moor, P. (1999): *Heilpädagogik. Ein pädagogisches Lehrbuch*, Luzern.

Müller-Wiedemann, H. (1981): Heilpädagogik und Sozialtherapie – Idee und Auftrag. In: Rieche, H. / Schuchardt, W. (Hrsg.): *Zivilisation der Zukunft. Arbeitsfelder der Anthroposophie*, Stuttgart, S. 318-348.

Nipkow, K. E. (2005): Menschen mit Behinderung nicht ausgrenzen! Zur theologischen Begründung und pädagogischen Verwirklichung einer «Inklusiven Pädagogik». In: *Zeitschrift für Heilpädagogik*, 56. Jg., Heft 4, S. 122-131.

Rödler, P. (2000): *Geistig behindert: Menschen lebenslang auf Hilfe anderer angewiesen?* *Grundlagen einer basalen Pädagogik*, Neuwied / Kriftel / Berlin.

Ruhrmann, I. / Henke, B. (2008): *Die Kinderkonferenz. Übungen und Methoden zur Entwicklungsdiagnostik*, Stuttgart.

Schmalenbach, B. (2002): Karl König (1902-1966). In: Buchka, M. / Grimm, R. / Klein, F. (Hrsg.): *Lebensbilder bedeutender Heilpädagoginnen und Heilpädagogen des 20. Jahrhunderts*, München / Basel, S. 145-156.

Schneider, P. (2006): Waldorfpädagogik als mitteleuropäischer Kulturimpuls. In: Bauer, H. P. / Schneider, P. (Hrsg.): *Waldorfpädagogik. Perspektiven eines wissenschaftlichen Dialogs*, Frankfurt/M., S. 45-104.

Steiner, R. (1962): *Die Philosophie der Freiheit*, Dornach.

Sünkel, W. (2011): *Erziehungsbegriff und Erziehungsverhältnis. Allgemeine Theorie der Erziehung*, Weinheim / München.

Weiß, H. / Stinkes, U. / Fries, A. (Hrsg.) (2010): *Prüfstand der Gesellschaft: Behinderung und Benachteiligung als soziale Herausforderung*, Würzburg.

Zieger, A. (2011): Verstehen und Erklären als gemeinsame Praxis am Beispiel der Deutung der Interaktion mit Patienten im Wachkoma. In: Altner, G. / Dederich, M. / Grüber, K. / Hohlfeld, R. (Hrsg.): *Grenzen des Erklärens. Plädoyer für verschiedene Zugangswege zum Erkennen*, Stuttgart, S. 105-115.

THOMAS MASCHKE I Schüler und Lehrer:

das Bedürfnis nach Entwicklung – und das Recht darauf

1   Deshalb werden im Folgenden (besonders in den drei Grundsätzen) auch die Begriffe «Beziehung» und «gut machen» als Synonym für Selbstwirksamkeitserleben des Kindes parallel benutzt.

2   Vgl. hierzu den Beitrag von T. Marti in diesem Buch.

3   Vgl. hierzu den Beitrag von R. Eichholz in diesem Buch.

4   Vgl. hierzu Buber, M. (1999): *Das dialogische Prinzip*, Gütersloh.

5   Hentig, H. v. (2007): *Mein Leben – bedacht und bejaht*, Band 2, München, S. 394.

6   Dieses Zitat bezieht sich im Original (vornehmlich) auf Erwachsene, soll hier wegen seiner prägnanten Aussage als Diskussionsanlass dennoch verwendet werden.

7   Brezinka, W. (1987): *Tüchtigkeit. Analyse und Bewertung eines Erziehungszieles*, München / Basel.

8   Moor, P. (1999): *Heilpädagogik. Ein pädagogisches Lehrbuch*, 2. Auflage, Luzern, S. 17.

9   Ebd.

10 Steiner, R. (1985): *Heilpädagogischer Kurs*, 7. Auflage, Dornach, S. 11f.

11 Ebd., S. 11.

12 Ebd., S. 13.

13 Enthalten sind diese u.a. im 2. Vortrag des *Heilpädagogischen Kurses*, vgl. hierzu die Beiträge von J. C. Göschel und F. Osswald in diesem Buch.

14 Steiner, R. (1985): *Heilpädagogischer Kurs*, 7. Auflage, Dornach, S. 184.

15 http://www.propstei-stgerold.at/home.html (Stand: 22.4.2014).

MICHAELA GLÖCKLER I Chancen und Risiken der inklusiven Waldorfschule

1   Auf Grundlage ihres Vortrages, gehalten am 21.6.2013 im Rahmen des Kongresses «Vielfalt gestalten», von der Autorin bearbeitet.

2   Hanke, H.-J. (2004): *Karl Schubert. Lebensbilder und Aufzeichnungen*, Dornach.

3   Steiner, R. (1998): *Idee und Praxis der Waldorfschule*, Dornach.

4   Steiner, R. / Steiner-von Sivers, M. (1983): *Methodik und Wesen der Sprachgestaltung*, Dornach.

5   Steiner, R. (2001): *Das Lukas-Evangelium*, Dornach, S. 66-69.

6   Schmidbauer, W. (1987): *Alles oder nichts. Über die Destruktivität von Idealen*, Reinbek.

7   Steiner, R. (1993): *Wie erlangt man Erkenntnisse der höheren Welten?*, Kap. Bedingungen, Dornach.

8   Steiner, R. (1995): *Die Philosophie der Freiheit*, Dornach.

9   Steiner, R. (1993): *Wie erlangt man Erkenntnisse der höheren Welten?*, Dornach.

10 Steiner, R. (1987): *Luzifer-Gnosis. Grundlegende Aufsätze zur Anthroposophie und Berichte aus den Zeitschriften «Luzifer» und «Lucifer-Gnosis» 1903–1908*, Dornach.

11 Steiner, R. (1981): *Die Erziehung des Kindes vom Gesichtspunkt der Geisteswissenschaft*, Dornach.

12 Nach einer mündlichen Überlieferung von Herbert Hahn an Helmut von Kügelgen sinngemäss wiedergegeben.

13 Steiner, R. (1990): *Erziehungskunst: Methodisch-Didaktisches*, Dornach.

14 Tautz, J. (1979): *Der Lehrerkreis um Rudolf Steiner in der ersten Waldorfschule*, Stuttgart.

15 Siehe auch Kolisko, E. (2002): *Vom therapeutischen Charakter der Waldorfschule*, Dornach.

16 Esterl, D. (2006): *Die erste Waldorfschule: Stuttgart Uhlandshöhe 1919-2004. Daten – Dokumente – Bilder*, Gerlingen.

17 Beauftragter der Bundesregierung für die Belange behinderter Menschen (Hrsg.) (2006): *Die UN-Behindertenrechtskonvention. Übereinkommen über die Rechte von Menschen mit Behinderungen vom 13. Dezember 2006*, Berlin, Präambel, Absatz m).

18 Schirra, B. (2013): Zurück aus der Hölle. Weil er die Gräuel in Syrien nicht mehr aushielt, ist ein deutscher Gotteskrieger ausgestiegen. In: *Basler Zeitung*, 19.9.2013, S. 3.

19 Steiner, R. (1991): *Die Erneuerung der pädagogisch-didaktischen Kunst durch Geisteswissenschaft*, Dornach.

20 Steiner, R. (1993): *Wie erlangt man Erkenntnisse der höheren Welten?*, Dornach.

21 Steiner, R. (1995): Die Ätherisation des Blutes. Das Eingreifen des ätherischen Christus in die Erdenentwickelung. Vortrag vom 1. Oktober 1911 in Basel. In: *Das esoterische Christentum und die geistige Führung der Menschheit*, Dornach.

22 Medizinische Sektion am Goetheanum (Hrsg.) (2013): *Meditationen zur Herztätigkeit gegeben von Rudolf Steiner*, Dornach, zu beziehen über: sekretariat@medsektion-goetheanum.ch

23 Notizblatt Rudolf Steiners, undatiert.

24 Glöckler, M. (2011): Erziehung als therapeutische Aufgabe. In: Loebell, P. (Hrsg.): *Waldorfschule heute*, 1. Aufl. der Neuausgabe, Stuttgart.

25 Hildebrandt, G. (1994): Chronobiologische Aspekte des Kinder- und Jugendalters. In: *Bildung und Erziehung* 47. Jg., Heft 4, S. 452-456.

26 Steiner, R. (1984): *Erziehungskunst. Seminarbesprechungen und Lehrplanvorträge*, Dornach.

27 Antonovsky, A. (1997): *Salutogenese. Zur Entmystifizierung der Gesundheit*, deutsche Herausgabe von Alexa Franke, Tübingen.

28 Steiner, R. (1997): *Ritualtexte für die Feiern des freien christlichen Religionsunterrichtes*, Dornach, S. 43.

29 Steiner, R. (1993): *Wie erlangt man Erkenntnisse der höheren Welten?*, Kap. Die Bedingungen zur Geheimschulung, Dornach; siehe auch Steiner, R. (1989): *Die Geheimwissenschaft im Umriss*, Kap. Die Erkenntnis der höheren Welten (von der Einweihung oder Initiation), Dornach.

30 Steiner, R. (1990): Die vier Christus-Opfer. Die drei Vorstufen des Mysteriums von Golgatha, Vortrag in Basel am 1.6.1914. In: *Vorstufen zum Mysterium von Golgatha*, Dornach.

31 Steiner, R. (1992): *Allgemeine Menschenkunde als Grundlage der Pädagogik*, Dornach.

32 Matthäus 20, 16.

Literatur

Antonovsky, A. (1997): *Salutogenese. Zur Entmystifizierung der Gesundheit*. Deutsche Herausgabe von Alexa Franke, Tübingen.

Beauftragter der Bundesregierung für die Belange behinderter Menschen (Hrsg.) (2006): *Die UN-Behindertenrechtskonvention. Übereinkommen über die Rechte von Menschen mit Behinderungen vom 13. Dezember 2006*, Berlin.

Esterl, D. (2006): *Die erste Waldorfschule: Stuttgart Uhlandshöhe 1919-2004. Daten – Dokumente – Bilder,* Gerlingen.

Glöckler, M. (2011): Erziehung als therapeutische Aufgabe. In: Loebell, P. (Hrsg.): *Waldorfschule heute.* 1. Aufl. der Neuausgabe, Stuttgart.

Hanke, H.-J. (2004): *Karl Schubert. Lebensbilder und Aufzeichnungen,* Dornach.

Hildebrandt, G. (1994): *Chronobiologische Aspekte des Kinder- und Jugendalters. Bildung und Erziehung* 47. Jg., Heft 4.

Kolisko, E. (2002): *Vom therapeutischen Charakter der Waldorfschule,* Dornach.

Medizinische Sektion am Goetheanum (Hrsg.) (2013): *Meditationen zur Herztätigkeit gegeben von Rudolf Steiner,* Dornach; zu beziehen über: sekretariat@medsektion-goetheanum.ch

Schirra, B. (2013): Zurück aus der Hölle. Weil er die Gräuel in Syrien nicht mehr aushielt, ist ein deutscher Gotteskrieger ausgestiegen; in: *Basler Zeitung,* 19.9.2013.

Schmidbauer, W. (1987): *Alles oder nichts. Über die Destruktivität von Idealen,* Reinbek.

Steiner, R. (1995): Die Ätherisation des Blutes. Das Eingreifen des ätherischen Christus in die Erdenentwickelung. Vortrag vom 1. Oktober 1911 in Basel, in: *Das esoterische Christentum und die geistige Führung der Menschheit,* Dornach.

Steiner, R. (1981): *Die Erziehung des Kindes vom Gesichtspunkt der Geisteswissenschaft,* Dornach.

Steiner, R. (1984): *Erziehungskunst. Seminarbesprechungen und Lehrplanvorträge,* Dornach.

Steiner, R. (1987): *Luzifer – Gnosis. Grundlegende Aufsätze zur Anthroposophie und Berichte aus den Zeitschriften «Luzifer» und «Lucifer-Gnosis» 1903–1908,* Dornach.

Steiner, R. (1989): *Die Geheimwissenschaft im Umriss,* Dornach.

Steiner, R. (1990): Die vier Christus-Opfer. Die drei Vorstufen des Mysteriums von Golgatha. Vortrag Basel, 1. Juni 1914. In: *Vorstufen zum Mysterium von Golgatha,* Dornach.

Steiner, R. (1990): *Erziehungskunst: Methodisch-Didaktisches,* Dornach.

Steiner, R. (1991): *Die Erneuerung der pädagogisch-didaktischen Kunst durch Geisteswissenschaft,* Dornach.

Steiner, R. (1992): *Allgemeine Menschenkunde als Grundlage der Pädagogik,* Dornach.

Steiner, R. (1993): *Wie erlangt man Erkenntnisse der höheren Welten?,* Dornach.

Steiner, R. (1995): *Die Philosophie der Freiheit,* Dornach.

Steiner, R. (1995): *Das esoterische Christentum und die geistige Führung der Menschheit,* Dornach.

Steiner, R. (1997): *Ritualtexte für die Feiern des freien christlichen Religionsunterrichtes,* Dornach.

Steiner, R. (1998): *Idee und Praxis der Waldorfschule*, Dornach.

Steiner, R. (2001): *Das Lukas-Evangelium*, Dornach.

Steiner, R. / Steiner-von Sivers, M. (1983): *Methodik und Wesen der Sprachgestaltung*, Dornach.

Tautz, J. (1979): *Der Lehrerkreis um Rudolf Steiner in der ersten Waldorfschule*, Stuttgart.

HARTMUT SAUTTER I Über die (Un-)Möglichkeit,

einander zu verstehen

1   Groeben, N. (1986): *Handeln, Tun, Verhalten als Einheiten einer verstehend-erklärenden Psychologie*, Tübingen.

2   Scheele, B. / Groeben, N. (1988): *Dialog-Konsens-Methoden zur Rekonstruktion Subjektiver Theorien*, Tübingen.

3   Groeben, N. (1986): *Handeln, Tun, Verhalten als Einheiten einer verstehend-erklärenden Psychologie*, Tübingen, S. 78.

4   Vgl. Danner, H. (1994): *Methoden geisteswissenschaftlicher Pädagogik*, 3. Auflage, München / Basel, S. 92: «Eine Aufgabe der pädagogischen Hermeneutik besteht also bereits darin, den Bereich des Vorverständnisses zu erhellen, um ihn so in die wissenschaftliche Überlegung mit einzubeziehen.»

5   Ebd., S. 176 f., alle Hervorhebungen d. Verf.

6   Vgl. Schulz von Thun, F. (2009): *Miteinander reden*, 1.: Störungen und Klärungen, 47. Auflage, Reinbek, S. 13ff.

7   Ebd., S. 61.

8   Ebd., S. 248.

9   Lassahn, R. (1995): *Einführung in die Pädagogik*, 8. erg. Auflage, Heidelberg / Wiesbaden, S. 25.

10 Ebd., S. 22.

11 Bollnow, O. F. (1949): *Das Verstehen*, Mainz, S. 33.

12 Danner, H. (1994): *Methoden geisteswissenschaftlicher Pädagogik*, 3. Auflage, München / Basel, S. 115.

13 Lingg, A. / Theunissen, G. (2000): *Psychische Störungen und Geistige Behinderung. Ein Lehrbuch und Kompendium für die Praxis*, 4. überarb und akt. Auflage, Freiburg im Breisgau, S. 24.

14 Ebd., S. 24f., Hervorhebungen i. O.

15 Sander, A. (2011): Konzepte einer inklusiven Pädagogik. In: Pithahn, A. / Schweiker, W. (Hrsg.): *Evangelische Bildungsverantwortung: Inklusion: Ein Lesebuch*, Münster, S. 15.

16 Danner, H. (1994): *Methoden der geisteswissenschaftlichen Pädagogik*, 3. Auflage, München / Basel, S. 66.

17 Goll, H. (1994): Vom Defizitkatalog zum Kompetenzinventar. Grundlagen der Gestaltung von Entwicklungsberichten. In: Hofmann, T. / Hahn, M. / Klingmüller, B.: *Abhängigkeit und Autonomie: Neue Wege in der Geistigbehindertenpädagogik*, Berlin, S. 134.

18 Schöler, J. (1992): Schwere Behinderungen beim Lernen von schwer Behinderten. In: *Vierteljahresschrift für Heilpädagogik und ihre Nachbargebiete* 61, S. 41f.

19 Goll, H. (1994): Vom Defizitkatalog zum Kompetenzinventar. Grundlagen der Gestaltung von Entwicklungsberichten. In: Hofmann, T. / Hahn, M. / Klingmüller, B.: *Abhängigkeit und Autonomie: Neue Wege in der Geistigbehindertenpädagogik*, Berlin, S. 134.

20 Ebd., S. 134f., alle Hervorhebungen i. O.

21 Feuser, G. (1996): «Geistigbehinderte gibt es nicht!» Projektionen und Artefakte in der Geistigbehindertenpädagogik. In: *Geistige Behinderung*, 1/1996, S. 18-25.

22 Ebd., S. 18.

23 Ebd., S. 19.

24 Brokinkel, A. (1996): Herr S.: «ihr müsst mich erst kennen, dann wird alles wieder gut.» In: Jantzen, W. / Lanwer-Koppelin, W. (Hrsg.): *Diagnostik als Rehistorisierung. Methodologie und Praxis einer verstehenden Diagnostik am Beispiel schwer behinderter Menschen*, Berlin, S. 87.

25 Sautter, H. (2004): Achtung vor der Andersheit. Über die Schwierigkeit, den Menschen hinter seinem Verhalten zu sehen und zu achten. In: Sautter, H. / Stinkes, U. / Trost, R (Hrsg.): *Beiträge zu einer Pädagogik der Achtung*, Heidelberg, S. 66.

26 Schäfer, S. (2002): *Sterne, Äpfel und rundes Glas. Mein Leben mit Autismus*, 2. Aufl., Stuttgart, S. 33.

27 Ebd., S. 257.

28 Ebd., S. 252.

29 Ebd., S. 257.

30 Ebd., S. 259.

31 Rohde, K. (2008): *Ich Igelkind. Botschaften aus einer autistischen Welt*, 5. Auflage, München, S. 37.

32 Ebd., S. 62.

33 Ebd., S. 69f.

34 Ebd., S. 29.

35 Ebd., S. 37.

36 Ebd., S. 38.

37 Vgl. ebd., S. 38.

38 Ebd., S. 39.

39 Ebd., S. 68.

Literatur

Bollnow, O. F. (1949): *Das Verstehen*, Mainz. Groeben, N. (1986): *Handeln, Tun, Verhalten als Einheiten einer verstehend-erklärenden Psychologie*, Tübingen.

Brokinkel, A. (1996): Herr S.: «ihr müsst mich erst kennen, dann wird alles wieder gut.» In: Jantzen, W. / Lanwer-Koppelin, W. (Hrsg.): *Diagnostik als Rehistorisierung. Methodologie und Praxis einer verstehenden Diagnostik am Beispiel schwer behinderter Menschen*, Berlin.

Danner, H. (1994): *Methoden geisteswissenschaftlicher Pädagogik*, 3. Auflage, München / Basel.

Feuser, G. (1996): «Geistigbehinderte gibt es nicht!» Projektionen und Artefakte in der Geistigbehindertenpädagogik. In: *Geistige Behinderung*, 1/1996, S. 18-25.

Goll, H. (1994): Vom Defizitkatalog zum Kompetenzinventar. Grundlagen der Gestaltung von Entwicklungsberichten. In: Hofmann, T. / Hahn, M. / Klingmüller, B.: *Abhängigkeit und Autonomie: Neue Wege in der Geistigbehindertenpädagogik*, Berlin.

Lassahn, R. (1995): *Einführung in die Pädagogik*, 8. erg. Auflage, Heidelberg / Wiesbaden.

Lingg, A. / Theunissen, G. (2000): *Psychische Störungen und Geistige Behinderung. Ein Lehrbuch und Kompendium für die Praxis*, 4. überarb. und akt. Auflage, Freiburg im Breisgau.

O'Neill, J. L. (2001): *Autismus von innen. Nachrichten aus einer verborgenen Welt*, Bern.

Rohde, K. (2008): *Ich Igelkind. Botschaften aus einer autistischen Welt*, 5. Auflage, München.

Sander, A. (2011): Konzepte einer inklusiven Pädagogik. In: Pithahn, A. / Schweiker, W. (Hrsg.): *Evangelische Bildungsverantwortung: Inklusion: Ein Lesebuch*, Münster.

Sautter, H. (2004): Achtung vor der Andersheit. Über die Schwierigkeit, den Menschen hinter seinem Verhalten zu sehen und zu achten. In: Sautter, H. / Stinkes, U. / Trost, R. (Hrsg.): *Beiträge zu einer Pädagogik der Achtung*, Heidelberg.

Schäfer, S. (2002): *Sterne, Äpfel und rundes Glas. Mein Leben mit Autismus*, 2. Auflage, Stuttgart.

Scheele, B. / Groeben, N. (1988): *Dialog-Konsens-Methoden zur Rekonstruktion Subjektiver Theorien*, Tübingen.

Schulz von Thun, F. (2009): *Miteinander reden. 1.: Störungen und Klärungen*, 47. Auflage, Reinbek.

MATTHIAS BRASELMANN | Inklusion meint alle

1 Siehe z.B. den Beitrag von B. Blaeser in diesem Buch.
2 Siehe Steiner, R. (1992): *Allgemeine Menschenkunde*, Dornach, Anhang, Ansprache am Vorabend des Kurses, Stuttgart, 20.8.1919.
3 Vgl. den Beitrag von J. Denger in diesem Buch.

JOHANNES DENGER | Ändert euren Sinn!

1 Es handelt sich hier um die verschriftlichte und überarbeitete Fassung des Abschlussvortrages am Berliner Kongress «Vielfalt gestalten» vom 22. September 2013 in Berlin.

2 Gesetz zu dem Übereinkommen der Vereinten Nationen vom 13. Dezember 2006 über die Rechte von Menschen mit Behinderungen sowie zu dem Fakultativprotokoll vom 13. Dezember 2006 zum Übereinkommen der Vereinten Nationen über die Rechte von Menschen mit Behinderungen, Bundesgesetzblatt Jahrgang 2008 Teil II Nr. 35, ausgegeben zu Bonn am 31. Dezember 2008, S. 1419, http://www.un.org/Depts/german/uebereinkommen/ar61106-dbgbl.pdf (Stand 29.3.2014).

3 Vgl. hierzu die Beiträge von R. Eichholz und J. Keller in diesem Buch.

4 Pressemitteilung consozial: Vortrag von H. Bielefeld, Inklusion als Prinzip. Die UN-Behindertenrechtskonvention und die neue Sicht auf Menschenrechte, http://www.google.de/url?sa=t&rct=j&q=&esrc=s&source=web&cd=1&ved=0CDIQFjAA&url=http%3A%2F%2Fwww.consozial.de%2FAFTP%2Fdownload%2Fpressetexte%2FBielefeldt.rtf&ei=-POMzU4aTI8qutAbUh4DYCg&usg=AFQjCNFnep2g2Y5KPin6h92lY-RDFx_kceA&bvm=bv.63808443,d.Yms (Stand 29.3.2014).

5 Siehe Anm. 2.

6 Siehe Anm 2.

7 Steiner, R. (1961): *Die Kernpunkte der sozialen Frage in den Lebensnotwendigkeiten der Gegenwart und Zukunft*, Stuttgart 1919, Dornach.

8 Vgl. hierzu u.a. Maschke, T. (Hrsg.) (2010): *... auf dem Weg zu einer Schule für alle. Integrative Praxis an Waldorfschulen*, Stuttgart.

9 Der «Arbeitskreis Inklusion» wurde 2011 gegründet, um die Erfahrungen der drei Verbände (Vereinigung der Waldorfkindergärten, Bundesverband für anthroposophisches Sozialwesen und Bund der Freien Waldorfschulen) zu bündeln und die Umsetzung der Inklusion an Waldorfeinrichtungen zu fördern.

10 Eine ausführlichere Fassung der Betrachtung von Teil zwei findet sich in Denger, J. (2011): Dazwischen. In: Vinzens, A. (Hrsg.): *Lasst die Kinder spielen*, Stuttgart.

11 Saal, F. (2011): *Warum sollte ich jemand anderes sein wollen? Erfahrungen eines Behinderten*, Vorwort von Klaus Dörner, Neumünster.

12 Steiner, R. (1975): *Heilpädagogischer Kursus*, Dornach.

13 *Goethe Handbuch* (1998), Band 4/2, Stuttgart, S. 700 ff.

14 Steiner, R. (1975): *Heilpädagogischer Kursus*, Dornach, S. 178 ff.

15 Ebd., S. 179.

16 Siehe hierzu Denger, J. (2002): «Es quillt ein Bild heraus ...». Vom Überwinden der Abstraktion in der Menschenbegegnung. In: *Imagination*, Stuttgart.

17 Steiner, R. (1975): *Heilpädagogischer Kursus*, Dornach, S. 75.

18 Siehe hierzu Denger, J. (2008): Der Behinderte ist der Mensch. In: *Die Mitte woanders*, Stuttgart.
19 Weizsäcker, C. F. v. (2006): Über einige Begriffe aus der Naturwissenschaft Goethes. In: *Die Tragweite der Wissenschaft*, Stuttgart.
20 Duden Etymologie (1997): *Herkunftswörterbuch der deutschen Sprache*, Mannheim.

Literatur

Denger, J. (2002): «Es quillt ein Bild heraus...» Vom Überwinden der Abstraktion in der Menschenbegegnung, In: *Imagination*, Stuttgart.
Denger, J. (2008): Der Behinderte ist der Mensch. In: *Die Mitte woanders*, Stuttgart.
Gesetz zu dem Übereinkommen der Vereinten Nationen vom 13. Dezember 2006 über die Rechte von Menschen mit Behinderungen sowie zu dem Fakultativprotokoll vom 13. Dezember 2006 zum Übereinkommen der Vereinten Nationen über die Rechte von Menschen mit Behinderungen, Bundesgesetzblatt Jahrgang 2008 Teil II Nr. 35, ausgegeben zu Bonn am 31. Dezember 2008, http://www.un.org/Depts/german/uebereinkommen/ar61106-dbgbl.pdf (Stand 29.3.2014).
Goethe Handbuch (1998), Band 4/2, Stuttgart.
Steiner, R. (1975): *Heilpädagogischer Kursus*, Dornach.
Weizsäcker, C. F. v. (2006): Über einige Begriffe aus der Naturwissenschaft Goethes. In: *Die Tragweite der Wissenschaft*, Stuttgart.

GÖTZ KASCHUBOWSKI I Der rhythmische Mensch ist es, der urteilt

1 Wollowski, C. (2014): Klingendes Einmaleins. In: *Süddeutsche Zeitung* vom 16.1.2014, S. 27.
2 Flitner, A. (1996): *Reform der Erziehung. Impulse des 20. Jahrhunderts*, 3. Auflage, München, S. 11.
3 Kiersch, J. (2007): *Die Waldorfpädagogik. Eine Einführung in die Pädagogik Rudolf Steiners*, 11. Auflage, Stuttgart, S. 11.
4 Ebd., S. 12.
5 A.a.O.
6 Paschen, H. (2011): Waldorfpädagogik im Rahmen von Schulpädagogiken. In: Willmann, C. (Hg.): *Waldorfpädagogik studieren*, Wien / Berlin, S. 20.
7 A.a.O., kursiv im Original.
8 Ebd., S. 21, kursiv im Original.
9 Ebd., S. 22.
10 Vgl. hierzu u.a. Heft 11/2013 der Zeitschrift *Erziehungskunst* zum Thema «Andere Kinder – andere Erziehung», Stutgart.
11 Steiner, R. (1974): *Erziehungskunst. Methodisch-Didaktisches*, 5. Auflage, Dornach, S. 7.

12 Steiner, R. (1979): *Erziehungsfrage als soziale Frage*, hrsg. von H. R. Niederhäuser, 3. Auflage, Dornach, S. 67.

13 Ebd., S. 68.

14 Ebd., S. 70.

15 Steiner, R. (1988): *Menschenerkenntnis und Unterrichtsgestaltung*, Dornach, S. 9.

16 Ebd., S. 10.

17 Siehe Paschen (2011): Waldorfpädagogik im Rahmen von Schulpädagogiken. In: Willmann, C. (Hg.): *Waldorfpädagogik studieren*, Wien / Berlin, S. 20.

18 Steiner, R. (1988): *Menschenerkenntnis und Unterrichtsgestaltung*, Dornach, S. 10.

19 Spitzer, M. (2002): *Lernen. Gehirnforschung und die Schule des Lebens*, Heidelberg, S. 139.

20 Braun, D. / Schmischke, J. (2008): *Kinder individuell fördern*, Berlin, S. 19.

21 Vgl. hierzu Spitzer, M. (2002): *Lernen. Gehirnforschung und die Schule des Lebens*, S.121 ff.

22 Carlgren, F. (1981): *Erziehung zur Freiheit*, Frankfurt am Main.

23 Steiner, R. (2010): *Heilpädagogischer Kurs*, 4. Auflage, Dornach, S. 209.

24 Vgl. Frielingsdorf, V. / Grimm, R. / Kaldenberg, B. (2013): *Geschichte der anthroposophischen Heilpädagogik und Sozialtherapie*, Dornach / Oberhausen, S. 84 ff.

25 Vgl. hierzu Klimm, H. (1981): Betrachtungen zum Heilpädagogischen Kurs von Rudolf Steiner. In: v. Arnim, G. / Klimm, H. / Vierl, K. (Hrsg.): *Zum Heilpädagogischen Kurs Rudolf Steiners*, Stuttgart.

26 König, K. (2000): *Vorträge zum Heilpädagogischen Kurs Rudolf Steiners*, Stuttgart, S. 70.

27 Müller-Wiedemann, H. (1981): Grundlagen einer allgemeinen heilpädagogischen Konstitutionsdiagnostik. In: Arnim, G. v. / Klimm, H. / Vierl, K. (Hrsg.): *Beiträge zur heilpädagogischen Methodik.*, 2. Auflage, Stuttgart, S. 7.

28 Ebd.

29 Jacobs, K. / Kaschubowski, G. (2000): Ein Gespräch. In: *Behinderte in Familie, Schule und Gesellschaft*, Graz, 23. Jahrgang Heft 6, S. 21-26.

30 König, K. (1983): *Heilpädagogische Diagnostik*, 3. Auflage, Arlesheim, S. 22.

31 A.a.O.

32 Ebd., S. 24.

33 Ebd., S. 28 ff.

34 Barth, U. (2010): Der Weg zu einer inklusiven Waldorfschule. Die Freie Waldorfschule Berlin Kreuzberg. In: Maschke, T. (Hrsg.): *... auf dem Weg zu einer Schule für alle. Integrative Praxis an Waldorfschulen*, Stuttgart, S. 188.

35 Vierl, K. (1981): Erziehung und Unterricht in Schulen für Seelenpflege-

bedürftige Kinder. In: Arnim, G. v. / Klimm, H. / Vierl, K. (Hrsg.): *Beiträge zur heilpädagogischen Methodik*, 2. Auflage, Stuttgart.
36 Egli, H. (1991): Unterrichtsgestaltung in der heilpädagogischen Schule. In: *Lernen konkret / Unterricht mit Geistigbehinderten*, Heft 3, S. 10.
37 UN-BRK, Art. 24, 1b.
38 Maschke, T. (2013): Entwicklungsanregungen für den Einzelnen in der Gemeinschaft – ein pluraler didaktischer Ansatz. In: Kaschubowski, G. / Maschke, T. (Hrsg.): *Anthroposophische Heilpädagogik in der Schule. Grundlagen – Methoden – Beispiele*, Stuttgart.
39 Barth, U. (2008): *Integration und Waldorfpädagogik. Chancen und Grenzen der Integration von Kindern mit sonderpädagogischem Förderbedarf in heutigen Waldorfschulen*, Diss. Berlin, http://opus. Kobv.de/tuberlin/ volltexte/2008/2085/, S. 196 (Stand 7.8.2014).
40 Ebd.
41 Ebd., S. 198.

Literatur

Barth, U. (2008): *Integration und Waldorfpädagogik – Chancen und Grenzen der Integration von Kindern mit sonderpädagogischem Förderbedarf in heutigen Waldorfschulen*. Diss. Berlin, http://opus. Kobv.de/tuberlin/ volltexte/2008/2085/ (Stand 7.8.2014).

Barth, U. (2010): Der Weg zu einer inklusiven Waldorfschule. Die Freie Waldorfschule Berlin Kreuzberg. In: Maschke, T. (Hrsg.): *Auf dem Weg zu einer Schule für alle. Integrative Praxis an Waldorfschulen*, Stuttgart.

Braun, D. / Schmischke, J. (2008): *Kinder individuell fördern*, Berlin.

Carlgren, F. (1981): *Erziehung zur Freiheit*, Frankfurt/M.

Egli, H. (1992): Unterrichtsgestaltung in der heilpädagogischen Schule. In: *Lernen konkret / Unterricht mit Geistigbehinderten*, Heft 3 / 1992.

Flitner, A. (1996): *Reform der Erziehung. Impulse des 20. Jahrhunderts*, 3. Auflage, München.

Frielingsdorf, V. / Grimm, R./ Kaldenberg, B. (2013): *Geschichte der anthroposophischen Heilpädagogik und Sozialtherapie*, Dornach / Oberhausen.

Jacobs, K. / Kaschubowski, G. (2000): Ein Gespräch. In: *Behinderte in Familie, Schule und Gesellschaft*, Graz, 23. Jahrgang 6/2000, S. 21-26.

Kiersch, J. (2007): *Die Waldorfpädagogik. Eine Einführung in die Pädagogik Rudolf Steiners*, 11. Auflage, Stuttgart.

Klimm, H. (1981): Betrachtungen zum Heilpädagogischen Kurs von Rudolf Steiner. In: v. Arnim, G. / Klimm, H. / Vierl, K. (Hrsg.): *Zum Heilpädagogischen Kurs Rudolf Steiners*, Stuttgart.

König, K. (1983): *Heilpädagogische Diagnostik*, 3. Auflage, Arlesheim.

König, K. (2000): *Vorträge zum Heilpädagogischen Kurs Rudolf Steiners*, Stuttgart.

Maschke, T. (2013): Entwicklungsanregungen für den Einzelnen in der Gemeinschaft – ein pluraler didaktischer Ansatz. In: Kaschubowski, G. / Maschke, T. (Hrsg.): *Anthroposophische Heilpädagogik in der Schule. Grundlagen – Methoden – Beispiele*, Stuttgart.

Müller-Wiedemann, H. (1981): Grundlagen einer allgemeinen heilpädagogischen Konstitutionsdiagnostik. In: v. Arnim, G. / Klimm, H. / Vierl, K. (Hrsg.): *Beiträge zur heilpädagogischen Methodik*, 2. Auflage, Stuttgart.

Paschen, H. (2011): Waldorfpädagogik im Rahmen von Schulpädagogiken. In: Willmann, C. (Hrsg.): *Waldorfpädagogik studieren*, Wien / Berlin.

Spitzer, M. (2002): *Lernen. Gehirnforschung und die Schule des Lebens*, Heidelberg.

Steiner, R. (1974): *Erziehungskunst. Methodisch-Didaktisches*, 5. Auflage, Dornach.

Steiner, R. (1979): *Die Erziehungsfrage als soziale Frage*, 3. Auflage, Dornach.

Steiner, R. (1998): *Menschenerkenntnis und Unterrichtsgestaltung*, 5. Auflage, Dornach.

Steiner, R. (2010): *Heilpädagogischer Kurs*, 4. Auflage Dornach.

Vierl, K. (1981): Erziehung und Unterricht in Schulen für Seelenpflegebedürftige Kinder. In: v. Arnim, G. / Klimm, H. / Vierl, K. (Hg): *Beiträge zur heilpädagogischen Methodik*, 2. Auflage, Stuttgart.

Wollowski, C. (2014) : Klingendes Einmaleins. In: *Süddeutsche Zeitung* vom 16.01.2014.

Zeitschrift *Erziehungskunst*. Novemberheft 2013 zum Thema «Andere Kinder – andere Erziehung».

BÄRBEL BLÄSER I Die Menschenkunde
als Quelle einer inklusiven Pädagogik

1   Nachschrift eines Vortrages mit gleichem Titel, gehalten in Berlin auf dem Kongress «Vielfalt gestalten», 21.9.2013.

2   Vgl. hierzu Braselmann, M. (2010): Die Windrather Talschule. In: Maschke, T.(Hrsg.): *... auf dem Weg zu einer Schule für alle. Integrative Praxis an Waldorfschulen*, Stuttgart.

3   Steiner R. (Hrsg.) (1982): *Goethes naturwissenschaftliche Schriften. 1. Band: Bildung und Umbildung organischer Naturen*, Dornach / Schweiz) S. XXVIII.

4   Ebd., S. XXVIII.

5   Steiner, R. (1979), *Der menschliche und der kosmische Gedanke*, Dornach.

6   Ebd.

7   Steiner R. (Hrsg.) (1982): *Goethes naturwissenschaftliche Schriften. 1. Band: Bildung und Umbildung organischer Naturen*, Dornach, S. XXVIII.

THOMAS MARTI I Inklusion und Salutogenese

1 Deutsche Bank (2012): *Gesundheitswirtschaft: Weiteres Aufwärtspotenzial. Deutsche Bank AG*, DB Research 7.11.2012. Frankfurt am Main.
www.dbresearch.de (PDF, abgerufen 9.1.2014).

2 Deutsche Bank (2010): *Gesundheitswirtschaft im Aufwind. Deutsche
Bank AG*, DB Research 3.5.2010. Frankfurt am Main. www.dbresearch.
de (PDF, abgerufen 9.1.2014).

3 Ebd.

4 Nefiodow, L. A. (2001): *Der Sechste Kondratieff. Die langen Wellen der
Konjunktur und ihre Baisinnovationen*, 5. Auflage, St. Augustin.

5 Antonovsky A. (1987/1997): *Unraveling the Mystery of Health. How Peo-
ple Manage Stress and Stay Well*, San Francisco. Deutsch: *Salutogenese.
Zur Entmystifizierung der Gesundheit*, hrsg. u. eingeleitet von A. Franke,
Tübingen.

6 Bengel, J. / Strittmacher, R. / Willmann, H. (2001): *Was erhält Menschen
gesund? Antonovskys Modell der Salutogenese. Diskussionsstand und
Stellenwert; eine Expertise*, BZgA: Bundeszentrale für gesundheitliche
Aufklärung, Neuauflage 2001, Köln.

7 Siehe auch Matthiessen P. F. (2002): Perspektivität und Paradigmenpluralismus in der Medizin. In: Fuchs et al. (Hrsg.): *Hilft der Glaube? Heilung auf dem Schnittpunkt zwischen Theologie und Medizin*, Münster/
Hamburg/London, S. 3-34.

8 Suter, H. (2006): *Paul Klee und seine Krankheit. Vom Schicksal geschlagen, vom Leiden gezeichnet – und dennoch!*, Bern.

9 Siehe dazu auch Kerner D. (1968): *Krankheiten großer Musiker*, Stuttgart
/ New York sowie Neumayr, A. (2000): Dichter und ihre Leiden, Wien /
München.

10 Siehe dazu ausführlicher Marti, T. (2006): *Wie kann Schule die Gesundheit fördern? Erziehungskunst und Salutogenese*, Stuttgart.

11 Siehe die zusammenfassenden Darstellungen in Bengel, J. /
Meinders-Lücking, F. / Rottmann, N. (2009): *Schutzfaktoren bei Kindern
und Jugendlichen. Stand der Forschung zu psychosozialen Schutzfaktoren
für Gesundheit*, BZgA: Bundeszentrale für gesundheitliche Aufklärung
Köln, sowie Opp, G. / Fingerle, M. / Freytag, A. (1999): *Was Kinder stärkt.
Erziehung zwischen Risiko und Resilienz*, München / Basel.

12 Siehe dazu ausführlich Bengel, J. / Meinders-Lücking, F. / Rottmann,
N. (2009): *Schutzfaktoren bei Kindern und Jugendlichen. Stand der
Forschung zu psychosozialen Schutzfaktoren für Gesundheit*, BZgA:
Bundeszentrale für gesundheitliche Aufklärung, Köln.

13 Schubert, C. (2011): *Psychoneuroimmunologie und Psychotherapie*,
Stuttgart / New York.

14 Csef, H. / Kraus, M. R. (2000): *Psychosomatik in der Gastroenterologie*,
München / Jena.

15 Miyazaki, T. / Ishilkawa S. / Natata, A. u. a. (2005): Association between perceived social support and Th1 dominance. In: *Biol Psychology*. 2005, 70, S. 30-37.

16 Bengel, J. / Strittmacher, R. / Willmann, H. (2001): *Was erhält Menschen gesund? Antonovskys Modell der Salutogenese. Diskussionsstand und Stellenwert; eine Expertise*, BZgA: Bundeszentrale für gesundheitliche Aufklärung, Neuauflage 2001, Köln.

17 Siehe etwa Heusser, P. (Hrsg. 1999): *Akademische Forschung in der Anthroposophischen Medizin. Beispiel Hygiogenese: Natur- und geisteswissenschaftliche Zugänge zur Selbstheilungskraft des Menschen*, Bern.

18 «Leib» ist wortverwandt mit «Leim» und «Leben» und meint hier das «Zusammenhängende». Der physische Leib ist insofern «Körper», als dieser ein physikalisch Zusammenhängendes ist. Analoges gilt auch für die übrigen «Leiber».

19 Schema verändert, nach Heusser, P. (Hrsg. 1999): *Akademische Forschung in der Anthroposophischen Medizin. Beispiel Hygiogenese: Natur- und geisteswissenschaftliche Zugänge zur Selbstheilungskraft des Menschen*, Bern, S. 28.

20 Aus: Hildebrandt, G. / Moser. M. / Lehofer, M. (1998): *Chronobiologie und Chronomedizin. Biologische Rhythmen, medizinische Konsequenzen*, Stuttgart.

21 Ebd.

22 Siehe etwa Heusser, P. (Hrsg. 1999): *Akademische Forschung in der Anthroposophischen Medizin. Beispiel Hygiogenese: Natur- und geisteswissenschaftliche Zugänge zur Selbstheilungskraft des Menschen*, Bern; Marti, T. (2012): Herz/Chor-Studie. Wirkungen des Chorsingens auf das cardiorespiratorische System und das subjektive Befinden bei Erwachsenen. In: *Research on Steiner Education RoSE* 3/1 2012, S. 141-168; Marti, T. (2013): Imaginationsprozesse und Vigilanz. Studie zur physiologischen Wirkung unterschiedlicher mentaler Prozesse auf das cardiorespiratorische System. In: *Research on Steiner Education RoSE* 3/2 2013, S. 83-98; Moser, M. / von Bonin, D. / Frühwirth, M. / Lackner, H. (2004): «Jede Krankheit ein musikalisches Problem». Rhythmus und Hygiogenese. In: *Die Drei*, 8-9, S. 25-34.

23 Steiner, R. / Wegman, I. (1991): *Grundlegendes für eine Erweiterung der Heilkunst nach geisteswissenschaftlichen Erkenntnissen*, 7. Auflage, Dornach.

24 Moser, M. / Bonin, D. von / Frühwirth, M. / Lackner H. (2004): «Jede Krankheit ein musikalisches Problem». Rhythmus und Hygiogenese. In: *Die Drei*, 8-9, S. 25-34.

Literatur

Antonovsky A. (1987/1997): *Unraveling the Mystery of Health. How People Manage Stress and Stay Well. Jossey-Bass Publishers San Francisco. Deutsch: Salutogenese. Zur Entmystifizierung der Gesundheit.* Herausgegeben und eingeleitet von A. Franke, Tübingen.

Bengel, J. / Strittmacher, R. / Willmann, H. (2001): *Was erhält Menschen gesund? Antonovskys Modell der Salutogenese – Diskussionsstand und Stellenwert; eine Expertise*, BZgA: Bundeszentrale für gesundheitliche Aufklärung, Neuauflage 2001, Köln.

Bengel, J. / Meinders-Lücking, F. / Rottmann, N. (2009): *Schutzfaktoren bei Kindern und Jugendlichen. Stand der Forschung zu psychosozialen Schutzfaktoren für Gesundheit*, BZgA: Bundeszentrale für gesundheitliche Aufklärung, Köln.

Csef, H. / Kraus, M. R. (2000): *Psychosomatik in der Gastroenterologie*, München / Jena.

Deutsche Bank (2012): *Gesundheitswirtschaft: Weiteres Aufwärtspotenzial.* Deutsche Bank AG, DB Research 7.11.2012. Frankfurt /M. www.dbresearch.de (PDF, abgerufen 9.1.2014).

Deutsche Bank (2010): *Gesundheitswirtschaft im Aufwind.* Deutsche Bank AG, DB Research 3.5.2010. Frankfurt/M. www.dbresearch.de (PDF, abgerufen 9.1.2014).

Heusser, P. (Hrsg. 1999): *Akademische Forschung in der Anthroposophischen Medizin. Beispiel Hygiogenese: Natur- und geisteswissenschaftliche Zugänge zur Selbstheilungskraft des Menschen*, Bern.

Hildebrandt, G. / Moser. M. / Lehofer, M. (1998): *Chronobiologie und Chronomedizin. Biologische Rhythmen, medizinische Konsequenzen*, Stuttgart.

Kerner D. (1968): *Krankheiten großer Musiker*, Stuttgart / New York.

Marti, T. (2006): *Wie kann Schule die Gesundheit fördern? Erziehungskunst und Salutogenese*, Stuttgart.

Marti, T. (2012): Herz/Chor-Studie. Wirkungen des Chorsingens auf das cardiorespiratorische System und das subjektive Befinden bei Erwachsenen. In: *Research on Steiner Education RoSE* 3/1 2012, S. 141-168.

Marti, T. (2013): Imaginationsprozesse und Vigilanz. Studie zur physiologischen Wirkung unterschiedlicher mentaler Prozesse auf das cardiorespiratorische System. In: *Research on Steiner Education RoSE* 3/2 2013, S. 83-98.

Matthiessen, P. F. (2002): Perspektivität und Paradigmenpluralismus in der Medizin. In: Fuchs et al. (Hrsg.): *Hilft der Glaube? Heilung auf dem Schnittpunkt zwischen Theologie und Medizin*, Münster / Hamburg / London, S. 3-34.

Miyazaki, T. / Ishilkawa S. / Natata, A. u. a. (2005): Association between perceived social support and Th1 dominance. In: *Biol Psychology.* 2005, 70, S. 30-37.

Moser, M. / von Bonin, D. / Frühwirth, M. / Lackner H. (2004): «Jede Krankheit ein musikalisches Problem». Rhythmus und Hygiogenese, in: *Die Drei*, 8-9, S. 25-34.

Nefiodow, L. A. (2001): *Der Sechste Kondratieff. Die langen Wellen der Konjunktur und ihre Baisinnovationen*, 5. Auflage, St. Augustin.

Neumayr, A. (2000): *Dichter und ihre Leiden*, Wien / München.

Opp, G. / Fingerle, M. / Freytag, A. (1999): *Was Kinder stärkt. Erziehung zwischen Risiko und Resilienz*, München / Basel.

Schubert, C. (2011): *Psychoneuroimmunologie und Psychotherapie*, Stuttgart / New York.

Steiner, R. / Wegman, I. (1991): *Grundlegendes für eine Erweiterung der Heilkunst nach geisteswissenschaftlichen Erkenntnissen*, 7. Auflage, Dornach.

Suter, H. (2006): *Paul Klee und seine Krankheit. Vom Schicksal geschlagen, vom Leiden gezeichnet – und dennoch!*, Bern.

HANNES HARMS | Disziplin? Haltung!

1 Hattie, J. (2009): *Visible learning: a synthesis of over 800 meta-analyses relating to achievement*, Oxon.

2 Vgl. hierzu den Beitrag von B. Bläser in diesem Buch.

3 Steiner, R. (1985): *Heilpädagogischer Kurs*, 7. Auflage, Dornach, S. 33.

4 Steiner, R. (1966): *Erdenwissen und Himmelserkenntnis*, Dornach, S. 75ff.

5 Vgl. hierzu den Beitrag von F. Osswald in diesem Buch.

6 Vgl. hierzu z.B. Moor, P. (1999): *Heilpädagogik: Ein pädagogisches Lehrbuch*, Studienausgabe, 2. Auflage, Zürich.

7 Vgl. hierzu das Werk des österreichisch-amerikanischen Soziologen, Psychotherapeuten und Kommunikationswissenschaftlers Paul Watzlawick, z.B. Watzlawick, P. (1976): *Wie wirklich ist die Wirklichkeit? Wahn, Täuschung, Verstehen*, München.

8 Vgl. hierzu z.B. Dürr, H. (2012): Teilhaben an einer unteilbaren Welt – das ganzheitliche Weltbild der Quantenphysik. In: Hüther, G. / Spannbauer, C. : *Connectedness, Warum wir ein neues Weltbild brauchen*, Bern.

9 Steiner, R. (1992): *Allgemeine Menschenkunde als Grundlage der Pädagogik*, Dornach, S. 120 ff.

JAN CHRISTOPHER GÖSCHEL | Die Kinderkonferenz

1 Denger, J. (2008): Der Mensch ist der Behinderte – ethische Gesichtspunkte. In: Grimm, R. / Kaschubowski, G. (Hrsg.): *Kompendium der anthroposophischen Heilpädagogik*, München, S. 105-118.

2 Steiner, R. (1990): *Heilpädagogischer Kurs*, Dornach.

3 Siehe hierzu z.B. Göschel, J. C. (2008): Methoden heilpädagogischer Diagnostik. In: Grimm R. / Kaschubowski, G. (Hrsg.): *Kompendium der anthroposophischen Heilpädagogik*, München, S. 253-268; Göschel, J. C. (2012): *Der biografische Mythos als pädagogisches Leitbild. Transdisziplinäre Förderplanung auf Grundlage der Kinderkonferenz in der anthroposophischen Heilpädagogik*, Dornach / Oberhausen; Seydel, A. (2009): *Ich bin Du. Kindererkenntnis in pädagogischer Verantwortung*, Stuttgart.

4 Göschel, J. C. (2012): *Der biografische Mythos als pädagogisches Leitbild. Transdisziplinäre Förderplanung auf Grundlage der Kinderkonferenz in der anthroposophischen Heilpädagogik*, Dornach / Oberhausen.

5 Vgl. Steiner, R. (1962): *Die Philosophie der Freiheit. Grundzüge einer modernen Weltanschauung*, Dornach.

6 Steiner, R. (1990): *Heilpädagogischer Kurs*, Dornach.

7 *Downward Causation* – vgl. Campbell, D. T. (1974): ‹Downward causation› in hierarchically organised biological systems. In: Ayala, F. J. / Dobzhansky, T. (Hrsg.): *Studies in the philosophy of biology. Reduction and related problems*, London / Basingstoke, S. 179-186; Campbell, D. T. (1990); Levels of organization, downward causation, and the selection-theory approach to evolutionary epistemology. In: Greenberg, G. / Tobach, E. (Hrsg.): *Theories of the evolution of knowing*, Hillsdale, NJ., S. 1-17.

8 Vgl. Steiner, R. (1980): *Das Geheimnis der Trinität. Der Mensch und sein Verhältnis zur Geistwelt im Wandel der Zeiten*, Dornach, 2. Vortrag.

9 Vgl. Steiner, R. (1990): *Heilpädagogischer Kurs*, Dornach.

10 Steiner, R. (1990): *Heilpädagogischer Kurs*, Dornach, 2. Vortrag.

11 Siehe hierzu auch den Beitrag von F. Osswald in diesem Buch.

12 Steiner, R. (1990): *Heilpädagogischer Kurs*, Dornach, 2. Vortrag.

13 Vgl. Swassjan, K. (2004): *Anthroposophische Heilpädagogik. Zur Geschichte eines Neuanfangs*, Dornach.

14 Nach Göschel, J. C. (2012): *Der biografische Mythos als pädagogisches Leitbild. Transdisziplinäre Förderplanung auf Grundlage der Kinderkonferenz in der anthroposophischen Heilpädagogik*, Dornach / Oberhausen.

15 Steiner, R. (1962): *Die Philosophie der Freiheit. Grundzüge einer modernen Weltanschauung*, Dornach.

16 Zur systematischen Entwicklung dieses Bildes siehe Göschel, J. C. (2012): *Der biografische Mythos als pädagogisches Leitbild. Transdisziplinäre Förderplanung auf Grundlage der Kinderkonferenz in der anthroposophischen Heilpädagogik*, Dornach / Oberhausen.

17 Zajonc, A. (2009): *Meditation as Contemplative Inquiry. When Knowledge Becomes Love*, Great Barrington.

18 Scharmer, C. O. (2009): *Theory U: Leading from the Future as it Emerges. The Social Theory of Presencing*, San Francisco; vgl. hierzu auch den Beitrag von W. Dreher in diesem Buch.

19 Steiner, R. (1962): *Die Philosophie der Freiheit. Grundzüge einer modernen Weltanschauung*, Dornach.

20 Steiner, R. (1990): *Heilpädagogischer Kurs*, Dornach.
21 Vgl. Sheldrake, R. (2012): *The Presence of the Past. Morphic Resonance and the Memory of Nature*, Rochester, VT.
22 Göschel, J. C. (2012): *Der biografische Mythos als pädagogisches Leitbild. Transdisziplinäre Förderplanung auf Grundlage der Kinderkonferenz in der anthroposophischen Heilpädagogik*, Dornach / Oberhausen.
23 Vgl. ebd.
24 A.a.O.
25 Brater, M. / Büchele, U. / Fucke, E. / Herz, G. (1999): *Künstlerisch handeln. Die Förderung beruflicher Handlungsfähigkeit durch künstlerische Prozesse*, Gräfelfing.
26 Steiner, R. (1987): *Die Evolution vom Gesichtspunkte des Wahrhaftigen*, Dornach, S. 20.
27 Ebd., S. 21.

Literatur

Brater, M. / Büchele, U. / Fucke, E. / Herz, G. (1999): *Künstlerisch handeln. Die Förderung beruflicher Handlungsfähigkeit durch künstlerische Prozesse*, Gräfelfing.
Campbell, D. T. (1974): «Downward causation' in hierarchically organised biological systems. In: Ayala, F. J. / Dobzhansky, T. (Hrsg.): *Studies in the philosophy of biology. Reduction and related problems*, London / Basingstoke, S. 179-186.
Campbell, D. T. (1990): Levels of organization, downward causation, and the selection-theory approach to evolutionary epistemology. In: Greenberg, G. / Tobach, E. (Hrsg.): *Theories of the evolution of knowing*, Hillsdale, NJ, S. 1-17.
Denger, J. (2008): Der Mensch ist der Behinderte – ethische Gesichtspunkte. In: Grimm, R. / Kaschubowski, G. (Hrsg.): *Kompendium der anthroposophischen Heilpädagogik*, München / Basel, S. 105-118.
Göschel, J. C. (2008): Methoden heilpädagogischer Diagnostik. In: Grimm, R. / Kaschubowski, G. (Hrsg.): *Kompendium der anthroposophischen Heilpädagogik*, München / Basel, S. 253-268.
Göschel, J. C. (2012): *Der biografische Mythos als pädagogisches Leitbild: Transdisziplinäre Förderplanung auf Grundlage der Kinderkonferenz in der anthroposophischen Heilpädagogik*, Dornach / Oberhausen.
Scharmer, C. O. (2009): *Theory U: Leading from the Future as it Emerges – The Social Theory of Presencing*, San Francisco.
Seydel, A. (2009): *Ich bin Du: Kindererkenntnis in pädagogischer Verantwortung*, Stuttgart.
Sheldrake, R. (2012): *The Presence of the Past: Morphic Resonance and the Memory of Nature*. Rochester, VT.

Steiner, R. (1962): *Die Philosophie der Freiheit: Grundzüge einer modernen Weltanschauung*, Dornach.

Steiner, R. (1987): *Die Evolution vom Gesichtspunkte des Wahrhaftigen*, Dornach.

Steiner, R. (1980): *Das Geheimnis der Trinität: Der Mensch und sein Verhältnis zur Geistwelt im Wandel der Zeiten*, Dornach.

Steiner, R. (1990): *Heilpädagogischer Kurs*, Dornach.

Swassjan, K. (2004): *Anthroposophische Heilpädagogik. Zur Geschichte eines Neuanfangs*, Dornach.

Zajonc, A. (2009): *Meditation as Contemplative Inquiry: When Knowledge Becomes Love*, Great Barrington.

ANGELIKA GÄCH I Welche Qualitäten kann eine heilpädagogische Diagnostik für die inklusive Schule haben?

1   Lotz, D. (Hrsg.) (2013): *Heilpädagogische Diagnostik. Erkenntniswege zum Menschen*, Berlin.

2   Grimm, R. (2001): Über drei Gesten heilpädagogischer Arbeit. Aspekte eines differenzierten Wirkens des Heil- und Sonderpädagogen. In: Görres, S. / Hansen, G. (Hrsg.): *Psychotherapie bei Menschen mit geistiger Behinderung*, Bad Heilbrunn, hier zit. n. Schmalenbach, B. (2001): Punkt und Kreis. Annäherung an das Wesen des Menschen. In: *Seelenpflege in Heilpädagogik und Sozialtherapie*, 1/2001.

3   Steiner, R. (1992): *Allgemeine Menschenkunde als Grundlage der Pädagogik*, Dornach, Vortrag vom 22.08.1919.

4   Steiner, R. (1986): *Die Methodik des Lehrens und die Lebensbedingungen des Erziehens*, Dornach, Vortrag vom 10.4.1924.

5   Ebd.

6   Gäch, A. (2000): Therapeutische Förderung und Entwicklung der Intuitionsfähigkeit. In: Buchka, M. (Hrsg.): *Intuition als individuelle Erkenntnis- und Handlungsfähigkeit in der Heilpädagogik*, Luzern, S. 157 ff.

7   Schmalenbach, B. (2008): Die Einheit des Lernens. Theorie, Praxis und Kunst in der heilpädagogischen und sozialtherapeutischen Ausbildung. In: *Seelenpflege in Heilpädagogik und Sozialtherapie* 1/2008.

8   Steiner, R. (1979): *Heilpädagogischer Kurs*, Dornach, Vorträge vom 25., 27. und 30.6.1924.

9   Ebd., S. 14ff.

10 Ebd., S. 18.

11 Schlack, H.G. (2005): Das Kind als Akteur seiner Entwicklung. Welche Art von Therapie passt zu diesem Konzept? In: Büchner, C. (Hrsg.): *Lebensspuren*, Luzern, S. 39ff.

12 Gäch, A. (2002): Das polare Prinzip in der Heilpädagogik. In: Grimm, R.

/ Kaschubowski, G. (Hrsg.): *Kompendium der anthroposophischen Heilpädagogik*, München / Basel.

13 Niemeijer, M. / Baars, E. (2004): *Bildgestaltende Diagnostik der kindlichen Konstitution*, Driebergen (NL); sowie Niemeijer, M. (2006): Diagnostik der kindlichen Konstitution, In: *Seelenpflege in Heilpädagogik und Sozialtherapie* 3/2006.

14 Steiner, R. (1979): *Heilpädagogischer Kurs*, Dornach, Vortrag vom 27.6.1924.

15 Steiner, R. (1979): *Heilpädagogischer Kurs*, Dornach; sowie Niemeijer, M. / Baars, E. (2004): *Bildgestaltende Diagnostik der kindlichen Konstitution*, Driebergen (NL).

16 Post-Uiterweer, G. (1999): *Heilpedagogie: Ontwikkelingsstoornissen*, Zeist (NL).

17 Flehmig, I. (1983): *Normale Entwicklung des Säuglings und ihre Abweichungen*, 2. Auflage, Stuttgart / New York.

18 Bauer, J. (2006): *Warum ich fühle, was du fühlst*, München.

19 Largo, R. H. (2004): Entwicklung des Spielverhaltens. In: Schlack, H. G. (Hrsg.): *Entwicklungspädiatrie*, München, S. 23ff.

20 Melzoff, A. N. / Borton, R. W. (1979): Intermodal matching by human neonates. In: *Nature* 1979 / 282, S. 403f.

21 Houten, C. van (1993): *Erwachsenenbildung als Willenserweckung*, Stuttgart.

22 Glöckler, M. (Hrsg.) (1992): *Das Schulkind – gemeinsame Aufgabe von Arzt und Lehrer*, Dornach.

Literatur

Bauer, J. (2006): *Warum ich fühle, was du fühlst*, München.

Flehmig, I. (1983): *Normale Entwicklung des Säuglings und ihre Abweichungen*, 2. Auflage, Stuttgart / New York.

Gäch, A. (2000): Therapeutische Förderung und Entwicklung der Intuitionsfähigkeit. In: Buchka, M. (Hrsg.): *Intuition als individuelle Erkenntnis- und Handlungsfähigkeit in der Heilpädagogik*, Luzern.

Gäch, A. (2002): Das polare Prinzip in der Heilpädagogik. In: Grimm, R. / Kaschubowski, G. (Hrsg.): *Kompendium der anthroposophischen Heilpädagogik*, München / Basel.

Glöckler, M. (Hrsg.) (1992): *Das Schulkind – gemeinsame Aufgabe von Arzt und Lehrer*, Dornach.

Grimm, R. (2001): Über drei Gesten heilpädagogischer Arbeit. Aspekte eines differenzierten Wirkens des Heil- und Sonderpädagogen. In: Görres, S. / Hansen, G. (Hrsg.): *Psychotherapie bei Menschen mit geistiger Behinderung*, Bad Heilbrunn.

Houten, C. van (1993): *Erwachsenenbildung als Willenserweckung*, Stuttgart.

Largo, R. H. (2004): Entwicklung des Spielverhaltens: In: Schlack, H. G. (Hrsg.): *Entwicklungspädiatrie*, München.

Melzoff, A. N. / Borton, R. W. (1979): Intermodal matching by human neonates. In: *Nature* 1979, S. 282.

Niemeijer, M. / Baars, E. (2004): *Bildgestaltende Diagnostik der kindlichen Konstitution*, Driebergen.

Niemeijer, M. (2006): Diagnostik der kindlichen Konstitution. In: *Seelenpflege in Heilpädagogik und Sozialtherapie* 3/2006.

Lotz, D. (Hrsg.) (2013): *Heilpädagogische Diagnostik – Erkenntniswege zum Menschen*, Berlin.

Post-Uiterweer, G. (1999): *Heilpedagogie: Ontwikkelingsstoornissen*, Zeist.

Schlack, H. G. (2005): Das Kind als Akteur seiner Entwicklung – Welche Art von Therapie passt zu diesem Konzept? In: Büchner, C. (Hrsg.): *Lebensspuren*, Luzern.

Schmalenbach, B. (2008): Die Einheit des Lernens – Theorie, Praxis und Kunst in der heilpädagogischen und sozialtherapeutischen Ausbildung. In: *Seelenpflege in Heilpädagogik und Sozialtherapie* 1/2008.

Steiner, R. (1979): *Heilpädagogischer Kurs*, Dornach.

Steiner, R. (1986): *Die Methodik des Lehrens und die Lebensbedingungen des Erziehens*, Dornach.

Steiner, R. (1992): *Allgemeine Menschenkunde als Grundlage der Pädagogik*, Dornach.

DIETLIND GLOYSTEIN | Der Zusammenhang von

Hör- und Sprachverarbeitung, Kommunikation,

Lernen und Verhalten

1   So berichtet z.B. eine aufmerksame Mutter von den unerwarteten Verständnisproblemen ihres ansonsten sprachlich gewandten neunjährigen Sohnes. Leon fragt seine Mutter vorm Zubettgehen: «Mama, was macht man gegen *Halsweh*?» Später stellte sich heraus, dass sein Freund Frederick am Nachmittag über *Heimweh* und nicht über *Halsweh* geklagt hatte. Ein anderes Mal erzählte ihm sein Freund, dass seine (Gang)-*Schaltung* nicht mehr funktioniere. Leon fragt zurück: «Wo ist Sand?»

2   Berliner Senatsverwaltung für Bildung, Jugend und Wissenschaft 2012: *Leitfaden zur Feststellung sonderpädagogischen Förderbedarfs an Berliner Schulen*, S. 4.

3   Berliner Senatsverwaltung für Bildung, Jugend und Wissenschaft 2012: *Verordnung über die sonderpädagogische Förderung (Sonderpädagogikverordnung)* vom 19. Januar 2005 (GVBI. S. 57), zuletzt geändert durch Verordnung vom 19. Juni 2012 (GVBI S. 166), §13.

4   KMK, Sekretariat der Ständigen Konferenz der Kultusminister der Länder in der Bundesrepublik Deutschland 2000: *Empfehlungen zum Förderschwerpunkt emotionale und soziale Entwicklung. Beschluss der Kultusministerkonferenz vom 10.03.2000*, vgl. KMK 1994.

5   Ebd., S. 345.

6   Ebd.

7   Lauer, N. (2001): *Zentral-auditive Verarbeitungsstörungen im Kindesalter*, 2. überarbeitete Auflage, Stuttgart / New York, S. 8.

8   Ebd.

9   Vgl. ebd., S. 15f.

10   Vgl. ebd., S. 21f.

11   Rosenkötter, H. (2013): *Motorik und Wahrnehmung im Kindesalter*, Stuttgart, S. 189.

12   Ebd.

13   Ebd.

14   Vgl. Bezirksamt Pankow von Berlin, Abteilung Soziales, Gesundheit, Schule und Sport (2012): *Ausgewählte Ergebnisse der Einschulungsuntersuchungen für das Schuljahr 2011/12 im Berliner Bezirk Pankow*, S. 29ff.

15   Vgl. Bezirksamt Pankow von Berlin, Abt. Soziales, Gesundheit, Schule u. Sport (2013): *Ausgewählte Ergebnisse der Einschulungsuntersuchungen für das Schuljahr 2012/2013 im Berliner Bezirk Pankow*, S. 31ff.

16   Vgl. Tiesler, G. / Oberdörster, M. (2010): *Lärm in Bildungsstätten*, 2. unveränderte Auflage, Dortmund, verfügbar unter http://www.inqa.de (Stand 16.2.2014), S. 4.

17   Eberle, W. (2007): Lärmminderung in Schulen. Zusammenfassung. In: Hessisches Landesamt für Umwelt und Geologie: *Lärmschutz in Hessen, Heft 4 : Lärmminderung in Schulen*, S. 7.

18   Rosenkötter, H. (2013): *Motorik und Wahrnehmung im Kindesalter*, Stuttgart, S. 188.

19   Klatte, M. / Schick, A. (2007): Lärm in Schulen und Kindertagesstätten. In: Hessisches Landesamt für Umwelt und Geologie: *Lärmschutz in Hessen, Heft 4: Lärmminderung in Schulen*, S. 17.

20   Vgl. Kaltenbach, M. / Bartels, K.-H. (2006): *Fluglärm und intellektuelle Leistungsfähigkeit von Kindern. Fachinformation des Rhein-Main-Instituts 01/06*. Verfügbar unter http://www.dfld.de/Downloads/ RMI_060213_Fluglaerm_und_Kinder.pdf (Stand 16.02.2014).

21   Bundesministerium für Justiz und Verbraucherschutz: *Sechzehnte Verordnung zur Durchführung des Bundes-Immissionsschutzgesetzes. Verkehrslärmschutzverordnung – 16. BImSchV*, zuletzt geändert durch Art. 3 G v. 19.9.2006 I 2146. Verfügbar unter: http://www.gesetze-im internet.de/bundesrecht/bimschv_16/ gesamt.pdf (Stand 30.4.2014).

22   Vgl. Griefahn, B. (2007): *Lärmwirkungen. Kurzbericht über zwei Forschungsprojekte «Lärmsensibilität ...» und «Sprachkommunikation ...»*. Verfügbar unter: http://www.fv-leiserverkehr.de (Stand 30.4.2014).

23 Lempp, T. (2014): *BASICS Kinder- und Jugendpsychiatrie*, 2. überarbeitete Auflage, München, S. 54.

24 Ebd.

25 Barmer GEK Arztreport 2013: *Schwerpunkt: ADHS*, Schriftenreihe zur Gesundheitsanalyse, Bd. 18, Siegburg.

26 Lempp, T. (2014): *BASICS Kinder- und Jugendpsychiatrie*, 2. überarbeitete Auflage, München, S. 55.

27 Michaelis, R. / Niemann, G. (2004): *Entwicklungsneurologie und Neuropädiatrie*, 3. unveränderte Auflage, Stuttgart, S. 108.

28 Frances, A. (2014): *Normal. Gegen die Inflation psychiatrischer Diagnosen*, Köln, S. 135.

29 Vgl. Jantzen, W. (2005): «*Es kommt darauf an, sich zu verändern …*». *Zur Methodologie und Praxis rehistorisierender Diagnostik und Intervention*, Gießen, S. 75-96; Wiest, S. (2005): «Ich hasse schreiben»- ADHS als Verständnisdefizit in Institutionen. In: Jantzen, W. (2005): «*Es kommt darauf an, sich zu verändern …*». *Zur Methodologie und Praxis rehistorisierender Diagnostik und Intervention*, S. 227ff.

30 Ebd., S. 251.

31 Tiesler, G. / Oberdörster, M. (2010): *Lärm in Bildungsstätten*, 2. unveränderte Auflage, Dortmund, verfügbar unter http://www.inqa.de (Stand 16.2.2014), S. 12.

32 Feuser, G. (1995): *Behinderte Kinder und Jugendliche*, Darmstadt, S. 228.

Literatur

Barmer GEK Arztreport 2013: *Schwerpunkt: ADHS*. Schriftenreihe zur Gesundheitsanalyse, Bd. 18, Siegburg.

Berliner Senatsverwaltung für Bildung, Jugend und Wissenschaft (2012): *Leitfaden zur Feststellung sonderpädagogischen Förderbedarf an Berliner Schulen.*

Berliner Senatsverwaltung für Bildung, Jugend und Wissenschaft (2012): Verordnung über die sonderpädagogische Förderung (Sonderpädagogikverordnung) vom 19. Januar 2005 (GVBl. S. 57), zuletzt geändert durch Verordnung vom 19. Juni 2012 (GVBI S. 166).

Bezirksamt Pankow von Berlin, Abteilung Soziales, Gesundheit, Schule und Sport (2012): *Ausgewählte Ergebnisse der Einschulungsuntersuchungen für das Schuljahr 2011/2012 im Berliner Bezirk Pankow.*

Bezirksamt Pankow von Berlin, Abteilung Soziales, Gesundheit, Schule und Sport (2013): *Ausgewählte Ergebnisse der Einschulungsuntersuchungen für das Schuljahr 2012/2013 im Berliner Bezirk Pankow.*

Bundesministerium für Justiz und Verbraucherschutz: Sechzehnte Verordnung zur Durchführung des Bundes-Immissionsschutzgesetzes. Verkehrslärmschutzverordnung – 16. BImSchV, zuletzt geändert durch Art.

3 G v. 19.9.2006 I 2146 Verfügbar unter: http://www.gesetze-im internet. de/bundesrecht/bimschv_16/ gesamt.pdf (Stand 30.04.2014).

Eberle, W. (2007): Lärmminderung in Schulen – Zusammenfassung. In: Hessisches Landesamt für Umwelt und Geologie. Lärmschutz in Hessen. Heft 4: *Lärmminderung in Schulen.*

Feuser, G. (1995): *Behinderte Kinder und Jugendliche*, Darmstadt.

Frances, A. (2013): *Normal. Gegen die Inflation psychiatrischer Diagnosen*, Köln.

Griefahn, B. (2007): Lärmwirkungen – Kurzbericht über zwei Forschungsprojekte «Lärmsensibilität ...» und «Sprachkommunikation ...». Verfügbar unter: http://www.fv-leiserverkehr.de (Stand 30.04.2014).

Jantzen, W. (2005): *«Es kommt darauf an, sich zu verändern ...». Zur Methodologie und Praxis rehistorisierender Diagnostik und Intervention*, Gießen, S. 75-96.

ICD-10-GM 2013, *Internationale statistische Klassifikation der Krankheiten und verwandter Gesundheitsprobleme*, 10. Revision, Köln.

Kaltenbach, M. / Bartels, K.-H. (2006): Fluglärm und intellektuelle Leistungsfähigkeit von Kindern. Fachinformation des Rhein-Main-Instituts 01/06. Verfügbar unter: http://www.dfld.de/Downloads/RMI_060213_ Fluglaerm_und_Kinder.pdf (Stand 16.02.2014).

KMK, Sekretariat der Ständigen Konferenz der Kultusminister der Länder in der Bundesrepublik Deutschland (2000). *Empfehlungen zum Förderschwerpunkt emotionale und soziale Entwicklung.* Beschluss der Kultusministerkonferenz vom 10.03.2000.

Klatte, M. / Schick, A. (2007): Lärm in Schulen und Kindertagesstätten. In: Hessisches Landesamt für Umwelt und Geologie, Lärmschutz in Hessen. Heft 4: *Lärmminderung in Schulen.*

Lauer, N. (2001): *Zentral-auditive Verarbeitungsstörungen im Kindesalter*, 2. überarbeitete Auflage, Stuttgart / New York.

Lempp, T. (2014): *BASICS Kinder- und Jugendpsychiatrie*, 2. überarbeitete Auflage, München.

Michaelis, R. / Niemann, G. (2004): *Entwicklungsneurologie und Neuropädiatrie*, 3. unveränderte Auflage, Stuttgart.

Rosenkötter, H. (2013): *Motorik und Wahrnehmung im Kindesalter*, Stuttgart.

Tatort Ohr. Unterrichtskonzept für Lehrkräfte. Verfügbar unter: http://www. tatort-ohr.de

Tiesler, G. / Oberdörster, M. (2010): *Lärm in Bildungsstätten.* 2. unveränderte Auflage. Dortmund. Verfügbar unter: http://www.inqa.de (Stand 16.02.2014).

Wiest, S. (2005): «Ich hasse schreiben». ADHS als Verständnisdefizit in Institutionen. In: Jantzen, W. (2005): *«Es kommt darauf an, sich zu verändern ...». Zur Methodologie und Praxis rehistorisierender Diagnostik und Intervention*, S. 227-265.

MICHAEL KNOCH I Schulische Diagnostik
im Rahmen inklusiver Schulprozesse

1 Siehe auch die Beiträge von M. Ernst-Bonnesoeur und A. Schmidt in
diesem Buch.
2 Siehe auch den Beitrag von U. Barth in diesem Buch.

ANGELIKA HEIMANN I Vom Sinn der Förder- und Entwicklungspläne

1 Artelt, C. (1996): Stärken und Schwächen der Diagnose von Lernstrategi-
en in realen Lernsituationen. In: *LLF-Berichte*, Bd. 16, S. 3-18, Potsdam.
2 Maschke, T. (2010): *... auf dem Weg zu eine Schule für alle. Integrative
Praxis an Waldorfschulen*, Stuttgart.
3 Köhler, H. (2014). *Schwierige Kinder gibt es nicht: Plädoyer für eine Umwandlung des pädagogischen Denkens*, 2. Auflage, Stuttgart.
4 Förderpläne und Handreichungen: bildungsserver.berlin-brandenburg.
de / foerderschwerpunkt /Handreichungen (Stand: 7.2.2014).
5 Vgl. Steiner, R. (1998): *Allgemeine Menschenkunde als Grundlage der
Pädagogik*, Taschenbuchausgabe, Dornach, S. 89f.
6 Siehe auch Köhl, M. (2014): Die Bedeutung der Subjektivität für empathisches Handeln und die Verbesserung der therapeutischen Beziehung
durch Schulung der Wahrnehmung. In: *Der Merkurstab*, 1, S. 14-22.
7 Steiner, R. (2010): *Heilpädagogischer Kurs*, Dornach.
8 Steiner, R. (1998): *Allgemeine Menschenkunde als Grundlage der Pädagogik*, Dornach.
9 Largo, R. (2012): Jedes Kind ist als soziales und lernendes Wesen einmalig, *Rundbrief der Pädagogischen Sektion am Gotheanum*, Sonderausgabe, Dornach, S. 23-36.
10 Weiß, R. (1998): *Grundintelligenztest Skala 2 (CFT 20) mit Wortschatztest
(WT) und Zahlenfolgentest (ZF)*, Göttingen.
11 May, P. (2002): *HSP 1-9 Hamburger Schreib-Probe für 1. bis 9. Klassen*,
Göttingen.
12 Reuter-Liehr, C. (2001/2006). *Lautgetreue Lese-Rechtschreibförderung*,
Bochum.
13 Deci, E. L. / Ryan, R. M. (1993): Die Selbstbestimmungstheorie der
Motivation und ihre Bedeutung für die Pädagogik. In: *Zeitschrift für
Pädagogik* 39, S. 223-238.
14 Manual kooperative Förderplanung: http://bildungsserver.berlin-bran-
denburg.de/fileadmin/bbb/unterricht/faecher/sonderpaedagogischer_
foerderschwerpunkt/Foerderplanung_im_Team.pdf (Stand 7.8.2014).
15 Vgl. Steiner (1998): *Allgemeine Menschenkunde als Grundlage der Pädagogik*, Taschenbuchausgabe, Dornach, S. 16.

Literatur

Artelt, C. (1996): Stärken und Schwächen der Diagnose von Lernstrategien in realen Lernsituationen. In: *LLF-Berichte, Bd. 16*, Potsdam, S. 3-18.

Deci, E. L. / Ryan, R.M. (1993): Die Selbstbestimmungstheorie der Motivation und ihre Bedeutung für die Pädagogik. In: *Zeitschrift für Pädagogik*, 39, S. 223-238.

Förderpläne und Handreichungen: bildungsserver.berlin-brandenburg.de / foerderschwerpunkt /Handreichungen (Stand: 07.02.2014).

Förderplanung im Team: bildungsserver.berlin-brandeburg.de /fileadmin / bbb /unterricht /faecher (Stand: 10.04.2014).

Köhl, M. (2014): Die Bedeutung der Subjektivität für empathisches Handeln und die Verbesserung der therapeutischen Beziehung durch Schulung der Wahrnehmung. In: *Der Merkurstab*, 1.

Köhler, H. (2014): *Schwierige Kinder gibt es nicht: Plädoyer für eine Umwandlung des pädagogischen Denkens*, 2. Auflage, Stuttgart.

Largo, R. (2012): Jedes Kind ist als soziales und lernendes Wesen einmalig. In: *Rundbrief der Pädagogischen Sektion am Gotheanum*, Sonderausgabe, Dornach.

Maschke, T. (Hrsg.) (2010): *... auf dem Weg zu einer Schule für alle. Integrative Praxis an Waldorfschulen*, Stuttgart.

May, P. (2002): *HSP 1-9 Hamburger Schreib-Probe für 1. bis 9. Klassen*, Göttingen.

Reuter-Liehr, C. (2001 / 2006): *Lautgetreue Lese-Rechtschreibförderung*, Bochum.

Steiner, R. (1998): *Allgemeine Menschenkunde als Grundlage der Pädagogik*, Taschenbuchausgabe, Dornach.

Steiner, R. (2010): *Heilpädagogischer Kurs*, Dornach.

Weiß, R. (1998): *Grundintelligenztest Skala 2 (CFT 20) mit Wortschatztest (WT) und Zahlenfolgentest (ZF)*, Göttingen.

BIRGIT NEEF I Ist Inklusion im Kindergarten machbar?

1 Die Entwicklungszahlen sind dem Überblick über die Entwicklung der gemeinsamen Erziehung behinderter und nicht behinderter Kinder in Berlin und in der Bundesrepublik entnommen. Senatsverwaltung für Bildung, Jugend und Sport III B 14.

2 Ebd.

3 Integration von Typ A und Typ B Kindern bedeutet: Typ A: Kinder mit erhöhtem Bedarf an sozialpädagogischer Hilfe nach § 4 (7) «Bedarfsfeststellung» und § 16 (1) «Fachpersonal für die Förderung von Kindern mit Behinderungen» (VOKitaFöG). Die Voraussetzungen für die Gewährung von zusätzlichem sozialpädagogischem Personal für einen

erhöhten Bedarf sowie der stellenmäßige Umfang von 0,25 sind in § 4 (7) VOKitaFöG und § 16 (1) VoKitaFöG festgelegt. Das örtlich zuständige Jugendamt stellt den Bedarf an zusätzlicher sozialpädagogischer Hilfe für Kinder mit Behinderungen unter Einbeziehung der im Bezirk für Behinderte zuständigen Fachstellen fest. Typ B: Kinder mit wesentlich erhöhtem Förderbedarf an sozialpädagogischer Hilfe nach § 4 (7) «Bedarfsfeststellung» und § 16 (2) «Fachpersonal für die Förderung von Kindern mit Behinderungen» (VOKitaFöG). Die Begriffe «schwermehrfach behindert, schwerstbehindert» drücken aus, dass die jeweilige Behinderung als besonders ausgeprägt und einschränkend erlebt wird. Nicht allein die Behinderungsart ist ausschlaggebend, sondern die Fähigkeit und die Möglichkeit des Kindes teilzunehmen, wahrzunehmen, mitzuteilen, zu kommunizieren, aber auch der Bedarf an Zuwendung und pflegerischen Hilfestellungen zur Sicherstellung der Grundbedürfnisse des Kindes. Dieses Zitat ist entnommen: Senatsverwaltung für Bildung, Wissenschaft und Forschung in Berlin (2011): *Handreichung zum Verfahren zur Aufnahme und Betreuung von Kindern mit Behinderungen in Berliner Kindertageseinrichtungen*, S. 11.

4   Zitat entnommen: Senat für Bildung, Wissenschaft und Forschung (2010): *Jugend-Rundschreiben* Nr. 1 / 2010, Rahmenplan zur Zusatzqualifikation zur Facherzieherin / Facherzieher zur Integration.

5   Senatsverwaltung für Bildung, Jugend und Wissenschaft in Berlin (2011): *Familie in Berlin, Berliner Förderplan*, S. 4f., http://www.berlin. de/imperia/md/content/sen-familie/kindertagesbetreuung/vorschulische_bildung/foerderplan_2011.pdf?start&ts=1334137549&file=foerderplan_2011.pdf (Stand: 26.5.2014).

6   Senatsverwaltung für Bildung, Jugend und Wissenschaft in Berlin (2011): *Familie in Berlin, Berliner Förderplan*, S. 5.

7   Siehe z.B. das Buch von Ruhrmann, I. / Henke, B. (2008): *Die Kinderkonferenz*, Stuttgart.

8   Diese Forderung hatten Erzieherinnen bereits in den 1990er-Jahren.

9   Zitat: B.-O. Hansen, arbeitet seit dreißig Jahren als Erzieher in Regelgruppen mit behinderten Kindern in Kindertagesstätten in Berlin Kreuzberg, und er möchte nie anders gearbeitet haben.

10 Aus dem Vorwort von Rüdiger Grimm in: Ruhrmann, I. / Henke, B. (2008): *Die Kinderkonferenz*, Stuttgart, S. 13.

11 In Berlin das Autismus Therapie Zentrum «Der Steg» gGmbH; siehe auch Bernard Lievegocd Institut in Hamburg, dort sind u.a. Ingrid Ruhrmann und Roswitha Willmann beratend tätig.

12 Ruhrmann, I. / Henke, B. (2008): *Die Kinderkonferenz*, Stuttgart, S. 19, zitiert Rudolf Steiner, *Heilpädagogischer Kurs*, 2. Vortrag.

MARITA ERNST-BONNESOEUR I Eingangsstufe inklusiv

1 Siehe Senatsverwaltung für Bildung, Jugend und Sport (2004): *Berliner Bildungsprogramm*, 2. Auflage, Berlin 2004.
2 Näheres dazu im Beitrag von A. Schmidt in diesem Buch.
3 http://www. Kleiner-kalender.de/event/internationaler-weltspieltag/5346--welt.html (Stand 10.3.2014).
4 Freiwilliges Soziales Jahr.

SILKE ENGESSER I Die inklusive Schüleraufnahme

1 Baden-württembergische Besonderheit: «Regelschulen» kooperieren mit einer Sonderschule und spezialisieren sich so auf die Förderung in einem sonderpädagogischen Schwerpunkt (= Fachrichtung, z.B. «Lernen»).
2 Konzeptionelle Bedingungen am Beispiel der Waldorfschule Emmendingen: Es gibt hier vier Plätze pro Klasse für Kinder mit einem sogenannten Feststellungsbescheid. Die Klassengröße liegt bei durchschnittlich 24 Kindern. Jede Klasse wird von einem Klassenteam (dem Klassenlehrer, einem heilpädagogischen Lehrer und einem jungen Mensch im FSJ oder Bundesfreiwilligendienst) begleitet. Emmendingen liegt in Baden Württemberg – der Diaspora in Sachen Inklusion. Hier wird – nicht sehr inklusionsfreudig – von Kindern mit einem Feststellungsbescheid mit unterschiedlichen Buchstaben gesprochen (= «Anspruch auf ein sonderpädagogisches Bildungsangebot im Sinne von»): G = geistige Behinderung, K = körperliche Behinderung, L = Lernbehinderung usw. In anderen Bundesländern wird von «geistiger Entwicklung» oder «I-Kindern» gesprochen. Unter inklusionspädagogischen Gesichtspunkten können solcherlei Bezeichnungen nur Notlösungen sein. Einige wenige Bundesländer sind hier schon weiter. Relevant sind diese Bezeichnungen zurzeit aber immer noch im weiteren Verfahren für die Bezuschussung und «Abrechnung» mit den Schulämtern (Unterstützungsbedarf, Lehrerstunden) und Sozialhilfeträgern (Fahrtkosten, Assistenzdienste etc.). Ein solcher Feststellungsbescheid wird nach einem Diagnoseverfahren (in Baden Württemberg: Gutachten des Sonderpädagogischen Dienstes) vom Schulamt ausgestellt. Dieses entscheidet auch unter Einbeziehung des Elternwunsches den Lernort des Kindes (Stand in Baden Württemberg).
3 Vgl. Mc Allen, A. (2012): *Die Extrastunde: Zeichen- und Bewegungsübungen für Kinder mit Schwierigkeiten im Schreiben, Lesen und Rechnen*, Stuttgart.
4 In dieser Frage sind als Besonderheit die Finanzierungsbedingungen der Waldorfschulen zu berücksichtigen, welche gegebenenfalls zu «Lösungen» führen, die dem Ideal von Inklusion nicht genügen können.

SABINE BULK | Vielfalt im Unterricht

1 Steiner, R. (1992): *Soziale und antisoziale Triebe im Menschen*, 4. Auflage, Dornach, S. 39.

2 Vgl. hierzu die Beiträge von R. Eichholz und J. Keller in diesem Buch.

3 Klein, F. (2013): Zur Inklusion in historischer Perspektive. In: *Seelenpflege* Heft 3, Dornach, S. 56.

4 Vgl. Fornefeld, B. (2008); Aufgabe der Behindertenpädagogik. In: Fornefeld, B. (Hrsg.): *Menschen mit Komplexer Behinderung. Selbstverständnis und Aufgaben der Behindertenpädagogik*, München / Basel, S. 161-183.

5 Vgl. Steiner, R. (1995): *Heilpädagogischer Kurs*, Dornach, S. 74.

6 Vgl. Feuser, G. (1998): Gemeinsames Lernen am gemeinsamen Gegenstand. In: Hildeschmidt, A. / Schnell, I. (Hrsg.): *Integrationspädagogik. Auf dem Weg zu einer Schule für alle*, Weinheim, München, S. 19-36.

7 Vgl. Bulk, S. (2010): Hören, sprechen, lesen – BewusstWerden an der Sprache. Grundzüge einer konzentrischen Didaktik. In: *Seelenpflege* Heft 4, Dornach, S. 77-83.

8 Vgl. Baur, A. (1996): *Lautlehre und Logoswirken. Grundlagen der Chirophonetik*, Stuttgart; sowie Patzlaff, R. (2001): *Luftlautformen sichtbar gemacht. Sprache als plastische Gestaltung der Luft*, Stuttgart.

9 Vgl. Steiner, R. (1990): *Eurythmie als sichtbare Sprache*, Dornach.

10 Vgl. Rittelmeyer, C. (2009): Der menschliche Leib als Resonanzorgan. Skizze einer Anthropologie der Sinne. In: *Erziehungskunst* Heft 10, S. 11-16.

11 Vgl. Basfeld, M. (2009): Eine Kirsche ist nicht rot. Soziale Wahrnehmung und Leiberfahrung. In: *Erziehungskunst* Heft 10, Stuttgart, S. 17-22.

12 Seitz, S. (2007): Kinder mit schweren Behinderungen in der Grundschule. In: Hinz, A. (Hrsg.): *Schwere Mehrfachbehinderung und Integration*, Oberhausen, S. 209f.

13 Vgl. Inclusion Europe (Hrsg.) (2009): *Informationen für alle. Europäische Regeln, wie man Informationen leicht lesbar und leicht verständlich macht*, Brüssel.

Literatur

Basfeld, M. (2009): Eine *Kirsche* ist nicht rot. Soziale Wahrnehmung und Leiberfahrung. In: *Erziehungskunst*, Heft 10, Stuttgart, S. 17-22.

Baur, A. (1996): *Lautlehre und Logoswirken. Grundlagen der Chirophonetik*, Stuttgart.

Bulk, S. (2010): Hören, sprechen, lesen – BewusstWerden an der Sprache. Grundzüge einer konzentrischen Didaktik. In: *Seelenpflege*, Heft 4, Dornach, S. 77-83.

Bundesministerium für Arbeit und Soziales (Hrsg.) (2010): *Übereinkommen der Vereinten Nationen über die Rechte von Menschen mit Behinderungen.* Stand Januar 2010. Referat Information, Publikation, Redaktion, 53107 Bonn.

Feuser, G. (1998): Gemeinsames Lernen am gemeinsamen Gegenstand. In: Hildeschmidt, A. / Schnell, I. (Hrsg.): *Integrationspädagogik. Auf dem Weg zu einer Schule für alle,* Weinheim / München, S. 19-36.

Fornefeld, B. (2008): Aufgabe der Behindertenpädagogik. In: Fornefeld, B. (Hrsg.): *Menschen mit Komplexer Behinderung. Selbstverständnis und Aufgaben der Behindertenpädagogik,* München / Basel, S. 161-183.

Inclusion Europe (Hrsg.) (2009): *Informationen für alle. Europäische Regeln, wie man Informationen leicht lesbar und leicht verständlich macht,* Brüssel.

Klein, F. (2013): Zur Inklusion in historischer Perspektive. In: *Seelenpflege,* Heft 3, Dornach, S. 56.

Patzlaff, R. (2001): *Luftlautformen sichtbar gemacht. Sprache als plastische Gestaltung der Luft,* Stuttgart.

Rittelmeyer, C. (2009): Der menschliche Leib als Resonanzorgan. Skizze einer Anthropologie der Sinne. In: *Erziehungskunst,* Heft 10, S. 11-16.

Seitz, S. (2007): Kinder mit schweren Behinderungen in der Grundschule. In: Hinz, A. (Hrsg.): *Schwere Mehrfachbehinderung und Integration,* Oberhausen, S. 206-212.

Steiner, R. (1990): *Eurythmie als sichtbare Sprache,* Dornach.

Steiner, R. (1992): *Soziale und antisoziale Triebe im Menschen,* 4. Aufl. Dornach.

Steiner, R. (1995): *Heilpädagogischer Kurs,* Dornach.

GISELA MAEIER-WACKER I Bewegtes Lernen in der Unterstufe

1 Vgl. z.B. Engesser, S. / Erle, T. (2010): «Es ist normal, verschieden zu sein.» Die Integrative Waldorfschule Emmendingen, in: Maschke, T. (Hrsg): *... auf dem Weg zu einer Schule für alle. Integrative Praxis an Waldorfschulen,* Stuttgart.

2 Streit, J. (1997): *Die heilige Odilie,* Stuttgart.

3 Bouldern, Wikipedia (engl. boulder «Felsblock»): Klettern ohne Kletterseil und Klettergurt an Felsblöcken, Felswänden oder an künstlichen Kletterwänden in Absprunghöhe.

4 Junge Menschen im freiwilligen sozialen Jahr (FSJ).

5 Tittmann, M. (o.J.): «Streit der Handwerker», http://www.waldorfbuch.de/shop/pdf/Der-Streit-der-Handwerker_Tittmann.pdf (Stand 25.4.2014).

6 Ebd., S. 8, Vorwort zum Spiel.

7 Bär, M. (1990) «Jaköble», Regionales Landeskunde-Zentrum Freiburg.

8 Zitate von Konfuzius, www.zitate.de

9 Freiwilligendienste über EOS- Erlebnispädagogik in Freiburg.

ERHARD BECK | Erfahrungsberichte und Anregungen
aus dem inklusiven Mittelstufenunterricht

1 Vgl. Steiner, R. (1986): *Erziehungskunst. Methodisch-Didaktisches*, Dornach, S. 193f.

MAUD BECKERS | Die Kunst ist das Zentrum der Inklusion

1 Alle Namen wurden von der Autorin verändert.
2 Booth, T. / Aisncow, M. (2003): *Index für Inklusion*, übersetzt, überarbeitet und herausgegeben von Boban, I. / Hinz, A. http://www.eenet.org. uk/resources/docs/Index%20German.pdf (Stand 11.12.2013).
3 Goethe, J. W. (1795): *Das Märchen*. Das Märchen ist die letzte Erzählung aus Goethes Novellenzyklus ‹Unterhaltungen deutscher Ausgewanderten› von 1795, zuerst erscheinen in der von Schiller herausgegebenen Zeitschrift *Die Horen*). Abgerufen am 18.4.2014 von http://anthrowiki.at Goethes_Märchen_von_der_grünen_Schlange_und_der_schönen_Lilie
4 Steiner, R. (1995): *Heilpädagogischer Kurs*, Dornach, S. 75.
5 Ebd., S. 36-39.
6 Ebd., S. 154.
7 http://de.wikipedia.org/wiki/Soziale_Plastik Stand: 5.5.2014.
8 Lievegoed, B. (1991): *Alte Mysterien und soziale Evolution*, Stuttgart, S. 123-125.
9 Steiner, R. (1995): *Heilpädagogischer Kurs*, Dornach, S. 186.

HOLGER VAN RAEMDONCK | Hort inklusive – inklusiver Hort

1 Alle verwendeten Beispiele und Namen sind frei erfunden. Übereinstimmungen mit realen Personen sind zufällig.
2 Vgl. hierzu die Beiträge von A. Schmidt und M. Ernst-Bonnesoeur in diesem Buch.

EDITH BULLE | Englischunterricht an integrativ arbeitenden Schulen

1 Steiner, R. (1981) *Erziehungskunst*, Dornach, 9. Vortrag, S. 124 ff.
2 Steiner, R. (1920) *Erneuerung der pädagogisch-didaktischen Kunst durch Geisteswissenschaft*, Dornach, 5. Vortrag.
3 Steiner, R. (1981) *Erziehungskunst*, Dornach, 10. Vortrag, S. 136ff.
4 Vgl. Axford, B. Harders P. Scaffolding Literacy (2009): *An Integrated and Sequential Approach, To Teaching Reading, Spelling and Writing*, Australia.

Literatur

Billows, L. (1973): *Kooperatives Sprachenlernen*, Quelle und Meyer, Heidelberg.

Cratty, B. J. (1971): *Active Learning. Games to Enhance Academic Abilities*, Prentice Hall Inc., Upper Saddle River, N.J.

Hammond, J. (2001): *Scaffolding: Teaching and Learning in Language and Literacy Education*, Newton NSW.

Hornsby, D. (2000): *A Closer Look to Guided Reading*, South Yarra.

Hugenschmidt, B. / Technau, A. (2010): *Methoden schnell zur Hand. 66 schüler- und handlungsorientierte Unterrichtmethoden*, Stuttgart.

Lyons, C. (2003) *Teaching Struggling Readers: How to Use Brain-Based Research to Maximize Learning*, Heinemann, Portsmouth, NH.

Maley, A. / Duff, A. (1982): *Drama Techniques in Language Learning*. Cambridge Handbook for Language Teachers, Cambridge University Press, New York.

Rhodes, L. / Dudley-Marling, C. (1996): *Readers and Writers with a Difference*, 2. Auflage, Heinemann, Portsmouth, NH.

Scheller, I. (2002): *Szenisches Spiel: Handbuch für die pädagogische Praxis*, Berlin.

Snow, C. E. / Burns, M. S. / Griffin, P. (Hrsg.) (1998): *Preventing Reading Difficulties in Young Children*, Washington D.C.

Templeton, A. (2010): *Teaching English to Teens and Preteens. A Guide to Language Teachers*, 2. Auflage, Stuttgart.

Westlake, T.: *Chunks of poetic text to get your teeth into*, tessawestlake@gmail.com

EDITH BULLE I Coach on the road

1 Vgl. Steiner, R. (1985): *Heilpädagogischer Kurs*, Dornach, S. 33ff.
2 Rhythmic Movement Training.

ULLA BALIN & UTE MARIA BEESE I Inklusion ist Teamarbeit

1 Herwig-Lempp, J. (2004): *Ressourcenorientierte Teamarbeit: Systemische Praxis der kollegialen Beratung. Ein Lern- und Übungsbuch*, Göttingen, S. 23.
2 Akronym aus dem Projektmanagement, im Internet: http://de.wikipedia.org/wiki/SMART_(Projektmanagement), Stand: 22.5.2014.
3 Wir benutzen den Begriff «Kooperationslehrer», weil er sich strukturell aus der Zusammensetzung der Klassen ergibt.

REINALD EICHHOLZ I Inklusion –
eine Schicksalsfrage nicht nur für Kinder

1 Schriftliche Fassung des Vortrags auf dem Kongress «Vielfalt gestalten» am 20./21. September 2013 in Berlin.

2 Einführungsvortrag auf dem Kongress «Vielfalt gestalten» am 20./21. September 2013 in Berlin, vgl. den Beitrag von J. Schöler in diesem Buch.

3 Empfehlungen «Inklusive Bildung von Kindern und Jugendlichen mit Behinderungen in Schulen» – Beschluss der Kultusministerkonferenz vom 20.10.2011, S. 7.

4 Vgl. Riedel, E. (2010): *Gutachten zur Wirkung der internationalen Konvention über die Rechte von Menschen mit Behinderung und ihres Fakultativprotokolls auf das deutsche Schulsystem. Erstattet der Landesarbeitsgemeinschaft Gemeinsam Leben, Gemeinsam Lernen Nordrhein-Westfalen (LAG GL) in Projektpartnerschaft mit der Bundesarbeitsgemeinschaft Gemeinsam Leben, Gemeinsam Lernen (BAG GL) und dem Sozialverband Deutschland (SoVD).*

5 Zum Grundsätzlichen: Eichholz, R. (2011): *Der Mensch im Recht – das Recht im Menschen*, Basel.

6 Muñoz, V. (2012): *Das Meer im Nebel. Bildung auf dem Weg zu den Menschenrechten*, Opladen / Berlin / Toronto.

7 Hentig, H. v. (2003): *Die Schule neu denken*, Weinheim, S. 224.

8 Art. 6 der Verfassung für das Land Nordrhein-Westfalen.

9 Gardner, H. (2001): *Abschied vom IQ. Die Rahmentheorie der vielfachen Intelligenzen*, 3. Auflage, Stuttgart.

10 Präambel der Allgemeinen Erklärung der Menschenrechte vom 10.12.1948; Art. 2 des Internationalen Paktes über wirtschaftliche, soziale und kulturelle Rechte vom 19. Dezember 1966.

11 Vgl. Eichholz, R. (2012): Konventionsrechtliche Anmerkungen zu den Empfehlungen «Inklusive Bildung von Kindern und Jugendlichen mit Behinderungen in Schulen» – Beschluss der Kultusministerkonferenz vom 20.10.2011. In: *Sonderpädagogische Förderung heute*, Weinheim, Heft 4.

12 Hessischer VGH, Urteil vom 12.11.2009, 7 B 2763/09; OVG Lüneburg, Beschluss vom 16.9.2010, 2 ME 278/10; anders: VG Stuttgart, Urteil vom 11.10.2005; AG Gießen, Beschluss vom 16.7.2010. Zum Streitstand ausführlich Poscher, R. / Langer, T. / Rux, J. (2008): *Gutachten zu den völkerrechtlichen und innerstaatlichen Verpflichtungen aus dem Recht auf Bildung nach Art. 24 des UN-Abkommens über die Rechte von Menschen mit Behinderungen und zur Vereinbarkeit des deutschen Schulrechts mit den Vorgaben des Übereinkommens* sowie Höfling, W. (2012): *Rechtsfragen der Umsetzung von Art. 24 der UN-Behindertenrechtskonvention in Nordrhein-Westfalen unter besonderer Berücksichtigung der Konnexitäts-*

problematik, Rechtsgutachten erstattet im Auftrag des Städtetages Nord-rhein-Westfalen, Köln; Aichele, V. (2011): *Zur Rezeption der UN-Behindertenrechtskonvention in der gerichtlichen Praxis,* Anwaltsblatt 10/2011, S. 727; Monitoring-Stelle zur UN-Behindertenrechtskonvention (2009): *Zur Stellung der UN-Behindertenrechtskonvention innerhalb der deutschen Rechtsordnung und ihre Bedeutung für behördliche Verfahren und deren gerichtliche Überprüfung, insbesondere ihre Anforderungen im Bereich des Rechts auf inklusive Bildung nach Artikel 24 UN-Behindertenrechtskonvention. Gleichzeitig eine Kritik an dem Beschluss des Hessischen Verwaltungsgerichtshofs vom 12. November 2009* (7 B 2763/09).

13 Eichholz, R. (2013): Streitsache Inklusion. Rechtliche Gesichtspunkte zur aktuellen Diskussion. In: Feuser, G. / Maschke, T. (Hrsg.): *Lehrerbildung auf dem Prüfstand. Welche Qualifikationen braucht die inklusive Schule?,* Gießen.

14 Vgl. hierzu den Beitrag von J. Keller in diesem Buch.

15 Klemm, K. / Preuss-Lausitz, U. (2011): *Auf dem Weg zur schulischen Inklusion in Nordrhein-Westfalen. Empfehlungen zur Umsetzung der UN-Behindertenrechtskonvention im Bereich der allgemeinen Schulen,* Gutachten erstellt im Auftrag des Ministeriums für Schule und Weiterbildung des Landes Nordrhein-Westfalen, S. 12.

Literatur

Aichele, V. (2011): *Zur Rezeption der UN-Behindertenrechtskonvention in der gerichtlichen Praxis,* Anwaltsblatt 10/2011, S. 727.

Eichholz, R. (2011): *Der Mensch im Recht – das Recht im Menschen,* Basel 2011.

Eichholz, R. (2012): Konventionsrechtliche Anmerkungen zu den Empfehlungen «Inklusive Bildung von Kindern und Jugendlichen mit Behinderungen in Schulen» ⊠ Beschluss der Kultusministerkonferenz vom 20.10.2011, in: *Sonderpädagogische Förderung heute,* Weinheim, Heft 4.

Eichholz, R. (2013): Streitsache Inklusion. Rechtliche Gesichtspunkte zur aktuellen Diskussion. In: Feuser, G. / Maschke, T. (Hrsg.): *Lehrerbildung auf dem Prüfstand. Welche Qualifikationen braucht die inklusive Schule?,* Gießen.

Gardner, H. (2001): *Abschied vom IQ. Die Rahmentheorie der vielfachen Intelligenzen,* 3. Auflage, Stuttgart.

Hentig, H. v. (2003): *Die Schule neu denken,* Weinheim.

Höfling, W. (2012): *Rechtsfragen der Umsetzung von Art. 24 der UN-Behindertenrechtskonvention in Nordrhein-Westfalen unter besonderer Berücksichtigung der Konnexitätsproblematik, Rechtsgutachten erstattet im Auftrag des Städtetages Nordrhein-Westfalen,* Köln.

Klemm, K. / Preuss-Lausitz, U. (2011): *Auf dem Weg zur schulischen Inklu-*

sion in Nordrhein-Westfalen. Empfehlungen zur Umsetzung der UN-Behindertenrechtskonvention im Bereich der allgemeinen Schulen, Gutachten erstellt im Auftrag des Ministeriums für Schule und Weiterbildung des Landes Nordrhein-Westfalen.

Monitoring-Stelle zur UN-Behindertenrechtskonvention (2009): *Zur Stellung der UN-Behindertenrechtskonvention innerhalb der deutschen Rechtsordnung und ihre Bedeutung für behördliche Verfahren und deren gerichtliche Überprüfung, insbesondere ihre Anforderungen im Bereich des Rechts auf inklusive Bildung nach Artikel 24 UN-Behindertenrechtskonvention. Gleichzeitig eine Kritik an dem Beschluss des Hessischen Verwaltungsgerichtshofs vom 12. November 2009 (7 B 2763/09).*

Muñoz, V. (2012): *Das Meer im Nebel. Bildung auf dem Weg zu den Menschenrechten,* Opladen / Berlin / Toronto.

Poscher, R. / Langer, T. / Rux, J. (2008): *Gutachten zu den völkerrechtlichen und innerstaatlichen Verpflichtungen aus dem Recht auf Bildung nach Art. 24 des UN-Abkommens über die Rechte von Menschen mit Behinderungen und zur Vereinbarkeit des deutschen Schulrechts mit den Vorgaben des Übereinkommens.*

Riedel / Eibe (2010): *Gutachten zur Wirkung der internationalen Konvention über die Rechte von Menschen mit Behinderung und ihres Fakultativprotokolls auf das deutsche Schulsystem. Erstattet der Landesarbeitsgemeinschaft Gemeinsam Leben, Gemeinsam Lernen Nordrhein-Westfalen (LAG GL) in Projektpartnerschaft mit der Bundesarbeitsgemeinschaft Gemeinsam Leben, Gemeinsam Lernen (BAG GL) und dem Sozialverband Deutschland (SoVD).*

JOHANNA KELLER | Inklusion als Menschenrecht

1   In Deutschland am 26. März 2009 in Kraft getreten.

2   Vgl. Art. 1 BRK: «Zu den Menschen mit Behinderungen zählen Menschen, die langfristige körperliche, seelische, geistige oder Sinnesbeeinträchtigungen haben, welche sie in Wechselwirkung mit verschiedenen Barrieren an der vollen, wirksamen und gleichberechtigten Teilhabe an der Gesellschaft hindern können.»

3   Früher zielte der Behinderungsbegriff lediglich auf die Beeinträchtigung auf körperlicher, seelischer oder geistiger Ebene ab.

4   Vgl. hierzu auch den Beitrag von R. Eichholz in diesem Buch.

5   Insbesondere in Art. 24 Abs. 1 Ziff. b) formuliert.

6   Art. 3 BRK, «die Achtung der dem Menschen innewohnenden Würde, seiner individuellen Autonomie, einschließlich der Freiheit, eigene Entscheidungen zu treffen, sowie seiner Unabhängigkeit und die Nichtdiskriminierung; die volle und wirksame Teilhabe an der Gesellschaft und die Einbeziehung in die Gesellschaft; die Achtung vor der Unter-

schiedlichkeit von Menschen mit Behinderung und die Akzeptanz dieser Menschen als Teil der menschlichen Vielfalt und der Menschheit;
die Chancengleichheit; die Zugänglichkeit; die Gleichberechtigung von
Mann und Frau; die Achtung vor den sich entwickelnden Fähigkeiten
von Kindern mit Behinderungen und die Achtung ihres Rechts auf
Wahrung ihrer Identität.»

7 Nach Art. 70 GG haben die Länder das Recht der Gesetzgebung, soweit
es nicht durch das Grundgesetz dem Bund verliehen wird. Art. 73, 74
GG benennen die Gegenstände sog. ausschließlicher und konkurrieren-
der Bundesgesetzgebung. Da die Schulbildung im engeren Sinne nicht
aufgeführt ist, sind die Länder für die Schulgesetzgebung zuständig
(BVerfGE 75, 40, 6 f; Pieroth a. a. O. Art. 70 RN 18a).

8 In Bundesländern wie Sachsen und Baden-Württemberg ist die Teilhabeberechtigung der Beschulung in den allgemeinbildenden Schulen
gesetzlich noch nicht ausdrücklich im Schulgesetz formuliert, sondern
ergibt sich aus weiteren schulgesetzlichen Vorschriften oder Verordnungen. Ansonsten ist die Teilhabeberechtigung ausdrücklich in den
neugefassten Schulgesetzen vorgesehen.

9 Siehe hierzu den Beitrag in diesem Buch über die rechtliche Situation
in den einzelnen Bundesländern.

10 Vgl. das Gutachten von Poscher, R. / Langer, T.: «Zu den völkerrechtlichen und innerstaatlichen Verpflichtungen aus dem Recht auf Bildung
nach Art. 24 des UN-Abkommens über die Rechte von Menschen mit
Behinderungen und zur Vereinbarkeit des deutschen Schulrechts mit
den Vorgaben des Übereinkommens», August 2008.

11 Die Bezeichnung variiert je nach Bundesland, hier wird der am häufigsten verwendete Begriff gewählt.

12 Die Bezeichnung variiert je nach Bundesland, früher und in BW war
der Begriff der Sonderschule geläufig.

13 Vgl. KMK in ihrer Empfehlung «Inklusive Bildung von Kindern und
Jugendlichen mit Behinderungen in Schulen» vom 20. Oktober 2011.

14 So zum Beispiel in Bayern.

15 Vgl. hierzu den Beitrag von U. Barth und T. Maschke in diesem Buch.

16 Siehe den Beitrag von U. Barth in diesem Buch.

17 KMK vom 20.10.2011.

JOHANNA KELLER | Regelungen zur Inklusion
in den Schulgesetzen der Bundesländer

1 Beschluss der Kultusministerkonferenz vom 18.11.2010: «Pädagogische
und rechtliche Aspekte der Umsetzung des Übereinkommens der Vereinten Nationen vom 13. Dezember 2006 über die Rechte von Menschen
mit Behinderungen (Behindertenrechtskonvention) in der schulischen
Bildung».

2 Vgl. das Gutachten von Poscher, R. / Langer, T.: «Zu den völkerrechtlichen und innerstaatlichen Verpflichtungen aus dem Recht auf Bildung nach Art. 24 des UN-Abkommens über die Rechte von Menschen mit Behinderungen und zur Vereinbarkeit des deutschen Schulrechts mit den Vorgaben des Übereinkommens», August 2008.

3 Empfehlung der KMK «Inklusive Bildung von Kindern und Jugendlichen mit Behinderungen in Schulen» vom 20. Oktober 2011.

4 Ebd.

5 Ebd.

6 Beschluss des Ministerrats BW vom 3.5.2010 sowie vom 20.9.2010 «Schulische Bildung von Menschen mit Behinderung».

7 Runderlass des Kultusministeriums vom 21.3.2011 zur Aufnahme von Schülern mit Sonderpädagogischem Förderbedarf an Schulen in freier Trägerschaft.

8 «Förderrichtlinie des SMK» über die Gewährung einer Zuwendung für besondere Maßnahmen zur Integration von behinderten und von Behinderung bedrohten Kindern und Jugendlichen in allgemeinbildenden und berufsbildenden Schulen im Freistaat Sachsen».

9 Vgl. hierzu auch Keller, J. / Krampen, I. (2014): *Das Recht der Schulen in freier Trägerschaft*, Baden-Baden, Kapitel 3.

10 Mißling, S. / Ückert, O. (2014): *Schulgesetze auf dem Prüfstand*, Berlin.

Literatur

Keller, J. / Krampen, I. (2014): *Das Recht der Schulen in freier Trägerschaft*, Baden-Baden.

Kultusministerkonferenz (2010): «Pädagogische und rechtliche Aspekte der Umsetzung des Übereinkommens der Vereinten Nationen vom 13.12. 2006 über die Rechte von Menschen mit Behinderungen (Behindertenrechtskonvention) in der schulischen Bildung» vom 18.11.2010.

Kultusministerkonferenz (2011): «Inklusive Bildung von Kindern und Jugendlichen mit Behinderungen in Schulen» vom 20. Oktober 2011.

Mißling, S. / Ückert, O. (2014): *Schulgesetze auf dem Prüfstand*, Berlin.

Poscher, R. / Langer, T. (2008): «Gutachten zu den völkerrechtlichen und innerstaatlichen Verpflichtungen aus dem Recht auf Bildung nach Art. 24 des UN-Abkommens über die Rechte von Menschen mit Behinderungen und zur Vereinbarkeit des deutschen Schulrechts mit den Vorgaben des Übereinkommens».

CHRISTIANE DRECHSLER I Waldorfpädagogik als gestaltender Faktor
eines inklusiven Sozialraums

1 Dörner, K. (2011): Der dritte Sozialraum, www.vsop.de/files/JT_2011_
   Der_Dritte_Sozialraum_-_Doerner.pdf (Stand 31.3.2014).
2 Schablon, K.-U. (2003): *Sorge statt Ausgrenzung. Die Idee der Community Care*, www.beratungszentrum.alsterdorf.de/wnt/SorgestattAusgren-
   zung.pdf (Stand 31.3.2014).
3 Ebd.
4 Bronfenbrenner, U. (1981): *Die Ökologie der menschlichen Entwicklung*,
   Stuttgart.
5 Dubinski, J. / Platte, A. (2013): «Im gemeinsamen Leben entsteht Normalität.» Inklusion und non-formale Bildung am Beispiel des Kinder-
   und Jugendreisens. In: Dorrance, C. / Dannenbeck, C. (Hrsg.) (2013):
   Doing Inclusion, Bad Heilbrunn, S. 171.
6 Vgl. hierzu den Beitrag «Exklusiv inklusiv» von T. Maschke in diesem
   Buch.
7 Mack, W. (2012): Lokale Bildungslandschaften und Inklusion. In:
   Moser, V. (Hrsg.): *Die inklusive Schule*, Stuttgart, S. 43.
8 Vgl. Kaschubowski, G. (2013): Grundfragen der Anthropologie, Erkenntnis und Pädagogik. In: Kaschubowski, G. / Maschke, T. (Hrsg.):
   *Anthroposophische Heilpädagogik in der Schule. Grundlagen – Metho-
   den – Beispiele*, Stuttgart, S. 11.
9 Ebd.
10 Bund der Freien Waldorfschulen (2011): *Waldorfpädagogik und
   Inklusion*, Stuttgart, S. 7.

Literatur

Bronfenbrenner, U. (1981): *Die Ökologie der menschlichen Entwicklung*,
   Stuttgart.
Bund der Freien Waldorfschulen (2011): *Waldorfpädagogik und Inklusion*,
   Stuttgart.
Dörner, K. (2011): Der dritte Sozialraum, www.vsop.de/files/JT_2011_Der_
   Dritte_Sozialraum_-_Doerner.pdf, Stand 31.3.2014.
Dubinski, J. / Platte, A. (2013): «Im gemeinsamen Leben entsteht Normali-
   tät.» Inklusion und non-formale Bildung am Beispiel des Kinder- und
   Jugendreisens. In: Dorrance, C. / Dannenbeck, C. (Hrsg.): *Doing Inclu-
   sion*, Bad Heilbrunn.
Kaschubowski, G. / Maschke, T. (Hrsg.) (2013): *Anthroposophische Heilpäd-
   agogik in der Schule. Grundlagen – Methoden – Beispiele*, Stuttgart.
Mack, W. (2012): Lokale Bildungslandschaften und Inklusion. In: Moser, V.
   (Hrsg.): *Die inklusive Schule*, Stuttgart.

Schablon, K.-U. (2003): *Sorge statt Ausgrenzung. Die Idee der Community Care*, www.beratungszentrum.alsterdorf.de/wnt/SorgestattAusgrenzung. pdf (Stand 31.3.2014).

THOMAS MASCHKE I Exklusiv inklusiv?

1   Diese Doppeldeutigkeit soll für den Begriff «inklusiv» hier nicht ausgeführt werden, findet sich diese doch bereits in anderen Beiträgen dieses Buches wieder.

2   Hermann, U. (1983): *Knaurs etymologisches Lexikon*, München, S. 147.

3   Seebold, E. (2011): *Kluge Etymologisches Wörterbuch der deutschen Sprache*, 25. Auflage, Berlin / Boston, S. 268.

4   Seydel, O. (2013): Über die Freiheit einer ‹freien Schule›. In: Kaschubowski, G. / Maschke, T. (Hrsg.): *Anthroposophische Heilpädagogik in der Schule*, Stuttgart, S. 37-43.

5   Krampen, I. (2014): Die Entwicklung von Schulen in freier Trägerschaft. In: Keller, J. / Krampen, I.: *Das Recht der Schulen in freier Trägerschaft*, Baden-Baden, S. 24.

6   Vgl. ebd., S. 26.

7   Vgl. hierzu den Beitrag von C. Drechsler in diesem Buch.

8   Nachzuvollziehen in der Aufsatzsammlung Steiner, R. (1972): *Zur Dreigliederung des sozialen Organismus. Gesammelte Aufsätze 1919 – 1921*, 2. Auflage, Stuttgart.

9   Steiner, R. (1989): Die pädagogische Grundlage der Waldorfschule. Aufsatz 1919, in Steiner, R.: *Rudolf Steiner in der Waldorfschule. Ansprachen für Kinder, Eltern und Lehrer*, Dornach, S. 9f.

10 Steiner, R. (1990): *Geistige Wirkenskräfte im Zusammenleben von alter und junger Generation. Pädagogischer Jugendkurs*, Dornach, S. 36.

11 Vgl. hierzu beispielsweise die Ansprache Steiners an die Teilnehmenden am Vorabend des ersten Lehrerkurses zur Gründung der Stuttgarter Waldorfschule 1919, in Steiner, R. (1992): *Allgemeine Menschenkunde als Grundlage der Pädagogik*, 9. Auflage, Dornach, S. 217f.

12 Vgl. hierzu die Beiträge von J. C. Göschel und A. Gäch in diesem Buch.

13 Steiner, R. (1972): Freie Schule und Dreigliederung. In Steiner, R.: *Zur Dreigliederung des sozialen Organismus, Gesammelte Aufsätze 1919 – 1921*, 2. Auflage, Stuttgart, S. 26.

14 Vgl. hierzu Engesser, S. / Erle, T. (2010): Es ist normal, verschieden zu sein. Die Integrative Waldorfschule Emmendingen. In: Maschke, T. (Hrsg.): *... auf dem Weg zu einer Schule für alle. Integrative Praxis an Waldorfschulen*, Stuttgart.

Literatur

Keller, J. / Krampen, I. (2014): *Das Recht der Schule in freier Trägerschaft*, Baden-Baden.

Hermann, U. (1983): *Knaurs etymologisches Lexikon*, München.

Seebold, E. (2011): *Kluge Etymologisches Wörterbuch der deutschen Sprache*, 25. Auflage, Berlin / Boston.

Seydel, O. (2013): Über die Freiheit einer «freien Schule». In: Kaschubowski, G. / Maschke, T. (Hrsg.): *Anthroposophische Heilpädagogik in der Schule*, Stuttgart, S. 37-43.

Steiner, R. (1972): *Zur Dreigliederung des sozialen Organismus. Gesammelte Aufsätze 1919 – 1921*, 2. Auflage, Stuttgart.

Steiner, R. (1989): *Rudolf Steiner in der Waldorfschule. Ansprachen für Kinder, Eltern und Lehrer*, Dornach.

Steiner, R. (1992): *Allgemeine Menschenkunde als Grundlage der Pädagogik*, 9. Auflage, Dornach.

Steiner, R. (1990): *Geistige Wirkenskräfte im Zusammenleben von alter und junger Generation. Pädagogischer Jugendkurs*, Dornach.

STEPHANIE LOOS I Assistenz in der Schule ist

Teil des Menschenrechts auf Bildung

1 Postkarte des Online-Handbuches Inklusion als Menschenrecht.

2 Beschluss der Kultusministerkonferenz vom 20.10.2011 «Inklusive Bildung von Kindern und Jugendlichen mit Behinderungen in Schulen».

3 UN-BRK Artikel 24 Abs. 2 c, d und e.

4 Stellungnahme der Monitoring-Stelle zur UN-Behindertenrechtskonvention 11.8.2010 bzw. Stellungnahme vom 31.3.2011 «Eckpunkte zur Verwirklichung eines inklusiven Bildungssystems».

5 Artikel 33 Absatz 2 der UN-Konvention verpflichtet die unterzeichnenden Staaten zur Einrichtung einer unabhängigen Monitoring-Stelle. Deshalb richtete die Bundesregierung im Mai 2009 die Monitoring-Stelle am Deutschen Institut für Menschenrechte ein.

6 Stellungnahme der Monitoring-Stelle zur UN-Behindertenrechtskonvention 11.8.2010 / 31.3.2011. A.a.O.

7 Diese Beschreibungen stellen Synonyme für die gleiche Tätigkeitsanforderung und Leistung dar.

8 Stellungnahme der Monitoring-Stelle zur UN-Behindertenrechtskonvention 11.8.2010 / 31.3.2011. A.a.O.

9 Gruppenbezogen bedeutet, dass Schüler verschiedener Klassen und Klassenstufen, in verschiedenen Etagen einer Schule und / oder unterschiedlichen Schulgebäuden gemeinsam lernen, eine Assistenzperson somit nicht alle Schüler gleichzeitig nach individuellem Bedarf sowie rechtzeitig unterstützen kann.

10 «(...) und das Sozialgericht Sie im Rahmen dieser Verfahren zu der Abgabe einer Stellungnahme oder zur Übersendung von Unterlagen auffordern, weise ich vorsorglich darauf hin, dass dazu die vorherige Erteilung einer Aussagegenehmigung Ihres Dienstherrn erforderlich ist. (...) Gegenüber den betroffenen Erziehungsberechtigten ist die abgestimmte Einschätzung zu vertreten.», Sen BJW 07.12.2011 L. Pieper – «Es existiert eine eindeutige, zwischen den Abteilungen für Schule und Jugend abgestimmte Vorgabe unseres Hauses, dass der Bedarf an ergänzender Pflege und Hilfe an Schulen durch Schulhelferstunden vollständig abgedeckt wird», Sen BJW 15.07.2011 S. Arnz.

11 Dr. Valentin Aichele zur Fachveranstaltung des DBR «Reform der Eingliederungshilfe. Ein notwendiger Baustein zur Umsetzung der UN-Behindertenrechtskonvention» am 3.12.2013 in Berlin und Stellungnahme der Monitoring-Stelle zur UN-Behindertenrechtskonvention 11.8.2010 / 31.3.2011. A.a.O.

12 Wikipedia «Indikation».

13 Schulwegtraining ist eine regelmäßige Leistung der Eingliederungshilfe. Berlin regelt die Schulwegbegleitung im Rahmen verfügbarer Haushaltmittel (kein Rechtsanspruch) über eine schulische Verordnung (SopädVO §37). Erst nach Ablehnung kann ein Antrag über Eingliederungshilfe gestellt werden.

14 Landschaftsverband Rheinland Dezernat Schule, Jugend/Landesjugendamt (2008): *Kommunale, Verbandliche und schulische Praxis zur Förderung von Kindern und Jugendlichen mit Autismus durch Integrationsassistenz*, Köln.

15 Bundesvereinigung Lebenshilfe für Menschen mit geistiger Behinderung e.V. (2011): *Integrationsassistenz in der Schule – eine Arbeitshilfe*, Marburg.

16 Reimann, J. (2004): Die Kooperation der Rehabilitationsträger mit den Schulen. In: *Zeitschrift für Sozialreform* Ausgabe 50.

17 LSG NRW, Beschluss vom 20.12.2013, Az. L SO 429/13 B ER.

18 Frese, C. (2014): Bundesverband autismus Deutschland e.V.

19 *Tagesspiegel*, Zitat aus dem Artikel «Jeder hat das Recht auf Kommunikation, auf welchem Weg auch immer», 16.5.2014.

Literatur

Arbeitsgemeinschaft der Spitzenverbände der Freien Wohlfahrtspflege des Landes Nordrhein-Westfalen (2014): *Schulbegleitung – ein wichtiger Baustein auf dem Weg zu einem inklusiven Schulsystem*, Download als PDF: http://tinyurl.com/mtptas3 (Stand 2.6.2014).

Beschluss vom Landessozialgericht Nordrhein Westfalen, Beschluss vom 20.12.2013, Az. L SO 429/13 B ER, http://openjur.de/u/669031.html (Stand 8.6.2014).

Bundesvereinigung Lebenshilfe für Menschen mit geistiger Behinderung e.V. (2011): *Integrationsassistenz in der Schule – eine Arbeitshilfe*, Marburg.

Dworschak, W. (2010): *Schulbegleitung / Schulassistenz*, http://www. inklusion-lexikon.de/Schulbegleitung_Dworschak.php (Stand 2.6.2014).

Elternzentrum Berlin e.V.: *Assistenz zur Wahrnehmung einer angemessenen Schulbildung an Regelschulen und Förderzentren – Leitfaden für Eltern und Schulen zur Vorgehensweise Beantragung in Berlin*, http://www. elternzentrum-berlin.de (Stand 2.6.2014).

Gipfel «Inklusion – Die Zukunft der Bildung» (2014): *Bonner Erklärung zur inklusiven Bildung in Deutschland*, http://www.unesco.de/gipfel_ inklusion_erklaerung.html (Stand 2.6.2014).

KMK, Sekretariat der ständigen Konferenz der Kultusminister in der Bundesrepublik Deutschland (2000): *Empfehlungen zu Erziehung und Unterricht von Kindern und Jugendlichen mit autistischem Verhalten*, Beschluss der Kultusministerkonferenz vom 16.6.2000.

KMK, Sekretariat der ständigen Konferenz der Kultusminister in der Bundesrepublik Deutschland (2010): *Pädagogische und rechtliche Aspekte der Umsetzung des Übereinkommens der Vereinten Nationen vom 13. Dezember 2006 über die Rechte von Menschen mit Behinderungen (Behindertenrechtskonvention - VN-BRK) in der schulischen Bildung*, Beschluss der Kultusministerkonferenz vom 18.11.2010.

KMK, Sekretariat der ständigen Konferenz der Kultusminister in der Bundesrepublik Deutschland (2011): *Inklusive Bildung von Kindern und Jugendlichen mit Behinderungen in Schulen*, Beschluss der Kultusministerkonferenz vom 20.10.2011.

Landschaftsverband Rheinland Dezernat Schule, Jugend / Landesjugendamt (2008): *Kommunale, verbandliche und schulische Praxis zur Förderung von Kindern und Jugendlichen mit Autismus durch Integrationsassistenz*, Köln.

Online-Handbuch Inklusion als Menschenrecht, http://www.inklusion-als-menschenrecht.de/ (Stand 2.6.2014).

Rechtsratgeber des Bundesverbandes autismus Deutschland e.V., http:// w3.autismus.de/pages/recht/rechtsratgeber.php

Reimann, J. (2004): Die Kooperation der Rehabilitationsträger mit den Schulen. In: *Zeitschrift für Sozialreform*, Ausgabe 50.

Senatsverwaltung für Bildung, Jugend und Wissenschaft Berlin (2011): *Regelungen und Verfahren zur Umsetzung der ergänzenden Pflege und Hilfe von schulpflichtigen Kindern und Jugendlichen mit Behinderungen an öffentlichen Schulen und Ersatzschulen in Berlin*, VV 7/2011, http://www. berlin.de/sen/bildung/rechtsvorschriften/ (Stand 2.6.2014).

Sozialgesetzbuch (SGB IX) Neuntes Buch (2011). *Rehabilitation und Teil-*

habe behinderter Menschen (2011). Zul. Geänd. durch Art. 6 Abs. 8 G v. 20.6.2011.

Sozialgesetzbuch (SGB VIII) Achtes Buch (2013). Kinder- und Jugendhilfe. Stand: Neugefasst durch Bek. v. 11.9.2012 I 2022; zul. Geänd. durch Art. 1 G v. 29.8.2013.

Sozialgesetzbuch (SGB XII) Zwölftes Buch (2014). Sozialhilfe. In Kraft getreten am 31.12.2003, 01.01.2004, 01.07.2004, 01.01.2005 bzw. 01.01.2007 zul. geänd. durch Verordnung vom 15.10.2013 (BGBl. I S. 3856) m.W.v. 01.01.2014.

Stellungnahme der Monitoring-Stelle zur UN-Behindertenrechtskonvention 11.8.2010 bzw. Stellungnahme vom 31.3.2011: *Eckpunkte zur Verwirklichung eines inklusiven Bildungssystems*, http://www.institut-fuer-menschenrechte.de/monitoring-stelle.html (Stand 2.6.2014).

UN-Behindertenrechtskonvention (2006): *Übereinkommen der Vereinten Nationen über die Rechte von Menschen mit Behinderung*, http://www.un.org/Depts/german/uebereinkommen/ar61106-dbgbl.pdf (Stand 2.6.2014).

BIRTE MÜLLER | Sehr exklusiv:

Mein Sohn besucht eine Waldorf-Förderschule

1 Das sind junge Menschen, die sich für ein freiwilliges soziales Jahr entschieden haben.

CHRISTINE CARBONE | Inklusive Bildung

am Beispiel zweier Berliner Schulen

1 Vgl. Preuss-Lausitz, U. (Hrsg.) (2005): *Verhaltensauffällige Kinder integrieren*, Weinheim / Basel.

2 Landeselternausschuss Berlin (LEA) (2011): *Pressemitteilung.* http://bildungsklick.de/pm/79978/berliner-senat-legt-bei-der-inklusion-den-rückwärtsgang-ein-schulhelfer-situation-im-schuljahr-2011-2012-erneut-verschlechtert/ (Stand 7.8.2014).

3 Ebd.

4 Vgl. Dräger, J. / Stein, A. In Klemm, K. (2010): *Gemeinsam lernen. Inklusion leben*, Gütersloh, S. 4.

5 Ebd.

6 Klemm, K. (2010): *Gemeinsam lernen. Inklusion leben*, Gütersloh, S. 10.

7 Vgl. Kalambouka, A. / Farrell, P. / Dyson, A. / Kaplan, I. (2007): The impact of placing pupils with special education needs in mainstream schools on the achievement of their peers. In: *Educational Research 49*, und Ruijs, N. M. / Peetsma, T. D. (2009): Effects of inclusion on students

with and without special educational needs reviewed. In: *Educational Research Review* 4.

8 Vgl. Sermier Dessemontet, R. / Benoit, V. / Bless, G. (2011): Schulische Integration von Kindern mit einer geistigen Behinderung. In: *Empirische Sonderpädagogik*, 2011/4.

9 Heimlich, U. (2003): *Integrative Pädagogik*, Stuttgart, S. 144.

10 Senat von Berlin (2007): *Gesamtkonzept «Inklusive Schule». Umsetzung der UN-Konvention über die Rechte von Menschen mit Behinderungen*, http://www.berlin.de/imperia/md/content/sen-bildung/foerderung/sonderpaedagogische_foerderung/gesamtkonzept_inklusion.pdf?start&ts=1296483030&file=gesamtkonzept_inklusion.pdf (Stand 7.8.2014)

11 Ebd.

12 Ebd.

13 Vgl. Roebke, C. / Hüwe, B. (2006): Elternbewegung gegen Aussonderung von Kindern mit Behinderungen, Motive, Wege und Ergebnisse. In: *Zeitschrift für Inklusion* 2006/1.

14 I 2: F 5.

15 I 4: F 5.

16 I 5: F 29.

17 Vgl. I 5: F 5.

18 Gebärdenunterstützte Kommunikation.

19 Vgl. Senatsverwaltung für Bildung, Wissenschaft und Forschung 2010, § 36 ff.

20 I 2: F 6.

21 I 3: F 6.

22 I 10: F 6.

23 I 9: F 8.

24 I 1: F 10.

25 I 3: F 10.

26 I 5: F 12.

27 I 5: F 12.

28 I 8: F 13.

29 I 1: F 13.

30 I 7: F 13.

31 I 5: F 23.

32 Junge Menschen, die ein freiwilliges soziales Jahr leisten.

33 Werthner, E. (2012): Inklusion und soziales Miteinander. In: *Humane Schule* 38. Jahrgang 12, S. 12.

34 I 2: F 15.

35 Vgl. Barth, U. (2008): Integration und Waldorfpädagogik, TU Berlin, http://opus4. Kobv.de/opus4-tuberlin/frontdoor/index/index/docId/1989, S. 344 (Stand 24.3.2014).

36 I 5: F 19.

37 Gemeint ist hier: ausreichend ausgebildet; I 6: F 19.

38 I 3: F 24.

39 I 7: F 24.
40 I 8: F 24.
41 I 5: F 24.
42 Vgl. I 7: F 12.
43 Bundesvereinigung Lebenshilfe für Menschen mit geistiger Behinderung e.V. (Hrsg.) (1998): *Wir wollen überall dabei sein!*, Marburg.
44 I 3: F 26.
45 Sermier Dessemontet, R. / Benoit, V. / Bless, G. (2011): Schulische Integration von Kindern mit einer geistigen Behinderung. In: *Empirische Sonderpädagogik*, 2011/4.
46 Grünzinger, E. (2005): *Geschwister behinderter Kinder*, Stamsried, S. 18.
47 Vgl. Bläsig, W / Schomburg, E. (1968): *Das zerebralparetische Kind*, Stuttgart, S. 6f.
48 Vgl. Hinze, D. F. (2004): *Mutter eines behinderten Kindes*. http://www. familienhandbuch.de/behinderung/behinderte-kinder/mutter-eines-behinderten-kindes (Stand 7.8.2014).
49 I 6: F 30.
50 I 1: F 30.
51 Vgl. I 6: F 30
52 I 3: F 30.
53 Vgl. Barth, U. (2008): *Integration und Waldorfpädagogik*, TU Berlin, http://opus4. Kobv.de/opus4-tuberlin/frontdoor/index/index/docId/1989, S. 344f.
54 Vgl. Heyer, P. / Preuss-Lausitz, U. / Schöler, J. (1997): *Behinderte sind doch Kinder wie wir! Gemeinsame Erziehung in einem neuen Bundesland*, Berlin, S. 52.
55 Vgl. Senat von Berlin (2007): *Gesamtkonzept «Inklusive Schule» Umsetzung der UN-Konvention über die Rechte von Menschen mit Behinderungen*, http://www.berlin.de/imperia/md/content/sen-bildung/foerderung/sonderpaedagogische_foerderung/gesamtkonzept_inklusion. pdf?start&ts=1296483030&file=gesamtkonzept_inklusion.pdf (Stand 7.8.2014)
56 Vgl. Köhler, R. (2013): 7,5 Prozent aller Schüler haben Förderbedarf. In: *Berliner Morgenpost* vom 4.2.2013, S. 10.
57 Ebd.
58 Vgl. Bintinger, G. / Wilhelm, M. (2001): Inklusiven Unterricht gestalten. Creating Inclusive Education. In: *Behinderte in Familien, Schule und Gesellschaft* 24.

Literatur

Barth, U. (2008): *Integration und Waldorfpädagogik*, TU Berlin, http:// opus4. Kobv.de/opus4-tuberlin/frontdoor/index/index/docId/1989 (Stand 24.3.2014).

Bintinger, G. / Wilhelm, M. (2001): Inklusiven Unterricht gestalten. Creating Inclusive Education. In: *Behinderte in Familien, Schule und Gesellschaft* 24, S. 51-60.

Bläsig, W. / Schomburg, E. (1968): *Das zerebralparetische Kind*, Stuttgart.

Bundesvereinigung Lebenshilfe für Menschen mit geistiger Behinderung e.V. (Hrsg.) (1998): *Wir wollen überall dabei sein!*, Marburg.

Dräger, J. / Stein, A., in: Klemm, K. (2010): *Gemeinsam lernen. Inklusion leben*, Gütersloh: Bertelsmann Stiftung.

Freie Waldorfschule Kreuzberg, http://waldorfschule-kreuzberg.de/unsereschule/geschichte/ (Stand 04.10.2012).

Grünzinger, E. (2005): *Geschwister behinderter Kinder*, Stamsried.

Heimlich, U. (2003): *Integrative Pädagogik*, Stuttgart.

Heyer, P. / Preuss-Lausitz, U. / Schöler, J. (1997): *Behinderte sind doch Kinder wie wir! Gemeinsame Erziehung in einem neuen Bundesland*, Berlin.

Hinze, D. F. (2004): *Mutter eines behinderten Kindes*. http://www.familienhandbuch.de/behinderung/behinderte-kinder/mutter-eines-behinderten-kindes, Stand 12.11.2012.

Kalambouka, A. / Farrell, P. / Dyson, A. / Kaplan, I. (2007): The impact of placing pupils with special education needs in mainstream schools on the achievement of their peers. In: *Educational Research 49*, S. 365-382.

Klemm, K. (2010): *Gemeinsam lernen. Inklusion leben*, Gütersloh.

Köhler, R. (2013): 7,5 Prozent aller Schüler haben Förderbedarf. In: *Berliner Morgenpost* vom 04.02.2013, S. 10.

Landeselternausschuss Berlin (LEA) (2011): *Pressemitteilung*. http://bildungsklick.de/pm/79978/berliner-senat-legt-bei-der-inklusion-den-rückwärtsgang-ein-schulhelfer-situation-im-schuljahr-2011-2012-erneut-verschlechtert/ (Stand 7.8.2014).

Preuss-Lausitz, U. (Hrsg.) (2005): *Verhaltensauffällige Kinder integrieren*, Weinheim, Basel

Roebke, C. / Hüwe, B. (2006): Elternbewegung gegen Aussonderung von Kindern mit Behinderungen, Motive, Wege und Ergebnisse. In: *Zeitschrift für Inklusion* 2006/1.

Ruijs, N. M. / Peetsma, T.D . (2009): Effects of inclusion on students with and without special educational needs reviewed. In: *Educational Research Review* 4, S. 67-79.

Schule am Friedrichshain (2013): *Schule am Friedrichshain – Sonderpädagogisches Förderzentrum*, http://www.friedrich.cidsnet.de/html/start.html, Stand 10.01.2013.

Senatsverwaltung für Bildung, Wissenschaft und Forschung (Hrsg.) (2010): *Schulgesetz für das Land Berlin*, Berlin.

Senat von Berlin (2007): *Gesamtkonzept «Inklusive Schule». Umsetzung der UN-Konvention über die Rechte von Menschen mit Behinderungen*, http://www.berlin.de/imperia/md/content/sen-bildung/foerderung/sonderpaedagogische_foerderung/gesamtkonzept_inklusion.pdf?start&ts=1296483030&file=gesamtkonzept_inklusion.pdf (Stand 12.12.2012).

Sermier Dessemontet, R. / Benoit, V. / Bless, G. (2011): Schulische Integration von Kindern mit einer geistigen Behinderung. In: *Empirische Sonderpädagogik*, 2011/4, S. 291-307.

UN-Behindertenrechtskonvention (2011): *Übereinkommen der Vereinten Nationen über die Rechte von Menschen mit Behinderungen*, Bundesministerium für Arbeit und Soziales, Bonn.

Werthner, E. (2012): Inklusion und soziales Miteinander. In: *Humane Schule* 38. Jahrgang 11-12.

SILKE ENGESSER | Vielfalt, die prägt

1 Die Strukturen in Baden-Württemberg erlauben es diesen jungen Erwachsenen auch heute noch eher selten, ihren Platz auf dem ersten Arbeitsmarkt zu finden.

2 Die befragten Schülerinnen und Schüler (mit und ohne Handicap) waren zum Zeitpunkt des Interviews zwischen fünfzehn und zwanzig Jahre alt.

CLAUDIA KATHARINA BAUER & SUSANNE HAMPF |
Das Projekt «Inklusion» der LAG Hessen

1 Steiner, R. (2005): *Allgemeine Menschenkunde als Grundlage der Pädagogik*, Dornach, S. 114.
2 Vgl. den Beitrag von J. Schöler in diesem Buch.
3 Vgl. Speck, O. (2011): *Schulische Inklusion aus heilpädagogischer Sicht*, 2. Auflage, München / Basel.
4 Vgl. Booth, T. / Ainscow, M. (2003): *Index für Inklusion. Lernen und Teilhabe in der Schule der Vielfalt entwickeln*, Halle.
5 Wie es Rudolf Steiner 1919 mit seiner Schulgründung verfolgte.
6 Kierkegaard, S. (1844): Der Begriff der Angst. In: Diem, H. / Rest, W. (2010) (Hrsg.): *Sören Kierkegaard*, 3. Auflage, München, S. 466.
7 Glöckler, M. (1993): *Vom Umgang mit der Angst. Eine biographisch-menschenkundliche Studie*, 2. Auflage, Stuttgart, S. 33.
8 Köhler, H. (2007): *Vom Rätsel der Angst. Wo die Angst begründet liegt und wie wir mit ihr umgehen können*, 4. Auflage, Stuttgart, S. 47.
9 Ewertowski, R. (2013): *Vertrauen. Vom Verlust und Finden eines Lebensprinzips*, Stuttgart.
10 Hirschberg, M. (2011): Die gesetzlichen Grundlagen inklusiver Bildung in: Wernstedt, R. / John-Ohnesorg, M. (Hrsg.): *Inklusive Bildung. Die UN-Konvention und ihre Folgen*, 2. Auflage, Berlin.
11 Gewerkschaft für Erziehung und Wissenschaft.
12 Vgl. hierzu den Beitrag von A. Heimann in diesem Buch.

Literatur

Booth, T. / Ainscow, M. (2003): *Index für Inklusion. Lernen und Teilhabe in der Schule der Vielfalt entwickeln*, Halle.

Ewertowski, R. (2013): *Vertrauen. Vom Verlust und Finden eines Lebensprinzips*, Stuttgart.

Friedrich Ebert Stiftung (2011): *Inklusive Bildung. Die UN-Konvention und ihre Folgen*, Berlin.

Glöckler, M. (1993): *Vom Umgang mit der Angst. Eine biographisch-menschenkundliche Studie*, 2. Auflage, Stuttgart.

Hirschberg, M. (2011): Die gesetzlichen Grundlagen inklusiver Bildung in: Wernstedt, R. / John-Ohnesorg, M. (Hrsg.): *Inklusive Bildung. Die UN-Konvention und ihre Folgen*, 2. Auflage, Berlin.

Köhler, H. (2007): *Vom Rätsel der Angst. Wo die Angst begründet liegt und wie wir mit ihr umgehen können*, 4. Auflage, Stuttgart.

Kierkegaard, S. (1844): Der Begriff der Angst, in: Diem, H. / Rest, W. (2010) (Hrsg.): *Sören Kierkegaard*, 3. Auflage, München, S. 446-640.

Speck, O. (2011): *Schulische Inklusion aus heilpädagogischer Sicht*, 2. Auflage, München / Basel.

Steiner, R. (2005): *Allgemeine Menschenkunde als Grundlage der Pädagogik*, Dornach.

Steiner, R. (1960): *Die Erziehungsfrage als soziale Frage*, 4. und 6. Vortrag, Dornach.

ULRIKE BARTH I Netzwerke oder Inklusion

als Frage der Zusammenarbeit

1   Hüther, G. (2013): *Schulen der Zukunft*, https://www.youtube.com/watch?v=Wd7Mx-Jknuw (Stand: 31.3.2014).

2   Sydow, J. / Duschek, S. / Möllering, G. / Rometsch, M. (2003): *Kompetenzentwicklung in Netzwerken. Eine typologische Studie*, Wiesbaden, S. 45.

3   Ebd., S. 54.

4   Siehe Universität Oldenburg: *Entwicklung sozialer Netzwerke.* http://www.informatik.uni-oldenburg.de/~iug10/sn/html/content/definition.html (Stand 12.7.2013).

5   Ebd.

6   Ebd.

7   Sydow, J. / Duschek, S. / Möllering, G. / Rometsch, M. (2003): *Kompetenzentwicklung in Netzwerken. Eine typologische Studie*, Wiesbaden, S. 131.

8   Ruck, K. (2005): *Professionelles Networking*, Frankfurt am Main, S. 9.

9   Jütte, W.: *Soziales Netzwerk Weiterbildung, Analyse lokaler Institutionenlandschaften*, d-nb.info/986457760/34 (Stand 6.10.2013).

10 Sydow, J. (2010): Management von Netzwerkorganisationen. Zum Stand

der Forschung. In: Sydow, J. (Hrsg.): *Management von Netzwerkorganisationen. Beiträge aus der «Managementforschung»*, Wiesbaden, S. 394.

11 Wilhelm, M. / Eggertsdóttir, R. / Marinósson, G. L. (Hrsg.) (2006): *Inklusive Schulentwicklung. Planungs- und Arbeitshilfen zur neuen Schulkultur*, Weinheim / Basel, S. 96.

12 Gabler Wirtschaftslexikon, *Das Wissen der Experten*, http://wirtschaftslexikon.gabler.de/Definition/netzwerk.html?extGraphKwId=55260 (Stand 6.10.2013).

13 Booth, T. / Ainscow M. (Boban, I. u. Hinz, A. / Übersetzer) (2003): *Index für Inklusion. Lernen und Teilhabe in der Schule der Vielfalt entwickeln*, Martin-Luther-Universität, Halle / Wittenberg, S. 11f.

14 Ebd., S. 43.

15 Montag Stiftung (Hrsg.) (2010): *Inklusion vor Ort. Der Kommunale Index für Inklusion – ein Praxishandbuch*, Berlin.

16 Fachhochschule Nordwestschweiz (2012): *Bewertungsraster zu den schulischen Integrationsprozessen der Aargauer und Solothurner Volksschule*, www.schulevaluation-ag.ch (Stand 7.10.2013).

17 Ebd.

18 Wilhelm, M. / Eggertsdóttir, R. / Marinósson, G. L. (Hrsg.) (2006): *Inklusive Schulentwicklung. Planungs- und Arbeitshilfen zur neuen Schulkultur*, Weinheim / Basel, S. 22.

19 Ebd., S. 15.

20 Ebd., S. 91.

21 Ebd., S. 93.

22 Ebd., S. 93.

23 Ebd., S. 152.

24 Ebd., S. 176.

25 Bernd-Schmidt, K. (2013): Förderschule Lernen in Auflösung? Zur Gestaltung eines Transformationsprozesses. In: *SchulVerwaltung NRW 6*.

26 Ebd.

Literatur

Ahrbeck, B. / von Knebel, U.: Als Sparmodell taugt Inklusion nicht. Der Berliner Senat will die sonderpädagogische Kompetenz in den Kernfächern halbieren und reduziert die Förderschwerpunkte. In: *Frankfurter Allgemeine Zeitung*, 17.01.2014, Nr. 14.

Bernd-Schmidt, K. (2013): Förderschule Lernen in Auflösung? Zur Gestaltung eines Transformationsprozesses. In: *SchulVerwaltung NRW 6*.

Booth, T. / Ainscow M. (2003): *Index für Inklusion. Lernen und Teilhabe in der Schule der Vielfalt entwickeln*, Martin-Luther-Universität, Halle-Wittenberg.

Fachhochschule Nordwestschweiz (2012): *Bewertungsraster zu den schuli-*

schen Integrationsprozessen der Aargauer und Solothurner Volksschule, www.schulevaluation-ag.ch (Stand: 7.10.2013).

Gabler Wirtschaftslexikon, Das Wissen der Experten, http://wirtschaftslexikon.gabler.de/Definition/netzwerk.html?extGraphKwId=55260 (Stand 6.10.2013).

Jütte, W.: *Soziales Netzwerk Weiterbildung, Analyse lokaler Institutionenlandschaften*, d-nb.info/986457760/34, (Stand 6.10.2013).

Kooperationsverband Autismus, http://www.verbund-autismus.de/index.php?id=35&tx_ttnews[tt_news]=44&cHash=d7479f8883dfd002ce893219c-6c5732a (Stand 7.8.2014).

Luhmann, N. (2003): *Macht*, Stuttgart.

Montagsstiftung (Hrsg.) (2010): *Inklusion vor Ort. Der Kommunale Index für Inklusion – ein Praxishandbuch*, Berlin.

Ruck, K. (2005) *Professionelles Networking*, Frankfurt.

Ruck, K. (2006): *Networking für freche Frauen*, Heidelberg.

Scharmer, O. / Kaufer, K. (2013): *Leading from the emerging Future. From Ego-System to Eco-System Economies*, San Francisco.

Sydow, J. / Windeler A. (Hrsg.) (2001): *Steuerung von Netzwerken: Konzepte und Praktiken*, Wiesbaden.

Sydow, J. / Duschek, S. / Möllering, G. / Rometsch, M. (2003): *Kompetenzentwicklung in Netzwerken. Eine Typologische Studie*, Wiesbaden.

Sydow, J. (2010): Management von Netzwerkorganisationen – Zum Stand der Forschung. In: Sydow, J. (Hrsg.): *Management von Netzwerkorganisationen: Beiträge aus der «Managementforschung»*, Wiesbaden, S. 373-470.

Universität Oldenburg: *Entwicklung sozialer Netzwerke*, http://www.informatik.uni-oldenburg.de/~iug10/sn/html/content/definition.html (Stand 12.7.2013).

Wilhelm, M. / Eggertsdóttir, R. / Marinósson, G. L. (Hrsg.) (2006): *Inklusive Schulentwicklung. Planungs- und Arbeitshilfen zur neuen Schulkultur*, Weinheim / Basel.

THOMAS MASCHKE I «Ist Inklusion erreicht,
haben wir wahre Menschlichkeit erreicht.»

1 Auf die Fragen nach ihrer Motivation antworteten insgesamt 10 von 18 Studierenden des ersten Jahrgangs.
2 Der Studienschwerpunkt «Inklusive Pädagogik» kann in Mannheim seit dem Studienjahr 2013/14 studiert werden; vgl. hierzu auch den Beitrag des Autors zu Aus- und Weiterbildungsfragen in diesem Buch, S. 605ff.
3 https://woerterbuch.langenscheidt.de/ssc/search/free.html (Stand 21.5.2014).

4   http://www.duden.de/rechtschreibung/Ideal#Bedeutung1
    (Stand 21.5.2014).
5   Alle Aussagen der Studierenden liegen dem Autor schriftlich vor.

THOMAS MASCHKE | Inklusion in der Schule: (Wie) geht das?

1   Dieser Aufsatz basiert auf einem Vortrag, der am 21. September 2013
    auf dem Kongress «Vielfalt gestalten» in Berlin gehalten wurde.
2   Steiner, R. (1987): *Die Konstitution der Allgemeinen Anthroposophischen
    Gesellschaft und der Freien Hochschule für Geisteswissenschaft. Der Wie-
    deraufbau des Goetheanum* (hier: Jugendansprache während der anth-
    roposophisch-pädagogischen Tagung in Holland: «Das Leben der Welt
    muss in seinen Fundamenten neu gegründet werden», Arnheim, 20. Juli
    1924), Dornach, S. 343.
3   Vgl. hierzu meinen Aufsatz «Schüler und Lehrer: Das Bedürfnis nach
    Entwicklung – und das Recht dazu» in diesem Buch.
4   Vgl. z.B.: http://www.dimdi.de/static/de/klassi/icd-10-who/kodesuche/
    onlinefassungen/htmlamtl2013/index.htm#V (Stand 12.9.2013).
5   http://www.dimdi.de/static/de/klassi/icf/index.htm (Stand 12.9.2013).
6   Kretschmann, R., hier zit. n. Feuser, G. (2010): Menschliche Entwicklung
    bedarf des anderen Menschen. In: Maschke, T. (Hrsg.): ... *auf dem Weg zu
    einer Schule für alle. Integrative Praxis an Waldorfschulen*, Stuttgart, S. 47.
7   http://www.dimdi.de/dynamic/de/klassi/downloadcenter/icf/endfas-
    sung/icf_endfassung-2005-10-01.pdf (Stand 12.9.2013).
8   Ebd.
9   Ebd.
10 Feuser, G. (1995): *Behinderte Kinder und Jugendliche: zwischen Integra-
    tion und Aussonderung*, Darmstadt, S. 173f.
11 Vgl. Steiner, R. (1992): *Allgemeine Menschenkunde als Grundlage der
    Pädagogik*, Dornach.
12 Vgl. Steiner, R. (1985): *Heilpädagogischer Kurs*, Dornach, S. 11.
13 http://www.aphorismen.de/zitat/6638 (Stand 12.9.2013).
14 Klemm, K. (2010): *Gemeinsam lernen. Inklusion leben. Status Quo und
    Herausforderungen inklusiver Bildung in Deutschland*, Gütersloh.
15 Die Integrative Waldorfschule Emmendingen hat sich aus einem koope-
    rativen Modell zwischen Waldorfschule und Schule für Geistigbehin-
    derte entwickelt und arbeitet daher in jeder Klasse mit fünf Kindern
    mit einem festgestellten sonderpädagogischen Förderbedarf und zwan-
    zig Kindern ohne diesen. Vgl. hierzu: Engesser, S. / Erle, T. (2010): «Es
    ist normal, verschieden zu sein.» Die Integrative Waldorfschule Em-
    mendingen. In: Maschke, T. (Hrsg.): ... *auf dem Weg zu einer Schule für
    alle. Integrative Praxis an Waldorfschulen*, Stuttgart.
16 Zimpel, A. F. (2012): *Einander helfen. Der Weg zur inklusiven Lernkultur*,
    Göttingen.

17 Ebd., S. 88.
18 Ebd., S. 25.
19 Ebd., S. 13.
20 Vgl. den Beitrag von J. Schöler in diesem Buch.
21 Vgl. Zimpel, A. F. (2012): *Einander helfen. Der Weg zur inklusiven Lernkultur*, Göttingen, S. 35ff.
22 Vgl. den Beitrag von J. Schöler in diesem Buch.
23 Vgl. Zimpel (Anm. 21), S. 36.
24 Saint-Exupéry, A. (1982): *Der kleine Prinz*, Düsseldorf, S. 52.
25 Ebd., S. 49.
26 Steiner, R. (1975): *Konferenzen mit den Lehrern der Freien Waldorfschule in Stuttgart*, 3 Bände, Dornach, Band 2, S. 46.
27 Vgl. hierzu z.B. Lévinas, E. (2007): *Die Spur des Anderen. Untersuchungen zur Phänomenologie und Sozialphilosophie*, Freiburg.
28 Hier zit. n. Hanke, H.-J. (2004): *Karl Schubert. Lebensbilder und Aufzeichnungen*, Dornach, S. 106.
29 Ebd.
30 Steiner, R. (1985): *Heilpädagogischer Kurs*, Dornach, S. 35.
31 Ebd.
32 Ebd., S. 184.
33 Vgl. Zimpel (Anm. 21), S. 68ff.
34 Klein, F. (2013): Das Fundamentalprinzip des handlungsbezogenen Handelns: Reflexion eines (inklusions-)pädagogischen Grundbegriffs. In: *Zeitschrift für Heilpädagogik*, 64. Jg., Heft 8, Würzburg, S. 311.
35 Ebd.
36 Ebd., S. 312.

Literatur

Engesser, S. / Erle, T. (2010): «Es ist normal, verschieden zu sein.» Die Integrative Waldorfschule Emmendingen. In: Maschke, T. (Hrsg.): *… auf dem Weg zu einer Schule für alle. Integrative Praxis an Waldorfschulen*, Stuttgart.

Feuser, G. (1995): *Behinderte Kinder und Jugendliche: zwischen Integration und Aussonderung*, Darmstadt.

Hanke, H.-J. (2004): *Karl Schubert. Lebensbilder und Aufzeichnungen*, Dornach.

Klein, F. (2013): Das Fundamentalprinzip des handlungsbezogenen Handelns: Reflexion eines (inklusions-)pädagogischen Grundbegriffs. In: *Zeitschrift für Heilpädagogik*, 64. Jg., Heft 8, Würzburg, S. 311-314.

Klemm, K. (2010): *Gemeinsam lernen. Inklusion leben. Status Quo und Herausforderungen inklusiver Bildung in Deutschland*, Gütersloh.

Saint-Exupéry, A. (1982): *Der kleine Prinz*, Düsseldorf.

Steiner, R. (1975): *Konferenzen mit den Lehrern der Freien Waldorfschule in Stuttgart*, 3 Bände, Dornach.

Steiner, R. (1985): *Heilpädagogischer Kurs*, Dornach.

Steiner, R. (1987): *Die Konstitution der Allgemeinen Anthroposophischen Gesellschaft und der Freien Hochschule für Geisteswissenschaft. Der Wiederaufbau des Goetheanum*, Dornach.

Steiner, R. (1992): *Allgemeine Menschenkunde als Grundlage der Pädagogik*, Dornach.

Zimpel, A. F. (2012): *Einander helfen. Der Weg zur inklusiven Lernkultur*, Göttingen.

THOMAS MASCHKE | Die Aus- und Weiterbildung für inklusive Pädagogik

1   Ursprünglich von P. Pauling in der Filmdokumentation: «100 Deutsche Jahre. Die Deutschen und die Schule», http://www.mir-gefaelllts.de/1616-wir-schueler-von-heute-werden-in-schulen-von-g.html   (Stand 27.5.2014).

2   Feuser, G. / Maschke, T. (Hrsg.) (2013): *Lehrerbildung auf dem Prüfstand. Welche Qualifikationen braucht die inklusive Schule?*, Gießen.

3   Die ehemals «Freie Hochschule für anthroposophische Pädagogik» gliedert sich in eine Institution zur Weiterbildung von Lehrern, die «Akademie für Waldorfpädagogik», sowie das «Institut für Waldorfpädagogik, Inklusion und Interkulturalität», welches Bachelor- und Masterstudiengänge anbietet.

4   Vgl. hierzu http://www.waldorfschule.de/waldorflehrer/berufsbild/ (Stand 27.5.2014).

5   Das Mannheimer Institut führt Studiengänge der Alanus-Hochschule Alfter durch.

6   Vgl. hierzu den Beitrag zur Motivation Studierender in diesem Buch.

7   LV = Lehrveranstaltung

8   Informationen unter http://www.akademie-waldorf.de

9   Eberwein, H. / Feuser, G. (2012): *Kritische Analyse der politischen Struktur unseres Schul- und Bildungssystems*, http://www.georgfeuser.com/conpresso/_data/MANIFEST_zur_Politischen_Struktur_des_Schul_und_Bildungssystem_von_H._Eberwein_und_G._Feuser.pdf (Stand 27.5.2014).

10   Vgl. hierzu den Beitrag des Autors «Exklusiv inklusiv» in diesem Buch.

11   Eberwein / Feuser (Anm. 9), S. 7.

12   Feyerer, E. (Hrsg.) (2004): *EUMIE. European Masters in Inclusive Education. Ein Curriculumentwicklungsprogramm im Rahmen von SOKRATES ERASMUS*, Linz.

ULRIKE BARTH | Anforderungen an eine Fort- und
Weiterbildungsstruktur für inklusive Schulprozesse

1   Aus- und Weiterbildner, Waldorflehrer, Lehrer in heilpädagogischen
    Einrichtungen, Therapeuten beim Kongress «Vielfalt gestalten» im Sep-
    tember 2013.
2   Bintinger, G. / Wilhelm, M. (2001): Schulentwicklung unter dem As-
    pekt der Inklusion oder: weg von «Integrationsklassen» hin zur «Schule
    für alle Kinder»! In: *Behinderte in Familie, Schule und Gesellschaft* Nr.
    2/2001 http://bidok.uibk.ac.at/library/beh2-01-wilhelm-inklusion.html#-
    ftn.id988428 (Stand 16.7.2012).
3   Siehe auch den Beitrag von U. Barth in diesem Buch.
4   Siehe auch den Beitrag von J. Göschel in diesem Buch.
5   *Online-Handbuch: Inklusion als Menschenrecht*, http://www.inklusi-
    on-als-menschenrecht.de/gegenwart/materialien/persoenliche-zukunfts-
    planung-inklusion-als-menschenrecht/zukunftsplanung-personenzent-
    riertes-denken-und-persoenliche-zukunftsplanung (Stand 14.7.2012).
6   Siehe unter http://www.montag-stiftungen.de/jugend-und-gesellschaft/
    projekte-jugend-gesellschaft/projektbereich-inklusion.html
7   Zum Beispiel Wilhelm, M. / Eggertsdóttir, R. / Marinósson, G. L. (Hrsg.)
    (2006): *Inklusive Schulentwicklung. Planungs- und Arbeitshilfen zur
    neuen Schulkultur*, Weinheim / Basel; oder Fachhochschule Nordwest-
    schweiz (2012): *Bewertungsraster zu den schulischen Integrationspro-
    zessen der Aargauer und Solothurner Volksschule*, siehe Internet: www.
    schulevaluation-ag.ch (Stand: 7.10.2013).
8   Siehe evangelische Fachhochschule Darmstadt: *Systementwicklung In-
    klusion*: http://www.eh-darmstadt.de/weiterbildung/studiengaenge/sys-
    tementwicklung-inklusion (Stand 21.4.2014).
9   Amrhein, B. / Badstieber, B. (2013): *Lehrerfortbildungen zu Inklusion – eine
    Trendanalyse*, im Internet: http://www.bertelsmann-stiftung.de/cps/rde/
    xbcr/SID-8B8AC7D4-D18274C7/bst/xcms_bst_dms_37966_37970_2.pdf
    (Stand 25.8.2014).

Literatur

Amrhein, B. / Badstieber, B. (2013): *Lehrerfortbildungen zu Inklusion –
    eine Trendanalyse*, http://www.bertelsmann-stiftung.de/cps/rde/xbcr/
    SID-8B8AC7D4-D18274C7/bst/xcms_bst_dms_37966_37970_2.pdf
    (Stand 25.8.2014).
Bintinger, G. / Wilhelm, M. (2001): Inklusiven Unterricht gestalten, in: *Be-
    hinderte in Familie, Schule und Gesellschaft* Nr. 2/2001; Thema: Integra-
    tion ist unteilbar; http://bidok.uibk.ac.at/library/beh2-01-bintinger-in-
    klusiv.html (Stand 16.7.2012).

Bintinger, G. / Wilhelm, M. (2001): Schulentwicklung unter dem Aspekt der Inklusion oder: weg von «Integrationsklassen» hin zur «Schule für alle Kinder»! In: *Behinderte in Familie, Schule und Gesellschaft* Nr. 2/2001; http://bidok.uibk.ac.at/library/beh2-01-wilhelm-inklusion.html#ftn. id988428 (Stand 16.7.2012).

Booth, T. / Ainscow, M. (Boban, I. & Hinz, A. / Übersetzer) (2003): *Index für Inklusion. Lernen und Teilhabe in der Schule der Vielfalt entwickeln*, Martin-Luther-Universität, Halle / Wittenberg.

Demmer-Diekmann, I. (2010): Wie gestalten wir Lehre in Integrationspädagogik im Lehramt wirksam? Die hochschuldidaktische Perspektive. In: Stein, A.-D. / Krach, S. / Niediek, I. (Hrsg.): *Integration und Inklusion auf dem Weg ins Gemeinwesen. Möglichkeitsräume und Perspektiven*, Bad Heilbrunn.

Eichholz, R. (2012): Vom Sinn und Missverstehen der Inklusion. In: *Medizinisch-Pädagogische Konferenz*, Heft 62, Stuttgart.

Fachstelle Externe Schulevaluation der Pädagogischen Fachhochschule der Nordwestschweiz im Internet: http://www.schulevaluation-ag.ch/index.cfm (Stand 5.1.2014).

Feuser, G. (1989): Allgemeine integrative Pädagogik und entwicklungslogische Didaktik. In: BEHINDERTENPÄDAGOGIK, 28. Jg., Heft 1/1989, S. 4-48. Ergänzender Hinweis für die Internet-Fassung: In Bezug auf die hier abgehandelte Problematik wird verwiesen auf Feuser, G.: *Behinderte Kinder und Jugendliche. Zwischen Integration und Aussonderung*, Darmstadt 1995, im Internet: http://bidok.uibk.ac.at/library/feuser-didaktik.html (Stand 14.7.2012).

Lelgemann, R. / Lübbeke, J. / Singer, P. / Walter-Klose, C. (2012): *Qualitätsbedingungen schulischer Inklusion für Kinder und Jugendliche mit dem Förderschwerpunkt körperliche und motorische Entwicklung*, Bericht des Forschungsprojektes an der Julius-Maximilians-Universität, Würzburg, im Internet: http://www.lvr.de/media/wwwlvrde/schulen/integrativerunterricht/hintergrundinfos_1/dokumente_115/Forschungsbericht_uni_ wuerzburg_zwei_fertig.pdf, (Stand 12.7.2012).

Moser, V. (Hrsg.) (2012): *Die inklusive Schule, Standards für die Umsetzung*, Stuttgart.

Muñoz, V. (2006): *Umsetzung der UN-Resolution 60/251, «Rat für Menschenrechte» vom 15. März 2006*, Bericht des Sonderberichterstatters für das Recht auf Bildung, Addendum, Deutschlandbesuch (13.-21. Februar 2006), im Internet: http://www.netzwerk-bildungsfreiheit.de/pdf/ Mission_on_Germany_DE.pdf (Stand 14.7.2012).

Online-Handbuch: Inklusion als Menschenrecht, im Internet: http://www. inklusion-als-menschenrecht.de/gegenwart/materialien/persoenliche-zukunftsplanung-inklusion-als-menschenrecht/zukunftsplanung-personenzentriertes-denken-und-persoenliche-zukunftsplanung (Stand 14.7.2012).

Quick-Guides für Inklusion (2012), Teil 1: *Zusammen leben*, LISUM, Landesinstitut für Schule und Medien, Berlin-Brandenburg (erhältlich über www.lisum.berlin-brandenburg.de).

Wilhelm, M. / Eggertsdóttir, R. / Marinósson, G. L. (Hrsg.) (2006): *Inklusive Schulentwicklung. Planungs- und Arbeitshilfen zur neuen Schulkultur*, Weinheim / Basel.

ALFRED RÖHM | Die Imitation –
eine Stärke von Menschen mit Trisomie 21

1 Vgl. Henn, W. (2004): *Warum Frauen nicht schwach, Schwarze nicht dumm und Behinderte nicht arm dran sind*, Freiburg im Breisgau, S. 157.

2 Vgl. Zimpel, A. (2010): *Zwischen Neurologie und Bildung*, Göttingen, S. 33.

3 Down, L. (1866): *Observation on an ethnic classification of idiots*, London, S. 261.

4 König, K. (1959): *Der Mongolismus. Erscheinungsbild und Herkunft*, Stuttgart, S. 191.

5 Asperger, H. (1965): *Heilpädagogik. Einführung in die Psychopathologie des Kindes für Ärzte, Lehrer, Psychologen, Richter und Fürsorgerinnen*, 4. Auflage, Wien / New York, S. 92.

6 Vgl. Braß, M. (2000): *Imitation und ideomotorische Kompatibilität. Untersuchung zur Theorie der ideomotorischen Handlung*, Berlin, S. 13.

7 Roth, G. (2011): *Bildung braucht Persönlichkeit. Wie Lernen gelingt*, Stuttgart, S. 100f.

8 Vgl. Tomasello, M. (2002): *Die kulturelle Entwicklung des menschlichen Denkens*, Frankfurt am Main, S. 44f.

9 Vgl. ebd., S. 44.

10 Vgl. Zimpel, A. (2012): *Einander helfen. Der Weg zur inklusiven Lernkultur*, Göttingen, S. 60.

11 Vgl. Tomasello, M. (2002): *Die kulturelle Entwicklung des menschlichen Denkens*, Frankfurt am Main, S. 44.

12 Zimpel, A. (2012): *Einander helfen. Der Weg zur inklusiven Lernkultur*, Göttingen, S. 57.

13 Vgl. Tomasello, M. (2002): *Die kulturelle Entwicklung des menschlichen Denkens*, Frankfurt am Main, S. 54.

14 Steiner, R. (1987): *Lucifer-Gnosis 1903-1908, Grundlegende Aufsätze zur Anthroposophie und Berichte*, Dornach, S. 324.

15 Wilken, E. (2010): *Sprachförderung bei Kindern mit Down-Syndrom*, Stuttgart, S. 45.

16 Vgl. Röhm, A. (2012): Untersuchungen zum Bewegungslernen. In: *Kids Aktuell – Magazin zum Down-Syndrom*, Heft 25, S. 46ff.

17 Vgl. Zimpel, A. (2012): *Einander helfen. Der Weg zur inklusiven Lernkultur*, Göttingen, S. 187f.

18 König, K. (1959): *Der Mongolismus – Erscheinungsbild und Herkunft*, Stuttgart, S. 180.

19 Ebd., S. 194.

20 Ebd.·

21 Mit «wir» ist das Untersuchungsteam des ACL, Aufmerksamkeits-Computer-Labors der Universität Hamburg gemeint.

22 Vgl. Zimpel, A. (2013): Studien zur Verbesserung des Verständnisses von Lernschwierigkeiten bei Trisomie 21 – Bericht über die Ergebnisse einer Voruntersuchung. In: *Zeitschrift für Neuropsychologie*, 24. (1), Bern, S.35ff.; vgl. Zimpel, A. / Röhm, A. (2013): Bildungschancen für Menschen mit Down-Syndrom. Grundlagen- und Handlungsforschung zu Aufmerksamkeit und Lernen. In: *Leben mit Down-Syndrom*, Nr. 72, Heft 1, S. 20ff.

23 Vgl. Zimpel, A. (2013): Studien zur Verbesserung des Verständnisses von Lernschwierigkeiten bei Trisomie 21 – Bericht über die Ergebnisse einer Voruntersuchung. In: *Zeitschrift für Neuropsychologie*, 24. (1), Bern, S. 35ff.

24 Vgl. Röhm, A. (2013): Premiere des Zirkus Regenbogen am 1. Juni 2013 im Schanzenpark. In: *Kids Aktuell – Magazin zum Down-Syndrom*, Heft 28, S. 30-33.

25 Zimpel, A. (2013): Studien zur Verbesserung des Verständnisses von Lernschwierigkeiten bei Trisomie 21. Bericht über die Ergebnisse einer Voruntersuchung. In: *Zeitschrift für Neuropsychologie* 24 (1), S. 35-47.

26 Zimpel, A. (2014): Sichtbares Lernen. In: *Praxis Schule* 5-10 Heft 01, S. 64-67.

27 Vgl. Zimpel, A. (2012): *Einander helfen. Der Weg zur inklusiven Lernkultur*, Göttingen, S. 18.

Literatur

Asperger, H. (1965): *Heilpädagogik – Einführung in die Psychopathologie des Kindes für Ärzte, Lehrer, Psychologen, Richter und Fürsorgerinnen*, 4. Auflage, Wien, New York.

Braß, M. (2000): *Imitation und ideomotorische Kompatibilität. Untersuchung zur Theorie der ideomotorischen Handlung*, Berlin.

Down, L. (1866): *Observation on an ethnic classification of idiots*, London.

Henn, W. (2004): *Warum Frauen nicht schwach, Schwarze nicht dumm und Behinderte nicht arm dran sind*, Freiburg im Breisgau.

König, K. (1959): *Der Mongolismus – Erscheinungsbild und Herkunft*, Stuttgart.

Röhm, A. (2012): Untersuchungen zum Bewegungslernen. In: *Kids Aktuell. Magazin zum Down-Syndrom*, Heft 25.

Röhm, A. (2013): Premiere des Zirkus Regenbogen am 1. Juni 2013 im Schanzenpark. In: *Kids Aktuell. Magazin zum Down-Syndrom*, Heft 28.

Roth, G. (2011): *Bildung braucht Persönlichkeit. Wie Lernen gelingt*, Stuttgart.

Tomasello, M. (2002): *Die kulturelle Entwicklung des menschlichen Denkens*, Frankfurt am Main.

Wilken, E. (2010): *Sprachförderung bei Kindern mit Down-Syndrom*, Stuttgart.

Zimpel, A. (2010): *Zwischen Neurologie und Bildung*, Göttingen.

Zimpel, A. (2012): *Einander helfen. Der Weg zur inklusiven Lernkultur*, Göttingen.

Zimpel, A. (2013): Studien zur Verbesserung des Verständnisses von Lernschwierigkeiten bei Trisomie 21. Bericht über die Ergebnisse einer Voruntersuchung. In: *Zeitschrift für Neuropsychologie*, 24 (1), Bern.

Zimpel, A. (2014): Sichtbares Lernen. In: *Praxis Schule*, 5-10, Heft 1.

Zimpel, A. / Röhm, A. (2013): *Bildungschancen für Menschen mit Down-Syndrom. Grundlagen- und Handlungsforschung zu Aufmerksamkeit und Lernen. Leben mit Down-Syndrom*, Nr. 72, Heft 1.

MONIKA FISCHER-LANGENBEIN I Kooperationsformen von Waldorfschulen und heilpädagogischen Schulen

1 Rechtliche Informationen entnommen aus der Informationsbroschüre des Bayrischen Staatsministeriums für Unterricht und Kultur: *Inklusion durch eine Vielfalt schulischer Angebote in Bayern*.

2 Der im Original verwendete Begriff lautet hier tatsächlich «Inklusion»; inhaltlich richtiger ist allerdings derjenige der «Integration» (wie an späteren Stellen ebenso).

3 Auch hier wird der in Bayern gebräuchliche Begriff benutzt, obwohl es inhaltlich richtiger wäre, von «Integration» zu sprechen.

FERDINAND KLEIN I Auf dem Weg zur inklusiven Schule

1 Klein, F. (1995): Aspekte des Gegenstandes und der pädagogischen Methode der schulischen Integrationsforschung. In: *Heilpädagogische Forschung*, Band XXI, Heft 1, Februar 1995, S. 43-57, sowie Klein, F. (1998): Voraussetzungen und Chancen des gemeinsamen Unterrichts – insbesondere im Hinblick auf die Entwicklung der (geistig behinderten) Kinder. In: *Forschungsbericht: Gemeinsamer Unterricht in der Grundschule. Pädagogisches Institut im Hessischen Landesinstitut für Pädagogik*, Wiesbaden 1998, S. 5-27 (Bezug: Informations- und Koordinationsstelle für sonderpädagogische Förderung, Im Apfelgarten 3, Borngrabenschule, 65428 Rüsselsheim).

2 Klein, F. (2010): *Inklusive Erziehungs- und Bildungsarbeit in der Kita. Heilpädagogische Grundlagen und Praxishilfen*, Troisdorf.

3 Popper, K. R. (1994): *Alles Leben ist Problemlösen*, München.

4 Speck, O. (2008): *System Heilpädagogik. Eine ökologisch reflexive Grundlegung*, München / Basel, S. 447

5   Hinz, A. (2007): Inklusive Qualität von Schule. In: *Vierteljahresschrift für Heilpädagogik und ihre Nachbargebiete* 76, 1/2007, S. 10-21, sowie Eberwein, H. / Mand, J. (Hrsg.) (2008): *Integration konkret. Begründung, didaktische Konzepte, inklusive Praxis*, Bad Heilbrunn.
6   Haeberlin, U. (2008): Zwischen Hoffnung auf Akzeptanz und europäischer Realgeschichte der Intoleranz gegenüber Verschiedenheit. In: Biewer, G. / Luciak, M. / Schwinge, M. (Hrsg.): *Begegnung und Differenz. Menschen – Länder – Kulturen*, Bad Heilbrunn, S. 15-32, hier S. 31.
7   Klein, F. (2000): Problemorientierte und perspektivische Aspekte der gemeinsamen schulischen Erziehung behinderter und nichtbehinderter Kinder. In: *Unsere Jugend* 52, 5/2000, S. 205-213.
8   Kreie, G. (1985): *Integrative Kooperation. Über die Zusammenarbeit von Sonderschullehrern und Grundschullehrern*, Weinheim / Basel.
9   Seitz, S. (2008): Leitlinien didaktischen Handelns. In: *Zeitschrift für Heilpädagogik* 59, 6/2008, S. 226-233.
10 Hentig, H. v. (2003): *Die Schule neu denken. Eine Übung in praktischer Vernunft*, Weinheim / Basel, S. 106.
11 Klein, F. / Neuhäuser, G. (2006): *Heilpädagogik als therapeutische Erziehung*, München.
12 Greving, H. / Gröschke, D. (Hrsg.) (2002): *Das Sisyphos-Prinzip. Gesellschaftsanalytische und gesellschaftskritische Dimensionen der Heilpädagogik*, Bad Heilbrunn, S. 7.

Literatur

Eberwein, H. / Mand, J. (Hrsg.) (2008): *Integration konkret. Begründung, didaktische Konzepte, inklusive Praxis*, Bad Heilbrunn.
Greving, H. / Gröschke, D. (Hrsg.) (2002): *Das Sisyphos-Prinzip. Gesellschaftsanalytische und gesellschaftskritische Dimensionen der Heilpädagogik*, Bad Heilbrunn.
Haeberlin, U. (2008): Zwischen Hoffnung auf Akzeptanz und europäischer Realgeschichte der Intoleranz gegenüber Verschiedenheit. In: Biewer, G. / Luciak, M. / Schwinge, M. (Hrsg.): *Begegnung und Differenz. Menschen – Länder – Kulturen*, Bad Heilbrunn, S. 15-32.
Hentig, H. v. (2003): *Die Schule neu denken. Eine Übung in praktischer Vernunft*, Weinheim / Basel.
Hinz, A. (2007): Inklusive Qualität von Schule. In: *Vierteljahresschrift für Heilpädagogik und ihre Nachbargebiete* 76, 1/2007, S. 10-21.
Klein, F. (1995): Aspekte des Gegenstandes und der pädagogischen Methode der schulischen Integrationsforschung. In: *Heilpädagogische Forschung*, Bd. XXI, Heft 1, Februar 1995, S. 43-57.
Klein, F. (1998): Voraussetzungen und Chancen des gemeinsamen Unterrichts – insbesondere im Hinblick auf die Entwicklung der (geistig be-

hinderten) Kinder. In: *Forschungsbericht: Gemeinsamer Unterricht in der Grundschule*, Pädagogisches Institut im Hessischen Landesinstitut für Pädagogik, Wiesbaden 1998, S. 5-27 (Bezug: Informations- und Koordinationsstelle für sonderpädagogische Förderung, Im Apfelgarten 3, Borngrabenschule, 65428 Rüsselsheim).

Klein, F. (2000): Problemorientierte und perspektivische Aspekte der gemeinsamen schulischen Erziehung behinderter und nichtbehinderter Kinder. In: *Unsere Jugend* 52, 5/2000, S. 205-213.

Klein, F. (2010): *Inklusive Erziehungs- und Bildungsarbeit in der Kita. Heilpädagogische Grundlagen und Praxishilfen*, Troisdorf.

Klein, F. / Neuhäuser, G. (2006): *Heilpädagogik als therapeutische Erziehung*, München.

Kreie, G. (1985): *Integrative Kooperation. Über die Zusammenarbeit von Sonderschullehrern und Grundschullehrern*, Weinheim / Basel.

Liessmann, K. P. (2006): *Theorie der Unbildung. Die Irrtümer der wissensgesellschaft*, Wien.

Popper, K. R. (1994): *Alles Leben ist Problemlösen*, München.

Seitz, S. (2008): Leitlinien didaktischen Handelns. In: *Zeitschrift für Heilpädagogik* 59, 6/2008, S. 226-233.

Speck, O. (2008): *System Heilpädagogik. Eine ökologisch reflexive Grundlegung*, München / Basel.

KATHARIAN SÜTTERLIN & GOTTFRIED KNODT |

Raum für mehr

1   Diesen Beitrag schrieben wir als Autorenteam. Die Ausführungen von Katharina Sütterlin vom Büro werden ergänzt durch Gottfried Knodt, der zahlreiche «Bauereignisse» als Handwerker angeleitet hat.

2   Susanne Bähr, Lehrerin an der Nürtingen-Grundschule, in: «*Eine leise Schule gestalten*», *Pädagogik* Ausgabe 1/ 2013.

3   Maria Linkemeyer, Sonderpädagogin an der Nürtingen-Grundschule, in: *Bauereignis Schule*, Broschüre Bauereignis, Berlin 2011.

4   Markus Schega, Schulleiter der Nürtingen-Grundschule, in: *Bauereignis Schule*, Broschüre Bauereignis, Berlin 2011.

5   Lehrerin an der Nürtingen-Grundschule, zit. n. einer mündlichen Mitteilung, 2006.

6   Inga Beckmann, Klassenlehrerin an der Kurt Tucholsky Grundschule Berlin, in einer e-mail-Mitteilung an das Büro «Bauereignis», 2013.

ZAN REDZIC & ALBERT SCHMELZER |

Pädagogische Herausforderungen im interkulturellen Kontext

1 Der Beitrag erschien zuerst in Heiner Barz (Hrsg.): *Unterrichten an Waldorfschulen. Berufsbild Waldorflehrer: Neue Perspektiven zu Praxis, Forschung, Ausbildung,* Wiesbaden 2013, Springer VS, S. 195-207. Der Wiederabdruck erfolgt mit freundlicher Genehmigung von Springer Science+Business Media.

2 Konsortium Bildungsberichterstattung (2006): Bildung in Deutschland. Ein indikatorengestützter Bericht mit einer Analyse zur Bildung und Migration, Bielefeld; Brater, M. / Hemmer-Schanze, C. / Schmelzer, A. (2009): *Interkulturelle Waldorfschule. Evaluation zur schulischen Integration von Migrantenkindern,* Wiesbaden, S. 10-46.

3 Vgl. etwa Holzbrecher, A. (2004): *Interkulturelle Pädagogik,* Berlin, S. 66-90; Roth, H.-J. (2002): *Kultur und Kommunikation. Systematische und theoriegeschichtliche Umrisse interkultureller Pädagogik,* Opladen, S. 88-92.

4 Vgl. Barz, H. / Randoll, D. (2007): *Absolventen an Waldorfschulen. Eine empirische Studie zu Bildung und Lebensgestaltung,* Wiesbaden.

5 *Der Sozialdemokrat,* 5.7.1919.

6 Brater, M. / Hemmer-Schanze, C. / Schmelzer, A. (2007): *Schule ist bunt. Eine interkulturelle Waldorfschule im sozialen Brennpunkt,* Stuttgart; Brater, M. / Hemmer-Schanze, C. / Schmelzer, A. (2009): *Interkulturelle Waldorfschule. Evaluation zur schulischen Integration von Migrantenkindern,* Wiesbaden.

7 Vgl. Spitzer, M. (2007): *Lernen. Gehirnforschung und die Schule des Lebens,* München, S. 164.

8 Struck, P. (1997): *Erziehung von gestern, Schüler von heute, Schule von morgen,* Wien, S. 253.

9 Hentig, H. v. (1993): *Die Schule neu denken,* München / Wien, S. 191.

10 Postman, N. (1997): *Keine Götter mehr. Das Ende der Erziehung,* München, S. 20.

11 Bohnsack, F. (2009): *Aufbauende Kräfte im Unterricht. Lehrerinterviews und empirische Belege,* Bad Heilbrunn, S. 57 f.

12 Vgl. Buck, P. / Kranich, E.-M. (Hrsg.) (1995): *Auf der Suche nach dem erlebbaren Zusammenhang. Übersehene Dimensionen der Natur und ihre Bedeutung für die Schulen,* Weinheim / Basel.

13 Vgl. Richter, T. (2003): *Pädagogischer Auftrag und Unterrichtsziele. Vom Lehrplan der Waldorfschule,* Stuttgart.

14 Brater, M. / Hemmer-Schanze, C. / Schmelzer, A. (2009): *Interkulturelle Waldorfschule. Evaluation zur schulischen Integration von Migrantenkindern,* Wiesbaden, S. 52.

15 Vgl. auch Götte, W. / Loebell, P. / Maurer, K.-M. (2009): *Entwicklungsaufgaben und Kompetenzen. Zum Bildungsplan der Waldorfschule,* Stuttgart.

16 Neuffer, H. (2008): *Zum Unterricht des Klassenlehrers an der Waldorf-schule*, 3. Auflage, Stuttgart.

17 Steiner, R. (1974): *Die Methodik des Lehrens und die Lebensbedingungen des Erziehens*, 5. Auflage Dornach, S. 51 f.

18 Steiner, R. (1979): *Die geistig-seelischen Grundkräfte der Erziehungskunst*, Dornach, S. 49.

19 Bauer, J. (2007): *Lob der Schule. Sieben Perspektiven für Schüler, Lehrer und Eltern*, 2. Auflage Hamburg, S. 27.

20 Steiner, R. (1973): *Allgemeine Menschenkunde als Grundlage der Pädagogik*, Dornach.

21 Steiner, R. (1977): *Meditativ erarbeitete Menschenkunde*, Dornach, S. 51.

22 Vgl. dazu Leber, S. (1993): *Die Menschenkunde der Waldorfpädagogik. Anthropologische Grundlagen der Erziehung des Kindes und Jugendlichen*, Stuttgart; sowie Leber, S. (2002): *Kommentar zu Rudolf Steiners Vorträgen über Allgemeine Menschenkunde als Grundlage der Pädagogik*, 3 Bände, Stuttgart.

23 Steiner, R. (1973): *Allgemeine Menschenkunde als Grundlage der Pädagogik*, Dornach, S. 96.

24 Ebd.

Literatur

Barz, H. / Randoll, D. (2007): *Absolventen an Waldorfschulen. Eine empirische Studie zu Bildung und Lebensgestaltung*, Wiesbaden.

Bauer, J. (2007): *Lob der Schule. Sieben Perspektiven für Schüler, Lehrer und Eltern*, 2. Auflage Hamburg.

Brater, M. / Hemmer-Schanze, C. / Schmelzer, A. (2007): *Schule ist bunt. Eine interkulturelle Waldorfschule im sozialen Brennpunkt*, Stuttgart.

Brater, M. / Hemmer-Schanze, C. / Schmelzer, A. (2009): *Interkulturelle Waldorfschule. Evaluation zur schulischen Integration von Migrantenkindern*, Wiesbaden.

Bohnsack, F. (2009): *Aufbauende Kräfte im Unterricht. Lehrerinterviews und empirische Belege*, Bad Heilbrunn.

Buck, P. / Kranich, E.-M. (Hrsg.) (1995): *Auf der Suche nach dem erlebbaren Zusammenhang. Übersehene Dimensionen der Natur und ihre Bedeutung für die Schulen*, Weinheim / Basel.

Der Sozialdemokrat, 5.7.1919

Götte, W. M. / Loebell, P. / Maurer, K.-M. (2009): *Entwicklungsaufgaben und Kompetenzen. Zum Bildungsplan der Waldorfschule*, Stuttgart.

Hentig, H. (1993): *Die Schule neu denken*, München / Wien.

Holzbrecher, A. (2004): *Interkulturelle Pädagogik*, Berlin.

Konsortium Bildungsberichterstattung (2006): *Bildung in Deutschland. Ein indikatorengestützter Bericht mit einer Analyse zur Bildung und Migration*, Bielefeld.

Leber, S. (1993): *Die Menschenkunde der Waldorfpädagogik. Anthropologische Grundlagen der Erziehung des Kindes und Jugendlichen*, Stuttgart.

Leber, S. (2002): *Kommentar zu Rudolf Steiners Vorträgen über Allgemeine Menschenkunde als Grundlage der Pädagogik*, 3 Bände, Stuttgart.

Neuffer, H. (Hrsg.) (2008): *Zum Unterricht des Klassenlehrers an der Waldorfschule*, 3. Auflage, Stuttgart.

Postman, N. (1997): *Keine Götter mehr. Das Ende der Erziehung*, München.

Richter, T. (2003): *Pädagogischer Auftrag und Unterrichtsziele. Vom Lehrplan der Waldorfschule*, Stuttgart.

Roth, H.-J. (2002): *Kultur und Kommunikation. Systematische und theoriegeschichtliche Umrisse interkultureller Pädagogik*, Opladen.

Spitzer, M. (2007): *Lernen. Gehirnforschung und die Schule des Lebens*, München.

Steiner, R. (1973): *Allgemeine Menschenkunde als Grundlage der Pädagogik*, Dornach.

Steiner, R. (1974): *Die Methodik des Lehrens und die Lebensbedingungen des Erziehens*, 5. Auflage, Dornach.

Steiner, R. (1977): *Meditativ erarbeitete Menschenkunde*, Dornach.

Steiner, R. (1979): *Die geistig-seelischen Grundkräfte der Erziehungskunst*, Dornach.

Struck, P. (1997): *Erziehung von gestern, Schüler von heute, Schule von morgen*, Wien.

MICHAEL BIRNTHALER | Erlebnispädagogik und Inklusion

1   Bundesgesetzblatt, Jahrgang 2008, S. 1443.

2   Weißbach, V. (2013): *Die Erlebnistherapie von Kurt Hahn als Vorreiter der Erlebnispädagogik*, München.

3   Zit. n. Roscher, S. (2005): *Der Reformpädagoge Kurt Hahn im Licht von Zeitzeugen*, Augsburg.

4   Zit. n. Stüdemann, M. (2008): *Kurt Hahn. Politiker und Pädagoge. Darstellung unter besonderer Berücksichtigung aktueller Entwicklungen*, München, S. 3.

5   Wilber, K. (2009): *Halbzeit der Evolution: Der Mensch auf dem Weg vom animalischen zum kosmischen Bewusstsein*, Frankfurt am Main.

6   Jung, C. G. (2011): *Gesammelte Werke 9/1: Die Archetypen und das kollektive Unbewusste*, Ostfildern.

7   Campbell, J. (2011): *Der Held in tausend Gestalten*, Berlin.

8   Vgl. hierzu den Beitrag von S. Bulk in diesem Buch.

9   In: Hinrichs, A. (2014): Inklusion durch Herausforderung. Am Beispiel von gemeinsamen Segeltörns auf einem Großsegler. In: *Zeitschrift e&l*, 2/2014, Augsburg.

10 Tieman, H. (2014): Inklusion in der Erlebnispädagogik – eine einführende Betrachtung. In: *Zeitschrift e&l*, 2/2014, Augsburg.

Literatur

Birnthaler, M. (Hrsg.) (2010): *Praxisbuch Erlebnispädagogik*, Stuttgart.

Boecker, H. (Hrsg.) (2004): *Klettern und Bergwandern. Didaktisch-methodische Grundlegung für das Sportklettern und Bergwandern mit geistig behinderten Kindern und Jugendlichen*, Aachen.

Campbell, J. (2011): *Der Held in tausend Gestalten*, Berlin.

Hinrichs, A. (2014): Inklusion durch Herausforderung. Am Beispiel von gemeinsamen Segeltörns auf einem Großsegler. In: *Zeitschrift e & l*, 2/2014, Augsburg.

Hinz, A. / Körner, I. / Niehoff, U. (Hrsg.) (2008): *Von der Integration zur Inklusion. Grundlagen – Perspektiven – Praxis*, Marburg.

Jung, C. G. (2011): *Gesammelte Werke 9/1: Die Archetypen und das kollektive Unbewusste*, Ostfildern.

Roscher, S. (2005): *Der Reformpädagoge Kurt Hahn im Licht von Zeitzeugen*, Augsburg.

Tieman, H. (2014): Inklusion in der Erlebnispädagogik – eine einführende Betrachtung. In: *Zeitschrift e & l*, 2/2014, Augsburg.

Stüdemann, M. (2008): *Kurt Hahn. Politiker und Pädagoge. Darstellung unter besonderer Berücksichtigung aktueller Entwicklungen*, München.

Weißbach, V. (2013): *Die Erlebnistherapie von Kurt Hahn als Vorreiter der Erlebnispädagogik*, München.

Wilber, K. (2009): *Halbzeit der Evolution: Der Mensch auf dem Weg vom animalischen zum kosmischen Bewusstsein*, Frankfurt/M.

DIETLIND GLOYSTEIN |

Inklusion als Entwicklungsaufgabe jeder Schule

1   Brokamp, B. (2012): Veränderungen gestalten: Inklusive Schulentwicklungsprozesse. In: Reich, K. (Hrsg.) (2012): *Inklusion und Bildungsgerechtigkeit. Standards und Regeln zur Umsetzung einer inklusiven Schule*, S. 147.

2   Im Folgenden UN-Konvention.

3   Preuss-Lausitz, U. (2014): *Wissenschaftliche Begleitung der Wege zur inklusiven Schulentwicklung in den Bundesländern. Versuch einer Übersicht*, S. 2. Verfügbar unter: https://www.ewi.tu-berlin.de/menue/institutsangehoerige/professorinnen/prof_dr_ulf_preuss-lausitz/publikationen (Stand 14.04.2014).

4   Moser, V. (Hrsg.) (2012): *Die inklusive Schule. Standards für die Umsetzung*, Stuttgart, S. 8.

5   Rolff, H. G. (2010): Schulentwicklung als Trias von Organisations-, Unterrichts- und Personalentwicklung. In: Bohl, T. / Schell, C. / Helsper, W. (Hrsg.) (2010): *Handbuch Schulentwicklung*, Bad Heilbrunn, S. 34.

6 So lautet der Vortrag von Frau Prof. Rudolf auf dem 1. Berliner Menschenrechtstag des deutschen Instituts für Menschenrechte am 27.9.2012, auf den ich mich im Folgenden beziehe.

7 Vgl. Dussel, E. (2008): 20 Tesis de politca, Mexico. In: Jantzen, W. (2011): *Behinderung und Inklusion*, S. 8. Verfügbar unter: http://www.basaglia. de/Artikel/Moskau%202011-korr-neu.pdf (Stand 19.4.2014).

8 Arnold, Eva (2010): Inklusive Schulen entwickeln. Wie helfen Daten aus Lernstandserhebungen? In: Schwohl, J. / Sturm, T. (Hrsg.) (2010): *Inklusion als Herausforderung schulischen Entwicklung. Widersprüche und Perspektiven eines erziehungswissenschaftlichen Diskurses*, Bielefeld, S. 277.

9 Biewer, G. (2009): *Grundlagen der Heilpädagogik und Inklusiven Pädagogik*, Bad Heilbrunn, S. 193.

10 Barth, U. (2013) : Anforderungen an eine Fort- und Weiterbildungsstruktur für inklusive Schulprozesse. In: Feuser, G. / Maschke, T. (Hrsg.): *Lehrerbildung auf dem Prüfstand. Welche Qualifikationen braucht die inklusive Schule?*, Gießen, S. 136.

11 Siehe auch die Beiträge von M. Glöckler und F. Klein in diesem Buch.

12 Vgl. den Beitrag von A. Schmidt in diesem Band.

13 Aregger, K. / Waibel, M. (Hrsg.) (2008): *Entwicklung der Person durch Offenen Unterricht. Das Kind im Mittelpunkt: Nachhaltiges Lernen durch Persönlichkeitserziehung*, Augsburg.

14 Prengel, A. (2010): Wie viel Unterschiedlichkeit passt in eine Kita? Theoretische Grundlagen einer inklusiven Praxis in der Frühpädagogik, Vortrag WiFF Fachforum: *Von einer Ausländerpädagogik zur inklusiven Frühpädagogik. Neue Anforderungen an frühpädagogische Fachkräfte*, München, 29.6.2010, S. 4.

15 Tschönhens, A. / Bissegger, E. (2010): Die vier Zimmer der Veränderung. In: Rohm, A. (Hrsg.) (2010): *Change-Tools*, 4. überarbeitete Auflage, Bonn, S. 73 ff.

16 Brokamp, B. (2012): Veränderungen gestalten: Inklusive Schulentwicklungsprozesse. In: Reich, K. (Hrsg.) (2012): *Inklusion und Bildungsgerechtigkeit. Standards und Regeln zur Umsetzung einer inklusiven Schule*, S. 147.

17 Vgl. Booth, T. / Ainscow, M. (Hrsg.) (2002): *Index for Inclusion. Developing, Learning and Participation in School*, Bristol: CSIE (mit diversen Übersetzungen auch im Internet: http://www.eenet.org.uk/index_inclusion/index_incluison.shtml, Stand 7.8.2014).

18 Booth, T. / Ainscow, M. (2011): *Index for Inclusion. Developing, Learning and Participation in Schools*, Bristol.

19 Vgl. Boban, I. / Hinz, A. (2011): «Index für Inklusion» – ein breites Feld von Möglichkeiten zur Umsetzung der UN-Konvention. In: Flieger, P. / Schönwiese, V. (Hrsg.): *Menschenrechte, Integration, Inklusion*, Bad Heilbrunn, S. 169-175; Boban, I. (2012): Der «Index für Inklusion» im

Überblick. In: Reich, K. (Hrsg.) (2012): *Inklusion und Bildungsgerechtigkeit. Standards und Regeln zur Umsetzung einer inklusiven Schule*, S. 159-171; Brokamp, B. (2011): Ein kommunaler Index – oder: Wie können sinnvoll kommunale inklusive Entwicklungsprozesse unterstützt werden? In: Flieger, P. / Schönwiese, V. (Hrsg.): *Menschenrechte, Integration, Inklusion*, Bad Heilbrunn, S. 237-244; Brokamp, B. (2012): Veränderungen gestalten: Inklusive Schulentwicklungsprozesse. In: Reich, K. (Hrsg.): *Inklusion und Bildungsgerechtigkeit. Standards und Regeln zur Umsetzung einer inklusiven Schule*, S. 147-159; Gloystein, D. (2011): Der Index für Inklusion in der Aus-, Fort- und Weiterbildung von Lehrpersonen und anderen pädagogischen Fachkräften. In: Lütje-Klose, B. / Langer, M. T. / Serke, B. / Urban, M. (Hrsg.): *Inklusion in Bildungsinstitutionen*, Bad Heilbrunn, S. 219-227.

20 Booth, T. (2012): Der aktuelle «Index for Inclusion» in dritter Auflage. In: Reich, K. (Hrsg.) (2012): *Inklusion und Bildungsgerechtigkeit. Standards und Regeln zur Umsetzung einer inklusiven Schule*, S. 186 ff.

21 Vgl. International Conference on Inclusive Education 2008, zit. in: Europäische Agentur für Entwicklungen in der sonderpädagogischen Förderung (2012): *Inklusionsorientierte Lehrerbildung. Ein Profil für inklusive Lehrerinnen und Lehrer*, Odense / Brüssel, S. 29.

22 Ebd., S. 30.

23 Dietlind Gloystein nach Boban / Hinz, ebd., S. 41.

24 Vgl. Boban, I. / Hinz, A. (2003): *Index für Inklusion. Lernen und Teilhabe in der Schule der Vielfalt entwickeln*, Halle / Saale, S. 22 ff.

25 Vgl. dazu die Ausführungen in: Montag Stiftung Jugend und Gesellschaft (2011): *Inklusion vor Ort. Der Kommunale Index für Inklusion – ein Praxishandbuch*, Berlin, S. 130ff. und Brokamp, B. (2012): Veränderungen gestalten: Inklusive Schulentwicklungsprozesse. In: Reich, K. (Hrsg.): *Inklusion und Bildungsgerechtigkeit. Standards und Regeln zur Umsetzung einer inklusiven Schule*, S. 148ff.

26 Müller, G. / Hoffmann, K. (2008): *Systemisches Coaching. Handbuch für die Beraterpraxis*, 3. Auflage, Heidelberg, S. 195f.

Literatur

Aregger, K. / Waibel, M. (Hrsg.) (2008): *Entwicklung der Person durch Offenen Unterricht. Das Kind im Mittelpunkt: Nachhaltiges Lernen durch Persönlichkeitserziehung*, Augsburg.

Arnold, E. (2010): Inklusive Schulen entwickeln. Wie helfen Daten aus Lernstandserhebungen? In: Schwohl, J. / Sturm, T. (Hrsg.): *Inklusion als Herausforderung schulischer Entwicklung. Widersprüche und Perspektiven eines erziehungswissenschaftlichen Diskurses*, Bielefeld, S. 277-292.

Barth, U. (2013) : Anforderungen an eine Fort- und Weiterbildungsstruktur für inklusive Schulprozesse. In: Feuser, G. / Maschke, T. (Hrsg.): *Lehrerbildung auf dem Prüfstand. Welche Qualifikationen braucht die inklusive Schule*, Gießen, S. 133-149.

Biewer, G. (2009): *Grundlagen der Heilpädagogik und Inklusiven Pädagogik*, Bad Heilbrunn.

Boban, I. (2012): Der «Index für Inklusion» im Überblick. In: Reich, K. (Hrsg.): *Inklusion und Bildungsgerechtigkeit. Standards und Regeln zur Umsetzung einer inklusiven Schule*, S. 159-171.

Boban, I. / Hinz, A. (2003): *Index für Inklusion – Lernen und Teilhabe in der Schule der Vielfalt entwickeln*, Halle / Saale.

Boban, I. / Hinz, A. (2011): «Index für Inklusion» – ein breites Feld von Möglichkeiten zur Umsetzung der UN-Konvention. In: Flieger, P. / Schönwiese, V. (Hrsg.): *Menschenrechte, Integration, Inklusion*, Bad Heilbrunn, S. 169-175.

Booth, T. (2012): Der aktuelle «Index for Inclusion» in dritter Auflage. In: Reich, K. (Hrsg.): *Inklusion und Bildungsgerechtigkeit. Standards und Regeln zur Umsetzung einer inklusiven Schule*, S. 180-204.

Booth, T. / Ainscow, M. (2011): *Index for Inclusion – Developing, Learning and Participation in Schools*, Bristol.

Booth, T. / Ainscow, M. (Eds.) (2002): *Index for Inclusion. Developing, Learning and Participation in School*, Bristol: CSIE (mit diversen Übersetzungen auch im Internet: www.eenet.org.uk/index_inclusion/index_incluison.shtml, Stand 7.8.2014).

Brokamp, B. (2011): Ein kommunaler Index – oder: Wie können sinnvoll kommunale inklusive Entwicklungsprozesse unterstützt werden? In: Flieger, P. / Schönwiese, V. (Hrsg.): *Menschenrechte, Integration, Inklusion*, Bad Heilbrunn, S. 237-244.

Brokamp, B. (2012): Veränderungen gestalten: Inklusive Schulentwicklungsprozesse. In: Reich, K. (Hrsg.): *Inklusion und Bildungsgerechtigkeit. Standards und Regeln zur Umsetzung einer inklusiven Schule*, S. 147-159.

Dussel, E. (2008): 20 Tesis de politica, Mexico. In: Jantzen, W. (2011): *Behinderung und Inklusion*. Verfügbar unter: http://www.basaglia.de/Artikel/Moskau%202011-korr-neu.pdf (Stand 19.04.2014).

Europäische Agentur für Entwicklungen in der sonderpädagogischen Förderung (2012): *Inklusionsorientierte Lehrerbildung. Ein Profil für inklusive Lehrerinnen und Lehrer*, Odense / Brüssel.

Gloystein, D. (2011): Gesucht werden – Pankower Schulen auf dem Weg zur Inklusion. In: Flieger, P. / Schönwiese, V. (Hrsg.): *Menschenrechte, Integration, Inklusion*, Bad Heilbrunn, S. 231-236.

Gloystein, D. (2011): Der Index für Inklusion in der Aus-, Fort- und Weiterbildung von Lehrpersonen und anderen pädagogischen Fachkräften. In: Lütje-Klose, B. / Langer, M. T. / Serke, B. / Urban, M. (Hrsg.): *Inklusion in Bildungsinstitutionen*, Bad Heilbrunn, S. 219-227.

Hinz, A. / Boban, I. / Gille, N. / Kirzeder, A. / Laufer, K. / Trescher, E. (2013): *Entwicklung der Ganztagsschule auf der Basis des Index für Inklusion. Bericht zur Umsetzung des Investitionsprogramms «Zukunft Bildung und Betreuung» im Land Sachsen-Anhalt*, Bad Heilbrunn.

Hinz, A. (2012): Die Adaption des «Index für Inklusion» in Deutschland. In: Reich, K. (Hrsg.): *Inklusion und Bildungsgerechtigkeit. Standards und Regeln zur Umsetzung einer inklusiven Schule*, S. 171-180.

Montag Stiftung Jugend und Gesellschaft (2011): *Inklusion vor Ort. Der Kommunale Index für Inklusion – ein Praxishandbuch*, Berlin.

Moser, V. (Hrsg.) (2012): *Die inklusive Schule. Standards für die Umsetzung*, Stuttgart.

Müller, G. / Hoffmann, K. (2008): *Systemisches Coaching. Handbuch für die Beraterpraxis*, 3. Auflage, Heidelberg.

Prengel, A. (2010): Wie viel Unterschiedlichkeit passt in eine Kita? Theoretische Grundlagen einer inklusiven Praxis in der Frühpädagogik, Vortrag WiFF Fachforum: Von einer Ausländerpädagogik zur inklusiven Frühpädagogik. Neue Anforderungen an frühpädagogische Fachkräfte, München 29.06.2010, weitere Informationen: www. weiterbildungsinitiative.de

Prengel, A. (2010): Wie viel Unterschiedlichkeit passt in eine Kita? Theoretische Grundlagen einer inklusiven Praxis in der Frühpädagogik. Vortrag WiFF Fachforum: Von einer Ausländerpädagogik zur inklusiven Frühpädagogik. Neue Anforderungen an frühpädagogische Fachkräfte. München 29.06.2010, www. weiterbildungsinitiative.de

Preuss-Lausitz, U. (2014): *Wissenschaftliche Begleitung der Wege zur inklusiven Schulentwicklung in den Bundesländern. Versuch einer Übersicht*. Verfügbar unter: https://www.ewi.tu-berlin.de/menue/institutsangehoerige/professorinnen/prof_dr_ulf_preuss-lausitz/publikationen (Stand 14.04.2014).

Rolff, H. G. (2010): Schulentwicklung als Trias von Organisations-, Unterrichts- und Personalentwicklung. In: Bohl, T.; Schell, C. / Helsper, W. (Hrsg.): *Handbuch Schulentwicklung*, Bad Heilbrunn, S. 29-36.

Tschönhens, A. / Bissegger, E. (2010): Die vier Zimmer der Veränderung. In: Rohm, A. (Hrsg.): *Change-Tools*, 4. überarbeitete Auflage, Bonn, S. 73-82.

ULRIKE BARTH & MATTHIAS KATSCH I

Inklusive Vielfalt in Schule und Wirtschaft

1 Vašek, T. (2013): Die Trennung von Arbeit und Leben ist Bullshit, http://www.spiegel.de/karriere/berufsleben/zwischenruf-von-thomas-vasek-work-life-balance-ist-bullshit-a-930711.html, Stand:23.12.2013.

2 http://www.nna-news.org/index.php?id=9&L=1&tx_ttnews[year]=2013&tx_ttnews[month]=04&tx_ttnews[day]= 08&tx_ttnews[tt_news]=1049&cHash=4390240c80adaf557ec9f85c9d0adb71, Stand: 6.1.2014

3 http://www.spiegel.de/wirtschaft/soziales/schwerbehinderte-verlierer-auf-dem-arbeitsmarkt-a-870630.html (Beitrag vom 3.12.12, Stand 25.05.14).
4 http://www.gesetze-im-internet.de/sgb_9/BJNR104700001.html#BJNR-104700001BJNG000200000, Stand: 11.1.2014.
5 http://www.integrationsaemter.de/Fachlexikon/Einstellung-eines-schwer-behinderten-Menschen/77c469i1p/index.html,
6 *brand eins* 1/2010, S. 128.
7 Zitiert nach: http://www.charta-der-vielfalt.de/diversity.html (Stand: 25.5.2014).
8 So eine Studie der Uni Köln mit über 2000 Teilnehmern von 2007, siehe http://www.dominicfrohn.de/downloads/Out-im-Office_SNW_2007.pdf
9 Siehe www.charta-der-vielfalt.de
10 Vgl. das Konzept der Balanced Scorecard (2011), Hans Böckler Stiftung, im Internet: http://www.boeckler.de/pdf/mbf_bsc_konzept.pdf (Stand: 1.6.2014).
11 *brand eins* 1/2010, S. 128.
12 Ebd.
13 Ebd.
14 Alle Informationen stammen von der Internetseite des Unternehmens: http://auticon.de/de/ (Stand 11.1.2014).
15 http://www.zeit.de/news/2014-05/15/d-banken-unternehmen-deutsche-bank-fordert-von-investment-bankern-besseren-umgangston-15140803
16 http://www.wiwo.de/erfolg/management/fuehrungskraefte-sollen-pers-pektive-wechseln-firmenchefs-auf-gehts-ins-sozialpraktikum/8784478.html

Literatur

Albers, M. (2010): Jüdische Neger in Alabama. Für viele Behinderte ist Selbstständigkeit die einzige Chance auf einen Job. Dummerweise traut ihnen das kaum jemand zu. Zu Unrecht, wie eine Berliner Initiative zeigt. In: *brandeins* 1/2010, S.126-129.
Konzept der «Balanced Scorecard» (2011), Hans Böckler Stiftung, im Internet: http://www.boeckler.de/pdf/mbf_bsc_konzept.pdf (Stand: 1.6.2014).
Scharmer, O. / Kaufer, K. (2013): *Leading from the emerging Future. From Ego-System to Eco-System Economies*, San Francisco, USA.
Der Tagesspiegel (2013): Behinderung & Beruf, Beilage aus Anlass der Verleihung des Inklusionspreises 2013, 21.12.2013, 69. Jahrgang, Nr. 21906.
Vašek, T. (2013): Die Trennung von Arbeit und Leben ist Bullshit, http://www.spiegel.de/karriere/berufsleben/zwischenruf-von-thomas-vasek-work-life-balance-ist-bullshit-a-930711.html, Stand:23.12.2013.

DIE AUTORINNEN UND AUTOREN

ULLA BALIN, geb. 1947, Mutter von vier Kindern, absolvierte eine Ausbildung zur Staatsschullehrerin und arbeitete an der Grund- und Hauptschule in Berlin Tiergarten sowie an der Hauptschule in Durmersheim / Karlsruhe. Danach Weiterbildung zur Waldorf- klassenlehrerin und zur Heilpädagogin. Mitbegründerin des Par- zivalzentrums in Karlsruhe. Sie war viele Jahre als Klassenlehre- rin in diesem Zentrum und an der Waldorfschule Kreuzberg tätig.

ULRIKE BARTH, Dr. phil, ist Sonderpädagogin, Lerntherapeutin und Lehrerin an der Freien Waldorfschule Kreuzberg, Berlin. 2008 promovierte sie zum Thema Integration und Waldorfpäd- agogik. Sie begleitet den Schulentwicklungsprozess der Freien Waldorfschule Kreuzberg mit verschiedenen Forschungsstudien und -partnern an Hochschulen und Universitäten. Vielfältige Leh- rerbildungs- und Vortragstätigkeiten im Rahmen von Entwick- lung, Fördern, Integration und Inklusion. u.barth@fwsk.net

CLAUDIA KATHARINA BAUER, geb. 1966, studierte Kunstpäda- gogik, Pädagogik und Germanistik. Sie ist Klassenlehrerin an der Freien Waldorfschule Frankfurt am Main und Fachreferentin für Inklusion bei der LAG Hessen. Außerschulische Lehrerfahrung im kunstpädagogischen Arbeitsfeld mit dem Ziel Integrations- entwicklung. Gründungsmitglied und Lehrkraft einer vereinsge- tragenen Kunstschule. Öffentlichkeitsarbeit in Form von Presse- berichten und Kunstausstellungen.

ERHARD BECK, geb. 1946 in Würzburg, verheiratet, ein Sohn. Lebensstationen: Schottland (fünf Jahre Camphill: Ochil Tower School), Stuttgart (Ausbildung zum Waldorfklassenlehrer), acht Jahre an der Freien Waldorfschule Freiburg St. Georgen. 1995 war er Mitgründungslehrer der Integrativen Waldorfschule Em- mendingen und unterrichtet dort aktuell im dritten Durchgang.

MAUD BECKERS, studierte an der Hochschule der Künste St. Joost (Niederlande) und absolvierte eine Ausbildung am Waldorflehrerseminar Berlin und im Heilpädagogischen Kurs Hamburg. Seit 2002 unterrichtet sie als Lehrerin an der Freien Waldorfschule Kreuzberg im Fachbereich Handarbeit und Kunst, seit 2010 im Fachbereich Sonderpädagogik in der Oberstufe. Ausstellung «Hände. Sportler für bewegtes Denken» in Berlin, Halle, Greifswald und auf der Didacta Stuttgart 2006. Mitarbeit an der Umgestaltung der Mittel- und Oberstufe der FWSK zur inklusiven Schule, Fortbildungstätigkeit «Inklusion & Handarbeit» und zum Thema «Inklusion in der Oberstufe».

UTE-MARIA BEESE, Dr., geb. 1954, ist Waldorfschülerin und Mutter von vier Kindern, davon drei Pflegekinder mit Förderschwerpunkt geistige Entwicklung. Seit 36 Jahren arbeitet sie als Klassenlehrerin an einer heilpädagogischen Schule in Berlin, als Kunsttherapeutin, Schulseelsorgerin und Religionslehrerin. Sie ist Mediatorin und Supervisorin für verschiedene Waldorfschulen mit Inklusionsvorhaben. Seit einem Jahr ist sie an der Berufsfachschule für Heilerziehungspfleger tätig.

MICHAEL BIRNTHALER, Dr., geb. 1963, studierte Sport und Kunst für das Lehramt. Lange Jahre war er als Lehrer an Waldorfschulen tätig; in dieser Zeit baute er u.a. eine Jugendgruppe und einen Schulzirkus auf. Er ist Dozent an verschiedenen Hochschulen, hält Vorträge und ist Autor mehrerer Bücher und Zeitschriftenartikel. Er gründete das Institut EOS-Erlebnispädagogik (www.eos-ep.de), dessen Leiter er ist; im Rahmen dessen leitet er auch Ferienlager, Klassenfahrten, Freiwilligendienste, Trainings. Aufbau des Zentrums Allerheiligen (www.eos-allerheiligen.de).

BÄRBEL BLAESER, geb. 1964, studierte zunächst Musik, dann absolvierte sie eine Ausbildung zur Klassenlehrerin in Witten-Annen. 1995 war sie Mitbegründerin der Windrather Talschule in Velbert-Langenberg, einer der ersten inklusiven Waldorfschulen in Deutschland.

MATTHIAS BRASELMANN, geb. 1950. Nach einer kaufmännischen Ausbildung im Buchhandel studierte er in Ottersberg Bildhauerei und Kunstpädagogik. Tätigkeit in der Heilpädagogik und Studium in Witten-Annen zum Klassenlehrer an Waldorfschulen. Danach unterrichtete er in der Rudolf Steiner Schule Bochum Langendreer als Klassenlehrer, gab Kunstunterricht im Groß- und Kleinklassenbereich und war in der Verwaltung tätig. 1996 war er Mitbegründer der Windrather Talschule, Freie Waldorfschule in Velbert-Langenberg.

SABINE BULK, geb. 1957, studierte Sonderpädagogik in den Förderschwerpunkten Geistige Entwicklung und Sprache / Kommunikation in Dortmund, Abschluss mit dem zweiten Staatsexamen in den Förderschwerpunkten Geistige Entwicklung und Lernen. Danach war sie sieben Jahre als Sonderschullehrerin im staatlichen Schuldienst; langjährige Klassenführung einer Klasse mit Schwermehrfachbehinderten. Dreijährige Mitarbeit in der Wanderausstellung «Erfahrungsfeld zur Entfaltung der Sinne» nach Hugo Kükelhaus, Aus- und Weiterbildungen in Theaterpädagogik und Chirophonetik. Seit zwanzig Jahren ist sie Klassenlehrerin an der Christopherus-Schule Bochum (Waldorf-Förderschule mit dem Förderschwerpunkt Geistige Entwicklung), seit zehn Jahren zusätzlich Dozentin und Ausbildungsleiterin im Institut für Heilpädagogische Lehrerbildung Witten-Annen.

EDITH BULLE, MAT, geb. 1949, ist Waldorf-Sonderschullehrerin. Lehrerausbildung in Deutschland, USA und Australien, zusätzliche Ausbildungen in Edu Kinesiologie, Steiner Heilpädagogik, Extra Lesson Förderlehrerin, SAMONAS Klang Therapie, Reflex Integration. Seit 35 Jahren ist sie als Lehrerin und therapeutische Wegbegleiterin international im schulischen und außerschulischen Rahmen mit Kindern, Jugendlichen und deren Umfeld tätig. Projektentwicklung und -aufbau eines heilpädagogischen Kleinstheimes, einer Tageseinrichtung für Kinder und eines außerschulischen Lernorts auf einem Bauernhof. Mitarbeit in anthroposophischer heilpädagogischer Lehrerausbilung, Dozententätigkeit und Beratung in Deutschland, Australien, Neuseeland, und Südostasien zum Thema «Individuelle Lernförderung» mit unterschiedlichen Schwerpunkten. www.coach-on-the-road.com

CHRISTINE CARBONE, ist Gesundheits- und Sozialmanagerin. Sie lebt und arbeitet in Berlin.

JOHANNES DENGER, geb. 1955 in Basel, ist Heilpädagoge und Waldorflehrer. Er arbeitet als Referent mit den Schwerpunkten Bildung, Ethik, Öffentlichkeit für den Bundesverband anthroposophisches Sozialwesen e.V. Redaktion der Verbands-Zeitschrift PUNKT UND KREIS.

CHRISTIANE DRECHSLER, Dr. phil., Erziehungswissenschaftlerin, geb 1963, ist seit 2008 Dozentin für den Bachelor Studiengang Social Care am Institut für Waldorfpädagogik, Inklusion und Interkulturalität in Mannheim mit den Schwerpunkten Heilpädagogische Theorien und Modelle, Wissenschafts- und Erkenntnistheorie sowie Hilfeplanverfahren. Sie ist Leiterin der Behindertenhilfe des DRK im Kreisverband Segeberg. Zuvor war sie 29 Jahre in anthroposophischen Lebens- und Arbeitsgemeinschaften in den Bereichen Hausleitung, Eurythmiebegleitung und Musiktherapie tätig. Organistin. Mehrere Publikationen.

WALTHER DREHER, Prof. i.R. Dr., Universität zu Köln, vormals Heilpädagogische Fakultät, Bildungs- und Förderschwerpunkt geistige Entwicklung. walther.dreher@uni-koeln.de, www.genius-for-all.de

REINALD EICHHOLZ, Dr. jur., studierte Rechts- und Staatswissenschaften, 1968 – 1971 war er Richter am Amts- und Landgericht, 1971 – 1989 Leiter der Koordinierungsstelle für Fragen der Familienpolitik in der Landesregierung Nordrhein-Westfalen, 1989 – 2002 Kinderbeauftragter der Landesregierung Nordrhein-Westfalen. Er ist ehemaliges Mitglied des Deutschen Komitees für Unicef, Mitglied der Koordinierungsgruppe der National

Coalition Deutschland – Netzwerk zur Umsetzung der UN-Kinderrechtskonvention, Mitglied des Verwaltungsrats der Kindernothilfe und Mitglied des Kuratoriums der Zukunftsstiftung Bildung der Gemeinnützigen Treuhandstelle Bochum.

SILKE ENGESSER, geb. 1965, verheiratet, drei Kinder, unterrichtet seit vierzehn Jahren an der Integrativen Waldorfschule Emmendingen und ist dort im Fachbereich Handarbeit, im Aufnahmekreis und in der Öffentlichkeitsarbeit aktiv.

MARITA ERNST-BONNESOEUR, studierte Romanistik und unterrichtet als Waldorflehrerin für Französisch und Klassenlehrerin an der Freien Waldorfschule Kreuzberg. Sie ist Klassenlehrerin der Schuleingangsstufe und Dozentin in der Erzieherinnenausbildung für den Übergang Kindergarten – Schule und zwei- und mehrsprachige Erziehung.

MONIKA FISCHER-LANGENBEIN, geb. 1955 in Göppingen, ist verheiratet und hat vier Kinder. Sie besuchte die Freie Waldorfschule Engelberg und absolvierte eine Ausbildung zur Waldorferzieherin; danach studierte sie am anthroposophisch-heilpädagogischen Seminar und machte eine Ausbildung zur Spieltherapeutin in England. Nach der Arbeit in verschiedenen Waldorfkindergärten und der Erziehungszeit der Kinder folgte 1990 der Aufbau der Rudolf-Steiner-Schule in Augsburg. Dort ist sie als Lehrerin, Spieltherapeutin, in der Tagesstättenleitung und im Vorstand tätig. Seit 2000 ist sie im Verwaltungsrat AG Heilpädagogische Schulen, im Verbandsrat und der Fachstelle für Gewaltprävention des Bundesverbandes anthroposophisches Sozialwesen.

ANGELIKA GÄCH, Dr. med., Ärztin für Allgemeinmedizin, Eurythmistin, unterrichtete als Eurythmielehrerin in der Waldorfschule, arbeitete in eigener Arztpraxis und war in heilpädagogisch-sozialtherapeutischen Arbeitszusammenhängen tätig. Leitung einer Fachschule für Heilpädagogik, Kurstätigkeit, u.a. im russischen Sprachraum und in Lateinamerika.

MICHAELA GLÖCKLER, geb. 1946 in Stuttgart, Waldorfschülerin, studierte Philosophie, Geschichte, Germanistik und Theologie in Freiburg und Heidelberg sowie Medizin in Tübingen und Marburg – begleitet von kontinuierlichem Selbststudium der Anthroposophie. Fachärztliche Weiterbildung zur Kinder- und Jugendärztin am Gemeinschaftskrankenhaus in Herdecke und der Universitätsklinik in Bochum. Bis 1988 war sie als Kinderärztin und als Schulärztin an einer Waldorfschule tätig. Seit 1989 ist sie Leiterin der Medizinischen Sektion am Goetheanum, Dornach. Vortragstätigkeit und Ärzteausbildung (IPMT) im In- und Ausland. Mitinitiatorin der europäischen Allianz ELIANT. Zahlreiche Publikationen, u.a. *Medizin an der Schwelle, Begabung und Behinderung, Macht in der zwischenmenschlichen Beziehung, Kindersprechstunde, Spirituelle Ethik.*

DIETLIND GLOYSTEIN ist Sonderpädagogin, Therapeutin, Lehrbeauftragte und Fortbildnerin mit den Themenschwerpunkten Diagnostik / Förderung, Entwicklung, Integration / Inklusion. Sie ist Mitarbeiterin in Forschungsprojekten (u.a. EMSOZ-Projekt der TU) und Fachseminarleiterin der schulpraktischen Seminare in Berlin-Friedrichshain. Aktuell ist sie im Beratungs- und Unterstützungszentrum der Berliner Senatsverwaltung für Bildung, Jugend und Wissenschaft, Außenstelle Pankow, mit den Arbeitsschwerpunkten Diagnostik, Neuropädagogische Entwicklungs- und Lernförderung, Elternarbeit und inklusive Schulentwicklung tätig.

JAN CHRISTOPHER GÖSCHEL, Dr. phil., Waldorf- und Sonderpädagoge, ist Leiter der Camphill-Ausbildungen in Nordamerika (Camphill Academy) und Mitarbeiter der Schulgemeinschaft Camphill Special School in Pennsylvania. Er studierte Psychologie, Theologie und Sozialwissenschaften an der Universität Edinburgh und absolvierte ein Masterstudium in Erziehungswissenschaften und Sonderpädagogik an der Immaculata University (USA). Promotion in Heilpädagogik und Rehabilitationswissenschaften an der Universität zu Köln.

SUSANNE HAMPF, geb. 1966, ist Diplom-Pädagogin mit dem Schwerpunkt Sonder- und Heilpädagogik. Sie unterrichtet als Waldorfklassenlehrerin an der Rudolf Steiner Schule Dietzenbach und ist dort auch Mitglied des Vorstands und der Schulleitungskonferenz. Fachreferentin für Inklusion bei der LAG Hessen.

HANNES HARMS ist Diplom-Pädagoge, Waldorflehrer, systemischer Coach und Organisationsberater (BSO). Er absolvierte ein Studium zum Klassen- und Werklehrer am Waldorflehrerseminar Hamburg und unterrichtet derzeit als Klassenlehrer an der Kaspar Hauser Schule Überlingen und ist dort Mitglied der Schulführung. Zuvor war er Schulleiter der Rudolf Steiner Schule Zürich. Diplomierung an der Freien Hochschule Stuttgart zum Thema «Disziplin? – Haltung!» und am Institut für systemische Impulse, Zürich, zum Thema «Implementierung eines Organisationsentwicklungsprozesses an einer selbstverwalteten Schule». Begleitung und Führung mehrerer Organisations- und Qualitätsentwicklungsprozesse, u.a. an der Rudolf Steiner Schule Zürich. Außerdem ist er in der Lehrerbildung und als Berater in verschiedenen Themenfeldern tätig.

ANGELIKA HEIMANN, verheiratet, vier Kinder, lebt in Schirgiswalde, berät freie Schulen und Institutionen, unterrichtet als Dozentin und in ihrer eigenen Fortbildungsreihe. Aufgewachsen in Glauchau / Sachsen, Lehre als Werkzeugmacher, Studium des allgemeinen Maschinenbaus, anschließend als Konstrukteurin tätig. Nach elf Jahren Erziehungszeit Studium der anthroposophischen Pädagogik in Mannheim. Als Waldorflehrerin, Sozialpädagogin, Förder- und Berufsschullehrerin Unterricht in extrem heterogenen Gruppen. Gründung eines Freien Waldorfkindergartens mit dem Berufsbildungszentrum Bautzen e.V. 2010 bis 2012 Studium an der Universität in Chemnitz Kinder- und Jugendentwicklung – Integrative Lerntherapie MA.

GÖTZ KASCHUBOWSKI, Dr. päd., geb. 1957, verheiratet, vier Kinder, ist Diplom-Pädagoge und Sonderschullehrer. Er war viele

Jahre in der Lehrerbildung tätig, seit 2013 ist er Schulleiter an einer anthroposophischen Förderschule für sozial-emotionale Entwicklung. Diverse Publikationen.

MATTHIAS KATSCH, M.A., MBA, geb. 1963 in Berlin, studierte Philosophie, Politik und Katholische Theologie und ist Master of Business Administration der Universität St. Gallen. Er arbeitet heute international als Managementtrainer und Berater. Zusammen mit anderen Betroffenen hat er die Gruppe «ECKIGER TISCH» gegründet (www.eckiger-tisch.de), die sich seit Februar 2010 für die Interessen der Betroffenen von sexuellem Missbrauch an Jesuitenschulen engagiert. 2010/2011 arbeitete er mit am «Runden Tisch sexueller Missbrauch». Er ist stellvertretender Vorsitzender des Fachbeirats beim Unabhängigen Beauftragten für Fragen des sexuellen Kindesmissbrauchs der Bundesregierung.

JOHANNA KELLER ist seit vierzehn Jahren selbstständige Rechtsanwältin. Zu ihren dauerhaft beratenen Mandanten gehören Verbände im freien Bildungswesen, freie Hochschulen, Kindergärten und Schulen sowie andere gemeinnützige Einrichtungen. Sie ist Mitglied im Inklusionsteam des Bundes der Freien Waldorfschulen. Darüber hinaus ist sie als Dozentin tätig und leitet Seminare zum Thema Schul-, Sozial- und Vereinsrecht. Johanna Keller ist Mediatorin, Vorstandsmitglied im European Forum for Freedom in Education e.V. (effe) und Sprecherin im Aufsichtsrat der GLS-Treuhand.

FERDINAND KLEIN, geb. 1934, war Lehrer, Heil- und Sonderpädagoge. Er arbeitete als Sonderschulrektor an der Erlanger Lebenshilfe-Schule und lehrte als Professor für Sonderpädagogik an den Universitäten Würzburg, Mainz, Halle-Wittenberg sowie an der Fakultät für Sonderpädagogik Reutlingen und begleitete sechs Dissertationen zu Themen der Anthroposophischen Heilpädagogik und Sozialtherapie. Nach seiner Emeritierung 1997 ist er als Gastprofessor an der Comenius-Universität Bratislava und seit 2005 an der 1900 gegründeten, weltweit ältesten Hochschule für Heilpädagogik tätig: der Gusztáv-Bárczi-Fakultät für Heil- und Sonderpädagogik der Eötvös-Loránd-Universität Budapest. Die Budapester Universität würdigte sein wissenschaftliches Werk und seine Verdienste um den Ost-West-Dialog mit der Verleihung des Titels «Doctor et Professor Honoris Causa». Email: ferdinand.Klein1@gmail.com

MICHAEL KNOCH, Dr. med., geb. 1956, studierte Medizin; Vertiefung in Anthroposophischer Medizin (GAÄD) und Klassischer Homöopathie (ÄK Berlin). Er ist seit 1992 als Schul- und Kindergartenarzt (www.waldorfschule-kreuzberg.de/angebot/ schularzt-dr-knoch) und in seiner Privatpraxis (www.knochpraxis.de) tätig.

GOTTFRIED KNODT, arbeitet seit 25 Jahren in seiner Firma «Knodt Ausstellungsbau» und ist im Bereich Ausstattung von Ausstellungen für Museen sowie der Unterstützung bei der Realisation von Künstlerarbeiten tätig. Seit 2007 leitete Gottfried Knodt mit seinem Team etwa zwanzig Kinderbaustellen von Projekten für das Büro «Bauereignis».

STEPHANIE LOOS ist Überzeugungstäterin hinsichtlich einer «guten Schule für alle – gleich welcher Schulform» und fasziniert von den Menschenrechten. Sie ist Mutter eines frühkindlichen nonverbalen Autisten in einer Berliner Regelschule. Sie ist vielfältig ehrenamtlich aktiv, auch in der Elternselbsthilfe. 2013 machte sie ihr Hobby zum Beruf. Sie hält viele Vorträge und Referate.

GISELA MEIER-WACKER, geb. 1953, ist verheiratet und hat einen erwachsenen Sohn. Sie machte eine Ausbildung zur Sport- und Gymnastiklehrerin in Hannover mit den zusätzlichen Fächern Handarbeit und Werken und arbeitete parallel als Schwesternhelferin im Krankenhaus auf verschiedenen Stationen. 1974 – 1994 unterrichtete sie als Fachlehrerin an einem Gymnasium in Hannover. 1991 – 1994 absolvierte sie das Berufsbegleitende

Seminar für Waldorfpädagogik und übernahm anschließend eine 1. Klasse an der Freien Waldorfschule Hannover; Verbindungslehrerin zur Freien Martinsschule (Heilpädagogische Schule Hannover-Laatzen). Seit 2002 ist sie Klassenlehrerin an der Integrativen Waldorfschule Emmendingen. Mitarbeit in verschiedenen Gremien, Fachlehrerin für den freien christlichen Religionsunterricht, Fortbildung in Transaktionsanalyse (Praxiskompetenz). 2010/11 «Pilotprojekt Unterstufe / Klassen 1 und 2», 2012/13 Versuche der Veränderung in den Klassen 3 und 4.

THOMAS MARTI, geb. 1949, studierte Biologie, Chemie, Philosophie und Pädagogik an der Universität Bern, danach war er zehn Jahre Lehrer an der Rudolf Steiner Schule Bern und Ittigen. Seit 1991 ist er Dozent an der Freien Hochschule Mannheim (heute Akademie für Waldorfpädagogik) für Biologie und Anthropologie. Daneben Forschungstätigkeit im Bereich der Ökologie und Insektenkunde sowie im pädagogischen Umfeld zu Gesundheitsfragen, insbesondere zur Entwicklung des Rhythmischen Systems. Zahlreiche Publikationen zu anthropologischen und biologischen Themen. Thomas Marti lebt heute in Hamburg. www.projektart-berne.de

THOMAS MASCHKE, Dr. päd., geb. 1962, studierte Sonder-, Behinderten- und Waldorfpädagogik in Würzburg, Bremen und Stuttgart. Er war als Sonderschul- und als Waldorfklassenlehrer in Brachenreuthe, an der Wangener Talanderschule und der Überlinger Kaspar Hauser Schule tätig. Promotion an der Comenius-Universität in Bratislava (SK) 2005. Seit 2012 ist er Dozent am Mannheimer Institut für Waldorfpädagogik, Inklusion und Interkulturalität, hier vornehmlich verantwortlich für den Bereich Inklusive Pädagogik. Umfangreiche Publikations- und Vortragstätigkeit, hauptsächlich zum Themenfeld Inklusion und Schulentwicklung. Schirmherr des anthroposophischen Förderlehrerseminars am Bodensee, Mitglied in der Jury des «Jakob Muth-Preises» für inklusive Schule, verantwortlich im Sozialforum des Petersburger Dialogs (deutsch-russische zivilgesellschaftliche Zusammenarbeit) für die Bereiche «Behinderung» und «Inklusion». thomas.maschke@akademie-waldorf.de

BIRTE MÜLLER wurde 1973 in Hamburg geboren, wo sie auch heute als Bilderbuchillustratorin, Autorin und Kolumnistin arbeitet. Ihr toller Sohn Willi kam 2007 mit dem Down-Syndrom zur Welt und ihre süße Tochter Olivia nur kurze Zeit später mit dem Normal-Syndrom. Zudem hat sie auch noch einen autoverrückten Ehemann, Eltern, die ihr notfalls die Wäsche waschen, ein spießiges Reihenhäuschen, eine Vorliebe für weite Reisen, Erdbeeren und zweitklassigen Fußball (sie ist St. Pauli-Fan) und leider keine Zeit mehr zum Marathon-Laufen.

BIRGIT NEEF, geb. 1954, verheiratet, Mutter von drei Kindern, studierte Musikwissenschaft und Vergleichende Musikwissenschaft in Berlin. 1983–1989 absolvierte sie eine Ausbildung zur Musiktherapeutin an der Musiktherapeutischen Arbeitsstätte in Berlin mit Schwerpunkt Heilpädagogik und Klinische Musiktherapie und arbeitete anschließend musiktherapeutisch in der Psychiatrie und der Heilpädagogik mit Kindern und Erwachsenen. Ausbildung zur Heilpraktikerin in Psychotherapie. Viele Jahre widmete sie sich den Integrationskindern vorwiegend in Kindergärten und der musikalischen Früherziehung in Kindergärten. Seit 2001 ist sie am Waldorferzieherseminar in Berlin tätig. 2004/06 Ausbildung am Bernard-Lievegoed-Institut in Hamburg (Entwicklungsdiagnostik – Entwicklungsförderung). Seit 2007 ist sie verantwortlich für den Kurs Facherzieher Integration mit staatlicher Anerkennung am Waldorferzieherseminar in Berlin.

FLORIAN OSSWALD, geb. 1953 in Basel, studierte Verfahrensingenieur. Nach einer Ausbildung zum Heilpädagogen in Camphill, Schottland, besuchte er das Lehrerseminar in Dornach. Während 24 Jahren unterrichtete er Mathematik und Physik an der Rudolf Steiner Schule Bern und Ittigen und war in verschiedenen Ländern als kollegialer Berater tätig. Seit 2011 leitet er zusammen mit Claus Peter Röh die Pädagogische Sektion am Goetheanum.

ANNE PETERS, Mutter von vier Kindern, ist Handarbeitslehrerin und Gründungsmitglied der Karl Schubert Schule Leipzig.

HOLGER VAN RAEMDONCK, geb. 1973, Vater von zwei Kindern, studierte Theologie, Philosophie und Pädagogik. Er ist Waldorf- und Integrations-/Inklusionserzieher, Mediator und freier Referent. Seit 1996 ist er in verschiedenen pädagogischen Arbeitsfeldern tätig und arbeitet seit fünf Jahren an der Freien Waldorfschule Kreuzberg.

ZAN REDZIC ist Klassenlehrer und Vorstandsmitglied an der Freien Interkulturellen Waldorfschule Mannheim-Neckarstadt.

ALFRED RÖHM ist wissenschaftlicher Mitarbeiter der Universität Hamburg. Er ist organisatorischer und stellvertretender wissenschaftlicher Leiter der Trisomie 21-Studie und promoviert zum Thema «Bewegungslernen unter besonderen neuropsychologischen Bedingungen am Beispiel von Trisomie 21».

HARTMUT SAUTTER, Dr. phil., Diplom-Psychologe, arbeitet seit über vierzig Jahren im Rahmen der Ausbildung von Sonderschullehrern und von Diplompädagogen mit Studienschwerpunkt Sonderpädagogik an der Fakultät für Sonderpädagogik der Pädagogischen Hochschule Ludwigsburg, im Wesentlichen mit den Arbeitsschwerpunkten Autismus, Integration und Inklusion, Sonderpädagogische Diagnostik, Wahrnehmungsprozesse und Wahrnehmungsstörungen.

ALBERT SCHMELZER, Dr. phil., geb. 1950, studierte in Münster, Angers und Tübingen Romanistik, Theologie und Soziologie. Nach Staatsexamen und Magisterabschluss und einer sich anschließenden Ausbildung zum Oberstufenlehrer an Waldorfschulen unterrichtete er von 1978 bis 1990 an der Mannheimer Waldorfschule und promovierte 1990 an der Universität Bochum. Seit dieser Zeit ist er an der Freien Hochschule Mannheim in der Lehrerbildung tätig. Er hat zahlreiche Publikationen zur Allgemeinen Pädagogik, der Geschichtsdidaktik und Kulturwissenschaften verfasst, ist Mitbegründer der Interkulturellen Waldorfschule Mannheim Neckarstadt und leitet den Forschungsschwerpunkt Interkulturelle Pädagogik am Institut für Waldorfpädagogik, Inklusion und Interkulturalität. Professor für Allgemeine Pädagogik an der Alanus Hochschule.

ANTJE SCHMIDT ist Werkwanderlehrerin der Schuleingangsstufe und Handarbeitslehrerin in der Mittelstufe der Freien Waldorfschule. Sie ist Ergotherapeutin und hat langjährige Berufserfahrung in der Heilpädagogik.

JUTTA SCHÖLER, geb. 1940 in Berlin, war von 1980 bis 2006 Hochschullehrerin für Erziehungswissenschaft an der TU Berlin. 1964 – 1970 war sie Planerin für eine der ersten Gesamtschulen in Berlin und dort sowie an einer Hauptschule Lehrerin. Seit 1980 beteiligte sie sich an verschiedenen Initiativen zur Integration von Kindern mit Behinderung: Einzelintegration, v.a. in der Sekundarstufe I; wissenschaftliche Begleitung für die deutschsprachigen Schulen in Südtirol, Beratung und Begleitung von Integrationsprojekten in Österreich und Lehrerfortbildungen sowie wissenschaftliche Begleitung von Schulversuchen in Brandenburg (Gesamtschule Birkenwerder). Sie leitete zahlreiche Exkursionen nach Italien. Zeitschriften- und Buchveröffentlichungen, Vorträge zum Thema: Gemeinsamer Unterricht von behinderten und nicht behinderten Kindern. Initiatorin des «Jakob-Muth-Schulpreises», Beratung der Lebenshilfe Nürnberg, zweier Gymnasien und Beiratsmitglied für den Modellstudiengang «Integriertes sonderpädagogisches Studium» der Universität Bielefeld. Mitglied im wissenschaftlichen Beirat des MBJS Brandenburg zur Entwicklung von Inklusion; Erstellen einer Expertise zur Inklusion für die Friedrich-Ebert-Stiftung, Bayern-Forum.

KATHARINA SÜTTERLIN, Architektin, arbeitet im «Bauereignis Sütterlin Wagner. Büro für Architektur und Prozessdesign». Das Büro ist 2007 in Berlin-Kreuzberg gestartet. Zusammen mit der Innenarchitektin Susanne Wagner hat sie im Zeitraum von vier Jahren gemeinsam mit Schülern, Eltern, Pädagogen und Handwerkern Klassenzimmer und Flure der Nürtingen-Grundschule gestaltet – mit Podesten und Hochebenen, Nischen, Bühnen, Hockern unterschiedlicher Höhe, offenen und geschlossenen Regalen für Arbeitsmaterialien. Das beschriebene Projekt wurde auf mehreren Bildungskongressen vorgestellt. Aktuell gibt es «Bauereignisse» in zwölf Berliner Schulen. Weitere Informationen: www.bauereignis.de

Thomas Maschke (Hrsg.)
... auf dem Weg zu einer Schule für alle
254 Seiten, kartoniert
ISBN 978-3-7725-2514-8

Integrative Waldorfschulen versuchen in vielfältiger Weise, allen
Kindern gerecht zu werden. Die Autoren zeigen ein breites Spektrum der verschiedenen Aspekte von Integration – mit grundsätzlichen pädagogischen Überlegungen und konkreten Erfahrungen
aus der Praxis. Jenseits der aktuellen, meist politisch motivier-
ten Debatte um Inklusion oder Integration gibt es an integrativen
Waldorfschulen schon seit geraumer Zeit eine gemeinsame schulische Förderung aller Kinder, ob mit oder ohne Behinderung.
Diese Schulen bereichern das allgemeine Schulsystem und sind
außerdem hochaktuell.

Verlag Freies Geistesleben

Ingrid Ruhrmann | Bettina Henke
Die Kinderkonferenz
192 Seiten, kartoniert
ISBN 978-3-7725-2193-5

Die sogenannte Kinderkonferenz wird in pädagogischen und heilpädagogischen anthroposophischen Einrichtungen seit vielen Jahrzehnten gepflegt. In ihr widmet sich das Kollegium der Betrachtung eines einzelnen Kindes, seines Entwicklungsstandes und seiner möglichen Schwierigkeiten, um es besser verstehen zu können und therapeutische Maßnahmen zu finden. Ingrid Ruhrmann und Bettina Henke haben für diese anspruchsvolle Aufgabe – speziell im Bereich der Heilpädagogik – vertiefende Wahrnehmungsübungen und methodische Hilfen entwickelt. Die Darstellung ist für jeden Pädagogen oder Heilpädagogen eine wichtige Grundlage seiner Arbeit – für das Einzelstudium oder für die Fortbildung in Gruppen.

Verlag Freies Geistesleben

Thomas Marti
Wie kann Schule die Gesundheit fördern?
354 Seiten, kartoniert
ISBN 978-3-7725-2036-5

Das Konzept der Salutogenese (wörtlich: Schaffung von Gesundheit) wurde von dem Medizinsoziologen Aaron Antonovsky entwickelt. Es versteht Gesundheit nicht als das bloße Fehlen von Krankheit, sondern als einen aktiven Zustand und als Vorhandensein von Lebensqualitäten. Die Salutogenese fragt, warum Menschen gesund bleiben, welche Faktoren die Gesundheit fördern und erhalten.
Thomas Marti beleuchtet die verschiedenen Dimensionen der Waldorfpädagogik unter dem Gesichtspunkt der Salutogenese. Er zeigt die gesundheitsfördernden Anliegen und Aspekte der Waldorfschulen und ihre gesellschaftliche Bedeutung im Bereich der Gesundheitspflege. Eine einführende Darstellung zu einem aktuellen medizinisch-pädagogischen Thema.

Verlag Freies Geistesleben

Helmut Eller
Der Klassenlehrer an der Waldorfschule
237 Seiten, kartoniert
ISBN 978-3-7725-1561-3

Dem Klassenlehrer kommt an der Waldorfschule eine zentrale Rolle zu: Er unterrichtet seine Schüler in der Regel von der 1. bis zur 8. Klasse. Was bedeutet dies in der Praxis? Wie gestaltet sich für die Schüler die Unterrichtszeit während dieser acht Jahre? Der Leser erhält in dieser Darstellung einen guten Einblick in das Unterrichtsgeschehen, sodass er die Arbeit und die Bedeutung des Klassenlehrers überblicken kann. Für Eltern von Waldorfschülern ergibt sich so die Möglichkeit, den Unterricht ihres Kindes während der einzelnen Schuljahre zu begleiten und besser zu verstehen. Darüber hinaus gibt Eller dem angehenden Klassenlehrer eine Fülle von Anregungen.

Verlag Freies Geistesleben

Helmut Eller
Die vier Temperamente
247 Seiten, kartoniert
ISBN 978-3-7725-1644-3

Von den vier Temperamenten des Menschen – dem cholerischen, sanguinischen, melancholischen und phlegmatischen Temperament – spricht man schon seit der Antike; Rudolf Steiner griff diese Betrachtungsweise auf und gab wertvolle Hinweise für einen entsprechenden Unterricht.

Helmut Eller führt hier anschaulich und umfassend in diese Thematik ein. Durch charakteristische Schilderungen schärft er den Blick für einzelne Temperamentszüge und vermittelt ein Verständnis für die verschiedenen seelischen Dispositionen. Auf dieser Grundlage werden dann vielfältigste Anregungen für den Unterricht an der Waldorfschule gegeben. Es eröffnet sich so die Möglichkeit, die einzelnen Kinder genauer wahrzunehmen und den Unterricht differenziert zu gestalten.

Verlag Freies Geistesleben

Birte Müller
Willis Welt
228 Seiten, gebunden mit Schutzumschlag
ISBN 978-3-7725-2608-4

Birte Müller erzählt vom Familienalltag mit ihren beiden Kindern (eines mit Down-Syndrom und eines mit Normal-Syndrom): von Freud und Leid, von nervigen Kommentaren und wundervollen Begegnungen und von den Selbstzweifeln einer Mutter. Mit viel Witz und Selbstironie ist ihr ein Buch gelungen, das eine Liebeserklärung an ihre Tochter Olivia und ihren Sohn Willi ist, die sie das Leben lehren!

Verlag Freies Geistesleben